项目工程师知识丛书

DAOQIAO SHIZHENG GONGCHENG SHIGONG FANG'AN SHILI

道桥市政工程施工方案实例

陆文娟◎主编

人民交通出版社
China Communications Press

内 容 提 要

本书共分4部分,计42个施工方案。每个方案以实例形式展现,从编制依据、工程概况、施工准备、施工部署、主要施工方法、质量保证、文明施工和环保措施8个方面进行描述。书中所采用的方法、工艺满足施工要求,符合现行规范规程,极具实用性和操作性。本书对从事道桥市政工程施工的广大技术人员有很好的借鉴和帮助作用。

图书在版编目(CIP)数据

道桥市政工程施工方案实例/陆文娟主编.—北京:人民交通出版社,2012.12

ISBN 978-7-114-10212-7

Ⅰ.①道… Ⅱ.①陆… Ⅲ.①道路施工—方案②桥梁施工—方案 Ⅳ.①U415②U445

中国版本图书馆CIP数据核字(2012)第275648号

项目工程师知识丛书

书　　名:道桥市政工程施工方案实例
著 作 者:陆文娟
责任编辑:刘永芬
出版发行:人民交通出版社
地　　址:(100011)北京市朝阳区安定门外外馆斜街3号
网　　址:http://www.ccpress.com.cn
销售电话:(010)59757973
总 经 销:人民交通出版社发行部
经　　销:各地新华书店
印　　刷:北京交通印务实业公司
开　　本:787×1092　1/16
印　　张:29.5
字　　数:744千
版　　次:2012年12月　第1版
印　　次:2012年12月　第1次印刷
书　　号:ISBN 978-7-114-10212-7
印　　数:0001—5000册
定　　价:68.00元

《道桥市政工程施工方案实例》

编写委员会

主　编：陆文娟

副主编：高成富　张　勇　李建军

编写人：（按姓氏笔画为序）

于　洋　于立国　凡林林　王　彦　王占才　王枫林
王学波　王建中　王继龙　尤宏坤　石　军　龙念泉
代明杰　邢　彬　曲　鹏　吕国栋　朱新春　伍　恒
刘　凯　刘　剑　刘　璨　刘北平　刘占波　刘振斌
刘凌晨　刘绍忠　齐永超　汤立志　孙　剑　孙秀和
闫红军　苏福辉　杜　波　李　勇　李广东　李书全
李志强　李宏岩　李宏波　李国辉　李铁军　李志国
李建军　肖德君　何辉斌　汪　东　张　帆　张　彤
张　勇　张　晶　张雨松　张建军　张家铭　陈于江
陈卫彬　陈仁厚　陈泽山　武秀亮　罗　希　罗　鹏
周宏磊　周银亮　孟庆敏　赵青松　赵德刚　郝家琪
郝永刚　荀学思　胡明亮　胡晓晨　胡赞鹏　钟　旭
高　飞　高　潮　郭志仁　唐绪胆　黄　涛　黄海龙
黄震雷　常　峰　麻文杰　康　强　梁仁贵　梁红凯
寇志强　逯　平　韩金洪　臧红雨　熊军辉　薛　亮
薛应龙　魏江平

审定人：李红专　杨国良　高成富　寇志强　张　勇　陆文娟
王　莹　胡赞鹏　张　晶

前　言

《道桥市政工程施工方案实例》是北京城建道桥建设集团有限公司编写的项目总工程师知识系列丛书之一，本套丛书共3册，本书为第二册，其中第一册《道桥市政工程技术交底实例》已由人民交通出版社出版。

本书内容编排全面，包括4大部分方案实例，分别为：桥梁工程、公路工程、市政公用工程以及其他工程，总共42个施工方案。公路工程包括路基、基层（级配碎石、水泥稳定碎石、ATB－25沥青稳定碎石等）、路面（水泥混凝土、沥青混凝土）、路基防护及排水、路基加宽、路基处理以及路基爆破施工。桥梁工程基本囊括了从基础工程至桥面系、附属工程各专业，涉及现浇箱梁、拱桥、挂篮施工。市政公用工程包括雨污水、热力（明开、暗挖）、燃气、排水泵站、顶管工程等专业。其他工程包括便桥施工、临电、基坑支护、测量工程等专业。

本书的编者均为奋斗在施工一线、具有丰富施工经验的工程师，在编写过程中，编者本着实用性与科学性统一的原则，使该书具有较强的操作性与参考价值。每个施工方案以实例形式展现，从编制依据、工程概况、施工准备、施工部署、主要施工方法、质量保证措施、安全文明施工措施、环保措施8个方面进行描述。本书的特点是以具体实例为依据，所采用的技术方法、工艺标准满足施工要求，且符合现行规范规程；计算数据真实，有据可循；人、料、机以及工期计划与实际施工吻合。因此，本书对从事道桥市政工程施工的广大技术人员有很好的借鉴与帮助作用。

本书在编写和审核过程中，得到了有关专家与业内同行的大力支持和帮助，在此表示衷心感谢。

由于水平有限，书中不足之处，恳请读者予以指正。

编者

2012年10月

目　录

第一部分　桥梁工程

第二部分　公路工程

第三部分　市政公用工程

第四部分　其 他 工 程

桥梁工程

§1　桥梁桩基旋挖成孔施工方案

1　编制依据

1.1　《××工程施工组织设计》

1.2　《××工程施工图》

1.3　《公路桥涵施工技术规范》(JTG/T F50—2011)

1.4　《公路工程质量检验评定标准》(JTG F80/1—2004)

2　工程概况

本工程桥梁桩基共91根,桩径1.2m,0号墩桩长17m,1号、2号墩桩各长22m,中墩桩长25m,10号墩桩长19m。

桥梁所处的地貌单元主要为永定河河道及河漫滩,场地稍有起伏。

地质情况:表层为人工堆积①层,该层层厚普遍为1~3m,局部达5~7m;其下为第四纪全新世冲洪积形成的卵石②6层,层厚为10m;再其下为第四纪晚更新世冲洪积地层形成的卵石④层,层厚为15m;再其下层为下第三系长辛店组的砾岩⑤1层与泥岩⑥层。

水文条件:根据地勘报告在30m范围内观测到一层地下水,地下水类型为潜水(二),含水层为卵石④层,水位埋深为11.72m。

根据实际地质水文情况,采用泰格TGR180旋挖钻成孔,灌注水下C30混凝土。

3　施工准备

3.1　技术准备

3.1.1　技术人员认真熟悉设计图纸和地勘资料,组织相关人员进行现场勘察,并学习相关施工规范及标准。

3.1.2　测量员依据施工图和给定的坐标点测设轴线定位桩和高程控制点,并放出桩位,报监理复核。

3.1.3　试验员对原材进行复试及做好见证取样计划。

3.1.4　施工前做成孔试验,以核对地质报告,检验所选设备、工艺是否适宜。

3.2　现场准备

3.2.1　经现场踏勘工作,本工程无妨碍施工的地上、地下构筑物。根据现场条件在需新建桥梁两侧修筑施工便道,采用两层30cm厚的砂砾修筑。

3.2.2　施工用电:采用施工现场附近的500kVA变压器。

3.2.3　施工用水:采用桥区附近的自来水供应。

4　施工部署

4.1　组织机构

项目部成立以项目经理为组长,项目总工和生产副经理为副组长的组织机构,下设技术、质量、试验、测量、工程、安全等部室,配备一个桩基施工队,如图1所示。

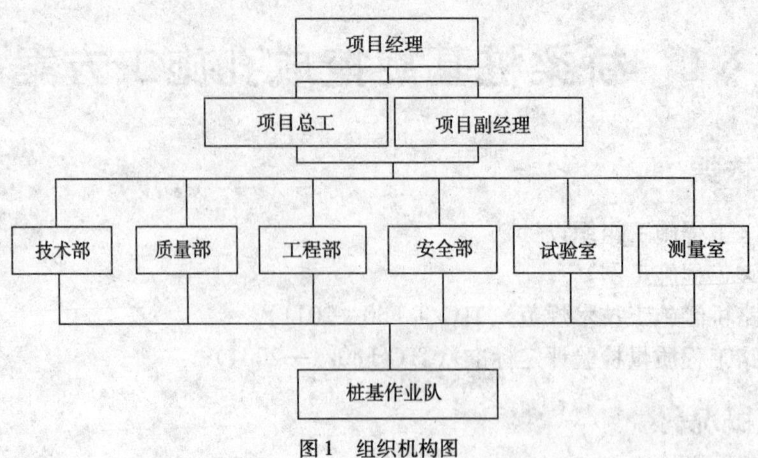

图 1　组织机构图

4.2　施工安排

根据现场实际条件，本桥桩基施工采用两台钻机从南北侧 0 号轴同时进行，依次向 10 号轴推进。钻机旋挖施工时可与相邻的轴号桩基间进行相互错开施工，保证旋挖钻机连续不间断施工。桩基施工现场平面布置如图 3 所示。

4.3　工期安排

总工期 22 天。工期计划横道图如图 2 所示。

序号	分项工程名称	工程量	持续时间（d）	单位：d 3	6	9	12	15	18	21	24	27	30
1	施工准备	—	2										
2	钢筋加工	210t	18										
3	成孔	91 个	18										
4	混凝土	$2470m^3$	18										

图 2　工期计划横道图

4.4　投入的主要机械设备

主要机械设备见表 1。

主要机械设备表　　表 1

序号	机械名称	规 格 型 号	单　位	数　量
1	推土机	TY140	台	1
2	挖掘机	神冈 320	台	1
3	汽车起重机	QY25	台	2
4	泰格旋挖钻机	TGR180	台	2
5	钢筋切断机	GQ40 - 2	台	1
6	钢筋弯曲机	GW40	台	1
7	空压机	YW9/7	台	2
8	交流电焊机	BX500	台	4
9	发电机	FL300	台	1
10	泥浆泵	BW - 320	台	4
11	潜水泵	扬程 30m	台	4

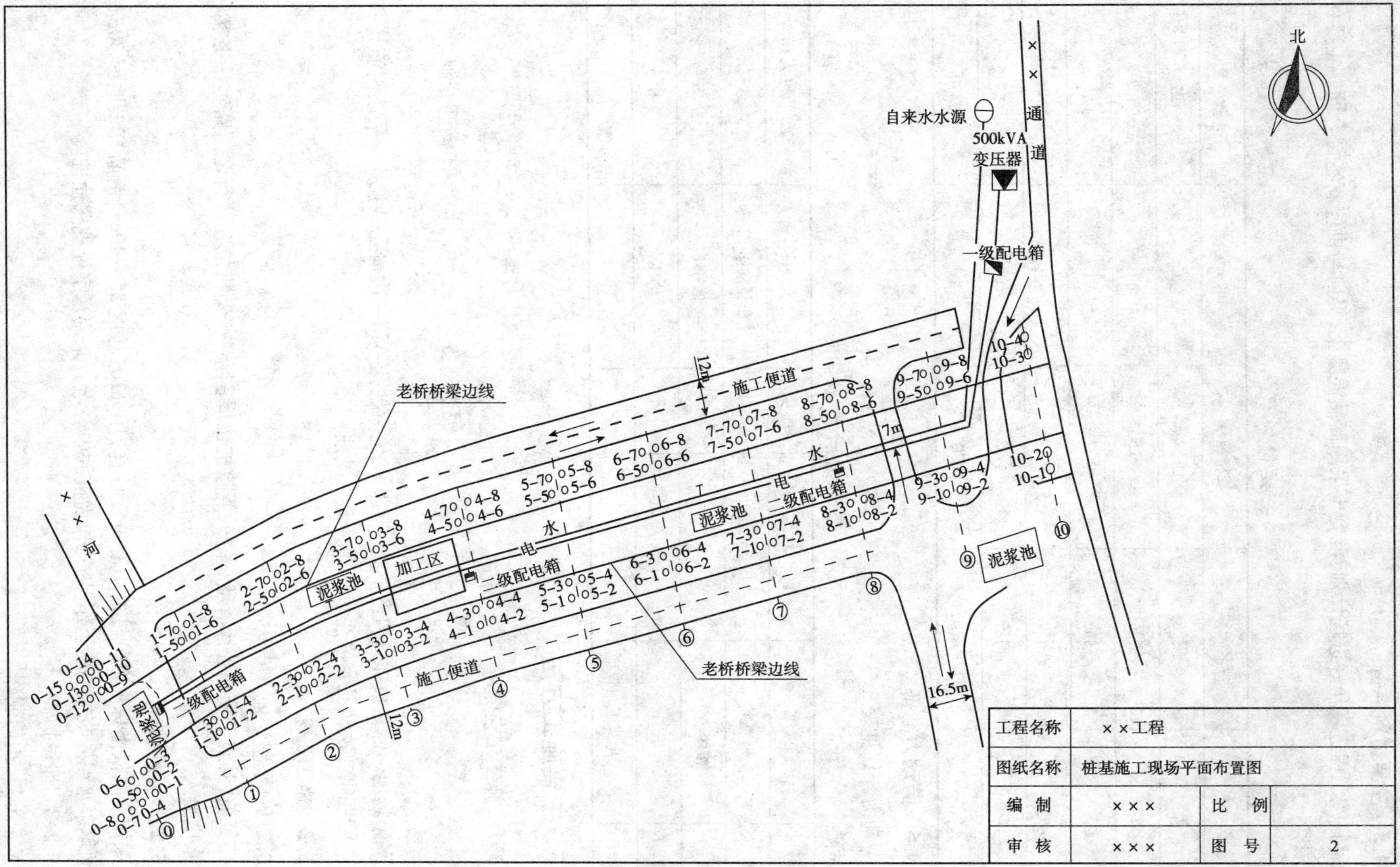

工程名称	××工程		
图纸名称	桩基施工现场平面布置图		
编　制	×××	比　例	
审　核	×××	图　号	2

图3　桩基施工现场平面布置图

4.5 主要材料准备

材料按工程进度作好进场计划，混凝土采用商品混凝土，提前与供应商签订合同。主要材料见表2。

主要材料表　表2

序号	名称	规格型号	单位	数量
1	钢筋	ϕ32	t	22
2	钢筋	ϕ25	t	108
3	钢筋	ϕ22	t	20
4	钢筋	ϕ14	t	2
5	钢筋	ϕ12	t	58
6	混凝土	C30	m^3	2470

4.6 劳动力准备

劳动力计划见表3。

劳动力计划表　表3

序号	工种	数量(人)	序号	工种	数量(人)
1	钢筋工	36	5	机械操作工	5
2	混凝土工	8	6	信号工	2
3	电工	3	7	力工	6
4	电焊工	4			

5 主要施工方法

5.1 施工工艺流程

泥浆制备 ↓（→钻孔）　钢筋笼制作 ↓（→吊放钢筋笼）

平整场地→测量放样→埋设护筒→钻机就位→钻孔→第一次清孔→验孔→吊放钢筋笼→安装导管→第二次清孔→灌注水下混凝土→成桩

5.2 施工工艺

5.2.1 平整场地

施工前，对施工场地进行清理、平整，清除桩位周围杂物，钻机位置及行走道路整平夯实，完成水电接入。

5.2.2 测量放样

采用全站仪坐标法进行桩的中心位置放样，用 ϕ10、长度 35～40cm 钢筋打入地面 30cm（四周填以水泥砂浆或混凝土作保护）作为桩的中心点。采用米字栓桩法栓桩。

5.2.3 埋设护筒

5.2.3.1 护筒制作

选用整体式钢制护筒,壁厚6mm,高度1.5m,直径大于桩径10cm。

5.2.3.2 护筒的埋设

测量孔深及控制钢筋笼顶面高程的基准点。通过基准线水准点采用水准仪将高程引至固定好的护筒上,护筒顶端高出地面30cm,设1~2个溢浆口。确保护筒中心与桩位中心重合。护筒中心与桩中心的平面位置允许偏差≤10mm,在竖直方向的倾斜度偏差≤0.5%。

5.2.4 钻机就位

钻头中心采用桩定位器对中,定位允许偏差≤20mm。钻机安装就位后,底座和顶端应平稳,在钻进和运行过程中不应产生位移摇摆和沉降。钻机顶部的起吊滑轮缘、转盘中心和桩孔中心三者应在同一铅垂线上,偏差不得大于20mm。

5.2.5 泥浆制备

根据工程地质情况,桩孔钻进过程中采用膨润土悬浮泥浆作为护壁泥浆,泥浆密度控制在1.2~1.4g/cm^3。

钻孔中化学泥浆性能指标和用量见表4。

泥浆性能指标和用量 表4

膨润土 (t)	纯碱占用土量 (kg)	纤维素占用土量 (kg)	水 (m^3)	泥浆密度 (g/cm^3)	黏度 (Pa·s)	酸碱性 pH	胶体率 (%)	砂率 (%)
1	5	0.5	1	1.2~1.4	22~30	8~11	≥95	≤4

5.2.6 钻孔

5.2.6.1 钻进采用跳钻法施工,钻机开钻后保持连续作业。钻进过程中经常检查桩径、中心位置、垂直度和泥浆密度。

5.2.6.2 钻孔作业分班连续进行,注意土层变化。捞取渣样,与地质剖面核对。

5.2.6.3 在钻孔排渣、提钻头或因故停钻时,应保持孔内具有规定的水位,并要求泥浆相对密实和黏度。处理孔内事故或因故停钻时,必须将钻头提出孔外,孔口应加护盖,以防埋钻。钻头提出井口时防止碰撞护筒、孔壁,拆装钻杆要迅速。

5.2.6.4 钻进过程中应认真、准确、及时地做好成孔记录。接近设计孔深时,准确地控制好钻进深度。严格控制孔深,以保证成桩后的有效桩长。

5.2.7 第一次清孔

钻孔达到设计深度且成孔质量符合要求后,采用换浆法清孔。清孔时,孔内水位保持足够的水头,以防塌孔。孔内泥浆指标应符合密度1.03~1.1g/cm^3、黏度17~20Pa·s、含砂量<2%、胶体率>98%,钻孔底沉淀物厚度按设计要求不大于20cm。

5.2.8 验孔

钻孔深度达到要求后,在清孔完毕,放置钢筋骨架前,对全长进行检查,并报请监理工程师复查。

5.2.9 钢筋笼制作

钢筋笼的加工和制作集中在钢筋加工场进行。钢筋笼直径、长度、钢筋间距以及焊接质量满足规范要求。

5.2.10 吊放钢筋笼

成型的钢筋笼用专用平板车运至孔口。钢筋笼的吊装采用吊车两点起吊。第一吊点设在钢筋笼顶部的加劲箍处,第二吊点设在骨架长度的中部偏下。采用米字法对钢筋笼进行定位。用钢筋与钢筋笼的主筋相焊接,并与孔口型钢连接固定。通过护筒顶高程,推算钢筋笼入护筒深度并准确安装定位。

5.2.11 安装导管

5.2.11.1 导管的选用和检查

导管采用直径 ϕ300mm、壁厚 6mm 的无缝钢管,每节 2m,底节 4m,配 2 节 1m、2 节 1.5m 的短管,用以调节导管的长度及漏斗的高度。导管的连接采用丝扣式,并在法兰盘之间垫 4~5mm厚的橡胶止水垫圈。在下导管前进行水密承压和接头抗拉试验,检查导管的密封性能、接头抗拉能力。

(1)平整场地,每隔 1m 铺设方木 1 根并找平。

(2)在方木上安装放置导管,每 5 根连成一体,拧好前、后封盖。

(3)向拼装好的导管内灌入 70% 的水,然后接好输风管,输入计算好的压力,经计算为 3.5 个大气压(即 354kPa)。

具体计算过程如下:

$$P = \gamma_c h_c - \gamma_w H_w$$

式中:γ_c——混凝土的重度(kN/m^3),取 $\gamma_c = 24$kN/m^3;

h_c——导管内混凝土柱最大高度(m),取 $h_c = 16$m;

γ_w——桩孔内泥浆的重度(kN/m^3),取 $\gamma_w = 1.3$kN/m^3;

H_w——桩孔内泥浆的深度(m),取 $H_w = 23$m;

P——导管可能受到的最大压力,kPa。

则 $$P = 24 \times 16 - 1.3 \times 23 = 354.1\text{kPa}$$

换算大气压 $P = 354.1 \times 103/10.1 \times 106 = 3.5$ 个大气压。

(4)将导管在恒压下前后滚动,并持压 15min,观察其接口处是否漏水、周身是否有变形,来验证导管的密封性、承压和抗拉性能。

5.2.11.2 导管长度的计算和吊放

以实际孔底高程和孔口架之间的距离来配置需要导管长度,并预留 30~50cm 的悬空高度。拼装时要严格检查导管内壁和法兰盘表面,确保干净无杂物。变形和磨损严重的导管严禁使用。导管吊放用吊机,确保其居于孔的中心位置。下放速度要慢,防止卡挂钢筋笼骨架。

5.2.12 第二次清孔

在吊入钢筋骨架、灌注水下混凝土前,应再次检查孔内泥浆性能指标和孔底沉淀厚度。如超过规定,应进行第二次清孔。

二次清孔应用水泵向安装好的导管内输入合格泥浆,通过导管将泥浆送入孔底,冲刷孔底,置换孔底泥浆并将钻渣一起带出孔口,直至孔底沉淀厚度符合规范或设计要求,并同时满足泥浆性能指标要求。

5.2.13 灌注水下混凝土

5.2.13.1 首批混凝土灌注

(1)混凝土首灌量的计算(图 4)。

$$V = \frac{\pi D^2}{4} \cdot (H_1 + h_2) + \frac{\pi d^2}{4} \cdot h_1$$

式中:V——首批灌注混凝土数量,m^3;

D——桩孔直径(m),取 $D=1.2\text{m}$;

H_1——桩孔底至导管底端间距(m),取 $H_1=0.3\text{m}$;

h_2——导管初次埋置深度(m),取 $h_2=1.0\text{m}$;

d——导管内径(m),取 $d=0.3\text{m}$;

h_1——桩孔内混凝土到达埋置深度1.0m时,导管内混凝土柱平衡导管外压力所需的高度(m),取 $h_1=12\text{m}$。

则:$V=\dfrac{1.2^2\pi}{4}\times(0.3+1.0)+\dfrac{0.3^2\pi}{4}\times 12=2.3\text{m}^3$

(2)首批混凝土的灌注要满足以下几点要求:

①首次封底混凝土量需 2.3m³。储料斗的容积为5m³,储料斗的底部要设置一道隔水栓。

②首批混凝土灌注后,孔内混凝土面高出导管下口 1.0m 以上。

灌注时,用汽车吊的主钩吊起储料斗,与导管相连接,把隔水栓堵放在其底部。向斗内注满混凝土后,用吊机副钩钢丝绳把隔水栓快速提出,使混凝土在很短的时间内降落到孔底,完成封底工作。

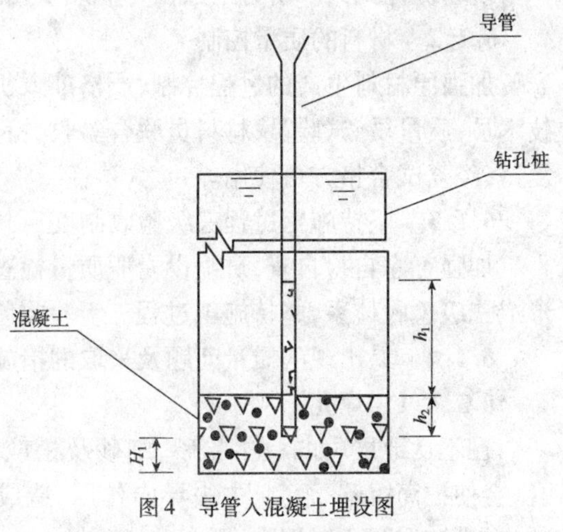

图4　导管入混凝土埋设图

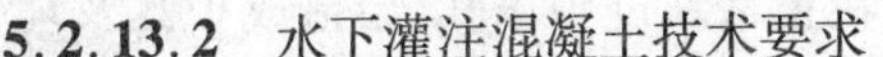

5.2.13.2　水下灌注混凝土技术要求

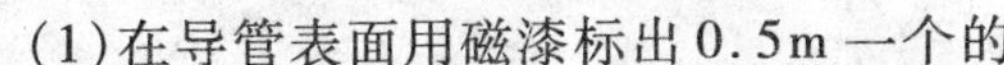

(1)在导管表面用磁漆标出 0.5m 一个的连续标尺,并注明导管全长尺度,以便灌注混凝土时掌握提升高度及埋入深度。应随时用测锤探测导管内混凝土面高度并计算导管埋深,及时拔除导管,使混凝土经常处于流动状态。灌注过程中,应始终保持导管位置居中,提升导管时应有专人指挥,不使钢筋骨架倾斜、位移。拆下的导管应立即冲洗干净。

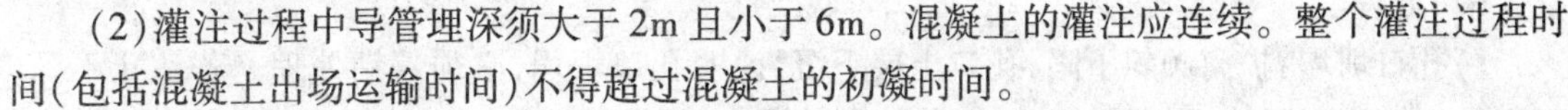

(2)灌注过程中导管埋深须大于 2m 且小于 6m。混凝土的灌注应连续。整个灌注过程时间(包括混凝土出场运输时间)不得超过混凝土的初凝时间。

(3)灌注混凝土期间,配备水泵、吸泥机和高压射水管,用以保持井孔水位和处理灌注故障。

(4)为防止钢筋骨架上浮,当灌注的混凝土顶面距钢筋骨架底部约 1m 时,应降低混凝土的灌注速度。当混凝土拌和物上升到骨架底口 4m 以上时,提升导管,使其底口高于骨架底 2m 以上,即可恢复正常灌注速度。

5.2.13.3　混凝土灌注结束后表层为需要凿除的浮浆,故灌注混凝土需超出桩顶高程 50~80cm,以便在混凝土硬化后将桩顶高程以上部分凿除,确保桩顶混凝土强度。

5.2.13.4　为保证桩顶混凝土强度,应在桩基施工完 7d 后进行桩头开挖。开挖时应注意保护成桩,避免桩顶部分在开挖过程中受挖掘机碰撞而造成损伤。

5.2.13.5　桩头开挖后,应抓紧进行桩头混凝土的凿除工作。凿除过程中,桩顶高程以上部分钢筋弯曲严禁超过设计弯曲角度。凿除位置根据设计进行,桩头凿除后,应保证桩顶面混凝土密实性和完整性。凿除完毕,应将桩顶混凝土颗粒扫干净。

5.2.14　成桩

成桩后，对基桩进行自检，自检方式和频率为100%的无破损检测。自检合格后，接受业主和监理组织的第三方检测。

6　质量保证措施

6.1　质量措施

6.1.1　建立以项目经理为核心的质保体系

现场责任到人。所有工序由专职质量员进行全程监控。

6.1.2　材料的质量控制

加强原材料生产的过程控制、严格准入机制，执行验收制度和复试制度。材料进场时，由技术员、质量员、试验员、材料员联合验收，检查其出厂合格证及相关的试验报告，按批次取样复试，经复试合格方可使用。

6.1.3　坚持施工过程三级验收制度

加强工序自检自查，班组设专职质量检查员，项目部设专职质检工程师，与现场监理共同形成三级验收体系，坚持施工过程三级验收制度。

6.1.4　易出现的质量问题及采取的措施

6.1.4.1　塌孔

在不良地层（如软土、粉砂、细砂及松散堆积层）中钻孔，容易发生塌孔。在开孔阶段塌孔，会使护筒沉陷、歪斜，失去导向作用，造成偏孔：在正常钻进中塌孔，会造成扩孔及埋钻事故；在灌注混凝土时塌孔，则会造成断桩。

(1)塌孔原因。

护筒周围未用黏土回填夯实；钻头、抽渣筒经常撞击孔壁；泥浆稠度小，起不到固壁作用；泥浆面高度不够，对孔壁的压力小；向孔内加水时，流速过大并直接冲刷孔壁；冲程太长，钻头晃动碰撞孔壁，会引起孔壁（尤其是护筒底附近）塌孔。

(2)处理。

1)孔口坍塌：护筒倾斜下陷，孔口土层下沉，说明孔口坍塌，必须停钻处理。若钻孔不深，可用黏土加片石回填，埋正护筒重钻；若钻孔较深，可将护筒接长，下到坍塌处以下。孔外四周回填黏土，或用草袋装黏土堆码加固。

2)孔壁坍塌：在钻进中如发现浆面冒出大量细小气泡，进度突然变慢，孔底高程回升等现象，说明孔壁坍塌，此时应查明坍塌位置。轻者，可多投黏土，加大泥浆密度，提高孔内水位，继续钻进；重者，须用黏土加片石回填至坍塌部位以上0.5m重钻；必要时，也可下钢套管护壁，在灌注水下混凝土时，随灌随将套管拔出。

6.1.4.2　斜孔

由于地质软硬不均或是钻杆垂直度超出允许范围，造成锥体偏斜，向软土方向偏移，形成斜孔。

措施：调整钻杆垂直度。投入碎石或强度较大的试块，回填至倾斜部位，重新冲击成孔纠偏。

6.2　质量标准

6.2.1　成孔实测项目

成孔检查项目和允许偏差见表5。

成孔允许偏差表 表5

项次	检 查 项 目	规定值或允许偏差(mm)	检查方法与频率
1	孔深	不小于设计值	用测绳检测:每桩查
2	孔径	不小于设计值	探孔器:每桩查
3	桩位	50	用经纬仪检查纵横方向:每桩查
4	钻孔倾斜度	1%且不大于500	用垂线测量计算:每桩查
5	沉淀厚度	200	清孔后、灌注前检查:每桩查

6.2.2 钢筋笼制作与安装

6.2.2.1 基本要求

(1)钢筋、机械连接、焊条等的品种、规格和技术性能应符合国家现行标准规定和设计要求。

(2)冷拉钢筋的机械性能必须符合规范要求,钢筋平直,表面不应有裂皮和油污。

(3)受力钢筋同一截面的接头数量、搭接长度、焊接和机械接头质量应符合施工技术规范要求。

(4)钢筋安装时,必须保证设计要求的钢筋根数。

(5)受力钢筋应平直,表面不得有裂纹及其他损伤。

6.2.2.2 外观鉴定

钢筋表面无铁锈和焊渣。

6.2.2.3 钢筋笼安装允许偏差,见表6。

钢筋笼安装允许偏差表 表6

项次	检 查 项 目	规定值或允许偏差(mm)	检查方法和频率
1	受力钢筋间距	±20	尺量:每构件检查2个断面
2	箍筋间距	±10	尺量:每构件检查5~10个间距
3	钢筋笼直径	±5	尺量:按骨架总数30%抽查
4	保护层厚度	±10	尺量:每构件检查8处

6.2.3 钻孔灌注桩

6.2.3.1 基本要求

(1)桩身混凝土所用的水泥、砂、石、水、外掺剂及混合材料的质量和规格必须符合有关规范的要求,按规定的配合比施工。

(2)成孔后必须清孔,测量孔径、孔深、孔位和沉淀层厚度,确认满足设计或施工技术规范要求后,方可灌注水下混凝土。

(3)水下混凝土应连续灌注,严禁有夹层和断桩。

(4)嵌入承台的锚固钢筋长度不得小于设计规范规定的最小锚固长度要求。

(5)凿除桩头预留混凝土后桩顶面应平整,桩顶应无残余的松散混凝土。

6.2.3.2 钻井灌注桩允许偏差,见表7。

钻孔灌注桩允许偏差表 表7

项次	检查项目	规定值或允许偏差	检查方法和频率
1	混凝土强度	在合格标准内	按《公路工程质量检验评定标准》(HTG F80/1—2004)附录D检查

6.2.3.3 外观鉴定

桩顶面应平整,桩柱连接处应平顺且无局部修补。

7 安全文明施工措施

7.1 建立健全安全保证体系,分解安全责任制,落实到人,进行入场安全教育,加强参加施工人员安全意识。

7.2 施工人员要熟悉工程图纸,严格按设计要求和有关规定,规范施工操作,确保安全生产。

7.3 专业工种的钻机司机、装载机司机、电工、信号工、钢筋工、混凝土工等必须持证上岗。

7.4 作业区应有明显标志或围栏,严禁闲人入内。

7.5 卷扬机钢丝绳断丝量超过5%时,必须立即更换。钢丝绳应经常处于润滑状态,防止干摩擦。收放钢丝绳时,严禁作业人员在其上面跨越;卷扬机卷筒上的钢丝绳,不得全部放完,最少保留3圈,严禁手拉钢丝绳卷绕。

7.6 对于已埋设护筒未开钻或已成桩护筒尚未拔除的,应加设护筒顶盖或铺设安全网遮罩。

7.7 钻机塔顶和吊钢筋笼的吊机桅杆顶上方2m内不得有任何架空障碍物。

7.8 钻孔中发生故障,应立即停钻,需排除故障后方可继续施工。

8 环保措施

8.1 成立环境保护领导小组,对全体参加施工人员进行环保培训。

8.2 施工中采取降噪措施,减少扰民。

8.3 施工中产生的废水、废浆以及钻出的泥土应及时运走,不得随意排放。

8.4 水泥等颗粒材料运输时应覆盖,在库内存放应遮盖,以防扬尘。

§2　桥梁桩基人工挖孔施工方案

1　编制依据

1.1　《××工程施工组织设计》

1.2　《××工程施工图》

1.3　《公路桥涵施工技术规范》(JTG/T F50—2011)

1.4　《公路工程质量检验评定标准》(JTG F80/1—2004)

1.5　《公路工程施工安全技术规程》(JTJ 076—95)

1.6　《建设工程安全生产管理条例》

1.7　《北京市建设工程施工现场管理办法》

1.8　《北京市建设工程施工现场安全防护标准》

2　工程概况

本工程桥梁桩基共44根,桩径1.5m,0号桥台4根桩,桩长19m;1~5号墩40根桩,桩长19m。

地质条件:表层为人工堆积,该层层厚普遍为1~3m,局部达5~7m;其下为第四纪全新世冲洪积形成的卵石层,该层厚10m;再其下为第四纪晚更新世冲洪积地层形成的卵石层,该层厚15m;最下层为砾岩层与泥岩层。

水文条件:根据地勘报告,在30m范围内观测到一层地下水,地下水类型为潜水(二),含水层为卵石层,水位埋深22m。

根据地勘报告以及受现场场地高度限制,不能采用机械成孔;根据地下水埋深情况,确定采用人工挖孔。

3　施工准备

3.1　技术准备

3.1.1　熟悉施工图纸及场地地质、水文资料。开挖前对施工人员进行安全技术交底;操作前对吊具进行安全可靠的检查和试验,确保施工安全。

3.1.2　按基础平面图设置桩位轴线、定位点及测定高程水准点。放线工序完成后,办理预检手续。

3.1.3　做好原材进场复试及见证取样计划。

3.2　现场准备

3.2.1　施工便道:在新建桥梁两侧修筑施工便道,采用两层30cm厚砂砾修筑。

3.2.2　施工用电:现场报装一台500kVA变压器。

3.2.3　施工用水:采用桥区附近的自来水供应。

3.2.4　全面开挖之前,有选择地先挖两个试验桩孔,查看土质、水文等情况,以此修改原施工方案。

4 施工安排

4.1 组织机构

成立以项目经理为组长，项目总工和生产副经理为副组长的组织机构，下设技术、质量、工程、试验、测量及安全等部室，安排一个桩基施工队，如图 1 所示。

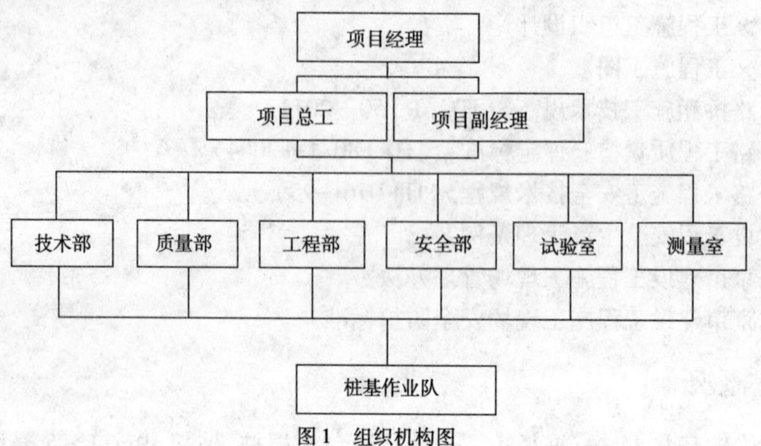

图 1 组织机构图

4.2 施工安排

根据现场情况，施工时计划从 0 号轴南北侧依次向前进行。第一批桩为：0 号轴的 1 号、3 号桩；1 ~ 5 号各轴的 1 号、4 号、5 号、8 号桩。第二批为：0 号轴的 2、4 号桩；1 ~ 5 号轴的 2 号、3 号、6 号、7 号桩。计划 3 人 1 组，共 22 组。每组安排每天挖 1 根桩，每天进尺 1m。单桩成孔时间 19 天，分两批完成全部桩基，计划工期共 42 天。桩基施工现场平面布置如图 2 所示(见下页)。

4.3 工期安排

计划工期 42 天，工期计划横道图如图 3 所示。

序号	分项工程名称	工程量	持续时间(d)	单位:d										
				4	8	12	16	20	24	28	32	36	40	44
1	施工准备		2											
2	第一批桩(挖土、绑钢筋、支模、浇筑混凝土)	单桩长 19m 22 根	19											
3	第二批桩(挖土、绑钢筋、支模、浇筑混凝土)	22 根	19											
4	钢筋笼加工	44 个	15											
5	灌注混凝土	960m^3	4											

图 3 工期计划横道图

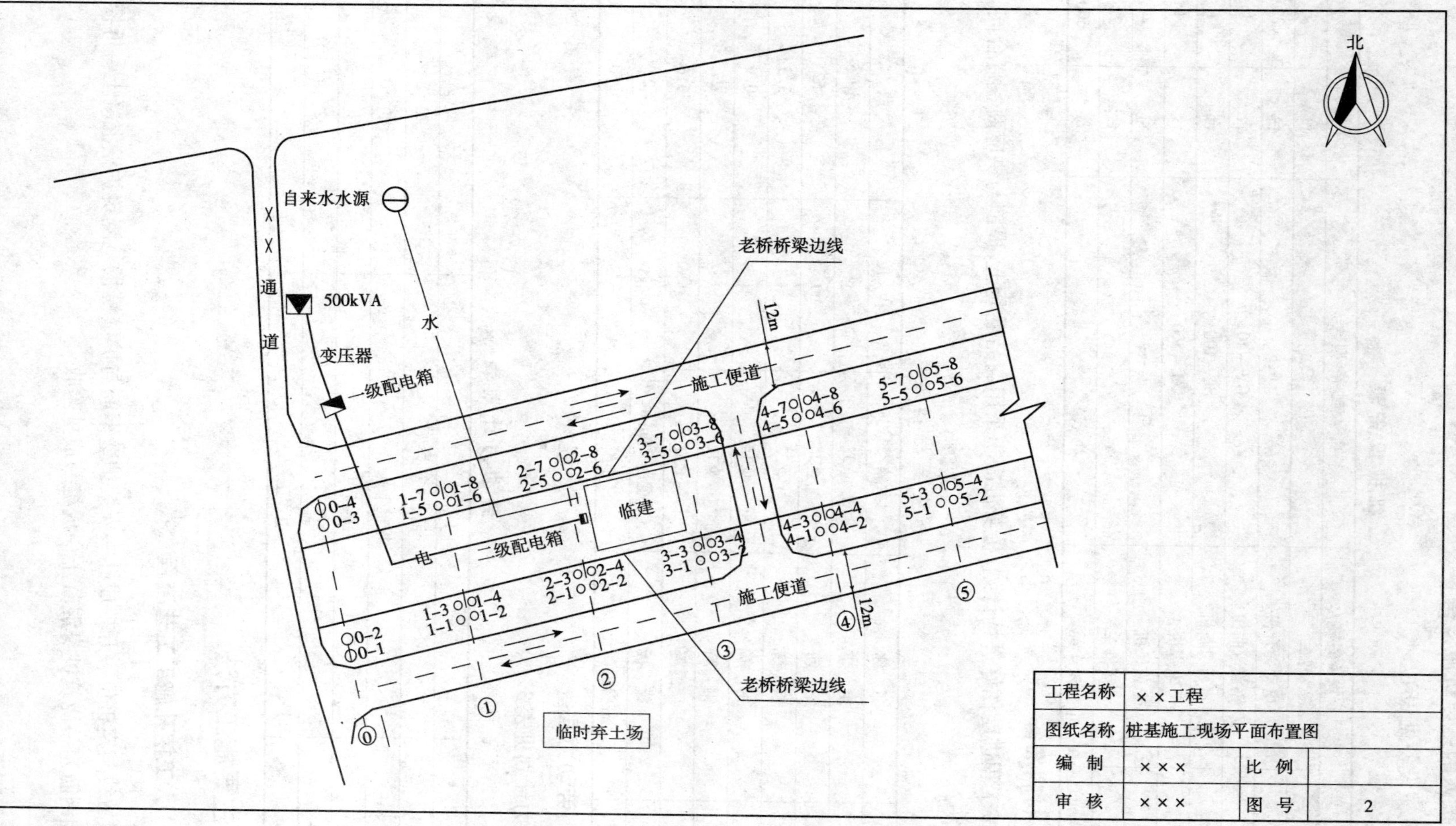

图2 桩基施工现场平面布置图

4.4 投入的主要机械设备

主要机械设备见表1。

机械设备表 表1

序号	设备名称	规格型号	单位	数量
1	吊车	20t	台	2
2	电动提升机	0.5t	台	22
3	钢筋弯曲机	GW-40	台	1
4	钢筋切断机	SC-100	台	1
5	电焊机	BXL-500	台	4
6	鼓风机	—	台	22
7	手推车	—	台	22
8	安全绳	—	m	600

4.5 材料准备

材料按工程进度作好进场计划，桩身混凝土采用商品混凝土，提前与供应商签订合同。主要材料见表2。

主要材料表 表2

序号	名 称	规格型号	单 位	数 量
1	钢 筋	ϕ32	t	10.5
2	钢 筋	ϕ25	t	52
3	钢 筋	ϕ22	t	9.5
4	钢 筋	ϕ14	t	0.9
5	钢 筋	ϕ12	t	27
6	护壁混凝土	C20	m^3	316
7	模 板	壁厚2mm	套	22
8	桩身混凝土	C30	m^3	960

4.6 劳动力准备

劳动力计划见表3。

劳动力计划表 表3

序 号	工 种	数 量(人)
1	钢筋工	20
2	挖桩工人	66
3	混凝土工	6
4	电 工	2
5	电焊工	4

5 主要施工方法

5.1 人工挖孔施工工艺流程

测量放线与定桩位→开挖成孔→安装护壁钢筋与护壁模板→浇筑护壁混凝土→拆模→验底→吊装钢筋笼→浇筑桩身混凝土→成桩→成桩验收

↑

钢筋笼加工

5.2 施工工艺

5.2.1 测量放线与定桩位

测量人员对桩中心进行放线,以桩中心为圆心,桩的设计半径加护壁厚度为半径,放出桩的开挖轮廓线。

5.2.2 开挖成孔

5.2.2.1 挖孔前对孔周进行场地清理,防止地面杂物掉入孔内。

5.2.2.2 开孔前先在井口周围做一个混凝土井圈,高出地面 30cm,埋入土中 20cm,宽出桩周 50cm,井圈内配置 $\phi8$ 的钢筋。

5.2.2.3 分层挖土,先挖中间后挖周边,每 1m 为一个开挖节段。

5.2.2.4 挖进时采用铁锹、镐头等工具。出土利用电动提升机将挖除的土装入橡胶桶提升至孔外,再用小推车推离孔边。

5.2.3 安装护壁钢筋与护壁模板

5.2.3.1 采用外齿形护壁,设置 $\phi8$ 钢筋网@ 20cm × 20cm,上下主筋搭接,搭接长度 20cm。

5.2.3.2 护壁模板采用定型钢模板,壁厚 2mm,模板高度为 1m,分成 4 块,背肋ϕ 14 钢筋,模板之间用螺栓连接。

5.2.4 灌注护壁混凝土

5.2.4.1 待第一节挖完之后,及时进行护壁混凝土施工,用 C20 自拌混凝土,添加早强剂,坍落度控制在 8 ~ 12cm。

5.2.4.2 遇到较松散土层,为防止护壁混凝土脱落,在护壁混凝土施工时斜向下插入 $\phi10$ 钢筋,钢筋长度 30cm,其中插入井壁后土层的深度为 20cm。

5.2.4.3 护壁混凝土厚度(以 19m 桩长计算)计算。

桩径取 $D=1.2\text{m}$、孔深取 19m 计算(从现状地面算起,取保守值)。

根据路桥施工计算手册公式

$$P = \gamma H \tan^2(45° - \varphi/2)$$

式中:P——土的最大侧压力;

γ——土的重度;

H——桩长 19m;

φ——土的内摩擦角,粗砾土、砾砂土、砾石取 30°,亚黏土取 23° ~ 24°,保守取 20°。

则 $P = 20 \times 19 \times \tan^2(45° - 10°) = 186.3\text{kN/m}^2$

护壁厚度为

$$t = kN/f_c$$

式中:N——$PD/2 = 186.3 \times 1.2/2 = 111.78\text{kN/m}$;

f_c——护壁混凝土轴心抗压强度,施工时应取混凝土一天的实际增长强度进行施工;

k——安全系数,取 1.65。

则 $t = kN/f_c = 1.65 \times 111.78/10 = 18.44\text{mm}$

结论:为了确保安全,提供足够的安全系数,结合以往施工经验,护壁下部厚度取 4cm,上部取 12cm。护壁剖面如图 4 所示。

5.2.5 拆模

待护壁混凝土强度达到 1MPa 进行拆模。

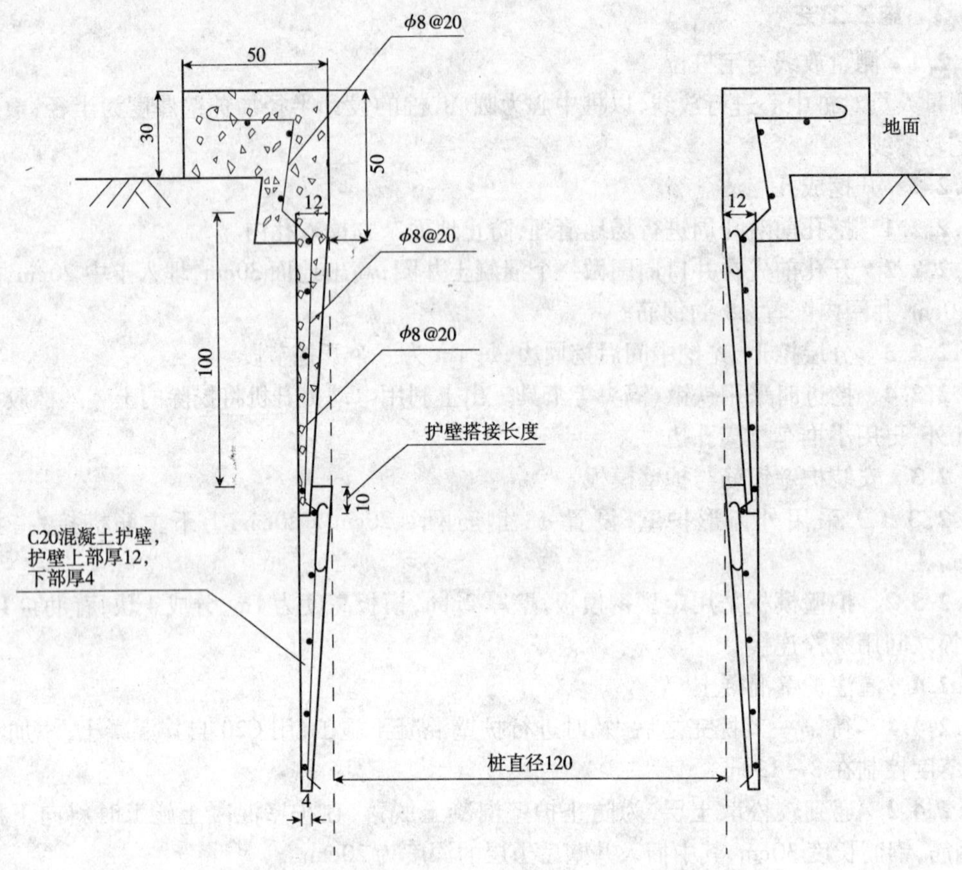

图4 护壁剖面示意图(尺寸单位:cm,钢筋单位:mm)

5.2.6 验底

重复作业至设计高程后,通知地勘单位、建设单位、监理单位验底。根据设计要求对持力层进行检查,其次对成孔孔径进行检查,如有需要应进行扩孔。扩底部分先挖桩身圆柱体,再按扩底尺寸从上至下修成扩大头。

5.2.7 钢筋笼加工

钢筋笼的加工和制作集中在钢筋加工场进行。钢筋笼直径、长度,钢筋间距以及焊接质量须满足规范要求。

5.2.8 吊装钢筋笼

成孔检验合格后,吊装钢筋笼。将钢筋笼用平板车运至孔口,吊装采用吊车两点起吊。第一吊点设在钢筋笼顶部的加劲箍处,第二吊点设在骨架长度的中部偏下。采用米字法对钢筋笼进行定位。用钢筋与钢筋笼的主筋相焊接,并与孔口型钢连接固定。通过混凝土井圈顶高程,推算钢筋笼入井圈深度,并准确安装定位。

5.2.9 灌注桩身混凝土

采用串筒灌注桩身 C30 混凝土,坍落度 12 ~ 16cm。串筒底距离浇筑面不大于 2m,混凝土分层高度 60cm。采用插入式振捣器振捣密实。到达设计桩顶高程后,超灌 50cm。

5.2.10 成桩验收

成桩后,应对基桩进行 100% 无破损检测。

6　质量保证措施

6.1　质量措施

6.1.1　建立以项目经理为核心的质保体系。现场挂牌作业，责任到人。

6.1.2　钢筋原材强度必须符合设计要求，每一批进场钢筋要有出厂质量证明书，每60t为一批进行原材试验。

6.1.3　混凝土强度必须符合设计要求及施工规范规定。施工过程中应连续供应足够量的混凝土，防止因灌注间隔时间过长出现事故。

6.1.4　严格执行三检制度，自检合格后报监理验收，桩基施工过程均由专职质量员进行全程监控。混凝土灌注时，每根桩做1组试块，送专业试验室进行抗压强度试验。钢筋笼加工必须符合施工规范要求，同时对主筋连接做现场取样试验。

6.1.5　孔深、孔径、垂直度必须符合设计要求，严格控制笼顶高程。

6.1.6　成桩后应对基桩桩身质量进行无破损检验。

6.2　质量标准

6.2.1　钢筋笼制作与安装

6.2.1.1　基本要求

(1)钢筋、机械连接、焊条等的品种、规格和技术性能应符合国家现行标准规定和设计要求。

(2)冷拉钢筋的机械性能必须符合规范要求，钢筋平直，表面不应有裂皮和油污。

(3)受力钢筋同一截面的接头数量、搭接长度、焊接和机械接头质量应符合施工技术规范要求。

(4)钢筋安装时，必须保证设计要求的钢筋根数。

(5)受力钢筋应平直，表面不得有裂纹及其他损伤。

6.2.1.2　钢筋笼安装允许偏差，见表4。

钢筋笼安装允许偏差表　　表4

项次	检查项目	规定值或允许偏差(mm)	检查方法和频率
1	受力钢筋间距	±20	尺量：每构件检查2个断面
2	箍筋间距	±10	尺量：每构件检查5～10个间距
3	钢筋笼直径	±5	尺量：按骨架总数30%抽查
4	保护层厚度	±10	尺量：每构件检查8处

6.2.1.3　外观鉴定

钢筋表面无铁锈和焊渣。

6.2.2　挖孔桩

6.2.2.1　基本要求

(1)桩身混凝土所用的水泥、砂、石、水、外掺剂及混合材料的质量和规格必须符合有关规范的要求，按规定的配合比施工。

(2)挖孔达到深度后，应及时进行孔底处理，必须做到无松渣、淤泥等扰动软土层，使孔底情况满足设计要求。

(3)嵌入承台的锚固钢筋长度不得小于设计规范规定的最小锚固长度要求。

6.2.2.2 挖孔桩允许偏差,见表5。

挖孔桩允许偏差　　表5

项次	检查项目	规定值或允许偏差	检查方法与频率
1	混凝土强度(MPa)	在合格标准内	按《公路工程质量检验评定标准》(JTG F80/1—2004)附录D检查
2	孔深(m)	不小于设计值	测绳量:每桩检查
3	孔径(mm)	不小于设计值	探孔器:每桩测量
4	桩位(mm)	50	用全站仪或经纬仪:每桩检查
5	倾斜度(mm)	0.5%桩长,且不大于200	垂线法:每桩检查

6.2.2.3 外观鉴定

桩顶面应平整,桩柱连接处应平顺且无局部修补。

7 安全文明施工措施

7.1 成立以项目经理为首的安全专项领导小组,做好施工现场安全保证和防护检查工作。施工现场落实安全防护措施,做好现场安全防护工作。分解安全责任,落实到人。进行安全入场教育,加强参加施工人员安全意识。

7.2 从事挖孔作业的工人应经健康检查和操作安全培训。

7.3 施工前对挖桩专业队做安全交底,并熟悉施工方案。

7.4 井口四周设护栏。孔内作业时,井口周围3m内不得有机动车行驶或停放。土石料不得堆放在井口,其堆放位置距井口的最小距离不小于2m,堆放高度不超过1m。

7.5 下孔人员必须戴安全帽、穿绝缘鞋、戴绝缘手套,井口人员系好安全带。在井圈锁口梁预埋两根ϕ20钢筋,外露10cm,用于固定作业人员上下用的软梯等。

7.6 孔口上下作业人员保持联系,随时注意孔壁变化,发现异常情况应立即协助孔内人员撤离,待确定好处理措施后再进行施工。

7.7 孔下人员作业时,为了保证其人身安全,设置安全棚,以孔内1/2面积为宜。运土过程中,井上、井下人员必须及时沟通,井下人员进入安全棚以后才能启动提升机运土。当从井底往上吊土时,孔下作业人员必须躲到安全棚内,防止运土桶上升过程中磕碰孔壁或遗洒土块。待空桶缓缓送至井下人员胸前时,方可出安全棚继续作业。安全棚搭设如图5所示。

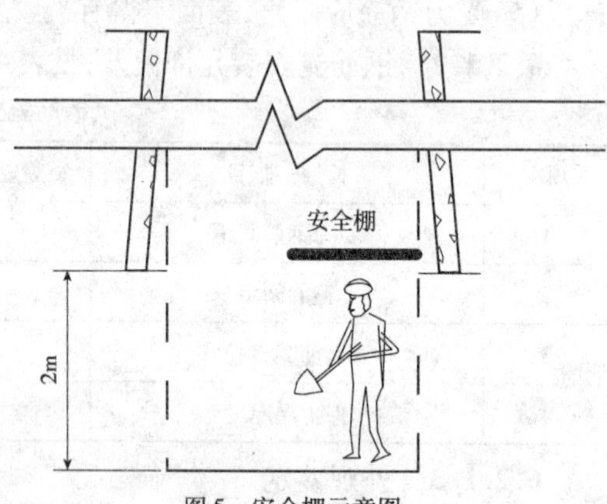

图5　安全棚示意图

安全棚为半圆,直径为桩径+20cm,放置在护壁接口位置。安全棚采用3~5cm厚硬木,其上装钉3cm×3cm木方带,安全棚下方用支架将其加固。

7.8 遇到不良土层时,开挖步距减小为50cm。

7.9 每次装土量不得超过提升机载重的2/3,同时不超过空桶高度的2/3。运送速度要均匀,防止土块、石块掉下。

7.10 在挖进过程中,随着孔深的增加应相应增加孔内通风设施。

7.11 施工人员每天进入孔位挖孔之前,先用鼓风机向井内送风,然后测试孔内的空气。

7.12 挖孔桩位置必须设置明显标志。当无人施工时必须采用钢筋篦子覆盖,以防人或动物掉入井内,并安排值班人员巡视,非作业人员不得靠近。在每个挖桩范围内采用密布网隔离。

7.13 料具及构件码放整齐,各种料具应按施工现场平面图指定位置存放。

7.14 施工区域和生活区域应有明确划分,并应划分责任区,设标志牌,分包到人。保持施工现场整洁。

8 环境保护措施

8.1 成立环境保护领导小组,对全体参加施工人员进行环保培训。

8.2 使用低噪声、低振动设备,参施人员严禁在现场大声喧哗,减少噪声与振动。临近村庄的路段,夜间10:00以后严禁使用高噪声设备作业。

8.3 在施工过程中应注意对河道内环境的保护,设置警示牌,避免河道的污染,不向其中排放废水、废弃物,不因施工造成水体污染。

9 应急预案

9.1 成立应急救援领导小组

建立以项目经理任组长,项目总工、各部室负责人和各施工队队长为成员的应急救援组织机构。

安全事故应急领导小组下设:应急行动组、疏散引导组、通讯联络组、外部协调组、物资设备保障组、资金保障组、抢险救援组、安全防护组、救护组和运输队,其他负责人由项目领导、各部室负责人和各施工队队长担任。应急救援时由组长统一指挥,各分工小组各负其责,齐心协力实施救援任务。

9.2 可能发生的危险情况

9.2.1 孔壁坍塌

9.2.1.1 进行抢救时首先必须及时仔细观察坍塌情况,再实施处理方案。

9.2.1.2 施工现场发生孔壁坍塌造成人员伤亡时,立即将伤员送往就近医院治疗,同时向总监办、驻地办及项目处报告伤员人数、伤者情况及地址和联系电话。

9.2.2 有害气体

9.2.2.1 进行抢救时,首先必须使用鼓风机进行换气至燃烧的蜡烛慢慢吊至孔底时不熄灭为止,再实施抢救方案。

9.2.2.2 施工现场发生有害气体中毒造成人员昏迷时,立即将昏迷人员送往医院进行治疗,同时向项目部、总监办和驻地办报告中毒人数、原因和伤员的联系电话和住址。

9.2.3 物体打击

当孔口不慎有物体或砂石落入孔内,孔内安全棚失效造成人员砸伤时,应立即对伤者进行简易包扎止血处理后,及时将受伤人员送往医院进行治疗。

§3　桥梁桩基冲击成孔施工方案

1　编制依据

1.1《××工程施工组织设计》

1.2　《××工程施工图》

1.3　《公路桥涵施工技术规范》(JTG/T F50—2011)

1.4　《公路工程质量检验评定标准》(JTG F08/1—2004)

2　工程概况

本工程桥梁桩基36根,均为嵌岩桩。桩径分为1.2m和1.3m两种形式。其中桩径1.2m的桩基位于0号和3号桥台,数量为24根,桩长为14m。桩径1.3m的桩基位于1号和2号墩位,数量为12根,桩长为15m。

地质条件:该桥的地质报告显示从上到下分别为:5m厚的粉质黏土、3.3m厚的角砾土、1.5m厚的强风化砂岩和17m厚的中风化砂岩。

水文条件:本桥所处位置地表水较发育,常年流水;地下水也较发育,埋藏深度较浅,水位埋深10m。地下水主要以松散岩类孔隙水、风化带裂隙水、基岩裂隙水为主。

由于地质均属于较薄的覆盖土层加较深的岩层,因此桩基采用冲击钻成孔,水下C25混凝土灌注。

3　施工准备

3.1　技术准备

3.1.1　组织技术人员熟悉工程地勘资料及施工图纸,学习相关施工规范及质量标准。

3.1.2　按设计图纸和给定的坐标点测设轴线定位桩和高程控制点,并据此放出桩位。各种测量成果均须得到驻地测量工程师的书面批复。

3.2　现场准备

3.2.1　施工现场场地平整,在桥区的周围到混凝土搅拌站中间修建临时道路。该便道长1200m,下为土路基基础,上为20cm厚的泥结碎石路面,宽度为7m,两侧各留有50cm宽的土路基。在跨越河道的位置为了保证便道通行的同时不影响河水的流畅,临时修筑直径为1500mm的钢筋混凝土管涵。圆管分成3排,每排有8节管底,两侧以及管与管之间的空隙用C25素混凝土包封,底下及两侧包封厚度为10cm,其上是厚度为20cm的钢筋混凝土铺装层。在管涵的两头设置刷红白漆钢筋护栏。

3.2.2　施工用水:桥梁施工跨越现况河,河中水流丰富且比较洁净,符合施工用水的需求,故直接取自现况河。

3.2.3　施工用电:采用混凝土搅拌站的变压器(400kVA),以空中架设的方式接到该桥区使用。

3.2.4　场站建设:在桥梁左侧建混凝土搅拌站用于工程施工。该搅拌站的生产能力为$45m^3/h$,运距为1200m。

4　施工部署

4.1　施工组织机构

成立以项目经理为组长、项目副经理为副组长的组织机构，下设技术、质量、工程、安全、试验、测量等部室，安排两个桩基施工队，如图 1 所示。

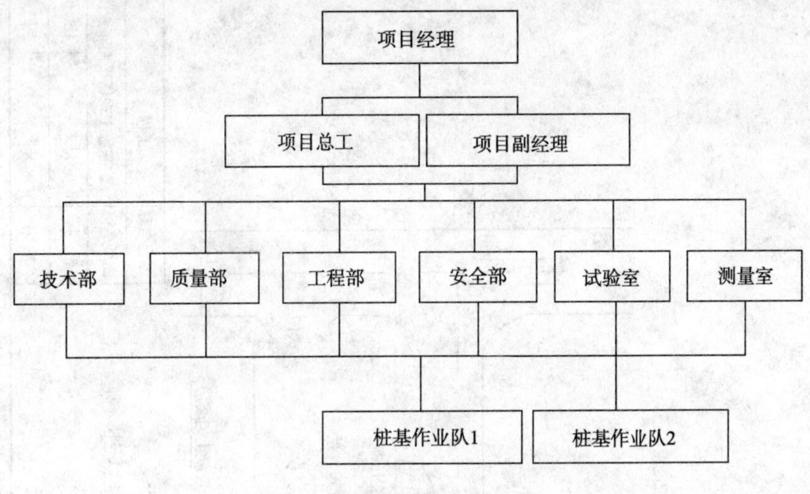

图 1　组织机构图

4.2　施工安排

桩基施工顺序：桩径 1.3m 的桩基由 2 台钻机施工，1 号墩和 2 号墩各 1 台，由右幅向左幅平行施工；桩径 1.2m 的桩基由 4 台钻机施工，0 号台和 3 号台各 2 台，由右幅向左幅交错施工。

桩基施工现场平面布置如图 3 所示。

4.3　工期计划

该桥平均一根桩基的成孔时间为 7 天，每一根桩平均成孔后 1 ~ 2 天灌注混凝土，确定桩基的施工计划时间为 54 天。工期计划横道图如图 2 所示。

序号	分项工程	工程量	持续时间	单位：d					
	名称		(d)	10	20	30	40	50	60
1	施工准备		10						
2	钢筋笼加工	36个	30						
3	成孔	36个	42						
4	灌注混凝土	$700m^3$	35						

图 2　工期计划横道图

4.4　投入的主要机械设备

主要机械设备见表 1。

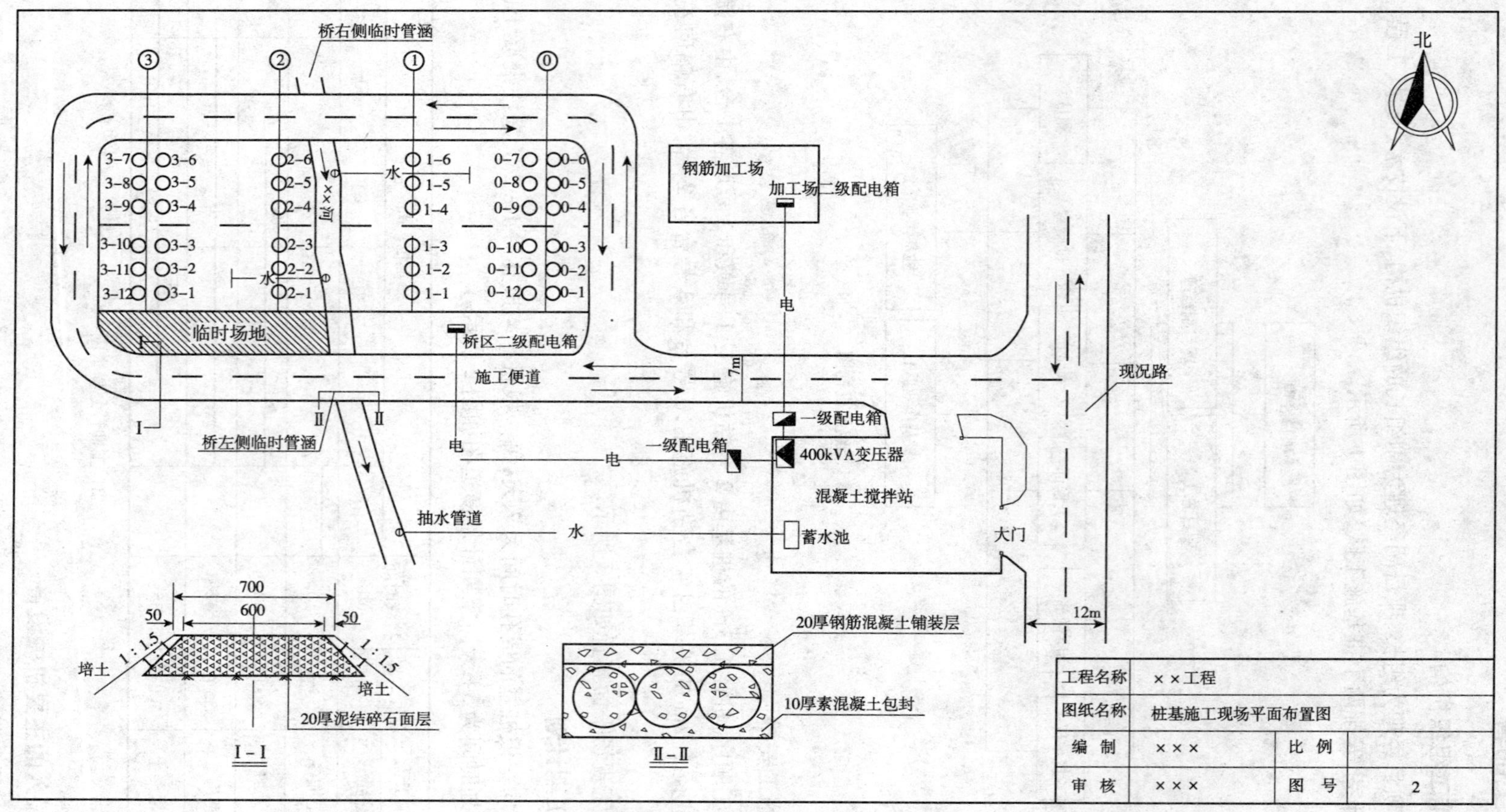

图3 桩基施工现场平面布置图（尺寸单位：cm）

主要机械设备表　　表1

序号	设备名称	规格型号	单位	数量
1	冲击钻(钻头直径1.2m)	CZ30－80	台	4
2	冲击钻(钻头直径1.3m)	CZ30－80	台	2
3	混凝土罐车	$8m^3$	辆	3
4	搅拌站	$0.75m^3$	套	2
5	钢筋弯曲机	GJB7－40B	台	3
6	电焊机	BX1－500	台	8
7	发电机	120GF18	台	3

4.5 主要材料准备

主要材料见表2。

主要材料表　　表2

序号	名称	规格型号	单位	数量
1	钢筋	ϕ22	t	37.34
2	钢筋	ϕ20	t	2.7
3	钢筋	ϕ10	t	7.4
4	碎石	0.3～3cm	m^3	620
5	砂子	中砂	m^3	300
6	水泥	P.O 42.5	t	245

4.6 劳动力准备

劳动力计划见表3。

劳动力计划表　　表3

序号	工种	数量(人)	序号	工种	数量(人)
1	钢筋工	10	4	电焊工	4
2	机械操作工	8	5	电工	1
3	混凝土工	5	6	力工	5

5 主要施工方法

5.1 施工工艺流程

制备泥浆↓（至钻孔）；钢筋笼制作↓（至吊放钢筋笼）

场地平整→测量放样→埋设护筒→钻机就位→钻孔→清渣→成孔检验→清孔→吊放钢筋笼→灌注混凝土→成桩

5.2 施工工艺

5.2.1 场地平整

施工前,对施工场地进行清理并整平夯实,清除桩位施工范围内各种障碍,便于施工机械出入和钻进作业。

5.2.2 测量放样

平面控制网采用三角控制网形式。利用复核后的导线点、水准点,用全站仪精确定出桥桩的中线,然后分别沿顺桥向和横桥向设置牢固的控制桩。桥梁桩位必须反复校核,护筒埋置后,再次进行校核。确认无误后进行“米”字栓桩,为钻头找中、钢筋骨架找中等后续工作创造条件。尤其在钻孔过程中要严格保护控制桩,不得损坏。

5.2.3 埋设护筒

护筒采用6mm厚钢板制作,埋设护筒以固定桩位、钻孔导向、隔离地表水、提高孔内水头及防止孔壁坍塌。护筒直径一般比钻头直径大10cm。护筒位置必须设置正确,四周应回填黏土,分层夯实。护筒埋入原状土深度不小于2m,护筒顶端高出地表30cm以上。

5.2.4 钻机就位

钻机安装就位后,底座和钻架应平稳,钻头与桩孔中心严格对中,拉好揽风绳。对钻头直径、测绳标码进行检查,测量护筒顶高程,作为测量孔深及桩顶高程的控制。钻机就位后要对桩位进行复测,经监理验收合格后,方可进行下一道工序。

5.2.5 制备泥浆

冲击过程中采用黏性土自造浆护壁,边冲击边掏出渣料,不断注入水和黏土块,随时保持孔内水头高度,保证在冲击过程中不塌孔。调制的护壁泥浆应达到相对密度1.2~1.4 g/cm^3、黏度22~30Pa.s。

5.2.6 钻孔

施工中钻头中心应对准护筒中心,开始冲击前,先注入清水,用钻机缓慢冲击,待制备的泥浆符合要求并且成孔至护筒底口1m以后,据地层情况以正常速度冲击。

钻机开钻后保持连续作业,钻进过程中经常检查钻机的水平度。钻进过程要有专人盯守,做好钻孔原始记录,交接班时要交代钻进情况及下一班要注意的事项。要经常对钻孔泥浆进行检测和试验,不合要求时要随时调整。在地层变化时要捞取渣样,判明后记入记录表中,并与地质剖面图核对。

钻进过程中经常检查桩径、中心位置、钻头垂直度和泥浆比重,如有偏差,及时采取措施进行调整,保证桩基施工质量。在钻孔排渣或因故停钻时,要保持孔内具有规定要求的泥浆相对密度及黏度。因故停钻时,必须将钻头提出孔外。掏渣后应及时向孔内添加泥浆或清水以维护水头高度。泥浆不可一次性投入过多,以免黏锥、卡锥。

5.2.7 清渣

当钻渣增多,钻速下降,即需掏渣一次,一般钻进0.5~1.0m掏渣一次。掏渣采用掏渣器。在坚硬地层中钻速降到5cm/h,松软地层中钻速降到15cm/h,需进行抽渣。抽出的钻渣必须随时取渣检验,以分析地质情况,确定钻孔深度。钻孔过程中,对抽渣、投入的片石及黏土坯数量要做好记录,钻进资料要齐全、完整。

5.2.8 成孔检验

钻孔达到设计深度后,对孔深、孔径进行检查,使用检孔器验孔。检孔器采用ϕ22主筋,ϕ14箍筋加工而成。检孔器外径为钻孔桩钢筋笼直径加10cm,长度为外径的4~6倍,上下各0.5m成圆锥状。若检孔器能顺利下放至孔底,则该孔符合设计要求。若不符合垂直度要求,更换稍大的钻头进行重复扫孔,直至符合要求为止,并经监理验收合格后进行清孔。

5.2.9　清孔

钻进时，冲碎的钻渣一部分连同泥浆被挤入孔壁，大部分靠掏渣筒清除，少量钻渣可以通过投入1～2袋水泥，用钻锥反复冲击数次，使孔内泥浆、钻渣和水泥形成混合物，然后清孔掏出。掏渣时孔内水位保持足够的水头以防塌孔。清孔后，从孔底提出泥浆试样，进行性能试验，试验结果和孔底沉淀厚度要符合设计要求。

5.2.10　钢筋笼的制作

5.2.10.1　钢筋的焊接、绑扎

主筋的接头采用搭接焊，错开布置。受拉区同一截面钢筋接头数量不大于50%。焊接接头错开距离不小于35d（d为钢筋直径），且大于50cm。当双面焊接时，焊缝长度不应小于5d；单面焊接时，焊缝长度不应小于10d。搭接焊时，两钢筋搭接端部应预先折向一侧，使钢筋轴线一致。主筋焊接所用焊条采用J502型，箍筋搭接长度为35d。主筋与加强筋间采用点焊，主筋与螺旋箍筋间采用绑丝绑扎连接。钢筋骨架在现场组装，成形后骨架架空堆放。钢筋笼成型后，经质检员和监理工程师检验合格后方可使用。

5.2.10.2　钢筋笼保护层

为确保钢筋笼保护层厚度，设计定位钢筋，保证钢筋笼在下吊过程中及浇筑混凝土时的保护层厚度，间距2m一道，一个断面设4根。

5.2.11　吊放钢筋笼

桩基的钢筋笼分段安装，在孔口以焊接的方式连接。钢筋笼的支撑体系固定在护筒周围的平地上。采用吊车吊放钢筋笼时选好吊点，防止钢筋笼发生变形。应注意检核桩基的检测管位置准确，焊接牢固。在吊放钢筋笼及浇筑混凝土时应注意保护检测管，管内不得有杂物。

具体吊装方法如下：

钢筋笼上设置吊环，吊环采用直径为25mm未经冷拉的Ⅰ级热轧钢筋，长度通过计算确定。在钢筋笼两头各使用一根钢丝绳，两端同时起吊。吊装时应缓慢，钢筋笼顶上升速度要比笼底上升速度快，待达到竖直后使钢筋笼的中心与孔中心吻合。安放过程中要缓缓下放，防止刮掉护壁土，增加沉淀层厚度。在钢筋笼下孔后要对钢筋笼的中心重新校验，防止钢筋笼偏位，保证保护层厚度。待钢筋笼进入孔口后，对钢筋笼进行过程固定。在孔口进行焊接，待主筋焊接完毕后，敲掉焊皮。吊车重新挂钩继续缓慢下放，直至钢筋笼下吊完毕。

钢筋笼放置到设计高程后，固定钢筋笼，将骨架调整在孔中心。在孔口采取4点固定，将钢管穿在钢筋笼中，两头采取临时装置固定。

5.2.12　灌注混凝土

灌注混凝土前，再次检查孔内泥浆性能指标和孔底沉淀层厚度。如超过规范要求，要进行二次清孔。符合规范要求后，经监理确认方可进行混凝土的灌注。

5.2.12.1　采用导管灌注水下混凝土

参见本书中“§1　桥梁桩基旋挖成孔施工方案”中的5.2.11.1和5.2.11.2。

5.2.12.2　灌注水下混凝土

参照本书中“§1　桥梁桩基旋挖成孔施工方案”中的5.2.13。

5.2.13 成桩

按规范要求制作试件，对试件进行标准养护，强度检测后填写试验报告。灌注桩完成后，进行无破损检测及声测。

5.3 冬期施工措施

5.3.1 冬期钢筋焊接采取防风保温措施。

5.3.2 冬期运送混凝土的罐车要加保温套，在混凝土中添加防冻剂。

6 质量保证措施

参照本书中“§1 桥梁桩基旋挖成孔施工方案”中的6。

7 安全文明施工措施

参照本书中“§1 桥梁桩基旋挖成孔施工方案”中的7。

8 环境保护措施

参照本书中“§1 桥梁桩基旋挖成孔施工方案”中的8。

§4 钢板桩围堰施工方案

1 编制依据

1.1 《××工程施工组织设计》

1.2 《××工程施工图》

1.3 《公路桥涵施工技术规范》(JTG/T F50—2011)

1.4 《钢结构设计规范》(GB 50017—2003)

1.5 《建筑基坑支护技术规程》(JGJ 120—99)

2 工程概况

本工程桥梁上部结构为先简支后连续小箱梁,下部结构采用桩柱式桥墩、桥台,桥梁全长508m。施工需跨越一条宽220m的天然河流。水中墩已筑岛,在筑岛上对6个墩位分别进行钢板桩围堰施工。

地质条件:人工填土,层厚2.5m;粉质黏土,层厚6.5m;粉土,可塑状,层厚3m。

水文条件:场地的地下水主要是潜水、微承压水及承压水,含水层厚度大,渗透性强。地下水由海水补给,因水力坡度较小而径流缓慢,排泄以侧向径流为主。潜水和海水联系紧密,互相连通,水力联系强烈。

钢板桩围堰尺寸:长×宽=16m×4m,开挖深度均为7.6m。选用12m长拉森Ⅳ型钢板桩,钢板桩立面及剖面如图1、图2所示。组合完成后的钢板桩围堰支护体系如图3、图4所示,其剖面如图5所示。

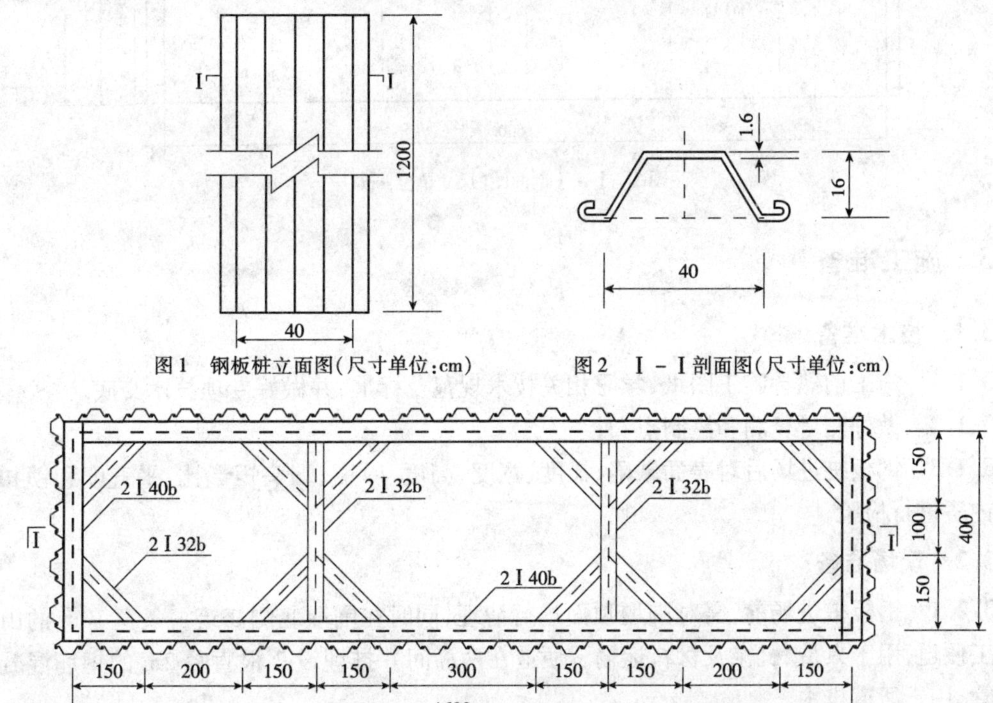

图1 钢板桩立面图(尺寸单位:cm)

图2 Ⅰ-Ⅰ剖面图(尺寸单位:cm)

图3 钢板桩围堰第一道支撑支护体系平面图(尺寸单位:cm)

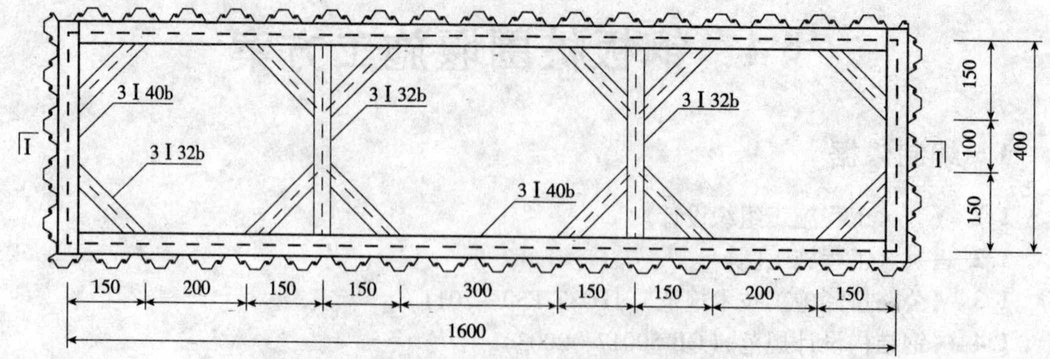

图 4　钢板桩围堰第二道支撑支护体系平面图(尺寸单位:cm)

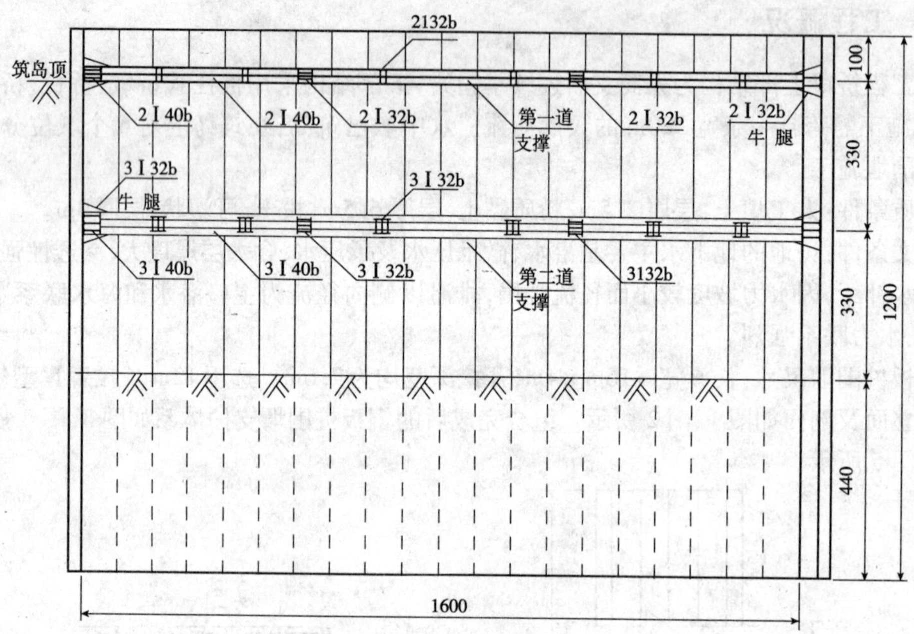

图 5　I - I 剖面图(尺寸单位:cm)

3　施工准备

3.1　技术准备

3.1.1　施工前熟悉施工图纸,学习相关技术规范及标准,并做好专项技术交底。

3.1.2　做好测量复测和控制点布控。

3.1.3　钢板桩进场后对表面缺陷、长度、宽度、高度、厚度、端头矩形比、平直度和锁扣形状等内容进行检验。

3.2　现场准备

3.2.1　钢板桩进场前,需对围堰顶面进行清理,同时在围堰北侧修筑一条宽 10m 的山皮石施工便道,用于人员、机械及材料运输。便道在两岛间并排埋设 7 根直径 2m 的钢筋混凝土排水管,用于河道排水。

3.2.2　施工用电:施工用电从现场附近 350kVA 变压器接入,一组发电机备用。

3.2.3 施工用水:采用两台水车供水。

4 施工部署

4.1 组织机构

施工组织机构图,如图6所示。

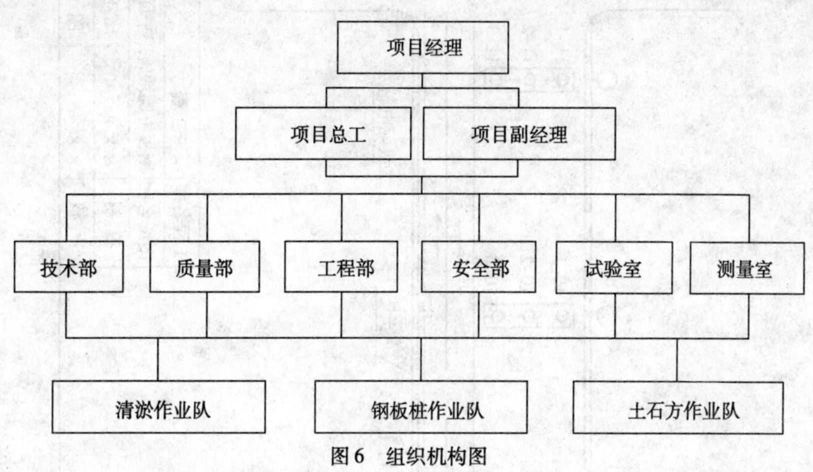

图6 组织机构图

4.2 施工安排

按照施工进度要求,钢板桩施工顺序为自11号墩开始,依次向6号墩推进。钢板桩围堰施工平面布置及水位对比图,如图7、图8所示。

4.3 工期安排

计划共投入2套180根钢板桩平行施工,每套钢板桩倒用3次。单项施工工期为:钢板桩围堰打设20天/个(含基坑开挖、内支撑安装),拔除5天/个(含基坑回填、内支撑拆除),总工期约为140天。工期计划横道图,如图9所示。

4.4 主要机械设备

投入的主要机械设备见表1。

机械设备表 表1

序号	设备名称	规格型号	单位	数量
1	履带吊	QUY50	台	1
2	振动锤	YZC350	台	1
3	电焊机	BX5	台	6
4	氧炔切割设备	CG1-30	套	4
5	发电机	KMS100	台	1
6	潜水泵	100WQ100-40-22	台	2
7	潜水泵	50QW25-32-5.5	台	8

4.5 主要材料准备

主要材料见表2。

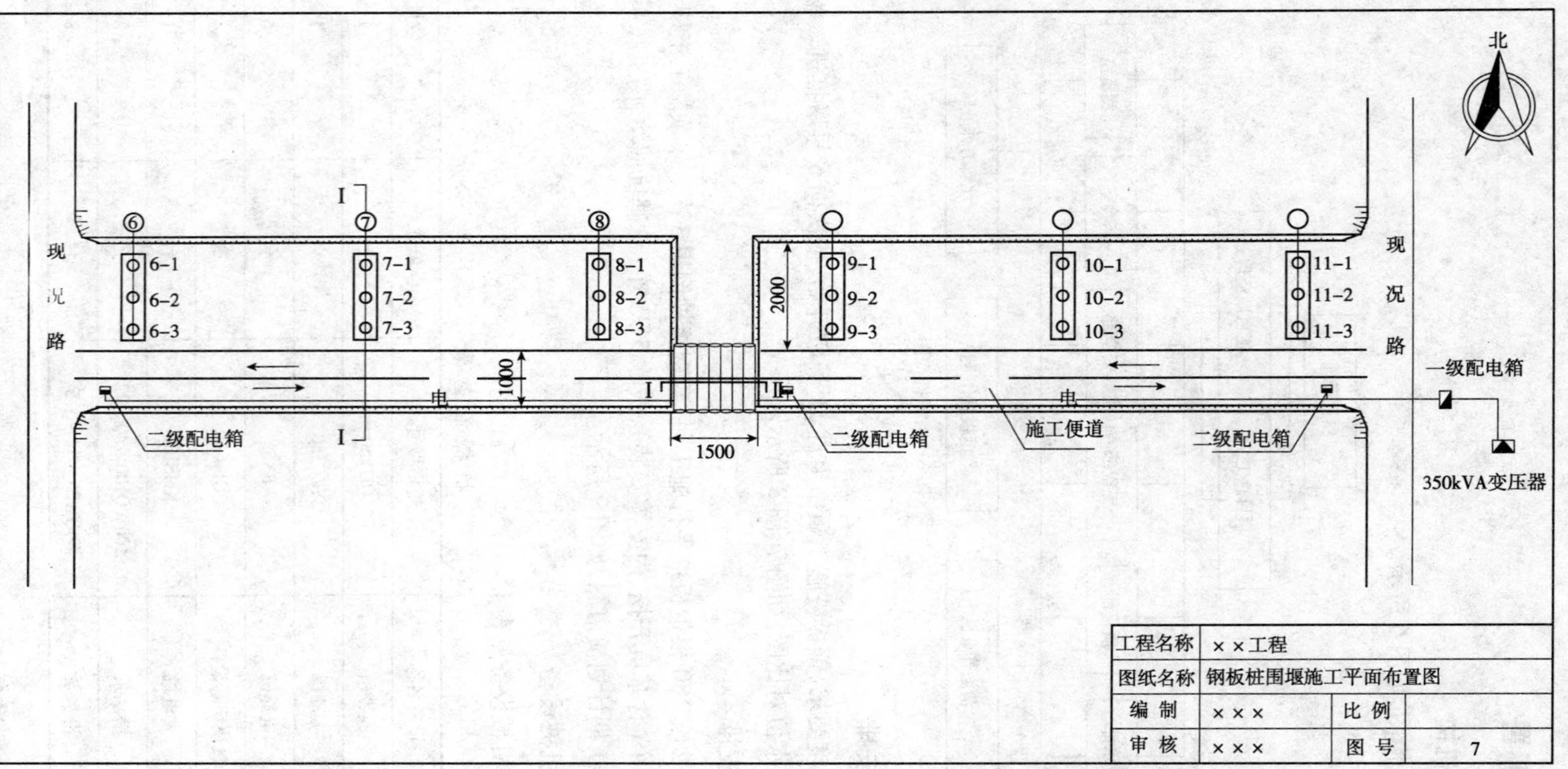

图7 钢板桩围堰施工平面布置图（尺寸单位：cm）

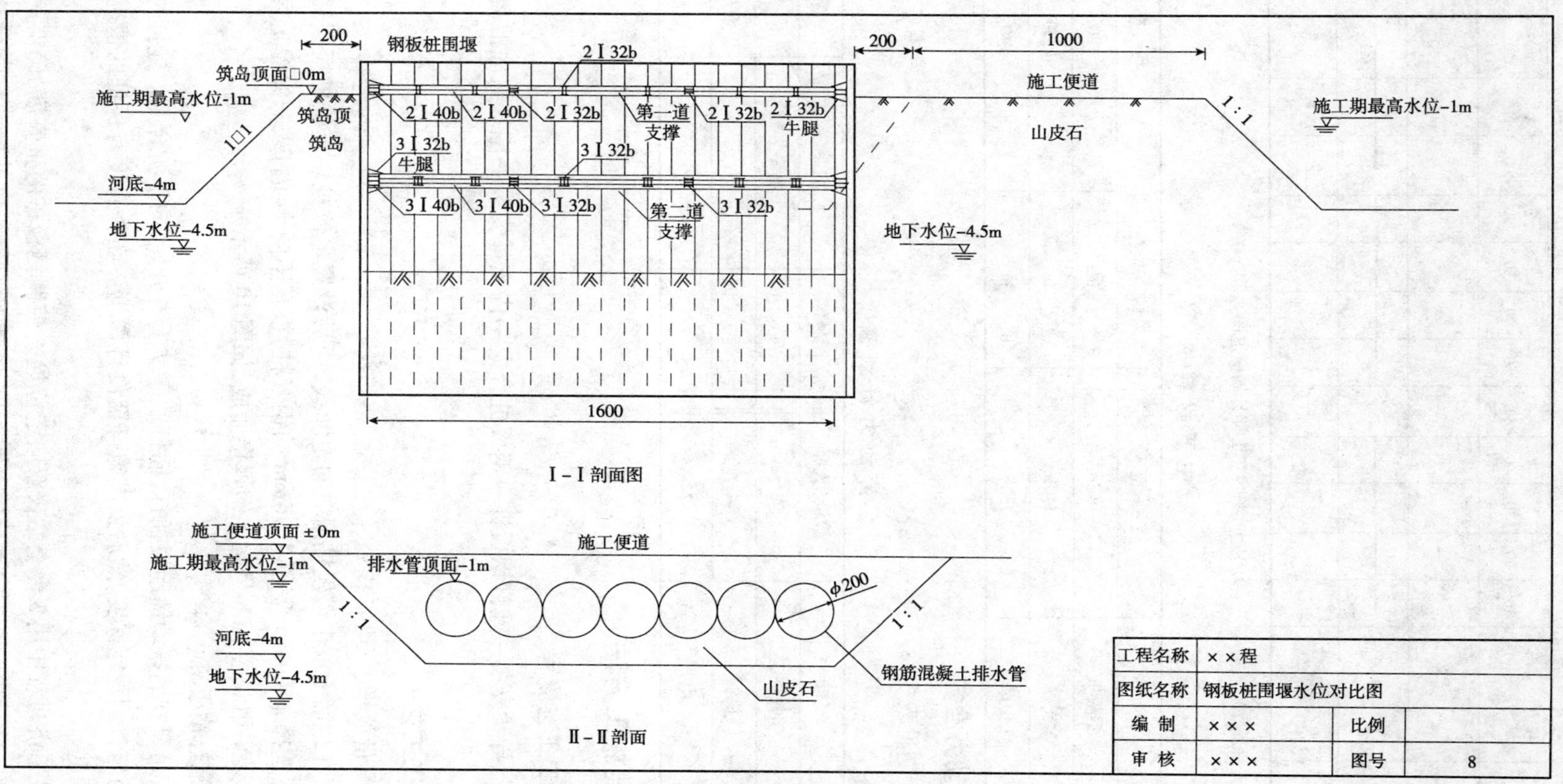

工程名称	××程		
图纸名称	钢板桩围堰水位对比图		
编 制	×××	比例	
审 核	×××	图号	8

图8 钢板桩围堰水位对比图（尺寸单位：cm）

序号	分项工程名称	工程量	持续时间(d)	单位：d													
				10	20	30	40	50	60	70	80	90	100	110	120	130	140
1	施工准备		5														
2	钢板桩打设	6个	60														
3	钢板桩拔除	6个	15														

图9　工期计划横道图

主要材料表　表2

序号	名　称	规格型号	单　位	数　量
1	钢板桩	12m拉森Ⅳ型	根	180
2	支撑	I40b	m	1200
3	支撑	I32b	m	140

4.6　劳动力准备

劳动力计划见表3。

劳动力计划表　表3

序号	工种	数量(人)	序号	工种	数量(人)
1	打桩工	8	4	电焊工	6
2	机械工	4	5	力工	20
3	电工	2			

5　主要施工方法

5.1　施工工艺流程

测量放样、导梁安装→施打钢板桩→钢板桩合龙→内支撑安装→围堰封底混凝土→拔除钢板桩

5.2　施工工艺

5.2.1　测量放样、导梁安装

用经纬仪在地面上放出钢板桩围堰的轮廓线，而后设置定位桩。定位桩根据插打的深度选择。一般可选择ϕ600mm、壁厚为16mm的钢管桩，根据不同土质打入非淤泥土层的深度宜为4～6m。导梁采用双层I40b号工字钢焊接而成，如图10所示。

5.2.2　施打钢板桩

采用履带吊悬挂的振动锤逐根插打，插打顺序从上游开始，向下游合龙。施打时宜将钢板桩逐根或逐组施打到稳定深度，然后依次施打至设计深度。在垂直度有保证的情况下也可一次打到设计深度。

在钢板桩下沉过程中用2台全站仪双向定位检查控制钢板桩的垂直度，确保第一片桩的位置和垂直度。然后向左右方向逐片插打钢板桩，直到所有钢板桩全部插打完成并合龙。围

堰内导梁则作为围堰第一道内支撑。施打时，应随时检查位置、垂直度，不符合要求应立即纠正或拔起重新施打。

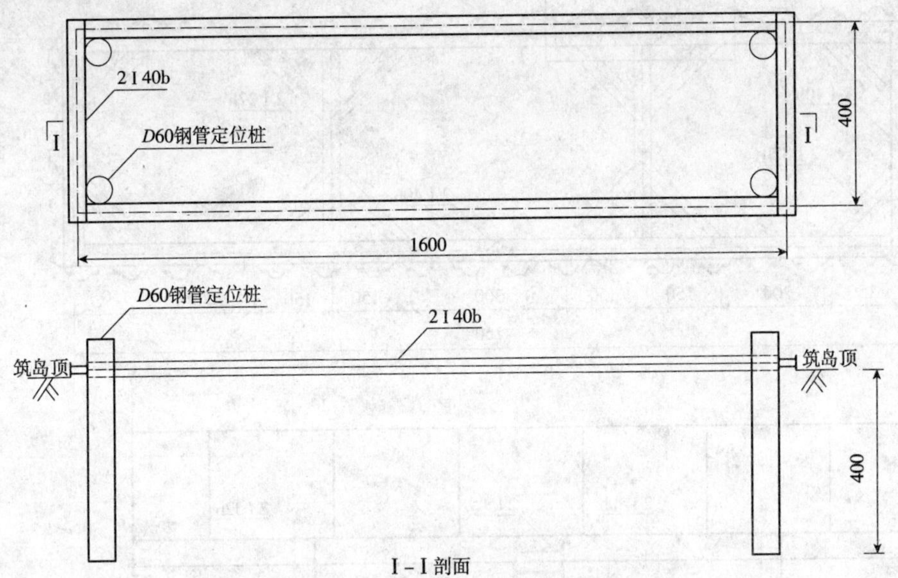

图 10　定位桩、导梁施工图(尺寸单位:cm)

围堰角点钢板桩会出现转角的情况，施工围堰转角处时优先选用定型转角桩。在不能施工转角桩时，可根据现场实际尺寸，用 2 根钢板桩焊接拼装成 1 根转角桩进行施打。转角桩焊接必须牢固、密封。

5.2.3　钢板桩合龙

由于钢板桩打设的垂直度、平面位置的误差原因，很难按照预定的合龙位置完全合龙，每个围堰可设置 2 个合龙用钢板桩。做法是：用 1 根板桩从纵向切割开，在切割缝处焊接 L 形 A3 钢板，在合龙处插打，保证围堰合龙，如图 11 所示。

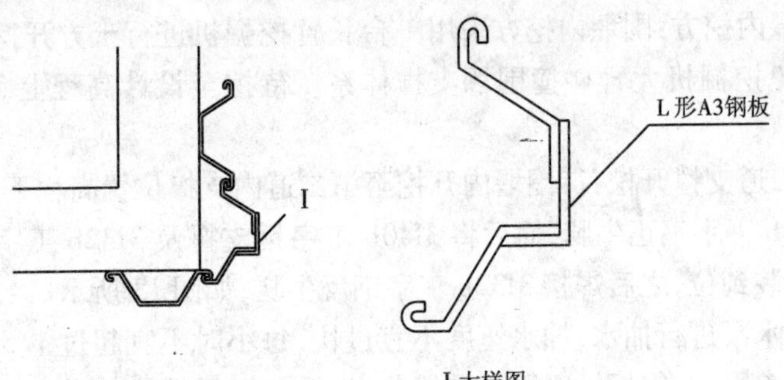

图 11　钢板桩围堰合龙大样图

5.2.4　支撑安装

5.2.4.1　第一道支撑安装：围堰合龙后，将 2I32b 工字钢斜角撑、中横梁按设计位置与导梁焊接。在牛腿设计位置人工开挖出正牛腿焊接工作面，而后将 2I32b 工字钢牛腿与钢板桩焊接，待焊接完毕后即可焊接 2I32b 工字钢反牛腿。导梁每长边设置 5 组正牛腿、3 组反牛腿，每短边设置 3 组 2 正牛腿、2 组反牛腿。焊接工作完成后，将导梁作为第一道支撑使用，如图 12 所示。

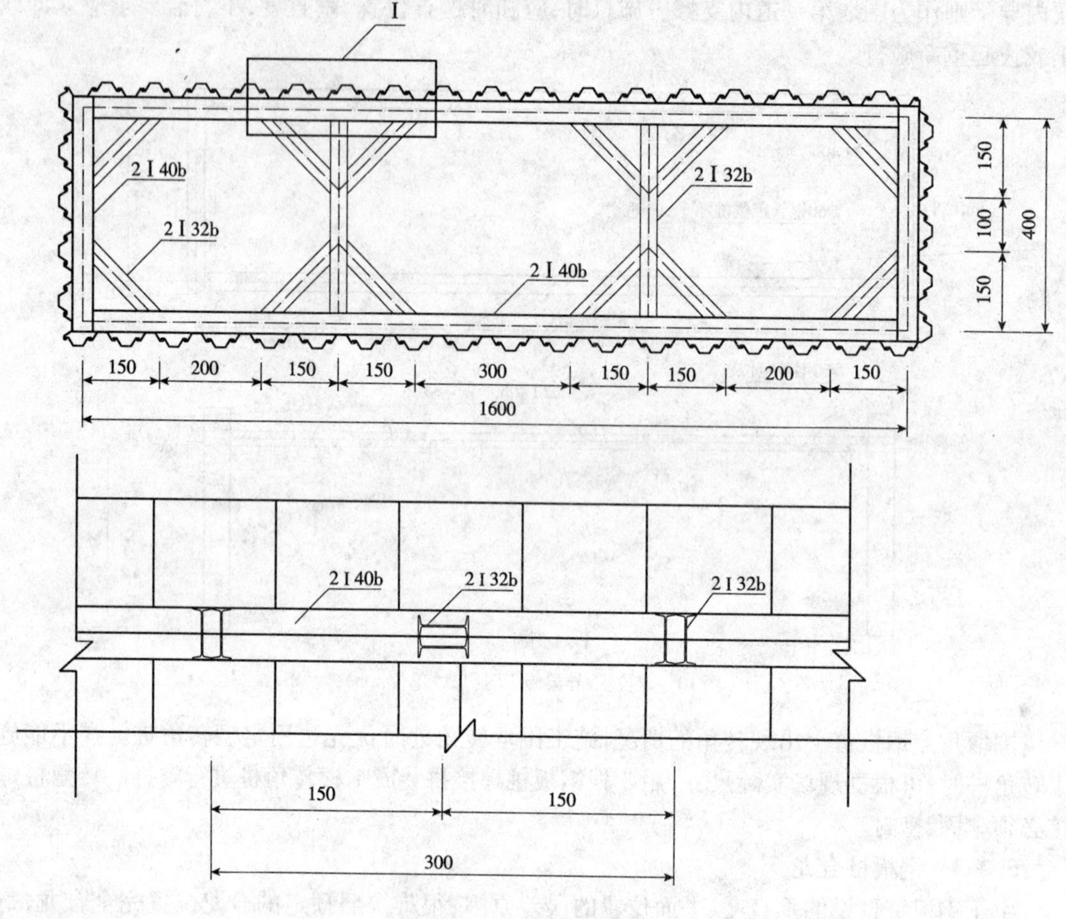

I 节点大样

图 12 第一支撑节点图(尺寸单位:cm)

5.2.4.2 围堰内挖方:围堰内挖方采用 1 台长臂挖掘机进行土方开挖。开挖过程中,由专人进行指挥,避免挖掘机大臂碰撞围堰支撑体系。待挖至设计高程上 50cm 时,人工进行清底。

5.2.4.3 第二道支撑开挖:待围堰内开挖至第二道内支撑位置高程下方 50cm,在设计正牛腿位置焊接 3I32b 工字钢正牛腿,而后将 3I40b 工字钢支撑及 3I32b 工字钢斜角撑、中横梁按设计位置焊接组装到位,之后焊接 3I32b 工字钢反牛腿,如图 13 所示。

围堰内采用潜水泵进行抽水,抽水速度不宜过快,每小时不宜超过 1.5m。由于钢板桩插打过程中受各种因素影响,钢板桩竖面存在扭曲,为保证钢板桩均匀受力,将工字钢支撑与钢板桩之间的间隙全部用 10mm 钢板焊接,并对四角加强处理。

5.2.5 围堰封底混凝土

水抽排完成后,按高程进行围堰清底工作。当淤泥杂物较厚时采用机械配合人工清理,快接近设计高程时采用人工清底。清底应保证底表面基本平整,然后铺设 30 ~ 50cm 碎石,其上浇筑 100cm 厚 C25 封底混凝土。封底混凝土可作为承台基础的垫层。围堰内 4 个角点设置集水井,集水井直径 80cm、深 180cm。井底铺设 80cm 厚碎石滤层,及时抽排积水。

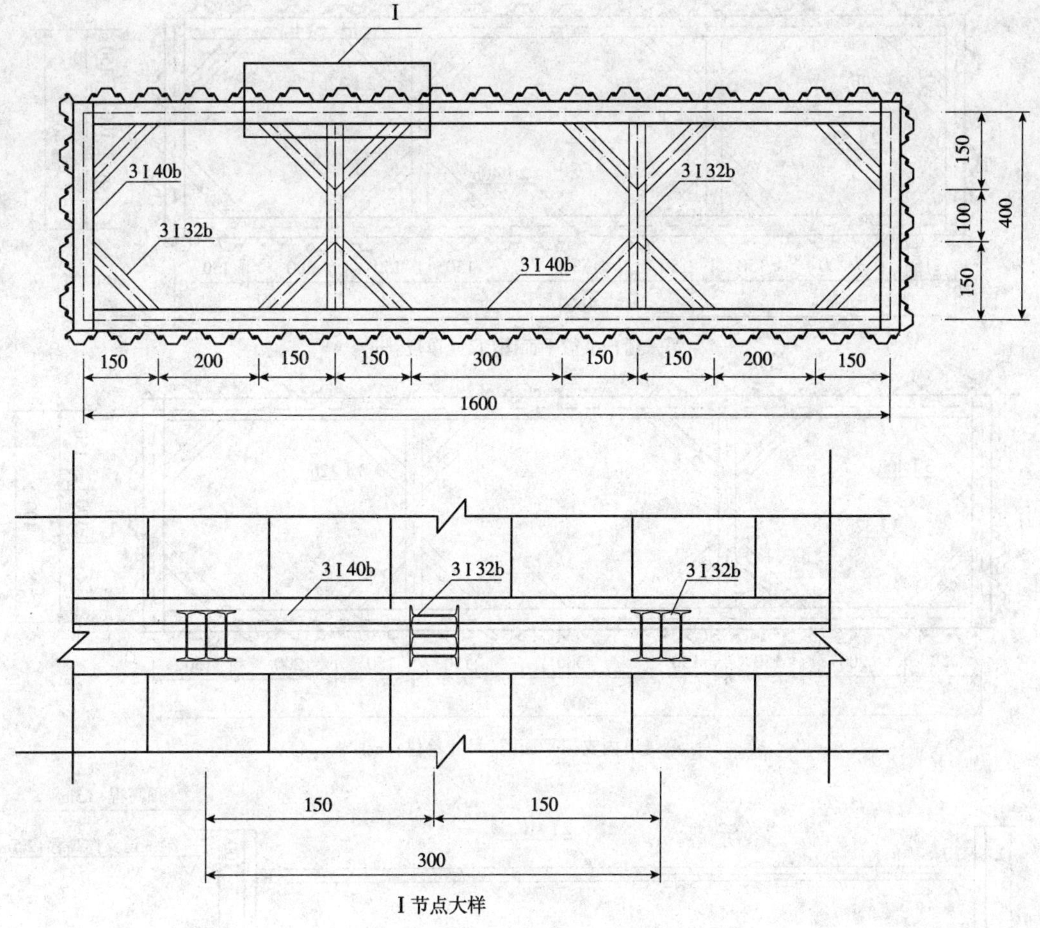

图13　第二支撑节点图(尺寸单位:cm)

5.2.6　钢板桩拔除

围堰内系梁、墩身混凝土达到设计强度的80%时,清除围堰内残留物后逐层回填,逐层拆除支撑,直到围堰内支撑全部拆完。围堰内、外无高差时进行拔桩。拔桩按照自下游至上游顺序进行,可借助千斤顶松动钢板桩,然后由履带吊吊起。

5.3　相关的结构计算

围堰采用12m拉森Ⅳ型钢板桩,围堰平面尺寸16m×4m,最大开挖深度为7.6m,共设置两道内支撑。地面及桩顶高程均为+3.5m,最深的基坑底高程为-4.1m,本计算书以最不利的围堰为例进行计算,其设计方案如图14所示。

5.3.1　地质资料(表4)

5.3.1.1　人工填土

分层厚度为2.5m,内摩擦角$\varphi=14°$,$r=18\text{kN/m}^3$,黏聚力$C=3\text{kPa}$;$K_{a1}=\tan^2(45°-\varphi/2)=0.61$,被动土压力系数:$K_{p1}=\tan^2(45°+\varphi/2)=1.64$。

5.3.1.2　粉质黏土

分层厚度为6.5m,内摩擦角$\varphi=20°$,黏聚力$C=13\text{kPa}$,$r=19.5\text{kN/m}^3$,承载力容许值$f=50\text{kPa}$;$K_{a2}=\tan^2(45°-\varphi/2)=0.49$,被动土压力系数:$K_{p2}=\tan^2(45°+\varphi/2)=2.03$。

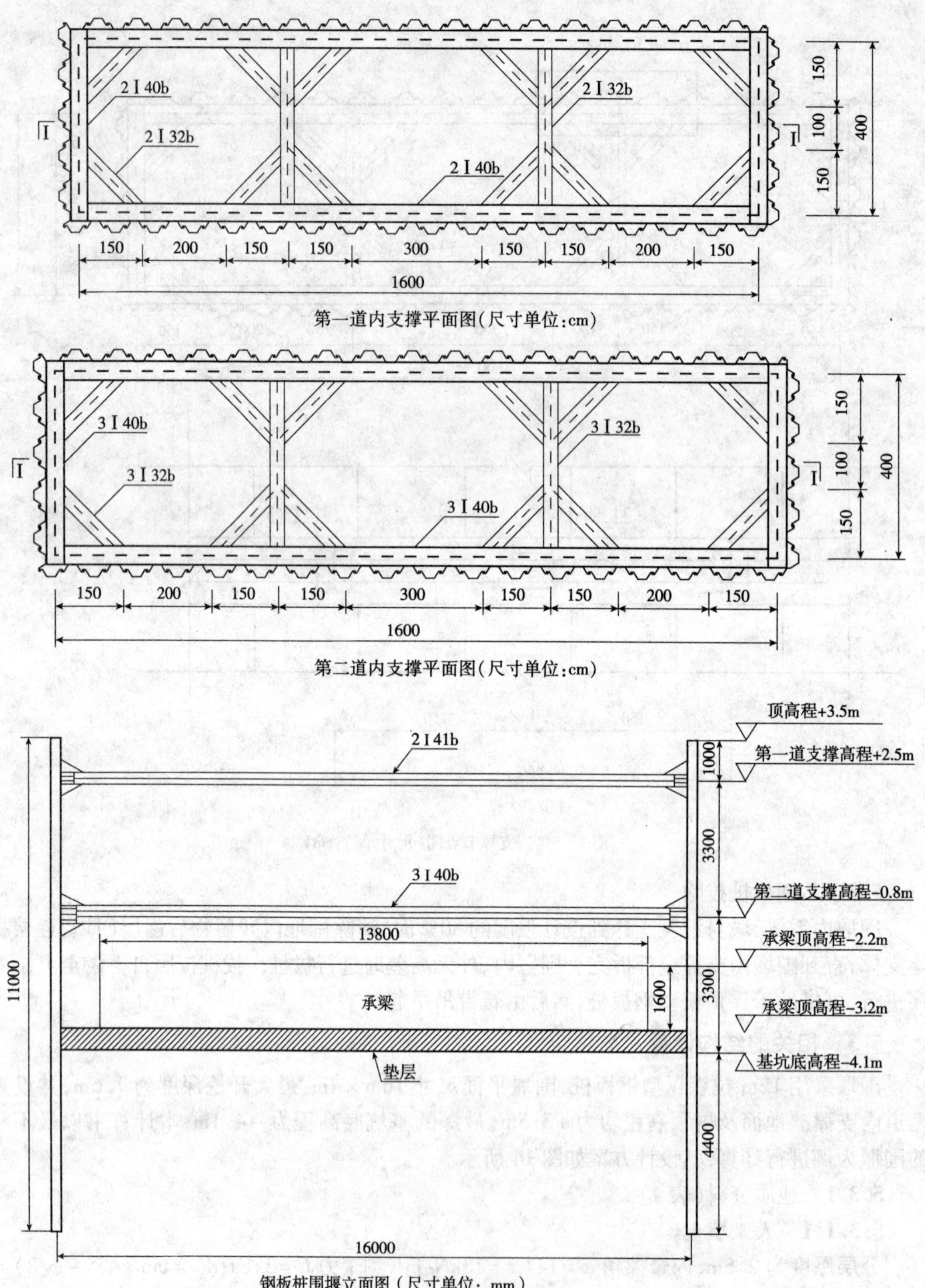

第一道内支撑平面图(尺寸单位:cm)

第二道内支撑平面图(尺寸单位:cm)

钢板桩围堰立面图（尺寸单位：mm）

图 14　设计方案图

5.3.1.3　粉土

可塑状,分层厚度为 3m,内摩擦角 $\varphi = 24°$,黏聚力 $C = 3\text{kPa}$,$r = 19.5\text{kN/m}^3$,承载力容许值 $f = 300\text{kPa}$;$K_{a3} = \tan^2(45° - \varphi/2) = 0.42$,被动土压力系数:$K_{p3} = \tan^2(45° + \varphi/2) = 2.37$。

地质资料 表4

土质	土层底高程(m)	内摩擦角(°)	重度(kN/m^3)
人工填土	+1	14	18
粉质黏土	-5.5	20	19.5
粉土	-9.5	24	19.5

5.3.2 结构参数

围堰钢板桩采用拉森Ⅳ型钢板桩,截面模量为2037cm^3/m。

5.3.3 计算内容

5.3.3.1 围堰受力计算

(1)**工况1**:第一道支撑安装完成后,围堰内开挖至高程-1.3m处(第二道支撑高程-0.8m下50cm),准备安装第二道内支撑,此时第一道支撑受力处于最不利状态,受力情况分析如下。

1)计算反弯点位置,即利用钢板桩上土压力等于零的点作为反弯点位置,计算其离基坑底面的距离y,在y处钢板桩主动土压力强度等于被动土压力强度:

$$P_1 = P_2$$
$$P_1 = \gamma_1 h_1 K_{a1} + \gamma_2 (h_2 + y) K_{a2}$$
$$P_2 = \gamma_2 K K_{p2} y$$

式中:γ_1——土体重度,取18kN/m^3;

γ_2——土体重度,取19.5kN/m^3;

h_1——第一层土体厚度,2.5m;

h_2——第二层土体厚度,3.5+1.3-2.5=2.3m;

K_{a1}——第一层土体主动土压力系数,0.61;

K_{a2}——第二层土体主动土压力系数,0.49;

K_{p2}——被动土压力系数。

假设反弯点位于第二层土(淤泥质土层)内距坑底y处,钢板桩外侧土压力强度值:

$$P_1 = \gamma_1 h_1 K_{a1} + \gamma_2 (h_2 + y) K_{a2} = 18 \times 2.5 \times 0.61 + 19.5 \times (2.3 + y) \times 0.49 = 49.43 + 9.56y$$

钢板桩内侧土压力强度值:$P_2 = 19.5 \times y \times 2.03 \times 1.4 = 55.42y$

外侧与内侧水土压力强度值相等:

由$P_1 = P_2$,得$y = 1.08$m

2)内力计算(图15):

$$F_1 = 72.5\text{kN}, M_{max} = 103.2\text{kN} \cdot \text{m}$$

(2)**工况2**:第二道支撑安装完成后,围堰内开挖至高程-4.1m处,此时第二道支撑受力处于最不利状态,受力情况分析如下。

1)计算反弯点位置。

假设反弯点位于第三层土(淤泥质土层)内,设反弯点距坑底距离为y,y'为第二层土层底面至反弯点的距离。

钢板桩外侧土压力强度值:

$$P_1 = \gamma_1 h_1 K_{a1} + \gamma_2 (h_2 + y') K_{a2} = 18 \times 2.5 \times 0.61 + 19.5 \times (5.1 + y') \times 0.49 = 76.18 + 9.56y'$$

钢板桩内侧土压力强度值:

$$P_2 = \gamma_2 K K_{p2} y + \gamma_3 K K_{p3} y' = 19.5 \times 1.4 \times 2.03 \times 1.4 + 19.5 \times y' \times 2.37 \times 1.5 = 77.59 + 69.32y'$$

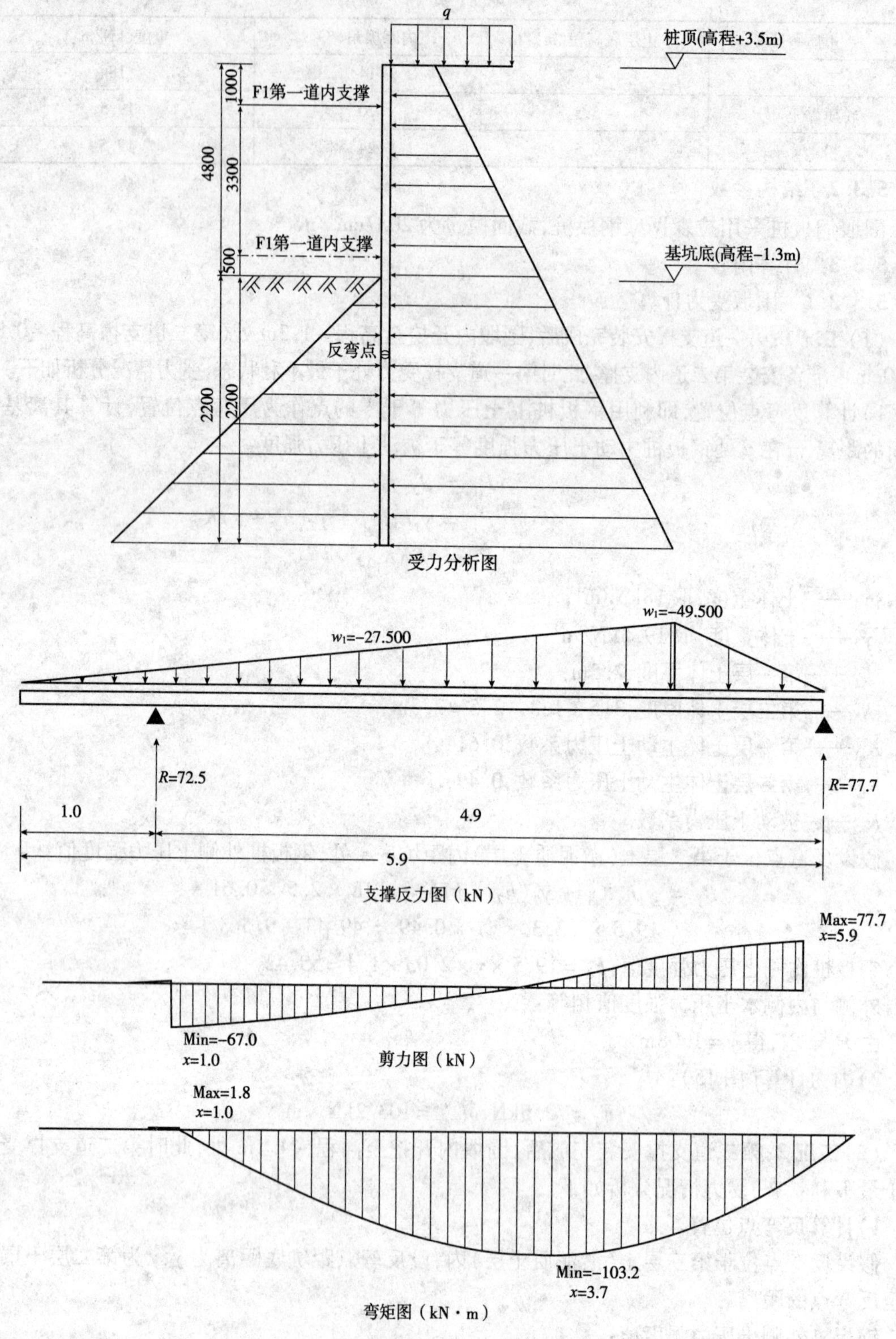

图15　内力计算示意图(一)(尺寸单位:mm)

外侧与内侧水土压力强度值相等:

由 $P_1 = P_2$,得 $y' = 0.02\text{m}$

$$y = 0.02 + 1.4 = 1.42\text{m}$$

2)内力计算(图 16)。

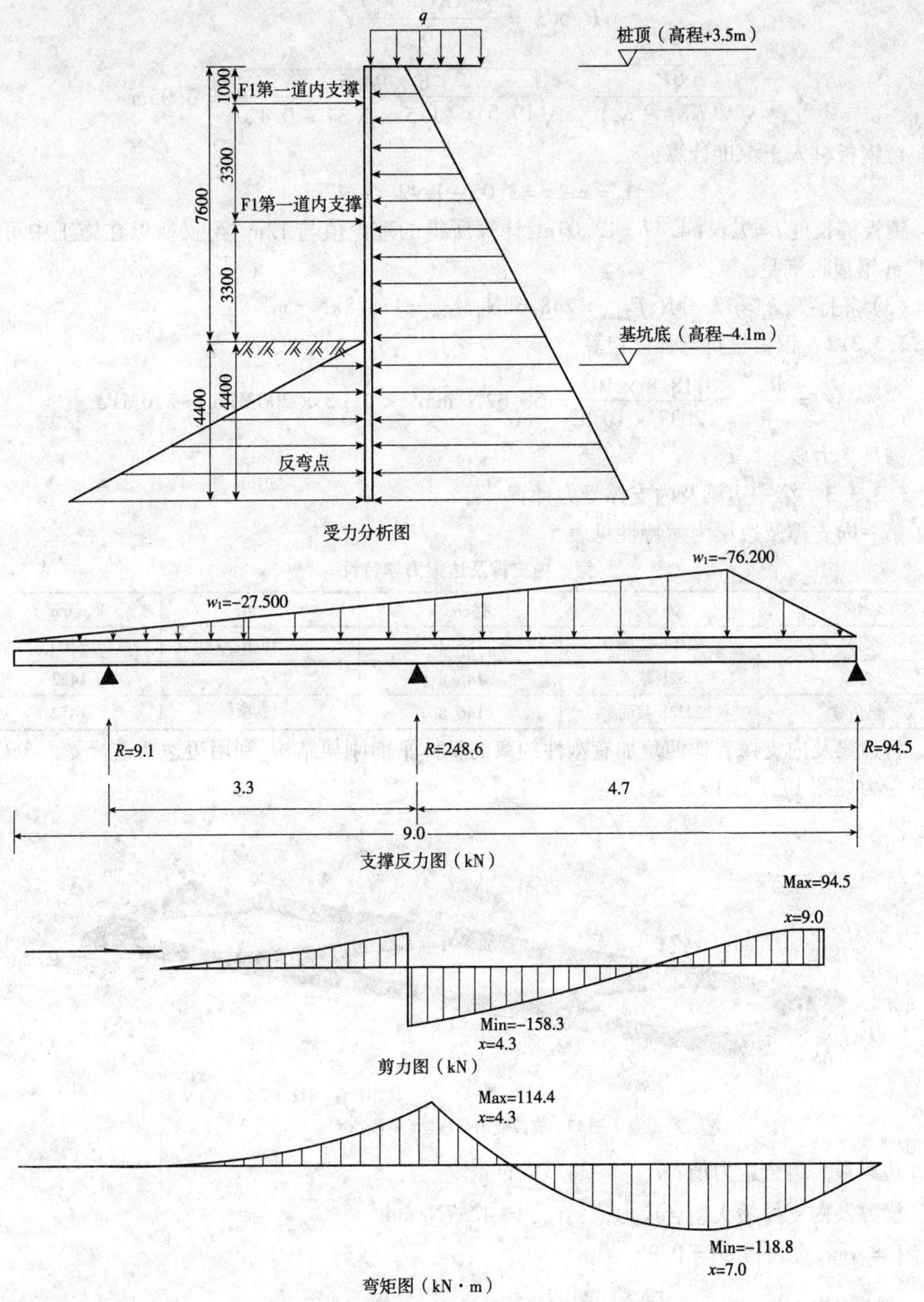

图 16　内力计算示意图(二)(尺寸单位:mm)

$$F_1 = 9.1\text{kN}, F_2 = 248.6\text{kN}, M_{max} = 118.8\text{kN} \cdot \text{m}$$

3)钢板桩零点以下入土深度 x 的确定。

采用等值梁法计算原理，土压力零点处的支撑反力与该点以下钢板桩土压力对桩底的力矩平衡，假设土压力零点以下钢板桩埋深为 x，建平衡方程

$$P_0 \times x = \frac{\gamma(KK_p - K_a)}{6} x^3$$

$$x = \sqrt{\frac{6P_0}{\gamma(KK_p - K_a)}} = \sqrt{\frac{6 \times 94.5}{19.5 \times (1.5 \times 2.37 - 0.42)}} = 3.05\text{m}$$

4）钢板桩入土深度计算：

$$t_0 = x + y = 3.05 + 1.42 = 4.47\text{m}$$

钢板桩长度 $l = 7.6 + 4.47 = 12.07\text{m}$，计算所得的理论值与 12m 接近，所以在施工中可采用 12m 钢板桩满足。

(3)综上：$F_{1max} = 72.5\text{kN}$，$F_{2max} = 248.6\text{kN}$，$M_{max} = 118.8\text{kN} \cdot \text{m}$。

5.3.3.2 钢板桩抗弯强度检算

$$\sigma = \frac{M_{max}}{W} = \frac{118.8 \times 10^3}{2037 \times 10^{-6}} = 58.32\text{N/mm}^2 < 1.05 \times 200\text{MPa} = 210\text{MPa}$$

满足受力要求。

5.3.3.3 第一边梁及内支撑受力计算

第一内支撑及边梁力学特性见表5。

第一内支撑及边梁力学特性 表5

名 称	型 号	$A(\text{cm}^2)$	$i_x(\text{cm})$	$W_x(\text{cm}^3)$
圈梁	2I40b 截面	188.2	15.6	2280
直撑	2I32b 截面	146.8	12.6	1452
斜角撑	2I32b 截面	146.8	12.6	1452

将边梁及内支撑看作四角加有刚性约束的整体平面刚架结构，利用迈达斯进行受力分析，计算受力如图 17 ~ 图 19 所示：

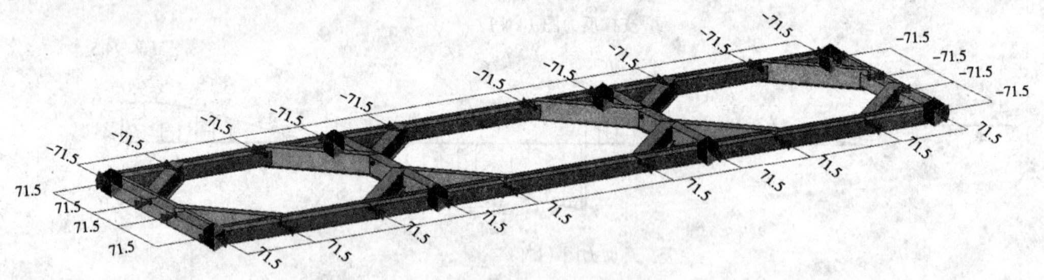

图17 支撑受力分析图(单位:kN)

边梁最大组合应力值：$\sigma_{max} = 38.3\text{N/mm}^2$

横撑及内支撑最大组合应力值：$\sigma_{max} = 42.7\text{N/mm}^2$

$l = 4\text{m}$，查表得 $\varphi = 0.95$

横撑采用 2I32b：$\sigma = \frac{\sigma_{max}}{n\varphi} = \frac{42.7}{0.95} = 44.95\text{N/mm}^2 < 170\text{N/mm}^2$

5.3.3.4 第二边梁及内支撑受力计算

第二内支撑及边梁力学特性见表6。

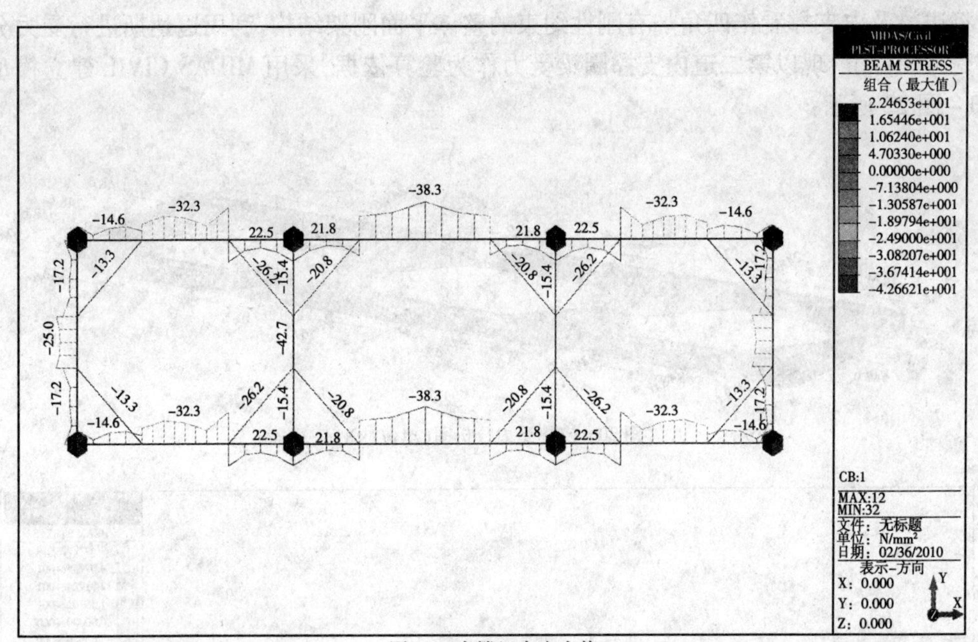

图 18　支撑组合应力值

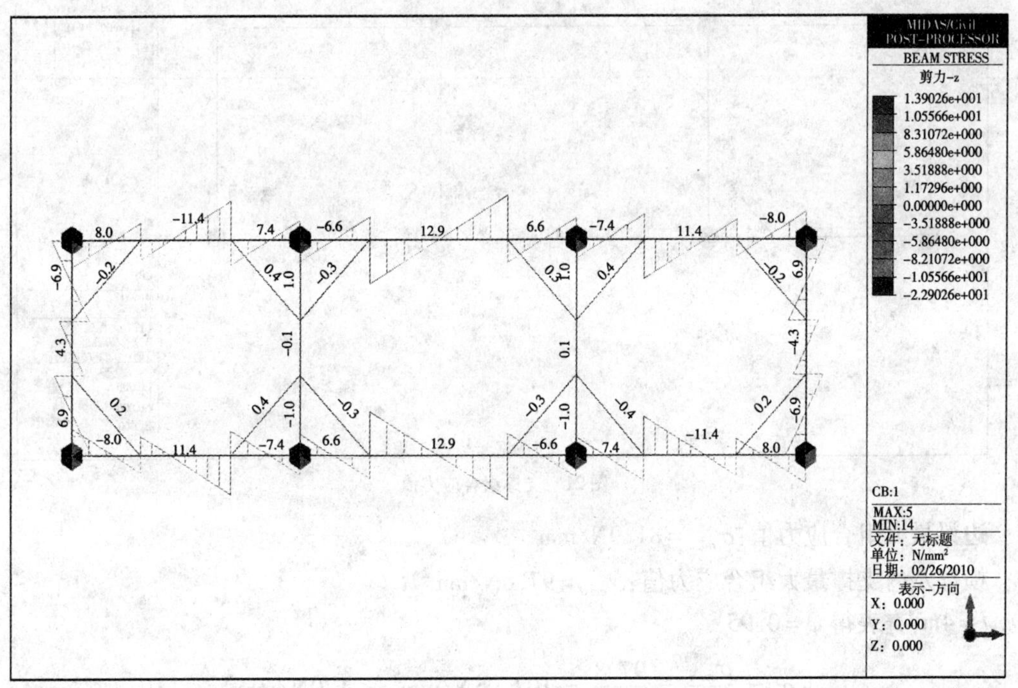

图 19　支撑剪力应力值

第二内支撑及边梁力学特性　　表 6

名　称	型　号	$A(\text{cm}^2)$	$i_x(\text{cm})$	$W_x(\text{cm}^3)$
圈梁	3I40b 截面	282.3	15.6	3420
直撑	3I32b 截面	220.2	12.6	2178
斜角撑	3I32b 截面	220.2	12.6	2178

将边梁及内支撑看作四角加有刚性约束的整体平面刚架结构,利用迈达斯进行受力分析,计算受力图如下:现以第二道内支撑圈梁受力作为验算依据,采用 MIDAS CIVIL 建立模型,如图 20 ~ 图 22 所示:

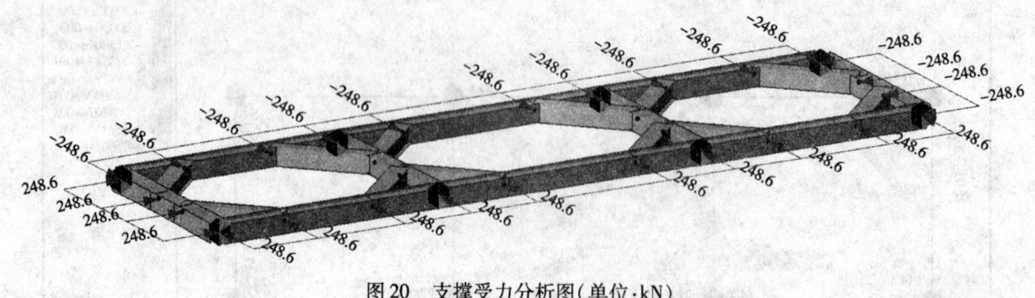

图 20　支撑受力分析图(单位:kN)

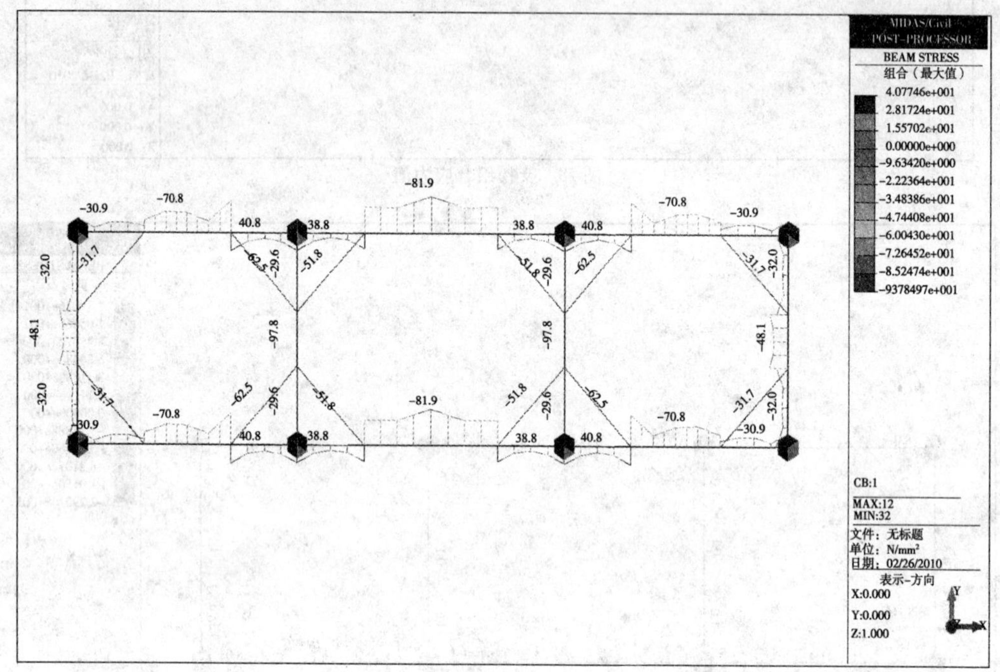

图 21　支撑组合应力值

边梁最大组合应力值:$\sigma_{\max} = 81.9\text{N/mm}^2$

横撑及内支撑最大组合应力值:$\sigma_{\max} = 97.8\text{N/mm}^2$

$l = 4\text{m}$,查表得 $\varphi = 0.95$

$$\sigma = \frac{\sigma_{\max}}{n\varphi} = \frac{97.8}{0.95} = 102.95\text{N/mm}^2 < 170\text{N/mm}^2。$$

5.4　季节性施工措施

5.4.1　雨期施工

5.4.1.1　加强监测河流水位,并观察上涨的趋势,具体要做好以下几个方面工作:

(1)成立雨期施工安全领导小组,负责雨期的物资抗洪抢险,组织滑塌防风抢险,设专人观察险情,为组织机构提供决策依据。

(2)提前对围堰排水系统进行检查,对排水设施进行修理,对围堰整体情况进行检查,必要时进行加固。

(3)项目经理部要注意天气变化,按时收听天气预报,特别是刮风下雨天气应加强河流水位的监测,加强安全施工监控。

(4)调试现场配备的发电机,遇到停电时能够正常使用。

(5)应保证围堰现场与陆地的交通畅通。

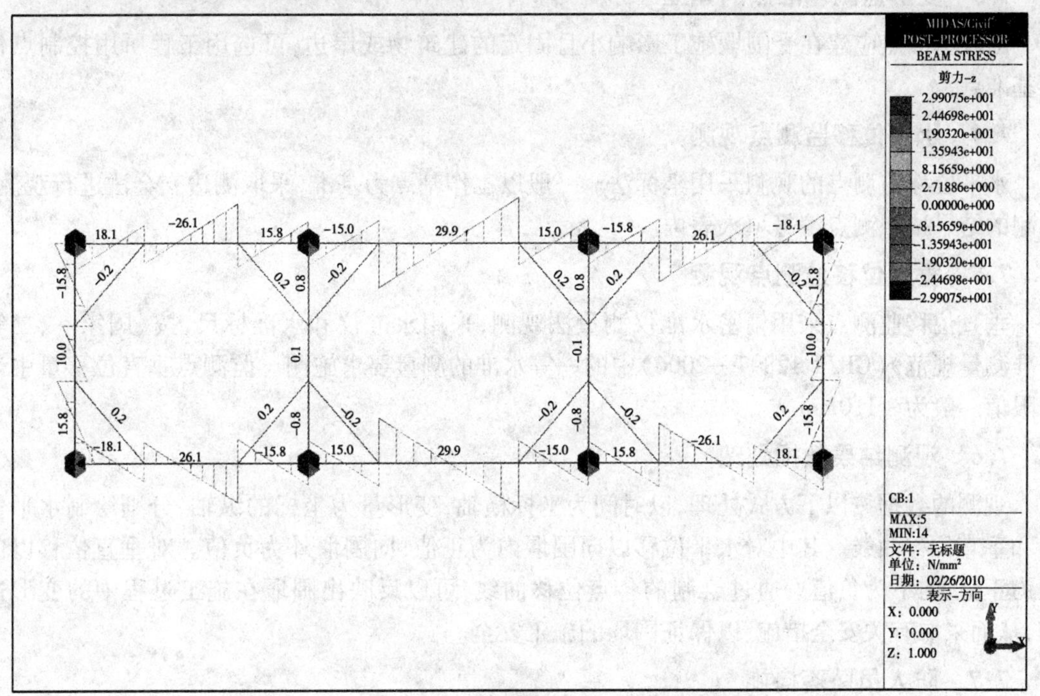

图22　支撑剪力应力值

5.4.2　冬期施工

5.4.2.1　上下马道台阶上铺设毡布,雪后及时清理,避免结冰。

5.4.2.2　各工序应紧密衔接,缩短工序间隔时间。

6　质量保证措施

6.1　施工前应对轴线及桩位作一次全面自检并经监理复核后进行施工。

6.2　加强原材质量控制,材料进场应进行试验检测,不合格的不能进场。

6.3　钢材下料、焊接、成型、拼装,严格按设计和有关施工规范、规程进行。

6.4　建立复核制度,钢板桩施打前要对围堰定位尺寸进行复核,复核合格后报监理验收。

6.5　垂直度控制:要注意保证机架和桩的垂直度,及时调正偏差。

7　安全文明施工措施

7.1　围堰安全监测措施

钢板桩围堰的变形为支护结构主体水平位移及其速率、支护结构倾斜、围堰底隆起量及其速率;土石围堰的变形主要是土石围堰结构体的外部变形、围堰底隆起量及其速率。

7.2　变形监测点的布置及编号

变形监测点分水平位移监测点和垂直位移监测点两类。围堰的监测点主要布置在围堰上口和下口，上口布设分内侧、外侧。另外，在围堰底四角位置布设堰底变形监测点。监测点应布设在比较固定的位置。对于在土体上布设的监测点，要求用ϕ25 钢筋打入深度不少于70cm；然后在ϕ25 钢筋周围下挖 30cm，挖坑尺寸为 50cm×50cm，最后浇筑混凝土基础，混凝土基础应高出土面 20cm。

7.3 变形监测基准点的建立

围堰基准点应建在受围堰施工影响小且固定的建筑物或岸边，可选用工程所用控制点作为基准点。

7.4 水平位移监测点观测

水平位移监测点的观测采用坐标法。一般以工作基点为基准，采取测边交会法进行观测。观测的结果按照测点编号填入表内。

7.5 垂直位移监测点观测

垂直位移监测点采用精密水准仪测量法观测，采用水准仪和水准标尺，按《国家一、二等水准测量规范》(GB/T 12897—2006)中的一等水准的测量要求施测。监测点垂直位移量中误差限值一般为 ±1.0mm。

7.6 观测结果数据处理

观测的数据按以下方式处理，以时间为坐标横轴，变形量为坐标的纵轴，分别绘制水平位移和垂直位移曲线。其中对水平位移以向围堰内为正值，向围堰外为负值。对垂直位移以向上为正值，向下为负值。通过绘制的各点位移曲线，可以反映出围堰在施工过程中的变形速率，从而采取有关安全措施，以保证围堰的施工安全。

7.7 防人员坠落措施

围堰上平台设置安全护栏，上下围堰要有专门通道，经常检查平台脚手板的牢固情况，临边护栏应设置明显警示标志。

7.8 围堰拆除的安全措施

围堰拆除严格按照方案制定的顺序拆除。钢板桩拔出时应检查吊钩、起重绳、卡环是否存在缺陷，发现有问题及时更换。操作人员应做好自身防护措施，穿防滑鞋。

围堰场地全部封闭，进入围堰现场应设置专门通道，各种标志、标牌设置齐全、醒目，制作规范。材料码放整齐，标志规范。现场设置专门的垃圾收集箱。

8 环保措施

8.1 施工期间禁止在现场焚烧废弃物。施工完毕后严禁在河道遗留杂物，及时恢复河道。

8.2 打设钢板桩产生较大噪声、振动时，尽量避开居民休息时间，将影响降到最低。

§5 高速公路架桥机架设 T 形梁施工方案

1 编制依据

1.1 《××工程施工组织设计》

1.2 《××工程桥梁上部结构设计图纸》

1.3 《公路桥涵施工技术规范》(JTG/T F50—2011)

1.4 《公路工程质量检验评定标准》(JTG F80/1—2004)

1.5 《建筑机械使用安全技术规程》(JGJ 33—2001)

1.6 《施工现场临时用电安全技术规范》(JGJ 46—2005)

2 工程概况

本桥左幅 13 跨,右幅 15 跨,每跨 6 片梁,共预制 T 形梁 168 片,每孔跨度为 30m,均为正交梁。30mT 形梁最重约 90t。

桥梁示意图如图 1 所示。

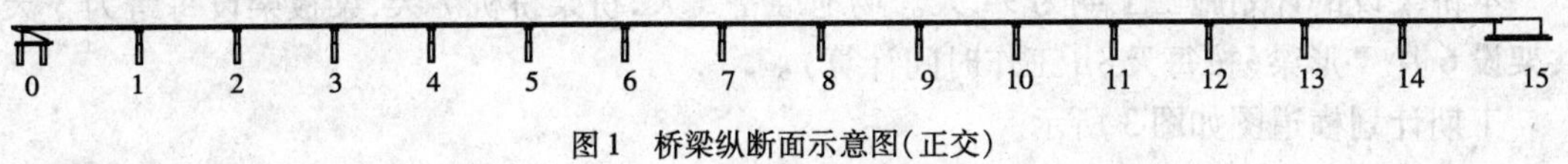

图 1 桥梁纵断面示意图(正交)

3 施工准备

3.1 技术准备

3.1.1 T 形梁架设前,由技术人员对所有参与架梁的人员进行安全技术交底,明确施工任务及现场控制要点,书面告知参加施工人员施工现场的危险源及紧急应对措施。

3.1.2 测量人员在盖梁前端和背墙后端分别用墨线弹出梁板就位时平面位置和垂直度的控制线。

3.1.3 吊装前,复测永久支座顶高程和临时支座顶高程,若有不合适处应及时调整高程。

3.2 现场准备

桥台后背 100m 平整路基用来拼设架桥机和喂梁,其余工作全部在盖梁上完成。架桥机所用临电全部使用桥梁下部结构的电闸箱即可。根据架桥机所备电缆长度,一般 3 ~4 跨设一个电闸箱。

4 施工部署

4.1 组织机构

成立以项目经理为组长,项目总工和项目副经理为副组长的组织机构,下设技术、质量、工程、材料、安全等部门。吊装由专业桥梁吊装施工队完成,如图 2 所示。

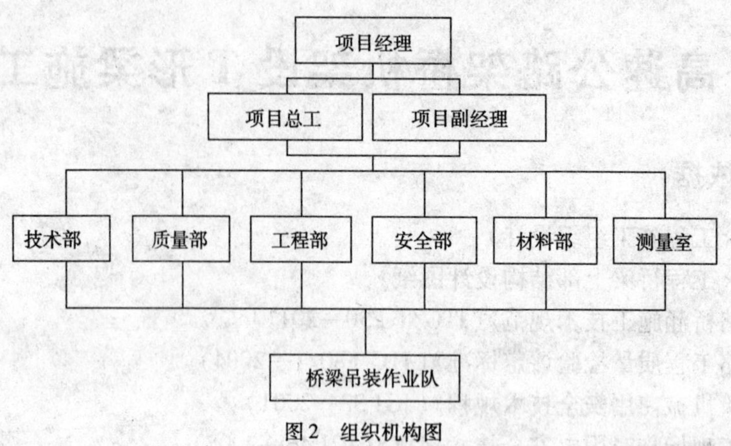

图2　组织机构图

4.2　施工安排

梁厂安排建设在大桥桥头处，运梁直接从主路路基上运至桥头，到架桥机下喂梁，架设顺序为内边梁向外边梁依次推进。

4.3　工期计划

本桥架设的计划施工工期为94天。场地准备3天，拼架桥机7天，梁板架设每跨为3天，共架设6片T形梁（按每天8h工作时间计算）。

工期计划横道图如图3所示。

4.4　投入的主要机械设备

主要机械设备见表1。

主要机械设备表　　表1

序号	名　称	规格型号	单　位	数　量
1	龙门吊	MG2－60t/36m	台	2
2	架桥机	HDJH30/100J	台	1
3	运梁炮车	80t	台	2
4	手拉葫芦	5t	个	20
5	钢轨	12m/节	m	1000

4.5　主要材料准备

主要材料见表2。

主 要 材 料 表　　表2

序　号	名　称	规格型号	单　位	数　量
1	钢筋	ϕ25	t	5
2	方木	20cm×20cm×80cm	块	30
3	木楔子	—	个	200
4	钢板	5mm×48mm×60mm	块	100

4.6　劳动力准备

劳动力计划见表3。

序号	分项工程名称	持续天数(d)	单位：d															
			6	12	18	24	30	36	42	48	54	60	66	72	78	84	90	96
1	场地准备	3																
2	架桥机拼装	7																
3	左幅第1跨	3																
4	右幅第1跨	3																
5	左幅第2跨	3																
6	右幅第2跨	3																
7	左幅第3跨	3																
8	右幅第3跨	3																
9	左幅第4跨	3																
10	右幅第4跨	3																
11	左幅第5跨	3																
12	右幅第5跨	3																
13	左幅第6跨	3																
14	右幅第6跨	3																
15	左幅第7跨	3																
16	右幅第7跨	3																
17	左幅第8跨	3																
18	右幅第8跨	3																
19	左幅第9跨	3																
20	右幅第9跨	3																
21	左幅第10跨	3																
22	右幅第10跨	3																
23	左幅第11跨	3																
24	右幅第11跨	3																
25	左幅第12跨	3																
26	右幅第12跨	3																
27	左幅第13跨	3																
28	右幅第13跨	3																
29	左幅第14跨	3																
30	右幅第14跨	3																

图3　工期计划横道图

劳 动 力 计 划 表　　表3

序号	工种	数量(人)	序号	工种	数量(人)
1	电焊工	4	4	电工	2
2	起重工	4	5	力工	10
3	信号工	2			

5　主要施工方法

5.1　T形梁架设施工流程

T形梁架设施工流程如图4所示。

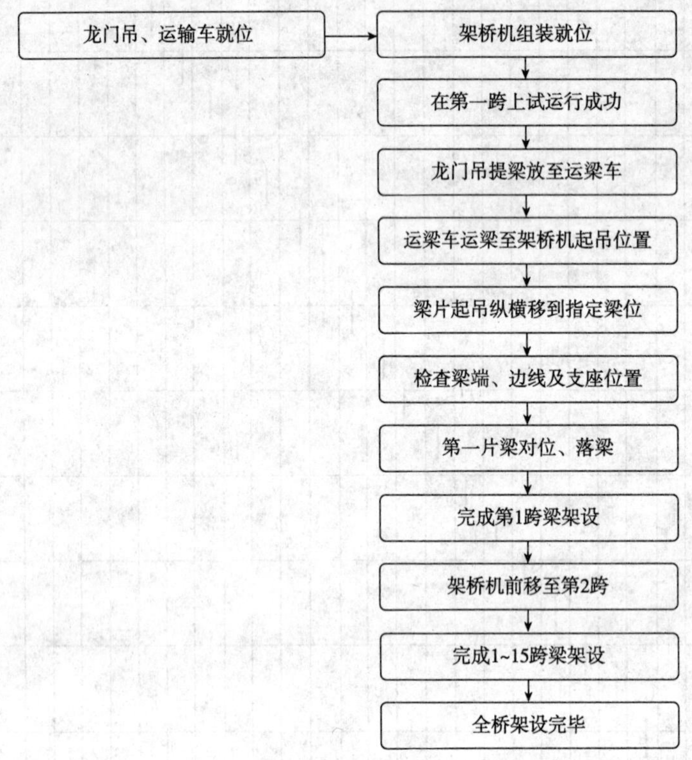

图4　T形梁架设施工流程图

施工工艺流程:梁场吊装T形梁、喂梁→架梁→过孔→进行下一跨梁架设

5.2　梁场吊装T形梁、喂梁

梁场存梁区2台60t龙门吊起T形梁,放置于运输运输车上,由运输车运至架桥机天车下喂梁,架桥机安装梁板就位。架设顺序:纵桥向从0号台依次向15号台推进;横向从内边梁开始,之后次边梁、中梁至外边梁,再依次逐跨推进。

当盖梁及T形梁均达到设计强度后,即可起吊。采用龙门吊往运输车上装梁,由运输车运至架桥机下进行喂梁。架桥机天车将运输车上的梁吊起,吊至设计位置时及时安装就位。T形梁安装位置按控制线进行控制,就位后,及时进行临时支撑加固。加固方法:在两端端隔板处垫C50预制试块加木楔子,两端腋角下用12cm×15cm方木支撑。再按照架设顺序横向及时焊接横隔板及端隔板处钢筋,使梁横向连成整体。依此类推架设整跨梁。

5.3 架梁

5.3.1 边梁架设

(1)用运梁平车配合提升小车将预制梁喂到架桥机内部。

(2)2 台提升小车提着预制梁纵向喂梁大约到位后,架桥机横移至次边梁位置。

(3)将预制梁下落距盖梁垫石 4 ~5cm,调整预制梁纵移到位。

(4)将提升小车横移至提升小车钢丝绳距主梁下弦 1cm 时停下,接着架桥机大车横移,将预制梁架设在边梁位置。

5.3.2 中梁架设

(1)使用后托轮或后支腿临时撑起主梁尾部,然后用运梁平车配合提升小车将预制梁喂到架桥机的内部。

(2)用前提升小车提起预制梁与后运梁平车一起承托预制梁前移,然后用后提升小车将预制梁后端吊起,两台提升小车整体前移到要求位置,将预制梁下落距盖梁垫石 4 ~5cm 的位置停下。

(3)收起后支腿或后托轮,架桥机横移、提升小车纵移微调,将预制梁放至要求的位置上。

(4)架完一孔后,将架好的预制梁连接固定,铺设轨道。启动前支腿和后托轮液压系统顶起主梁,将中托轮和中托横移轨道用前提升小车吊起前移至预制梁端头,调平垫实中托横移轨道后,再启动前支和后托轮液压系统收起千斤顶,将主梁放在中托轮上。

5.3.3 施工过程中的 T 形梁支护

工程施工过程中,T 形梁的底面积小、重心较高,容易侧翻。为保证安全,在每跨的首片梁安装后,立即用方木在梁两侧进行支护。待第二片安装后,立即将梁之间用钢筋进行焊接连接。

5.3.4 架桥机工作流程(图 5)

5.4 过孔(图 6)

5.4.1 按过孔步骤第一步图示位置,将各部分组装完毕,检查各部分控制电路准确无误后,用后提升小车吊住运梁平车作为配重,使钢丝绳刚刚受力;使用螺杆或手拉葫芦将一节前支横移轨道与前支横梁固定;启动前支腿和后托轮油泵,收起前支腿和后支腿,使其底部悬空,准备过孔。

5.4.2 启动中托上层轮箱及运梁平车电机(同步),架桥机及运梁平车向前运行约 15m 停下。顶起后托轮千斤顶,调整后支腿的高度,使后支腿支撑在桥面上,缩回后托轮千斤顶,后托轮与主梁脱离。

5.4.3 前提升小车吊起后托轮前移 15m,后托轮千斤顶协作,收起后支腿,使其底部悬空,主梁支撑在后托轮上。前提升小车返回至架桥机尾部。

5.4.4 启动中托上层轮箱及运梁平车电机,架桥机及运梁平车向前运行,当前支腿即将搭上前端盖梁时停下。通过降低后托轮高度及收紧后提升小车钢丝绳来调整前支腿的高低,当前支腿底面高于台帽 200mm 时,再启动中托上层轮箱及运梁平车电机,桥机继续前行,前支腿到位后停下。将前支横移轨道放下,调平垫实并支顶前支腿。卸去配重梁,启动前支液压系统将架桥机纵向调平,穿入承重销轴使前支腿进入工作状态,并连接中托与主梁 U 形螺栓。

在运行过程中,应根据实际情况调整后提升小车钢丝绳的松紧,以调整主梁在过孔时的水平,满足架桥机的运行。

5.4.5 用前提升小车分别将其余两节前支横移轨道吊至前端盖梁上，并与前面一节横移轨道组装，调平垫实。

前支与中托横移轨道应处于平行状态，每次过孔铺设横移轨道时，前后横移轨道应处在平行状态。两横移轨道左、中、右各点的距离应一致，偏差 ±10mm。应使用尺子实际测量，正确无误后，空车走行一次，且每次铺轨均应重复一次。

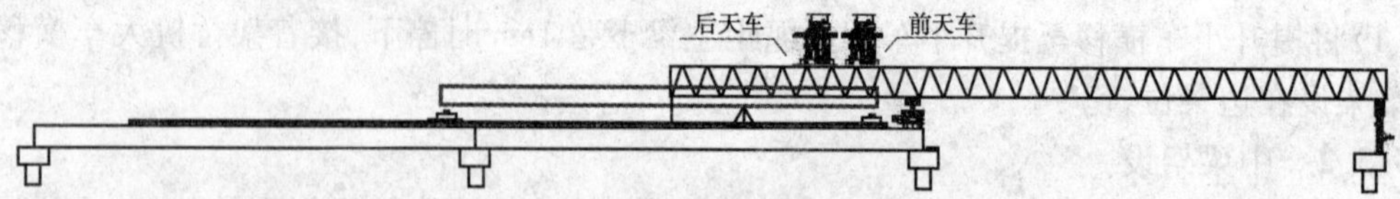

步骤一：使用后拖轮或支腿临时撑起主梁尾部，然后用运梁平车配合前天车将预制梁喂到架桥机的内部。

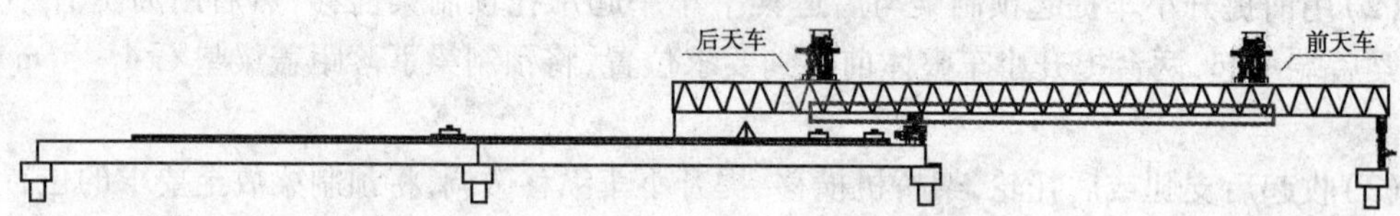

步骤二：用前天车提起预制梁与后运梁平车一起承托预制梁前移，然后用后天车将预制梁后端吊起。

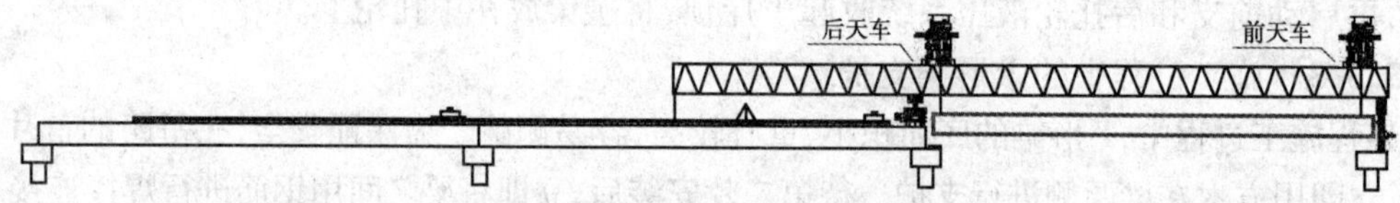

步骤三：两台运梁平车整体前移到要求位置，将预制梁下落距盖梁垫石4~5cm的位置停下。

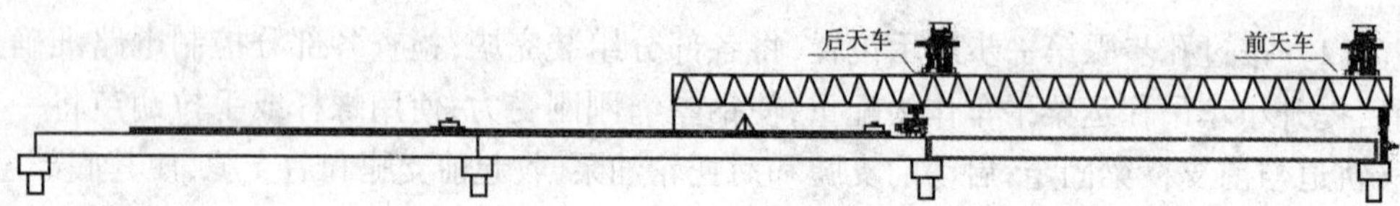

步骤四：收起后支腿或后拖轮，架桥机横移、前后天车纵移微调，将预制梁放至要求的位置上。

图5 架桥机工作流程图

6 质量保证措施

6.1 质量措施

6.1.1 建立健全质量保证体系。

6.1.2 架梁过程中，有关捆梁、吊梁、落梁等均应符合相关的质量要求。

6.1.3 试运行液压系统，纵向走行轨道是否牢固、可靠。

6.1.4 每架完一跨，必须对架梁设备进行一次全面检查，无问题后方可进行下一跨架设。

6.1.5 架桥机就位必须严格控制位置尺寸，确保梁顺利安装。

6.2 质量标准

6.2.1 基本要求。

6.2.1.1 安装前，墩、台支座必须稳固。

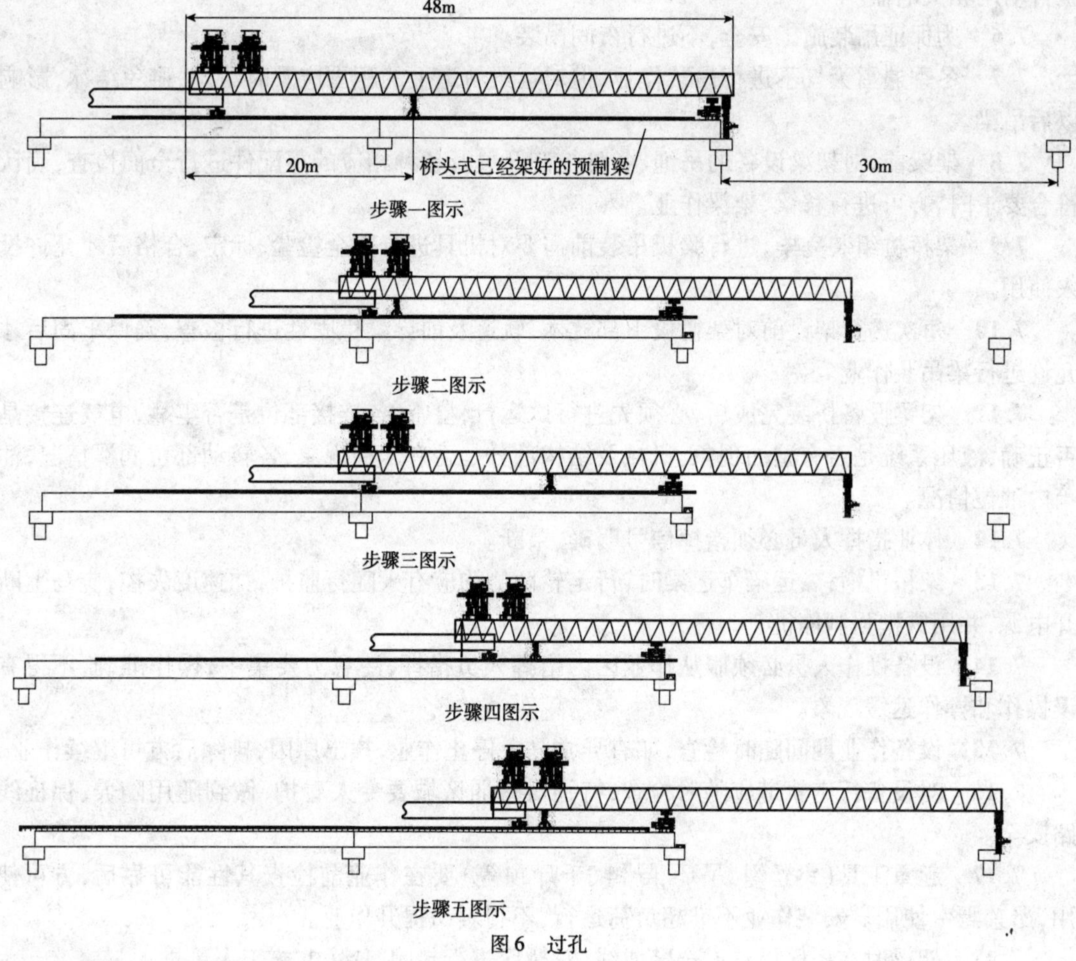

图6　过孔

6.2.1.2　安装时，支承结构的强度应符合设计要求。

6.2.1.3　就位后，梁两端支座应对应，梁与支座以及支座底与垫石顶须密贴，否则应重新安装。

6.2.2　梁安装允许偏差，见表4。

梁安装允许偏差表　　表4

项次	检查项目	规定值或允许偏差	检验方法及频率
1	支座中心偏位(mm)	5	尺量：每孔抽查4～6个支座
2	倾斜度(%)	1.2	吊垂线：每孔检查3片梁
3	梁顶面纵向高程(mm)	+8、-5	水准仪：抽查每孔2片，每片3点
4	相邻梁顶面高差(mm)	8	尺量：每相邻梁(板)

7　安全文明施工措施

7.1　成立安全领导小组，班组设立安全员，进行安全教育和安全检查。

7.2　架桥机进场后，对架桥工人进行入场教育，梁板架设前对工人进行详细的安全交底。

7.3　进入施工现场，必须戴安全帽，按要求穿戴齐全劳保装备。

7.4　高空作业人员必须系安全带，安全带必须是合格产品，拴系须牢固、可靠。

7.5　特种作业人员持证上岗，并上报监理备案；施工用电必须由电工操作，其他人员不得私自动用相关电器。

7.6 为保证吊装施工安全,不进行夜间吊装。

7.7 冬季遇雪天气不进行吊装作业,但对运梁轨道上的积雪应及时清理,避免结冰,影响以后吊梁。

7.8 架梁前,对架梁设备的吊绳、各种控制开关及各种相应的零配件进行全面检查,确认符合要求时,方可进行移梁、架梁作业。

7.9 架桥机组装完毕,进行梁板吊装前需要对机具进行安全检验、标定,合格后才允许投入使用。

7.10 每次进行架设前对架桥机下部枕木、轨道及前导梁稳固性进行检查,确保牢固后才允许进行梁吊装作业。

7.11 架梁设备拼装完成后,必须先进行试运行,检查:各连接部位是否牢靠,电气连接是否正确,液压系统是否有漏油现象,机械及结构部分是否有卡滞现象,各转动部位润滑情况,油箱内油位情况。

7.12 作业指挥人员必须指挥信号明确、果断。

7.13 架桥机横移、运梁车运梁时,行走轮两侧均应有人随行监护,如速度失控,应马上断开电源,并用铁楔强制停机。

7.14 设备操作人员必须服从作业区内指挥人员指挥,注意力要集中,操作准确,不得有误操作和操作迟缓现象。

7.15 设备作业期间随时检查,如有异常马上停止作业,找出原因,排除后方可继续作业。

7.16 对设备行走轨道应随时检查,特别对薄弱区域要专人看护,做到随用随养,保证线路安全。

7.17 起重工具(钢丝绳、吊环、导链、千斤顶等)要在作业前检查其性能可靠后,方可使用,严禁野蛮使用。安装作业不准超负荷运行,不得斜吊提升作业。

7.18 架梁时在桥区设置安全警戒线,对桥区进行封闭,禁止非施工人员进入。

§6 后张法预应力T形梁预制施工方案

1 编制依据

1.1 《××工程单位工程施工组织设计》

1.2 《××工程预制T形梁设计图纸》

1.3 《公路桥涵施工技术规范》(JTG/T F50—2011)

1.4 《公路工程质量检验评定标准》(JTG F80/1—2004)

1.5 《预应力筋用锚具、夹具和连接器应用技术规范》(GB/T 14370—2000)

1.6 《钢筋焊接及验收规范》(JGJ 18—2003)

1.7 《预应力混凝土用钢绞线》(GB/T 5224—2003)

1.8 《建筑机械使用安全技术规程》(JGJ 33—2001)

1.9 《施工现场临时用电安全技术规范》(JGJ 46—2005)

2 工程概况

本工程桥梁下部结构采用柱式墩、肋板台、桩柱台、桩基础,上部结构预制T形梁。预制T形梁数量788片。

预制T形梁梁高170cm,T形梁外形尺寸如图1所示。

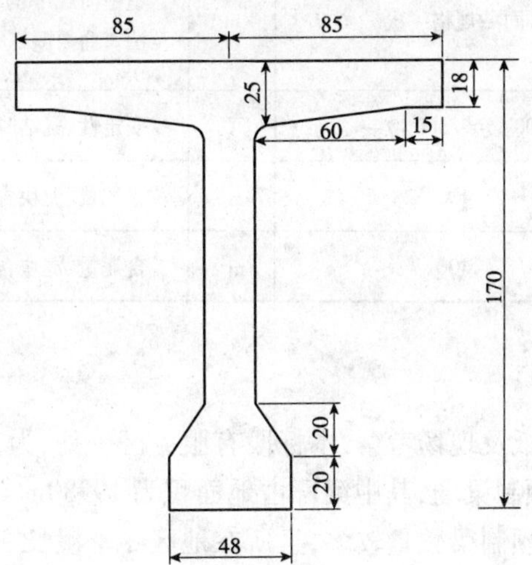

图1 T形梁外形尺寸图(尺寸单位:cm)

3 施工准备

3.1 技术准备

3.1.1 技术人员认真熟悉设计图纸,掌握设计意图,向现场工长和梁场管理人员及所有参加施工人员详细交底并进行专业培训。

3.1.2 项目总工组织项目部安全管理人员对所有参加施工人员进行入场教育和梁场施工安全专项教育。

3.1.3 开工前组织备料，试验人员对钢筋及其他材料进行复检，按规定对砂、碎石、水泥及钢筋取样进行试验，以确保进场材料的质量。同时做好水泥净浆及混凝土试配工作。

3.1.4 做好钢绞线、波纹管、夹片、锚具的试验，以及张拉用千斤顶和油泵的校验。

3.1.5 试验检测项目见表1。

试验检测项目表 表1

序号	名称	检测频率	单位	备注
1	钢筋	60	t	极限强度、屈服强度、伸长率
2	钢绞线	60	t	强度、弹性模量、伸长率（最大力、规定非比例延伸力、最大力总伸长率、应力松弛性能试验）
3	外加剂	100	t	减水剂—减水率、抗压强度比、钢筋锈蚀、细度
4	千斤顶	6个月/200	次	校定
5	锚具、夹片	1000（外观；10%抽检且不少于10套、硬度；5%不少于5套、静载锚固3套）	套	硬度、静载锚固
6	波纹管	同一规格一次	m	集中荷载下的径向刚度、荷载作用后的抗渗漏及抗弯曲渗漏
7	水泥	200袋装/500散装	t	安定性、凝结时间、胶砂强度
8	砂子	400	m^3	含泥量、泥块含量、筛分析
9	碎石	400	m^3	含泥量、泥块含量、压碎值、筛分析

3.2 现场准备

3.2.1 预制场地准备

3.2.1.1 根据施工图纸及现场考察，本标段有服务区一处，为节省施工成本少占用农田，计划利用现有服务区建设预制梁场，其中梁厂占地面积为19980m^2（30亩）。

3.2.1.2 由于本标段预制梁数量较多，且所在地区冬季漫长寒冷，有效施工期较短，为减少整个梁场运作费用和保证梁片质量（不进行冬施），前期规划建设两个相对独立的预制区。每个预制区配备台座数量20个，间距4.5m，60t/32m大龙门单机吊1台，5t/32m小龙门吊1台，模板6套，钢筋加工厂1个。在服务区内设预制场钢筋存放区，备5t小龙门吊1个，负责往两个预制区倒运钢筋。整个预制场分为东西两个预制区，由项目部安排技术人员统一负责现场管理。

3.2.1.3 场地及台座建设。先对场地进行统一平整碾压，并铺20cm厚的砂砾或山皮土碾压密实。预制区浇筑18cm厚C20混凝土作为场地地平。台座建设按照长度为26.5m，宽度48cm，高度35cm，根据地面高程和台座顶高程适当调整高度。在每两个台座中间设置排水槽。梁体台座采用混凝土浇筑，台座内设置钢筋网。台座表面铺设6mm

厚钢板，台座内每隔0.5m预埋PVC波纹管用来穿地脚对拉螺栓。25m T形梁考虑反拱为2.5cm。在预制台座上以每1m为1段分别打出每点的高程，对应的按照2.5cm反拱考虑的高程，再浇筑混凝土时候按该高程浇筑。按照图纸在台座钢板上刻出T形梁梁肋钢筋的布置（控制间距），方便进行T形梁钢筋绑扎。台座阳角采用5cm角钢焊预埋筋埋设在台座混凝土中。支模时采用高密度海绵胶条与模板底口卡死，防止T形梁马蹄下口漏浆。在台座两端埋设地锚，拆堵头模板用。

3.2.2　施工用水

本标段内服务区靠近河道，地下水资源丰富，且埋深较浅。根据现场实际情况，在预制区附近打两口水井保证梁厂施工用水。

3.2.3　施工用电

分别在服务区南区和北区内安装315kVA变压器，满足拌和站与预制梁厂的施工用电。

4　施工部署

4.1　组织机构

预制箱梁施工由项目经理总负责，项目总工专职具体负责，下设技术、质量、测量、试验、工程、安全等部门，以及2个专业作业队，如图2所示。

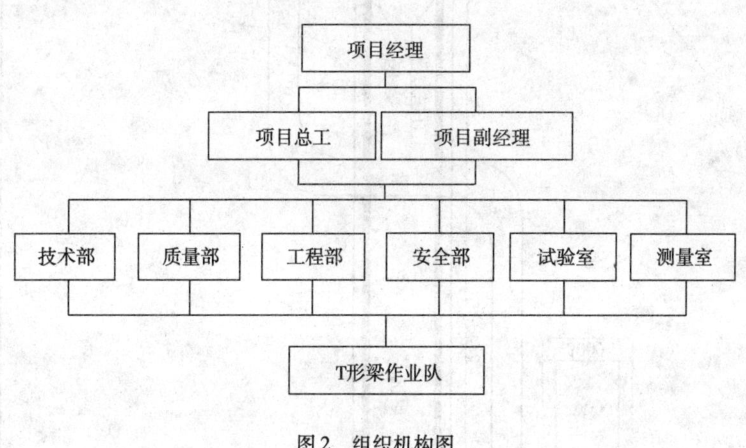

图2　组织机构图

4.2　T形梁预制场平面布置

T形梁预制场区平面布置如图3所示，蒸汽管道布设及接口大样图，如图4、图5所示。

4.3　工期计划

本标段788片预制T形梁总工期为240天，其中预制场地建设20天，准备材料5天，正常气温下两个预制区每月合计生产120片。前期施工进度相对较慢，前一个月考虑生产90片，从第二个月每月生产120片，高峰期每个预制区每月生产60片梁，整个生产周期约205天。根据资源配置情况能够满足现场生产。工期计划横道图如图6所示。

4.4　投入的主要机械设备

主要机械设备见表2。

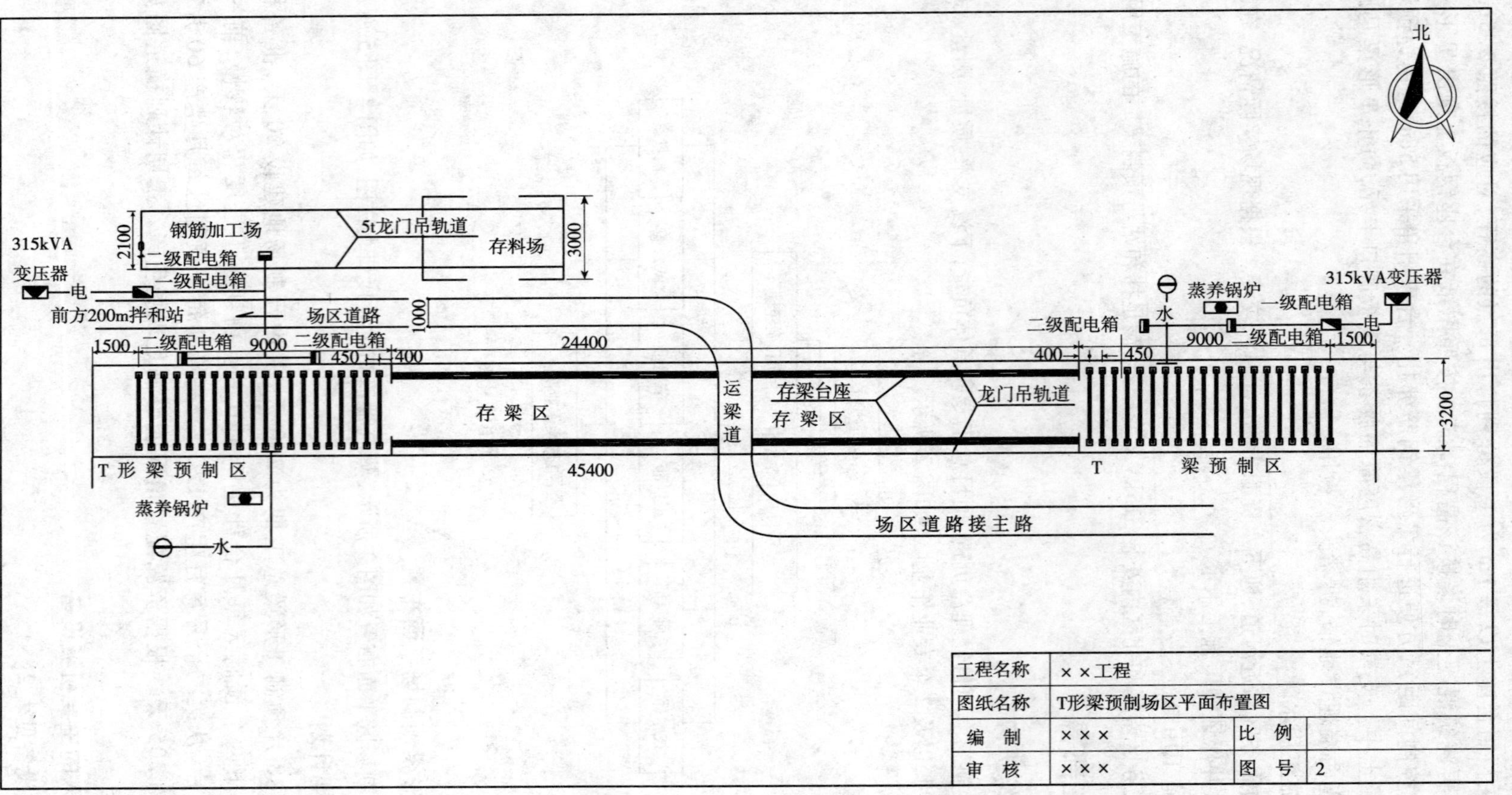

图3 T形梁预制场区平面布置图（尺寸单位：cm）

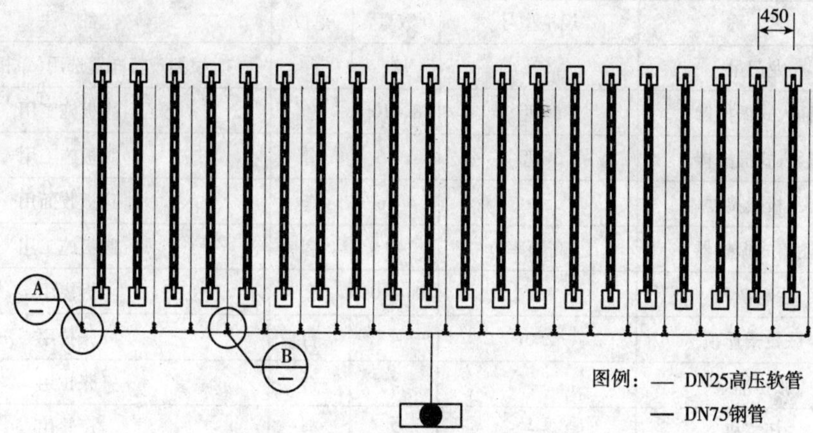

图 4　蒸汽管道布设图(尺寸单位:cm)

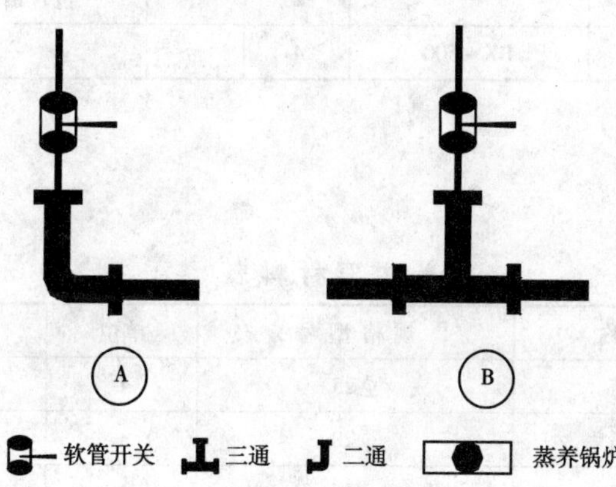

图 5　蒸汽管道接口大样图

序号	分项工程名称	工程量	持续时间(d)	单位:d 30	60	90	120	150	180	210	240
1	预制场建设	—	20								
2	施工准备	—	5								
3	钢筋制作与安装	4318t	195								
4	支模	788 片	200								
5	浇筑混凝土	19625m^3	205								
6	张拉	788 片	212								
7	压浆	788 片	213								
8	封锚	4728 个	214								

图 6　工期计划横道图

主要机械设备表 表2

序号	名　称	规格型号	数量	单位	备　注
1	龙门吊	60t	2	台	根据现场布置选用(单机、双机)
2	插入式振捣棒	50型	8~10	套	腹板施工用
3	插入式振捣棒	30型	4~6	套	腹板施工用
4	平板振捣器	—	4~6	套	顶板收面用
5	附着式振捣器	高频率	40	套	腹板施工用
6	手动葫芦	5t	8~10	套	拆模用
7	张拉千斤顶	250t	4	台	张拉用
8	张拉油泵	—	4	台	张拉用
9	压浆机	—	2	台	压浆用
10	锅炉	5t	2	台	—
11	钢筋加工设备	—	2	套	包含钢筋弯曲机、切断机、调直机
12	电焊机	BX-500	4	台	—

4.5 主要材料准备

主要材料见表3。

主要材料表 表3

序号	名　称	规格型号	单位	数　量
1	钢筋	ϕ25	t	158.8
2	钢筋	ϕ28	t	560.5
3	钢筋	ϕ16	t	207.2
4	钢筋	ϕ12	t	2238.3
5	钢筋	ϕ10	t	857.6
6	钢绞线	ϕ_s15.24	t	501.1
7	波纹管	ϕ(内径)87mm	m	28181
8	波纹管	ϕ(内径)77mm	m	29973
9	波纹管	97mm×25mm	m	7200
10	波纹管	77mm×25mm	m	25800
11	锚具(预制T形梁用)	15-6	套	560
12	锚具(预制T形梁用)	15-7	套	1880
13	锚具(预制T形梁用)	15-8	套	1776
14	锚具(预制T形梁用)	15-9	套	512
15	锚具(负弯矩用)	BM15-5	套	1000
16	锚具(负弯矩用)	BM15-4	套	4024
17	混凝土	C50	m^3	17156
18	模板	5.8m/5.75m	12	套

4.6 劳动力准备

劳动力计划见表4。

劳动力计划表 表4

序号	工种	数量(人)	序号	工种	数量(人)
1	钢筋工	100	4	机械操作工	6
2	模板工	40	5	电工	2
3	混凝土工	20	6	力工	30

5 主要施工方法

5.1 施工工艺流程

梁厂建设→施工台座→钢筋加工→绑扎梁肋钢筋→模板安装→绑扎顶板钢筋→浇筑混凝土→拆模及养生→张拉及压浆→浇筑封锚混凝土→移梁

5.2 施工工艺

5.2.1 钢筋加工

5.2.1.1 非预应力筋加工

按照钢筋料表进行钢筋加工。马蹄底部主筋为$\phi 25$,箍筋为$\phi 12$,横向水平筋为圆10钢筋,外形为直筋,在加工场搭接焊完成制作;马蹄外箍筋为$\phi 12$,腹板箍筋和顶板箍筋为$\phi 12$,其弯曲直径不小于3D,弯钩形式符合设计要求,弯钩平直部分的长度不应小于箍筋直径的10倍,统一在加工场制作成型。

5.2.1.2 预应力筋加工

(1)严格按设计曲线长度下料,并按图纸预留出足够的张拉长度(一般每端60~90cm)。

(2)钢绞线采用抗拉强度标准值$f_{pk}=1860$MPa,公称直径$d=15.24$mm的低松弛、高强度钢绞线。

(3)钢绞线下料场地应平坦,下垫方木或彩条布,不得将钢绞线直接接触土地以免生锈,也不得在混凝土地面上生拉硬拖,磨伤钢绞线。

(4)钢绞线的盘重大、盘卷小,弹力大,为防止在下料过程中钢绞线紊乱并弹出,事先应制作一个简易的铁笼。下料时,将钢绞线在铁笼内抽出。

(5)钢绞线下料须采用砂轮锯切割,不得采用电焊切割。在切口的两侧5cm处,预先用绑丝扎牢。

(6)钢绞线编束时要顺直,不得扭结,并尽量使各根钢绞线松紧一致。其端部要适当错位,开成圆顺的尖端以利于穿束,编束每隔1~1.5m用18号铁丝绑扎,两端各2m区段内要加密至50cm一道,以增加钢束的整体性。

5.2.2 钢筋绑扎及波纹管安装

5.2.2.1 钢筋绑扎采用在台座上直接绑扎,首先绑扎腹板钢筋,腹板钢筋验收合格之后方可进行模板拼装,待模板合完之后进行顶板钢筋的绑扎,待顶板钢筋及模板验收合格之后,进行混凝土浇筑。

5.2.2.2 绑扎前对加工好的钢筋型号、直径、尺寸;进行检查,合格后方可使用。钢筋绑扎严格按照图纸、有关规范施工,所有预埋件位置准确(一般预埋件为:梁底钢板、负弯矩锚垫板、边梁的防撞角钢等)。

5.2.2.3 钢筋接头采用焊接及绑扎两种。单面焊搭接长度不少于10d,双面焊搭接长度不少于5d,钢筋绑扎搭接长度不少于35d。绑扎时要确保钢筋骨架整体外形美观、坚固,垂直度符合要求,水平钢筋尺寸间距都满足设计要求。钢筋绑扎应自下而上进行,严格按图施工,确保不丢筋、漏筋。绑扎搭接头相互错开。

5.2.2.4 混凝土保护层采用同强度等级的混凝土垫块,施工时采用梅花形布置,间距0.4~0.5m。上下采用梅花形布置,共3排,以保证现浇T形梁的保护层厚度。

5.2.2.5 波纹管的安装严格按设计给定孔道坐标(由预应力曲线位置算出)位置控制。波纹管用定位筋固定。波纹管连接处须紧密。波纹管管身须无破损,防止漏浆。锚垫板定位螺栓紧密地安装在端模上,锚垫板与孔道严格对中并与孔道端部垂直;安装负弯矩区内扁波纹管时,务必在模板端头处多留出至少50cm长的扁波纹管,确保梁板架设后扁波纹管顺利连接;扁波纹管穿入细塑料管作为衬芯,防止因漏浆而影响负弯矩张拉。

5.2.3 模板安装

5.2.3.1 T形梁模板由侧模、梁端堵头模板、横隔梁堵头模板、梳齿板构成,厂家定制。梳齿板根据钢筋间距和型号采用1cm钢板进行加工。侧模采用分节式,每节长分为5.75m和5.8m两种,每侧共4块。两端的两块模板采用马蹄部位渐变形模板,在每节与地面连接处采用调平螺丝杆,将模板调整成竖直、水平,同时保证模板稳固;两侧的模板采用地脚精轧螺纹连接,50cm一道,以保证整体的稳定性。顶板同样采用精轧螺纹进行连接固定,将两侧模板的加劲肋进行刚性连接。

5.2.3.2 检查模板平整度,对模板进行清洁处理后,均匀涂抹脱模剂,不得使用废机油代替脱模剂。

5.2.3.3 钢模与台座角钢间模板采用海绵条塞缝,支立后,上、下部用精轧螺纹固定,模板连接处用2mm厚双面胶海绵条塞紧,保证浇筑过程中不会漏浆。

5.2.3.4 钢模立完后,进行翼缘板钢筋绑扎,钢筋绑扎完成后,要对模板垂直度、高度、宽度、节点、整体稳定性及接缝的密实情况进行检查。

模板安装如图7所示。

5.2.4 混凝土的浇筑及养生

5.2.4.1 混凝土拌制

混凝土搅拌站统一搅拌。T形梁混凝土采用C50,水泥采用P.O 42.5,砂采用河砂,外加剂采用高效缓凝减水剂。混凝土坍落度控制在7~9cm。施工配比见表5。

施工配合比 表5

混凝土强度等级	水泥(kg)	砂子(kg)	碎石(kg)	水(kg)	外加剂(kg)
C50	494	647	1151	158	5.343

5.2.4.2 混凝土运输

本标段拌和站和预制梁厂均在服务区内设置,现场混凝土运输采用混凝土罐车直接运输到现场,运距约300m。两个预制区共计4辆混凝土罐车保证供应。

5.2.4.3 混凝土浇筑

(1)浇筑混凝土之前,检查钢筋保护层、间距及位置,检查波纹管位置及定位钢筋是否牢固,检查波纹管是否密封不漏浆,检查模板断面尺寸及翼板横坡。

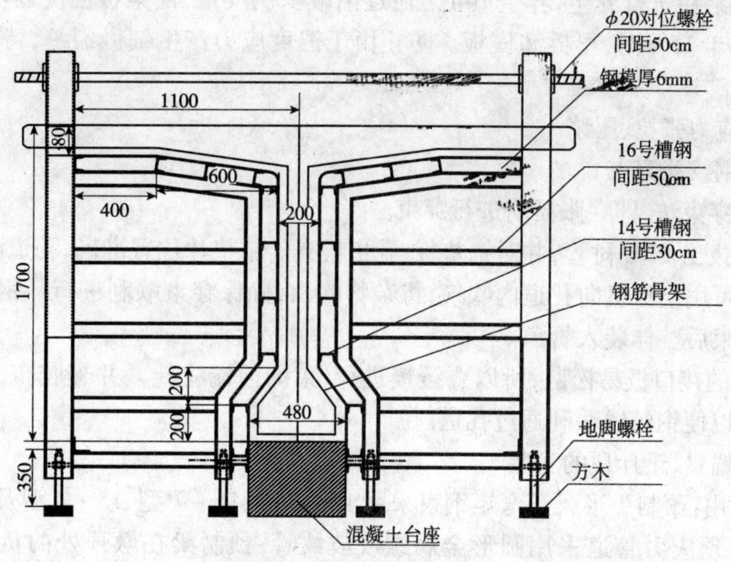

图7 T形梁模板安装图(尺寸单位:mm)

(2)采用龙门吊吊装混凝土进行浇筑。混凝土振捣采用50型及30型插入式振捣棒并配备附着式高频振捣器振捣梁体腹板;顶板采用50型振捣棒振捣,采用平板振捣器进行提浆、收面。

(3)混凝土浇筑采用分层浇筑,共分为6层。每层高度不宜超过30cm,上下层浇筑间隔时间不宜超过1.5h。

混凝土浇筑方向从梁的一端依次进展到另一端,在将近另一端时,改从另一端以相反方向投料,在距该端4~5m处合拢,避免梁端混凝土产生蜂窝等不密实现象。在腹板混凝土浇完后略停一段时间,使腹板混凝土充分沉落,然后再浇筑翼缘板,但必须保证在腹板混凝土初凝前将混凝土浇筑完毕,并及时整平、提浆、收面。

(4)混凝土的振捣:振捣棒须快插慢拔,垂直或略有倾斜插入混凝土中,使棒头全部没入混凝土中,边提棒边振捣。振捣时要严格控制振捣时间及插入混凝土深度,相邻层振捣棒入混凝土深度以伸入下层5cm为宜,振捣至混凝土表面不再下沉,不产生冒泡为止。

附着式高频振捣器采用ZF75-150,待腹板混凝土达到1/3的时候,开启振捣器,振动时间为30~45s,从梁端模板开始布设,按照纵向50cm、横向80cm的间距布置。

(5)梁顶收面时,顶面高程控制要准确,注意翼板的横坡设置。顶面混凝土用3m刮杠或铁锹粗平,用木抹子拍打、压面、抹面成活。板面混凝土初凝前使用钢丝刷,在垂直于行车的方向进行刷毛,刷毛深度约在5mm,将混凝土面上的浮浆清理掉,露出骨料。刷毛完成后用扫把将浮浆清扫干净,并覆盖防水土工布(中间夹层为塑料),覆盖时不得损伤污染混凝土表面。开动蒸汽阀门,进行蒸汽养生。

(6)混凝土试件采用150mm标准立方体。现场制作3组试件,其中1组与T形梁进行同条件养护,2组在标养室内养护,试件分别在7d、14d、28d时进行强度试验。

5.2.4.4 混凝土拆模及养生

考虑施工所在地区气候,梁板养生统一采用蒸汽养生。梁厂分为东西两个预制区,每个区采用一个5t的蒸汽锅炉,在与台座垂直的方向布置蒸汽主管道,在每个台座的主管道上预留两个球阀,每个台座两侧布设细钢管与球阀相接,钢管上每隔50cm打一个气孔。

在梁板收面之后进行养生，养生14h之后逐渐减少供气量，使梁板温度逐步下降，梁板温度与外界温差小于15℃时，可拆卸模板。防止由于温度应力产生细微裂缝，待拆完模板之后进行蒸汽养生。

5.2.5 预应力张拉、压浆

5.2.5.1 钢绞线穿束

(1)采用后穿束法，即在张拉前进行穿束。

(2)穿束前拔出PVC衬管，并对锚垫板、孔道检查。锚垫片位置准确，孔道清洁、畅通。对孔道进行清理，可用空压机向孔道内吹气，将杂物吹出，确保穿束顺利进行。钢绞线穿束采用整体穿束法，编束后整体装入管道。

(3)波纹管的接口极易松散，所以要缓慢进行，束的前端应扎紧并裹胶布，以减少对波纹管接口的冲击，以便钢绞线顺利通过孔道。

5.2.5.2 锚具、千斤顶的安装

(1)锚具选用：预制T形梁正弯矩钢束采用15-6型、15-7型、15-8型及15-9型系列锚具及其配件，预应力管道采用圆形金属螺纹波纹管；预制梁在墩顶处的负弯矩钢束采用BM15-4、BM15-5型扁锚及其配件，管道采用扁形金属波纹管。

(2)千斤顶选用：选用250t千斤顶。

(3)油泵选用：选用YBZ2×2/50油泵。

(4)油表选用：选用1.0级、直径150mm的油表。

(5)安装顺序：安装工作锚具→工作夹片→限位板→千斤顶→工具锚→工具锚夹片。

(6)安装技术要求：

①钢束外伸部分要保持干净，不得有油污、泥沙等杂物，施工人员不得随意踩踏。

②锚环及夹片使用前一天要用煤油或柴油清洗干净，不得有油污、铁屑、泥沙等杂物。

③工作锚必须准确放在锚垫板定位槽内，并与孔道对中。

④工作锚各孔中装入夹片，用胶圈套好，可用长约30cm的铁管穿入钢绞线向前轻顶，将夹片顶齐，注意不可用力过猛，夹片间隙要均匀，可用改锥认真调整。每个孔中必须有规定的夹片数量，不得有缺少现象。

⑤夹片安装完后，其外露长度一般为4~5mm，并均匀一致。若外露太多，要对所用夹具及锚环孔尺寸及锥度进行检查。若发现有不合格者，则要进行更换。

⑥安装千斤顶时不要推拉油管及接头，油管要顺直，不得扭结成团。

⑦工具锚安装前，应将千斤顶活塞伸出3~5cm，钢束穿入工具锚时，位置要与工具锚钢束位置一一对应，不得交叉扭结。

⑧为了能使工具锚顺利退下，应在工具锚的夹片光滑面或工具锚的锚孔中涂润滑剂。润滑剂采用石蜡。采用石蜡时，将其熔化，涂在夹片上。

⑨工具锚的夹片要与工作锚的夹片分开放置，工具锚夹片的重复使用次数不得超过10次，若发现夹片破损，应及时更换以防张拉中滑丝、飞片。

5.2.5.3 张拉

(1)张拉条件：预制T形梁预应力钢束张拉必须待梁体混凝土达到混凝土设计强度等级的85%，且混凝土龄期不小于7天，可张拉。

(2)张拉方法：采用两端同时张拉。采用双控，即以控制拉力为主，以钢束实际伸长值进行校核，实测伸长值与理论伸长值的相对误差不得超过±6%。

(3)预应力筋张拉理论伸长值 ΔL_L(mm)。

根据《公路桥涵施工技术规范》计算公式如下

$$\Delta L_L = \frac{P_p \times L}{A_p \times E_p}$$

式中:P_p——预应力筋平均张拉力,N;

L——预应力筋的长度,mm;

E_p——预应力筋的弹性模量,N/mm^2;

A_p——预应力筋的截面面积,mm^2。

(4)张拉施工前应进行孔道摩阻检测。孔道摩阻小于设计值时按设计要求进行张拉;当孔道摩阻大于设计值时应请示设计制定处理方法,再进行张拉。

张拉时理论伸长值及张拉力计算见表6。油表读数计算值见表7。

25m 预制 T 形梁张拉理论伸长量计算 表6

钢束编号	根数	标准设计长度(m)	实际钢丝束计算长度(m)	θ(rad)	k	u	$K_X + U_\theta$	P(端张拉力 $0.75f_{pk}$)	P_1 平均张拉力(N)	A(mm^2)	E_p(Mpa)	$\Delta L_L = \frac{P_p \cdot L}{A_p \cdot E_p}$(m)
N1	6	24.612	12.456	0.12217	0.0015	0.25	0.0492273	1171800	1143425.255	840	195000	0.1739
N2	7	24.59	12.445	0.12217	0.0015	0.25	0.0492108	1367100	1334007.046	980	195000	0.1737
N3	7	24.56	12.43	0.13963	0.0015	0.25	0.0535516	1367100	1331139.581	980	195000	0.1732

注:f_{pk} 为钢绞线的标准强度,P 按 $0.75f_{pk}$ 计算为设计给定。

(5)张拉顺序。三束钢绞线布置编号如图8所示。

张拉方式采用两端同时张拉,张拉顺序为50% N2→100% N3→100% N2→100% N1(或按照设计图纸要求顺序张拉)。

先张拉 N2 至 50%,之后张拉 N3 至 100%,再张拉 N2 至 100%,最后张拉 N1 至 100%。每束张拉至最后设计值 100% 后,持荷 2min,再进行回油、回顶等操作。

(6)张拉应缓慢进行,逐级加荷,稳步上升。专人记录,专人测量伸长值,现场实测值与理论值进行比较,以便与检定曲线相比较,对张拉应力进行校核,防止由于压力表出故障造成拉力不足等现象。

张拉至设计油压值后,按张拉程序持荷 2min 测量伸长值,即可将张拉油压缓慢降至零,活塞回程夹片自动跟进锚固。

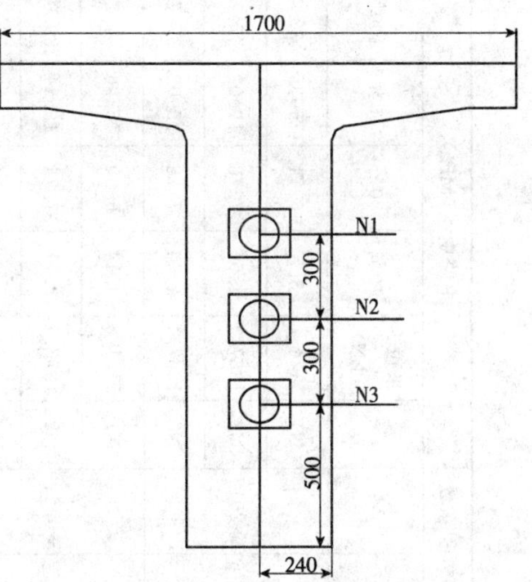

图8 三束钢绞线布置编号(尺寸单位:mm)

(7)实际伸长值测量方法:在张拉时,油表读数达到控制应力 10% 初张力后,量测千斤顶的活塞外露长度 L_1,然后供油达到控制应力的 20%,量测活塞外露长度 L_2,再张拉至设计控制应力的油压值,量测活塞的外露长度 L;$[L - L_1 + 2(L_2 - L_1)]$ 即为实际伸长值。

表 7

油表读数计算表

千斤顶编号	油表编号	回归方程系数		中跨中梁(MPa)						中跨边梁/边跨中梁(MPa)						边跨边梁(MPa)					
		a	b		张拉力(kN)	10%	20%	50%	100%		张拉力(kN)	10%	20%	50%	100%		张拉力(kN)	10%	20%	50%	100%
1002272	222	0.0276	0.2917	N1	1171.8	3.5	6.71	16.35	32.4	N1	1367.1	4.04	7.78	19.02	37.8	N1	1562.4	4.57	8.85	21.7	43.1
				N2	1367.1	4.04	7.78	19.02	37.75	N2	1562.4	4.57	8.85	21.7	43.1	N2	1757.7	5.11	9.92	24.37	48.5
				N3	1367.1	4.04	7.78	19.02	37.75	N3	1562.4	4.57	8.85	21.7	43.1	N3	1757.7	5.11	9.92	24.37	48.5
	146	0.0297	−0.319	N1	1171.8	3.14	6.59	16.96	34.23	N1	1367.1	3.71	7.74	19.84	40	N1	1562.4	4.29	8.9	22.72	45.8
				N2	1367.1	3.71	7.74	19.84	39.99	N2	1562.4	4.29	8.9	22.72	45.8	N2	1757.7	4.86	10.1	25.60	51.5
				N3	1367.1	3.71	7.74	19.84	39.99	N3	1562.4	4.29	8.9	22.72	45.8	N3	1757.7	4.86	10.1	25.60	51.5
1002271	134	0.0272	−0.331	N1	1171.8	2.83	6	15.49	31.31	N1	1367.1	3.36	7.05	18.13	36.6	N1	1562.4	3.89	8.11	20.77	41.9
				N2	1367.1	3.36	7.05	18.13	36.59	N2	1562.4	3.89	8.11	20.77	41.9	N2	1757.7	4.42	9.16	23.4	47.1
				N3	1367.1	3.36	7.05	18.13	36.59	N3	1562.4	3.89	8.11	20.77	41.9	N3	1757.7	4.42	9.16	23.4	47.1
	225	0.0277	0.0383	N1	1171.8	3.26	6.48	16.15	32.26	N1	1367.1	3.8	7.56	18.84	37.6	N1	1562.4	4.34	8.63	21.52	43
				N2	1367.1	3.8	7.56	18.84	37.64	N2	1562.4	4.34	8.63	21.52	43	N2	1757.7	4.87	9.71	24.21	48.4
				N3	1367.1	3.8	7.56	18.84	37.64	N3	1562.4	4.34	8.63	21.52	43	N3	1757.7	4.87	9.71	24.21	48.4

注：a、b 分别为张拉用千斤顶，油表配套标定的回归方程系数。

(8)在张拉完后，切除外露钢绞线（钢绞线外露量≤30mm）。用混凝土封堵锚头，待达到强度后进行压浆。

5.2.5.4　压浆

压浆材料选择：

水泥：采用P.O 42.5。

水：采用饮用水。

外加剂：采用复合型膨胀减水剂。

水泥浆最大泌水率不超过3%，拌和后3h泌水率控制在2%，24h后泌水应全部被浆吸收。水泥浆稠度宜控制在14～18s。

压浆应在锚固后48h内进行。孔道压浆顺序为先下后上。

5.2.5.5　浇筑封锚混凝土

压浆后应先将梁端混凝土凿毛，然后设置钢筋网、支模并浇筑封锚混凝土。封锚时，要将外露钢绞线、锚垫板、夹片等全部包裹严密，使覆盖层厚度>15mm。

5.3　季节性施工措施

5.3.1　雨期施工

5.3.1.1　不得冒雨露天浇筑混凝土，开盘前应与气象部门联系，掌握天气变化情况，避免遇雨影响混凝土施工质量。对终凝之前的混凝土，应及时覆盖，防止被雨冲淋。合模后不能及时浇筑混凝土时，模板下口要预留排水孔，防止模内积水。

5.3.1.2　模板不得遭受雨淋，下雨时应用苫布或塑料布进行苫盖，防止模板变形、翘曲、生锈，影响成品混凝土的质量。

5.3.1.3　在浇筑混凝土中遇雨不能连续施工时，应按规范规定留置施工缝，并覆盖防雨材料。雨后继续施工时，应先对接茬部位处理后再进行浇筑。浇筑混凝土时，随时准备遮盖和排出积水。小雨时，及时覆盖，混凝土表面防止雨水冲刷；大雨时，停止作业，并按规定留好施工缝。

5.3.1.4　雨后模板及钢筋上的淤泥、杂物，在浇筑混凝土前要清除干净。雨季施工期间加强防风紧固措施，大模板等物品停放按有关规定进行防风固定。

5.3.1.5　波纹管开口处应将端口封严，以免灌入雨水而锈蚀预应力筋和波纹管。

5.3.2　冬期施工

5.3.2.1　混凝土搅拌站用水采用5t蒸汽锅炉加热，保证混凝土搅拌过程中的水温，同时使刚搅拌出的混凝土的温度不低于10℃。

5.3.2.2　混凝土罐车应采取保温措施，避免温度流失过快，保证混凝土到场温度不低于5℃，保证运输过程中混凝土不受冻。

5.3.2.3　预制区现场采用大棚覆盖，保证混凝土施工时的温度，以免产生冻害。

5.3.2.4　预制场现场养生采用蒸汽养生，采用两台5t蒸汽锅炉，配合覆盖不透气、保温土工布进行养生。

5.3.2.5　焊接钢筋前应测量大棚内温度，保证焊接时的温度在-20℃以上，张拉时应保证温度在-15℃以上。

5.3.2.6　压浆时，应保证温度在0℃以上，以免水泥浆受冻，影响压浆质量，压降结束后应保证梁体的温度在5℃以上，以保证水泥浆的强度。

5.3.2.7　施工大棚内每个角落必须悬挂温度计，实时监控棚内温度，每日做好记录，吸取经验,达到最合适的施工条件。

6 质量保证措施

6.1 质量措施

6.1.1 建立质量管理体系,对各工序进行质量检查监督和技术指导。

6.1.2 加强施工全过程的质量预控,密切配合建设、监理、总包三方人员的检查与验收,按时做好隐蔽工程记录。

6.1.3 加强原材料的管理,严格执行各种材料的检验制度,对进场的材料和设备认真检验,并及时向总包和监理方提供材质证明、试验报告和设备检验单。

6.1.4 优化施工方案,认真作好图纸会审和技术交底。施工中随时检查施工措施的执行情况,做好施工记录。按时进行施工质量检查,掌握施工情况。

6.1.5 预应力张拉操作人员必须经培训持证上岗,现场负责人必须旁站,监督到位。

6.1.6 预应力构件质量检验,分为模板、钢筋、混凝土、预应力四个分项。

6.2 质量标准

6.2.1 模板

6.2.1.1 基本要求

(1)模板应具有足够的强度、刚度和稳定性。

(2)应正确合模,底模、侧模密封条粘贴应符合要求,出筋孔密封应符合要求。

(3)底模应与基础可靠连接。

(4)固定在模板上的预埋件、预留孔不得遗漏,且安装牢固。

(5)侧模拆除时混凝土必须达到足够的强度,以保证构件不受损伤。

6.2.1.2 模板安装允许偏差见表8。

模板安装允许偏差表 表8

项次	项 目	允许偏差(mm)	检验方法和频率
1	长	0、+5	钢尺量两角边,取其中较大值
2	宽	0、+5	钢尺量两端及中部,取其中较大值
3	高	0、+5	钢尺量两端及中部,取其中较大值
4	桥面板内外侧偏离设计位置	+20、-10	钢尺检查
5	底板、顶板厚度	+10、-5	钢尺检查
6	腹板中心线在底模平面上偏差	±10	钢尺检查
7	侧向弯曲	$L/1500$	拉线、钢尺量最大弯曲处
8	相邻两板表面高低差	2	钢尺检查
9	表面平整度	5	2m靠尺和塞尺检查
10	预留孔位置	10	用钢尺量每个孔
11	翘曲	$L/1500$	调平尺在两端测量
12	预埋件中心线位置	3	钢尺检查

检查数量：首次使用及大修后的模板应全数检查；使用中的模板定期检查。

6.2.2 钢筋

6.2.2.1 基本要求

(1)钢筋、焊条和预埋件的品种、规格和技术性能应符合国家现行标准规定和设计要求。

(2)受力钢筋同一截面的接头数量、搭接长度和接头质量应符合规范要求。

6.2.2.2 钢筋安装允许偏差见表9。

钢筋安装允许偏差表　　表9

项次	检查项目		规定值或允许偏差(mm)	检查方法和频率
1	受力钢筋间距	两排以上排距	±5	尺量：每构件检查2个断面
		同排	±10	
2	箍筋、横向水平钢筋、螺旋筋间距		±10	尺量：每构件检查5~10个间距
3	钢筋骨架尺寸	长	±10	尺量：按骨架总数30%抽查
		宽、高或直径	±5	
4	弯起钢筋位置		±20	尺量：每骨架抽查30%
5	保护层厚度	梁	±5	尺量：每构件沿模板周边检查8处

6.2.2.3 外观鉴定：钢筋应平直、无损伤，表面不得有裂纹、油污、颗粒状或片状老锈、焊渣。

6.2.3 预应力

6.2.3.1 基本要求

(1)预应力筋的各项技术性能必须符合国家现行标准规定和设计要求。

(2)预应力钢绞线束应梳理顺直，不得有缠绞、扭麻花现象，表面不应有损伤。

(3)预留管道应安装牢固、接头密合、弯曲圆顺，锚垫板平面应与孔道轴线垂直。

(4)千斤顶、油表、钢尺等器具应经检查校正。

(5)锚具、夹片和连接器应符合设计要求，经检验合格后方可使用。

(6)压浆工作在5℃以下进行时，应采取防冻或保温措施。

(7)孔道压浆的水泥浆性能和强度必须符合设计要求，压浆时排气、排水孔应有水泥原浆溢出后方可封闭。

(8)预应力钢筋张拉或放张时，混凝土强度和龄期必须符合设计要求，应按照设计规定的张拉顺序进行施工。

(9)单根钢绞线不允许断丝，单根钢筋不允许断筋和滑移。

(10)应按照设计要求浇筑封锚混凝土。

6.2.3.2 预应力张拉允许偏差见表10。

后张法预应力允许偏差值表 表10

项次	检查项目		规定值或允许偏差	检查方法和频率
1	管道坐标（mm）	梁长方向	±30	尺量:抽查30%,每根查10个点
		梁高方向	±10	
2	管道间距（mm）	同排	10	尺量:抽查30%,每根查5个点
		上下层	10	
3	张拉应力值		符合设计要求	查油表读数:全部
4	张拉伸长率		符合设计规定,设计未规定时±6%	尺量:全部
5	断丝滑丝数	钢束	每束1根,且每断面不超过钢丝总数的1%	目测:每根(束)
		钢筋	不允许	

外观鉴定:钢绞线表面应保持清洁,不得有明显锈迹。

6.2.4 混凝土

6.2.4.1 基本要求

(1)混凝土的原材料质量规格必须符合有关规范的要求,按规定的配合比施工。

(2)混凝土表面平整,颜色一致,无明显施工接缝。

(3)封锚混凝土应密实、平整。

(4)梁、板填缝应平整密实。

(5)梁体内不应遗留建筑垃圾、杂物、临时预埋件等。

6.2.4.2 预制梁混凝土检测项目见表11。

预制梁混凝土检测项目 表11

项次	检查项目		规定值或允许偏差	检查方法和频率
1△	混凝土强度(MPa)		在合格标准内	按JTG F80/1—2004附录D检查
2	梁长度(mm)		+5、-10	尺量:每梁
3	宽度(mm)	湿接缝(梁翼缘、板)	±20	尺量:检查3处
4△	高度(mm)	梁	±5	尺量:检查2个断面
5△	断面尺寸（mm）	顶板厚	+5、-0	尺量:检查2个断面
		底板厚		
		腹板或梁肋		
6	平整度(mm)		5	2m直尺:每侧面每10m梁长测1处
7	横系梁及预埋件位置(mm)		5	尺量:每件

7 安全文明施工措施

7.1 张拉区做好明显标志,非施工人员禁止观看和入内。在千斤顶正后方禁止站人。张拉施工作业面正后方必须设置安全防护挡板,挡板厚度不小于5cm(若条件允许最好采用沙袋防护),防止钢绞线张拉时,滑丝和断丝、锚具和张拉设备意外飞出伤人。

7.2 操作千斤顶和测量伸长值人员,站在千斤顶侧面操作,操作严格遵守操作规程。

7.3 张拉时,千斤顶不得超过额定行程及吨位。

7.4 高压油泵与千斤顶之间所有连接点或接口必须完好无损,并将螺母拧紧。

7.5 孔道压浆时,掌握喷浆嘴的人穿水鞋、戴手套。胶皮管必须与灰浆泵连接牢固。堵压浆孔时应站在孔道侧面,以防灰浆喷出伤人。

7.6 所有进场的机械设备按规定放置位置进行停放。

7.7 进场机械设备完好率必须达到100%,严禁带病运转和施工操作。

7.8 操作机械设备要严格遵守各种机械设备的操作规程,施工人员要按规定配备和使用防护用具。

7.9 现场作业人员对所使用的施工用具和设备必须保管好,存放在工具袋内或放在安全的地方,防止碰落至桥下砸伤下面的施工人员。

7.10 进入现场的施工人员要看上顾下;看上面是否有易坠落物或施工作业,尽量避免上下交叉作业;顾下是看下面是否有物料绊脚或扎脚,以及作业面下面是否有施工作业项目;尽量避免上下交叉作业,防止意外伤人。

7.11 无论何种施工作业,施工期间必须严格遵守安全操作规程。

7.12 现场存放张拉设备的进油孔和出油孔使用密封丝堵封闭,防止漏油污染土壤和工程结构。

8 环境保护措施

8.1 及时清除施工垃圾,并倒在临时垃圾堆放处,做到文明施工、工完清场。

8.2 现场的生产、生活用水及污水要经过沉淀处理后排入市政管线。当野外施工不具备条件时可建若干渗水井。污水井沉淀处理后,排入渗水井。

8.3 在使用、运输和储存液压设备时,应进行防漏处理,防止液压油从油箱中泄漏污染现场模板、钢筋及水源;如发生液压油滴漏时,应及时查找漏源和堵漏,并且及时清除滴漏现场油污。

8.4 在孔道灌浆施工过程中,应注意避免水泥浆的喷射污染现场;灌浆完成后,应及时对灌浆设备进行清洗,对灌浆现场进行清理,剩余的水泥浆应集中处理不能随意排放。

8.5 合理组织施工,对噪声较大的工序,如混凝土浇筑振捣、预应力筋切割下料、支拆模等,尽量选择在白天进行。

8.6 当周围环境要求较高,必要时可安装隔音屏,以降低噪声污染。

8.7 散装水泥存储仓库应有除尘设备,水泥进场时应采取措施防止扬尘。

8.8 砂石料应进行表面覆盖或洒水。

§7 钢管混凝土拱桥上部结构施工方案

1 编制依据

1.1 《××工程施工组织设计》

1.2 《××工程施工图》

1.3 《公路桥涵施工技术规范》(JTG/T F50—2011)

1.4 《钢管混凝土结构设计与施工规程》(CECS 28:90)

1.5 《钢筋焊接及验收规范》(JGJ 18—2003)

1.6 《公路工程技术标准》(JTG B01—2003)

1.7 《公路工程质量检验评定标准》(JTJ F80/1—2004)

1.8 《涂装前钢材表面锈蚀等级和除锈等级》(GB 8923—88)

1.9 《预应力混凝土用钢绞线》(GB 5224—2003)

1.10 《公路工程施工安全技术规程》(JTJ 076—95)

2 工程概况

2.1 工程概述

本工程为88m下承式钢管混凝土系杆拱桥。

2.2 上部结构设计概要

2.2.1 主桥上部系梁:拱桥系梁设在机动车道和人行道之间,横断面为箱形断面,梁高2m、宽3m。每根吊杆位置处设横隔板。拱脚处为实心断面,高3.4m、宽3m。系梁内配有劲性骨架,增加系梁刚度及整体性。每侧系梁配有高强低松弛钢绞线,标准强度为1860MPa。

2.2.2 主桥拱肋:拱肋共2片,两片拱肋由2根ϕ1100×14mm钢管+厚14mm的连接钢板焊接而形成哑铃形截面,高为1.1m、宽2.45m。拱肋内灌注C50微膨胀混凝土。

2.2.3 主桥吊杆:两肋共设吊杆38根,间距4.0m。吊杆由19ϕ15.24mm高强低松弛钢绞线成品索组成,其标准强度为1860MPa。锚具采用LZM7-85冷铸墩头锚。

2.2.4 主桥桥面系:桥面系由预应力钢筋混凝土横梁和槽形板组成。每对吊杆对应1根中横梁和2个中悬臂梁。全桥共预置19根中横梁,及与系梁一起现浇的38个中悬臂梁。中横梁两端各有0.8m湿接头,每根中横梁配有高强低松弛钢绞线,其标准强度为1860MPa。中悬臂梁预应力钢绞线与中横梁钢绞线连接成整体。C30槽形板板宽1.05m、高度30cm,顶板厚9cm。主桥桥面铺装为8cmC40防水混凝土+6cm细粒式沥青混凝土。

桥梁平面图,如图1所示。桥梁立面图,如图2所示。

3 施工准备

3.1 技术准备

组织技术、生产、材料、经营人员认真审阅施工图纸,学习相关技术规范,并对作业队进行技术交底。完成基础及下部结构的质量验收,进行上部结构施工的工作面交接。对于模板、支架和预压方案进行必要的复核计算,确保方案满足技术与安全要求。

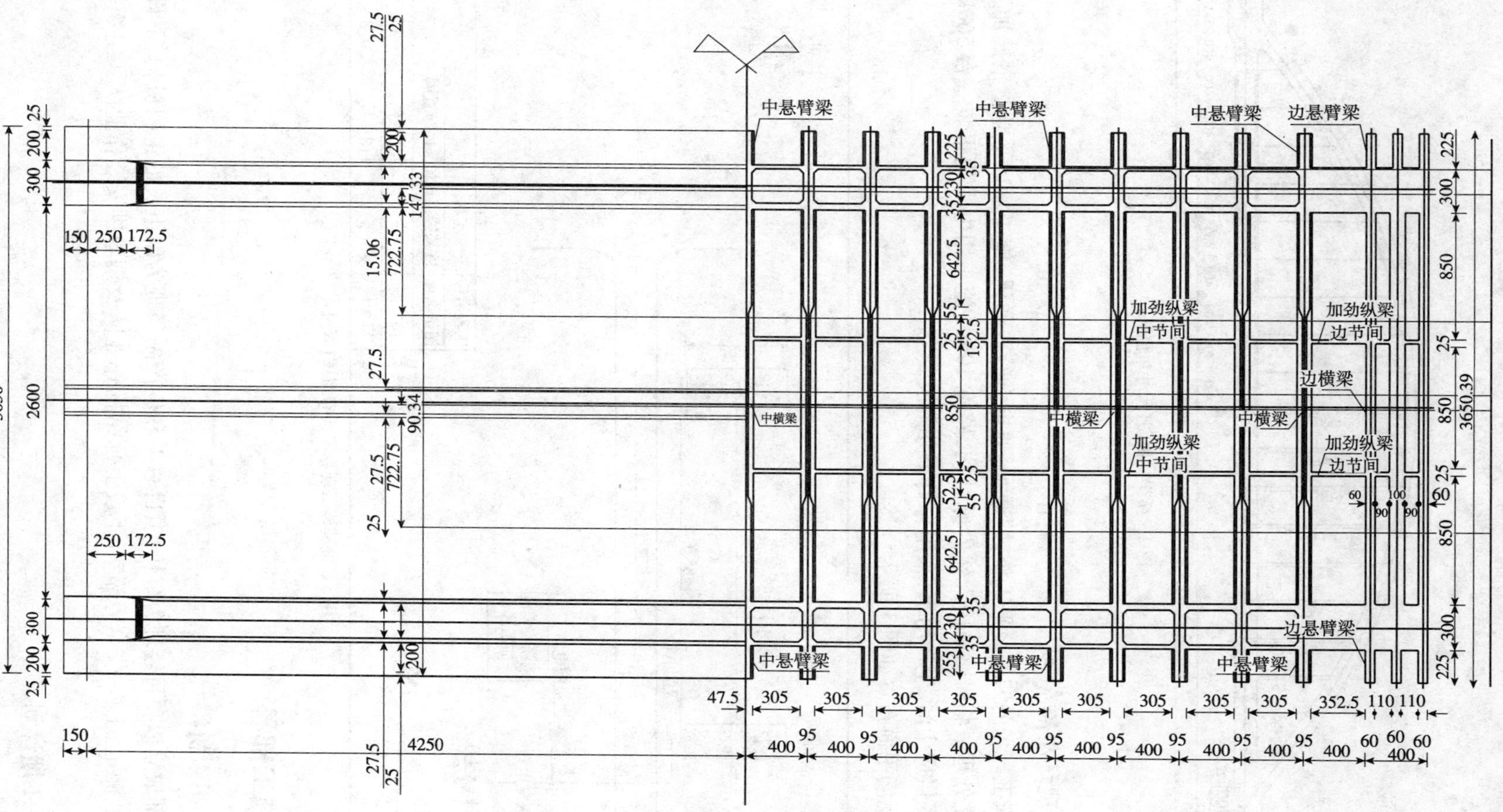

图1　桥梁平面图(尺寸单位：cm)

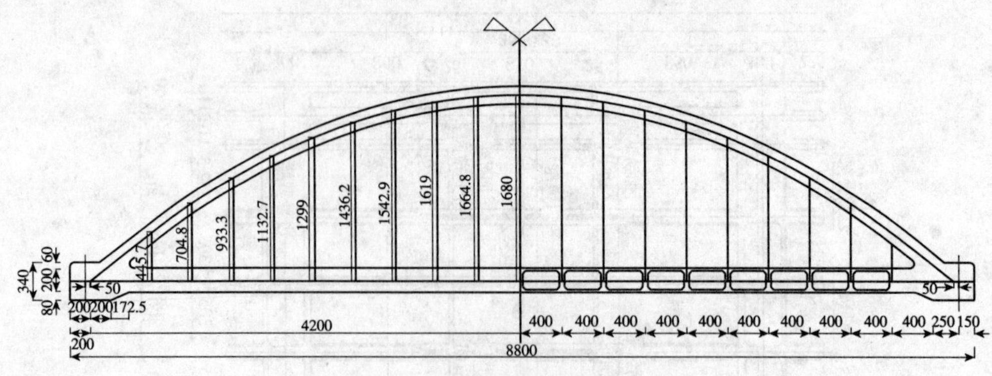

图2　桥梁立面图(尺寸单位:cm)

3.2　现场准备

做好施工现场的四通一平工作,即通水、通电、通路、通讯、施工场地平整。钢筋加工场进行场地硬化处理。临时路采用天然砂砾结构,路宽10m。施工用电采用报装一台500kVA变压器。现场供应生活、生产用水,采用自打水井解决。

施工现场平面布置如图3所示。

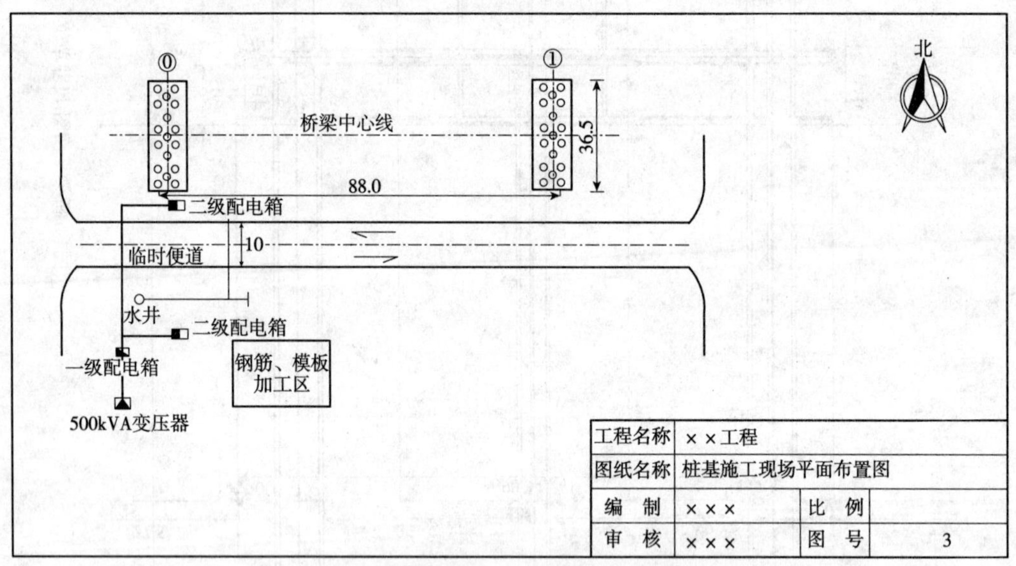

工程名称	××工程		
图纸名称	桩基施工现场平面布置图		
编　制	×××	比　例	
审　核	×××	图　号	3

图3　桩基施工现场平面布置图(尺寸单位:m)

4　施工部署

4.1　组织机构

项目部成立以项目经理为组长,项目总工和生产副经理为副组长的组织机构,下设技术、质量、试验、测量、工程、安全等部室,下设上部结构作业队及钢管拱安装作业队。组织机构如图4所示。

4.2　工期计划

拱桥上部结构总工期:100天。工期计划横道图,如图5所示。

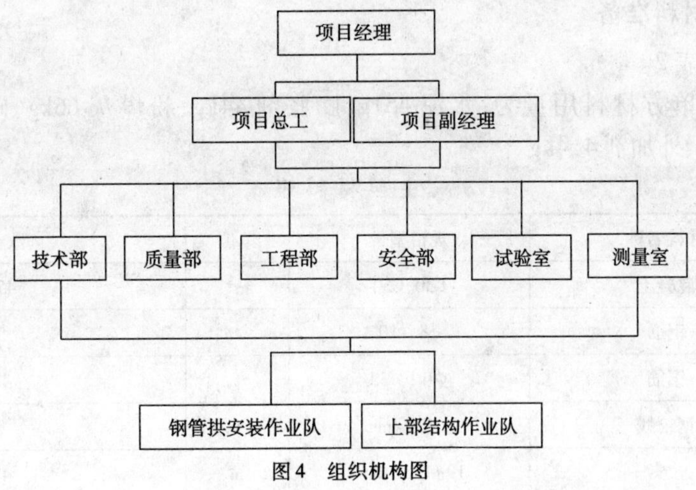

图4　组织机构图

序号	分项工程名称	工程量	持续时间(d)	单位：d									
				10	20	30	40	50	60	70	80	90	100
1	施工准备		10										
2	模架搭设	3300m²	10										
3	钢筋绑扎	530t	20										
4	主梁现浇	4090m³	15										
5	预应力张拉	82t	5										
6	钢管拱安装	281t	20										
7	灌注拱肋混凝土	410m³	10										
8	吊杆安装	486m	10										

图5　工期计划横道图

4.3　主要机械设备

主要施工机械见表1。

主要施工机械表　　表1

序号	机械名称	规格型号	单位	数　量
1	装载机	Z50D	台	1
2	起重机	KATO80	台	1
3	起重机	50t	台	1
4	混凝土泵	HBT60C	台	2
5	交流电焊机	ZX_5 -300~500	台	10
6	氢—乙炔焊接设备	—	台	2
7	钢筋调直机	GT4-14	台	2
8	钢筋切断机	GQ40-1	台	2
9	钢筋弯曲机	—	台	2
10	空压机	VY9/7	台	2
11	混凝土运输车	JC-6	台	4

4.4 主要材料准备

主要材料见表2。

C50混凝土单方材料用量为:水泥451g、膨胀剂44kg、粉煤灰66kg、砂子696kg、碎石1045kg、水198kg、外加剂4.4kg。

主要材料表 表2

序号	材料名称	规格型号	单位	数 量
1	混凝土	C30、C50	m^3	4500
2	钢筋	$\phi8\sim10$	t	50
3	钢筋	$\phi12\sim32$	t	480
4	钢绞线	ϕ15.24mm	t	82
5	拉索	19ϕ15.24mm	m	486
6	钢管	ϕ1100	t	180
7	钢板	厚14mm	t	25
8	型钢	—	t	76

4.5 劳动力准备

劳动计划见表3。

劳动力计划表 表3

序号	工 种	数量(人)
1	测量工	3
2	电工	2
3	焊工	20
4	机械工	10
5	钢筋工	35
6	模板工	35
7	混凝土工	16
8	普工	40

5 主要施工方法

5.1 施工工艺流程

钢管拱加工→钢管拱试拼

↓

主梁施工(模架、钢筋、混凝土、张拉)→钢管拱肋安装→灌筑拱肋混凝土→吊杆安装

5.2 施工工艺

5.2.1 主梁施工

5.2.1.1 模架施工

现况地面铺筑40cm级配砂砾,分两层碾压密实。其上放置5cm厚大板,大板下用于硬性

砂浆找平。将底托放在大板上，调整底托高程。然后开始搭设碗扣支架，支架纵横向间距，在正常段为60cm×90cm，在端横梁、中横梁、系梁处为60cm×60cm。设置纵横向剪刀撑，间距为3m。碗扣支架顶安放顶托，调整顶托高程。在顶托上横桥向安放10cm×15cm方木，纵桥向安放10cm×10cm方木，间距25cm。

底模、侧模采用122cm×244cm的竹胶模板，厚度为15mm。侧模用木排架支撑。木排架间距均为80cm一道，顺桥向连接成整体，横桥向用ϕ12对拉钢筋，保证排架横向稳定性。

5.2.1.2 钢筋施工

钢筋直径ϕ16以上的采用直螺纹及焊接连接，ϕ16以下的采用绑扎搭接。垫块采用高强塑料垫块。

5.2.1.3 主梁现浇

主梁混凝土现浇采用泵车、混凝土分层浇筑，一次浇筑厚度50cm。振捣使用插入式振捣器。

系梁设置1×0.75m人孔，人孔四周顶板钢筋预留焊接长度，在人孔使用完毕后恢复钢筋。

顶面混凝土用3m行夯拉平、夯实，用2遍木抹子抹面成活，混凝土初凝前在垂直于行车方向拉毛，待混凝土初凝后覆盖洒水养护14d。

5.2.1.4 张拉

(1)预应力材料及锚具检验。

钢绞线进场后逐盘检查外观和直径，钢绞线表面应无裂纹、毛刺、机械损伤、氧化铁皮或油污、沥青等有损钢绞线机械性能的物质。

每批钢绞线均做力学性能试验，包括屈服负荷、极限负荷、延伸率、松弛试验和弹性模量。波纹管采用双镀锌管，逐根进行外观检查，表面不得有砂眼、破损；咬口必须牢固，不得有松散现象；表面清洁无锈蚀现象；锚垫板符合尺寸要求，孔内无毛刺。

(2)张拉设备的标定。

张拉设备配套使用，并成套进行标定，确定张拉力与压力表读数的关系曲线。标定频率为6个月或超过200次，所用压力表的精度不低于1.5级，校验张拉设备用的试验机或测力计精度不低于+2%。检验时，千斤顶活塞的运行方向与实际张拉工作状态一致。施工前对孔道摩阻损失进行测定。

(3)钢绞线下料及波纹管连接。

钢绞线按每段的孔道曲线长度并考虑张拉工作长度下料，两端张拉时工作长度为1m。钢绞线的切割采用砂轮切割机。钢绞线编束时，每1.5m绑扎一道铁丝，铁丝扣向里，绑好的钢绞线束编号挂牌堆放。波纹管接头采用大一号同型波纹管作为接头管，将两根被接管端旋入接头管内。旋入后接头要严，两接头处用塑料胶布和医用胶布缠裹严密，防止漏浆。

(4)钢绞线的穿束及波纹管、锚垫板、螺旋筋安装。

采用坐标法固定波纹管，人工穿束的方法施工。按设计给定孔道坐标位置铺设波纹管。在预应力钢绞线与钢筋相撞时，可适当调整普通钢筋，以保证预应力筋位置准确。锚垫板安装位置要准确，牢固绑扎在钢筋上，并与端头模板贴紧钉牢。灌浆孔要封堵，防止浇筑混凝土时堵塞。锚下螺旋筋要紧靠锚固板，浇筑混凝土时，要小心振捣避免碰撞波纹管及锚垫板发生偏位。

(5)排气孔设置。

在管道的波峰处及梁端最高点预留排气孔，排气管长度高出梁面30cm，在排气管内插一

根 $\phi10$ 钢筋,在灌浆时拔出。

(6)张拉。

先张拉系梁,再张拉横梁。

张拉前,对梁端钢绞线束进行编号。张拉程序如下:0→初应力($0.15\delta_{CON}$)→$0.30\delta_{CON}$→δ_{CON}(持荷 2min 锚固),张拉顺序按设计从中间往两边对称张拉顺序进行,以免造成偏心受压。

张拉过程中,操作缓慢进行,逐级加荷,稳步上升。

(7)孔道压浆及端头封锚。

张拉完毕,孔道尽快压浆。压浆前检查压浆孔及排气孔是否通畅,并将两端锚头用砂浆封堵。搅拌好的灰浆过滤使用,在使用过程中不停地搅拌,以防沉淀,直至用完为止。压浆操作时,灰浆泵的压力取 0.7MPa 恒压,并能连续工作,直至排气孔冒出浓浆时,方可封堵排气孔。压浆设备在每天使用前及使用后,用清水彻底清洗一次,防止堵管。

浇筑封锚混凝土之前,梁端凿毛,并用清水清洗。在浇筑过程中,振捣时不要碰撞锚头。

5.2.2 钢管拱加工

5.2.2.1 钢管拱在工厂加工。本工程钢管拱材质为 Q345C。加工时按照 1:1 拱轴线放大样。由于钢材的热膨胀系数较大,根据不同的气温情况考虑温度修正。全桥拱肋加工完成后,在厂内进行试拼,合格后运至工地以保证加工精度。

5.2.2.2 焊缝焊接

(1)焊前准备。

本桥拱肋钢管焊接方法采用 CO_2 气体保护焊打底,手工电弧焊、埋弧自动焊。

根据对接、搭接、T 形接头的焊缝形式,确定相应焊接方法。焊接构件的坡口内及正、反面 25mm 范围,清理、去除表面油、锈、氧化皮和尘污等,处理干净后方可焊接,有关衬垫按操作细则施工。为确保焊缝质量,拱肋结构设生产试板,试板与相应焊缝同材料、同厚度、同坡口、同轧制方向,并按相应技术标准做机械性能试验,保证其参数符合规范要求。制订《生产试板评定工艺》,对目的、适用范围、参考标准、工艺内容作出明确规定,以确保焊缝焊接质量。

(2)焊接要求。

拱肋钢管制作、装配时,其纵缝、环缝均采用 V 形坡口。单面焊接双面成形,反面(管内)贴陶质衬垫。焊缝填充工艺分 4 道,采用 CO_2 气体保护焊打底填充 2 道,埋弧自动焊填充 1 道、盖面 1 道。纵缝焊接的起止端分别安装引弧板和熄弧板,坡口形式与纵缝相同。环缝焊接采用滚动胎架,以俯焊方式焊接。每道工序焊缝焊接一次完成。工地安装采用手工电弧焊接,节段对接采用对称焊。拱肋合拢段,在准确定位后方可焊接。

(3)焊缝质量检验。

所有焊缝按规定进行强度和外观检查,主拱的焊缝达到二级焊缝标准。焊缝外观质量要求成形美观、整齐,尺寸符合设计和工艺要求,做到无裂纹、无气孔、无夹渣、无焊瘤、无弧坑等焊接缺陷。其内在质量在焊接完成 24h 后,按焊缝长度的 100% 做超声波检测。

拱肋节段是形成拱轴线的基本单元,其线形取决于节段拱肋管的火工微弯。火工微弯方法是火工加外力形成设计曲线。根据设计拱轴线方程,用计算机计算确定各分段上下拱肋钢管所有控制点的坐标,作为微弯与测控的依据。

5.2.3 钢管拱试拼

为了校正钢管拱运输的变形,确定拱肋横联位置,在工地进行半跨平拼,将钢管拱肋每半跨依次试拼,中间合龙段与相邻段均试拼。试拼的目的就是检验拱肋是否与设计拱轴线相符,对吊杆上导管位置进行检查校正,对接头坐标进行精确测量,并确定相连位置,为拱肋连成整体提供依据。在试拼时每段之间法兰盘用螺栓拧紧,以减少因法兰盘之间的空隙造成的误差。通过试拼装,确保空中安装顺利,保证拱轴线形。

5.2.4 钢管拱安装

在安装拱肋时,主要保证以下几个方面以达到控制线形的目的:拱脚定位、安装准确;拱肋安装时严格按坐标进行接口平面和高程控制;合龙时的控制。

根据工程实际情况,钢管拱采用工厂分节制造,现场组拼成段,分段吊装上桥。安装方法采用两台起重车并辅以少量支架。钢管拱单元节段制造好后通过公路运输至工地组拼场,在工地组拼场将单元节段装焊成吊装段,再用起重车将吊装段吊装上桥安装合龙。桥头组拼场设5个吊装节段组拼台位。为确保拱轴线与理论线形一致,组拼台位上事先放出节段控制点坐标,胎架精确抄平。钢管拱单元节段吊上胎架后,对照控制点坐标精确调整钢管拱位置,并将焊口临时固定。在拼接口正式焊接前,对拱轴线再次进行复核。为确保吊装安全、稳定,在拱肋上组焊4个吊耳。为控制横向摆动及就位后方便、快捷地进行微量横向调整,在拱肋两侧端部位置设置两条缆风绳。为便于斜度调整,采取拱肋上端连接导链,下端连接钢丝绳的方法。拱肋安装图,如图6所示。

5.2.4.1 拱脚定位

拱脚安装前,先将拱脚下的系梁骨架采用型钢进行定位加固,确保拱脚安装后不出现移位变形。在安装钢管拱前,在骨架上划出十字线和钢管拱的外轮廓线。拱脚焊接后,在拱脚下焊接两道支撑,确保拱脚稳定。

5.2.4.2 拱肋安装时的控制

拱肋安装前先确定拱肋接口处固定位置的平面坐标和高程,在下游管口焊接定位钢板,在搭建的临时平台上放出拱肋中心及边线。拱肋安装时先利用倒链调整拱肋的倾角;倾角大致与拱轴线走向一致后,将拱段下接口与下游管口相接;利用定位钢板定位,然后根据临时平台上的定位线确定上口位置;拱段基本就位后,焊接临时支撑。测量人员对管口的实际位置进行观测,根据测量结果利用倒链、千斤顶对拱肋平面位置、高程进行微调,再测量,再微调,直至拱肋接口与设计位置吻合为止。通过连接钢板将上下游拱段连接固定,上口的临时支撑与平台上的钢板焊接固定。

5.2.4.3 合龙调整

合龙前先对两端缺口的高程、坐标、长度进行连续观测,把握不同温度时缺口的尺寸变化。合龙段工厂加工时每侧加长20cm,待合龙前观测确定出合理的长度后,再在工地切除多余部分。合龙段安装选择在气温最低时进行,以方便施工。

5.2.5 灌注拱肋混凝土

5.2.5.1 混凝土要求

本工程拱肋混凝土采用C50商品混凝土。混凝土不离析、不泌水,黏聚性和保塑性好,初始坍落度控制在20~24cm,扩展度在55~65cm。混凝土全部泵送顶升完毕后还应具有流动性能,坍落度大于12cm。

5.2.5.2 施工方法

(1)压注孔设置。

压注孔根据泵机所处的位置开设,压注孔略高于泵机的端口。压注孔处牢固焊接一段端

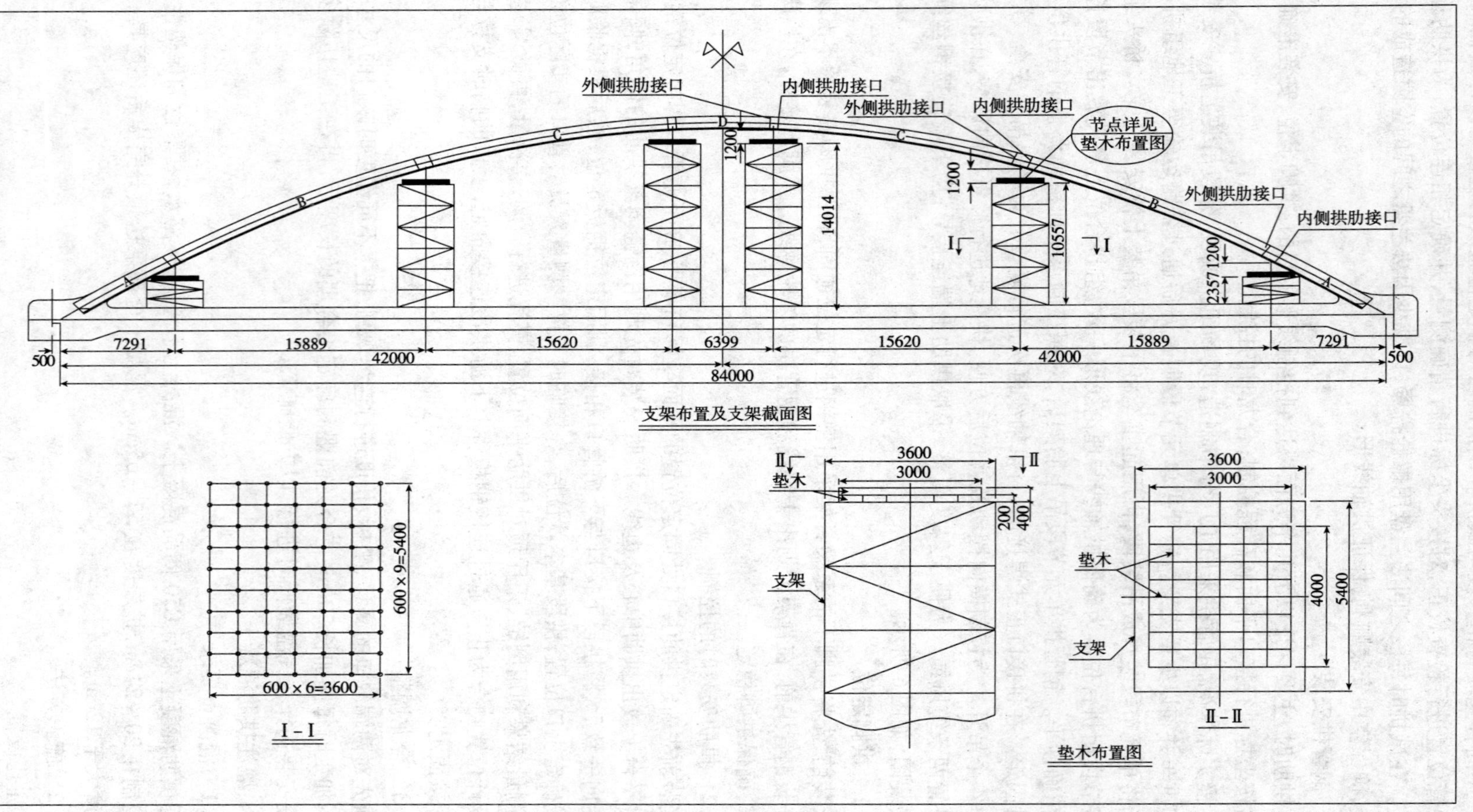

图6 拱肋安装图（尺寸单位：mm）

口朝外的泵管,该泵管型号与连接泵机型号相同。该段泵管另一端切割成斜口,斜口朝上插入钢管内,插入长度约为钢管直径的1/4~1/3,并与拱肋钢管轴线的夹角为30°~45°。压注孔焊接牢固,施工前派专人检查,避免泵送顶升施工过程中脱焊造成管内混凝土喷流。为防止停泵卸管时混凝土从泵管流出,在管口处设置"闸板阀"。

(2)泵管的布置。

泵管的布置尽量避免弯管,尤其是90°弯管,以降低混凝土泵送阻力;泵机、泵管需要固定,尤其是弯头位置,以防止泵送过程中泵管偏离原来位置,引起爆管。泵机选用泵送压力较大的HBT60C泵或HBT80C泵。

混凝土需要接力泵送,接力压注孔的设置与拱脚压注孔的设置相同,输送泵管沿拱肋钢管铺设。在进行每一级接力泵送时,均需用水和砂浆润滑泵管和钢管内壁。

(3)混凝土泵送工艺。

遵循"逐步成拱,逐级加载,外力释放,间期缩短"的原则,两岸对称顶升泵送,钢管内混凝土的进度差不超过2m,在混凝土灌注过程中,加强监测,通过调整进度来进行拱桥线形控制。在开始进行混凝土泵送之前,先往钢管中泵入0.3~0.5m^3水,再泵入1m^3润滑砂浆,避免先期泵入的混凝土因接触钢管壁失去水分而变得干硬,增大摩擦阻力而加大泵送难度。其配比除没有粗集料外其余与灌注的钢管混凝土配比相同,最后才开始泵送混凝土。拱脚段施工时,因泵送口以下为空管,向管内泵送的水和砂浆容易积蓄到拱脚下端,因此浇筑拱脚段时不向管内泵送水和砂浆,而是直接泵送混凝土。

在拱顶顶部设一个ϕ150mm的钢管排气孔,钢管混凝土灌满时,该孔开始冒浆,此时继续泵送混凝土,直至该孔连续排出约1m^3混凝土。此后,每隔的5min泵送1次,总共开机约3~5次后停止泵送混凝土,以尽可能排除钢管混凝土的气体,避免混凝土与钢管壁的脱粘。

5.2.6 吊杆安装

5.2.6.1 吊杆下料

用钢尺现场量出吊杆上下锚点的距离,算出吊杆实际所需的长度进行下料并安装锚杯。将吊杆运输至桥面摊开平放、并展直,注意对外PE护套以及锚头螺牙的保护。注意吊杆的长度测量准确,切割平整。

5.2.6.2 安装吊杆

由拱肋低处至高处进行安装。穿孔完成后先进行上端锚具安装,上端固定后旋紧下端锚具螺母。

5.2.6.3 张拉吊杆

依次安装连接套、张拉杆、撑脚、千斤顶,进行张拉预紧。利用YCW400千斤顶分两点同时预紧张拉;左右侧同时分级张拉,在张拉过程中,对桥面及拱肋高程进行实时监测,控制桥面高程上下位移不能超过设计误差。吊杆张拉时对索力及高程进行双控。依据高程情况对索力再进行调整。安装完毕后,转移到对下一对吊杆的安装。

6 质量保证措施

6.1 钢管拱重点部位质量保证技术措施

6.1.1 弯管精度控制

单根钢管热弯成型精度的控制是拱肋成型精度控制的基础。在正式弯管前,要进行弯管工艺评定试验。试弯过程中,需要对中频弯管机的加热温度、给进速度、导模板的曲率等进行修正。特别是导模板的曲率,要考虑弯曲的回弹影响。

6.1.2 单元节段组拼与焊接精度的控制

单元节段组拼与焊接精度控制的重点是胎架的制造精度,同时,对焊接产生的变形,安装过程中对点的精度也应严格控制。

6.1.3 焊接质量的控制

焊接质量控制的重点在钢管拱加工厂和工地。

正式开焊前,根据工厂的设备、人员、采用的焊接材料、焊接工艺等进行焊接工艺评定试验,以此确定适合工厂设备、人员、管理等方面的最佳工艺参数。

焊接工艺评定试验完成后,编制焊接工艺规程,依此指导施工。施工过程中,除了严格执行焊接工艺操作规程外,还需要对焊缝的内外质量进行检验。检测不合格的焊缝应返修,同一位置返修次数不得超过2次。

6.1.4 安装精度控制

6.1.4.1 拱脚预埋段埋设精度控制

本桥拱脚预埋段与拱肋中段为刚性对接,拱脚预埋段的埋设精度直接影响到拱轴线的成桥精度。因此拱脚预埋段定位十分重要。拱脚预埋段设有劲性定位骨架,并与主筋、模板、支座、支架牢固连接,施工中严格控制预埋段的对点精度。为消除支架整体变位的影响,拱肋预埋段的高程、里程需采取预偏措施。拱肋预埋段与中拱段制造时可预留80mm间隙,以便调整拱肋预埋段偏差。

6.1.4.2 拱肋吊装合龙精度控制

吊装过程中必须加强对拱轴线的观测,重点控制法兰接口和各吊杆孔的位置,注意控制焊接变形。

6.2 质量标准

6.2.1 外观质量要求

6.2.1.1 线形圆顺,无折弯。

6.2.1.2 焊缝均不得有裂纹、未溶合、夹渣、未填满弧坑和焊瘤等缺陷,且焊缝外形均匀,成形良好,焊缝与焊缝之间、焊缝与金属之间过渡光滑,焊渣和飞溅物清除干净。不符合要求时必须重新整修,达到合格。

6.2.1.3 浇筑混凝土的预留孔应焊接平整光滑,不漏焊,不烧伤混凝土。

6.2.2 钢管拱肋制作、安装允许偏差,见表4~表6。

钢管拱肋制作允许偏差表 表4

项次	检查项目	规定值或允许偏差(mm)	检查频率和方法
1	钢管直径	±*D*(钢管直径)/500及±5	尺量:每管检查1~3处
2	钢管中距	±5	尺量:每段检查2~3处
3	内弧偏离设计弧线	8	样板:每段测1~3点
4	拱肋内弧长	+0、-10	尺量:每段检查
5	节段对接错边	2	尺量:检查各对接断面
6	节段平面度	3	拉线测量:每段检查1处

续上表

项次	检查项目	规定值或允许偏差(mm)	检查频率和方法
7	竖杆节间长度	±2	尺量:检查每个节间
8	焊缝尺寸	符合设计要求	量规:检查全部
	焊缝探伤		超声:检查全部;射线:符合设计规定,设计无规定时按5%抽查

钢管拱肋安装允许偏差 表5

项次	检查项目		规定值或允许偏差(mm)	检查频率和方法
1	轴线偏位		L(跨径)/6000	经纬仪:检查5处
2	拱圈高程		±L(跨径)/3000	水准仪:检查5处
3	对称点高差	允许	L(跨径)/3000	水准仪:检查各接头点
		极值	L(跨径)/1500,且反向	
4	拱肋接缝错边		0.2壁厚,且≤2	尺量:每个接缝
5	焊缝尺寸		符合设计要求	量规:检查全部
	焊缝探伤			超声:检查全部;射线:符合设计规定,设计未规定时按5%抽查

钢管拱肋混凝土浇筑允许偏差 表6

项次	检查项目		规定值或允许偏差(mm)		检查频率和方法
1	混凝土强度(MPa)		在合格标准内		按附录D检查
2	轴线偏位		$L≤60$m	10	经纬仪:检查5处
			$L=200$m	50	
			$L>200$m	L/4000	
3	拱圈高程		±L(跨径)/3000		水准仪:检查5处
4	对称点高程	允许	L(跨径)/3000		水准仪:检查各接头点
		极值	L(跨径)/1500,且反向		

注:L在60~200m时,轴线偏位允许偏差采用内插法,则本工程钢管拱肋跨径为88m,轴线偏位允许偏差为18mm。

7 安全文明施工措施

7.1 成立文明施工领导小组

项目经理任组长。项目经理部设专职安全员,各作业队设义务安全员,负责施工现场的安全巡视检查,随时消灭安全隐患。

7.2 安全技术措施

7.2.1 所有参加施工人员进入施工现场必须戴安全帽,与施工无关人员严禁入内。吊装作业时,起重臂下及吊车回转半径内严禁站人,并有信号工专人指挥。

7.2.2 夜间施工,施工现场设置足够的照明装置。

7.2.3 结构施工操作平台搭设密目安全护网。张拉施工时,张拉两端设安全堵板,堵板后方严禁站人。

7.3 临时用电措施

7.3.1 建立健全临时用电安全管理制度，定期对施工现场的所有电器设备、临电线路进行检查。电工必须持证上岗。配电系统采用分级配电、三相五线制，做好接零保护。

7.3.2 配电箱内保证电器可靠完好，开关标明用途，开关箱外观完整、牢固，满足防雨、防水、防尘的要求，统一编号，外涂明显色标。各种电器设备及其电力施工机械采取可靠的接零或接地保护。

7.3.3 各类用电人员必须掌握与安全用电有关的基本知识和所用设备的性能。手持电动工具的电源线、插头、插座保证完好，电源线不得任意接长或调换，维修、保养由专人负责。

7.3.4 处理机械故障时，必须使设备断电，在施工设备送电前，通知检修人员，防止意外。非专业电器人员严禁乱动电器设备。

7.4 机械安全措施

7.4.1 钢筋、木材加工场制定切实可行的机械操作安全规程，并定期对场内机械维修保养。

7.4.2 工程设备施工前须进行性能检测，合格后才准许使用，由专人操作。

7.4.3 吊装作业中操作人员要集中精力，监视被牵引物，禁止将重物在空中悬挂。构件提升后，操作人员不得离开。

7.4.4 在拱肋安装作业时，要确保吊装构件安装牢固后，方可脱钩。

7.4.5 氧气瓶与乙炔瓶间距大于5m，两瓶同焊时，间距大于10m。

7.5 料具管理措施

7.5.1 料具和预制构件分类码放整齐。码放场地平整、密实，码放高度符合规定，并采取有效的排水措施。

7.5.2 施工现场的材料保管依据材料的性能采取必要的防雨、防潮、防晒、防火、防尘、防破坏等措施。易燃、易爆、易碎品及时入库，专库专管，并设明显标志。

§8 现浇箱梁上部结构施工方案

1 编制依据

1.1 《××工程施工组织设计》

1.2 《××工程施工图》

1.3 《北京市城市桥梁工程施工技术规程》(DBJ 01-46—2001)

1.4 《桥梁工程施工质量检验评定标准》(DBJ 01-12—2004)

1.5 《预制混凝土构件质量检验评定标准》(GBJ 321—90)

1.6 《北京市市政工程施工安全操作规程》(DBJ 01—56—2001)

1.7 《施工现场临时用电安全技术规范》(JGJ 46—2005)

1.8 《市政基础设施工程资料管理规程》(DB11/T 808—2011)

2 工程概况

本桥桥跨布置为30m+52m+30m=112m变截面连续箱梁,分左右两幅,墩梁固结;采用单箱三室形式,顶宽17m;箱梁1号、2号墩中支点处中心梁高2.7m,跨中箱梁中心高度1.3m,梁高以二次抛物线变化。左、右幅桥宽均为17m。

箱梁面积3808m^2,现浇混凝土3166m^3。

箱梁横断面如图1所示,桥梁立面如图2所示。

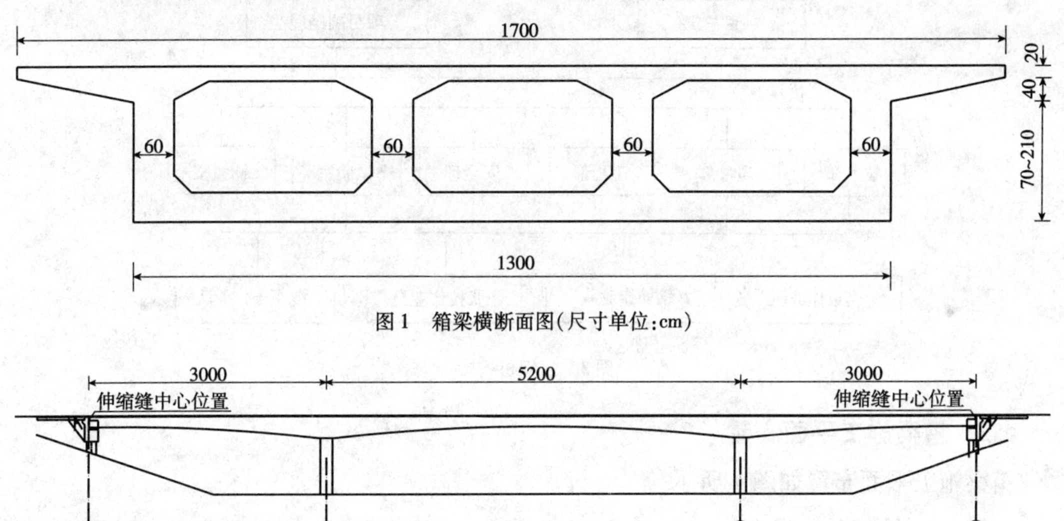

图1 箱梁横断面图(尺寸单位:cm)

图2 桥梁立面图(尺寸单位:cm)

3 施工准备

3.1 技术准备

3.1.1 组织工程技术人员学习工程设计图纸以及相关的施工技术规范、质量验收评定标准。

3.1.2 对参加施工队伍进行岗前技术培训,对各作业施工队进行交底,做好施工前的充分准备。

3.1.3 测量准备

按桥梁平面和箱梁平面图,计算箱梁结构中线、边线控制点坐标,加密高程点,现场布置坐标、高程控制点。放线工序完成后,报监理验收。

3.2 现场准备

3.2.1 施工便道

在河岸北侧由社会道路至加工场,沿桥梁东侧在河底修一条便道,供施工车辆进出现场,便道宽度8m。临时便道在基底清理压实后,采用天然砂砾填筑,在河道中填筑厚度应根据车辆上下坡度确定,其他部分填筑厚度不小于50cm,用12t压路机分层压实。

3.2.2 施工用水及用电

施工用水采用河道内的截流水,用水泵抽至现场。现场安装一台315kVA变压器。

4 施工部署

4.1 组织机构

组织机构如图3所示。

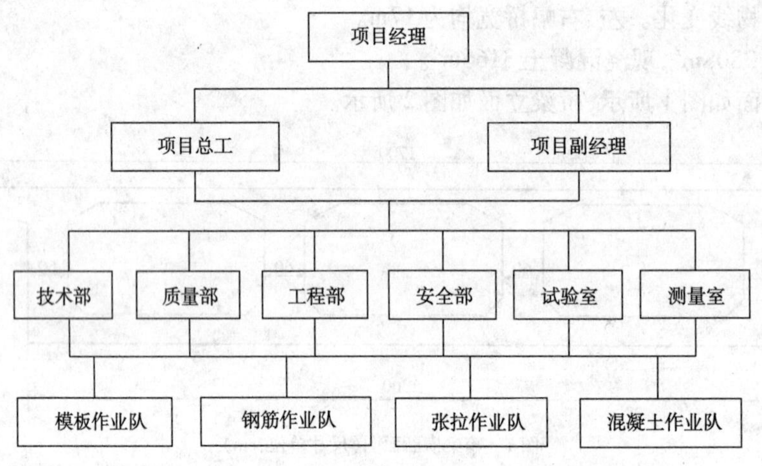

图3 组织机构图

4.2 箱梁施工平面布置

箱梁施工平面布置如图4所示。

4.3 工期计划

箱梁施工工期为140天。工期计划横道图如图5所示。

4.4 投入的主要机械设备

主要机械设备见表1。

4.5 材料准备

主要材料见表2。

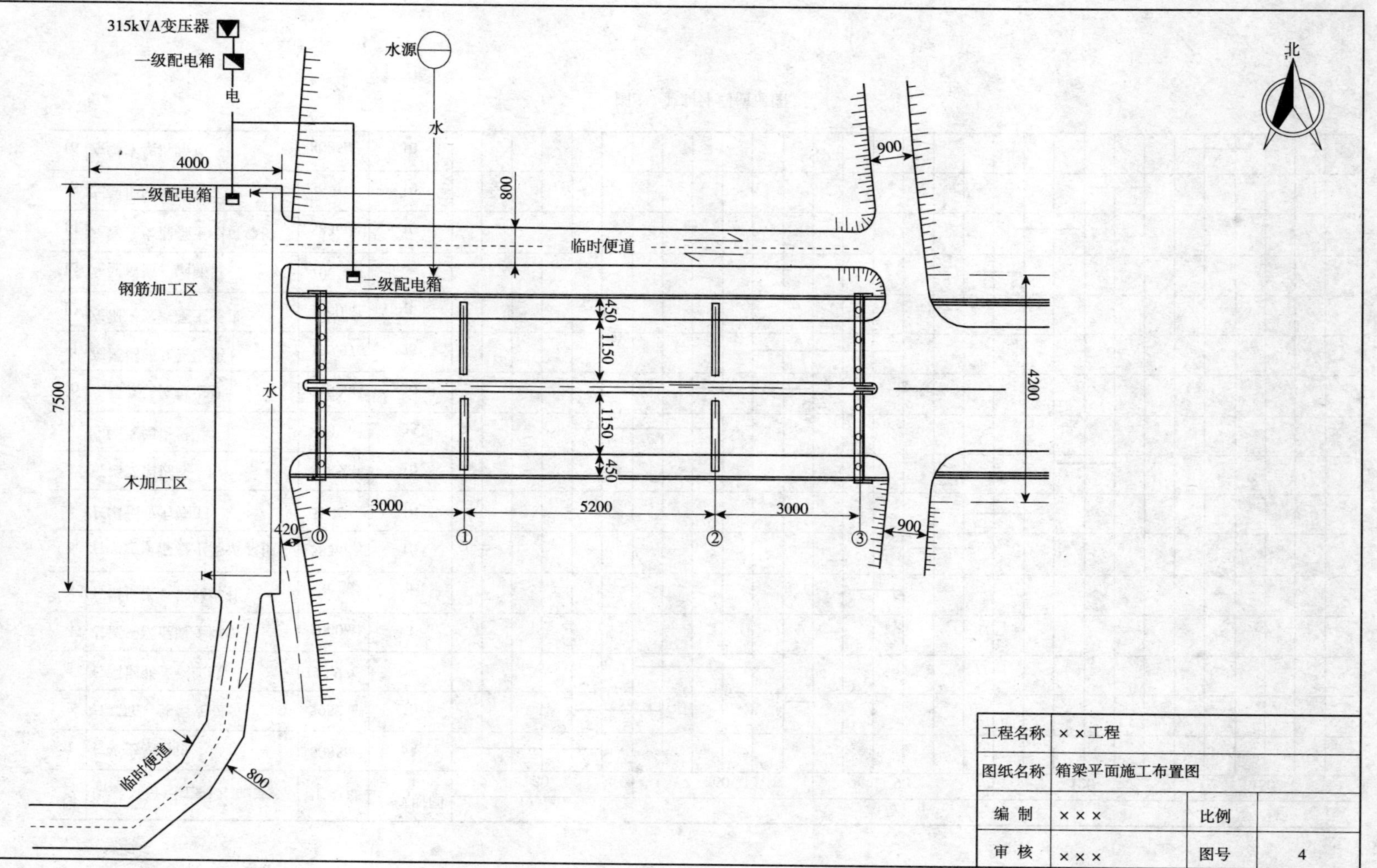

工程名称	××工程		
图纸名称	箱梁平面施工布置图		
编 制	×××	比例	
审 核	×××	图号	4

图4 箱梁平面施工布置图（尺寸单位：cm）

序号	分项工程名称	工程量	持续时间（d）	单位：d 30 60 90 120 150
1	右幅支架搭设	$8085m^3$	25	
2	右幅底、侧模支立	$2952\ m^2$	20	
3	右幅钢筋及钢绞线	195.97t	25	
4	右幅一次混凝土浇筑	$1000m^3$	3	
5	右幅顶模、钢筋绑扎	70t	8	
6	右幅二次混凝土浇筑养护	$583m^3$	10	
7	右幅预应力施工	36束	10	
8	右幅支架拆除	$8085m^3$	10	
9	左幅支架搭设	$8085m^3$	25	
10	左幅底、侧模支立	$2952m^2$	20	
11	左幅钢筋及钢绞线	195.97t	25	
12	左幅一次混凝土浇筑	$1000m^3$	3	
13	左幅顶模、钢筋	70t	8	
14	左幅二次混凝土浇筑养护	$583m^3$	10	
15	左幅预应力施工	36束	10	
16	左幅支架拆除	$8085m^3$	10	

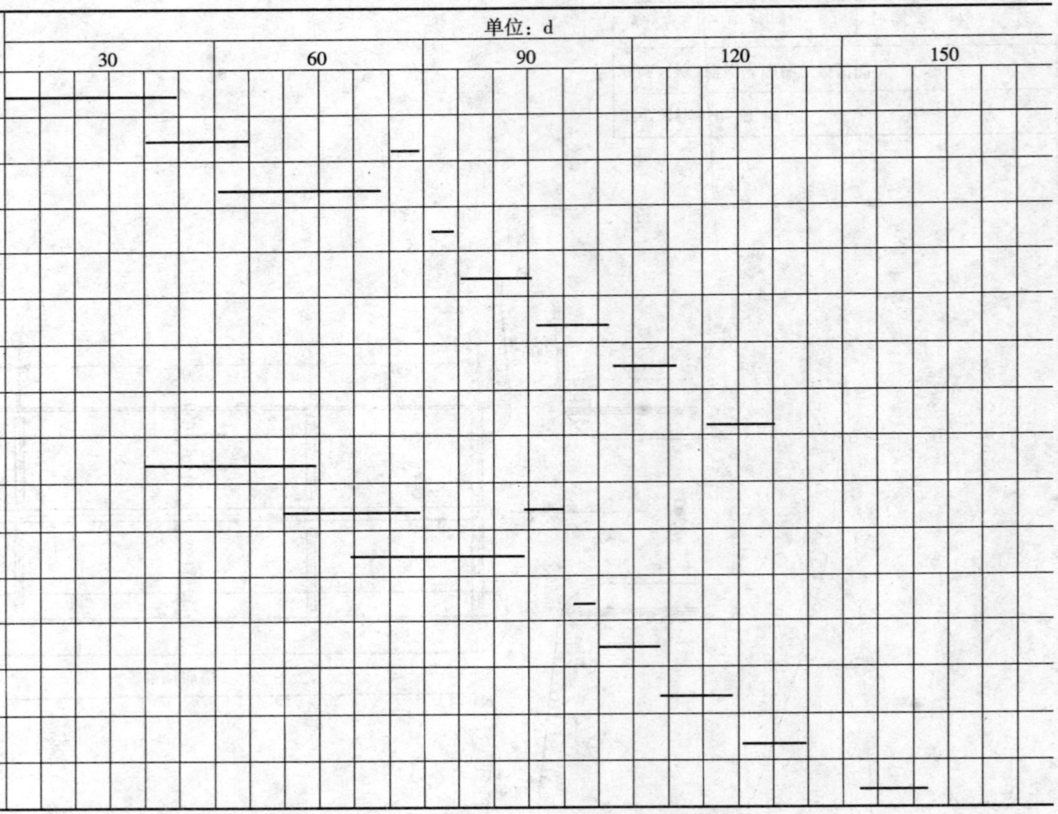

图5　工期计划横道图

主要机械设备表 表1

序号	名　称	型　号	单位	数量
1	汽车吊	QY25K5	台	1
2	汽车泵	35m	台	2
3	振捣器	50 型	台	30
4	振捣器	30 型	台	10
5	钢筋切断机	CD40	台	2
6	钢筋弯曲机	G6－40B	台	1
7	电焊机	BX3－300－2	台	6
8	张拉千斤顶	500t	套	4
9	压浆泵	Hs－6	台	1
10	手动倒链	5t	个	4
11	电锯	MJ3212	台	8
12	电刨	MB503A	台	8
13	手提电锯	—	把	10
14	电钻	—	把	15
15	铁木榔头	0.25kg、0.5kg	把	20
16	钢丝钳	—	把	15
17	活动扳手	65mm	把	30
18	单头扳手	17～19mm、22～24mm	把	30
19	墨斗、线坠	—	套	8

主 要 材 料 表 表2

序号	名　称	规格型号	单位	数量
1	钢筋	HRB335 ϕ 12	t	2.67
2	钢筋	HRB335 ϕ 20	t	0.3
3	钢筋	HRB400 ϕ 10	t	0.42
4	钢筋	HRB400 ϕ 12	t	287.34
5	钢筋	HRB400 ϕ 20	t	5
6	钢筋	HRB400 ϕ 25	t	34
7	钢筋	HRB400 ϕ 28	t	8.7
8	钢筋	R235ϕ6	t	6.65
9	钢筋	R235ϕ8	t	6.36
10	钢筋	R235ϕ12	t	8.5
11	钢绞线	ϕ_s15.24	t	171.5
12	混凝土	C55	m^3	3166
13	模板	15mm 厚	㎡	6000
14	碗扣支架立杆	ϕ48mm, $L=1.2$m	根	6840

续上表

序号	名　称	规格型号	单位	数量
15	碗扣支架立杆	ϕ48mm, L=1.5m	根	7980
16	碗扣支架立杆	ϕ48mm, L=1.8m	根	15504
17	碗扣支架立杆	ϕ48mm, L=3m	根	9804
18	碗扣支架横杆	ϕ48mm, L=30cm	根	8740
19	碗扣支架横杆	ϕ48mm, L=60cm	根	23142
20	碗扣支架横杆	ϕ48mm, L=90cm	根	37734
21	顶托	长65cm	个	7800
22	底托	长66cm	个	7800
23	方木	10cm×10cm	m^3	480

4.6　劳动力准备

本工程计划平均每天出工135人,高峰期用工260人,劳动力计划见表3。

劳动力计划表　　表3

序　号	工　种	数　量(人)	序　号	工　种	数　量(人)
1	钢筋工	40	5	电　工	2
2	混凝土工	30	6	木工	40
3	电焊工	5	7	架子工	20
4	张拉工	12			

5　主要施工方法

5.1　施工工艺流程

钢筋加工→支架搭设→底模安装→外侧模及翼缘板模板安装→底、腹板钢筋绑扎→预应力体系安装→内侧模安装→底、腹板混凝土浇筑和养护→拆除内侧模→顶模模板安装→顶板钢筋绑扎→顶板混凝土浇筑和养护→拆除外侧模、翼缘板模板和顶模→张拉及锚固→孔道压浆→封锚→支架拆除

5.2　施工工艺

5.2.1　箱梁模架施工

现浇箱梁模架施工包括:支架搭设、箱梁底模安装、外侧模及翼缘板模板安装、内侧模安装、顶模模板安装。

参见本册中"§10　现浇箱梁模架施工方案"。

5.2.2　钢筋加工

钢筋及预应力钢绞线加工前做好复试。

本箱梁钢筋加工分箍筋、水平筋加工。箍筋由于箱梁纵向高度渐变、横向高度不同形成横坡,因此每个箍筋高度应经计算确定,按照设计图做好下料单,放好大样,制作时按照大样进行弯制。箍筋在锚区宽度逐渐加宽,按照加宽的尺寸和计算的高度做好下料单,按照大样进行制作。水平钢筋严格按照设计图长度配置,并考虑搭接长度,对于单根长度不够的水平钢筋,大

于或等于ϕ22Ⅱ级以上的钢筋采用焊接。钢筋焊条的规格、级别和技术性能,以及钢筋弯制和末端弯钩质量均应符合设计图纸和规范要求。

加工好的箱梁钢筋应分类存放,并进行编号,由专人负责管理。

钢绞线下料场地平整、干燥。下料之前应计算下料长度,下料长度应充分考虑锚具、张拉所需的长度。切割钢绞线应采用砂轮锯,不能采用气割或电弧焊。预应力钢绞线下完料每根钢绞线应编号,以便安装锚具时在孔道内不产生扭结。

5.2.3 底、腹板钢筋绑扎

底、腹板钢筋按照以下顺序进行绑扎:先定出底板底层纵横向钢筋位置,逐根就位,对所有交叉点进行绑扎,安装底板保护层垫块。将横隔梁、腹板钢筋就位并与底板钢筋进行绑扎,安装侧模保护层垫块。再进行底板顶层筋绑扎,定出纵横向钢筋位置,逐根就位并对所有交叉点进行绑扎,并与腹板、横隔梁钢筋进行绑扎。最后绑扎埂斜筋、腹板腰筋。

钢筋绑扎时严格按照设计,注意核对钢筋的型号、形状和尺寸。当预应力筋与普通钢筋位置矛盾时,普通钢筋要让位于预应力筋。砂浆垫块用预埋在垫块中的铁丝绑在钢筋上,以免浇筑混凝土时发生移动,同时注意配置在同一截面内的垫块要相互错开,以免把混凝土受拉区域截断。砂浆垫块的强度应不小于浇筑完成后垫块周边混凝土的强度。上下层钢筋间的净距可在钢筋之间设架立筋。

5.2.4 预应力体系安装

5.2.4.1 本桥梁预应力筋采用低松弛高强度预应力钢绞线,预应力管道采用塑料波纹管。

桥梁预应力体系设置在箱梁腹板上,每个腹板上设置9束钢绞线,分上、中、下三排布置,每排3束,全桥钢束共计72束。每束钢束为19ϕ_s钢绞线。单根钢绞线直径为15.24mm,钢绞线面积为140mm^2,钢绞线抗拉强度标准值为$f_{pk}=1860$MPa,张拉控制应力采用1264.8MPa,弹性模量$E_p=1.95\times10^5$MPa。全桥共计锚具144套,型号为M15-19。

5.2.4.2 波纹管安装:按设计给定孔道坐标位置安装波纹管。在桥梁直线上每100cm一道,曲线段每50cm一道设置定位筋,并在安放波纹管道前与骨架钢筋焊接牢固。波纹管连接时,接头波纹管的规格可比孔道波纹管的规格大一级,其长度一般为300mm,旋入后接头要严,两接头处用塑料胶布缠裹严密,防止漏浆。波纹管接头处的毛刺要磨平,管口处可用塑料泡沫或塑料胶布封堵。波纹管与普通钢筋有矛盾时,可适当挪移普通钢筋的位置,不可任意切断,确实需切断时,在浇筑该部分混凝土时钢筋必须恢复。

5.2.4.3 排气孔设置:排气孔设置在孔道的波峰最高点处。排气管用ϕ15mm高压塑料管制作,排气管的长度以高出梁面混凝土30cm为宜。排气孔的弧形压板用22号铅丝绑扎牢固,接茬处用胶带严密缠绕防止漏浆。排气管中插入ϕ8钢筋,并将端部封严,以防异物掉入。

5.2.4.4 锚垫板安装:将锚垫板固定在模板上。安装模板,将波纹管伸入喇叭口内,接头位置用胶带缠裹严密,锚垫板要与孔道严格对中并与孔道端部垂直。锚垫板上的注浆孔要采取封堵措施,可用棉丝封堵。在锚垫板与模板之间加一层橡胶垫,严防混凝土浇筑时混凝土浆漏入孔道或将注浆孔堵死,给施工造成困难。

5.2.4.5 钢绞线穿束:在浇筑混凝土前进行穿束,按照顺序依次缓慢进行钢绞线穿束,束的前端应扎紧并裹胶布,以减少对波纹管接口的冲击,以便钢绞线顺利通过。穿束过程中应逐个将绑丝解除。在浇筑同时应设专人进行抽拉预应力束，防止浇筑过程中因漏浆而增加摩阻。

5.2.5 底、腹板混凝土浇筑和养护

为保证箱梁的外观和结构性能，采用二次混凝土浇筑，第一次浇筑底板及腹板混凝土，浇筑至比腹板高2cm，第二次浇筑顶板混凝土。

浇筑混凝土前检查钢筋的数量、尺寸、间距及保护层厚度是否符合设计要求，检查模板尺寸、形状是否准确，接缝是否严密，模板支撑是否牢固，预埋件和预留孔是否齐全，位置是否准确。浇筑前用空压机吹扫、清除模板内的碎屑。经验收合格后浇筑混凝土。

本工程采用的混凝土为缓凝型，水泥用量不超过500kg/m^3，水灰比不大于0.5，运至现场坍落度控制在16～20cm。

底、腹板混凝土浇筑方法：箱梁浇筑顺序为先边跨后中跨，浇筑时采用两台泵车分别从两边跨开始，最后在中跨合拢。

在底板混凝土浇筑一定长度后，开始浇筑腹板混凝土。腹板混凝土的振捣采用50型插入式振捣器，在钢筋密集部位采用30型插入式振捣器振捣。混凝土浇筑分层厚度不超过30cm，振捣程度以混凝土中不再有大量气泡冒出为宜。浇筑过程中，设专人随时检查模板偏位情况。在混凝土振捣过程中，注意保护波纹管，避免撞破波纹管导致漏浆。

混凝土浇筑完成后，用土工布覆盖并洒水养护，养护时间为7d。在养护期间，以能保持混凝土表面处于湿润状态为度。

5.2.6 拆除内侧模

箱梁底板、腹板混凝土浇筑完成并达到2.5MPa强度时，可拆除腹板模板，拆除的模板应及时清理出现场。

5.2.7 顶板钢筋绑扎

顶板钢筋绑扎与底板、腹板钢筋相同，应注意上下两层钢筋距离的控制，纵横向筋间距的控制。在翼缘板边注意排水口、防撞设施预埋件的埋设，埋设位置应准确。

5.2.8 顶板混凝土浇筑和养护

箱梁顶板混凝土使用两台泵车进行浇筑。纵桥向顺序：由两端向中间推进。横桥向顺序：由低处向高处进行浇筑。

在浇筑过程中须保证浇筑的连续性，并设专人检查支架、模板的稳定情况，当发现有松动、变形、移位时，应及时处理。

采用插入式振捣棒进行振捣，并用平板振捣器振实。

混凝土浇筑完毕后，初凝前，用木抹子搓平、压实，使顶板混凝土横向坡度、高度符合设计要求。

5.2.9 拆除外侧模、翼缘板模板和箱内顶模

当顶板混凝土达到70%强度后，对箱内顶模进行逐次拆除，分小块逐次拆除。

5.2.10 张拉及锚固

当箱梁混凝土强度达到设计要求100%，且混凝土龄期不少于7d时可进行预应力张拉。

预应力束张拉程序：$0 \rightarrow 10\% \sigma_{con} \rightarrow$ 初应力（$20\% \sigma_{con}$）$\rightarrow \sigma_{con}$（持荷2min锚固）。

预应力张拉采取双控，以拉应力为主，以伸长值做校核，理论伸长值与实测伸长值偏差控制在±6%以内。

张拉时钢束理论伸长值计算如下

预应力张拉理论伸长值计算

表 4

部位		σ_{con}(MPa)	A_p(mm^2)	P(N)	x(m)	E_p(MPa)	μ	θ(d)	θ(rad)	k	$kx+\mu\theta$	$1-e^{-(kx+\mu\theta)}$	P_p(N)	ΔL_1(m)	ΔL_L(cm)	$0.2\Delta L_L$(cm)	$0.4\Delta L_L$(cm)
边腹板	N1－1	1264.8	140	177072	56.56	1.95×10^5	0.14	4.331	0.07559	0.0015	0.095423	0.091	168886.1	0.350	69.98	14.00	27.99
	N1－2	1264.8	140	177072	56.59	1.95×10^5	0.14	7.331	0.12795	0.0015	0.102798	0.098	168274.7	0.349	69.76	13.95	27.91
	N1－3	1264.8	140	177072	56.65	1.95×10^5	0.14	10.331	0.18031	0.0015	0.110218	0.104	167662.6	0.348	69.58	13.92	27.83
中腹板	N1－1	1264.8	140	177072	56.56	1.95×10^5	0.14	7.331	0.12795	0.0015	0.102753	0.098	168278.4	0.349	69.73	13.95	27.89
	N1－2	1264.8	140	177072	56.59	1.95×10^5	0.14	4.331	0.07559	0.0015	0.095468	0.091	168882.4	0.350	70.02	14.00	28.01
	N1－3	1264.8	140	177072	56.65	1.95×10^5	0.14	7.331	0.12795	0.0015	0.102888	0.098	168267.3	0.349	69.83	13.97	27.93
边腹板	N2－1	1264.8	140	177072	56.56	1.95×10^5	0.14	20.324	0.35472	0.0015	0.134501	0.126	165680.2	0.343	68.65	13.73	27.46
	N2－2	1264.8	140	177072	56.59	1.95×10^5	0.14	23.324	0.40708	0.0015	0.141876	0.132	165084.4	0.342	68.44	13.69	27.38
	N2－3	1264.8	140	177072	56.65	1.95×10^5	0.14	26.324	0.45944	0.0015	0.149297	0.139	164487.9	0.341	68.27	13.65	27.31
中腹板	N2－1	1264.8	140	177072	56.56	1.95×10^5	0.14	23.324	0.40708	0.0015	0.141831	0.132	165088	0.342	68.41	13.68	27.36
	N2－2	1264.8	140	177072	56.59	1.95×10^5	0.14	20.324	0.35472	0.0015	0.134546	0.126	165676.6	0.343	68.69	13.74	27.47
	N2－3	1264.8	140	177072	56.65	1.95×10^5	0.14	23.324	0.40708	0.0015	0.141966	0.132	165077.2	0.343	68.51	13.70	27.40
边腹板	N3－1	1264.8	140	177072	56.56	1.95×10^5	0.14	35.999	0.6283	0.0015	0.172802	0.159	162617.3	0.337	67.38	13.48	26.95
	N3－2	1264.8	140	177072	56.59	1.95×10^5	0.14	38.999	0.68066	0.0015	0.180178	0.165	162036.2	0.336	67.18	13.44	26.87
	N3－3	1264.8	140	177072	56.65	1.95×10^5	0.14	41.999	0.73302	0.0015	0.187598	0.171	161454.5	0.335	67.01	13.40	26.80
中腹板	N3－1	1264.8	140	177072	56.56	1.95×10^5	0.14	38.999	0.68066	0.0015	0.180133	0.165	162039.8	0.336	67.14	13.43	26.86
	N3－2	1264.8	140	177072	56.59	1.95×10^5	0.14	35.999	0.6283	0.0015	0.172847	0.159	162613.7	0.337	67.42	13.48	26.97
	N3－3	1264.8	140	177072	56.65	1.95×10^5	0.14	38.999	0.68066	0.0015	0.180268	0.165	162029.2	0.336	67.25	13.45	26.90

注：①工作长度取 70cm；

②E_p——预应力钢束的弹性模量(取 1.95×10^{11}Pa)，检测结果出来后，以检测结果为准，调整计算值；

③u——孔道摩擦系数，取 0.14；

④k——孔道偏差系数，按规范取 0.0015；

⑤θ——孔道曲线累计转角之和，rad；

⑥x——从张拉端至计算截面的孔道长度，m；

⑦ΔL_1——单侧理论伸长值。

$$\Delta L_L = \frac{P_P L}{A_P E_P}$$

式中：ΔL_L——预应力钢束理论伸长值，mm；

P_P——预应力筋张拉力，取固定端（一端张拉）扣除孔道摩擦损失后的拉力平均值，即

$$P = P_j(1 - e^{-(kx+\mu\theta)})/(kx + \mu\theta)$$

A_P——预应力筋的截面积；

L——预应力筋的实际长度；

单束钢绞线张拉理论伸长值计算表4。

梁端预应力钢束分布图，如图6所示。

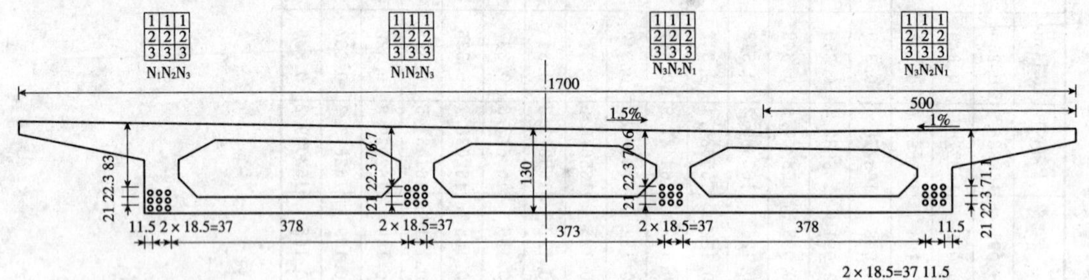

图6 梁端预应力钢束分布图（尺寸单位：cm）

张拉顺序：每段采用4台千斤顶，先对称张拉中间两腹板N2，再对称张拉两边腹板N2；接着对称张拉中间两腹板N1，再对称张拉两边腹板N1；最后对称张拉中间两腹板N3，再对称张拉两边腹板N3。

预应力张拉采取两端对称、分级张拉。张拉时，油泵操作人员要保持联络，以保证两端张拉同步进行。张拉应缓慢进行，逐级加荷，稳步上升。张拉要有专人记录，专人测量伸长值，对张拉应力进行校核，防止发生由于压力表出故障造或拉力不足等现象。张拉至设计油压值后，按张拉程序持荷2min测量伸长值，即可将张拉油压缓慢降至零，活塞回程夹片自动跟进锚固。

锚固完毕，经检验合格后，用砂轮机切断多余钢绞线，锚固后的外露长度不小于30mm。

5.2.11 孔道压浆

预应力筋张拉完毕后，应及时压浆（应尽量在48h内完成）。

水泥：采用P.O 42.5普通硅酸盐水泥。

外加剂：掺入JYU-EA膨胀剂、高效减水剂、MCI-2006NS钢筋阻锈剂，通过试验确定最后比例。

在张拉开工之前，委托试验室按照设计图要求，进行压浆配比试配，满足要求后上报监理、业主进行批准后采用。具体的配比见表5。

压浆配比表 表5

材料名称	材料规格	每方用量（kg）
普通硅酸盐水泥	42.5	1300
膨胀剂	JYU-EA	78
减水剂	高效减水剂	22.1
渗透迁移型钢筋阻锈剂	MCI-2006NS	0.6
水	饮用水	520

水泥浆的强度满足设计要求：

（1）灰浆水灰比宜采用0.40～0.45，掺入适量减水剂时，水灰比可减少至0.35，水及减水

剂对钢束应无腐蚀作用。

(2)泥浆泌水率在预先试验合格,其最大泌水率不超过3%,拌和后3h泌水率控制在2%,24h后泌水应全部被浆吸收。

(3)水泥浆稠度宜控制在14~18s。

压浆采用活塞式压浆泵,压浆压力控制在0.3~0.4MPa。压浆应缓慢均匀进行,不得中断并应排气通畅。压浆时,用软管将排气管引到高于注浆孔位置,将排气孔放开保证孔道内通畅。水泥浆自调制到灌入孔道的延续时间一般不宜超过30~45min。水泥浆在使用前和灌浆过程中应经常进行搅拌,以保持稠度一致。压浆应从排气孔压出与规定稠度相同水泥浆为止,为保证管道中充满灰浆,关闭出浆口时,应保持不小于0.3MPa的一个稳定期,稳压期不宜少于2min。

5.2.12 封锚

孔道压浆完成后,及时浇筑封锚混凝土。封锚前,应先将已凿毛的混凝土面和锚具周围冲洗干净。按照施工图纸要求进行钢筋绑扎,验收合格后支设模板再浇筑封锚混凝土。

5.2.13 支架拆除

注浆强度达到100%后,可先对箱梁翼板部分的支架进行拆除。箱梁底模支架拆除须在箱梁预应力施工完成后,方可进行。

支架拆除顺序:从支座到跨中,从上到下。

5.3 季节性施工措施

5.3.1 雨期施工

5.3.1.1 及时、准确了解天气预报信息,避免雨中进行混凝土浇筑。

5.3.1.2 波纹管就位后要将端口封严,以免雨水灌入而锈蚀预应力筋或波纹管。

5.3.2 冬期施工

5.3.2.1 冬期施工混凝土应执行《建筑工程冬期施工规程》(JGJ/T 104—2011),确保混凝土在达到临界强度前不受冻。

5.3.2.2 焊接钢筋宜在室内进行,室外操作时应采取防雪挡风措施。

5.3.2.3 孔道压浆过程中及压浆后48h内,结构混凝土的温度不得低于5℃,否则应采取保温措施。

6 质量保证措施

6.1 质量措施

6.1.1 建立以项目经理为核心的质保体系,成立专门的质量小组。施工质量管理中通过加强现场质检人员数量,进行全方位质量控制。

6.1.2 箱梁施工质量控制措施。

6.1.2.1 预应力施工保证措施

(1)预应力钢绞线张拉采用张拉力和伸长值双控的方法,伸长值超标应进行处理。张拉前须对张拉设备、器具进行严格检验。

(2)张拉时计算伸长量与实测伸长量之间的误差不超过±6%。超过时应分析原因并采取措施加以调整后方可继续张拉。

全梁断丝、滑移总数不得超过钢丝总数的1%,且每束钢绞线断丝或滑丝不得超过1丝,否则须采取补救措施。张拉时,要做好记录,发现问题及时补救。

(3)孔道压浆：预应力张拉完毕后应尽快进行压浆工作，一般不得超过3d。压浆水泥选用与梁体同标号普通硅酸盐水泥，出厂日期不超过一个月，并掺减水剂，水灰比不大于0.45，拌和后3h泌水率不超过2%。水泥浆中掺用的外加剂，其掺量应由试验确定，不得掺入铝粉等锈蚀预应力钢材的膨胀剂。

水泥浆的拌制采用连续方法进行，每次自调制至压入孔道的时间不超过30～45min。

(4)防止预应力管堵塞：

1)孔道波纹管内套塑料膜密封，加强接头的严密性。

2)在波纹管附近电焊钢筋时，对波纹管加以防护，焊完再细致检查。

3)浇筑混凝土时，振捣人员应熟悉孔道位置，严禁振动棒与抽拔棒和波纹管接触，以免波纹管受伤，造成成孔尺寸偏差过大或波纹管漏浆。

4)加强岗位责任制，严格执行孔道安装操作工艺要求。

6.1.2.2 混凝土内在外观质量保证措施

(1)施工模板的控制

模板采用多层胶合板做面板，厚度为18mm。在贴面板前应对木底板刨平，拼接时要注意每块模板间接缝平顺、紧密。面板拼接完在绑扎钢筋前应对模板进行清理，使面板光洁、干净。拼装完成的模板尺寸应符合箱梁结构尺寸的要求。

(2)混凝土的控制

严把原料质量关，选用质量好、相对固定的原材料保证混凝土外观颜色的协调。根据不同的构造对混凝土强度及施工性能的不同进行配制。一般在保证强度的前提下，对混凝土的和易性、流动性、初凝时间及坍落度有特别的要求。针对不同结构制订其相应的振捣施工工艺，对结构外观控制起显著作用。

6.2 质量标准

6.2.1 钢筋安装

6.2.1.1 主控项目

(1)钢筋工程检验应符合规定，包括：品种、规格、技术性能，进场抽取试件。

(2)钢筋安装时，规格、数量、形状、间距和位置必须符合设计要求；预埋件的规格、数量、位置等必须符合设计要求。

6.2.1.2 一般项目

钢筋安装偏差符合表6规定。

钢筋安装允许偏差　　表6

<table>
<tr><th rowspan="2">序号</th><th rowspan="2" colspan="2">项　目</th><th rowspan="2">允许偏差(mm)</th><th colspan="2">检验频率</th><th rowspan="2">检验方法</th></tr>
<tr><th>范围</th><th>点数</th></tr>
<tr><td>1</td><td colspan="2">受力钢筋间距</td><td>±10</td><td rowspan="6">每个构筑物</td><td>4</td><td>用钢尺量</td></tr>
<tr><td>2</td><td colspan="2">箍筋、横向水平筋、螺旋筋间距</td><td>0、-20</td><td>5</td><td>连续取5个间距，其平均值计一点</td></tr>
<tr><td rowspan="2">3</td><td rowspan="2">钢筋骨架尺寸</td><td>长</td><td>±10</td><td>3</td><td rowspan="2">用钢尺量</td></tr>
<tr><td>宽、高或直径</td><td>±5</td><td>3</td></tr>
<tr><td>4</td><td colspan="2">弯起筋位置</td><td>±20</td><td rowspan="2">6</td><td rowspan="2">沿模板周边检查，用钢尺量</td></tr>
<tr><td>5</td><td colspan="2">保护层厚度</td><td>±5</td></tr>
</table>

6.2.2 预应力筋张拉

主控项目如下:

(1)预应力筋的规格、数量、等级、技术性能符合标准规定和设计要求。单根钢绞线不允许断丝。施工过程中避免损伤。

(2)同一截面预应力筋接头面积不得超过预应力筋总面积的25%。

(3)孔道位置准确,安装牢固、接头密合、弯曲圆顺。

(4)千斤顶、油压表应配套校准。锚具、夹具和连接器应检验合格。

(5)张拉时,混凝土强度应符合设计要求和技术规程。

(6)后张法允许偏差见表7。

预应力筋后张法允许偏差 表7

序号	项目		允许偏差(mm)	检验频率		检验方法
				范围	点数	
1	管道坐标	梁长方向	30	全部	抽查30%,每根查10个点	用钢尺量
		梁高方向	10			
2	管道间距	同排	10		抽查30%,每根查5个点	用钢尺量
		上下排	10			
3	张拉应力值		符合设计要求		100%	查张拉记录
4	张拉伸长率		±6%		100%	查张拉记录
5	断丝滑丝数	钢束	每束一根,且每断面不超过钢丝总数的1%		100%	查张拉记录
		钢筋	不允许			

6.2.3 现浇混凝土

6.2.3.1 主控项目

(1)混凝土强度等级和其他性能指标必须符合设计要求。

(2)钢筋混凝土结构在自重荷载作用下不允许出现受力裂缝。

(3)不允许出现露筋和空洞现象。

(4)所有预埋件、孔洞、支座垫石等设施的额定规格、种类、尺寸、位置必须符合设计要求。

(5)其允许偏差见表8。

现浇钢筋混凝土梁允许偏差 表8

序号	项目		规定值或允许偏差(mm)	检验频率		检验方法
				范围	点数	
1	混凝土抗压强度		符合设计要求	每个构筑物		按附录B检查
2	断面尺寸	宽	±5		5	用钢尺量,沿全长端部、$L/4$处和中间各计1点
		高	±5		5	
		壁厚	±5		5	
3	长度		+0、-10		4	用钢尺量,两侧上、下各计1点
4	顶面高程		±10		4	用水准仪测量
5	轴线偏差	轴线偏位	≤10		1	用经纬仪和钢尺量
		横隔梁轴线	≤10			
6	平整度		8		5	用2m直尺量取最大值

6.2.3.2 一般项目

(1)混凝土表面平整,施工缝平顺。

(2)混凝土表面无大于0.25mm宽度的非受力裂缝。

(3)混凝土蜂窝麻面面积小于总面积的0.5%,深度不超过10mm。

7 安全文明施工措施

7.1 建立安全保证体系

进行入场安全教育,严格执行安全操作规程。进入施工现场的人员必须戴好安全帽,高空作业系好安全带,穿好防滑鞋。做好安全技术交底,特殊工种持证上岗。

7.2 预应力施工安全技术措施

7.2.1 张拉时,构件两端不准站人,并设防护罩。

7.2.2 在束的端头延长线15m及其两侧各1.5m作为禁区,要设立明显标志,并用带小旗的绳子围栏。

7.2.3 严禁非张拉人员进入现场,张拉人员操作时须站在构件的两端。张拉时严禁在应力筋的端部以及中间街行走和操作。

7.2.4 在张拉中必须注意不正常情况出现,发生故障,立即停止张拉,排除后才可继续张拉。

7.2.5 压浆时,掌握喷嘴的人必须戴防护眼睛、手套,穿雨鞋;喷嘴插入孔道要连接牢固后才能开动灰浆。

7.3 混凝土浇筑安全技术措施

7.3.1 施工前,应仔细检查脚手架、上下扶梯、工作平台是否牢固可靠。

7.3.2 不得将泵送混凝土及砂浆的输送管等固定在架子上。

7.3.3 在进行混凝土浇筑时,使用振捣棒应注意用电安全,非电工人员不得进行接电操作。

7.3.4 泵输送混凝土,管道接头、安全阀必须完好,管道的架子必须牢固,输送前必须试送,检修必须卸压。

7.3.5 使用振捣棒等电动工具,必须配备触电保护器,穿胶鞋,湿手不得接触开关,电源线不得有接头。

7.3.6 施工现场挂牌施工,材料按品种、分规格堆放整齐,妥善保管。

8 环保措施

8.1 混凝土浇筑遗撒或余下的混凝土以及预应力孔道灌浆流出的水泥浆应集中堆放,凝固后按渣土消纳处理。

8.2 沿线靠近居民区,对施工机械采取降噪措施,尽量不在夜间施工。

8.3 对施工场地内的临时道路按要求硬化,并采取洒水降尘。

8.4 运输易飞扬的细颗粒材料时要进行覆盖,防止遗撒,产生扬尘。

§9 挂篮悬浇施工方案

1 编制依据

1.1 《××工程施工组织设计》

1.2 《××工程两阶段施工图设计》

1.3 《××工程两阶段施工图设计——全线桥梁公用构造图》

1.4 《公路桥涵施工技术规范》(JTG/T F50—2011)

1.5 《公路工程质量检验评定标准》(JTG F80/1—2004)

1.6 《公路工程施工安全技术规范》(JTJ 076—95)

2 工程概况

本工程主桥为45m+80m+45m三跨预应力混凝土变截面连续箱梁,采用挂篮悬浇逐段施工,依次为:11.6m长0号段+4×3.3m+5×4.0m节段,边、中跨合拢段长均采用2m,边跨现浇段长3.92m。

连续箱梁采用单箱室结构。顶宽12m,箱室底宽6m;梁体高度由4.8m渐变为2.3m。箱梁构造尺寸如图1所示。

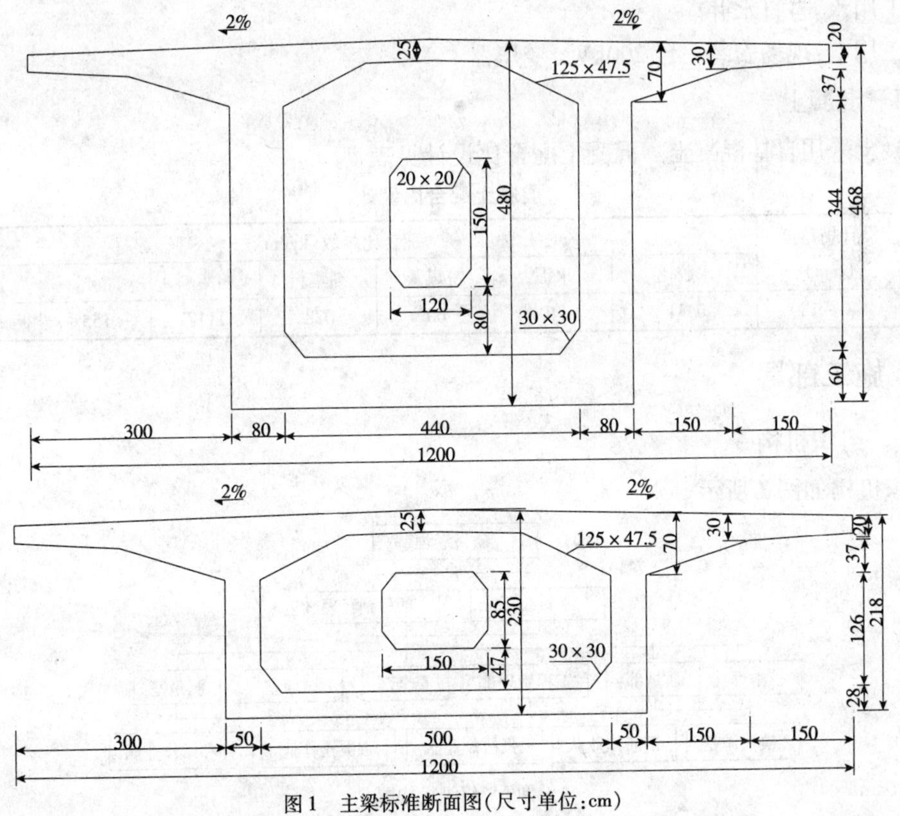

图1 主梁标准断面图(尺寸单位:cm)

主桥上部构造按部分预应力混凝土设计,采用三向预应力,纵、横向及竖向预应力束管道均采用预埋镀锌金属波纹管成孔。桥形立面图如图2所示。

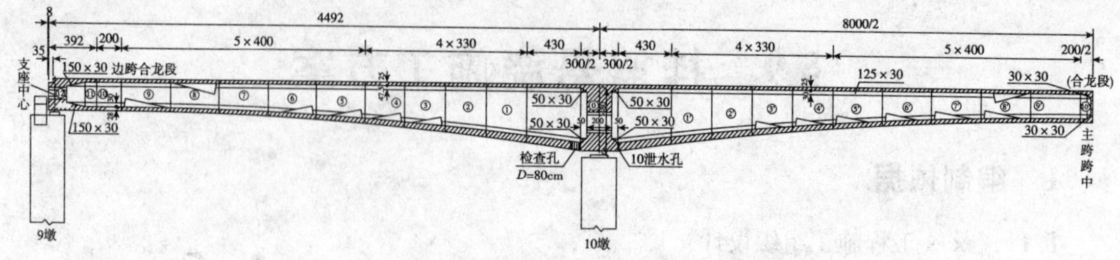

图2　桥形立面图(尺寸单位:cm)

3　施工准备

3.1　技术准备

3.1.1　组织技术人员学习相关规范、标准,熟悉图纸。

3.1.2　测量准备:按桥梁平面和箱梁平面图,计算箱梁结构中线、边线控制点坐标,加密高程点,现场布置坐标、高程控制点。

3.2　施工便道

在桥梁西侧由社会道路至拌和站及加工场,沿桥梁西侧修一条施工便道,便道宽度 8m。临时便道在基底清理压实后,采用 60cm 厚天然砂砾填筑,用 12t 压路机分层压实、整平。

3.3　施工用水及用电

施工用水:自打水井。

施工用电:现场安装一台 200kVA 变压器。

3.4　混凝土

混凝土采用自拌混凝土。混凝土配合比设计见表 1。

混凝土配合比设计　　表 1

强度等级	设计坍落度(mm)	配合比参数(kg/m^3)						
		水胶比	水泥	粉煤灰	细集料	粗集料	水	减水剂
50	140～180	0.31	440	60	628	1117	155	6.25

4　施工部署

4.1　组织机构

组织机构如图 3 所示。

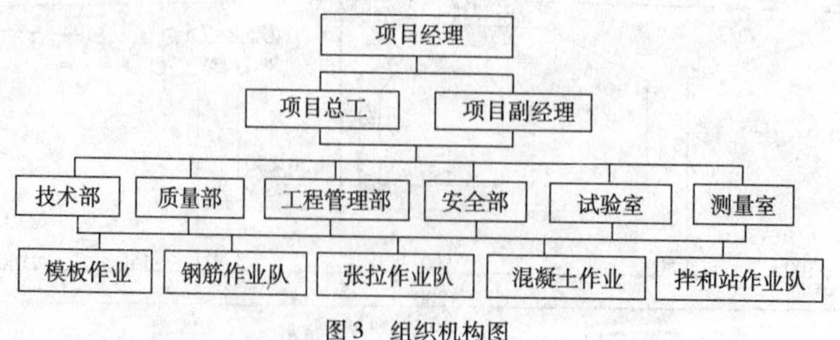

图3　组织机构图

4.2　施工安排

本工程采用 2 套(4 只)挂篮同时施工,每个主墩上的一套挂篮同时、同步、对称施工,确保施工安全。

施工平面图,如图4所示。

4.3 工期计划

主桥箱梁施工工期为220天。工期计划横道图如图5所示。

4.4 投入的主要机械设备

机械设备见表2。

机械设备表 表2

序号	设备名称		型号	单位	数量
1	钢筋加工机械	钢筋切断机	GQ40	台	2
2		钢筋弯曲机	GW40	台	2
3		钢筋调直机	CT4-8	台	2
4		交流电焊机	BX-500	台	8
5		砂轮切割机	JQ223-4	台	4
6	混凝土设备	拌和站	JS750型	套	1
7		振捣棒	Φ50	个	10
8		振捣棒	Φ30	个	8
9		混凝土地泵	—	台	1
10		混凝土罐车	$8m^3$	台	3
11	张拉压浆设备	千斤顶	YDG-26	台	2
12		千斤顶	YCW-300	台	4
13		千斤顶	YDC-400	台	2
14		压浆泵	HS-6	台	2
15	其他施工机械	电锯	MJ105	台	2
16		电刨	MB104	台	2
17		发电机	150kW	台	1
18		空气压缩机	W-6/7DY	台	2
19		汽车吊车	QY25	台	2
20		贝雷梁桁架式挂篮	—	套	2

4.5 材料准备

主要材料见表3。

主要材料表 表3

序号	名称	规格型号	单位	数量
1	Ⅰ级钢筋	R235	t	36.9
2	Ⅱ级钢筋	HRB335	t	344.6
3	钢绞线	$\phi_s15.2$	t	98.4
4	精轧螺纹钢	$\phi 32(f_{pk}=930MPa)$	t	14.18
5	金属波纹管	$D_{内}100$mm	m	507.3
6	金属波纹管	$D_{内}90$mm	m	4752.6
7	金属波纹管	$D_{内}50$mm	m	2070.2
8	混凝土	C50	m^3	1821.9
9	木模板	15mm厚	m^2	700
10	钢模板	5mm厚	m^2	500

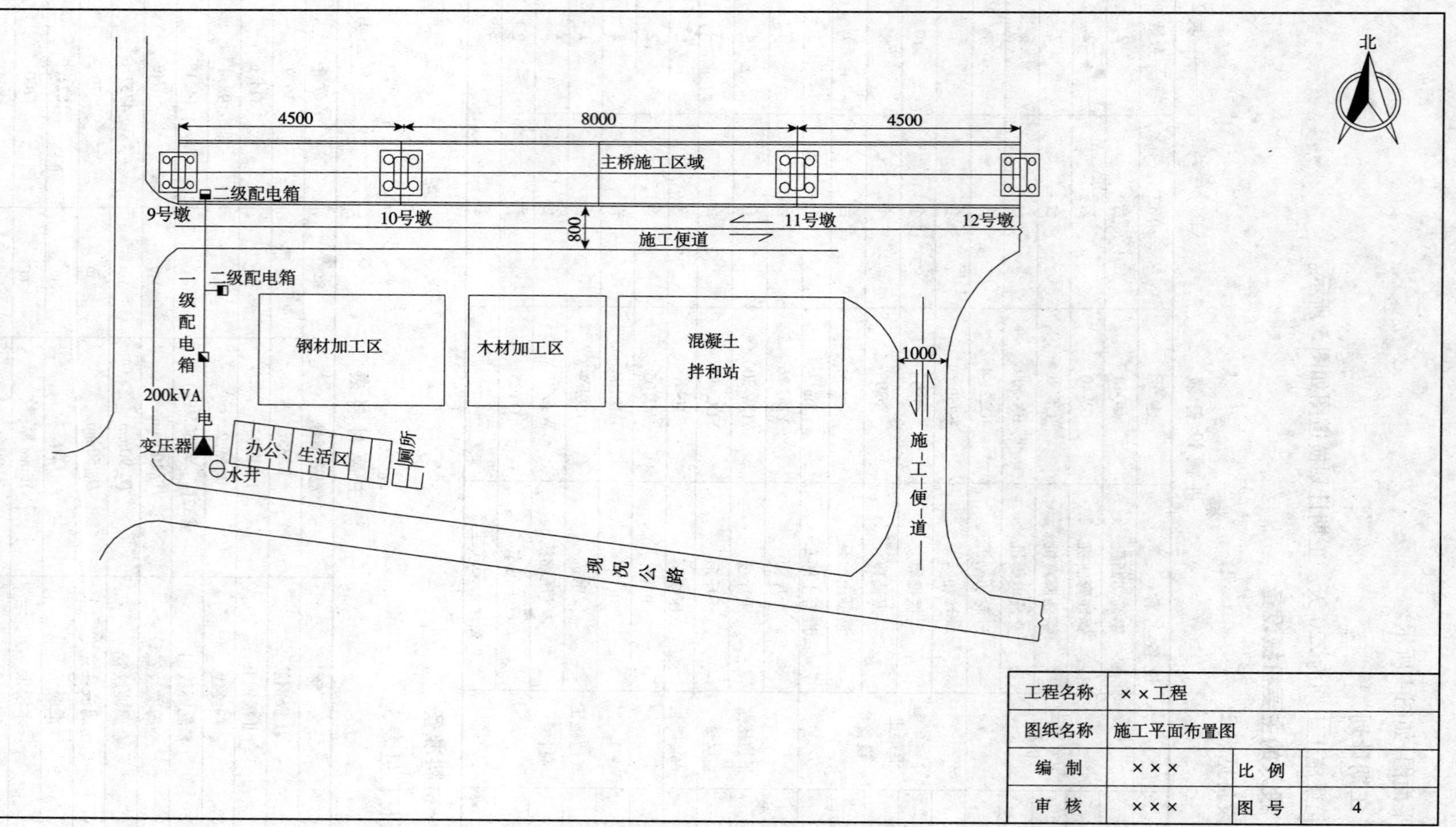

图4 施工平面布置图（尺寸单位:cm）

序号	分项工程名称	工程量	持续时间(d)
1	施工准备		15
2	10号墩0号块施工	201m□	30
3	11号墩0号块施工	201m□	30
4	10、11号墩1、1′号块施工	168m□	45
5	10、11号墩2、2′号块施工	157.2m□	20
6	10、11号墩3、3′号块施工	148.4m□	20
7	10、11号墩4、4′号块施工	138m□	20
8	10、11号墩5、5′号块施工	151.6m□	20
9	10、11号墩6、6′号块施工	137.6m□	20
10	10、11号墩7、7′号块施工	129.6m□	20
11	10、11号墩8、8′号块施工	126.8m□	20
12	10、11号墩9、9′号块施工	125.2m□	20
13	边跨直线段支架现浇施工	87.6m□	20
14	边跨合龙段施工	31.2m□	10
15	中跨合龙段施工	18.7m□	10

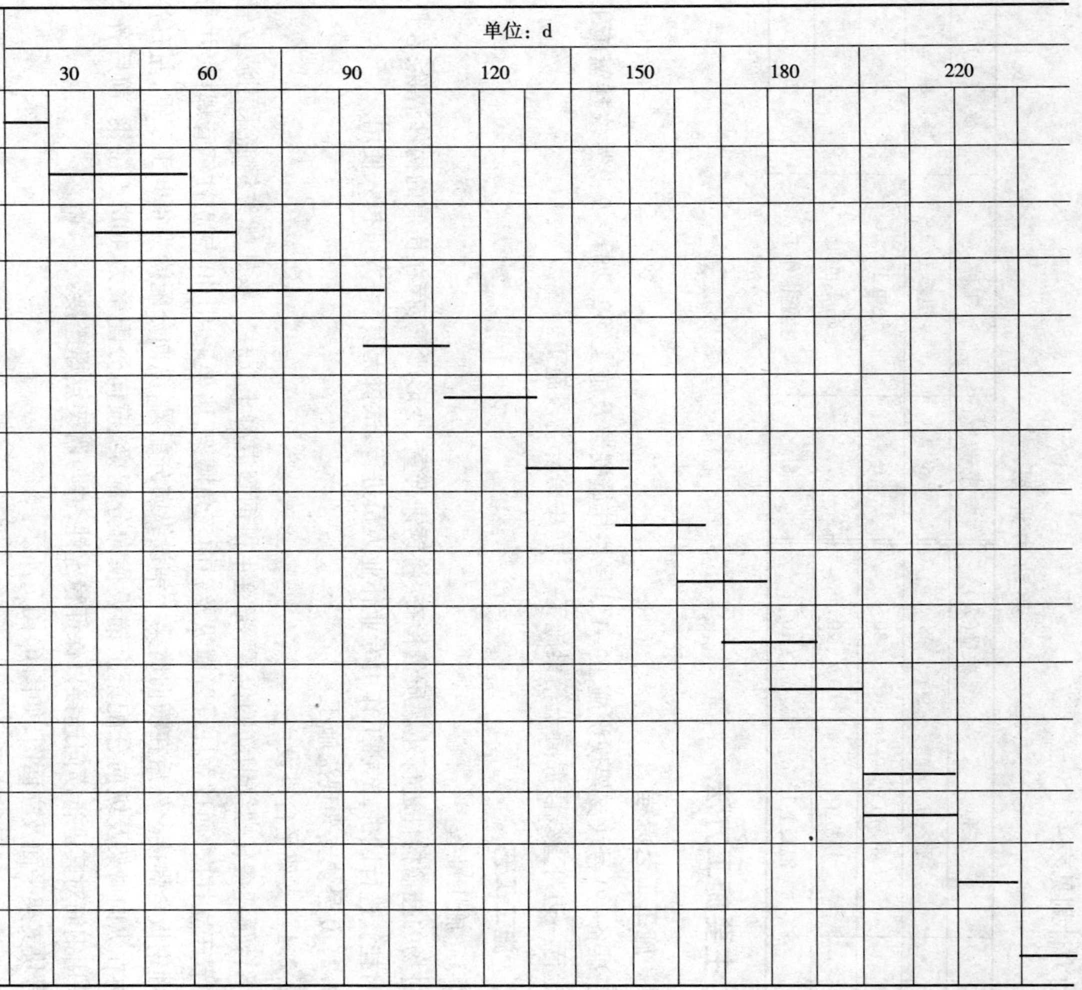

单位：d　30　60　90　120　150　180　220

图5　工期计划横道图

4.6 劳动力准备

劳动力计划见表4。

劳动力计划 表4

序号	工种	数量(人)	序号	工种	数量(人)
1	张拉工	8	5	电焊工	8
2	钢筋工	30	6	电工	2
3	模板工	20	7	吊车司机	2
4	混凝土工	10	8	挂篮操作工	16

5 主要施工方法

5.1 施工工艺流程

施工准备→0号块支架现浇施工→1、1号块挂篮安装及施工→2、2号～9、9号块挂篮施工→挂篮走行→边跨直线段混凝土箱梁施工→边、中跨合龙段施工。

5.2 施工工艺

5.2.1 施工准备

对进场的挂篮构件进行外观质量检查,将锈蚀严重、变形严重、存在伤痕的构件清除;在原地面上对挂篮进行试拼,试拼工作由专业作业人员进行,试拼无误后,方可投入使用。

5.2.2 0号块支架现浇施工

5.2.2.1 支架平台搭设

在承台预埋精轧螺纹钢筋的位置,浇筑4根钢管混凝土立柱。精轧螺纹钢筋采用波纹管保护,设置于立柱内,通过立柱设置横纵及斜向三角膺架,膺架采用[40与立柱钢管焊接,并与主墩预埋钢板全焊接。然后在横向膺架上铺设纵向分配梁,纵向分配梁为40b工字钢,左右各1根。再在纵向膺架及纵向分配梁上铺设横向分配梁,横向分配梁为40b工字钢,前后各5根,并采用钢筋对其进行横向连接以保证稳定性,并与膺架点焊连接。

0号块支架平面及立面图,如图6、图7所示。

5.2.2.2 人行马道搭设

在主墩10号、11号右侧搭设封闭式上下人行马道,通道宽度为1.2m。马道四周围护安全防护网。马道搭设时必须与钢管支架连接固定,如图8所示。

5.2.2.3 支架预压

为减小0号块支架变形对现浇箱梁线形的影响,在纵横梁安装完毕后进行支架预压施工。墩顶处距离底模仅60cm,排架变形可忽略不计。故墩顶处不再预压,只对悬臂部分预压。预压采用自制混凝土预制块。预压范围为墩身前后两侧的箱梁底部,采用一次加载总重的1.2倍进行预压。

(1)预压观测。

观测位置沿线路方向每1.5m布设1组,沿横向每2m布设1组,每组布设5个点。在观测点处固定观测杆,以便于沉降观测,如图9所示。

(2)卸载。

人工配合吊车吊运原材均匀卸载,卸载的同时继续观测。卸载完成后记录好观测值以便计算支架综合变形。根据观测记录，整理出预压沉降结果，计算支架系统的弹性变形，根据控制高程调整箱梁底板的预拱高度。

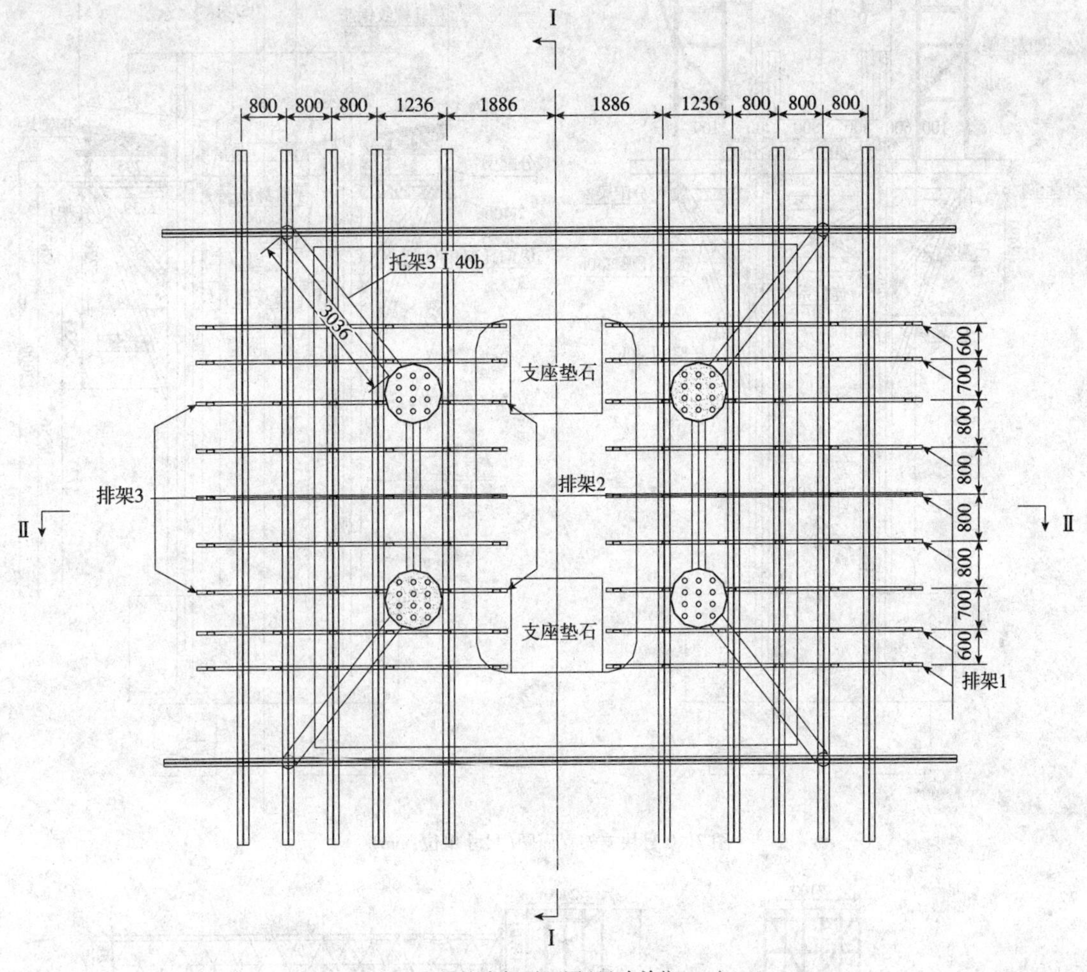

图6　0号块支架平面图(尺寸单位:mm)

5.2.2.4　底模铺设

在支架平台的0号块箱梁底腹板正投影下方采用型钢制作三角形支架作为底模支撑，采用木楔进行细部调整。底模采用竹胶板与方木组合拼装。

5.2.2.5　立侧模

箱梁外模采用定型组合平板钢模，随梁体高度及梁段长度进行有效组合。平板钢模采用框式整体支架、槽钢制作，支架高度随梁体高度的降低而逐步切割。0号块的外模长度12m，采用1m+2m+3m+3m+2m+1m长的单块平板钢模组合，之后3.3m梁段采用3+1m组合，4m梁段采用3+2m组合。垂直模板采用0.84m固定翼缘板块1.2m+1.2m+1.6m高度组合，使之能达到侧模包住底模，但不至于悬高太多的效果。

用全站仪精确定出梁中心线及底板边线，架立侧模。立侧模时注意控制模板，在风力超过4级时不能支设，在支设完成后每块模板必须采用4根钢丝绳进行两个方向拉设。在支立侧模的同时注意左右幅的腹板高度，以确保横坡达到要求。在铺设翼板时，注意控制翼板左右横坡，以保证横坡的形成与结构尺寸。

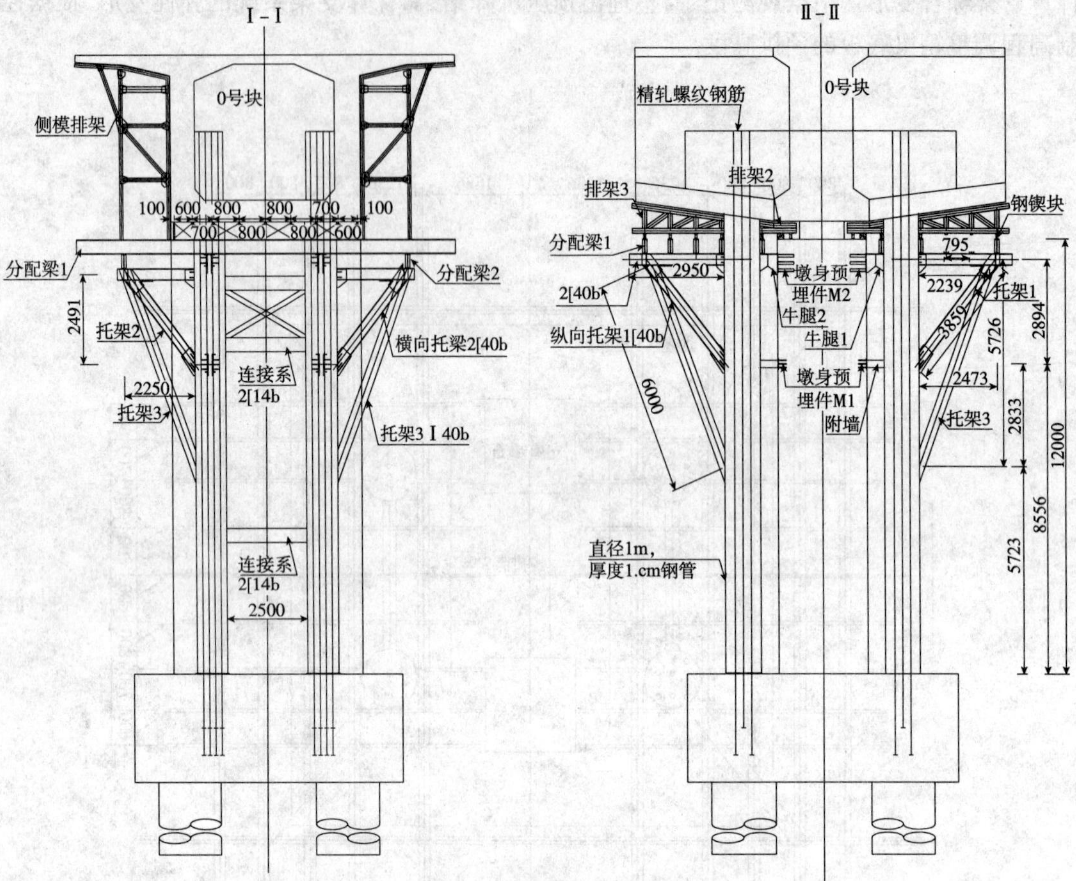

图7 0号块支架立面图(尺寸单位:mm)

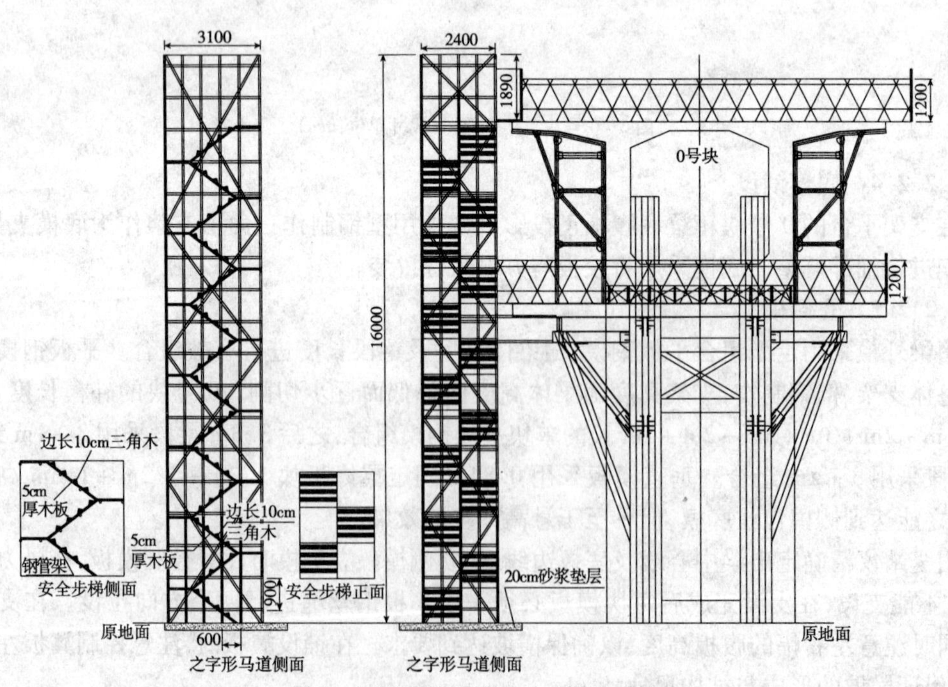

图8 之字形马道设计图(尺寸单位:mm)

外侧模板完成后,底部模板支架与分配梁焊接固定,端部及顶部采用型钢焊接固定,保证模板稳定性,侧模安装如图10所示。

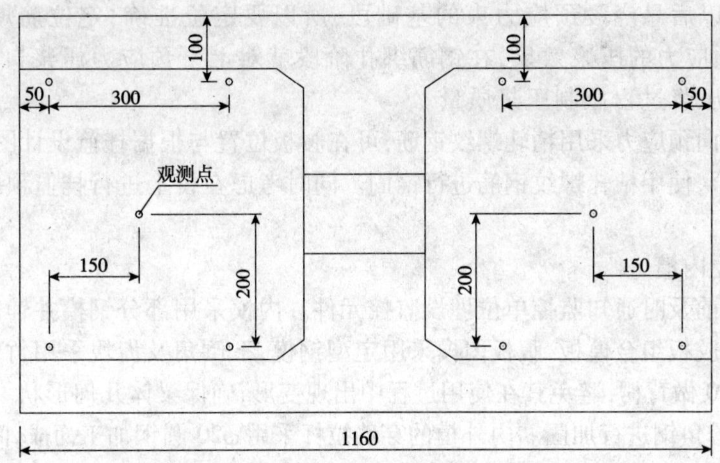

图9　预压观测点布置示意图(尺寸单位:cm)

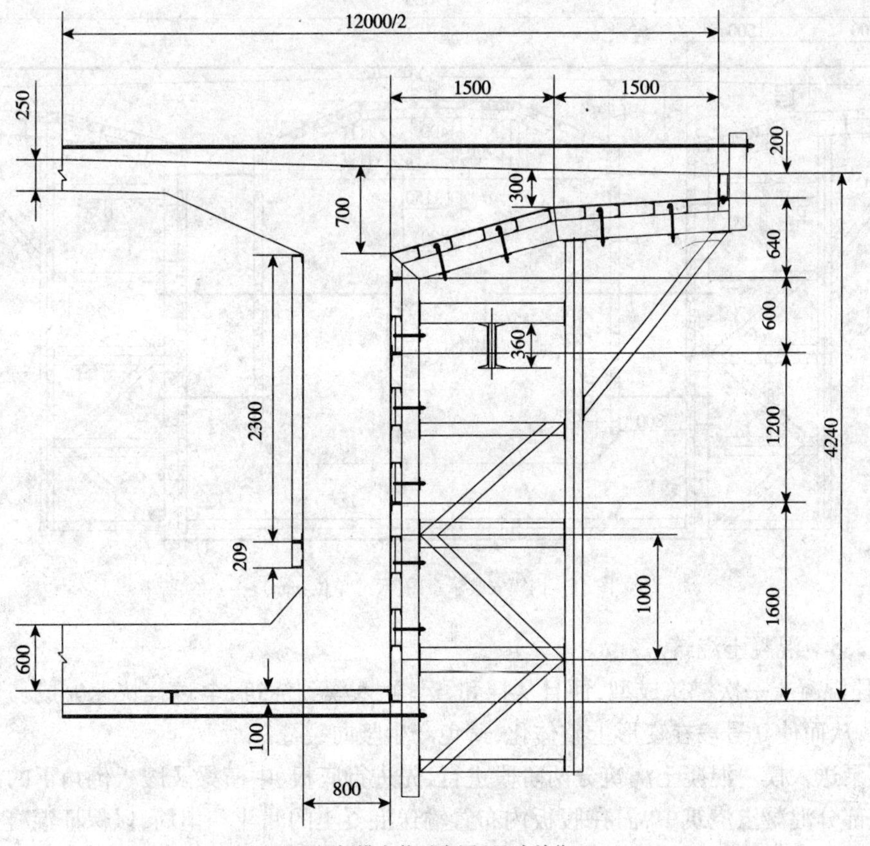

图10　钢侧模安装示意图(尺寸单位:mm)

5.2.2.6　钢筋绑扎及预应力管道定位

钢筋绑扎按设计图纸及规范要求进行。腹板钢筋较多,纵横向及腹板三向交织在一起,严格控制钢筋的下料、加工,钢筋出厂验收合格。钢筋绑扎时,事先要安排好钢筋的绑扎先后次序,选择好钢筋保护层的支垫方式。底板采用高强度规格的垫块,侧面保护层采用标准尺寸的塑料垫块。注意各种预埋件及预留孔的位置、尺寸、规格,不得遗漏,主要是挂篮安装后锚预留孔、内外滑梁吊带预留孔,根据设计图确定。0号段波纹管道较多且集中,又是以后悬浇段预应力束的基础段,所以要定位准确,定位筋焊接必须牢固。为了保证竖向预应力的压浆效果,在钢筋绑扎阶段就对上下预应力压浆口与出浆口进行对应编号,便于压浆过程控制压浆质量。

由于本桥竖向预应力采用精轧螺纹钢筋,可在腹板位置与根据挂篮设计图需要埋设的后锚、轨道锚相结合,使用精轧螺纹钢筋进行锚固。同时考虑在桥上进行挂篮预压,需要埋设挂篮预压前后锚点。

5.2.2.7 立内模

在安装内模前及时通知监控单位埋设监控元件。内模采用部分钢模并辅以竹胶板:顶板底模采用框架竹胶板组合模板,腹板内模采用定型钢模,下倒角及齿块采用竹胶板加工成型,内模加固采用[10做背楞,避免其在使用过程中出现变形,确保梁体几何形状。堵头模板须每隔70cm采用6号角钢进行加固。内外模的穿墙拉杆采用ϕ20圆钢加工而成,间距不大于1m。内模安装如图11所示。

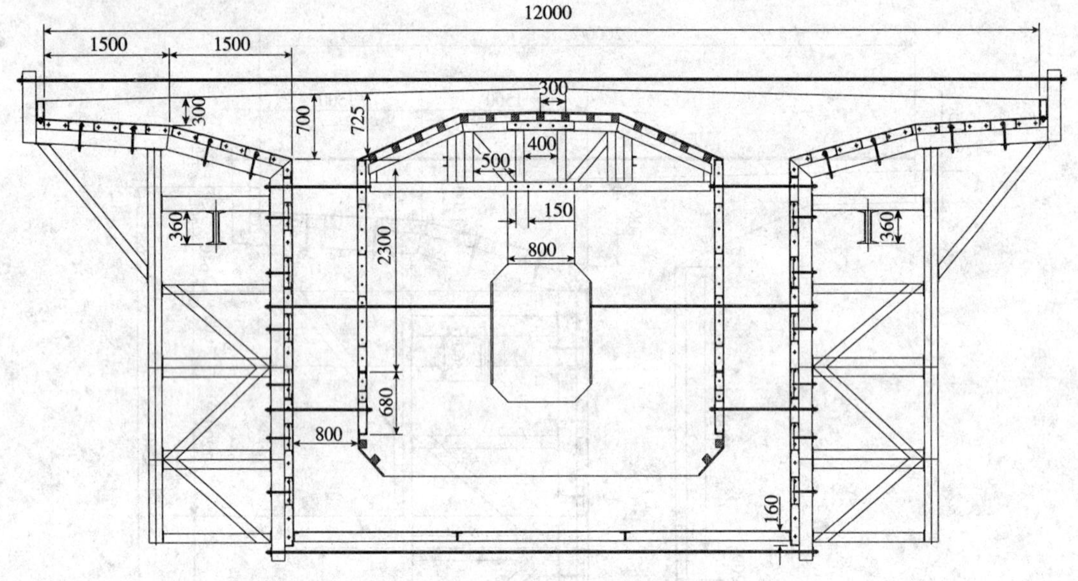

图11　内模安装示意图(尺寸单位:mm)

5.2.2.8 混凝土浇筑

0号段混凝土一次浇筑成型,而且从拌和、运输、入模到浇筑,全过程快速完成。使0号段形成整体,从而使0号段在变形上整体化,避免产生竖向裂缝。

采用泵送入模。混凝土浇筑分两阶段进行,先进行底板、中横梁及腹板倒角下的混凝土浇筑。在该部分混凝土浇筑中,需在腹板内布置输送混凝土的漏斗和串筒,以保证混凝土能够顺利进入下部,不出现离析现象。浇筑顺序为:中横梁底、腹板底、底板混凝土,分层进行。待混凝土浇至腹板、中横梁下倒角以上30cm后,采取先腹板后中横梁的顺序,分层进行浇筑。在浇至距底板顶1m范围时降低浇筑速度,以保证底板混凝土在上部压力下不出现涌出上翻现象。

在浇筑过程中,预应力管道内设置内衬管并在浇筑过程中拉动,防止灰浆进入管道造成堵塞。

5.2.2.9 养生、凿毛

混凝土浇筑完毕后,加强对梁段尤其是箱体内侧与外侧的洒水养护。由于混凝土强度等级较高,浇筑完成后需要对底板、顶板进行 2~3 次反复收面,避免出现收缩裂纹。在混凝土初凝后顶板与底板外露部分采用土工布保湿养护,保湿养护时间为 14 天。在浇筑完成后,混凝土强度达到 5MPa,可以脱开内模,松动侧模,并对内模进行洒水养护。同时对端头部分进行凿毛,凿毛时注意保护波纹管道。

5.2.2.10 预应力张拉

主桥纵、横、竖向预应力钢束的张拉顺序为:

张拉第 3 节段纵向钢束后,张拉第 1 节段的横、竖向预应力钢束(筋)。全桥合龙后,张拉剩余节段的所有钢束。全桥竖向预应力筋采用二次张拉,第二次张拉迟后 3 个节段。张拉钢束采用张拉力和伸长值双控。箱梁纵向预应力钢束在箱梁横截面应保持对称张拉,同一根纵向钢束张拉时两端应保持同步。

混凝土施工完成,龄期达到 7 天并达到设计强度 90% 后开始张拉,然后对临时锚固精轧螺纹钢筋进行对称张拉,张拉力控制为 50kN。

(1)张拉准备。

对锚具及预应力筋进行检验;由标准计量单位对张拉设备及仪表进行标定测试;准备齐全各种工作曲线和用表;检查安全措施;张拉台架满足各种测试要求。

(2)穿束。

预应力束采用 $\phi_S15.2$ 钢绞线。下料长度按孔道长度加每边预留 80~120cm 工作长度考虑。

穿束前清洗孔道,并用高压风吹干,然后穿束。

按设计要求安装锚垫板,锚垫板平面与钢绞线垂直,将钢绞线固定在锚固端,设置螺旋筋,然后安装喇叭口。

(3)预应力张拉。

张拉前按图纸要求对梁端钢绞线束进行编号,张拉顺序为先上后下,两端同时张拉,左右对称均匀张拉。

(4)预应力筋张拉施工。

1)张拉设备的选型。

为了保证张拉工作安全可靠和准确性,所选用设备的额定张拉力要大于所张拉预应力筋的张拉力。预应力筋的张拉力计算如下

$$N_y = N \times \delta_k \times A_g \times 1/1000$$

式中:N_y——预应力筋的张拉力;

N——同时张拉的预应力筋的根数;

δ_k——预应力筋的张拉控制应力;

A_g——单根钢绞线的截面积。

本施工段不同钢束预应力张拉需用张拉力为

$$N_y = 19 \times 1395 \times 140 \times 1/1000 = 371.07\text{t}$$

$$N_y = 15 \times 1395 \times 140 \times 1/1000 = 292.95\text{t}$$

$$N_y = 1 \times 1395 \times 140 \times 1/1000 = 19.53\text{t}$$

$$N_y = 930 \times 0.9 \times 804.2 \times 1/1000 = 67.3\text{t}$$

故，千斤顶应分别选用不小于375t、300t、25t和70t。

2)预应力筋张拉。

严格按照设计规定的编号及张拉顺序张拉：腹板长钢束→底板钢束→顶板钢束。张拉时须对称，先外后内、先长后短张拉。

张拉程序为0→10%σ_{con}→20%σ_{con}→100%σ_{con}（持荷5min锚固）→锚固。σ_{con}为张拉时的控制应力（包括预应力损失在内）。其值根据设计图纸要求$\sigma_{con} = 0.75f_{pk} = 1395MPa$，初应力取$\sigma_{con}$的10%。张拉时，边张拉边测量伸长值，采用应力、应变双控制，实际伸长值与理论伸长值相比误差控制在±6%以内。

钢绞线理论伸长值ΔL计算

$$\Delta L = P_P \times L/(A_P \times E_P)$$

$$P_P = P \times [1 - e^{-(kx+\mu\theta)}]/(KL + \mu\theta)$$

式中：ΔL——预应力筋理论伸长值，mm；

L——预应力筋的长度，mm；

P_P——预应力筋的平均张拉力，N；

x——从张拉端至计算截面孔道长度，m；

A_P——预应力筋截面面积，mm^2；

E_P——预应力筋的弹性模量，MPa；

P——预应力筋张拉端的张拉力，N；

θ——从张拉端至计算截面曲线孔道部分切线的夹角之和，rad；

k——孔道每米局部偏差对摩擦的影响系数，取0.0015；

μ——预应力筋与孔道壁的摩擦系数，对金属波纹管取0.25。

利用上述公式计算每束钢束的理论伸长值。

5.2.2.11 预应力管道压浆及封锚

(1)压浆。

①压浆管布置。

由于纵向束管道长度较长，采用两端压浆的方法，压浆管及出浆孔均设在设计要求的位置上。

②排气孔设置。

管道的波峰处即梁端最高点和固定端，预留灌浆用排气孔。

③水泥浆。

配合比为水泥1425kg∶压浆剂214kg∶水459kg。

④真空压浆技术要求。

抽真空时真空度（负压）控制在-0.06~-0.1MPa；

浆体水胶比：0.26~0.28。

(2)封锚。

封锚混凝土采用C50混凝土。封锚厚度为30cm。

待预应力管道压浆完成后，对齿块进行及时封锚，恢复并清理封锚钢筋，安装封锚钢筋网片及模板加固。

5.2.3 1、1′号块挂篮安装及施工

5.2.3.1 挂篮组装如图12、图13所示。

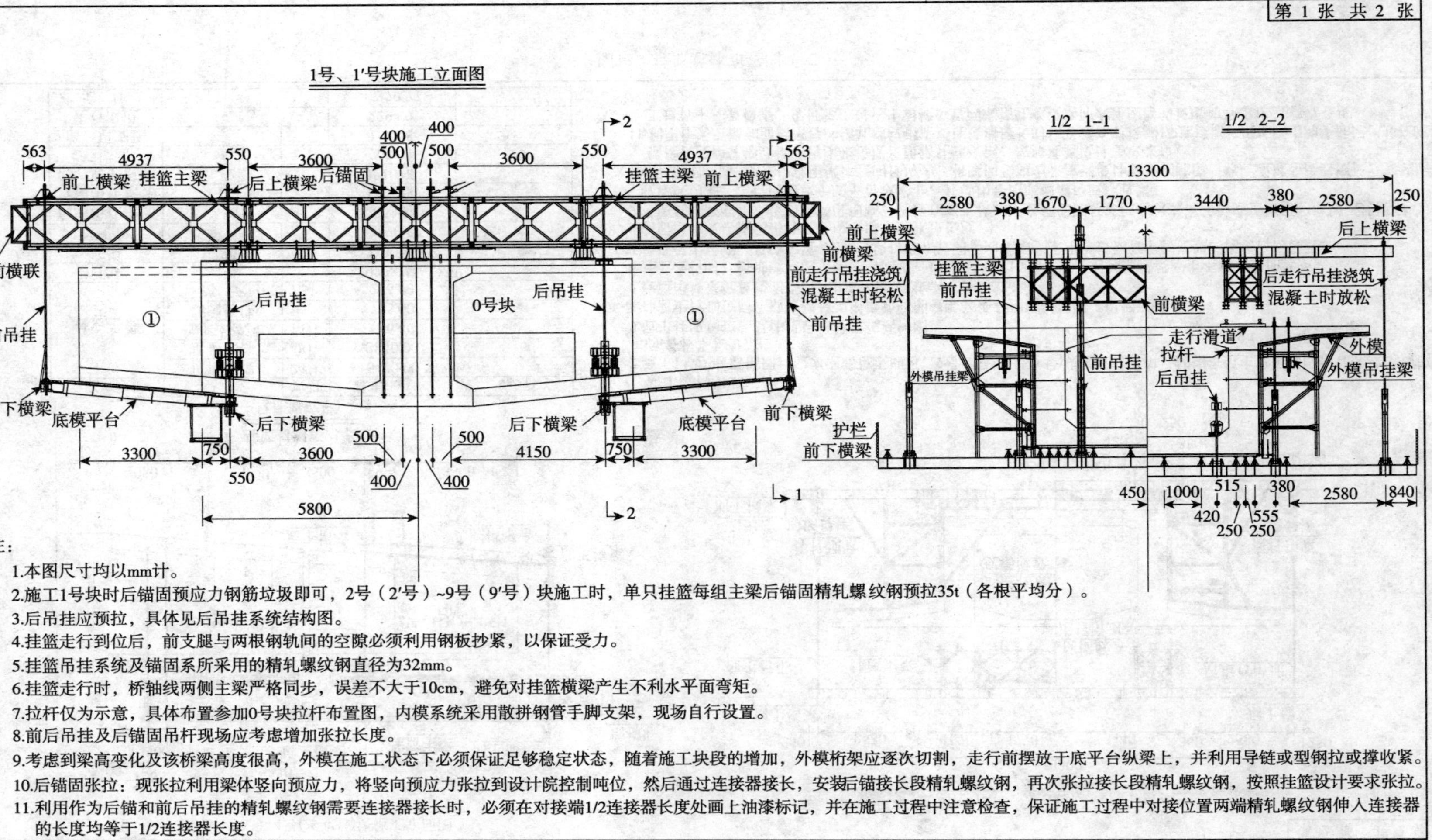

注：

1.本图尺寸均以mm计。

2.施工1号块时后锚固预应力钢筋垃圾即可，2号（2′号）~9号（9′号）块施工时，单只挂篮每组主梁后锚固精轧螺纹钢预拉35t（各根平均分）。

3.后吊挂应预拉，具体见后吊挂系统结构图。

4.挂篮走行到位后，前支腿与两根钢轨间的空隙必须利用钢板抄紧，以保证受力。

5.挂篮吊挂系统及锚固系所采用的精轧螺纹钢直径为32mm。

6.挂篮走行时，桥轴线两侧主梁严格同步，误差不大于10cm，避免对挂篮横梁产生不利水平面弯矩。

7.拉杆仅为示意，具体布置参加0号块拉杆布置图，内模系统采用散拼钢管手脚支架，现场自行设置。

8.前后吊挂及后锚固吊杆现场应考虑增加张拉长度。

9.考虑到梁高变化及该桥梁高度很高，外模在施工状态下必须保证足够稳定状态，随着施工块段的增加，外模桁架应逐次切割，走行前摆放于底平台纵梁上，并利用导链或型钢拉或撑收紧。

10.后锚固张拉：现张拉利用梁体竖向预应力，将竖向预应力张拉到设计院控制吨位，然后通过连接器接长，安装后锚接长段精轧螺纹钢，再次张拉接长段精轧螺纹钢，按照挂篮设计要求张拉。

11.利用作为后锚和前后吊挂的精轧螺纹钢需要连接器接长时，必须在对接端1/2连接器长度处画上油漆标记，并在施工过程中注意检查，保证施工过程中对接位置两端精轧螺纹钢伸入连接器的长度均等于1/2连接器长度。

图12 挂篮总体布置图（一）

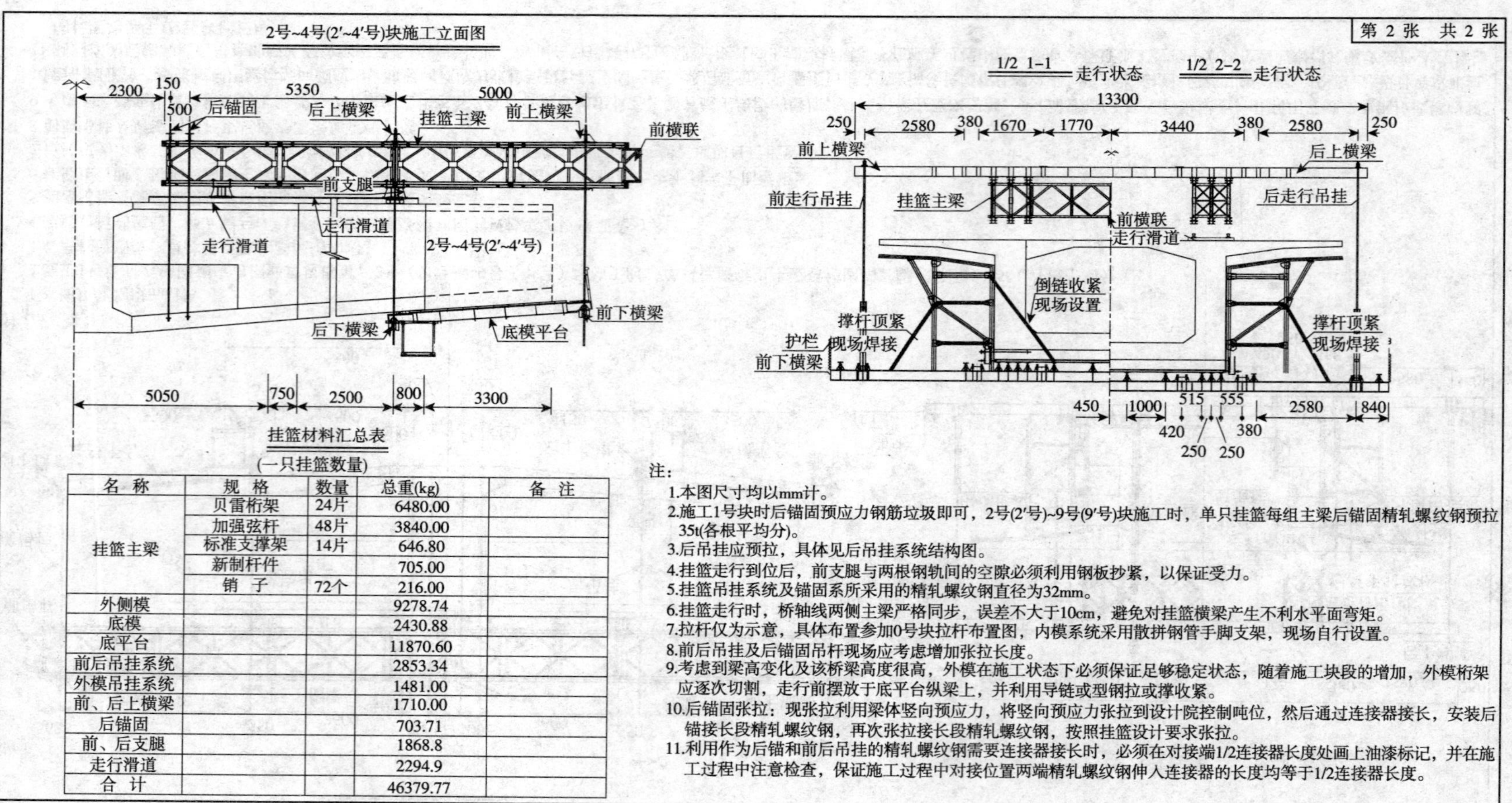

挂篮材料汇总表

(一只挂篮数量)

名 称	规 格	数量	总重(kg)	备 注
挂篮主梁	贝雷桁架	24片	6480.00	
	加强弦杆	48片	3840.00	
	标准支撑架	14片	646.80	
	新制杆件		705.00	
	销 子	72个	216.00	
外侧模			9278.74	
底模			2430.88	
底平台			11870.60	
前后吊挂系统			2853.34	
外模吊挂系统			1481.00	
前、后上横梁			1710.00	
后锚固			703.71	
前、后支腿			1868.8	
走行滑道			2294.9	
合 计			46379.77	

注：

1.本图尺寸均以mm计。

2.施工1号块时后锚固预应力钢筋垃圾即可，2号(2′号)~9号(9′号)块施工时，单只挂篮每组主梁后锚固精轧螺纹钢预拉35t(各根平均分)。

3.后吊挂应预拉，具体见后吊挂系统结构图。

4.挂篮走行到位后，前支腿与两根钢轨间的空隙必须利用钢板抄紧，以保证受力。

5.挂篮吊挂系统及锚固系所采用的精轧螺纹钢直径为32mm。

6.挂篮走行时，桥轴线两侧主梁严格同步，误差不大于10cm，避免对挂篮横梁产生不利水平面弯矩。

7.拉杆仅为示意，具体布置参加0号块拉杆布置图，内模系统采用散拼钢管手脚支架，现场自行设置。

8.前后吊挂及后锚固吊杆现场应考虑增加张拉长度。

9.考虑到梁高变化及该桥梁高度很高，外模在施工状态下必须保证足够稳定状态，随着施工块段的增加，外模桁架应逐次切割，走行前摆放于底平台纵梁上，并利用导链或型钢拉或撑收紧。

10.后锚固张拉：现张拉利用梁体竖向预应力，将竖向预应力张拉到设计院控制吨位，然后通过连接器接长，安装后锚接长段精轧螺纹钢，再次张拉接长段精轧螺纹钢，按照挂篮设计要求张拉。

11.利用作为后锚和前后吊挂的精轧螺纹钢需要连接器接长时，必须在对接端1/2连接器长度处画上油漆标记，并在施工过程中注意检查，保证施工过程中对接位置两端精轧螺纹钢伸入连接器的长度均等于1/2连接器长度。

图13 挂篮总体布置图（二）

5.2.3.2　挂篮组装完毕，对挂篮施加荷载进行预压，堆载预压重量按节段最大重量的120%进行堆载，充分消除挂篮产生的非弹性变形。在挂篮悬浇施工过程中，将弹性变形纳入梁段施工预拱度计算。

5.2.3.3　模板施工

挂篮预压工作完成后，根据监控数据进行挂篮吊挂系统的调整，随后进行外模的安装。外模采用定型钢模。

5.2.3.4　钢筋施工

钢筋在加工场下料加工，运至现场。按所处的部位分为底板钢筋、腹板钢筋、顶板和翼板钢筋及齿板钢筋，根据施工的要求还需布置预应力定位筋、螺旋筋和预应力筋。直径大于12mm以上的需采用焊接连接，直径小于或等于12mm以下的可采用绑扎连接。

5.2.3.5　箱梁混凝土施工

混凝土浇筑前需对挂篮模架体系进行检查，如线形、高程、尺寸、前后锚点、吊杆等，确认符合要求后方可浇筑混凝土。

箱梁混凝土采用地泵浇筑，全断面一次性浇筑。浇筑顺序为由下而上，先底板、后腹板，最后顶板，分左右段对称分层浇筑。每套灌篮的左右2只挂篮施工时，重量差不得大于10t。

5.2.3.6　养生

混凝土浇筑完毕后，及时进行保湿养生。

5.2.3.7　预应力施工

在混凝土龄期达到7d且强度达到设计强度90%后进行预应力张拉及压浆。

5.2.3.8　2、2′号～9号、9′号块挂篮施工

依次进行2、2′号～9号、9′号块挂篮施工。

5.2.4　挂篮走行

在已施工完的梁段顶面铺设钢轨滑道；适当放松前后内侧吊挂及外模吊挂系统，使前后外侧吊挂受力；接长挂篮梁顶主梁，拆除后锚固系统；起顶主梁，按设计位置调整好前支腿；解除外侧走行吊挂(内侧4根吊带保留)，安装前临时吊挂系统，拆除原有前吊挂，使底模平台悬挂于梁段上；在每只挂篮单侧主梁尾端压重3t；前、后上横梁与主梁临时固定，采用千斤顶及倒链牵引挂篮主梁往前走行至下节段施工位置，安装尾部两根后锚固并预拉；拆除贝雷梁后端配重，调整前后上横梁位置，恢复挂篮前后走行吊挂；安装前后上横梁间临时连接系，设置保护绳，防止平台晃动；解除后内侧吊挂及外模吊挂系统，进一步放松前后吊挂，使底平台完全脱离混凝土面，调整底模平台前后高程，使底平台纵梁水平，将外模与底平台固定；同步将前、后上横梁及挂篮底平台向前滑移至下一梁段待施工位置；解除临时连接系，预拉后锚固系统到设计吨位，安装后内侧吊挂、外模吊挂，调整前后吊挂及外模吊挂系统；调整底模及侧模高程，完成挂篮走行。

5.2.5　边跨直线段现浇混凝土箱梁施工

箱梁边跨直线段采用满堂红支架现浇混凝土施工工艺。

施工工艺参见本册“§8　现浇箱梁上部结构施工方案”。

5.2.6　边、中跨合龙段施工

边、中跨合龙顺序为先边跨后中跨。

合龙段施工由于两悬臂受温度日照、混凝土收缩徐变的影响，应严格按设计要求的合龙顺序进行。合龙段劲性骨架和混凝土浇筑应控制温度在15℃±5℃。在T形悬臂端设置施工平

衡重，通过放置水箱来实现。

合龙段施工步骤如下。

(1)边跨合龙

1)拆除挂篮，保留部分模板。采用在边跨直线段、9 号梁段安装吊架，吊架距梁段 0.5m。

2)设置施工平衡重，在两个 T 构两端各安放 4 个水箱，参照施工平衡重，根据现场情况注水，使合龙段两端高差小于 1cm。

3)安装边跨合龙段刚性支撑，张拉临时锁定钢束。解除支座临时约束。立模、绑扎钢筋。

4)边浇筑混凝土边卸载，混凝土浇筑完成水箱也同时卸载完成。

5)待混凝土龄期达到 7 天且强度达 90% 后，拆除边跨现浇段刚性支撑，补张拉临时锁定钢束，对称张拉边跨其余合龙束，并锚固灌浆(按先长束后短束顺序)。

6)拆除边跨支架、边跨合龙段吊架。

7)解除 0 号块临时锚固系统，使梁体由固结变为铰接，完成体系转换。

(2)中跨合龙同边跨合拢。

合龙段临时锁定外刚性支撑采用 40b 工字钢焊接锁定。

边、中跨合拢段临时锁定外刚性支撑如图 14、图 15 所示。

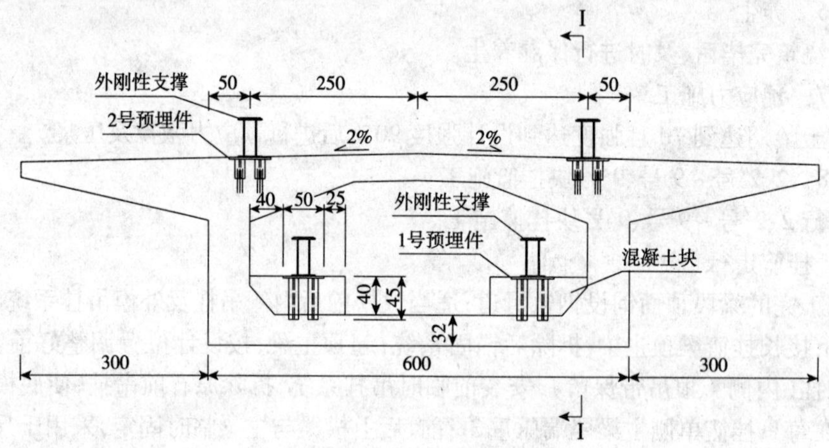

图 14 边、中跨合龙段临时锁定外刚性支撑正面图(尺寸单位:cm)

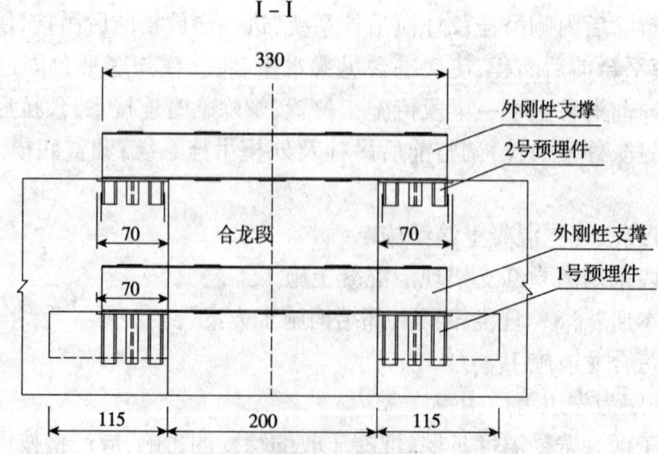

图 15 边、中跨合龙段临时锁定外刚性支撑立面图(尺寸单位:cm)

6 施工监控

本工程施工监控由监控单位进行监控。

6.1 施工监控的目标

6.1.1 结构内力达到设计要求或满足规范要求。

6.1.2 结构线形和顺

6.1.3 施工过程结构安全

6.2 监控的工作内容

6.2.1 施工过程中整体结构安全性验算。

6.2.2 悬臂施工过程中主墩、主梁应力、温度测试。

6.2.3 悬臂施工过程中主梁浇筑立模高程预告。

6.2.4 施工过程中施工误差分析及成桥内力状态分析。

6.2.5 撰写施工监控报告。

6.3 施工控制计算

在施工过程中,荷载是由各节段浇筑完成而逐步施加的,预应力张拉将会大幅度改变混凝土内的应力分布和变形。结构刚度、混凝土收缩徐变、预应力索、温度、外载等因素,将使桥梁结构的变形、应力状态及其变化规律更加复杂。为实现桥梁上构的变形和应力分析,结构位移及应力拟采用 MIDAS/Civil 及 ANSYS 有限元软件进行计算。

按照设计和施工所确定的施工工序,以及设计所提供的基本参数,对结构进行正装与倒装分析。其内容有:结构形变分析、控制截面结构应变应力及内力计算与结构预拱度计算分析,以确定立模高程。

6.4 测点布置

6.4.1 主梁挠度的观测测点布置

在每一节段悬臂端梁顶设立 2 个高程观测点。测点须用短钢筋预埋,并用红油漆标明编号。短钢筋要求与上、下层钢筋焊接牢靠,并伸出箱梁顶板混凝土表面约 2cm,且断面打磨光滑。

6.4.2 箱梁轴线抽测测点布置

在每一梁段悬臂端梁顶中线设立一个轴线观测点。

6.4.3 主梁立模高程的测量测点布置

立模标高的测点位置为底板底模板 3 个特征位置、顶板底模板 6 个特征位置。

7 质量保证措施

7.1 合龙段施工注意事项

7.1.1 合龙段合龙时温度必须严格符合设计要求,混凝土浇筑最好选在温度变化较小的日期和一天中气温最低的时间进行,并加快浇筑时间。

7.1.2 合龙段施工过程中,测量人员应按照监控单位给出数据进行各项调整工作,同时认真进行高程变化的观测,发现问题及时报告处理。

7.1.3 应采用微膨胀、低收缩的混凝土,浇筑完成后应加强养护,勤洒水以减少箱梁的温度变化，防止混凝土开裂。

7.2 质量标准

悬臂浇筑预应力混凝土梁施工质量应符合表5的规定。

悬臂浇筑预应力混凝土梁施工质量标准 表5

序号	项目		规定值或允许偏差
	混凝土强度(MPa)		在合格标准内
1	轴线偏位(mm)		10
2	顶面高程(mm)	L≤100m	±20
		相邻节段高差	10
3	断面尺寸(mm)	高度	+5、-10
		顶宽	±30
		底宽	±20
		顶底腹板厚	+10、-0
4	同跨对称点高差(mm)		20
5	横坡(%)		±0.15
6	平整度(mm)		8

注：L为跨径。

8 安全文明施工措施

参照本书“§8 现浇箱梁上部结构施工方案”中的7。

§10 现浇箱梁模架施工方案

1 编制依据

1.1 《××工程施工组织设计》

1.2 《××施工图设计》

1.3 《建筑施工碗扣件式钢管脚手架安全技术规范》(JGJ 166—2008)

1.4 《建筑工程大模板技术规范》(JGJ 74—2003)

1.5 《建筑施工安全检查标准》(JGJ 59—99)

1.6 《公路桥涵施工技术规范》(JTG/T F50—2011)

1.7 《路桥施工计算手册》

2 工程概况

本桥桥跨布置为30+52+30=112m变截面连续箱梁,分左右两幅,墩梁固结;采用单箱三室形式,箱梁底宽13m,两侧悬臂2m,顶宽17m,箱梁1号、2号墩中支点处中心梁高2.7m,跨中箱梁中心高度1.3m,梁高以2次抛物线变化。顶板厚0.25m、悬臂板端部厚0.2m,根部厚0.6m,腹板厚0.55~0.7m,底板厚0.25~0.5m。横隔板分别设在中支点、边支点和中跨跨中处,厚度分别为1.5m、1.5m、0.3m。下部结构1号、2号墩位于河道内,墩高为8m。本桥现况地形:河床及漫滩断面为倒梯形,底宽为80m,上口宽为110m,底口边到两岸上为1∶3边坡,河道地质状况为天然砂砾,两岸边坡为人工回填砂砾。原地面高程为61.74~68.4m,桥梁净高度为6.15~7.66m。

3 支撑架体系选择

3.1 选型原则

本工程支架体系设计的指导思想和选型原则是:支架体系必须安全可靠,施工操作方便,经济合理。

3.2 支架选择

支撑体系有两种选择方案。一种是采用钢管柱为立柱,贝雷梁作过梁,再铺设钢板和箱梁模板体系;另一种是采用满堂红碗扣支架。第一种方案优点是能有效防止汛期河道泄洪对箱梁施工的影响;缺点是钢材用量大、造价高,而且支撑体系施工期长。第二种方案优点是造价低,支撑体系施工周期短;缺点是汛期河道行洪时支架大部分会被水淹没,可能影响箱梁施工。我们根据现场实际调查,河道常年干涸,仅在雨季有间歇性水流。河道部门在河上修建了多个橡胶坝,作为局部储水之用。另外,我们通过业主与河道部门协调,在汛期施工期间,桥梁上游橡胶坝也不大量泄水。根据这种情况和特点,本桥梁箱梁支撑体系选用满堂红碗扣支架。由于在雨季施工,毕竟河道内有间歇性水流,因此支架搭设前应做好支架基础处理及基础的排水设计,以保证支架的稳定性。

4 支撑架体系设计

4.1 方案说明

基础结构:对河道80m底宽范围内,基础底为天然砂砾,天然砂砾80cm范围内压实度保证在95%以上,在天然砂砾顶面浇筑15cm厚C15混凝土作为垫层。

对河道底口与两岸的边坡部分,采用挖掘台阶和砌筑台阶的形式。台阶层高为60cm和120cm两种形式,侧面砌筑37砖墙。每步台阶应用夯实机械进行夯实。台阶顶面浇筑15cm厚C15混凝土作为垫层。

另外由于在桥梁东侧修筑有一条临时马道,马道形式为两岸高,中间低,在下雨时有间歇性水流从马道低点通过。为满足基础排水的需要,在对马道低点位置即箱梁中跨跨中位置设置一道排水沟,排水沟断面为矩形,宽度为10.5m,深度为0.6m,沟底为20cm厚C15混凝土,侧面砌筑37砖墙。

以上方式设置的基础处理结构均要求比支架搭设平面宽度宽出1m(具体见图1基础处理大样图)。

支撑体系:本桥采用碗扣支架作为支撑体系。在桥梁的纵向,支架立杆步距根据梁高渐变采取两种方式:对1号、2号墩附近梁高为1.947~2.7m,纵向步距为60cm;对边支点、跨中至1号、2号墩梁高为1.3~1.947m纵向步距为90cm。在桥梁横向,支架立杆步距基本采用90cm,但在梁肋下加密为30cm。碗扣支架水平杆层距采用120cm。

模板体系:

(1)底模:面板由15mm多层板加50mm大板构成;次龙骨为10cm×10cm方木,顺桥向布置,间距为50cm;主龙骨为10cm×15cm方木,横桥向布置,间距为60cm和90cm两种形式,其分布方式与碗扣支架立杆纵桥向步距一致。

(2)侧模:由面板和木制定型排架构成。侧模面板由15mm多层板加50mm大板构成,排架采用10cm×10cm和10cm×15cm两种方木制作。

(3)内模:内模包括箱室内侧模和顶模。侧模和顶模采用15mm多层板做面板,5cm×10cm方木做次龙骨,顺桥方向,间距为20cm。主龙骨为10cm×10cm方木,间距为70cm。内模支撑采用钢管加顶丝横向支顶加固。

4.2 箱梁模架计算

箱梁模架计算见“10附件。”

4.3 模架设计图

模架设计图具体见“10.2。”

5 施工准备

5.1 技术准备

5.1.1 相关技术人员熟悉施工图纸及设计变更,分析结构特点以确定使用的模板材料和相应的支撑体系并编制专项施工方案和技术交底,作为工人施工的依据和质量控制标准。组织专家对方案进行论证。

5.1.2 施工前仔细阅读施工方案、支架体系平面布置图、结点构造图,了解现场实际情况,做到搭设支架前心中有数。

5.1.3 脚手架施工人员进场前,必须进行安全教育和相应考核。考核合格人员办理进场手续,才可上岗工作,每周进行一次安全教育培训。

5.2 材料准备

5.2.1 碗扣支架和钢管扣件、可调顶托、底托等及时租赁进场备用,质量、规格符合要求。

5.2.2 方木进场要对其规格、材质、外观、含水率等指标进行验收,不合格的不允许进场。

5.2.3 多层板进场时,要检查出厂合格证、规格尺寸等内容,确保与施工要求一致。

5.3 机械设备准备

机械设备见表1。

机械设备表　　表1

序号	名称	规格型号	单位	数量
1	汽车吊	QY25K5	台	1
2	木工平刨机	MB523	台	2
3	手提电锯	—	把	15
4	电钻	—	把	15
5	锤子	0.25kg、0.5kg	把	20
6	钢丝钳	—	把	15
7	手动倒链	—	套	5
8	活动扳手	最大开口65mm	把	30
9	单头扳手	开口宽:17~19mm、22~24mm	把	30
10	墨斗、线坠	—	套	5

6 支架、模板质量控制

6.1 钢管进场检验

根据本工程实际情况,桥梁箱梁施工使用碗扣支架做支撑体系。施工现场需要使用ϕ48扣件式钢管及碗扣式脚手架,其检验标准如下。

6.1.1 产品须有质量合格证

6.1.2 产品须有质量报告,钢管材质检验方法应符合国家现行标准《金属拉伸试验方法》的有关规定。

6.1.3 钢管表面应平直光滑,不得有裂缝、结疤、分层、错位、硬弯、毛刺、压痕和深的划痕。

6.1.4 外观尺寸符合《建筑施工碗扣件式钢管脚手架安全技术规范》的要求,钢管外观尺寸偏差见表2。

钢管外观尺寸偏差表　　表2

序号	项目	允许偏差(mm)	检验工具
1	外径48mm,壁厚3.5mm	-0.5	游标卡尺
2	钢管两端端面切斜偏差(Δ)	1.7	塞尺
3	钢管内外表面锈蚀深度	<0.5	—

续上表

序号	项　目	允许偏差(mm)	检验工具
4	各种杆件端部弯曲 （起始弯曲点距离杆端 $L<1.5$）	<5	钢板尺
	立柱钢管弯曲：3m $<L<$ 4m	<12	
	4m $<L<$ 6m	<20	
	栏杆、支撑体系钢管弯曲 $L<6.5$m	<30	

6.2　方木进场检验

方木采用 10cm×10cm×400cm 和 10cm×15cm×400cm 两种规格，方木进场时采用卷尺检查，方木长度允许偏差为 ±50mm，截面允许偏差 ±10mm。

6.3　大板进场检验

本工程大板采用松木板制作，其材质应符合现行国家标准《木结构设计规范》中Ⅱ级材质的规定。进场时采用卷尺检查，大板厚度≥5cm，宽度≥20cm，长度为 4～6m。

6.4　多层板进场检验

模板面板选择材质好、轻质高强的酚醛覆面木质胶合板模板，规格为 2440mm×1220mm×15mm；其厚度允许偏差为 ±1.2mm，力学性能指标应符合《混凝土模板用胶合板》标准中要求。

6.5　模板的存放

6.5.1　存放位置和场地地面要求

模板堆放场地要进行硬化处理，底部垫方木，保证模板不直接落地。下面排水通畅，防止模板被浸泡。雨雪天气时要在堆放的模板上覆盖塑料布，避免模板受雨淋。

6.5.2　注意事项

脱模后要立即清洗板面浮浆，涂刷脱模剂，按规格类型编码标志并堆放整齐。模板配件分类放好。

7　施工工艺

7.1　工艺流程

基础定位→基础处理→测量放线→搭设支架体系→铺设箱梁底模→支立箱梁外侧模→支立箱梁内侧模→支立箱梁顶模

7.2　施工工艺

7.2.1　基础定位

首先，根据施工图纸放出拟建桥梁中线，根据箱梁支架体系方案中搭设支架平面长度、宽度确定基础处理尺寸范围，并用白灰洒出边线；然后根据基础尺寸范围对基础进行处理。

7.2.2　基础处理

基础定位后，开始对基础进行处理。基础处理之前根据支架高度和箱梁底高程确定基础处理的高程。基础处理采用分层铺筑碾压天然砂砾，再浇筑混凝土。

处理时，先铺筑天然砂砾并用振动压路机进行压实，填至距离高程 10cm 处止。然后浇筑 15cm 厚 C15 混凝土作面层，混凝土面层宽度比支架宽出 1m。基础迎水面 20cm 宽度内，混凝土面层厚度为40cm,以阻止河水对砂砾基础的冲积。本桥梁工程上部结构施工要经历雨季,施工期间有间歇性水流。为疏导水流,决定在拟建桥梁下部,河道中线范围内,挖一条宽10.5m、深0.6m的流水沟。流水沟底面浇筑20cm厚C15混凝土,沟两侧砌37砖墙。

河道两侧的河岸护坡范围内挖设台阶,台阶壁砌筑37砖墙,台阶表面浇筑10cm混凝土。

7.2.3 测量放线

根据施工图及相关导线点放出桥梁中心线、跨中线、左右幅桥梁中心线及边线。所放的中线及边线的目的是为了有利于支架立杆平面位置的确定。

7.2.4 搭设支架体系

根据所放桥梁中线及边线搭设支架。搭设支架时,纵向支架从桥梁跨中线向两侧搭设。跨中线两侧距离跨中线45cm处,搭设第一根支架。以第一根支架为准,根据方案中制定的支架纵向间距,在顺桥向墩柱两侧8.5m范围内加密为60cm,向桥梁两侧搭设支架。横向支架从桥梁中线向两侧搭设。中心线两侧距离中心线60cm处,搭设第一根支架。以第一根支架为准,根据方案中制定的支架横向间距,采用横距为90cm,在横桥向肋板处加密为30cm,向两侧搭设支架。沿顺桥向和横桥向两个方向设“剪刀撑”,保证支架稳固可靠。

7.2.5 铺设箱梁底模

支架体系搭设完成后,开始铺设箱梁底模。铺设底模时自下而上进行,先根据碗扣支架顶托位置铺设主龙骨。主龙骨间距为90cm,在桥墩两侧8.5m范围内加密为60cm。主龙骨铺设完成后,根据箱梁底板高程调整主龙骨高程。主龙骨高程调整完成后,开始铺设次龙骨,次龙骨间距为50cm,并在肋板下加密为30cm。次龙骨上铺大板,在大板上放出桥梁中线、边线对大板进行收边,并对防水胶合板进行定位,开始铺装防水胶合板。

7.2.6 支立箱梁外侧模

箱梁底模板铺设完成后,开始支立外侧模。外侧模采用:面板和木制定型排架。

定型排架顺桥向距离为70cm。对于边支点及跨中至1号、2号墩梁高为1.3~1.947m,采用10cm×10cm方木,对于1号、2号墩附近梁高为1.947~2.7m要采用10cm×15cm方木。

在排架上标出相对应的箱梁肋板高程,根据此高程确定大板及防水胶合板位置,并进行大板及防水胶合板的安装。拼装完成后,排架底部下穿一道对拉螺栓,另外对于1号、2号墩附近梁高为1.947~2.7m的中间位置加穿一道对拉螺栓。

7.2.7 支立箱梁内侧模

箱梁采用两次混凝土浇筑,第一次浇筑底板、腹板,第二次浇筑顶板。箱梁内侧模在第一次浇筑底板、腹板前支立完成。箱梁内侧模采用多层板,以5cm×10cm方木做次龙骨,次龙骨间距20cm。次龙骨外为10cm×10cm方木主龙骨,主龙骨间距70cm。箱室内两侧主龙骨方木用钢管顶丝对顶,钢管顶丝竖向间距为70cm。

7.2.8 支立箱梁顶模

箱梁底板、腹板混凝土浇筑完成后,及时拆除箱梁腹板内侧模,然后支立顶模板。箱梁顶模采用多层板,5cm×10cm方木做次龙骨,间距20cm,主龙骨横桥向间距为70cm。

7.3 施工技术要求及验收标准

7.3.1 基础处理范围定位线应有一定精度,其偏差为±100mm。基础处理完的顶面高程误差应控制在±50mm。

7.3.2 支架搭设前,支架立杆的定位放线,其误差应控制在±20mm。

7.3.3 基础处理时的砂砾,应用压路机和夯实机械分层压(夯)实。

7.3.4 在搭设碗扣支架时,连接完第一层水平杆未套入第二层立杆时,应对第一层立杆进行调直,采用水准仪抄平并挂线调平以保证立杆竖直,支架搭设完成后,垂直度应小于 $H/500$ 且不大于 50mm。

7.3.5 在碗扣支架安放完立杆顶托,铺设主龙骨后,进行第一次竖向高程调整。方木顶的高程调整误差应控制在 ±15mm,以减小铺设完小方木、面板后的高程调整量。

7.3.6 箱梁底面板铺设完后,将进行第二次竖向高程调整,该高程误差应控制在 ±10mm。

7.3.7 碗扣支架搭设完后,应由剪刀撑进行加固,以保证支架整体稳定性。箱梁模板斜度较大时,应有抵抗模板斜面分力的措施。比如 1 号、2 号墩附近,箱梁底模斜度较大,应在箱梁纵向设置足够数量的支撑,支撑一端应紧顶在墩柱上。

7.3.8 模板支架制作支立后符合以下标准,见表 3、表 4。

模板、支架制作时的允许偏差表 表 3

项　　目	允许偏差(mm)
模板的长度和宽度	±5
相邻两板表面高低差	1
平板模板表面最大的局部不平	3
拼合板中木板间的缝隙宽度	2
支架、拱架尺寸	±5
榫槽嵌接紧密度	2

模板、支架及拱架安装的允许偏差表 表 4

项　　目	允许偏差(mm)
模板高程	±10
模板内部尺寸	+5、0
轴线偏位	10
模板相邻两板表面高差	2
模板表面平整	5
预留孔洞中心位置	10
预留孔洞截面内部尺寸	+10、0
支架和拱架纵轴的平面位置	跨度的 1/1000 或 30
支架和拱架曲线形拱架的高程(包括建筑拱度在内)	+20、-10

8 质量、安全措施

8.1 质量及成品保证措施

8.1.1 质量保证措施

8.1.1.1 支架搭设、模板施工前,由施工技术负责人组织,依据支架、模板方案进行技术交底,技术交底的末端是施工队班组长,交底人和接受人履行交接签字手续。

8.1.1.2 多层板板面平整光滑,面板厚度误差 < ±1mm,配合模板使用的木方截面必须是矩形,误差 ±1mm。制作定型模板时,接触板面的木方要刨光。

8.1.1.3 模板加工时所有切断面裁口,要求挂线上锯,下锯后刨平刨面。

8.1.1.4 模板缝必须拼接严密,达到清水混凝土效果。

8.1.1.5 钢管有严重锈蚀、压扁或裂纹的不得使用。禁止使用有脆裂、变形、滑丝等现象的扣件。

8.1.2 成品保证措施

8.1.2.1 施工过程中对钢筋位移及时纠正。合模前振捣工应查看钢筋,选择下棒位置,不得扰动预埋件等。

8.1.2.2 拆模后结构上的施工荷载不得超过设计允许荷载,避免将结构压裂。

8.2 安全保证措施

8.2.1 模板加工安全技术措施

8.2.1.1 使用的木工机械必须安装漏电保护器,分机要做到一机一闸一保护。使用前要对供电线路检查维修,以避免漏电。使用手动机械必须戴绝缘手套。

8.2.1.2 电锯要有防护罩,锯沫、刨花要及时清运到指定地点。

8.2.1.3 木材堆放加工均设置足够的消防器材,严禁吸烟。

8.2.1.4 现场动火必须严格遵守现场动火管理规定。

8.2.1.5 加工时,必须严格遵守机械使用的规章制度,防止事故发生。

8.2.2 碗扣支架搭设安全技术措施

8.2.2.1 支架搭设以 3 ~4 人配合施工为宜。

8.2.2.2 在搭设、拆除或改变作业程序时,非施工人员禁止入内。

8.2.2.3 立杆最大弯曲变形矢高不超过 $L/500$,横杆斜杆变形矢高不超过 $L/250$。

8.2.2.4 可调构件,螺纹部分完好,无滑丝现象,无严重锈蚀,焊缝无脱开现象。

8.2.2.5 地基基础表面要坚实平整,满足承载力要求,垫板放置牢固,排水通畅。

8.2.2.6 对于直线布置的脚手架,其纵向直线度应不小于 $L/200$,横杆的水平度即横杆两端的高度偏差应小于 $L/400$。

8.2.2.7 所有碗扣接头必须锁紧。

8.2.2.8 浇筑混凝土时,派专人检查支架和支撑情况,发现松动、变形等情况及时处理。

8.2.2.9 支架搭设过程中,应由专人进行指导、检查、验收。

8.2.3 模板安装及拆除安全技术措施

8.2.3.1 拆除时,箱梁混凝土及预应力孔道压浆强度达到设计要求。

8.2.3.2 模板吊装前应检查吊装用绳索、卡具及每块模板的吊钩是否完整有效。

8.2.3.3 吊装时应有专人指挥,统一信号。风力超过 5 级时,应停止吊装作业。

8.2.3.4 模板拆除时,应有专人指挥,禁止非操作人员进入作业区。

8.2.3.5 拆模时应分区按顺序拆除,禁止多组同时作业,相互干扰。

8.2.3.6 模板拆除的顺序和方法应遵循先支后拆,先非承重部位,后承重部位,以及自上而下的原则,先拆支座部位再向跨中推进。拆模时严禁硬砸、硬撬。

8.2.3.7 拆除底模时,应逐块拆卸,不得成片松动和撬落,严禁大片模板坠落。

8.2.3.8 拆模间隙,应将已活动的模板、立杆、支撑等固定牢固,防止突然掉落、倒塌伤人。

8.2.3.9 拆模时操作人员必须戴安全帽,模板下面严禁人员逗留及行走。高处作业,扎紧安全带,系于牢固处。

8.2.3.10 模板拆除后要将模板上的朝天钉取出或砸弯,以免扎脚。

8.2.4 支架拆除的安全技术措施

8.2.4.1 拆除前,全面检查待拆支架,根据检查结果,拟定作业计划,报请批准,进行技术交底后才准备工作。

8.2.4.2 拆架时应划分工作区,周围设绳绑围栏或树立警戒标志,地面应设专人指挥,禁止非作业人员进入。

8.2.4.3 拆除时要统一指挥、上下呼应、动作协调,当解开与另一人有关的结扣时,应先通知对方,以防坠落。

8.2.4.4 每天拆架下班时,不得留下隐患部位。

8.2.4.5 拆架时严禁碰撞支架附近电源线,防止触电。

8.2.4.6 所有杆件在拆除时应分开。

8.2.4.7 拆除下的零配件要装入容器内,用吊篮吊至地面或卸料平台;拆下的钢管要绑扎牢固,双点起吊,严禁从高空抛掷。

8.3 文明施工要求

8.3.1 进入施工现场的人员必须戴好安全帽,现场严禁吸烟。

8.3.2 进入施工现场的人员要爱护场内的各种绿化设施和标示牌,不得损坏花草树木、随意拆除和移动标示牌。

8.3.3 严禁酒后人员上架作业,施工操作时要求精力集中、禁止开玩笑和打闹。

8.3.4 上架作业人员上下均应走人行梯道,不准攀爬架子。

8.3.5 不准利用支架吊运重物,作业人员不准攀爬架子上下作业面,不准土车在架子上跑动。

8.3.6 施工人员严禁凌空抛投杆件、物料等物品,材料工具用滑轮和绳索运输,不得乱扔。

8.3.7 支架堆放场做到整洁、摆放合理、专人保管,并建立严格领退料手续。

8.3.8 运至地面的材料应按指定地点随拆随运,分类堆放,当天拆当天清,同时随时整理、检查,按品种、分规格堆放整齐,妥善保管。

8.3.9 在雨季要经常检查支架、斜道板上有无积水,若有则应随时清理,并要采取防滑措施。

9 风险预测和应急预案

9.1 重点防范部位

箱梁模架体系重点风险因素存在以下几方面。

9.1.1 施工作业人员高空坠落

在支架搭设、拆除、模板支立、拆除及箱梁钢筋绑扎、混凝土浇筑等施工过程中,施工人员高空作业较频繁,存在很大的高空作业坠落的风险。

9.1.2 高空坠物伤人

在箱梁模架施工过程中,人员的高空作业,易出现高处物件坠落,以及附着物件连接松动脱落,以及箱梁钢筋绑扎、混凝土浇筑等其他施工活动造成高空物件坠落导致下面施工人员受伤。

9.1.3 支架失稳

由于基础处理不够理想，导致基础软弱不均出现支架不均匀沉降，或者支架方案不够合理这两方面均导致支架立杆受力过大出现失稳现象。

9.1.4 支架变形

在设计支架方案时，考虑不够周全，特别是有的特殊部位未进行加固措施，出现支架变形超限。本工程箱梁底板为斜面，在斜面上有分力，易造成模架侧向倾移。

9.2 控制措施

根据施工工艺和施工经验，以及以上重点危险因素的辨识，桥梁模架体系施工采取以下相应的应急措施，见表5。

应急措施表　　表5

序号	风险项目	降低风险措施	主控单位	协助单位
1	高空坠物伤人	1. 架子外侧和底部增加水平防护接网和安全网； 2. 加强对操作人员的教育； 3. 加强高空附着物件连接部位检查	施工单位	建设单位、外施队
2	施工作业人员高空坠落	1. 加强对操作人员交底和教育； 2. 做好周边和底部保护； 3. 高空作业人员将安全带系在牢固物上	施工单位	建设单位、外施队
3	架子失稳坠落	1. 加强方案论证，制定合理方案； 2. 加强支架基础处理	施工单位	建设单位、外施队
4	架子变形	1. 加固支架，查找变形原因，指定方案； 2. 加强支架的监测	施工单位	建设单位、外施队

9.3 施救措施

在施工过程中要求项目经理部技术人员、安全人员及工长现场技术指导和全程旁站，项目部成立以项目经理为组长的应急救援小组，明确人员及联系电话，制定应急预案，当遇到紧急情况时及时启动应急预案，积极进行现场处理或将受伤人员送往就近医院。

10 附件

10.1 箱梁模架计算书

说明：计算书中多层板厚度按10mm计算，实际施工时选用15mm厚多层板。

本桥梁箱梁模架计算内容包括5方面：①箱梁底模强度、刚度验算；②箱梁侧模强度、刚度验算；③箱梁支撑碗扣支架稳定性验算；④地基承载力验算；⑤支架变形及沉降计算。本工程箱梁高度由墩顶2.7m渐变到跨中和边跨1.3m。因此在支撑体系碗扣支架顺桥向步距采用两种形式，在5-5、5′-5′断面至1号、2号墩范围（墩柱两侧8.6m范围内）即梁高在1.947～2.7m变化的支架顺桥向步距采用60cm；在5-5、5′-5′断面至跨中和0号、3号桥台范围内即梁高在1.3～1.947m变化的支架顺桥向步距采用90cm。根据计算按最大荷载的最不利原则考虑，在计算底模、支架时，在梁高 1.947～2.7m 变化范围支架、模板、钢筋混凝土恒载以梁高 2.7m 为计算标准；在梁高 1.3～1.947m 变化范围支架、模板、钢筋混凝土恒载以梁高 1.947m 为计算标准。在同一箱梁截面钢筋混凝土恒载以梁肋处最大，其他箱室部位较小，但支架、模板龙骨间距不同，因此应对其分别进行验算。

在计算侧模时，梁高以 2.7m 为计算标准。

10.1.1 荷载计算

①模板荷载：1.5kPa（计算底模支架时采用）。

②钢筋混凝土重：

梁高 2.7m 时 35.53kPa，梁肋 70.05kPa；

梁高 1.947m 时 21.29kPa，梁肋 50.62kPa。

③施工人员荷载：2.5kPa。

④振捣混凝土产生的荷载，对底板取 2.0kPa，对垂直侧板取 4.0kPa。

⑤新浇混凝土对模板侧面压力：

$$P_m = 0.22\gamma t_0\beta_1\beta_2 V^{1/2}$$

$$P = \gamma H$$

式中：P——新浇筑混凝土对侧面模板的最大压力，kPa；

γ——混凝土的重度，26kN/m³；

V——混凝土的浇筑速度，取 0.5m/h；

t_0——新浇混凝土的初凝时间，h；可按实测确定。当缺乏实验资料时，可采用 $t=200/(T+15)$ 计算；其中 T 为混凝土入模温度，取 25℃时 $t=200/(25+15)=5$h；

H——混凝土侧压力计算位置处至新浇混凝土顶面的总高度；由于现浇箱梁分两次浇筑，腹板高度取梁底至翼板根部的高度，取 2.1m；

β_1——外加剂影响修正系数，不掺外加剂时取 1，掺外加剂时取 1.2；

β_2——混凝土坍落度影响系数，当坍落度小于 30mm 时，取 0.85；50～90mm 时，取 1；110～150mm 时，取 1.15。

$$\begin{aligned} P_m &= 0.22\gamma_c t_0\beta_1\beta_2 V^{1/2} \\ &= 0.22\times 26\times 5\times 1.2\times 1.15\times 0.5^{1/2} \\ &= 27.91\text{kPa} \end{aligned}$$

$$P = \gamma H = 26\times 2.1 = 54.6\text{kPa}$$

取两者中的较小值，$P=27.91$kPa 作为模板侧压力的标准值。

⑥倾倒混凝土产生水平荷载 2kPa、竖向荷载 4kPa。

将以上荷载进行统计汇总：

表 6

编号	项目			荷载(kPa)
①	模板自重			1.5
②	钢筋混凝土自重	梁高 2.7m	箱室	35.53
			肋板	70.05
		梁高 1.947m	箱室	21.29
			肋板	50.62

续上表

编　号	项　目	荷载(kPa)
③	施工人员及机具等外在荷载	2.5
④	振捣混凝土产生的荷载	底板2.0、侧板4.0
⑤	新浇混凝土对侧模压力(以梁高2.7m为标准)	27.91
⑥	倾倒混凝土产生的荷载	水平2.0,竖向4.0

10.1.2 底模强度、刚度验算

10.1.2.1 墩柱两侧各8.5m范围内,顺桥向支架间距为60cm。梁高2.7m时,箱室部分底模板强度、刚度验算:

(1)底模板强度、刚度验算。

荷载组合计算:

强度验算时 $P_1=(1.2\times①+1.2\times②+1.4\times③+1.4\times④+1.4\times⑥)\times1$

$=(1.2\times1.5+1.2\times35.53+1.4\times2.5+1.4\times2+1.4\times2)\times1$

$=53.54\text{kPa}$

刚度验算时 $P_2=(1.2\times①+1.2\times②)\times1$

$=(1.2\times1.5+1.2\times35.53)\times1$

$=44.44\text{kPa}$

取1m宽底板为研究对象,线荷载为

计算强度时:$q_1=P_1\times1=53.54\text{kN/m}$;

计算刚度时:$q_2=P_2\times1=44.44\text{kN/m}$。

箱梁底模面板为1cm胶合板加5cm大板,大板下小方木间距为50cm,即面板跨度为50cm(图1)。验算时按简支梁考虑,则有

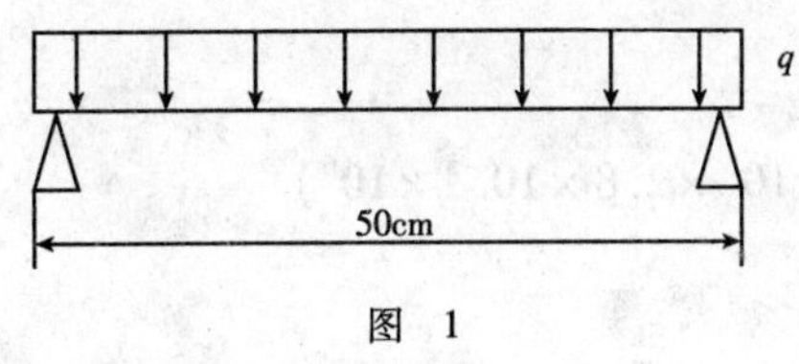

图　1

$M=q_1l^2/8=1/8\times53.54\times0.5^2=1.67\text{kN}\cdot\text{m}$

$I=bh^3/12=1/12\times1\times0.06^3=1.8\times10^{-5}\text{m}^4$

$W=bh^2/6=1/6\times1\times0.06^2=6\times10^{-4}\text{m}^3$

$\delta=M/W=1.67\times10^3/(6\times10^{-4})=2.79\text{MPa}<[\delta_w]=14.5\text{MPa}$

故底模大板强度满足要求。

$f=5q_2l^4/384EI=5\times44.44\times10^3\times0.5^4/(384\times11\times10^3\times1.8\times10^{-5}\times10^6)$

$=0.00018\text{m}<L/400=0.00125\text{m}$

故底模大板刚度满足要求。

(2)次龙骨强度、刚度验算。

次龙骨在主龙骨大方木上,大方木间距为60cm,即次龙骨跨度为60cm(图2)。验算时按简支梁考虑,则有

①次龙骨上线荷载:

计算强度时:$q_1=P_1\times0.5=53.54\times0.5=26.77\text{kN/m}$

计算刚度时:$q_2=P_2\times0.5=44.44\times0.5=22.22\text{kN/m}$

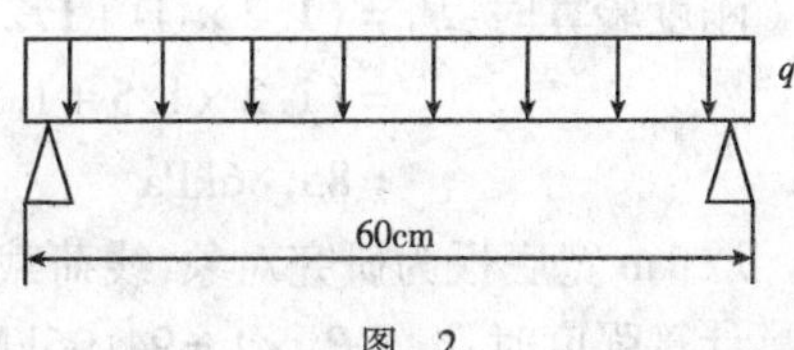

图　2

②次龙骨强度计算：

$M = q_1 1^2/8 = 1/8 \times 26.77 \times 0.6^2 = 1.205\text{kN} \cdot \text{m}$

$I = bh^3/12 = 1/12 \times 0.1 \times 0.1^3 = 8.33 \times 10^{-6}\text{m}^4$

$W = bh^2/6 = 1/6 \times 0.1 \times 0.1^2 = 1.67 \times 10^{-4}\text{m}^3$

$\delta = M/W = 1.205 \times 10^3/1.67 \times 10^{-4} = 7.22\text{MPa} < [\delta_w] = 14.5\text{MPa}$

故次龙骨强度满足要求。

③次龙骨刚度验算：

$f = 5q_2 1^4/385EI = 5 \times 22.22 \times 0.6^4 \times 10^3/(385 \times 11 \times 10^3 \times 8.33 \times 10^{-6} \times 10^6)$

$= 0.0004\text{m} < L/400 = 0.6/400 = 0.0015\text{m}$

故次龙骨刚度满足要求。

(3)主龙骨强度、刚度计算。

主龙骨在碗口支架顶托上，支架横桥向横杆距离最大为90cm，即主龙骨跨度为90cm(图3)。按简支梁考虑，另外为计算的简便，将作用在主龙骨上的荷载按均布荷载考虑。则有

①主龙骨上线荷载：

计算强度时：$q_1 = P_1 \times 0.6 = 53.54 \times 0.6 = 32.12\text{kN/m}$

计算刚度时：$q_2 = P_2 \times 0.6 = 44.44 \times 0.6 = 26.66\text{kN/m}$

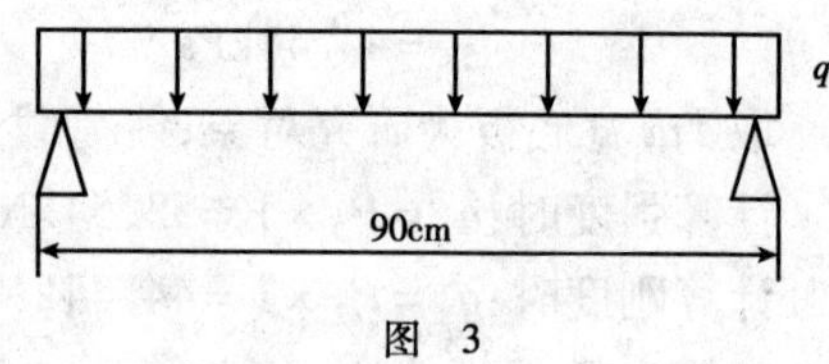

图 3

②主龙骨强度计算：

$M = q_1 1^2/8 = 1/8 \times 32.12 \times 0.9^2 = 3.25\text{kN} \cdot \text{m}$

$I = bh^3/12 = 1/12 \times 0.1 \times 0.15^3 = 2.8 \times 10^{-5}\text{m}^4$

$W = bh^2/6 = 1/6 \times 0.1 \times 0.15^2 = 3.75 \times 10^{-4}\text{m}^3$

$\delta = M/W = 3.25 \times 10^3/3.75 \times 10^{-4} = 8.67\text{MPa} < [\delta_w]$

$= 14.5\text{MPa}$

故主龙骨强度满足要求。

③主龙骨刚度验算：

$f = 5q_2 1^4/385EI = 5 \times 26.66 \times 0.9^4 \times 10^3/(385 \times 11 \times 10^3 \times 2.8 \times 10^{-5} \times 10^6)$

$= 0.0007\text{m} < L/400 = 0.9/400 = 0.00225\text{m}$

故主龙骨刚度满足要求。

10.1.2.2 墩柱两侧各8.5m范围内，顺桥向支架间距为60cm。梁高2.7m时，肋板部分底模板强度、刚度验算。

(1)15mm厚多层板加50mm大板强度、刚度计算。

荷载组合计算：

强度验算时：$P_1 = (1.2 \times ① + 1.2 \times ② + 1.4 \times ③ + 1.4 \times ④ + 1.4 \times ⑥) \times 1$

$= (1.2 \times 1.5 + 1.2 \times 70.05 + 1.4 \times 2.5 + 1.4 \times 2 + 1.4 \times 2) \times 1$

$= 94.96\text{kPa}$

刚度验算时：$P_2 = (1.2 \times ① + 1.2 \times ②) \times 1$

$= (1.2 \times 1.5 + 1.2 \times 70.05) \times 1$

$= 85.86\text{kPa}$

取1m宽底板为研究对象，线荷载为

计算强度时：$q_1 = P_1 \times 1 = 94.96\text{kN/m}$

计算刚度时：$q_2 = P_2 \times 1 = 85.86\text{kN/m}$

箱梁底模面板为1cm胶合板加5cm大板，大板下次龙骨小方木间距为30cm，即面板跨度为30cm（图4）。验算时按简支梁考虑，则有

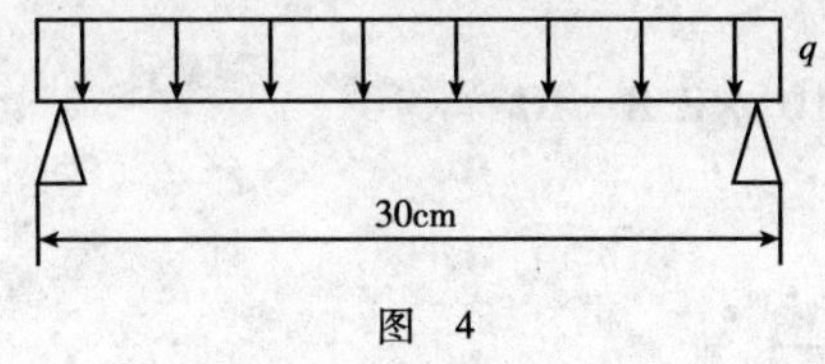

图 4

$M = q_1 l^2/8 = 1/8 \times 94.96 \times 0.3^2 = 1.07\text{kN} \cdot \text{m}$

$I = bh^3/12 = 1/12 \times 1 \times 0.06^3 = 1.8 \times 10^{-5}\text{m}^4$

$W = bh^2/6 = 1/6 \times 1 \times 0.06^2 = 6 \times 10^{-4}\text{m}^3$

$\delta = M/W = 1.07 \times 10^3/(6 \times 10^{-4}) = 1.78\text{MPa} < [\delta_w] = 14.5\text{MPa}$

故底模大板强度满足要求。

$f = 5q_2 l^4/384EI = 5 \times 85.86 \times 10^3 \times 0.3^4/(384 \times 11 \times 10^3 \times 1.8 \times 10^{-5} \times 10^6)$
$= 0.000046\text{m} < L/400 = 0.00075\text{m}$

故底模大板刚度满足要求。

(2)次龙骨强度、刚度验算。

次龙骨在主龙骨大方木上，大方木间距为60cm，即次龙骨跨度为60cm（图5）。验算时按简支梁考虑，则有

①次龙骨上线荷载：

计算强度时：$q_1 = P_1 \times 0.3 = 94.96 \times 0.3 = 28.49\text{kN/m}$

计算刚度时：$q_2 = P_2 \times 0.3 = 85.86 \times 0.3 = 25.76\text{kN/m}$

②次龙骨强度计算：

$M = q_1 l^2/8 = 1/8 \times 28.49 \times 0.6^2 = 1.28\text{kN} \cdot \text{m}$

$I = bh^3/12 = 1/12 \times 0.1 \times 0.1^3 = 8.33 \times 10^{-6}\text{m}^4$

$W = bh^2/6 = 1/6 \times 0.1 \times 0.1^2 = 1.67 \times 10^{-4}\text{m}^3$

$\delta = M/W = 1.28 \times 10^3/1.67 \times 10^{-4} = 7.67\text{MPa} < [\delta_w] = 14.5\text{MPa}$

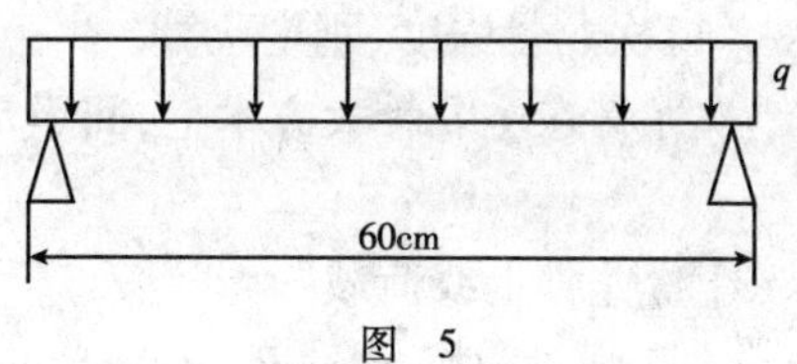

图 5

故次龙骨强度满足要求。

③次龙骨刚度验算：

$f = 5q_2 l^4/384EI = 5 \times 25.76 \times 0.6^4 \times 10^3/(384 \times 11 \times 10^3 \times 8.33 \times 10^{-6} \times 10^6)$
$= 0.00047\text{m} < L/400 = 0.6/400 = 0.0015\text{m}$

故次龙骨刚度满足要求。

(3)主龙骨强度、刚度计算。

主龙骨在碗口支架顶托上，支架横桥向肋板下横杆距离为30cm，即主龙骨跨度为30cm（图6）。按简支梁考虑，另外为计算的简便，将作用在主龙骨上的荷载按均布荷载考虑，则有

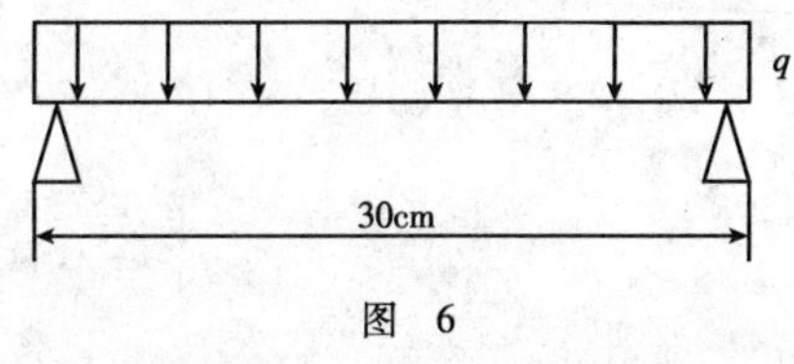

图 6

①主龙骨上线荷载：

计算强度时：$q_1 = P_1 \times 0.6 = 94.96 \times 0.6 = 56.98\text{kN/m}$

计算刚度时：$q_2 = P_2 \times 0.6 = 85.86 \times 0.6 = 51.52\text{kN/m}$

②主龙骨强度计算：

$M = q_1 l^2/8 = 1/8 \times 56.98 \times 0.3^2 = 0.641\text{kN} \cdot \text{m}$

$I = bh^3/12 = 1/12 \times 0.1 \times 0.15^3 = 2.8 \times 10^{-5}\text{m}^4$

$W = bh^2/6 = 1/6 \times 0.1 \times 0.15^2 = 3.75 \times 10^{-4}\text{m}^3$

$\delta = M/W = 0.641 \times 10^3/3.75 \times 10^{-4} = 1.71\text{MPa} < [\delta_w] = 14.5\text{MPa}$

故主龙骨强度满足要求。

③主龙骨刚度验算：

$f = 5q_2 1^4/384EI = 5 \times 51.52 \times 0.3^4 \times 10^3/(384 \times 11 \times 10^3 \times 2.8 \times 10^{-5} \times 10^6)$

$= 0.000017\text{m} < L/400 = 0.3/400 = 0.00075\text{m}$

故主龙骨刚度满足要求。

10.1.2.3 梁高 1.947m 箱梁箱室部分底模强度、刚度验算。

荷载组合计算：

计算强度时：$P_1 = (1.2 \times ① + 1.2 \times ② + 1.4 \times ③ + 1.4 \times ④ + 1.4 \times ⑥) \times 1$

$= (1.2 \times 1.5 + 1.2 \times 21.29 + 1.4 \times 2.5 + 1.4 \times 2 + 1.4 \times 2) \times 1$

$= 36.45\text{kPa}$

计算刚度时：$P_2 = (1.2 \times ① + 1.2 \times ②) \times 1$

$= (1.2 \times 1.5 + 1.2 \times 21.29) \times 1$

$= 27.35\text{kPa}$

由于梁高 1.947m 与梁高 2.7m 面板下的次龙骨间距是一致的，而在验算梁高 2.7m 时，面板的强度、刚度均符合要求，并且梁高 1.947m 的荷载比梁高 2.7m 小，所以梁高 1.947m 面板强度、刚度也是满足要求的。因此只对梁高 1.947m 的次龙骨小方木、主龙骨大方木的强度、刚度进行验算。

(1)次龙骨强度、刚度验算。

次龙骨在主龙骨大方木上，间距 50cm，大方木间距 90cm，即次龙骨跨度为 90cm（图 7），则有

①次龙骨上线荷载：

计算强度时：$q_1 = P_1 \times 0.5 = 36.45 \times 0.5 = 18.23\text{kN/m}$

计算刚度时：$q_2 = P_2 \times 0.5 = 27.35 \times 0.5 = 13.68\text{kN/m}$

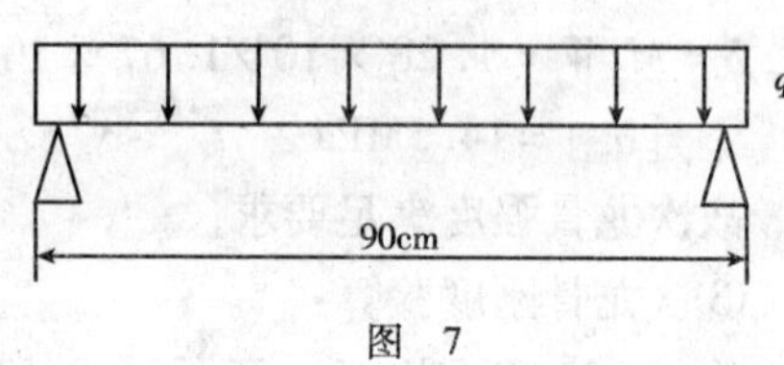

图 7

②次龙骨强度计算：

$M = q_1 1^2/8 = 1/8 \times 18.23 \times 0.9^2 = 1.85\text{kN} \cdot \text{m}$

$I = bh^3/12 = 1/12 \times 0.1 \times 0.1^3 = 8.33 \times 10^{-6}\text{m}^4$

$W = bh^2/6 = 1/6 \times 0.1 \times 0.1^2 = 1.67 \times 10^{-4}\text{m}^4$

$\delta = M/W = 1.85 \times 10^3/1.67 \times 10^{-4} = 11.07\text{MPa} < [\delta_w] = 14.5\text{MPa}$

故次龙骨强度满足要求。

③次龙骨刚度验算：

$f = 5q_2 1^4/384EI = 5 \times 13.68 \times 0.9^4 \times 10^3/(384 \times 11 \times 10^3 \times 8.33 \times 10^{-6} \times 10^6)$

$= 0.0013\text{m} < L/400 = 0.6/400 = 0.0023\text{m}$

故次龙骨刚度满足要求。

(2)主龙骨强度、刚度计算。

主龙骨在碗口支架顶托上，支架横桥向横杆距离最大为 90cm（图 8），即主龙骨跨度为 90cm。按简支梁考虑，另外为计算的简便，将作用在主龙骨上的荷载按均布荷载考

虑，则有

①主龙骨上线荷载：

计算强度时：$q_1 = P_1 \times 0.9 = 36.45 \times 0.9 = 32.81\text{kN/m}$

计算刚度时：$q_2 = P_2 \times 0.9 = 27.35 \times 0.9 = 24.62\text{kN/m}$

图 8

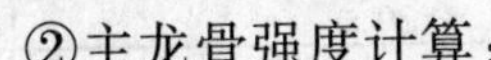

②主龙骨强度计算：

$M = q_1 l^2/8 = 1/8 \times 32.81 \times 0.9^2 = 3.32\text{kN} \cdot \text{m}$

$I = bh^3/12 = 1/12 \times 0.1 \times 0.15^3 = 2.8 \times 10^{-5}\text{m}^4$

$W = bh^2/6 = 1/6 \times 0.1 \times 0.15^2 = 3.75 \times 10^{-4}\text{m}^4$

$\delta = M/W = 3.32 \times 10^3/3.75 \times 10^{-4} = 8.86\text{MPa} < [\delta_w] = 14.5\text{MPa}$

故主龙骨强度满足要求。

③主龙骨刚度验算：

$f = 5q_2 l^4/384EI = 5 \times 24.62 \times 0.9^4 \times 10^3/(384 \times 11 \times 10^3 \times 2.8 \times 10^{-5} \times 10^6)$

$= 0.0007\text{m} < L/400 = 0.9/400 = 0.00225\text{m}$

故主龙骨刚度满足要求。

10.1.2.4 梁高1.947m梁肋部分底模板强度、刚度验算。

与梁高1.947m梁箱室底模板相似，梁高1.947m梁肋部分底模板面板刚度、强度，是符合要求的，可不进行验算。只对其下的次龙骨、主龙骨的强度、刚度进行验算。

荷载组合计算：

强度验算时：$P_1 = (1.2 \times ① + 1.2 \times ② + 1.4 \times ③ + 1.4 \times ④ + 1.4 \times ⑥) \times 1$

$= (1.2 \times 1.5 + 1.2 \times 50.62 + 1.4 \times 2.5 + 1.4 \times 2 + 1.4 \times 2) \times 1$

$= 71.64\text{kPa}$

刚度验算时：$P_2 = (1.2 \times ① + 1.2 \times ②) \times 1$

$= (1.2 \times 1.5 + 1.2 \times 50.62) \times 1$

$= 62.54\text{kPa}$

线荷载为：

计算强度时：$q_1 = P_1 \times 0.3 = 21.5\text{kN/m}$

计算刚度时：$q_2 = P_2 \times 0.3 = 18.76\text{kN/m}$

(1)次龙骨间距为30cm，其下主龙骨间距为90cm(图9)。验算时按简支梁考虑，则有

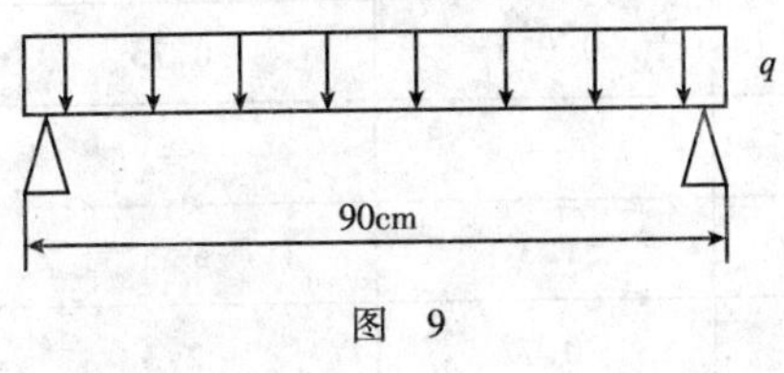

图 9

$M = q_1 l^2/8 = 1/8 \times 21.5 \times 0.9^2 = 2.18\text{kN} \cdot \text{m}$

$I = bh^3/12 = 1/12 \times 0.1 \times 0.1^3 = 8.33 \times 10^{-6}\text{m}^4$

$W = bh^2/6 = 1/6 \times 0.1 \times 0.1^2 = 1.67 \times 10^{-4}\text{m}^3$

$\delta = M/W = 2.18 \times 10^3/1.67 \times 10^{-4} = 13.05\text{MPa} < [\delta_w] = 14.5\text{MPa}$

故次龙骨强度满足要求。

次龙骨刚度验算：

$f = 5q_2 l^4/384EI = 5 \times 18.76 \times 0.9^4 \times 10^3/(384 \times 11 \times 10^3 \times 8.33 \times 10^{-6} \times 10^6)$

$= 0.0018\text{m} < L/400 = 0.9/400 = 0.0023\text{m}$

故次龙骨刚度满足要求。

(2)主龙骨强度、刚度计算。

主龙骨在碗口支架顶托上,支架横桥向肋板下横杆距离为30cm,即主龙骨跨度为30cm(图10)。按简支梁考虑,另外为计算的简便,将作用在主龙骨上的荷载按均布荷载考虑,则有

①主龙骨上线荷载:

计算强度时:$q_1 = P_1 \times 0.9 = 71.64 \times 0.9 = 64.48\text{kN/m}$

计算刚度时:$q_2 = P_2 \times 0.9 = 62.54 \times 0.9 = 56.29\text{kN/m}$

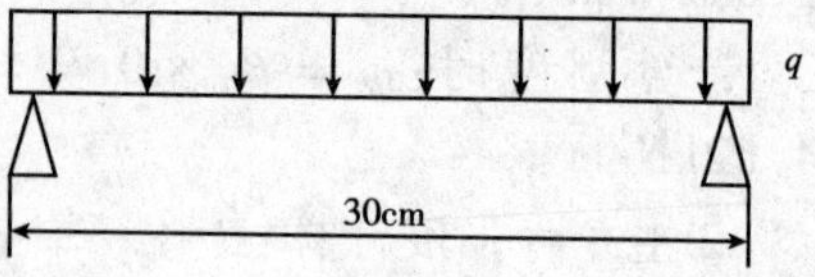

图 10

②主龙骨强度计算:

$M = q_1 l^2/8 = 1/8 \times 64.48 \times 0.3^2 = 0.725\text{kN}\cdot\text{m}$

$I = bh^3/12 = 1/12 \times 0.1 \times 0.15^3 = 2.8 \times 10^{-5}\text{m}^4$

$W = bh^2/6 = 1/6 \times 0.1 \times 0.15^2 = 3.75 \times 10^{-4}\text{m}^3$

$\delta = M/W = 0.725 \times 10^3/3.75 \times 10^{-4} = 1.9\text{MPa} < [\delta_w] = 14.5\text{MPa}$

故主龙骨强度满足要求。

③主龙骨刚度验算:

$f = 5q_2 l^4/384EI = 5 \times 56.29 \times 0.3^4 \times 10^3/(384 \times 11 \times 10^3 \times 2.8 \times 10^{-5} \times 10^6)$

$= 0.00002\text{m} < L/400 = 0.3/400 = 0.00075\text{m}$

故主龙骨刚度满足要求。

10.1.2.5 计算结果分析及结论。

将以上4个方面计算结果进行统计列于表6中。

计算结果统计 表6

项目名称		强度(MPa)		刚度(挠度)(mm)	
		计算值	允许值	计算值	允许值
2.7m箱梁箱室部分	面板	2.79	14.5	0.18	1.25
	次龙骨	7.21	14.5	0.4	1.5
	主龙骨	8.7	14.5	0.74	2.3
2.7m箱梁梁肋部分	面板	1.78	14.5	0.046	0.75
	次龙骨	7.68	14.5	0.47	1.5
	主龙骨	1.71	14.5	0.017	0.75
1.947m箱梁箱室部分	面板	—	—	—	—
	次龙骨	11.07	14.5	1.3	2.3
	主龙骨	8.86	14.5	0.7	2.3
1.947m箱梁梁肋部分	面板	—	—	—	—
	次龙骨	13.03	14.5	1.7	2.3
	主龙骨	1.9	14.5	0.02	0.75

由表6可见,按照最初拟定的箱梁底模板、主次龙骨的尺寸间距,满足模板的强度、刚度要求,在施工中应严格按照拟订方案实施。

10.1.3 箱梁侧模强度、刚度验算

荷载组合计算:

计算强度时:$P_1 = 1.2 \times ⑤ + 1.4 \times ④ + 1.4 \times ⑥$

$= 1.2 \times 27.91 + 1.4 \times 4 + 1.4 \times 2$

$= 41.89\text{kPa}$

计算刚度时:$P_2 = 1.2 \times ③ = 1.2 \times 27.91 = 33.49\text{kPa}$

(1)面板强度、刚度验算。

面板由10mm多层板加50mm大板构成,面板后为竖向方木做次龙骨,顺桥向间距70cm(图11),取1m宽面板为研究单元。

①面板线荷载:

计算强度时:$q_1 = P_1 \times 1 = 41.89\text{kN/m}$

计算刚度时:$q_2 = P_2 \times 1 = 33.49\text{kN/m}$

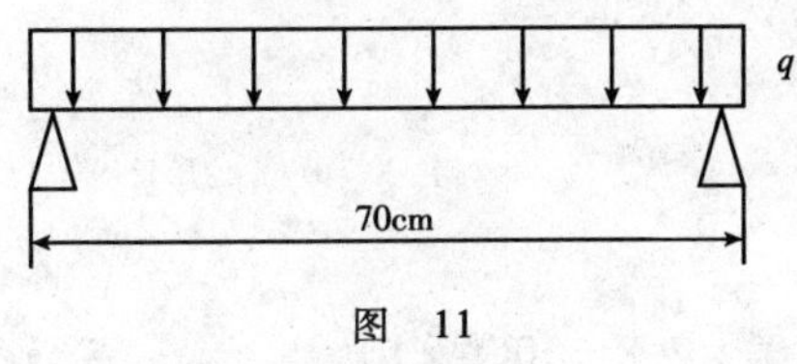

图 11

②强度验算:

$M = q_1 l^2/8 = 1/8 \times 41.89 \times 0.7^2 = 2.57\text{kN} \cdot \text{m}$

$I = bh^3/12 = 1.8 \times 10^{-5}\text{m}^4$

$W = bh^2/6 = 6 \times 10^{-4}\text{m}^3$

$\delta = M/W = 2.57 \times 10^3/6 \times 10^{-4} = 4.3\text{MPa} < [\delta_w] = 14.5\text{MPa}$

故强度满足要求。

③刚度验算:

$f = 5q_2 l^4/384EI = 5 \times 33.49 \times 10^3 \times 0.7^4/384 \times 11 \times 10^3 \times 1.8 \times 10^{-5} \times 10^6$

$= 0.0005\text{m} < L/400 = 0.002\text{m}$

故刚度满足要求。

(2)竖向方木强度、刚度验算。

拟定竖向方木为10cm×10cm小方木,方木的支撑点为斜撑,斜撑支点最大距离为1.05m,小方木跨度为1.05m(图12)。则有

①方木线荷载:

计算强度时:$q_1 = P_1 \times 0.7 = 41.89 \times 0.7 = 29.32\text{kN/m}$

计算刚度时:$q_2 = P_2 \times 0.7 = 33.49 \times 0.7 = 23.44\text{kN/m}$

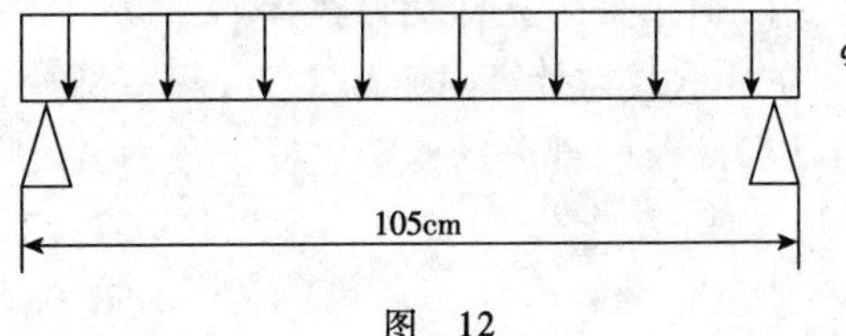

图 12

$M = q_1 l^2/8 = 1/8 \times 29.32 \times 1.05^2 = 4.04\text{kN} \cdot \text{m}$

$I = bh^3/12 = 8.33 \times 10^{-6}\text{m}^4$

$W = bh^2/6 = 1.67 \times 10^{-4}\text{m}^3$

$\delta = M/W = 4.04 \times 10^3/1.67 \times 10^{-4} = 24.19\text{MPa} > [\delta_w] = 14.5\text{MPa}$

故强度不满足要求,需要对侧模拟定的竖向次龙骨进行调整。

具体方案如下:

在梁高为1.947~2.7m,侧模次龙骨选用10cm×15cm大方木。在梁高为1.3~

1.947m，侧模次龙骨选用10cm×10cm小方木。次龙骨顺桥向间距均为70cm。

②强度验算：

梁高为1.947～2.7m，以梁高2.7m为计算标准：

$W=bh^2/6=3.75\times10^{-4}\text{m}^3$

$\delta=M/W=4.04\times10^3/3.75\times10^{-4}=10.77\text{MPa}<[\delta_w]=14.5\text{MPa}$

故强度满足要求。

梁高为1.3～1947m，以梁高1.947m为计算标准(图13)：

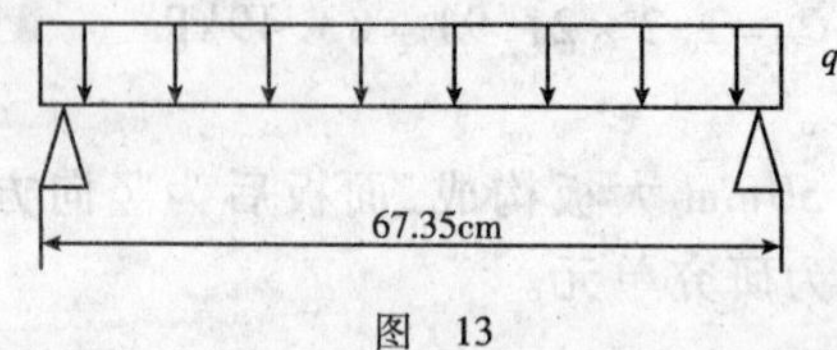

图 13

$M=q_1l^2/8=1/8\times29.32\times0.6735^2=1.66\text{kN}\cdot\text{m}$

$\delta=M/W=1.66\times10^3/1.67\times10^{-4}=9.95\text{MPa}<[\delta_w]=14.5\text{MPa}$

故强度满足要求。

③刚度验算：

梁高为1.947～2.7m，以梁高2.7m为计算标准：

$I=bh^3/12=2.8\times10^{-5}\text{m}^4$

$f=5q_2l^4/384EI=5\times23.44\times10^3\times1.05^4/384\times11\times10^3\times2.8\times10^{-5}\times10^6$

$=0.0012\text{m}<L/400=0.0026\text{m}$

故刚度满足要求。

梁高为1.3～1947m，以梁高1.947m为计算标准：

$f=5q_2l^4/384\text{EI}=5\times23.44\times10^3\times0.6735^4/384\times11\times10^3\times8.33\times10^{-6}\times10^6$

$=0.0007\text{m}<L/400=0.0017\text{m}$

故刚度满足要求。

从以上验算结果来看，梁高为1.947m～2.7m次龙骨选用10cm×15cm大方木；梁高为1.3～1.947m，次龙骨选用10cm×10cm小方木是满足要求，安全可靠的。

10.1.4 支架承载力、稳定性验算

(1)碗扣支架立杆受力验算。

立杆承载力计算对梁高2.7m箱室部分、梁高2.7m梁肋部分、梁高1.947m箱室部分、梁高1.947m梁肋部分的支架立杆承载力N_1、N_2、N_3、N_4、分别进行计算

$$N_1=32.12\times0.9=28.91\text{kN}$$

$$N_2=56.98\times0.3=17.09\text{kN}$$

$$N_3=32.81\times0.9=29.53\text{kN}$$

$$N_4=64.48\times0.3=19.34\text{kN}$$

可见碗扣支架立杆最大竖向受力为$N=29.53\text{kN}$。当立杆层距为120cm时，立杆的允许承载力为30kN，可见立杆的承载力满足要求。

(2)立杆稳定性验算。

碗扣支架立杆直径为45mm。

$N=29.53\text{kN}$　　$I=9.89\text{cm}^4$　　$A=4.56\text{cm}^2$

$r = \sqrt{I_m/A_m} = \sqrt{9.89/4.56} = 1.47\text{cm} = 0.0147\text{m}$

$\iota_0 = 1.2\text{m}$

$\lambda = \iota_0/r = 1.2/0.0147 = 81.63$　　所以 $\lambda > 80$

$\psi = 3000/\lambda^2 = 3000/81.63^2 = 0.450$

$\delta = N/\psi A = 29.53 \times 10^3/0.45 \times 4.56 \times 10^{-4} = 146\text{MPa} < [\xi_a] = 210\text{MPa}$

稳定性符合要求。

10.1.5　地基承载力计算

验算公式为

$$k\frac{N}{A_d} \leqslant f_k$$

式中：A_d——立杆基础的计算底面积，立杆下为混凝土：尺寸为17m×1.2m，混凝土与地基接触面积为按20.4m²；一截面上有立杆26根；

f_k——地基承载力标准值，按《建筑地基基础设计规范》(GB 5007—2002)确定，取值在200～250kPa；

K——调整系数，取值0.4775。

$$N = 29.53\text{kN}（见立杆承载力验算中）$$

$$k\frac{N}{A_d} = 0.4775 \times 29.53 \times 26/20.4 = 17.98\text{kPa}$$

取

$$f_k = 220\text{kPa}$$

$$17.98\text{kPa} < 220\text{kPa}$$

所以立杆地基承载力满足要求。

10.1.6　支架变形及沉降

(1)非弹性变形：根据桥涵施工技术规范。

①面板与小方木变形：3mm；

②小方木与大方木：3mm；

③大方木与顶托：2mm；

④基础沉降：6mm。

(2)弹性变形：支架高度5.8m。

$\Delta l = \delta L/E = 29.53 \times 10^3 \times 5.8/4.56 \times 10^{-4} \times 2.1 \times 10^5 \times 10^6$

$= 0.0018\text{m} = 0.18\text{mm}$

故支架变形及沉降量合计：3+3+2+6+0.18=14.18mm(取15mm)。

碗扣支架体系搭设时应考虑15mm的支架、模板变形和沉降，以保证箱梁底面高程满足设计要求。

10.2　箱梁模架附图

(1)附图1为箱梁支架基础处理图；

(2)附图2为箱梁支架平纵断面图；

(3)附图3为箱梁支架横断面图(一)；

(4)附图4为箱梁支架横断面图(二)；

(5)附图5为箱梁翼板模架图(一)；

(6)附图6为箱梁翼板模架图(二)。

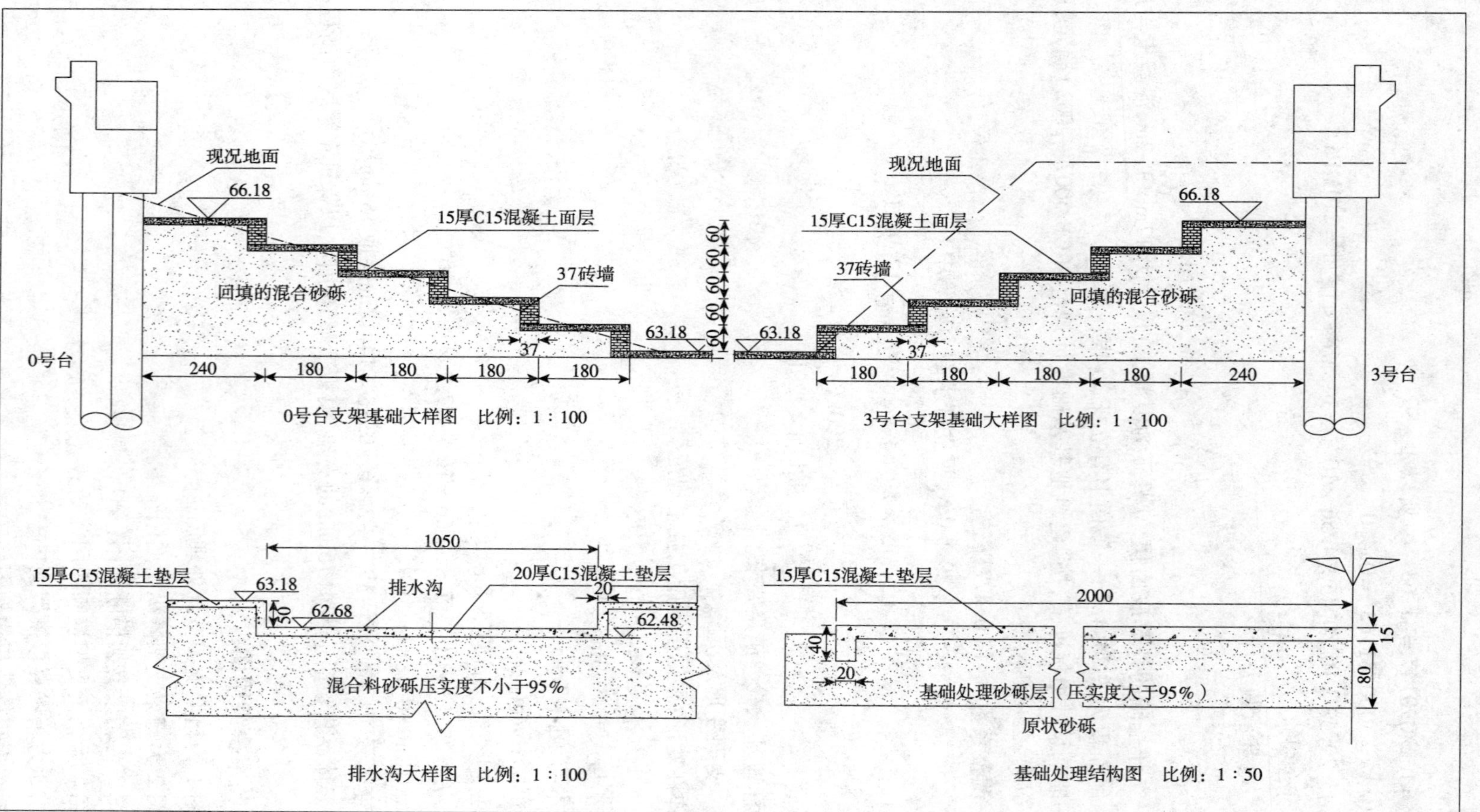

附图1　箱梁支架基础处理图（尺寸单位：cm，高程单位：m）

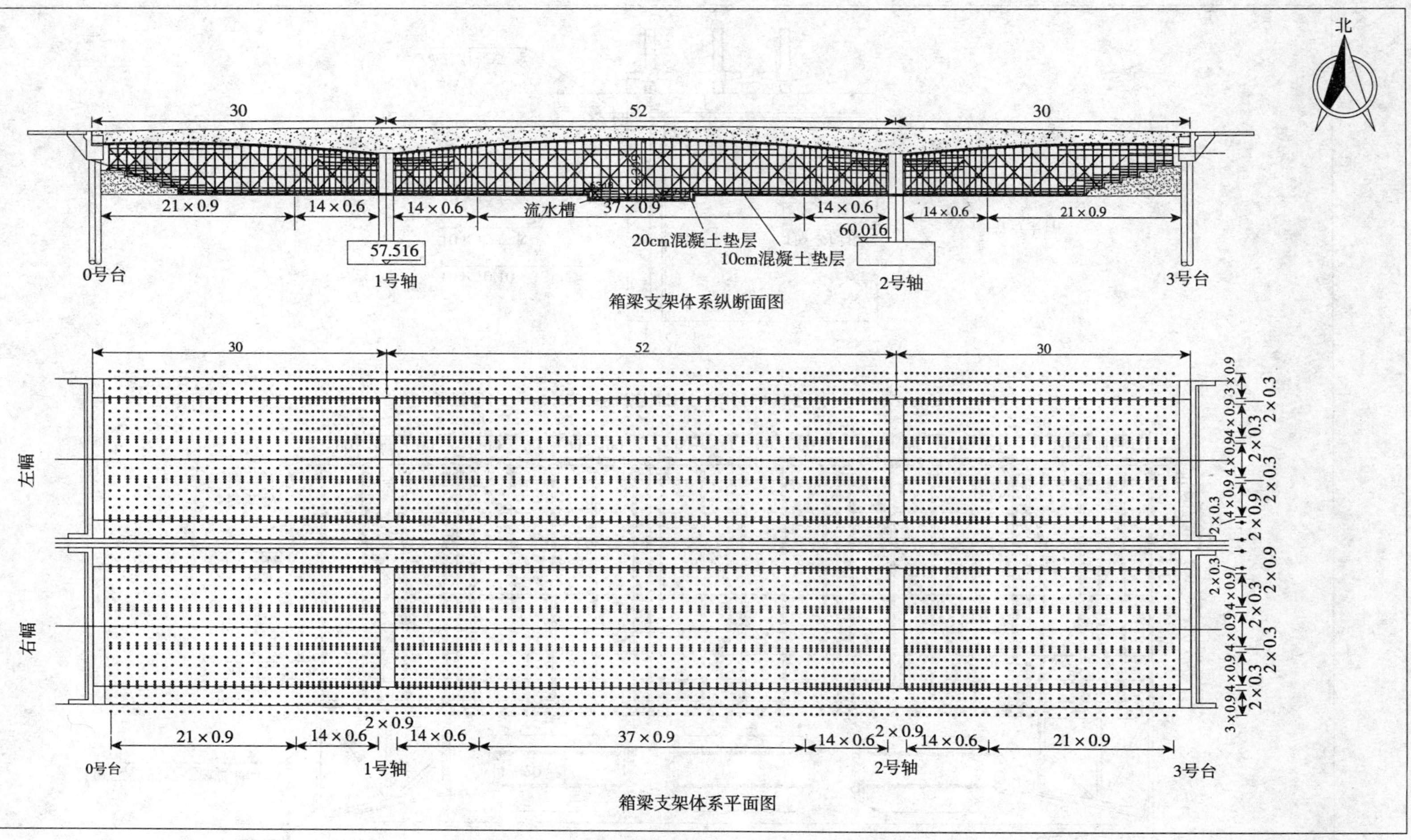

附图2　箱梁支架平纵断面图（尺寸单位：m，高程单位：m）

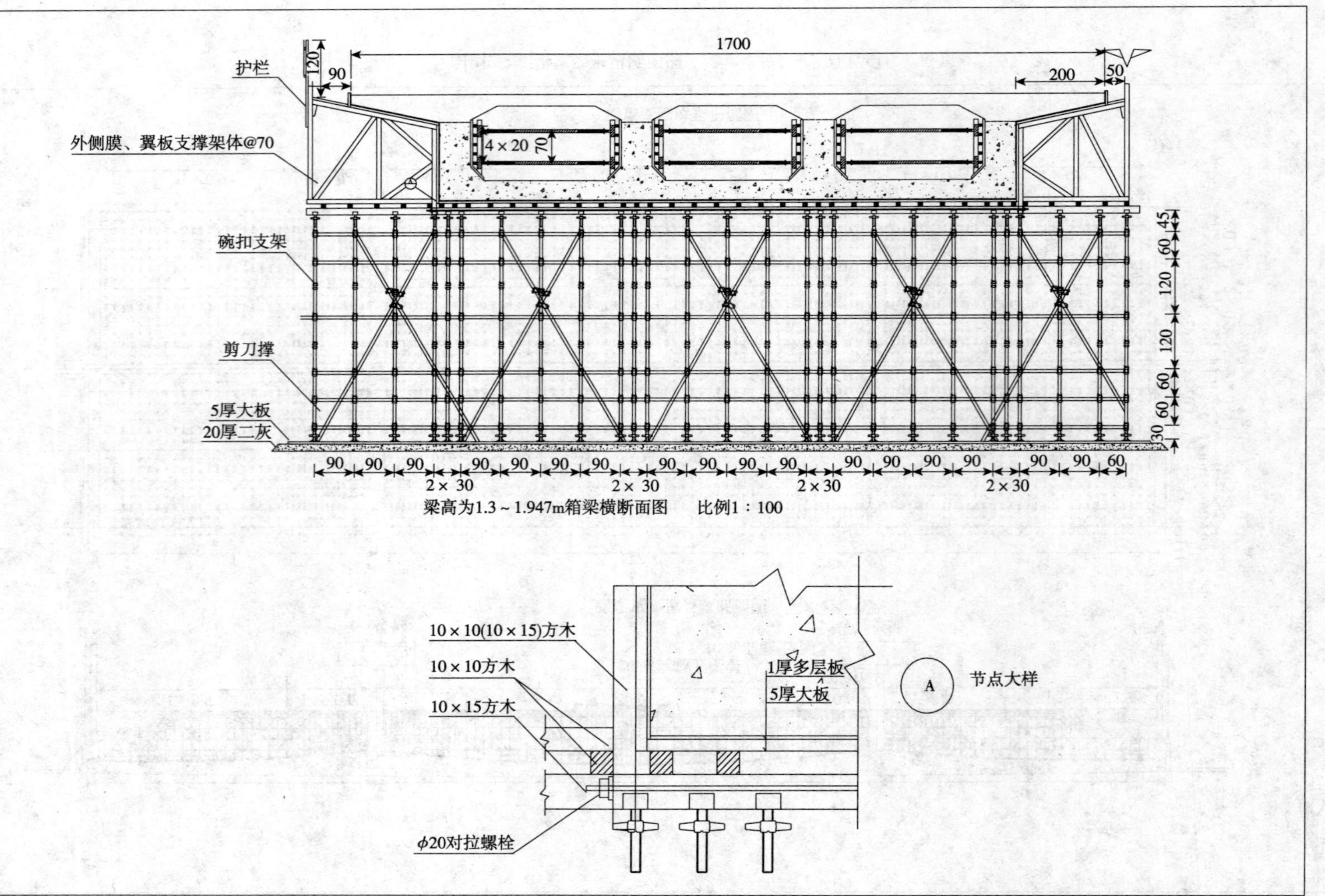

附图3　箱梁支架横断面图一（尺寸单位：cm）

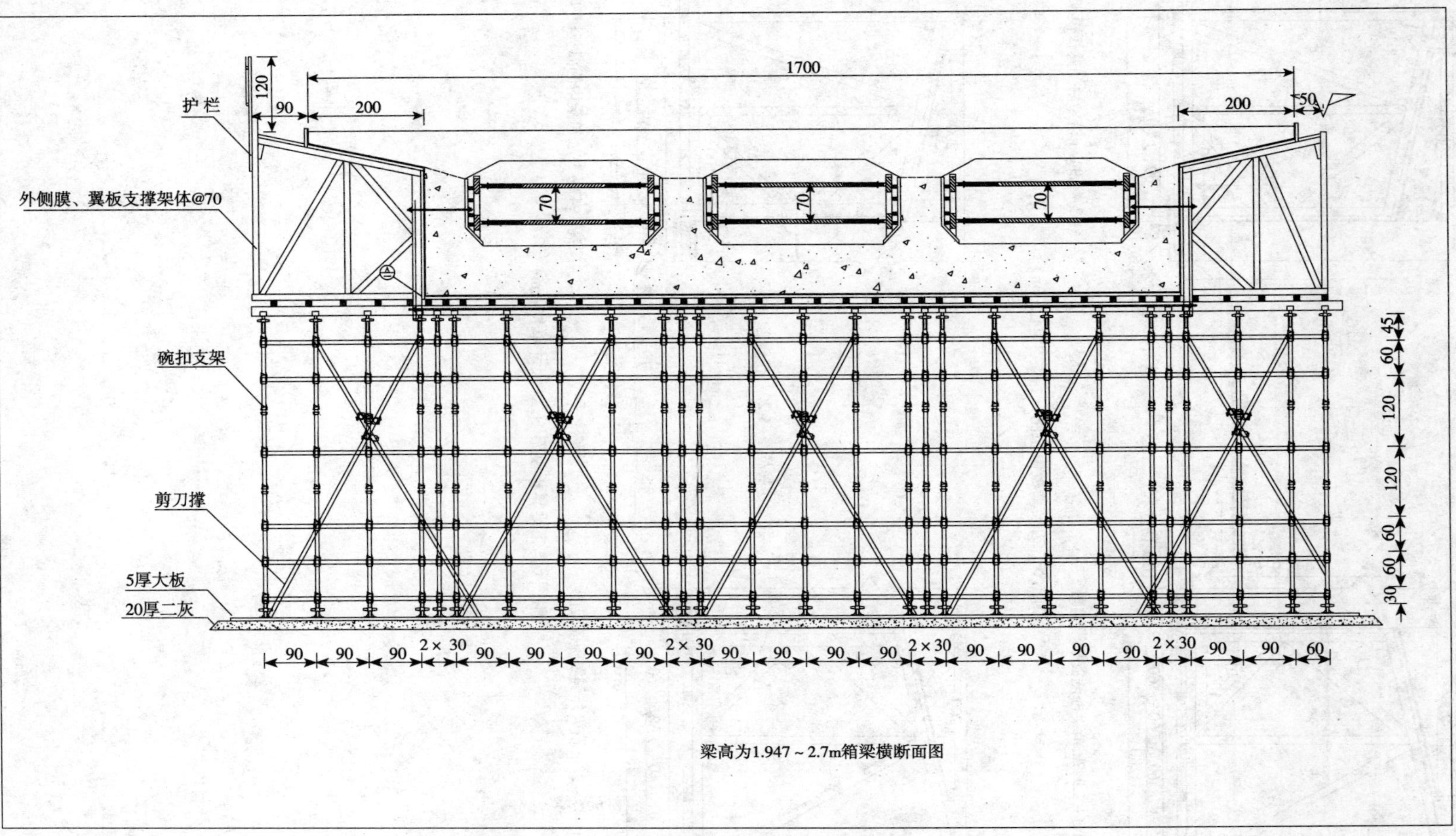

附图4 箱梁支架横断面图二（尺寸单位：cm）

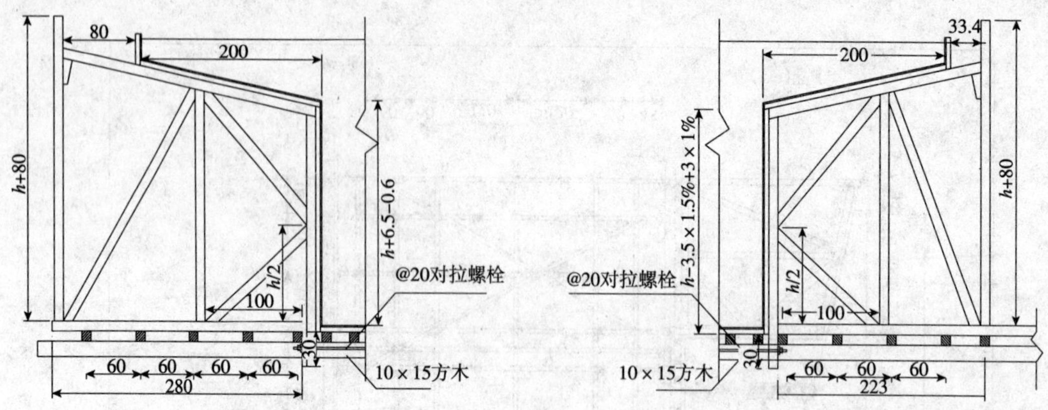

梁高1.3～1.947m箱梁外侧翼板模架图

梁高1.3～1.947m箱梁内侧翼板模架图

附图5　箱梁翼板模架图一（尺寸单位：cm）

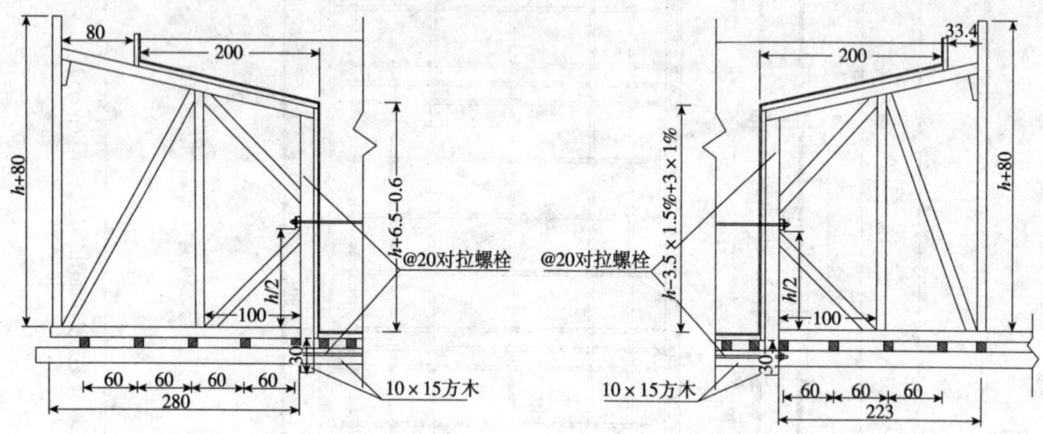

梁高1.947～2.7m箱梁外侧翼板模架图

梁高1.947～2.7m箱梁内侧翼板模架图

附图6　箱梁翼板模架图二（尺寸单位：cm）

§11 现浇拱圈模架施工方案

1 编制依据

1.1 《××工程施工组织设计》

1.2 《××工程施工图设计》

1.3 《建筑施工碗扣件式钢管脚手架安全技术规范》(JGJ 166—2008)

1.4 《建筑工程大模板技术规范》(JGJ 74—2003)

1.5 《建筑施工安全检查标准》(JGJ 59—2011)

1.6 《公路桥涵施工技术规范》(JTG/T F50—2011)

1.7 《路桥施工计算手册》

2 工程概况

本工程上跨河道,上部结构形式为上承式钢筋混凝土板拱,全长553m,总计为11跨(2×70m+2×60m+2×50m+2×40m+3×35m),分左右两幅,单幅宽度为21.25m。

其中跨径35m拱圈为90cm厚混凝土实体板型断面,其余拱圈为箱形断面,40m、50m、60m、70m跨径箱形断面厚度分别为1.2m、1.4m、1.6m和1.8m,顶、底板厚度均为22cm。

桥梁立面图,如图1所示。

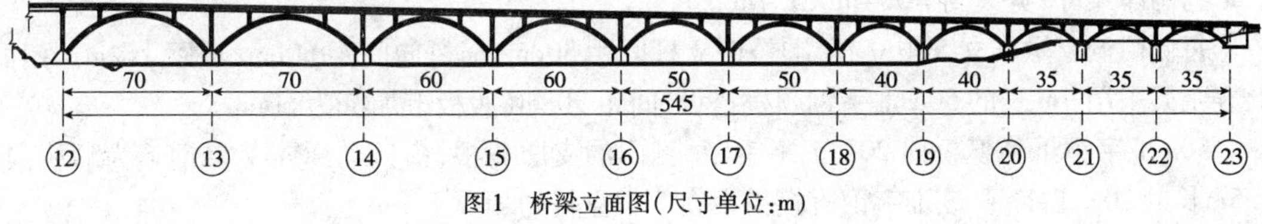

图1 桥梁立面图(尺寸单位:m)

3 模架体系选择

支撑体系有两种选择方案。一种是采用钢管柱为立柱,贝雷梁作过梁,再铺设钢板和拱圈模板体系;另一种是采用满堂红碗扣支架。第一种方案优点是能有效防止汛期河道泄洪对拱圈施工的影响,缺点是钢材用量大、造价高,而且支撑体系施工期长。第二种方案优点是造价低,支撑体系施工周期短,缺点是汛期河道行洪时支架大部分会被水淹没,可能影响拱圈施工。

经现场实际调查,河道常年干涸。河道部门在河上修建了多个橡胶坝,作为局部储水之用。但了解到在汛期施工间,桥梁上游橡胶坝也不大量泄水。

根据这种情况和特点,本桥梁拱圈支撑体系选用满堂红碗扣支架。同时考虑雨期施工,为满足河道中小洪水的行洪要求,跨径70m的拱圈支架采用钢管柱+贝雷梁支撑体系。

4 模架设计

4.1 基础处理

由于河道内的现况地面起伏较大,地质不一样,分别进行处理,如下:

4.1.1 对12~14号轴70m跨径的泄洪通道范围内,钢管立柱基础为宽3.4m、高0.8m条基,C30混凝土并预埋法兰,基础顶面在现况地面齐平。

4.1.2 对 14 ~ 20 号轴主河道及 21 ~ 23 号河滩范围内，基础底为天然砂砾，天然砂砾 80cm 范围内压实度保证在 95% 以上，在天然砂砾顶面浇筑 10cm 厚 C15 混凝土作为垫层。

4.1.3 对 20 ~ 21 号河道底高程突变部分，采用挖掘台阶和现浇钢筋混凝土台阶的形式。台阶宽 30cm、高 2.5m，浇筑 C30 混凝土；台阶顶面浇筑 15cm 厚 C15 混凝土作为垫层，顶面和侧墙用钢筋连接。每步台阶应用夯实机械进行夯实。

4.1.4 另外由于在 14、15 号轴之间及 17、18 号轴之间设立门洞，门洞基础为宽 1.8m、高 0.6m 条基，C25 混凝土，基础顶面比现况地面高 0.5m。

以上方式设置的基础处理结构均要求比支架搭设平面宽度宽出 1m。

4.2 支撑体系设计

4.2.1 标准段（15 ~ 17 号轴、18 ~ 23 号轴，跨径为 60m、50m、40m、35m）

采用顺桥向立杆间距 60cm，横桥向间距 90cm（腹板下加密为 60cm），步距 1.2m。

4.2.2 泄洪通道（12 ~ 14 号轴，跨径为 70m）

条形基础上横桥向每排 10 根 $\phi630 \times 10$mm@ 2.5m 钢管柱，两排为一组。每跨泄洪通道里有 4 组钢管柱，顺桥向长 39m。钢管柱上横桥向码放双拼 40a 工字钢，工字钢上接贝雷梁，贝雷梁横桥向间距 90cm（腹板下加密为 60cm）。

贝雷梁上铺 5cm 厚大板，其上再起碗扣支架，顺桥向立杆间距 60cm，横桥向间距 90cm（腹板下加密为 60cm），步距 1.2m。

4.2.3 门洞处（14、15 号轴及 17、18 号轴，跨径为 60m、50m）

门洞净尺寸：宽 × 高 = 5.4m × 5.4m。

每侧门洞支墩支立 5 根立杆，顺桥向立杆间距 30cm，横桥向间距 60cm，步距 1.2m。门洞上方主梁采用 9m 长的 50a 工字钢顺桥搭设，间距 90cm（腹板下加密为 60cm）。

50a 工字钢下为横桥向 20a 工字钢，每侧门洞支墩 2 根；横桥向 20a 工字钢下为顺桥向、1.5m长的 20a 工字钢，该工字钢直接搭设在 5 根立杆的顶撑上。

50a 工字钢上直接搭设碗扣支架，碗扣支架底托下铺设 5cm 大板，纵桥向立杆间距 60cm、横桥向立杆间距 60cm，步距 1.2m 搭设。

4.3 模板体系设计

4.3.1 底模：面板为 15mm 多层板。次龙骨为 10cm × 10cm 方木，横桥向布置，间距为 20cm。主龙骨为 $2\phi48 \times 3.2$mm 微弯弧形钢管，2 道钢管分别紧靠顶托在两侧对称布置，中心间距为 60cm 和 90cm 两种形式。其分布方式与碗扣支架立杆横桥向步距一致。

4.3.2 侧模：侧模面板由 15mm 多层板加 50mm 大板构成，主龙骨为 10cm × 10cm 方木，竖向放置，间距为 0.5m。

4.3.3 内模：面板为 15mm 多层板。5cm × 10cm 方木做次龙骨，横桥方向，间距为 30cm。主龙骨为 $2\phi48 \times 3.2$mm 微弯弧形钢管，间距为 70cm。内模支撑采用钢管加顶丝横向支顶加固。

4.4 拱圈设计情况（表 1）

拱圈设计表 表 1

序号	轴号	现况地面高程（m）	跨径（m）	拱圈形式	拱圈尺寸（宽 × 高）	支架最大高度（m）	备注
1	12 ~ 13	58.93/54.34	70	单箱 5 室	18m × 1.8m	18	
2	13 ~ 14	54.34	70	单箱 4 室	16m × 1.8m	18.5	

续上表

序号	轴号	现况地面高程(m)	跨径(m)	拱圈形式	拱圈尺寸(宽×高)	支架最大高度(m)	备注
3	14~15	54.3	60	单箱4室	16m×1.6m	19.2	
4	15~16	54.46	60	单箱4室	16m×1.6m	18.15	
5	16~17	54.99	50	单箱4室	16m×1.4m	16.9	
6	17~18	54.55	50	单箱4室	16m×1.4m	16.57	
7	18~19	55.04	40	单箱4室	16m×1.2m	15.35	
8	19~20	55.68	40	单箱4室	16m×1.2m	13.99	
9	20~21	55.68/65.58	35	实体板	16m×0.9m	13.64	
10	21~22	65.58	35	实体板	16m×0.9m	3.74	
11	22~23	65.83	35	实体板	16m×0.9m	3.28	

4.5 桥梁支架体系设计图(图2~图8)

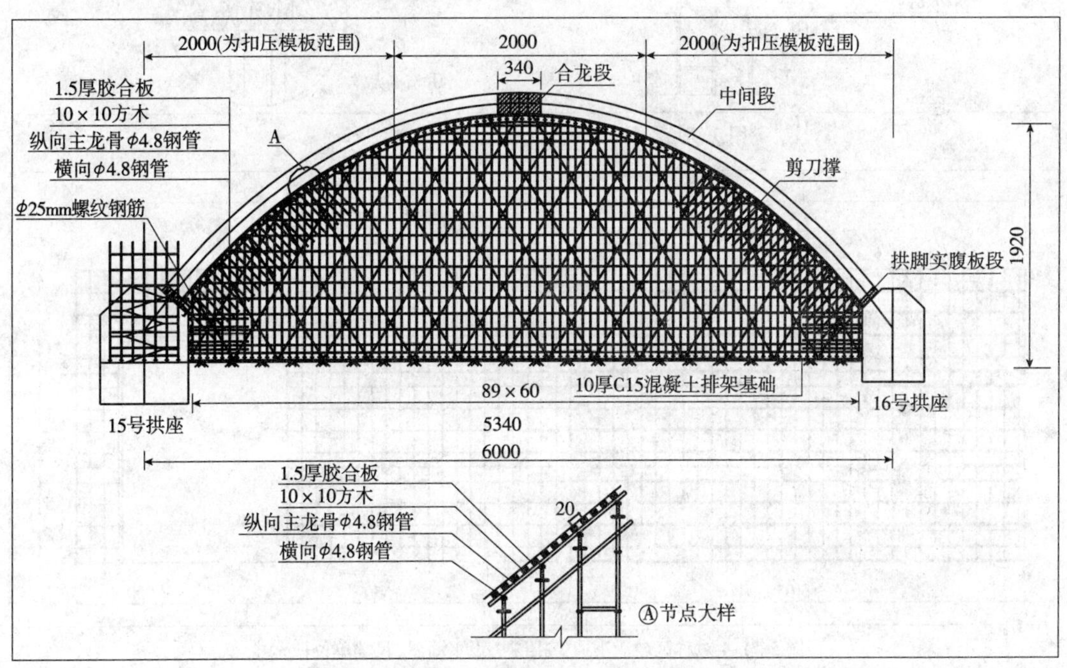

图2 标准段拱圈支架搭设纵断图(尺寸单位:cm)

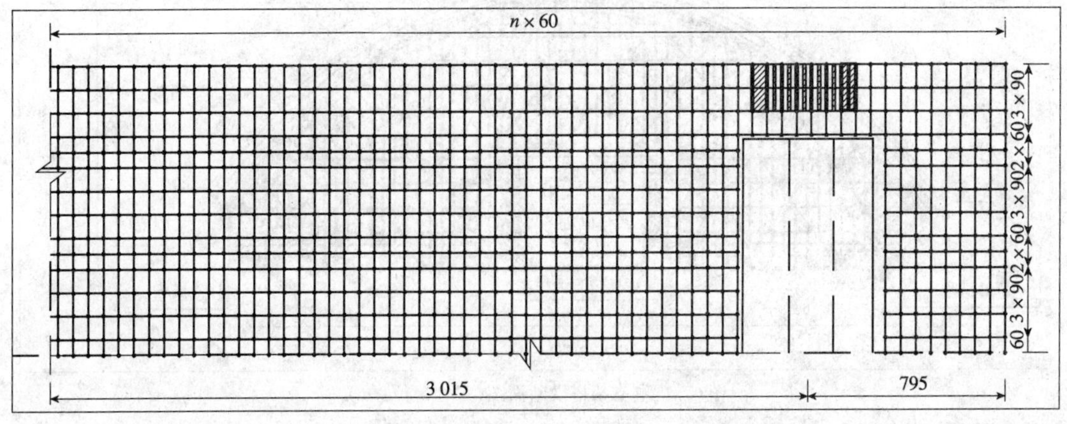

图3 标准段1/4拱圈支架搭设平面图(尺寸单位:cm)

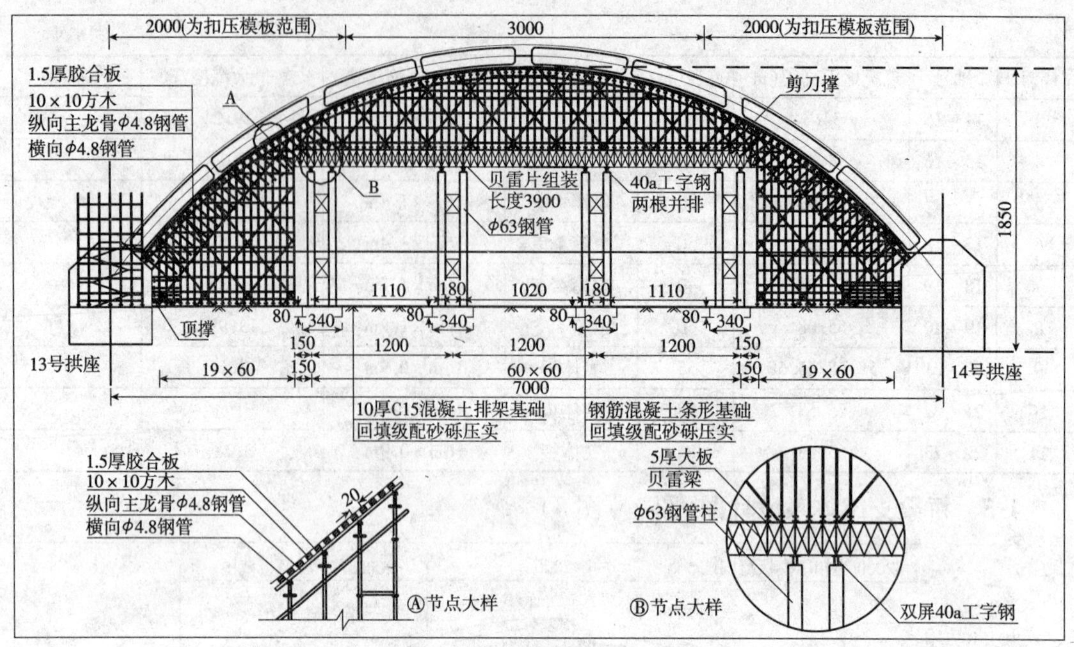

图4　泄洪通道拱圈搭设断面图(尺寸单位:cm)

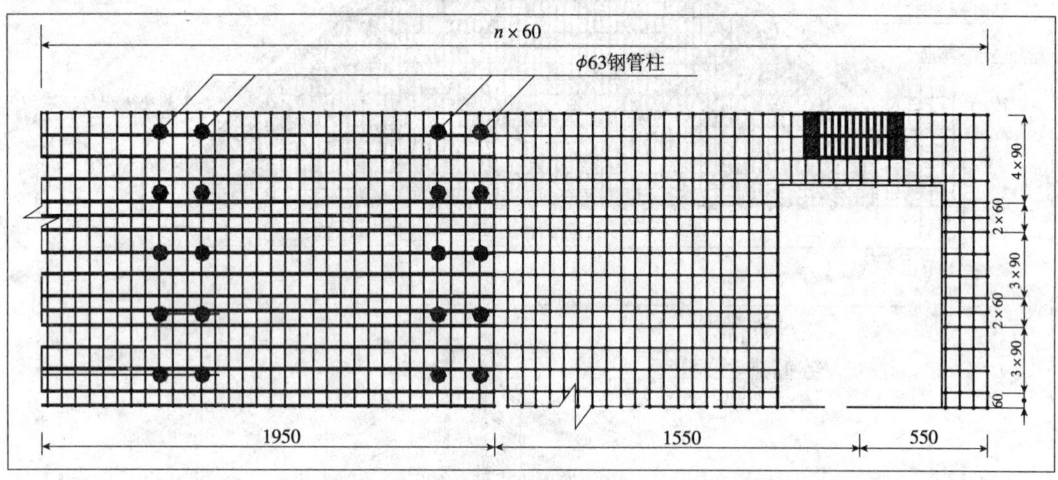

图5　1/4对称区域泄洪通道拱圈搭设平面图(尺寸单位:cm)

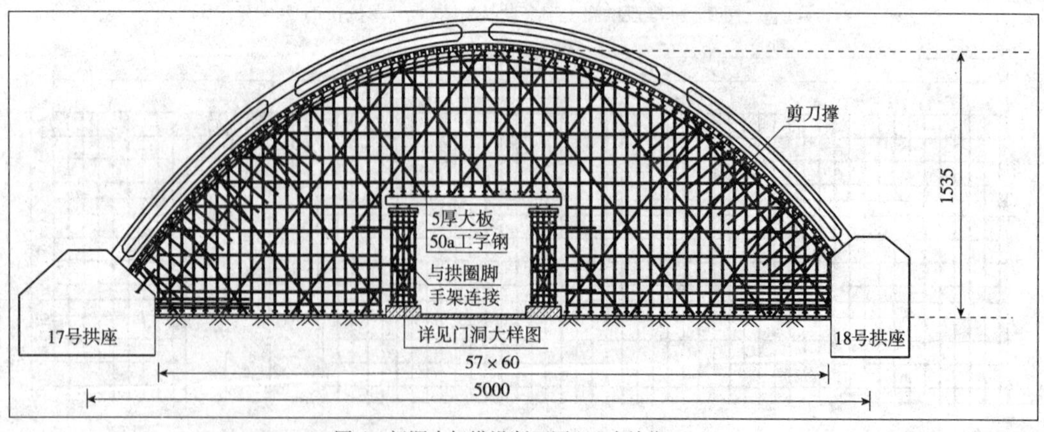

图6　门洞支架搭设断面图(尺寸单位:cm)

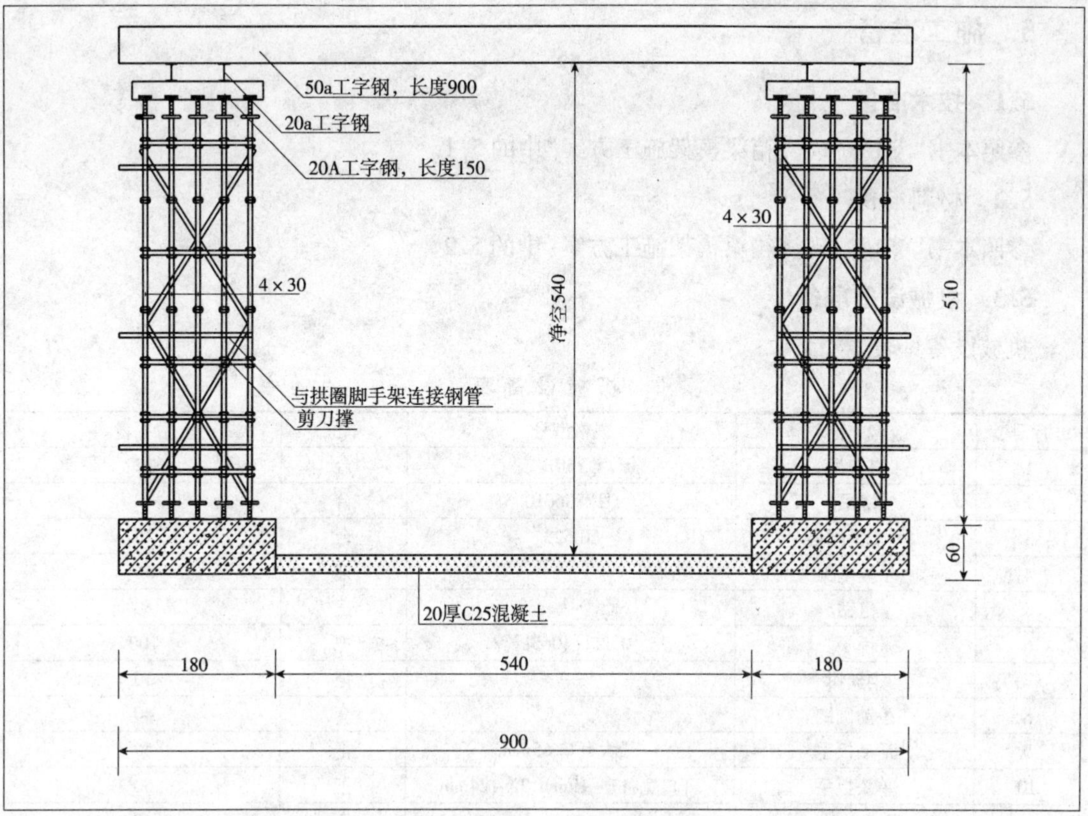

50a工字钢，长度900
20a工字钢
20A工字钢，长度150
4×30
净空540
510
60
与拱圈脚手架连接钢管
剪刀撑
20厚C25混凝土
180
540
180
900

图7　门洞大样图(尺寸单位:cm)

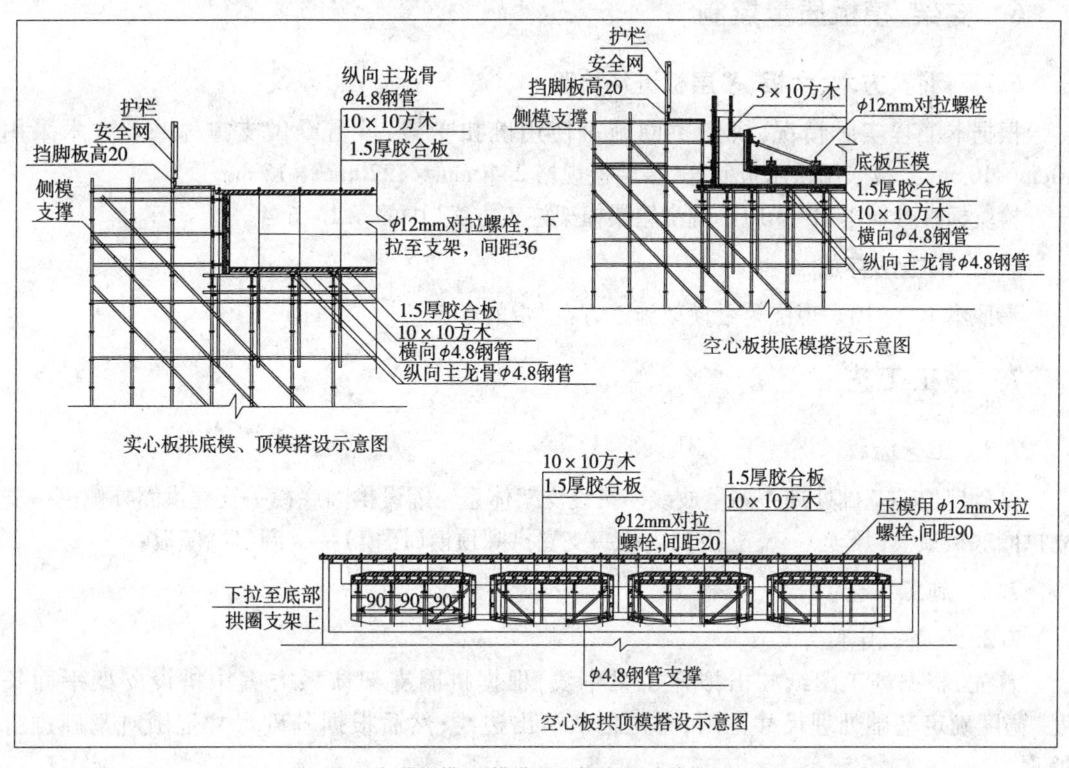

图8　板拱底模、顶模搭设示意图(尺寸单位:cm)

5 施工准备

5.1 技术准备

参照本书“§10 现浇箱梁模架施工方案”中的5.1。

5.2 材料准备

参照本书“§10 现浇箱梁模架施工方案”中的5.2。

5.3 机械设备准备

机械设备见表2。

机械设备表 表2

序号	名称	规格型号	单位	数量
1	汽车吊	QY50B	台	12
2	塔吊	QTZ806010	台	4
3	木工平刨机	MB523	台	20
4	手提电锯	—	把	50
5	电钻	—	把	50
6	锤子	0.25kg、0.5kg	把	100
7	钢丝钳	—	把	50
8	手动倒链	—	套	40
9	活动扳手	最大开口65mm	把	50
10	单头扳手	开口宽:17~19mm、22~24mm	把	50
11	墨斗、线坠	—	套	40

6 支架、模板质量控制

6.1 钢管、方木、大板、多层板进场检验

根据本工程实际情况,桥梁拱圈施工使用碗扣支架、贝雷梁做支撑体系。方木采用10cm×10cm,大板采用松木板制作,多层板规格2440mm×1220mm×15mm。

检验标准参照本书“§10 现浇箱梁模架施工方案”中的6.1~6.4。

6.2 模板的存放

参照本书“§10 现浇箱梁模架施工方案”中的6.5。

7 施工工艺

7.1 工艺流程

基础定位→基础处理→测量放线→搭设支架体系→铺设拱圈底模→支立拱圈外侧模→支立拱圈底板顶模(压模)→支立拱圈内模→支立拱圈顶模(压模)→拱圈封端模板

7.2 施工工艺

7.2.1 基础定位

首先,根据施工图纸放出拟建桥梁中线,根据拱圈支架体系方案中搭设支架平面长度、宽度确定基础处理尺寸范围,并用白灰洒出边线;然后根据基础尺寸范围对基础进行处理。

7.2.2 基础处理

基础定位后,开始对基础进行处理。基础处理之前根据支架高度和拱圈底高程确定基础处理的高程,基础处理采用分层铺筑碾压天然砂砾,再浇筑混凝土。

处理时,先铺筑天然砂砾并用振动压路机进行压实,填至距离高程10cm处止。然后浇筑10cm厚C15混凝土作面层,混凝土面层宽度比支架宽出1m,基础迎水面20cm宽度内,混凝土面层厚度为40cm,以阻止河水对砂砾基础的冲积。本桥梁工程上部结构施工要经历雨季,为疏导中小洪水行洪,决定在非泄洪通道(14~20号轴)的迎水面施工红线处进行围堰,将雨季的水流导进泄洪通道内内,围堰高度2.5m,顶宽10m。

对20、21号河道底高程突变部分,采用挖掘台阶和现浇钢筋混凝土台阶的形式。台阶立墙宽30cm,墙高2.5m,浇筑C30混凝土;台阶顶面浇筑15cm厚C15混凝土作为垫层,顶面和侧墙用钢筋连接。每步台阶应用夯实机械进行夯实。

7.2.3 测量放线

根据施工图及相关导线点放出桥梁中心线、跨中线、左右幅桥梁中心线及边线。

7.2.4 搭设支架体系

7.2.4.1 标准段

(1)在基础处理完成后,由测量人员放出箱梁中线,以控制排架的支撑中线和几何尺寸。

箱梁支架立杆顺桥纵向间距60cm,横桥向空心箱体下间距90cm,腹板处间距60cm,两侧翼板下间距90cm;横杆顶、底两层步距60cm,中部步距120cm,且每根立杆至少有2层横杆连接。可调底座、顶托的调节高度控制在30cm以内,当伸出长度超过30cm时采取加装ϕ48钢管横向固定,顶托、底托的螺旋丝杆插入立柱的长度不得小于丝杆全长的1/3,以确保架子顶自由端的稳定。按排架基础处理面与梁底的高差,采用LG-300、LG-240、LG-180、LG-150、LG-120、LG-90等规格的杆件进行组合安装。

(2)满堂红支架四边和中间每隔5排立杆,设置一道纵向剪刀撑,由底至顶连续设置。支架的纵向每隔5排立杆设通长剪刀撑1道,横向每隔4跨设1道剪刀撑。每道剪刀撑跨越立杆不得小于4跨,且不得小于6m。斜杆与地面的夹角在45°~60°。剪刀撑与碗扣支架立杆、水平杆相交处,转扣设置数量按大于85%控制。水平剪刀撑每隔4.8m设置1层。

(3)纵向扫地杆采用直角扣件固定在距底座下皮20cm处的立杆上,横向扫地杆则用直角扣件固定在紧靠纵向扫地杆下方的立杆上。

(4)排架设置作业平台和马道,拱圈外侧作业平台宽度为1.8m,马道宽度为0.9m,作业平台与马道临边必须设两道防护栏杆和挡脚板,四周加设安全护栏网,马道架设按1:3坡度搭设。防护栏上杆高度为1.2m,下杆为70cm,挡脚板高度不得小于18cm。脚手板应铺满固定,马道每隔30cm安设1道防滑条,防滑条厚度20~30mm。

(5)立杆竖直,横杆水平,并加设十字盖。组架要控制纵横向直顺度和垂直度,以免影响整体稳定性。

(6)支架基础排水通畅,两侧设排水沟,排架支搭完成后应由技术、安全部门进行联合验收,并报监理验收合格后方可投入使用。

7.2.4.2 门洞

门洞碗扣架:横桥向、顺桥向、高分别为60cm、30cm、120cm。门洞上方用50a工字钢,长9m,顺桥向布置,横桥向间距0.9m(腹板下0.6m)。50a工字钢工字上方,立双排12a工字钢,横桥向布置,间距0.6m,其上接碗扣架底托。50a工字钢下方,采用横桥向20a工字钢,其下接顺桥向 20a 工字钢。

7.2.4.3 泄洪通道处

(1)钢管柱安设:每排钢管柱由 10 根 ϕ630mm@2.6m、壁厚 10mm 的钢管组成,两排为一组,每排间距 2.6m。钢管柱与基础间采用法兰盘进行连接,施工时应注意连接螺母及钢板间焊接。焊接前要对钢管柱的垂直度进行检查和控制,最常用的方法是吊垂球法,也可以采用仪器进行现场观测指导安装。在钢管柱安装前后要认真核对基础面及每根钢管柱拼接后的长度,控制柱顶面高程相同。两根钢管柱之间分别采用[20 槽钢作为横联,加强钢管柱的稳定性。在横联间设剪刀撑槽钢连接。槽钢与钢管柱进行焊接,焊缝要饱满。连接槽钢在下料时要根据每两根柱间的实量尺寸进行下料,按不同部位进行编号,以防出现连接槽钢长度不足及与连接钢板间的搭接焊长度过短现象。剪刀撑应按 45°角设置。为确保与钢管桩间密贴较好,连接槽钢端头按角度切割成斜面。

(2)横向 50a 工字钢施工:在每排钢管柱顶部设双拼 50a 工字钢作枕梁,两根工字钢沿拼接缝进行焊接。为了以后便于拆除,工字钢间焊接采用间隔焊,端头部位可采用外加连接钢板焊接。在吊放横梁前应对钢管柱顶高程及顶口情况进行复查,如钢管柱顶部为开口的要设加强钢板。施工时采用两点起吊法将工字钢横梁吊放在钢管柱顶部,安放时要确保工字钢中心与柱纵、横向中心对应,位置准确后在柱顶面工字钢两侧沿横向焊接 ϕ25mm 短钢筋将工字钢卡死,防止工字钢移位。在柱顶与工字钢底面必须密贴,对于因柱顶高程存在误差不平可采用钢板进行支垫。

(3)贝雷梁安设:在横向工字钢顶面架设贝雷梁作为纵向主梁,贝雷梁先提前进行拼装,每 2 片贝雷梁用支撑架连成整体为一组,分段吊装后进行对接。贝雷梁连接时的贝雷销必须打紧,每个销子上均上卡扣,支撑架螺栓必须拧紧。相邻两组贝雷梁间采用[10 槽钢连接,沿上下弦杆各设一道采用螺栓与贝雷片连接,设置间距为 6m 一道。

每组贝雷梁安设时应在工字钢顶部标出每组的定位线,按间距进行排列,对安设完的贝雷梁为防止其移位,在最外两侧的贝雷梁与横向工字钢接触处在工字钢顶面焊接短钢筋,贝雷梁处中间部位的工字钢焊接竖向限位钢筋,设置两道。贝雷梁拼接后与工字钢接触面有空隙,采用下垫钢板。钢板垫放的长度沿纵向为双拼工字钢的宽度,钢板宽度应不小于每片贝雷弦杆的宽度,施工时应保证支垫密实。

(4)贝雷梁节点处理:贝雷片是由桁架、桁架连接销及保险销、加强弦杆、弦杆螺栓、桁架螺栓等构件组成。每片标准贝雷片长为 3.0m,高为 1.4m。桁架弦杆是由两根[10 槽钢(背对背)组合而成,桁架竖杆均用 I8 工字钢制成,桁架构件的材料均为 16Mn 钢。

(5)贝雷梁上的碗扣支架施工:贝雷梁顶部采用外径 48mm、壁厚 3.2mm 碗扣式满堂式支架。碗扣式钢管支架搭设时,必须严格控制掌握可调底托和顶托的可调范围,顶托伸出量一般控制在 30cm 以内为宜,防止因“过调”导致底、顶托失稳。因本桥所用支架材料均为租赁,减少损坏赔偿故采用方木进行支撑。现浇拱圈底都为曲线布置,碗扣支架搭设时按高度合理组合,施工时出现顶托外露长度超过 30cm 时,采用最短配节碗扣架也无法调整,此类杆件搭设时避免不了,因采用碗扣支架底部要位于同一水平面上,顶部必然会出现超标的杆件。如通过下托来调整,无法保证立杆间用横杆进行纵向连接,采用普通钢管连接工作量大整体效果不理想。为了保证顶托立杆伸出量不超标本桥施工时采用增加一层横向方木,对顶托伸出部位采用通长钢管及扣件横纵向连接,确保顶托稳固不摆动。施工中还应严格控制立杆的垂直度、剪力撑的间距和数量,保证钢管及支架的稳定性。

7.2.5 铺设拱圈底模

7.2.5.1 箱梁底模顶托上横桥向铺设10cm×10cm方木，纵桥向铺设ϕ48mm的微弯钢管，间距中到中90cm(腹板下的加密区间距中到中60cm)，10cm×10cm方木上面铺设15mm厚酚醛覆面胶合板，作为底模。采用吊车先安中间底模，中间模板定位后，再安装两侧的模板。

7.2.5.2 方木表面进行刨平处理，按布置尺寸弹线，铺钉15mm厚的酚醛覆膜胶合板。接缝处用腻子填实压平，胶合板要求尺寸必须一致，表面光洁、平整、无划痕、无破损、无变形。

7.2.5.3 为保证混凝土外观质量，尽量减少模板接缝。酚醛覆膜胶合板应顺桥向平行铺设，在箱梁曲线段的大模板拼装将胶合板整体转角布置，切除楔形重合部分，避免出现楔形补模。夹角处的拼模应用整块模板切割成型，不得拼凑。

7.2.5.4 提高模板加工质量，确保模板的刚度和稳定性。接头密封不漏浆，表面平整度控制在允许范围内，对垫石的坡度和方向必须严加控制，几何尺寸需满足设计要求。

7.2.5.5 在拱轴线与水平面倾角较大区段，设置顶面盖板，以防混凝土流失。模板顶面高程误差不应大于计算跨径的1/1000，且不应超过30mm。

7.2.6 支立拱圈外侧模

钢筋绑扎完成后，开始支立侧模。侧模结构由3部分组成，自外向内依次为:竖向加强肋、横向方木、高质量防水胶合板(1.5cm厚)。拼装完成后，在每个竖向加强肋底部穿一道对拉螺栓。

箱梁侧模包括腹板侧板和外侧悬臂板。主楞采用15cm×15cm方木，次楞采用10cm×10cm方木，间距中到中20cm。沿桥梁横向(模板长边方向)，次楞上面铺设15mm厚酚醛覆面胶合板。箱梁腹板侧板和外侧悬臂板必须为整块模板，不得采用碎模板拼装。横向顶杆按照排架纵向步距布置，顶杆须与排架立杆锁死、保证吃力，锁点不少于3个。

7.2.7 支拱圈内模

为保证箱梁振捣质量和箱室干净箱梁采用两次混凝土浇筑，第一次浇筑底板、腹板，第二次浇筑顶板。箱梁内侧模在第一次浇筑底板、腹板前支立完成。箱梁内侧模采用15mm厚酚醛覆面胶合板，以5cm×10cm方木条做次龙骨，次龙骨间距20cm。次龙骨外为10cm×10cm小方木主龙骨，主龙骨间距70cm。箱室内两侧主龙骨小方木用钢管顶丝对顶，钢管顶丝竖向间距为60cm。

7.2.8 支立箱梁顶模

箱梁底板、腹板混凝土浇筑完成后，及时拆除箱梁腹板内侧模，然后支立顶模板。箱梁顶模采用15mm厚酚醛覆面胶合板，5cm×10cm方木条做骨架，间距20cm。主龙骨为10cm×10cm小方木，横桥向间距为70cm。

铺设内模和侧模时要注意按设计要求预留泄水孔和通风孔(D=10cm)。泄水孔设置在各板拱内底板最低处，沿桥梁中心线对称布置。当孔位与钢筋矛盾时可适当调整。每个板拱内主梁腹板两端各遇留一个通风孔。通风孔应穿透所有腹板，位置可酌情变动。

顶板钢筋绑扎完成后，开始进行顶板顶模(压模)的支立，模板做法同底板的压模;用长丝杆对拉螺栓固定，长丝杆下方与预埋在底板里钢筋焊接，上方用燕尾卡拉住弧形微弯钢管的主龙骨，主龙骨间距90cm。

7.2.9 拱圈封端模板

封端模板应按箱梁或盖梁横断面结构设计，封头模板立楞采用两根[12号槽钢，通过腹板钢筋固定。支设时必须保证封头模板的位置和垂直度，模板采用15cm厚酚醛覆膜胶合板，后背 5cm × 10cm 方木条做骨架，间距 20cm，主龙骨为 10cm × 10cm 小方木。

7.3　施工技术要求及验收标准

参照本书“§10　现浇箱梁模架施工方案”中的 7.3。

在搭设碗扣支架时，连接完第一层水平杆未套入第二层立杆时，应对第一层立杆进行调直，采用水准仪抄平并挂线调平以保证立杆竖直。支架搭设完成后，垂直度应小于 $H/500$ 且不大于 50mm。

在碗扣支架安放完立杆顶托，铺设主龙骨后，进行第一次竖向高程调整，方木顶的高程调整误差应控制在 ±15mm 以减小铺设完小方木、面板后的高程调整量。

拱圈底面板铺设完后，将进行第二次竖向高程调整，该高程误差应控制在 ±10mm。

碗扣支架搭设完后，应有剪刀撑进行加固，以保证支架整体稳定性。拱圈模板斜度较大时，应有抵抗模板斜面分力的措施。比如 1 号、2 号墩附近，拱圈底模斜度较大，应在拱圈纵向设置足够数量的支撑，支撑一端应紧顶在墩柱上。

7.4　支架拆除

按照施工图纸的要求，混凝土强度达到 100% 后拆除拱圈支架，支架拆除从拱顶到拱脚逐排拆除。原则是多次、少量、均匀、对称。

7.4.1　拆除程序

逐段松开顶托支撑—拆除主龙骨、次龙骨并逐块拆除模板—拆除顶托—自上而下拆除每根钢管或构件。模板拆除时，做到轻拿轻放，严禁用力敲击，做好成品保护工作，保证梁体外观质量优良。拆除时严禁上下同时作业，施工过程中应做好对支架材料及模板的保护。

7.4.2　拆除原则

7.4.2.1　严格按项目支架拆除申请流程申请施工。

7.4.2.2　拆除通道前须经项目安全负责人及现场负责人等联合验收，消除安全隐患。

7.4.2.3　尽量在白天拆除。

7.4.2.4　现场必须做好交通疏导和警示标志。

7.4.3　碗扣式脚手架拆除

拆除时间：在拱圈混凝土达到设计强度。

拆除设备：可用 25t 汽车吊等起吊设备。

为方便支架系统拆除、加快拆除速度，卸载采用中间向两端对称分组进行。拆除方法如下。

7.4.3.1　利用扳手等旋松顶托螺栓进行卸载（底模拆除时也是将支架顶托下调50～100mm，然后将模板逐块撬开，逐段拆除），使底模脱离拱圈底。

7.4.3.2　解除侧模与侧模之间的连接螺栓。

7.4.3.3　利用吊车拆除翼缘板和侧模模板，人工分块移动底模至翼缘板位置，然后用吊车调到地面上。

7.4.3.4　拆除分配梁和顶托。

7.4.3.5　按从上向下的顺序拆除碗扣架，边拆除边清理，将碗扣支架按种类进行分类分块集中堆放，以便周转使用。

7.4.4　贝雷梁支架拆除

基本拆除顺序：以每孔长度为拆除单元（不超过 13m），人工拆除连接插销，然后相应拆贝雷梁,为平板车和吊车等提供空间,同时减少型钢吊运距离,平板车一般停在每孔贝雷梁端头或通道端头。按此顺序依次将型钢拆除完毕。

7.4.4.1 用吊车拆除

根据梁重、桥梁板下净空结合吊车起吊性能表,确定吊车起吊的最佳角度和站位,以及梁的起落点。当净空不够吊车拆除空间要求时,用滑轮或葫芦吊配合逐件拆除。

7.4.4.2 用 ZL50 型轮式装载机拆除(最大高度≥4.5m)。

在距型钢两头各 1m 位置焊接 ϕ16 吊环(型钢正下方),并用 ϕ20mm 钢丝绳和卡扣将型钢锁紧在装载机上。用装载机装载 600H 型钢,拖运到平板车上,再用汽车吊将型钢调放整齐。操作速度要慢,防止发生碰撞等事故。ZL50 型装置举至最高位置时(总高度 5250mm),满足施工现场需求。装载机司机必须持证上岗。

7.4.5 立柱拆除

先拆除槽钢剪刀撑,再拆除钢管柱。拆除时采取 25t 汽车吊配合。

7.4.6 条形基础拆除

门形梁式支架的梁与立柱拆除后,用于支架承重的钢筋混凝土条形基础也需及时破除。

8 质量、安全文明施工措施

参照本书“§10 现浇箱梁模架施工方案”中的 8。

9 风险预测和应急预案

参照本书“§10 现浇箱梁模架施工方案”中的 9。

§12 桥面 SBS 防水卷材施工方案

1 编制依据

1.1 《××工程施工组织设计》

1.2 《××工程施工图》

1.3 《桥面防水工程技术规程》(DB11/T 380—2006)

1.4 《城市桥梁桥面防水工程技术规程》(CJJ 139—2010)

1.5 《城市桥梁工程施工与质量验收规范》(CJJ 2—2008)

1.6 《桥梁工程施工与质量检验标准》(DBJ 01-12—2004)

1.7 《道桥用改性沥青防水卷材》(JC/T 974—2005)

1.8 《弹性体改性沥青防水卷材》(GB 18242—2008)

1.9 《沥青基防水卷材用基层处理剂》(JC/T 1069—2008)

2 工程概况

本工程桥梁面积 22360m^2,防水面积 21400m^2。

主线高架桥预制小箱梁处混凝土桥面铺装厚 0.15m,桥面混凝土抗压强度等级均为 C50,抗折强度 5.0MPa。混凝土桥面铺装上设柔性防水层(简支钢箱梁结构直接在混凝土桥面板上设柔性防水层)。防水材料采用厚度不小于 3.5mm 的 SBS 防水卷材。

3 施工准备

3.1 技术准备

3.1.1 组织工程技术人员学习设计图纸以及相关的施工技术规范、质量验收评定标准。对专业施工作业队交底和岗前技术培训。

3.1.2 原材试验:依据标准进行抽样送检。对原材进行拉力试验、断裂伸长率(延伸率)试验、耐热度试验、不透水性(抗渗透性)试验及柔韧性(低温柔性、低温弯折性)试验。

3.2 现场准备

3.2.1 防水层基层表面坚实、平整、光滑、干燥;阴、阳角处需做成圆弧。

3.2.2 必须在现浇桥面板混凝土达到设计要求强度,停止洒水养护、进行抛丸凿毛处理,经检查验收合格后施工,铺设防水层前应将浮尘及松散物质彻底清除干净。

4 施工部署

4.1 组织机构

项目部成立以项目经理为组长,项目总工和生产副经理为副组长的组织机构,下设技术、质量、试验、测量、工程、安全等部室,以及 4 个防水施工作业组,如图 1 所示。

4.2 施工安排

按照工期目标及施工能力,结合本工程实际情况,施工顺序采取平面流水,保持整体工程有序进行。本工程防水面积约 21400m^2，计划安排两个施工班组，北主桥防水由 Macaden－10 小组负责，南主桥防水由 Macaden－20 小组负责。

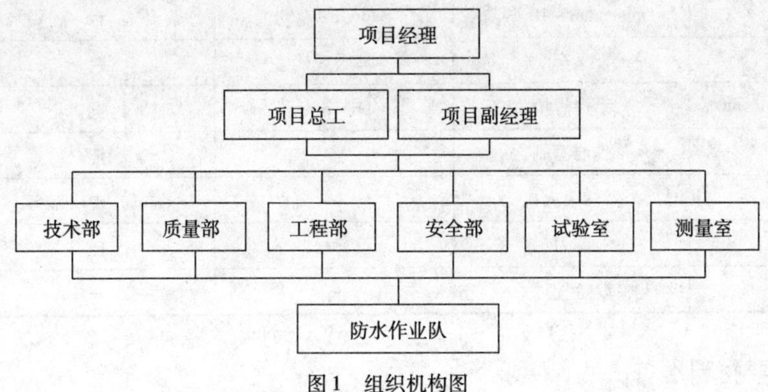

图1　组织机构图

4.3　工期计划

计划工期 10 天，进度计划如图 2 所示。

序号	工序	工程量	天数(d)	单位:d									
				1	2	3	4	5	6	7	8	9	10
1	准备	21400m^2	2	—	—								
2	抛丸	21400m^2	5			—	—	—	—	—			
3	涂刷基层处理剂	21400m^2	5				—	—	—	—	—		
4	人工铺设	1600m^2	6					—	—	—	—	—	—
5	机械铺设	19800m^2	5						—	—	—	—	—

图2　工期计划横道图

Soprema 公司每台 Macaden－10 的工作效能为 3500m^2/d，每台 Macaden－20 的工作效能为 6000m^2/d，按为本工程配备的机械设备每日工作量为 9500m^2，并根据现场生产的实际情况，实时增加机械设备和人员的投入确保工期。

第一组　基层抛丸处理组；

第二组　Macaden－10 小组，铺设北主桥桥面防水，计划用时 5 天。

第三组　Macaden－20 小组，铺设南主桥桥面防水，计划用时 3 天。

第四组　防撞墩根部、雨水口及路灯手孔井人工焊接组。

4.4　投入的机械设备

机械设备见表 1。

机械设备表　　表 1

序号	名称	型号	单位	数量
1	抛丸机	博尔 LB350	台	1
2	macaden－20 型	Soprema 专利	台	1

续上表

序号	名称	型号	单位	数量
3	Macaden－10型	Soprema专利	台	1
4	叉车	韩国现代	台	2
5	手持焊枪	Soprema专利	把	5
6	底油滚刷	—	把	若干
7	森林灭火机	—	台	2
8	钩刀	—	把	若干
9	设备配件	—	—	若干

4.5 主要材料准备

主要材料见表2。

主要材料表 表2

序号	材料名称	规格	数量(卷)	厂家名称
1	Antirock H3.5桥梁专用SBS改性沥青防水卷材	厚3.5mm	1000m(200m/卷)	Soprema
2	Antirock H3.5桥梁专用SBS改性沥青防水卷材	厚3.5mm	1500m(200m/卷)	Soprema

4.6 劳动力准备

基层抛丸处理组投入6人，每个Macaden－10生产小组投入劳动力5人、Macaden－20生产小组投入劳动力6人，底油涂刷和防撞墩根部人工焊接投入10人，并根据工程需要及时进行人员调整。

5 主要施工方法

5.1 施工工艺流程

基层抛丸处理→吸尘、涂刷下涂剂→人工铺设→机械铺设→结束边0.5m宽卷材人工铺设(如果0.5m宽不够则裁切1m宽卷材)→特殊位置处理

5.2 施工工艺

5.2.1 基层抛丸处理

5.2.1.1 采用抛丸机对基层进行抛丸处理，清除混凝土表层浮浆，露出坚实的骨料层，抛丸厚度均匀一致，不漏抛、不过深，控制在1～2mm为宜。

5.2.1.2 抛丸处理后检查基层干燥度，简易检验方法为：在基层表面平铺$1m^2$卷材，静置3～4h后掀起观察，基层被卷材覆盖的部位、卷材下表面均未见水印，即视为符合要求。

5.2.1.3 基层与突出构件的交接处，以及基层的转角处均应抹成圆弧或45°/135°折角。

5.2.2 吸尘、涂刷下涂剂

基层抛丸施工完成后，施工防水层前必须采用专用吸尘器将浮尘及松散物质清除干净，并涂刷基层处理剂。在卷材下面使用高聚物改性沥青基层处理剂，用量不少于$0.4kg/m^2$。涂层应均匀、全面覆盖，待渗入基层且表面干燥后方可施做卷材。

5.2.3 人工铺设

5.2.3.1 确定卷材铺贴顺序和铺贴方向,并在基层弹线,然后铺贴卷材。

5.2.3.2 用火焰喷枪或喷灯烘烤卷材的底面和基层的夹角,喷灯距交界处约300mm,使卷材表面的沥青层液化,边烘烤边向前滚卷材,随后用压辊滚压,使其与基层或与卷材黏结牢固。注意烘烤温度和时间以使沥青层呈熔融状态为度。

5.2.3.3 卷材搭接按以下方法进行:

(1)长边搭接:卷材纵向搭接宽度,单层防水≥100mm。先熔去待搭接部位卷材上的防黏层和粒料保护层,同时应熔化接缝两面的黏结胶,然后进行黏合排气,用手持辊压实,并应有明显沥青条。

(2)短边搭接:卷材两端必须全部黏结,搭接宽度应≥150mm。在基层卷材定位弹线、试铺,按卷材规格、铺设要求、桥面排水坡度、细部尺寸确定卷材的铺设方案。

5.2.3.4 人工铺设要点

(1)热熔程度足够而不过度,保证卷材下表面改性沥青完全熔融以致流动,并通过流动的沥青层将卷材黏在基层上,随即充分压实且排出夹杂的气泡。

搭接宽度长边按材料预留宽度搭接,短边搭接100mm,允许负偏差10mm。

(2)短边以顺轴向坡度搭接为主,当基本无坡度时以日后车流反向搭接为主。

(3)相邻短边接缝应相互错开不小于300mm。

5.2.4 Macaden 全自动机械铺设

机械设备就位,安装卷材,预热路面基层,热熔卷材、黏结、搭接、排气压实过程均为自动完成。

卷材应平行于桥面纵轴方向(即车辆行驶方向)、由低往高处(即由泄水口一侧往另一侧)进行铺设施工。卷材纵向(长边)搭接缝应顺流水方向,横向(短边)搭接缝应顺流水方向(有坡度时)或车辆行驶方向(无坡度时)。相邻两幅卷材的横向(短边)搭接缝应错开至少1.5m。卷材纵向(长边)搭接缝应尽量避开车轮轨迹。

铺设及搭接平面示意图如图3所示。

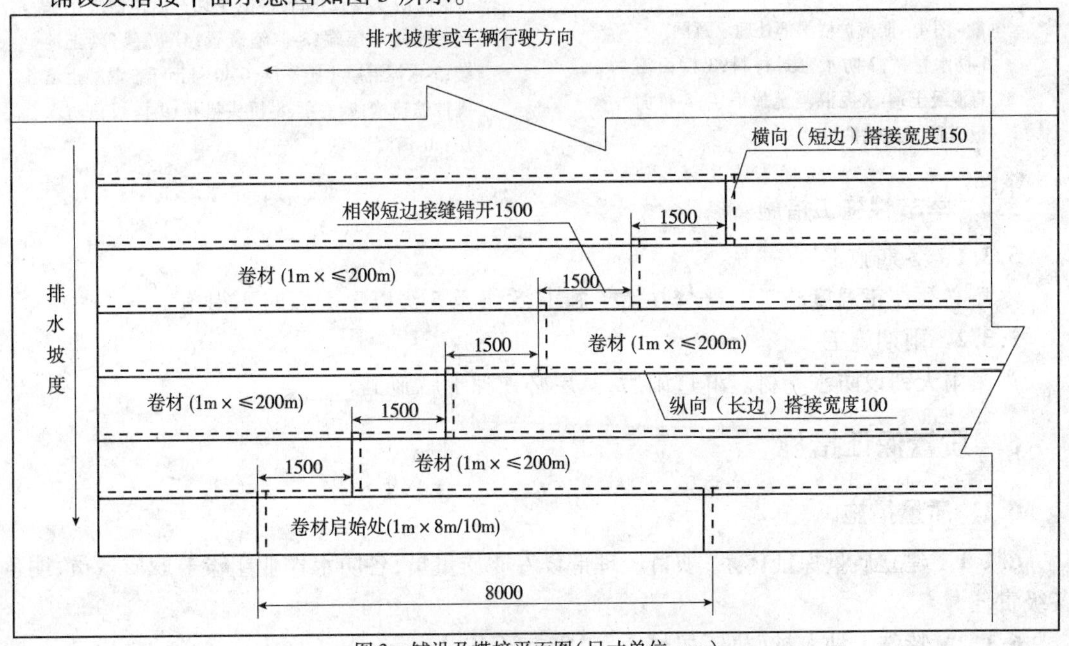

图3 铺设及搭接平面图(尺寸单位:mm)

当局部曲线路半径在100m以内及单卷(幅)卷材起始端约1m长度采用人工铺设。

5.2.5 特殊位置处理

(1)防撞护栏根部处理。

防撞护栏根部应与桥面板连接平顺。施工时防水卷材直抵防撞护栏根部立面且与基面密黏,并采用防水密封材料与防水卷材的卷材端相连,如图4所示。

(2)排水口。

根据设计意图及实际采用的排水口型式,用高强度等级的砂浆修抹平顺,不得有破碎、开裂、起砂等现象。排水口的构造不仅应满足桥面排水的需要,同时还应满足排除由于桥面铺装渗水引起的排水口周边积水的需要,因此排水口四周设渗水洞,并应用密封材料将排水口底周边与防水层的端部进行封闭。

(3)伸缩缝处理。

在安装桥梁伸缩缝时,应在浇筑伸缩缝槽内混凝土之前将伸缩缝两侧的防水层端部用防水密封材料进行封闭。其形式如图5所示。

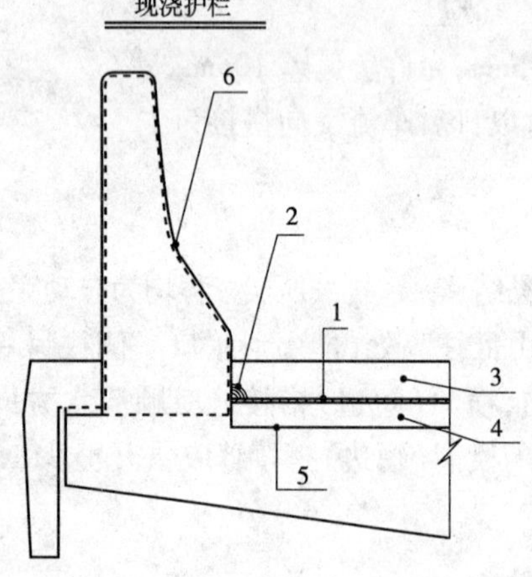

图4 防撞护栏根部处理示意图

1-防水卷材;2-防水密封材料;3-桥面沥青混凝土;4-水泥混凝土找平层;5-桥面板顶面;6-防撞护栏

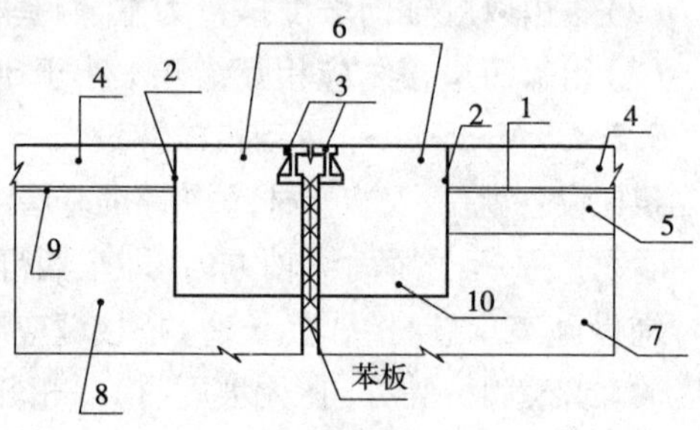

图5 伸缩缝处处理图

1-桥面防水层;2-沥青混凝土切开后用嵌缝止水条封闭防水层端;3-伸缩装置;4-沥青混凝土铺装;5-水泥混凝土整平层;6-40号钢纤维混凝土填满伸缩缝槽;7-主梁;8-桥头搭板;9-搭板顶防水层;10-槽深

5.3 季节性施工措施

5.3.1 冬期施工

冬季必须在正温度施工。严禁在雪天施工,5级及5级以上大风时不得施工。

5.3.2 雨期施工

严禁雨天铺设防水卷材。淋过雨后,基层必须晾干后施工。

6 质量保证措施

6.1 质量措施

6.1.1 建立质量保证体系,项目经理部设专职质量员,各防水作业组设兼职质量员,明确各级责任。

6.1.2 特殊工种人员(机铺机械手等)需持证上岗。

6.1.3 防水工程所需的材料在使用前将材料出厂质量合格证书及施工单位检验、试验合格证书等送交监理工程师审批,监理工程师批准后再复检,合格后进厂使用。

6.1.4 主要施工机械(Macaden-20型、Macaden-10型)按进度计划到达施工现场,并定期进行维修、保养,在施工期间保持状态良好,保证满足施工质量的需要。

6.1.5 铺设防水层前,对基层进行抛丸处理,经自检合格监理验收通过后方可进行下道工序。

6.2 质量标准

6.2.1 防水卷材施工应符合的规定。

6.2.1.1 防水卷材的品种、规格、性能、质量应符合相关标准和设计要求。

检查数量:全数检查。

检验方法:对照设计文件,检查出厂合格证、进场验收记录、质量检验报告。

6.2.1.2 防水卷材铺装前,基底必须干燥。

检查数量:全数检查。

检验方法:观察检查。

6.2.1.3 防水卷材层之间及防水卷层与找平层(基层)之间应密贴,结合牢固,黏结力应符合设计要求。

检验数量:按铺贴面积每100m^2抽查1处,每处检查10m^2,且不少于3处。

检验方法:观察检查和检查施工记录、隐蔽工程验收记录和现场抽样实验报告。

6.2.2 防水材料铺装外观质量要求

6.2.2.1 卷材防水层表面平整,不得有空鼓、脱层、裂缝、翘边、油包、气泡和皱折等现象。

6.2.2.2 防水层与雨水口(路灯井)接合部位密封,不得有漏封处。

检查数量:全数检查。

检验方法:观察。

6.2.3 防水卷材原材检验标准(表3)

原材检验标准表 表3

序号	检验项目		检验标准
1	卷材厚度(mm)≥		3.5
2	不透水性压力≥0.3MPa,时间≥30min		不透水
3	耐热性度,140℃加热2h		无流淌
4	低温柔度		-15℃无裂纹
5	拉力(*N*/50mm)	纵向	800
		横向	
6	延伸率(%)		40

6.2.4 桥面卷材防水实测项目(表4)

卷材防水允许偏差表 表4

序号	检查项目	规定值或允许偏差(mm)		检验方法和频率
1	接茬搭接宽度	横向(短边)	≥150	用钢尺量:每20m测1点
		纵向(长边)	≥100	

7 安全文明施工措施

7.1 本工程有小型 SBS 焊接设备若干，按要求操作。电箱要有安全装置，并有漏电保护装置。

7.2 喷枪或喷灯应远离温感材料，如导线、塑料等，喷枪或喷灯火焰严禁对着人。

7.3 以下情况严禁使用喷枪或喷灯明火烘烤施工：

(1)刷过基层处理剂的基层未干燥之前；

(2)在可燃、易燃物质附近；

(3)在施工机械、机具所需的燃料附近。

7.4 Macaden－20 型施工使用柴油必须专人负责，储存位置远离明火和热源，现场禁止抽烟。

7.5 施工过程中及收工离开现场之前应仔细检查是否有着火隐患。如果发现任何隐患，应及时采取安全措施。

7.6 现场物料应分类堆放、远离火源，应设置明显防火标志，防火器材应设专人保管。

7.7 卷材不得与不相容物质如酸、强有机溶剂和油脂直接接触。

7.8 现场应采取必要的消防预防措施，按规定设置消防器材。

7.9 建立文明施工区域，做到现场清洁整齐，进入施工现场的各种机具、原材料等，均按指定位置堆放整齐，不得随意乱丢乱放。

7.10 生产班组每天完成工作任务后，要求必须将余料清理干净，堆放在规定的部位，不得随意堆放，保持整洁。

§13 桥面铺装施工方案

1 编制依据

1.1 《××工程施工组织设计》

1.2 《××工程施工图》

1.3 《公路桥涵施工技术规范》(JTG/T F50—2011)

1.4 《公路工程质量检验评定标准》(JTG F80/1—2004)

1.5 《工程测量规范》(GB 50026—2007)

2 工程概况

本工程上部结构跨径及分跨组合为4×25m+37m+55m+37m+3×25m+3×25m,共4联,桥宽14.5m,桥长379m。其中37m+55m+37m为钢筋混凝土叠合梁,其余为预应力钢筋混凝土连续现浇箱梁。桥面铺装层厚度为8cm,采用纵向分为两幅进行施工。首先施工的半幅宽度为7.5m,然后施工另外半幅,施工宽度为7m。

3 施工准备

3.1 技术准备

3.1.1 技术人员对施工图纸审核及对作业队做好技术交底工作。

3.1.2 测量人员对箱梁顶板的5m×5m高程网进行测设工作。

3.1.3 试验人员完成桥面铺装C40混凝土的试验配合比及钢筋、混凝土等原材的检测工作。

3.1.4 质量人员根据测量成果对铺装厚度进行检查,对箱梁顶板局部超高混凝土进行凿除处理。

3.2 现场准备

3.2.1 混凝土搅拌站

桥区西南侧建混凝土搅拌站。开工前,对搅拌站设备进行维护保养,以保障混凝土的供应不间断。混凝土拌和用的碎石、砂、水泥及外加剂均已到场,数量满足施工要求。

3.2.2 施工用水

项目部在施工区打一口水井,由水管接到用水部位,以满足施工用水和混凝土养生需要。

3.2.3 施工用电

在K75+050处安装一台315kVA的变压器,通过一级、二级配电箱,接至施工现场,以满足施工现场用电。

3.2.4 施工便道

为满足施工车辆顺利通行,在主线路基及B匝道外侧修建一条7.5m宽的临时路,直通施工现场。临时路表面为40cm砂砾,确保晴雨均能通行。

4 施工部署

4.1 组织机构

项目部成立以项目经理为组长,项目总工和生产副经理为副组长的组织机构,下设技术、质量、试验、测量、工程、安全等部室,配备一个桥面铺装施工队,如图1所示。

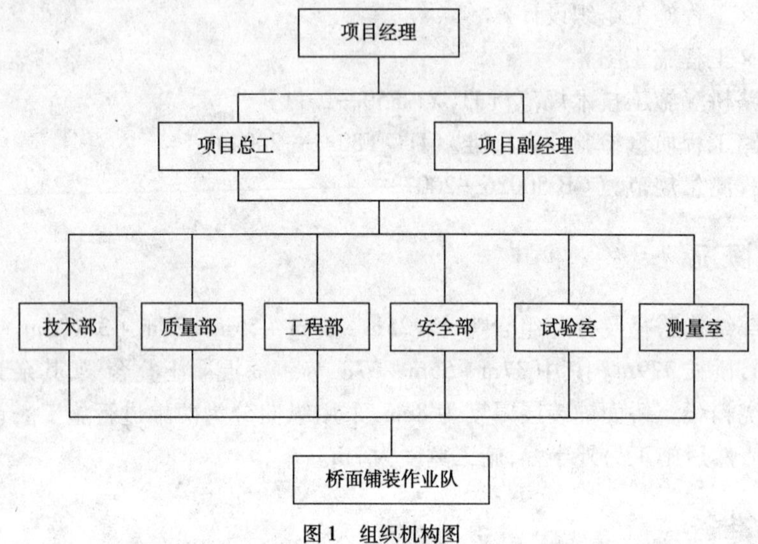

图1 组织机构图

4.2 施工安排

桥面铺装施工平面布置如图2所示。

4.3 工期计划

本工程计划总工期40天。工期计划横道图如图3所示。

4.4 投入的主要机械设备

主要机械设备见表1。

主要机械设备表 表1

序号	名 称	规格型号	单位	数 量
1	混凝土拌和站	1000型	座	2
2	混凝土罐车	$6m^3$	台	3
3	混凝土泵车	37m	台	1
4	装载机	ZL50	台	1
5	吊车	20t	台	1
6	振捣梁	7.5m	台	1
7	插入式振捣器	50型	台	2
8	平板振捣器	B15型	台	2
9	电焊机	BX-500	台	1
10	电动抹面机	—	台	2

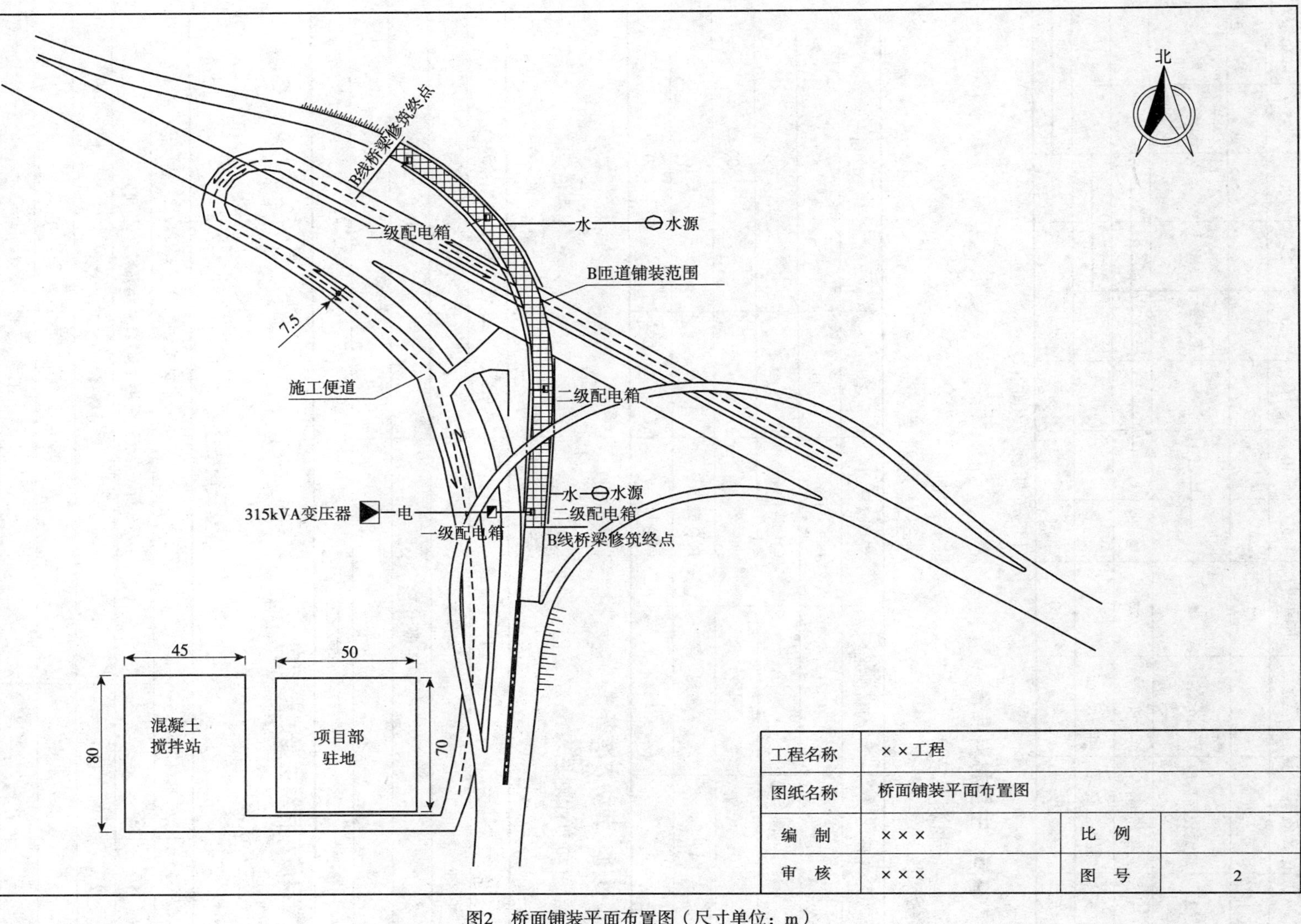

图2　桥面铺装平面布置图（尺寸单位：m）

序号	分项工程名称	工程量	持续时间(d)	单位:d							
				5	10	15	20	25	30	35	40
1	施工准备	—	2								
2	箱梁表面清理	5495m^2	5								
3	钢筋绑扎	80t	20								
4	混凝土浇筑	439.64m^3	3								
5	养生	—	10								

图3 工期计划横道图

4.5 主要材料准备

主要材料见表2。

主要材料表 表2

序号	材料种类	规格型号	单位	数 量
1	碎石	$d=1\sim3$cm	m^3	1600
2	碎石	$d=0.5\sim1$cm	m^3	600
3	河砂	中砂	m^3	500
4	水泥	P. O 52.5	t	100
5	钢筋	ϕ12	t	80

4.6 劳动力准备

劳动力计划见表3。

劳动力计划表 表3

序号	工 种	数量(人)
1	钢筋工	10
2	混凝土工	10
3	木工	6
4	抹灰工	30

4.7 材料主要试验项目

主要试验项目见表4。

主要试验项目表 表4

序号	材料种类	主要试验项目
1	碎石	筛分析、含泥量、泥块含量、针片状颗粒含量、压碎值
2	砂	筛分析、含泥量、泥块含量
3	水泥	安定性、凝结时间、胶砂强度
4	钢筋	拉伸、弯曲

4.8 桥面铺装配合比

桥面铺装配合比见表5。

桥面铺装配合比　　表5

材料品种	水泥	砂	石	水	减水剂
每立方含量(kg)	459	639	1137	184	16.1
比例	1	1.392	2.475	0.400	0.035

5 主要施工方法

5.1 施工工艺流程

测量放样→桥面清理清洗→钢筋安装→模板安装→浇筑混凝土→混凝土养生

5.2 施工工艺

5.2.1 测量放样

沿桥梁纵向、横向每5m定一个控制点。采用水准仪对箱梁顶板进行测量5m×5m方格网高程点放样,以保证桥面铺装的厚度。

5.2.2 桥面清理清洗

先采用凿毛机对桥梁板顶面进行凿毛,凿除浮碴、浮浆,清除混凝土表面的泥土、石粉等杂物,并用高压水冲洗干净,以保证桥面铺装混凝土与箱梁混凝土的更好结合,以及铺装厚度。剔凿后的箱梁顶面验收前采用空压机吹扫干净。

5.2.3 钢筋安装

成品钢筋网片ϕ10@10cm×10cm,纵横向搭接长度为20cm,采用22号火烧丝全接点绑扎,扎丝头朝下。钢筋网片的下保护层采用混凝土垫块支垫,呈梅花形均匀布设,保护层厚度5cm。

钢筋安装完成后,安装振捣梁行走轨道。振捣梁行走轨道采用ϕ30钢管架设,在钢管下面设置支架,调整轨道高程,支腿间距2m。支腿采用电钻钻孔,箱梁顶板混凝土植入钢筋,锚固深60mm,外露50mm,支腿钢筋外露长度可根据箱梁顶板混凝土高程进行调整。半幅桥面沿纵向设置两道,轨道间距3m。用水准仪设定钢管顶面高程,并与桥面设计高程一致。

5.2.4 模板设置

施工前在桥面横向端头和纵向分幅处设置模板,模板采用8号槽钢制作,槽钢后面植入ϕ12钢筋间距2m作为背撑,用水准仪布置好高程控制点。

5.2.5 浇筑混凝土

5.2.5.1 混凝土浇筑

(1)混凝土浇筑前准备:混凝土浇筑前,质量人员应对支架、钢筋网片及预埋件等进行检查,清除作业面杂物后,将梁体表面用水湿润,但不得有积水。

(2)混凝土在拌和站集中搅拌,混凝土罐车运输至现场,试验人员进行坍落度检测。混凝土坍落度控制在14~16cm,然后由混凝土泵车送至桥面。混凝土浇筑要连续,浇筑时从下坡向上坡进行。摊铺时,应用锹铲平,靠边角处应先用插入式振捣器顺序振捣。摊铺时的混凝土面比振捣梁行驶轨道略高,并应摊铺均匀。混凝土下料面与整平作业面应控制不宜过长。

(3)混凝土的振捣:先采用插入式振捣器振捣。插入振捣器使粗细骨料分布均匀后,然后用振捣梁沿导轨来回两次振动密实并初平,直至水泥浆上浮表面。振捣梁操作时设专人控制行驶速度、铲料和填料，确保铺装面饱满、密实。

5.2.5.2 混凝土的整平

(1)振捣梁作业完毕后，用滚筒进一步滚压整平。

(2)混凝土整平后，及时拆除轨道并前移。轨道留下的空隙，随同铺筑作业及时采用同强度等级混凝土填补找平。

5.2.5.3 抹面

一次抹面：作业初平后，在作业面上架立马镫，其上用10cm×10cm方木搭设操作平台，人工采用木抹子进行第一次抹面，第一次抹面将混凝土表面搓平压实。

二次抹面：混凝土初凝后、终凝前，采用电抹子，人工辅助钢抹子，进行二次抹面赶光。

5.2.6 养生

混凝土成活后，覆盖土工布保湿养生，混凝土初凝后开始洒水，开始养生时不宜洒水过多。待混凝土终凝后，再浸水养生。养生期在7d以上。

5.3 季节性施工措施

5.3.1 雨期施工

5.3.1.1 雨天不宜混凝土浇筑作业，如需在雨天施工，要采取必要的防护措施。

5.3.1.2 气温过高时，混凝土浇筑应尽可能安排在夜间施工，必须在白天施工的，应采取降温措施。

5.3.2 冬期施工

5.3.2.1 混凝土强度为达到要求时，成型铺装面要采取保温材料覆盖，不得受冻。

5.3.2.2 混凝土拌和物的入模温度不应低于5℃，当气温在0℃以下或混凝土拌和物的浇筑温度低于5℃时，应将水加热搅拌；如水加热仍达不到要求时，应将水和砂、石料都加热。

5.3.2.3 混凝土运输、摊铺、振捣、抹面等工序应紧密衔接，缩短工序间隔时间，减少热量损失。

5.3.2.4 冬期作业面采用综合蓄热法施工养护，做好测温工作。混凝土终凝后采用保温材料覆盖养护。

6 质量保证措施

6.1 质量措施

6.1.1 建立健全质量管理制度，成立以项目经理为组长的质量保证体系。

6.1.2 钢筋质量保证措施

6.1.2.1 钢筋网片进场后必须检查出厂证明书和试验报告。试验检查人员应对钢筋网片作复试，严把质量关。

6.1.2.2 钢筋网片进场后应注意妥善保管，堆放场地应选择在地势较高处，下垫以木方，高出地面30cm，上设料棚或篷布覆盖，使其免受雨淋。

6.1.2.3 按图纸设计位置摆放钢筋，钢筋接头面积在同一断面内受拉区不超过钢筋总面积的25%，受压区不超过50%。

6.1.2.4 钢筋绑扎要求全绑、牢固可靠，保证在混凝土浇筑过程中不发生位移和变形。

6.1.3 模板工程质量保证措施

6.1.3.1 模板应不漏浆，符合结构尺寸、线形及外形，并具有足够的强度和刚度，且有牢固,稳定的固定支撑系统。

6.1.3.2 模板内应无污物、砂浆及其他杂物。拆除以后的模板,就在使用前彻底涂以脱模剂。

6.1.4 混凝土质量保证措施

6.1.4.1 原材料控制:所有进场材料均应通过试验室的检测合格后方可用于施工。

6.1.4.2 混凝土配合比控制:混凝土配合比由试验室提供,经监理审核批准后使用,未经试验人员允许,配合比不得改动。

6.1.4.3 混凝土拌制:

(1)骨料含水率应经常检查,以调整加水量和骨料重量。雨天施工时,应增加检测次数。

(2)根据施工配合比配料,将砂、石、水泥干拌1.5~2min,然后再加水及外加剂溶液湿拌2min。各种材料的称量允许偏差控制在规定的范围之内。

混凝土应搅拌至各种组成材料混合均匀,颜色一致,在搅拌机中搅拌时,自全部材料装入搅拌筒中起,至混凝土由筒中开始出料止,其连续搅拌的最短时间应符合规范要求。

6.1.4.4 混凝土的运输。

(1)混凝土运至现场必须符合浇筑规定的坍落度要求。

(2)严禁往拌和物中随意加水。

(3)混凝土灌注前计算工程量,合理安排混凝土运输数量及频率,既要保证运输泵连续工作,又要保证混凝土在输送车内存放时间不超过规范允许时间。

6.1.4.5 施工试验。

现场应及时制作试件,并在试件上注明试件编号、日期、部位等标志,送试验室进行标准养护,进行28d抗压强度试验。

6.2 质量标准

6.2.1 桥面铺装外观质量

6.2.1.1 混凝土板表面无脱皮、印痕、裂纹和缺边掉角等病害现象。

6.2.1.2 桥面排水良好,桥面泄水孔进水口的布置应有利于桥面和渗入水的排除。

6.2.2 实测项目(表6、表7)。

桥面铺装允许偏差 表6

序号	检测项目	规定值或允许偏差(mm)	检查方法和频率
1	混凝土强度	在合格标准内	按规定检查
3	厚度	+10、5	对比桥面浇筑前后高程检查:每100m查5处
4	横断面高程	±0.15	水准仪测量:每100m检查3个断面
5	平整度	5	3m直尺:每100m测3处×3尺

钢筋网片允许偏差表 表7

序号	检测项目	允许偏差(mm)	检查方法和频率
1	长度	±10	钢尺量:每片网片沿长、宽各检2个点
2	宽度	±10	钢尺量:每片网片沿长、宽各检2个点
3	网格尺寸	±10	钢尺量:量取纵横向各3~5个网格每片网片检验点数为4个
4	网片对角线相差	≤10	钢尺量:抽查3个网眼对角线

7 安全文明施工措施

7.1 成立由项目部安全生产负责人为首,各作业队安全生产负责人参加的专项安全管理领导组织机构,全面负责施工现场的安全生产工作。

7.2 钢筋网片吊装作业时,由专人指挥,吊装设备不得碰撞桥梁结构,吊臂下不得站人。

7.3 电焊机、混凝土振捣机具的接电应有漏电保护装置,由专职电工操作,接电及用电过程中的故障不得由非专业人员私自处置。

7.4 操作人员要经过专业培训并按操作规程操作,操作时要戴安全帽及使用相关劳动保护用品。

7.5 现场施工道路的交叉处、过桥处及道路转弯处设立安全标志,现场设置安全警示牌。

8 环境保护保证措施

8.1 施工中的小机具要由专人负责,集中管理、维修,避免漏油污染结构。

8.2 施工垃圾分类处理、及时清运。混凝土罐车退场前要在指定地点清洗料斗,防止遗洒和污物外流。

8.3 使用低噪声振捣棒,拌和设备搭设防护棚,降低噪声污染。

§14 桥梁伸缩装置安装施工方案

1 编制依据

1.1 《××工程施工组织设计》

1.2 《××工程施工图》

1.3 《公路桥涵施工技术规范》(JTG/T F50—2011)

1.4 《公路工程技术标准》(JTG B01—2003)

1.5 《公路工程质量检验评定标准》(JTG F80/1—2004)

2 工程概况

本桥梁工程分左右两幅,桥面宽度均为12.25m,左幅全长1705m,右幅全长1658m,上部结构为预应力混凝土现浇箱梁,左右幅均为17联。桥梁伸缩缝类型为三维位移止水型,共有34道,除0号桥台处为单组80型伸缩缝外,其余均为双组120型伸缩缝。

3 施工准备

3.1 技术准备

组织技术人员熟悉图纸和相关的规范、规程,编制详细的施工组织方案,进行技术交底;检验到场伸缩装置的质量;完成混凝土原材料试验,确定混凝土配合比。

3.2 现场准备

根据现场情况,采用10cm×10cm方木制作过桥,需要数量为32个,待伸缩缝开槽完成后,统一安放在桥梁左侧。现场临时用电采用小型发电机提供。

4 施工部署

4.1 组织机构

组织机构如图1所示。

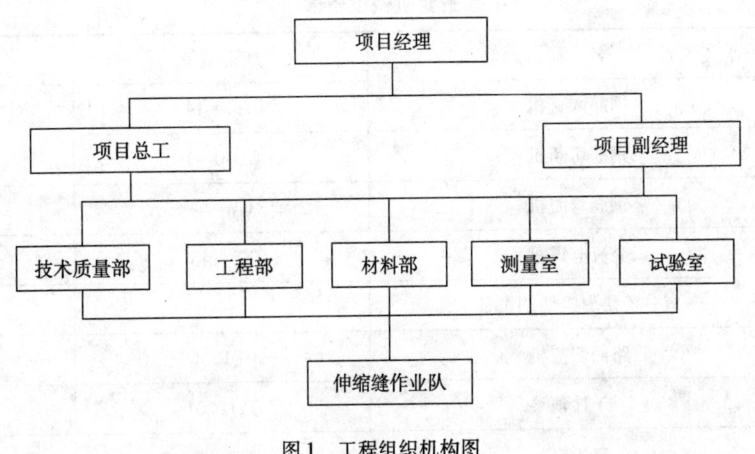

图1 工程组织机构图

4.2 工期计划

该分项工程工期计划26天。工期计划横道图如图2所示。

序号	分项工程名称	工程量	持续时间(d)	单位：d												
				2	4	6	8	10	12	14	16	18	20	22	24	26
1	施工准备	—	1													
2	伸缩缝开槽	$133m^3$	14													
3	伸缩缝安装	433.02m	14													
4	伸缩缝混凝土浇筑	$113\ m^3$	14													
5	伸缩缝混凝土养护及安装止水带	—	21													

图2　工期计划横道图

4.3 材料准备

主要材料见表1。

主 要 材 料 表　　表1

序号	名　称	规格型号	单位	数量
1	钢筋	ϕ16	kg	6729.4
2	钢筋	ϕ16	kg	2223.8
3	钢纤维混凝土	C50	m^3	113
4	伸缩缝	三维止水型80型	m	26.06
5	伸缩缝	三维止水型120型	m	416.96

4.4 机械设备

主要机械设备见表2。

主要机械设备表　　表2

序号	名　称	规格型号	数量(台)
1	钢筋调直机	GT4-14	1
2	钢筋切断机	GQ40-1	1
3	钢筋弯曲机	GW-4	1
4	交流电焊机	ZX5-400	2
5	氧—乙炔焊接切割设备	—	2
6	路面切割机	HQL350	1
7	千斤顶	QYL0201	4
8	空压机	YW9/7	1

续上表

序号	名　称	规格型号	数量(台)
9	振捣器	ZN50	2
10	3m 直尺	3m	2
11	发电机	—	2

4.5　劳动力准备

劳动力计划见表3。

劳动力计划表　　表3

序号	工　种	人数(人)
1	钢筋工	6
2	木工	4
3	电焊工	4
4	测量工	2
5	力工	10

5　施工工艺及方法

5.1　施工工艺流程

测量放线→切缝、清理→安装就位→焊接固定→现浇混凝土→嵌缝

5.2　施工工艺

伸缩缝安装图,如图3、图4所示。

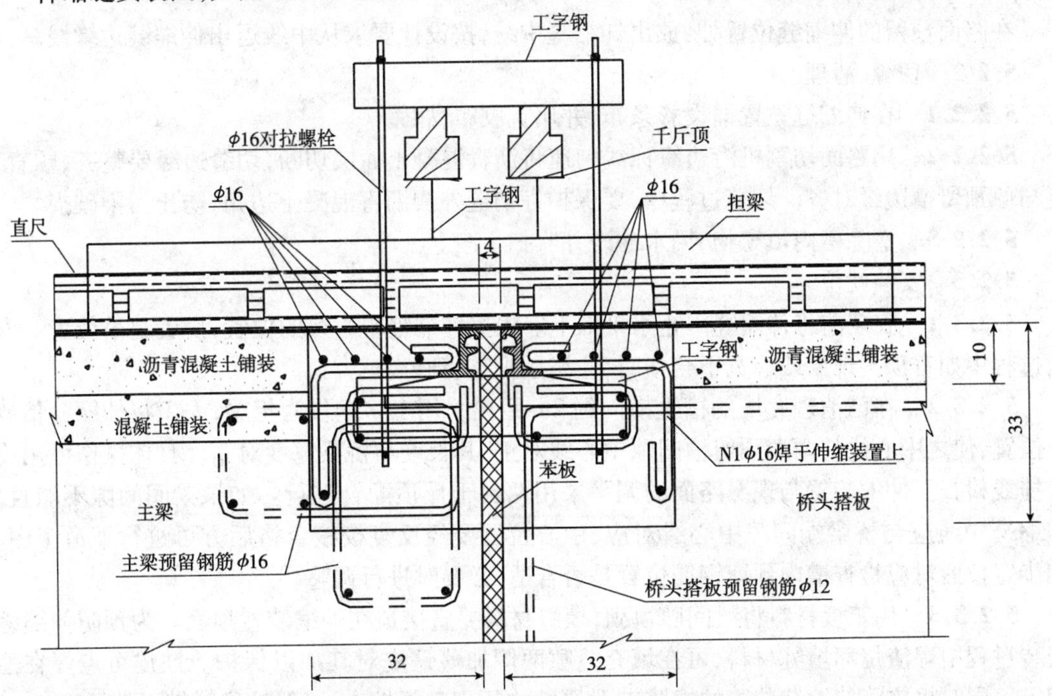

图3　80 型伸缩缝安装示意图(尺寸单位:cm;钢材单位:mm)

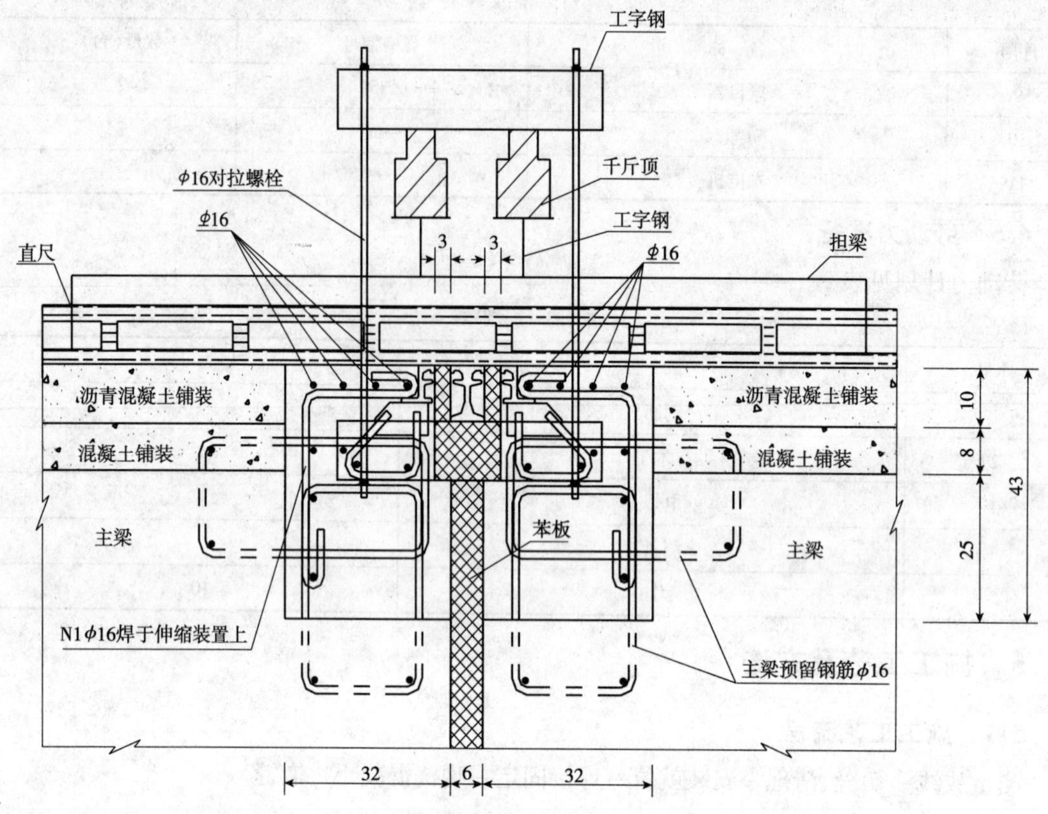

图4　120型伸缩缝安装示意图(尺寸单位:cm;钢材单位:mm)

5.2.1　测量放线

在路面预留的伸缩缝位置处,放出伸缩缝中线,按设计要求从中线返出伸缩缝边缘线。

5.2.2　切缝、清理

5.2.2.1　在伸缩缝位置铺设彩条布,并用宽胶布黏贴。

5.2.2.2　用路面切割机沿边缘标线匀速将沥青混凝土面层切断,切缝边缘要整齐、顺直,要与原预留槽边缘对齐。切缝过程中,要保护好切缝外侧沥青混凝土边角,防止污染破损。

5.2.2.3　清除槽内填充物,用水冲洗并吹扫干净。

5.2.3　安装就位

5.2.3.1　安装前将伸缩缝内止水带取下。根据伸缩缝中心线的位置,设置起吊位置。安装过程中如有顶头现象或缝宽不合格时,应凿剔平整、到位。

5.2.3.2　在已清理完毕的槽上横向约2m距离采用工字钢作为担梁,人工将伸缩缝抬放至位置,使之中心线与两端预留槽间隙中心线对正,其长度与桥梁宽度对正。具体操作可用小线挂线检查。伸缩装置与现况路面的调平采用两台千斤顶配合进行。如果梁间间隙不顺直,伸缩缝中线应与桥梁端间隙中心线对应,中心位置要经反复校核合格后方可进行下道工序。初步定位后对应检查槽内预埋钢筋位置是否合适,必要时进行调整。

5.2.3.3　用苯板材料将梁间隙填满,填缝材料要直接顶在伸缩装置顶面。为预防伸缩缝安装过程中焊渣烧坏填缝材料,可在填充缝隙两侧加薄铁皮对其加以保护。铁皮可点焊在型钢上。同时也应将伸缩缝装置的橡胶带U形槽内用聚苯板填充,以保护橡胶带不粘污物。

5.2.3.4　用3m直尺检查纵向平整度,即沿缝长方向每1m不小于两个检查点,精确检查伸缩缝顶面与两侧路面是否平顺，并用3m直尺和小线检查伸缩装置的平整度及直顺情况。

5.2.3.5 检查安装后的伸缩缝的中线位置是否准确，检验符合监理及设计要求后方可进行下道工序。

5.2.4 焊接固定

5.2.4.1 焊接前不得打开伸缩装置定位锁。

5.2.4.2 采用对称点焊定位。在对称焊接作业时伸缩缝每0.75m范围内至少有1个锚固钢筋与预埋钢筋焊接，焊接长度符合设计要求。两侧完全固定后就可将其余未焊接的锚筋完全焊接，并穿横筋，将横筋与预埋筋焊接进行加固，确保锚固可靠，不得在横梁上任意施焊，以防变形。

5.2.4.3 焊接作业过程中，边焊边用3m直尺检查纵横向平整度及直顺度。焊接完毕后，全面检查一次，必要时进行调整。

5.2.4.4 焊接固定完毕，约请监理进行验收。验收合格后，及时拆除锁定夹具。检查验收合格，伸缩缝即进入工作状态。

5.2.5 浇筑混凝土

5.2.5.1 采用C50钢纤维混凝土现场浇筑。坍落度宜控制在5~7cm。混凝土运输到现场，人工浇筑，用振捣棒振捣密实，要严格控制混凝土表面的高程和平整度。

5.2.5.2 对称浇筑防止已定位的构件变形。浇筑成形后用土工布覆盖保水养生，养生期不少于7d。

5.2.6 嵌缝

伸缩缝混凝土完成后，清理缝内填充物，嵌入橡胶带。

6 质量要求和保证措施

6.1 材料质量保证措施

6.1.1 伸缩缝。对本工程中使用的伸缩缝生产厂家进行资质审查、材质检测，施工方案审批，经监理确认后方可用于工程。

6.1.2 混凝土。混凝土强度应符合设计要求，混凝土中的水泥、砂子和石子等原材的各项性能指标均要满足公路试验检测标准。

6.1.3 钢筋。工程中所使用的钢筋要有出厂合格证和复试检验报告，其各项性能指标均要满足公路试验检测标准。

6.2 伸缩缝质量保证措施

6.2.1 为保证梁体自由收缩，安装伸缩缝前要调整预留变形缝宽度，使其满足设计要求。将变形缝中的建筑垃圾或杂物彻底清除。

6.2.2 保证伸缩缝安装预留槽符合设计要求，桥面铺装前要将预留槽填充低强度等级混凝土，保证有足够的强度。

6.2.3 为避免伸缩缝在焊接过程中出现焊缝长度偏短、焊缝不饱满、局部咬肉等质量问题，在伸缩缝施工中要认真调整钢筋位置，同时预埋筋长度要留足。个别长度不足的应凿出搭接长度再焊接，焊接时要控制住电流强度，防止焊接时咬肉。

6.3 质量标准

6.3.1 基本要求

6.3.1.1 伸缩缝必须满足设计和有关技术规范要求，有合格证，并经验收合格后方可安装。

6.3.1.2 伸缩缝必须锚固牢靠，伸缩性能必须有效。

6.3.1.3 伸缩缝骨架钢板严禁外露，严禁出现钢板与黏结处开裂或剥离。

6.3.1.4 缝宽符合设计及温度修正值的要求，缝隙均匀，对接方法符合设计要求，接茬平齐、牢固。

6.3.1.5 伸缩缝处不得积水。

6.3.1.6 伸缩缝体无阻塞、渗漏、变形、开裂现象。

6.3.1.7 伸缩缝处结构物的缝隙应符合设计要求，上下贯通。

6.3.1.8 伸缩缝安装直顺、不扭曲，全缝顶面（含保护带）与桥面同高度、同坡度。

6.3.1.9 伸缩缝两侧的保护带强度符合设计要求，伸缩缝与保护带、保护带与桥面相接平整。

6.3.2 外观鉴定

伸缩缝无阻塞、渗漏、变形、开裂现象，不符合要求时必须进行整修。

6.3.3 伸缩缝安装允许偏差（表4）

伸缩缝安装允许偏差表

表4

序号	检查项目	允许偏差	检查方法和频率
1	长度（mm）	符合设计要求	用尺量：每道
2	缝宽（mm）	符合设计要求	用尺量：每道2处
3	与桥面高差（mm）	2	用尺量，每侧3~7处
4	纵坡（%）	±0.5	水准仪：测量纵向锚固混凝土端部3处
5	横向平整度（mm）	3	用3m直尺测量

7 安全文明施工措施

7.1 安装施工时，在桥头两端设置禁止车辆通行的标志。

7.2 桥梁上部结构两侧要搭设防护网，夜间施工应配备足够的照明设备，并设红色标志灯。

7.3 伸缩缝吊装作业时，由专人指挥，吊装设备不得碰撞桥梁等结构，吊臂下不得站人。

7.4 电焊机、混凝土振捣机具的接电应有漏电保护装置，由专职电工操作。电焊操作人员及吊装人员持证上岗，每台电焊机单独设开关，外壳做接零及接地保护，焊线保证双线到位，无破损。

7.5 操作人员操作时要戴安全帽及使用相关劳动保护用品。

7.6 混凝土切缝机、风镐、振捣棒等强噪声机械施工，尽可能安排在白天施工，如必须夜间施工时应采取降噪措施。

7.7 伸缩缝切缝、凿毛、清理时应采取洒水降尘措施，防止粉尘污染。

§15 桥梁防撞护栏、地袱施工方案

1 编制依据

1.1 《××工程施工组织设计》

1.2 《××工程施工图》

1.3 《公路桥涵施工技术规范》(JTG/T F50—2011)

1.4 《公路工程质量检验评定标准》(JTG F80/1—2004)

2 工程概况

桥梁宽度34.5m,全长151.08m,上部结构为预应力混凝土箱梁(25m + 30m + 35m + 30m + 25m)。地袱为预制共311m,每个地袱长度为99cm,混凝土C30。现浇防撞护栏全长311m(现浇防撞护栏高度95cm,上口宽31cm,下口宽41.3cm),在伸缩缝处设异型护栏。除伸缩缝处断开外,在跨中、墩顶处及每6m设置结构缝,夹3mm三合板断开。

3 施工准备

3.1 技术准备

组织技术和施工人员熟悉图纸,学习相关施工规范及标准,做好技术交底。

3.2 地袱安装准备

地袱为厂家预制,桥梁梁板施工完毕并验收合格后现场安装。

3.3 防撞护栏施工准备

桥梁梁板施工完毕,并验收合格。防撞护栏模板厂家定做完成并经过进场检验合格。钢筋加工完成并经监理验收合格。

3.4 现场准备

3.4.1 施工便道

现况路宽9m,双向两车道,为混凝土路面结构,可直通施工现场。故本工程施工便道利用现况路,作为机械、材料等物资运输道路。

3.4.2 临时用电、用水

计划在现况路南侧约50m处安设200kVA临时变压器,由高压输入线引入变压器接到总箱再分别供于各分配电箱,经分配电箱供电给各开关箱,供施工现场设备用电及照明。现场施工用水拟利用距施工现场600m处的农田灌溉用机井,由12t水车运至施工现场作为施工用水。

3.4.3 加工场地

将现况路南侧一处50m×30m荒地平整后碾压密实,并浇筑一层10cm的C20混凝土,作为本工程的钢筋加工场。

4 施工部署

4.1 组织机构

工程组织机构图,如图1所示。

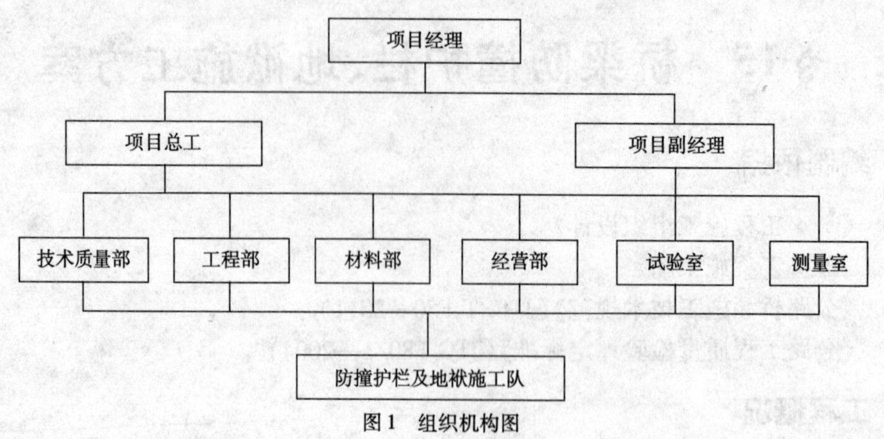

图1　组织机构图

4.2　工期计划

地袱安装采用两台自制炮车，2 天准备时间，计划每天安装 60m，地袱安装 6 天完成。

防撞护栏模板加工 60m，计划周转 6 次。计划每 5 天一个施工周期，第 1 天绑钢筋，第 2 天支模板、加固；第 3 天验收，浇筑混凝土；第 4 天混凝土养护；第 5 天拆模板，模板打磨。计划施工时间 35 天完成防撞护栏的混凝土浇筑施工。

本工程地袱与防撞护栏施工工期为 35 天。工期计划横道图如图 2 所示。

序号	分项工程名称	工程量	持续时间(d)	单位:d 5	10	20	25	30	35
1	施工准备	—	2						
2	地袱安装	311m	6						
3	护栏钢筋安装	44.95t	7						
4	护栏模板安装及护栏混凝土浇筑	101.7m^3	25						

图2　工期计划横道图

4.3　投入的主要机械设备

主要机械设备见表 1。

主要机械设备表　　表1

序号	名　称	规格型号	单位	数量
1	钢筋调直机	GT4-14	台	1
2	钢筋切断机	GQ40-1	台	1
3	钢筋弯曲机	GW-4	台	1
4	交流电焊机	ZX5-400	台	2
5	混凝土泵车	THBQ80	台	1
6	振捣器	ZN50	个	2
7	空压机	YW9/7	台	1
8	吊车	QY-8t	台	1
9	橡皮锤	—	把	10

4.4 主要材料准备

主要材料见表2。

主要材料表　　表2

序号	名　称	规格型号	地袱材料	防撞护栏材料
1	预制地袱	99cm	311块	—
2	钢筋	⌀10	—	3.07t
3	钢筋	⌀16	—	7.87t
4	钢筋	⌀18	—	19.14t
5	钢筋	⌀22	—	14.87t
6	混凝土	C30		$101.7m^3$
7	水泥砂浆	M7.5	$1.22m^3$	—
8	法兰盘预埋件	—	—	208套

4.5 劳动力准备

劳动力计划见表3。

劳动力计划表　　表3

序号	工种	数量(人)	序号	工种	数量(人)
1	瓦工	10	5	混凝土工	6
2	钢筋工	6	6	机械工	4
3	电焊工	5	7	力工	10
4	木工	12			

5 主要施工方法

5.1 地袱安装

5.1.1 施工工艺流程

测量放样→地袱安装

5.1.2 施工工艺

5.1.2.1 测量放样

由测量人员按照设计高程测量放出地袱的设计高程并栓桩，根据道路的线形加密控制点，确保安装后的地袱平顺，符合道路的线形。

5.1.2.2 地袱安装

按测量放样放出的控制线进行地袱安装。挂板应根据道路的平纵结合对安装的地袱进行控制。地袱安装时，自一端确定起点，按照地袱预制块大小划分每块地袱的具体位置，并留出2cm的灰浆缝，在伸缩缝处根据伸缩缝的宽度留出伸缩缝的位置。

当地袱的高度需要调整时，用三角钢板作为垫块。地袱与主梁之间垫2cm厚砂浆，砂浆要饱满。在地袱与水泥砂浆之间粘泡沫止水胶带。地袱吊装完成后立即进行焊接，并在外侧加以保护，预防地袱脱落。

5.2 现浇防撞护栏施工

5.2.1 施工工艺流程

测量放线→钢筋加工及绑扎→模板安装→浇筑混凝土→拆模养生

5.2.2 操作工艺

5.2.2.1 测量放线

(1)由测量人员根据桥梁控制点放出护栏的内外轮廓线和模板的检测线,并用墨线弹在梁板上。

(2)每隔10m在护栏预埋筋上焊接一个钢筋,测放出护栏顶面高程线并用红漆标注在钢筋上,作为钢筋绑扎时的高程控制线。

5.2.2.2 钢筋加工及绑扎

(1)在施工现场钢筋加工场加工钢筋后运到桥上进行绑扎。

(2)钢筋的种类、型号及规格尺寸应符合设计要求。钢筋的连接方式、接头位置、接头数量、同一截面内钢筋接头的百分率等应符合规范规定。

(3)按照设计图纸和测量放线位置进行钢筋绑扎。先绑扎立筋,立筋的位置调好后再绑扎横向钢筋。本工程现浇护栏上顶端设有闭合钢板横梁护栏,底板法兰盘预埋件随现浇混凝土护栏同时施工,应在钢筋绑扎完毕后安装。法兰盘每2米一个,位置、高程应认真检查,确认无误后宜点焊在护栏钢筋上。焊接要牢固以保证混凝土浇筑时位置不发生移动。

5.2.2.3 模板安装(图3)

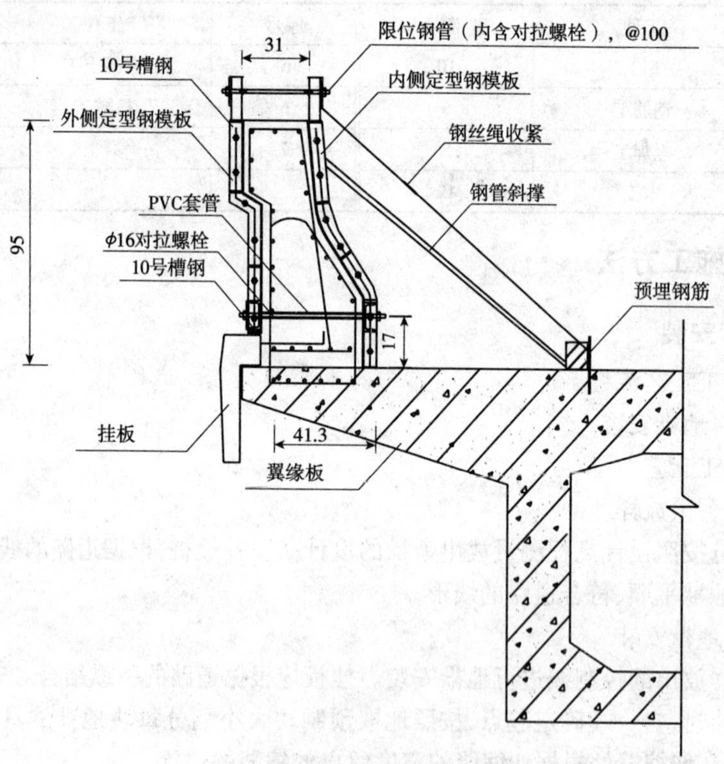

图3 现浇护栏支模图(尺寸单位:cm)

(1)防撞护栏模板采用外加工钢模板。钢模板每块长2m,面板厚度为5mm,横竖肋为10mm钢板。本次计划加工护栏模板60m,计划周转6次。为了保证模板不变形,在模板竖肋每隔100cm设置一道10号槽钢,横向在模板底部对拉螺栓处设置一道10号槽钢,增加模板的刚度。

(2)为了固定模板,在模板底部17cm处预留穿墙螺栓孔,孔的高度以桥面铺装施工能盖住为宜。模板上采用槽钢作为加强竖肋，槽钢高出模板顶面 10cm，在高出部分预留螺栓孔作为穿墙螺栓用。穿墙螺栓采用 ϕ16 圆钢，间距 100cm。

(3)在靠近护栏的湿接头位置，施工时预埋一排短钢筋，作为支撑。

(4)模板与混凝土接触面必须打磨光洁呈亮色，用洁净的棉丝擦拭，直至擦完的棉丝基本没有锈迹和脏物为止，然后均匀涂刷脱模剂。

(5)按照设计图纸和测量放线位置支设模板。模板底部的梁板面应先用水泥砂浆抹带找平。相邻的模板用螺栓连接，相对的模板用穿墙螺栓固定，模板搭接处用海绵条密封。在护栏内侧利用预留的短钢筋作支点，采用钢丝绳将模板与梁板上的预留钢筋拉紧压住模板，防止浇筑混凝土时模板上浮；同时采用方木对模板进行支撑，防止模板倾斜。

(6)现浇防撞护栏上的真缝若设计没有规定缝的位置时，每 6m 设置一道真缝，一般在跨中、梁端和连续梁的支座位置均应设置。真缝宜采用 3mm 厚的三合板彻底断开。

(7)现浇防撞护栏在桥梁伸缩缝位置应根据图纸预留伸缩缝施工槽。

(8)模板验收合格后，测量人员在模板顶部的槽钢上放出护栏顶面高程控制线，并用红漆标注。

5.2.2.4 浇筑混凝土

(1)本工程采用预拌混凝土，泵送浇筑，混凝土坍落度为 14 ~ 16cm。

(2)混凝土应分 3 层浇筑，每次浇筑厚度不得超过 30cm。分层浇筑间隔时间应不大于混凝土初凝时间。

(3)振捣棒应插入下层 5 ~ 10cm，振捣棒与侧模应保持 5 ~ 10cm 的距离，严禁振捣棒直接接触模板。每次振捣必须振捣至混凝土停止下沉，不再冒出气泡，表面呈现平坦、泛浆时方可提出振捣棒。

(4)振捣完成后对护栏顶面混凝土进行抹面施工。

5.2.2.5 拆模养生

(1)混凝土浇筑完成后应根据混凝土强度能保证其表面及棱角不致因拆模而受损坏时方可拆模，对护栏表面和施工缝进行清理后，覆盖土工布保湿养生，养护时间应不少于 7d。

(2)拆模后，模板下抹的砂浆带应及时剔除，清理干净。

5.3 季节性施工措施

5.3.1 雨期施工

5.3.1.1 暑期施工混凝土浇筑时温度应控制在 32℃ 以下，宜选择一天温度较低的时间内进行。

5.3.1.2 施工材料的码放应采取防雨、防潮措施。

5.3.1.3 露天的电器设备要有可靠的防触电、漏电措施。

5.3.2 冬期施工

5.3.2.1 一般情况下不宜安排混凝土护栏冬期施工。

5.3.2.2 混凝土应掺加适量的防冻剂。拌制混凝土的砂、石和水的温度应满足混凝土拌和物搅拌、运输和混凝土入模温度要求。

5.3.2.3 运输混凝土的罐车应采取保温措施。混凝土浇筑前应清除模板钢筋上的冰雪和污垢。

5.3.2.4 混凝土浇筑后应采取适当的覆盖保温措施，在混凝土抗压强度达到设计强度的 40% 前不得受冻。

6 质量保证措施

6.1 材料质量保证措施

6.1.1 钢筋:钢筋应有出厂质量证明书和复试报告单,钢筋的品种、级别、规格应符合设计要求。

6.1.2 混凝土:严把原料质量关,选用质量好、相对固定的原材料保证混凝土外观颜色的协调。到场混凝土检测和易性、流动性及坍落度等指标,确保外观质量。

6.2 施工保证措施

6.2.1 防撞护栏模板为厂家预制的定型钢模板,每个模板长度2m,进场时要按照相关规范进行验收,合格后方可用于本工程。

6.2.2 由于防撞护栏断面尺寸基本上是下大上小,模板加固时一定要通过预埋钢筋将模板压住,防止浇筑混凝土时模板上浮。

6.2.3 护栏浇筑混凝土时侧面容易聚集气泡,要让下部混凝土的气泡尽量先散出来。在混凝土振捣过程中由人工加强对模板斜面的敲打,尽量减少混凝土斜面处气泡。

6.2.4 平曲线上的桥梁要认真核对护栏位置及与梁板的相对关系,防止护栏预埋钢筋埋错位置。

6.2.5 真缝位置和角度要准确,支模时要确保完全断开。

6.3 质量标准

6.3.1 地袱

6.3.1.1 地袱安装质量要求:

(1)地袱混凝土的原材料、配合比必须符合相关标准规定,强度必须符合设计要求。

(2)地袱安装必须牢固,不得有断裂、弯曲现象。

(3)地袱构件不得有蜂窝、露筋等现象,不得有硬伤、掉角等缺陷。

(4)地袱安装的线形和坡度应符合设计要求,线形应流畅平顺。

(5)安装后地袱构件不得有硬伤、掉角和裂纹等缺陷。

6.3.1.2 地袱安装允许偏差见表4。

地袱安装允许偏差 表4

序号	检查项目	允许偏差(mm)	检查方法和频率
1	直顺度	≤5	用10m小线量取最大值,每跨测1点
2	垂直度(全高)	≤3	垂线法顺桥向轴向每跨测2点
3	相邻高差	≤3	用钢尺量安总数20%

6.3.2 现浇防撞护栏

6.3.2.1 基本要求

(1)混凝土必须有质量证明。

(2)不得出现露筋和空洞现象。

(3)防撞护栏上的钢构件应焊接牢固,焊接应满足设计和有关规定的要求,并按设计要求进行防护。

6.3.2.2 外观鉴定

(1)防撞护栏线形直顺、美观。

(2)混凝土表面平整,不应出现蜂窝、麻面。

(3)防撞护栏浇筑节段间应平滑顺接。

6.3.2.3 防撞护栏浇筑允许偏差见表5。

混凝土防撞护栏浇筑允许偏差 表5

序号	检查项目	规定值或允许偏差	检验方法和频率
1	混凝土强度(MPa)	在合格标准内	按JTG F80/1附录D检查
2	平面偏位(mm)	4	经纬仪、钢尺拉线检查:每100m检查3处
3	断面尺寸(mm)	±5	尺量:每100m每侧检查3处
4	竖直度(mm)	4	吊垂线:每100m每侧检查3处
5	预埋件位置(mm)	5	尺量:每件

6.3.3 钢筋安装允许偏差见表6。

混凝土防撞护栏钢筋安装允许偏差 表6

序号	检查项目	允许偏差	检验方法及频率
1	受力钢筋间距(mm)	±20mm	尺量:每构件2个断面
2	箍筋、横向水平钢筋间距(mm)	±10mm	尺量:每构件检查5~10个间距
3	保护层厚度(mm)	±10m	尺量:每构件沿模板周边检查8处

7 安全文明施工措施

7.1 专职人员负责安全,施工前做好安全交底。

7.2 参加施工操作人员佩戴好安全防护工具。各工种的操作人员严格按照操作规程操作。

7.3 施工区域设置围挡,并立标志牌。施工现场布置排水设施。临时道路平整、坚实、畅通。

7.4 电工、电焊工均持证上岗。使用设备前按规定配备好相应的劳动防护用品,严禁设备带病运转。

7.5 施工现场,在5级风速时,就应停止安装作业。施工时注意周围的高压线和其他的电缆等通信设施的保护。

7.6 施工前桥梁外侧应搭脚手架,设工作平台,挂安全网。

7.7 在桥梁外侧施工的工作人员应系安全带。

7.8 施工中严禁向桥下抛掷物品。

7.9 夜间施工必须有足够的照明设施。

8 其他措施

8.1 成品保护

8.1.1 护栏施工完成后,应采取覆盖保护措施,防止磕碰混凝土表面。

8.1.2 护栏上的部件安装,若需焊接时,应注意保护护栏表面混凝土不被损坏。

8.2 环保

8.2.1 施工现场离居民区较近时,应采取隔声措施,尽可能避开夜间施工,防止噪声扰民。

8.2.2 模板涂刷隔离剂应采取措施,防止污染钢筋和周围环境。

8.2.3 凿毛清扫时,应采取降尘措施,防止扬尘。

公 路 工 程

§16 土方路基施工方案

1 编制依据

1.1 《××公路工程施工组织设计》

1.2 《××公路工程施工图设计》

1.3 《公路路基施工技术规范》(JTG F10—2006)

1.4 《公路工程质量检验评定标准》(JTG F80/1—2004)

2 工程概况

本工程路基施工范围:××互通路基,互通由主线、A、B、C、D、E 匝道组成,含 AB、AC、AE 整平区;主线长度 928m,双向四车道,路基设计宽度 24.5m,设计时速为 100km/h,匝道共计 1900m;路基单向两车道(含加宽缓和段),设计时速为 30km/h。

2.1 主要工程数量

路基施工主要工程量:挖土方 172090m^3,填土方 309460m^3。路基工程数量见表 1。

互通区路基土石方数量表　　表 1

施工区域	长度(m)	起始桩号	挖方(m^3)	填方(m^3)	填缺(m^3)	挖余(m^3)	缺方(m^3)
主线	928	K0 +000 ~ K0 +928	19364	183063	163699	0	—
A 匝道	877	AK0 +000 ~ AK0 +877	24742	32535	7793	—	—
B 匝道	170	BK0 +000 ~ BK0 +170	210	16348	16138	0	—
C 匝道	273	CK0 +100 ~ CK0 +379	394	25273	24879	0	—
D 匝道	280	DK0 +100 ~ DK0 +380	897	25076	24179	0	—
E 匝道	300	EK0 +100 ~ EK0 +400	81142	3858	0	77284	—
AD 区	—	整平区	10300	3500	0	6800	—
AE 区	—	整平区	11569	0	0	11569	—
AB 区	—	整平区	23472	19807	0	3665	—
合计	2828	—	172090	309460	236688	99318	137370

说明:以上土方填挖数量均按压实方计算,取土场可取土 137370m^3。路基清表腐殖土等作为 AB、AC、AE 整平区表面种植土,暂不计入土方施工工程量。

2.2 路基施工土方调配

土方调配文字说明如下:

依据互通区路基土方数量表和互通区路基施工平面布置图,以经济的原则进行土方调配。

A 匝道挖方为 24742m^3,填方 32535m^3,缺方 7793m^3。其中 AK0 +000 ~ AK0 +500 段,由 E 匝道挖方段经 1 号便道运至施工现场,运土方量为 25000m^3;AK0 +500 ~ AK0 +760 填方 7535m^3,挖方 7535m^3,挖填平衡;AK0 +760 ~ AK0 +877 段挖方 17207m^3 运至 B、C 匝道。

B 匝道挖方为 210m^3,填方 16348m^3,缺方 16138m^3,由 AB 整平区运至施工现场,运土方量为 3665m^3;由 AK0+760~AK0+877 段挖方段挖运 12473m^3 至 B 匝道。

C 匝道挖方为 394m^3,填方 25273m^3,缺方 24879m^3,由 AK0+760~AK0+877 段挖方段挖运 4734m^3 至 C 匝道,C 匝道剩余土方由通南取土场通过 4 号便道挖运 20145m^3 至 C 匝道。

D 匝道挖方为 897m^3,填方 25076m^3,缺方 24179m^3,由 AD 整平区挖运 6800m^3 至 D 匝道,D 匝道剩余缺方由 E 匝道挖运 17379m^3 通过整平区运至施工现场。

E 匝道挖方为 81142m^3,填方 3858m^3,挖余 77284m^3,挖余运至 A 匝道 AK0+000~AK0+500 段 25000m^3、至 D 匝道 17379m^3,剩余 34905m^3 运至 K0+500~K0+700 段。

主线 K0+000~K0+928 挖方 19364m^3,填方 183063m^3,缺方 163699m^3,通过 3 号便道利用 E 匝道 34905m^3、AE 整平区调入 11569m^3,剩余 117225m^3 由取土场通过 2 号便道运至施工现场。

综上所述,取土场取土 137370m^3,其余土方均为本桩利用和远运利用。土方调配示意图如图 1 所示。

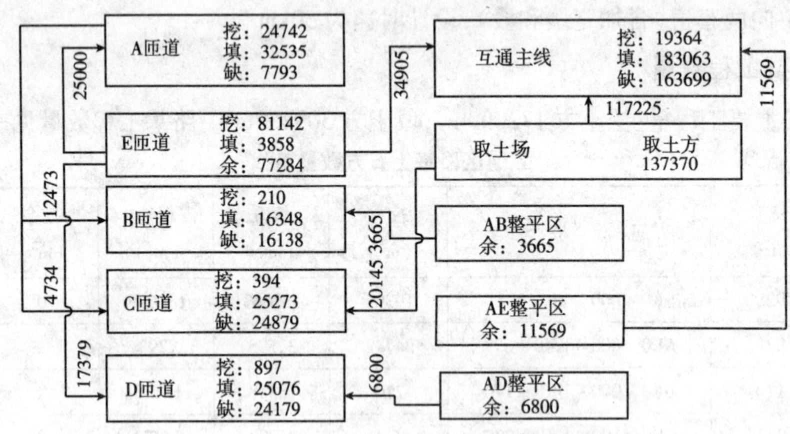

图 1　土方调配示意图(单位:m^3)

3　施工准备

3.1　技术准备

3.1.1　熟悉图纸,编制施工方案,进行技术交底。

3.1.2　对施工现场范围内的建筑物、地下管线、线缆等进行调查,摸清现状管线及各种障碍物的分布情况,制定保护和预防措施。

3.1.3　组织测量人员检查验收控制桩,并做好控制桩保护工作和导线点、水准点的加密与复核工作,并报监理工程师审核与批复。

3.1.4　将取土场和挖方段的填方用土进行取样试验,并报监理工程师审核并批复。

3.2　试验路段施工

3.2.1　为确保路基填方工作面能顺利开展,对各拟定取土场的土样分别进行土工试验,确定适用的取土场,并检测土样各项试验数据上报监理工程师批准。对于使用挖方段利用方的,同样按规范要求做好试验并报批。

3.2.2　路基填料确定后,在开工前 21 天,结合施工路段,选择长度不小于 100m(全幅路基)的有代表性的地段作为路基试验段,进行土方压实试验。试验时记录设备的类型、最佳组合方式、碾压遍数及碾压速度、工序、每层材料的松铺厚度、材料的最佳含水率控制方式等。将试验段施工成果上报监理工程师批准。

3.3 现场准备

施工便道修筑。根据土方施工工作面及取土场、弃土场布置情况，在路基外侧修建4条贯穿全路段的施工便道。便道路基宽度不小于10m，路面宽度不小于7.5m。

土质路基地段施工便道基层铺筑片石，厚度50cm；路面面层采用泥结碎石，厚度为20cm。临时便道与地方相交道路相连通，形成施工区域与取、弃土场的运输网络。

4 施工部署

4.1 组织机构

路基施工组织机构如图2所示。

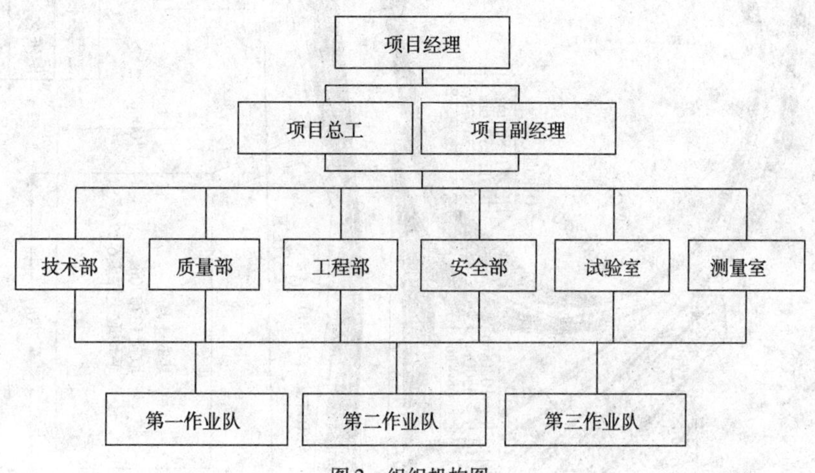

图2 组织机构图

4.2 施工安排

本工程工期85天。工期计划横道图如图3所示。

序号	施工内容	工程量			持续时间（d）	单位：d																
		挖方（m^3）	填方（m^3）	（m）		5	10	15	20	25	30	35	40	45	50	55	60	65	70	75	80	85
1	施工准备	—	—	—	15																	
2	清　表	—	—	—	5																	
3	试验段施工	—	—	100	5																	
4	一工区	43440	84428	—	35																	
5	二工区	11197	188639	—	55																	
6	三工区	117453	36393	—	35																	
7	路基交验	—	—	2828	20																	

图3 工期计划横道图

4.3 施工平面布置

施工总平面布置如图4所示。

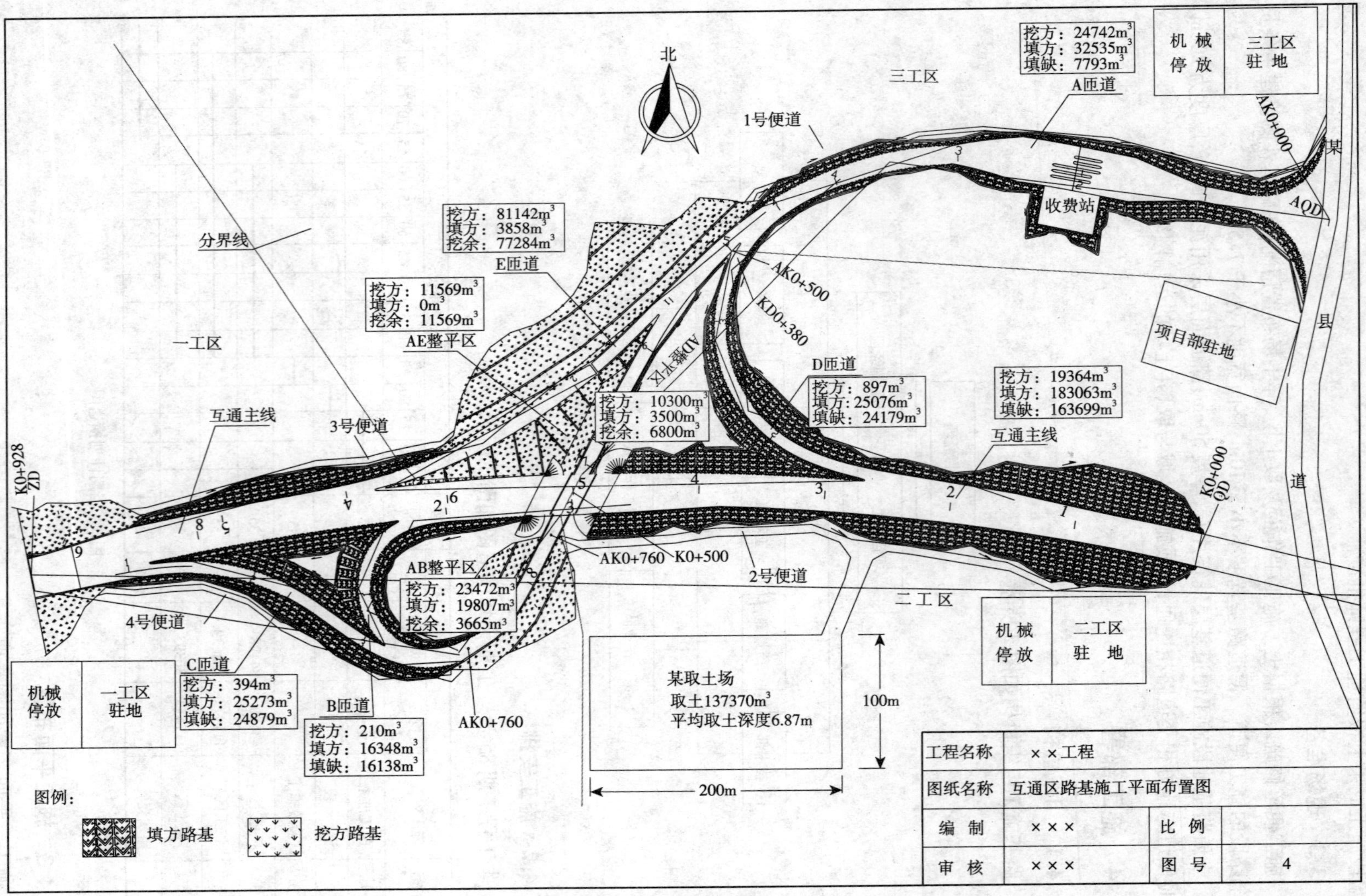

北

三工区

机械停放 | 三工区驻地

A匝道
挖方：24742m³
填方：32535m³
填缺：7793m³

1号便道

收费站

AK0+000

AQD

某县道

项目部驻地

分界线

一工区

挖方：81142m³
填方：3858m³
挖余：77284m³
E匝道

挖方：11569m³
填方：0m³
挖余：11569m³
AE整平区

AK0+500

KD0+380

AD整平区

D匝道
挖方：897m³
填方：25076m³
填缺：24179m³

挖方：19364m³
填方：183063m³
填缺：163699m³
互通主线

挖方：10300m³
填方：3500m³
挖余：6800m³

互通主线

3号便道

K0+928
ZD

K0+000
QD

AK0+760

K0+500

2号便道

二工区

AB整平区
挖方：23472m³
填方：19807m³
挖余：3665m³

4号便道

机械停放 | 二工区驻地

C匝道
挖方：394m³
填方：25273m³
填缺：24879m³

B匝道
挖方：210m³
填方：16348m³
填缺：16138m³

AK0+760

机械停放 | 一工区驻地

某取土场
取土137370m³
平均取土深度6.87m

100m

200m

图例：
填方路基
挖方路基

工程名称	××工程		
图纸名称	互通区路基施工平面布置图		
编　制	×××	比　例	
审　核	×××	图　号	4

图4　互通区路基施工平面布置图

4.4 机械设备准备

机械设备见表2。

机 械 设 备 表 表2

序号	机械名称	规格型号	功率/产量	数量	用途
1	挖掘机	JY230	大于 $1m^3$	6	清表、土方挖方
2	装载机	ZL50	$5m^3$	3	短距离运土
3	自卸车	T142S2	208kW 20t	20	运土
4	振动压路机	YZ25	25t	3	土方压实
5	推土机	140	大于120kW	3	路基粗平
6	平地机	PY180	158kW	2	路基精平
7	洒水车	CA142	$8m^3$	2	调整含水量降尘
8	照明机组	ZM－1	2.5kW	3	夜间照明
9	油罐车	8t	8t	1	设备加油

4.5 劳动力准备

劳动力计划见表3。共设置3个作业面,每个工作面配备1个土方填筑作业班组,人员数量标准为22人,含机械操作手、修理工人及辅助人工。

劳 动 力 计 划 表 表3

序号	人员组成	数量	作 业 内 容
1	施工队长	1	负责施工安排组织协调
2	施工员	2	现场施工技术质量管理
3	安全员	1	现场安全管理
4	操作手	15	设备操作
5	劳务工人	3	辅助机械现场清理树根、大石块、局部处理等

4.6 试验检测设备准备

试验检测设备见表4。

试验检测设备表 表4

序号	仪器设备名称	规格型号	单位	数 量
1	多功能电动击实仪	TDJ－Ⅲ型	台	1
2	多功能电动脱模器	LD－141	台	1
3	数显液塑限测定仪	LD－1000型	台	1
4	电热恒温干燥箱	0～300℃	台	1
5	电动摇筛机	—	台	1
6	土壤筛	方孔 $\phi300$	套	1
7	测力环	0～7.5kN	套	1
8	测力环	30kN	套	1
9	CBR值测定设备	—	套	1

续上表

序号	仪器设备名称	规格型号	单位	数 量
10	百分表	10mm(0.01mm)	个	10
11	轻型动力触探仪	N10	台	1
12	灌砂筒	ϕ150	套	3
13	环刀	200cm^3	台	1
14	电子天平	0～2000g(0.1g)	台	1
15	电子天平	0～1000g(0.01g)	台	1
16	电子天平	0～15kg(1g)	台	2
17	全站仪	索佳 SET210	台	1
18	水准仪	索佳 C32Ⅱ	台	2
19	路面弯沉仪	5.4m	套	1
20	直尺	3m	把	2
21	钢尺	50m	把	4

5 主要施工方法

5.1 挖方路基施工

5.1.1 土质路堑开挖

5.1.1.1 土质路堑开挖施工工艺流程

测量放样→清表→土方挖运→边坡修整→路基反挖、复压→交验

5.1.1.2 施工工艺

5.1.1.3 测量放样

按设计路基横断面计算出坐标，采用全站仪放出开挖边线，并根据设计坡率反算复核、与设计图纸进行逐一对比，如开挖边线、征地红线、横断面无法满足设计及施工要求时，及时上报处理，同时做好变更申报。

5.1.1.4 清表

清除地表遗留的渣土、垃圾土等不适宜材料，挖除的不适宜材料及时外运出场，弃土场的位置应经监理和地方政府批准。

5.1.1.5 土方挖运

现场施工技术人员应配备坡比架、卷尺等随时对开挖边坡进行检查。土方路堑开挖采用横挖法施工。

每开挖3～4m，应在挖掘机作业高度范围内对开挖坡面进行一次修整，同时采用全站仪对已开挖边坡进行一次复核，以确保开挖坡面不欠挖、不超挖。

高路堑边坡开挖应自上而下进行，严格按设计图纸分级进行，开挖坡面一次成形，且应开挖一级防护一级，防止边坡失稳产生滑坍等灾害；同时对有可能产生滑坍等边坡应按设计要求进行加固，方可进行下级边坡开挖，严禁掏洞取土。

土方路堑开挖时，应设不少于3%的纵向排水坡，待按此施工贯通之后，应自线位较低处起纵向整修路槽；确保施工作业面不积水，按设计做好截水沟、挖方边沟等；同时采用必要的排

导措施，保障成形路基不受雨水侵蚀。

5.1.1.6　边坡修整

(1)上边坡弧化修整。

对坡顶及两端进行圆弧化整形与原地形顺接，坡脚圆顺与边沟成一体，对于低矮的边坡尽量放缓修整成大圆弧形式与原地形弧形顺接，做到边坡与原有自然环境协调。

边坡在条件许可的情况下尽量放缓，对于坡顶位置有树木、灌丛、竹林等原生植被的，以这些原生植被为边界进行放坡和修整，并注意对这些原生植被的保护；对于坡顶及两端有棱角或明显凸出的孤包要予以削除并整修，使坡面圆润顺滑。

(2)边坡弧化处理方法。

在边坡开挖和修整时要根据地形、地貌进行精细化修整施工，做到坡面开口线与原地面交界处圆弧化处理，边坡的顶面和两个侧面修成圆弧形，弧化处理尽量使边坡与原地面线之间的折线变为缓和曲线，边坡绿化后使边坡与自然融为一体。

5.1.1.7　路基反挖、复压

挖方路堑开挖至顶后应根据设计地基承载力要求采用轻型触探仪检查地基承载力是否符合要求，如无法达到设计要求时，应对土质路堑进行反挖，反挖深度应根据设计承载力、土质情况等决定。

路堑反挖后，应先整平原状土，采用振动压路机压实，压实度大于94%，然后选择符合96区指标要求的填料压实处理。

5.1.1.8　交验

路基交工验收前先进行自检，对外观质量及路基局部缺陷进行修整或处理，自检合格后申请交工验收。

5.1.1.9　土方开挖其他注意事项

(1)在高路堑边坡地段一般山体含水率大，在渗水量大的部位应及时，有针对性地按设计要求施打排水平孔。为确保高路堑地段路基稳定，应在边沟底设置复式渗沟，防止山体水渗入路基，产生隐患。

(2)沿溪及山坡不能横向弃置废方的开挖路段，应选择可行的措施，防止造成废方侵占良田、河道，损害民房及用地范围以外的其他构造物。

(3)因气候条件挖出的土方，无法按照规范要求用于填筑路基时，应停止开挖，直到气候条件转好。路基开挖时，如遇特殊土质时，是否改良利用或废弃应得到监理工程师的批准。

5.2　填土路基施工

5.2.1　填土路基施工工艺流程

填前碾压→白灰打格→布土→含水率检测→整平→碾压→压实度检测

5.2.2　施工工艺

5.2.2.1　填土路基施工前提条件

(1)施工前做好伐树、除根和表层土处理、回填，回填土应用原地土或砂性土回填，并按规定进行压实。

(2)当基底为自然地面坡面，且自然地面坡度较大(≥1∶5)时，将坡面做成台阶形式。一般台阶宽度不小于2m，而且台阶顶面应做成向堤内倾斜4%～6%的坡度。

(3)对于处于水田、山坳路段，应首先开挖纵横向排水沟，疏干地表水。对于有地下水露头处应视出水量情况，设置永久性排水设施。

(4)当开挖纵横向排水沟自然排水有困难的路段,应设集水坑,采取人工排水。

(5)土基开挖的纵横向排水沟均采用透水性材料回填夯实。

(6)做好原地面临时排水设施,并与永久排水设施相结合。排走的雨水等,不得冲入农田和引起路基冲刷。

(7)路堤填料应优先选用级配较好的砾类土、砂类土等粗粒土作为填料,不得使用淤泥、沼泽土、冻土、有机土、含草皮土、生活垃圾、含有树根和腐朽物质的土。对液限大于50,塑性指数大于26的土,不得作为94区、96区填料。当粗颗粒含量大于50%,且CBR指标大于3时,可直接作为路基93区填料;当粗颗粒土含量小于50%,用湿法制作试件,CBR指标大于3时,可通过专题研究,根据室内试验和现场试验路铺筑,确定碾压参数,可考虑作为路基93区填料。

(8)路基填方材料,应经取土试验,符合表5的规定时,方可使用。

填土路基填料最小强度和最大粒径表 表5

序号	项目分类	路面底面以下深度(cm)	填料最小强度(CBR)	填料最大粒径(cm)
1	填方路基	路床(0~30)	8	10
		路床(30~80)	5	10
		上路堤(80~150)	4	15
		下路堤(>150)	3	15
2	零填及挖方路基	路床(0~30)	8	10
		路床(30~80)	5	10

5.2.2.2 填前碾压

应将地基表层碾压密实,路床底压实度不得小于90%。如无法直接压实至90%,应进行翻晒或改良处理。

5.2.2.3 白灰打格、布土

路基填筑采用"划格上土,标杆施工,平地机整平",即上土前根据压实层厚度和每车土的运量确定单位车辆的卸土面积,用白灰线打出方格控制卸土范围,整平时根据松铺厚度在路基边缘纵向钉桩挂线施工。钉桩采用长70cm、断面5cm×5cm的木桩,用红白漆每10cm交错标注,沿路线每10m设一处。

5.2.2.4 含水率检测

根据试验段成果报告,应控制其含水率在最佳压实含水率±2%之内,否则确定洒水或晾晒处理。

5.2.2.5 整平

根据试验段成果报告,填土粗平采用推土机。推土粗平后,拉线量测以控制施工层铺厚度。如发现虚铺超厚时,继续采用推土机将虚铺土推薄至要求厚度。

推土机粗平后,采用平地机进行精平。

5.2.2.6 碾压

按照试验段得到的试验成果指导土方碾压。初次碾压时,按照从外侧向中间、从低处向高处的顺序碾压,超高段由内侧向外侧碾压。采用压路机进行路基压实作业,行驶速度在4km/h以内为宜,压实路线,直线段宜先两侧后中间,小半径曲线段由内侧向外侧,纵向进退式进行;横向接头,对振动压路机重叠0.4~0.5m,前后相邻两区段宜纵向重叠1.0~1.5m,使路基各点都得到压实,避免土基产生不均匀沉陷。

对于压路机不易到达的死角区域,采用手扶式振动压路机或蛙式打夯机人工夯实,直至压实度达到规范要求。

若填方分几个作业段施工,两段交接处不在同一时间填筑,则先填地段应按1:1分层留台阶。若两个地段同时填,则应分层相互交叠衔接,其搭接长度不得小于2m。

5.2.2.7 压实度检测

每层填料经压实后,由试验员采用灌砂法进行压实度检测,自检合格后,请监理工程师检验,未经验收的不进行上一层填土作业。

5.2.2.8 土方填筑其他注意事项

(1)土方路堤,必须根据设计断面,分层填筑、分层压实。路堤填土宽度每侧应宽于填层设计宽度50cm,压实宽度不得小于设计宽度。

(2)横坡陡峻地段的半填半挖路基,必须在山坡上从填方坡脚向上挖成向内倾斜的台阶,台阶宽度不应小于2m。其中挖方一侧,在行车范围之内的宽度不足一个行车道宽度时,则应挖够一个行车道宽度,其上路床范围之内的原状土应予以挖除,并按上路床填方的要求施工。

(3)零填挖路床及路堑在0~80cm如为土质,应全部翻松后再压实,并应先进行地表土试验检测。如原状土不符合路床要求时,应及时上报监理工程师,按程序进行变更处理。

5.3 季节性施工措施

5.3.1 冬期施工

5.3.1.1 填料禁止使用冻结填料。填筑时按横断面全宽填筑,每层松铺厚度应按正常施工减少20%~30%,最大松铺厚度不得超过300mm。当天填的土必须当天完成碾压。

5.3.1.2 当路堤距路床顶面1m时,碾压密实后应立即停止填筑,在上面铺松土保温。待冬期过后整理复压,再分层填筑至设计高程。

5.3.1.3 挖填方交界处,填土低于1m的路堤都不应在冬期施工。

5.3.1.4 路基填筑宽度应超填500mm并压实;挖方段边坡不应开挖到位,应预留300mm厚台阶,待冬期过后修整边坡。

5.3.1.5 路堑挖至路床面上1m时应停止开挖,挖好临时排水沟,在表面铺松土保温,待正常施工时再挖去其余部分。

5.3.2 雨期施工

5.3.2.1 雨期施工以预防为主,掌握气象变化资料,采取有效的防雨、排水措施。对施工现场进行全面检查,包括临时设施、临电、机械设备、边坡防护等工作。

5.3.2.2 及时排除地表水,修建排水沟,保持场地不积水,如原地面松软,应换填。

5.3.2.3 分层填筑,每一层的表面应做成2%~4%的排水横坡,当天填筑的土层应当天完成压实。

5.3.2.4 路堑开挖应分层开挖,每层均应设置排水纵横坡。挖方路段边坡不应开挖到位,应预留300mm厚,待雨期过后修整到设计坡度。

5.3.2.5 路基两侧的边坡防护工程应及时跟进;未及时进行防护的,用塑料布或苫布对已成形的边坡进行覆盖。

5.3.2.6 每日停止作业前应将路基碾压密实平整,雨后,路基施工不得立即复工,复工时重新碾压密实后再施工。

6 质量保证措施

6.1 质量措施

6.1.1 建立质量保证体系,每个工作面配置2名试验员监控路基质量,按标准进行含水率、压实度试验,严格控制检测弯沉、中线偏位、宽度、横坡、边坡等指标。

6.1.2 土方开挖质量控制措施。

土方开挖按设计自上而下进行,不乱挖或超挖。开挖中如发现土层性质有变化时,应修改施工方案及挖方边坡,并及时报请监理工程师批准。

土方地段的挖方路基施工高程,考虑因压实而产生的下沉量,其数值由试验确定。

6.1.3 路基填方质量控制措施。

土质路基:严格控制回填土质量,杜绝使用渣土、淤泥质土等不良土源进行回填,碾压前将土中夹带的石块、淤泥、植物根茎等有机物质彻底清除。

根据现场检测的土壤含水率,决定翻耕晾晒或洒水,使土壤含水率接近最佳含水率。按照试验段得到的数据和配套的机械设备对路床进行碾压。

路基分段填筑时,先填地段在接头处预留1:1的坡度,并在各填筑层面上预留不小于2m宽的平台,并做好接头段的衔接。

6.2 质量标准

6.2.1 基本要求

6.2.1.1 在路基用地范围内,应清除地表植被、杂物、积水、淤泥和表土,并按规范和设计要求对基底进行压实。

6.2.1.2 路基填料应符合规范和设计的规定。

6.2.1.3 填方路基分层填筑压实,每层表面平整,路拱合适,排水良好。

6.2.1.4 施工临时排水系统应与设计排水系统结合,避免冲刷边坡,勿使路基附近积水。

6.2.1.5 在设定取土区内取土,不得滥开滥挖。

6.2.2 土方路基允许偏差

土方路基允许偏差见表6。

土方路基允许偏差 表6

序号	检查项目			规定值或允许偏差	检查方法和频率
1	压实度(%)	零填及挖方(m)	0~0.80	≥96	按《公路工程质量检验评定标准》附录B检查
		填方(m)	0~0.80	≥96	密度法:每200m每压实层测4处
			0.80~1.50	≥94	
			>1.50	≥93	
2	弯沉(0.01mm)			不大于设计要求值	按《公路工程质量检验评定标准》附录I检查
3	纵断高程(mm)			+10、-15	水准仪:每200m测4断面
4	中线偏位(mm)			50	经纬仪:每200m测4点;弯道加HY、YH两点
5	宽度(mm)			不小于设计	米尺:每200m测4处

续上表

序号	检 查 项 目	规定值或允许偏差	检查方法和频率
6	平整度(mm)	15	3m 直尺:每 200m 测 2 处 ×10 尺
7	横坡(%)	±0.3	水准仪:每 200m 测 4 个断面
8	边坡	不陡于设计值	尺量:每 200m 测 4 处

6.2.3 外观鉴定

6.2.3.1 路基表面平整,边线直顺,曲线圆滑。

6.2.3.2 路基边坡坡面平顺、稳定,不得亏坡,曲线圆滑。

6.2.3.3 取土坑、弃土堆、护坡道飞碎落台的位置适当,外形整齐、美观,防止水土流失。

7 安全和文明施工措施

7.1 严格执行《安全生产法》,规范施工作业,建立健全安全保证体系。

7.2 分别对运输车辆驾驶员、机械操作员以及现场碾压设备操作手进行安全教育,签署安全责任状。操作手持证上岗,能够熟练掌握设备安全操作技术。

7.3 在施工过程中,专职安全员不断进行巡查,认真做好安全检查记录,发现隐患及时处理,把事故消灭在萌芽中,杜绝人身伤害事故。

7.4 运输车辆在行驶中,驾驶员必须控制车速,不得超速和超载及疲劳驾驶、酒后驾驶、带病驾驶,违反者一律清退出场。

7.5 施工作业区和进出场路口均设置警示标志牌,提醒人员车辆减速、避让。提前规划出车辆行驶路线,专人指挥车辆进出场。对于便道及交叉路口等,安排专人负责指挥车辆进出。

7.6 现场作业人员统一着装,身穿反光马甲,确保整齐统一和安全防护。

7.7 机械设备保持干净整洁,标志清晰;每天完工后,将工作面清理干净,机械设备停放整齐。

7.8 工作面的各种标志清晰醒目,工作井然有序,按照工艺要求操作。

8 环境保护

8.1 施工便道每天安排洒水车不间断洒水,确保不扬尘。

8.2 按设计或环保等要求做好取、弃土场的排水、防护、绿化等工作。废方堆放远离河道,尽量不压植被,尽可能选择荒地。及时对弃方进行压实,种植草皮、灌木或树木,防止水土流失,美化环境。

8.3 路基开挖地段,选择对地形、地貌和植被影响最小的施工方法。边坡挖成后,及时做好防护,防止水土流失,减少植被破坏。

§17 级配碎石底基层施工方案

1 编制依据

1.1 《××工程施工组织设计》

1.2 《××工程施工图》

1.3 《公路路面基层施工技术规范》(JTJ 034—2000)

1.4 《公路工程质量检验评定标准》(JTG F80/1—2004)

1.5 《公路工程施工安全技术规程》(JTJ 076—95)

2 工程概况

2.1 工程概述

本工程为高速公路路面工程底基层,起止桩号:K70+000~K91+000,标段总长度21km。底基层材料为20cm厚级配碎石。

2.2 级配碎石底基层特点

2.2.1 级配组成中粗集料比例较大、透水性能好,骨架稳定性好,施工压实所需压实功较高。

2.2.2 级配碎石底基层厚度大,幅面宽,混合料消耗大,施工速度慢。

3 施工准备

3.1 技术准备

3.1.1 技术、质量、试验、测量、资料、安全、设备等岗位工作人员已到岗就位,由技术负责人进行技术和操作要点交底。

3.1.2 级配碎石配合比设计完成,经监理工程师审核批复后,拌和站进行试拌,确定各档材料下料的转速比,经试拌验证,混合料级配符合要求。

3.1.3 在驻地监理办组织下,会同路基施工单位对路床进行了交接验收。

3.1.4 测量室对沿线水准点和导线点提前进行交接,复测、恢复中线,完成水准点校核。

3.2 现场准备

3.2.1 施工便道

从拌和场到互通连接线约150m长路段,利用原有小路拓宽至8m,满足车辆双向通行宽度要求,路面采用级配碎石找平后铺筑20cm厚水泥稳定碎石硬化;沿线设立了相关安全标志,施工期间对便道不断洒水降尘和派人整修,确保安全畅通。

3.2.2 施工用电

安装1台400kVA变压器。

3.2.3 施工用水

取自拌和场北侧自然河流,拌和机旁砌筑一座容纳200m^{3}的半埋式蓄水池,用水泵将河水抽入池中储存。

4 施工部署

4.1 组织机构

由项目经理任施工总负责人，主持全面工作；由生产副经理负责前、后场施工协调；由项目总工程师负责技术管理和技术保障；由试验主任负责试验检测；由设备部负责设备保证；由材料部负责各种材料供应。投入一个基层专业作业队，负责级配碎石底基层施工。组织机构如图1所示。

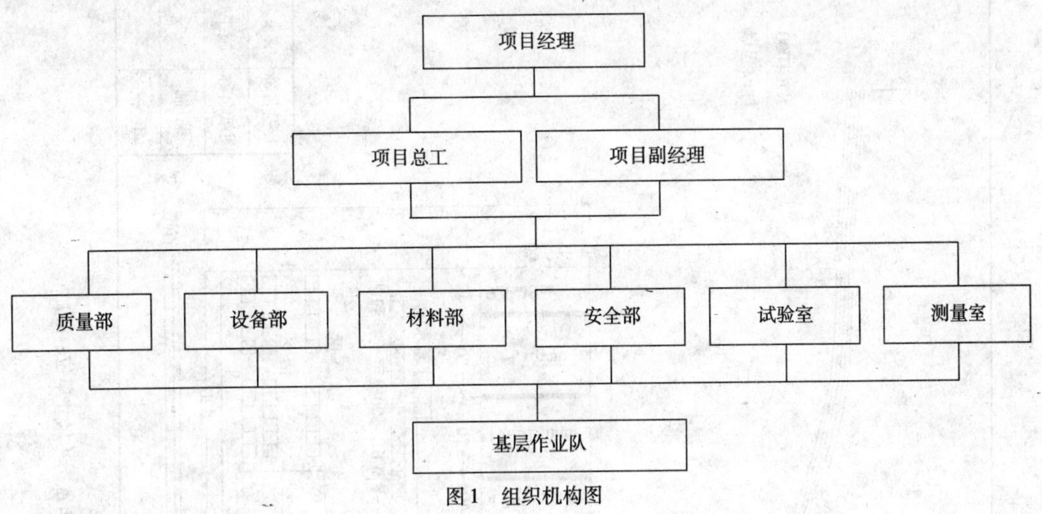

图1 组织机构图

4.2 施工安排

4.2.1 拌和场设置

结合施工现场情况，在位于主线K80+000位置的互通立交以南300m处征荒地90亩，作为拌和场。拌和场采用水泥稳定碎石进行硬化，场内存放4档规格碎石，采用片石砌筑隔墙，可容纳25万m^3以上碎石。拌和场内设置2座WBC600型稳定土拌和机。

4.2.2 施工顺序

为减少重车对级配碎石底基层成品的碾压破坏，并结合路床交工情况，先从标段起点处开始施工，向互通立交方向推进，施工到接近标段中部的互通立交后，转到标段终点处施工，向互通立交方向推进，直到互通立交处汇合。

施工现场平面布置如图2所示。

4.3 工期计划(图3)

根据总体工期计划，结合拌和站的产量，本层工程总量为级配碎石混合料28万t。按照拌和站产量的最大制约点控制，2台WBC600型稳定土拌和站按75%的效率，每小时可生产900t混合料，按日均生产6h计算，日生产能力为5400t，理论上51天可施工完成。考虑到路床交接进度和天气等影响因素，按1.2的降效系数，总工期按61天考虑。

4.4 机械设备

摊铺机、压路机、拌和站等设备经过设备管理部门的全面检查，经调试证明运转状况良好，各种常用设备配件、易损件、油料准备齐全，见表1。

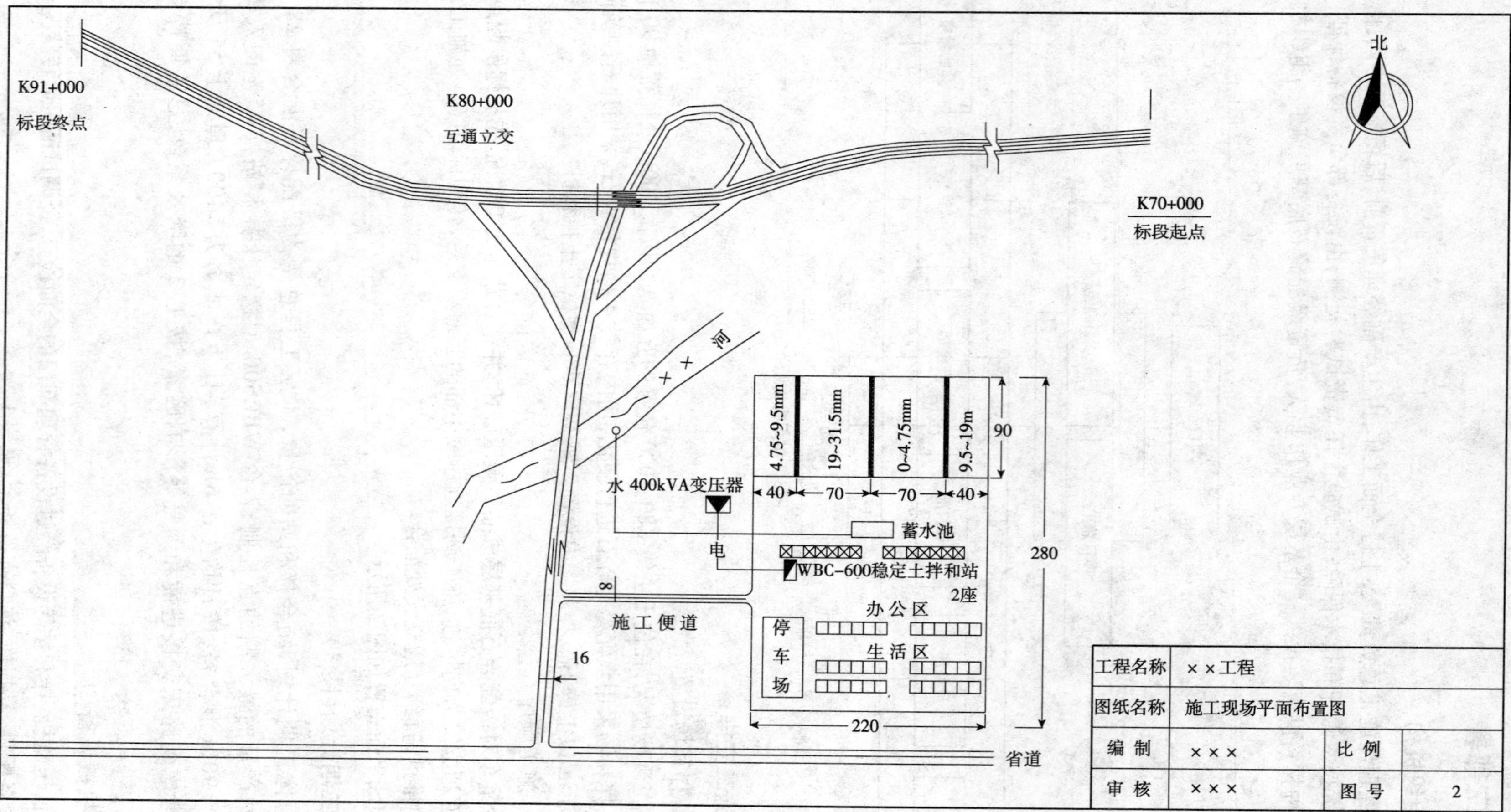

工程名称	××工程		
图纸名称	施工现场平面布置图		
编制	×××	比例	
审核	×××	图号	2

图2 施工现场平面布置图（尺寸单位：m）

序号	分项工程名称	工程量（m^2）	持续时间（d）	单位：d												
				5	10	15	20	25	30	35	40	45	50	55	60	65
1	施工准备	—	2													
2	K70+000~K73+000	82500	8													
3	K73+000~K76+000	82500	8													
4	K76+000~K79+000	82500	8													
5	K88+000~K91+000	82500	8													
6	K85+000~K88+000	82500	8													
7	K82+000~K85+000	82500	8													
8	K79+000~K82+000（含互通）	99800	11													

图3　工期计划横道图

主要施工机械设备表　　表1

序号	机械名称	规格型号	单位	数量
1	稳定土拌和机	WBC600	台	2
2	摊铺机	ABG423	台	2
3	装载机	ZL50	台	9
4	自卸车	EQ3290GFJ	辆	40
5	轮胎压路机	XP301	台	1
6	单钢轮振动压路机	SD175	台	1
7	单钢轮振动压路机	YZ20J－5	台	1
8	单钢轮振动压路机	SD100	台	1
9	洒水车	JYJ5120GSS	台	2
10	工具车	TX－I	辆	1

4.5　试验检测仪器设备

施工所需试验、检测仪器设备准备齐全，性能可靠。计量器具经过地方计量部门检定合格。配备仪器设备见表2。

底基层主要的材料试验、测量、质检仪器设备表　　表2

序号	仪器设备名称	规格型号	单位	数量
1	电子天平	J050081/10	台	1
2	电子天平	J060051/1000	台	1
3	集料标准筛	ϕ300	套	1
4	烘干箱	101－2	台	2
5	电　炉	SRJG－3－9	台	1
6	路面弯沉仪	5.4m	套	1
7	顶击式振筛机	XSB－88型	台	1
8	集料压碎值试验仪器	—	台	1

续上表

序号	仪器设备名称	规格型号	单位	数量
9	容重灌砂筒	ϕ150	套	2
10	压力试验机	WE－2000	台	1
11	路面材料强度试验仪	WY60E	台	1
12	电动击实仪	LD－140	台	1
13	直　尺	3m	把	2
14	全站仪	GTS－102N	台	1
15	水准仪	C32Ⅱ	台	2

4.6　材料计划

碎石采用地方大型石料场出产的0～4.75mm、4.75～9.5mm、9.5～19mm和19～31.5mm四档规格碎石。

施工所需的各种规格原材料已经按计划进场,数量充足。原材料各项指标按规定进行了检测,符合规范要求。底基层各档石料数量见表3。

主要材料数量表

表3

序号	材料名称	材料规格(mm)	单位	数量
1	碎石	0～4.75	t	84000
2	碎石	4.75～9.5	t	42000
3	碎石	9.5～19	t	56000
4	碎石	19～31.5	t	98000

4.7　劳动力准备

配备一套底基层施工专业拌和、摊铺、碾压作业班组和劳务队伍,见表4。

劳动力计划表

表4

序号	人　员	数量(人)	备　注
1	操作手	25	作业现场12人,拌和站13人
2	劳务工人	24	作业现场14人,拌和站10人

5　施工工艺

5.1　施工工艺流程

工作面处理→测量放样→混合料生产→混合料运输→摊铺→碾压→接缝处理→交通控制

5.2　工作面处理

在底基层施工之前,对干燥的路床表面采取少量洒水湿润处理。

5.3　测量放样

测量员恢复路中心线后,复核当前工作面高程。在单幅路的两侧距离边线30cm位置定测出相应的施工边桩,纵向间距10m,作为摊铺高程控制桩,上挂钢丝绳,据此控制摊铺施工。钢丝绳采用直径3mm的缠绕钢丝,每段200m,用拉力器张紧,使下垂量不大于2mm。钢丝绳顶面的高程为底基层顶面虚铺高程+10cm下返值。路床两侧按照设计宽度,撒出白灰线作为边线,供摊铺机摊铺控制。

5.4 混合料生产

5.4.1 级配碎石混合料采用 WBC600 型拌和机拌和，每台拌和机配置 5 个集料仓。采用计算机自动配料系统，施工前对皮带秤进行标定，确保配料准确。

为保证拌和站正常运转，配备装载机的数量按下式计算：

$$Q_z = 60Q_H KE/C_M$$

式中：Q_z——装载机作业量，m^3/h；

Q_H——铲斗额定容量，ZL50 装载机 $Q_H = 3m^3$；

K——铲斗充满系数，取 $K = 0.85$；

E——作业效率，取 $E = 0.7$；

C_M——工作一次循环时间，经计算得 $C_M = 1.6min$；

则 $$Q_z = 60 \times 3 \times 0.85 \times 0.7/1.6 = 66.9m^3/h$$

$$n_z = \frac{Q_B}{Q_z \cdot D} = \frac{865}{66.9 \times 1.65} = 7.8 \text{台}$$

n_z——装载机台数；

Q_B——拌和站混合料产量，除去拌和加水量 4%，干料为 865t；

D——材料平均堆积密度，取 1.65。

考虑到故障及堆料等因素，选配 9 台 ZL50 装载机。

5.4.2 在正式拌和之前，由试验员对原材料进行取样，检测含水率，以确定拌和站加水量，使拌和好的混合料含水率略高于最佳含水率 0.5% ~1%。加水量视天气和气温情况而定，气温高时，加水量取高限，气温低且阴天有降雨的可能时取低限。

5.4.3 拌和站采用试验室出具的配合比，操作手输入拌和机计算机后进行上料拌和，不得随意更改。试验员随时检测混合料级配、含水率等指标，发现问题及时调整。

5.5 混合料运输

根据拌和站额定产量、运输距离和摊铺能力测算。

根据公式 $$n = K \times (t_1 + t_2 + t_3)/T$$

式中：n——所需车辆数；

t_1、t_2、t_3——分别为重载运输时间、空载运输时间及在工地卸料和等待的总时间，min，经测算，t_1 取 32min；t_2 取 17min；t_3 取 12min；

T——拌制一车混合料所需时间，$T = 60G_0/G(\text{min})$。其中，G 为拌和设备生产能力，G_0 为车辆载质量。本方案拌和设备生产能力取 900t/h，车辆载重取 25t，则 $T = 60 \times 25/900 = 1.7\text{mim}$；

K——储备系数，一般取 1.1 ~1.2，本方案考虑到道路交通状况良好，车况均较好，取 1.1。

运输车数量 $n = K \times (t_1 + t_2 + t_3)/T = 1.1 \times (32 + 17 + 12)/1.7 = 38.8$ 辆。

在保证运力略有富裕的前提下，混合料运输采用 40 台载重 25t 的自卸车运输，以确保连续摊铺及拌和站连续生产。

在运输前，驾驶员要检修好车辆，清理干净车厢。装料时要保持装载均匀高度以防离析，并由专人指挥，分段装料，注意不要装过满，以防遗撒。

5.6 摊铺

5.6.1 级配碎石底基层松铺系数为 1.30，底基层设计厚度为 20cm，松铺厚度按 26cm 控制。摊铺前，按照计算的虚铺厚度，在熨平板下两侧放置好等厚度的垫木，摊铺起步后取出。

5.6.2 摊铺：采用2台具有自动调平功能的ABG423型摊铺机梯队进行摊铺。根据底基层设计宽度13.75m，两台摊铺机熨平板组装的宽度为7m，中间搭接25cm，满足宽度要求。摊前进，两台摊铺机前后相距5～10m，摊铺机振捣夯振捣频率控制在3级，摊铺机保持匀速摊铺。根据每小时900t的出料量计算，正常摊铺速度控制在2.1m/min以内，以保证稳定连续摊铺。在摊铺起步后，检测人员及时对初始摊铺面进行测量，确保摊铺厚度、位置、高程控制准确。正常摊铺时，混合料充满摊铺机搅笼2/3以上的高度，使摊铺的混合料均匀、平整、不离析；在现场配备手推车，装有含水率适合、级配均匀的混合料备用，安排专人负责在摊铺机后面采用挖除、换填措施处理离析问题。施工中，作业面与拌和站负责人保持联系沟通，使拌和机与摊铺机的生产能力互相协调。当拌和机的生产能力因故降低时，摊铺机应低速摊铺，直至拌和站恢复正常。

5.6.3 摊铺时，先行摊铺机在前进方向的左侧作业，摊铺机左侧以钢丝、右侧以架设铝合金钢梁为高程基准在前摊铺，外侧摊铺机的左侧以先行摊铺机的摊铺面为基准面，走滑靴控制路面高程，右侧以钢丝为高程基准进行摊铺。

5.7 碾压

5.7.1 碾压工作要做到成型的路面密实、稳定、平整。试验员检测混合料含水率等于或略大于最佳含水率时，混合料摊铺长度在30m以后，测量员复核好虚铺高程无误后，立即进行碾压。碾压本着由低向高、由外向内的顺序，在直线段，由路肩侧开始向路内侧顺序碾压；在超高段，由内侧向外侧路肩顺序进行碾压。碾压时，后轮应重叠约1/2的轮宽；且后轮必须超过两段的接缝处。后轮压完路面全宽时，即为一遍。碾压一直进行到要求的压实度为止。终压后表面无明显轮迹。

5.7.2 根据试验段取得的成果，采用以下碾压方案：

(1)初压采用SD－100型单钢轮压路机去静回振碾压一遍，碾压速度为2km/h。

(2)复压采用2台单钢轮压路机分别碾压：首先采用SD－175型压路机用高振幅振动压实2遍，然后采用YZ20J－5型压路机高频低幅模式振动碾压2遍。碾压速度为2～2.5km/h。

(3)终压采用XP301轮胎压路机碾压2遍，使表面平整、密实，消除振动压路机碾压后的微小横向裂纹。碾压速度为2.5～3km/h。

5.7.3 碾压速度要控制均匀，使摊铺面得到均匀的压实，严禁压路机在已完成的或正在碾压的路段上“调头”和紧急制动。

5.7.4 压实后的底基层表面应平整无轮迹或隆起，压实度达到要求。对路面的两侧边部要增加碾压2遍。碾压后，安排两名工人分别对两侧纵向边部修整直顺。

5.7.5 在施工现场配备洒水车，当天气干燥，水分损失较快时，及时、均匀地呈雾状喷水以补充水分。

5.8 接缝处理

5.8.1 横缝的处理

下次施工前，质量员用直尺测出端部下垂的部位后，人工将端部切直，摊铺机在平整度与厚度满足要求的横断面坐板摊铺，切头的混合料可洒水、翻松、拌和均匀后继续使用。

5.8.2 纵缝的处理

主线施工时要保持梯队摊铺间距在5～10m，避免出现纵向接缝痕迹。在匝道开口处不能避免纵向接缝的情况下，纵缝垂直相接，并按下述方法处理。

5.8.2.1 在前一幅摊铺时，在靠后一幅的一侧用方木或钢模板做支撑，方木或钢模板的高度与级配碎石层的压实厚度相同。

5.8.2.2 在摊铺后一幅之前，将方木或钢模板除去。

5.8.2.3 如在摊铺前一幅时未用方木或钢模板支撑，靠边缘约 30cm 难于压实，而且形成一个斜坡。在摊铺后一幅时，先将未完全压实部分和不符合路拱要求部分挖松并补充洒水，待后一幅混合料摊铺后一起进行整平和碾压。

5.9 交通控制

碾压工作完成后，所有设备开出工作面，整齐停放。在起止位置设置路障和导向标志牌，封闭交通直到下道工序施工。

5.10 季节性施工措施

5.10.1 气温低于 0℃的冬季，不进行底基层施工。

5.10.2 在雨季施工时，安排专人收听天气预报，有降中到大雨可能时，不安排施工。同时，为预防天气突变，作业现场与拌和站随时保持沟通联系，遇有天气变化或其他突发事件，及时采取有效措施，避免和尽量降低损失。

5.10.3 摊铺中遇雨，应立即提高摊铺速度与夯锤频率，快速摊铺，压路机紧跟碾压，确保及时压实，避免雨水冲刷。

5.10.4 做好运输车辆的覆盖，避免运输中途局部降雨淋湿混合料；拌和站做好粉料、细集料等易吸湿材料的覆盖和场地排水；现场做好作业面排水，避免路床和底基层被雨水浸泡。

6 质量保证措施

6.1 质量措施

6.1.1 建立质量保证体系。配备充足的、经验丰富的技术、质量和检测人员，以及技术熟练的操作人员。

6.1.2 因路床为土基，重车通行的反复碾压会对路床造成车辙、弹簧等局部损坏，必须认真处理妥善。对于翻浆、弹簧现象应采取换填措施，并做好路床边部排水，避免路床积水。

6.1.3 拌和站对料仓进行明显的标志，并对装载机司机详细交底，避免出现上料错误和混料现象，在铲料时要离地 10cm 铲料。

6.1.4 拌和站安排专职试验员负责监控混合料的拌和质量，随时取样进行含水率试验、级配筛分试验，做好检测记录，确保出场合格的混合料。

6.1.5 现场配备质检人员随时检查摊铺厚度；现场试验员在终压完成后，及时采用灌砂法检测压实度，每 100m 以内每车道不少于 1 次，认真做好记录。测量员进行跟踪测量，当开始摊铺 10m 后，测量员立即对高程与虚铺厚度进行检查，发现有不符合设计的情况时应立即调整；在压路机碾压后，测量员按每 50m 一个断面检测高程，复核松铺系数。质量员采用 3m 直尺随时检测平整度和外观；在完工后，及时按照质量评定标准，对已完成路段各项指标进行检测和质量评定。

6.2 质量标准

6.2.1 外观质量要求：表面平整密实、无坑洼、无明显离析，施工接茬平整、稳定。

6.2.2 级配碎石底基层允许偏差见表 5。

级配碎石底基层允许偏差表　　表5

序号	检查项目		规定值或允许偏差	检查方法和频率
1	压实度(%)	代表值	96	按《公路工程质量检验评定标准》(JTG F80/1—2004)附录B检查:每200m每车道2处
		极值	92	
2	弯沉值(0.01mm)		符合设计要求	按《公路工程质量检验评定标准》(JTG F80/1—2004)附录I检查
3	平整度(mm)		12	3m直尺:每200m测2处×10尺
4	纵断高程(mm)		+5、-15	水准仪:每200m测4个断面
5	宽度(mm)		符合设计要求	尺量:每200m测4处
6	厚度(mm)	代表值	-10	按《公路工程质量检验评定标准》(JTG F80/1—2004)附录H检查:每200m每车道1点
		极值	-25	
7	横坡(%)		±0.3	水准仪:每200m测4个断面

7 安全施工

7.1 对运输车辆驾驶员、拌和站操作员以及现场摊铺碾压设备操作手进行安全教育,签署安全责任状。

7.2 操作手须持证上岗,能够熟练掌握设备安全操作技术。

7.3 在施工中,拌和站、装载机、运输车、压路机、摊铺机等所有设备运行前和运行中要注意其他人员的安全。

7.4 加强机械设备保养,确保制动、灯光、喇叭、报警系统完好,遇有故障必须及时报请设备管理部抢修。

7.5 加强用电管理,严格按照电力安全作业规范布设电路,确保漏电保护器灵敏可靠。

7.6 拌和站所有作业人员必须戴好安全帽才能进场操作。

7.7 拌和机下料口,安排专人负责指挥车辆进出。

7.8 在施工过程中,专职安全员不断进行巡查,认真做好安全检查记录,发现隐患及时处理。

7.9 运输车辆进入施工现场车速不得超过30km/h,严禁超速和超载以及疲劳驾驶、带病驾驶。

7.10 施工作业区和进出场路口均设置警示标志牌,提醒人员和车辆减速、避让。

7.11 施工现场加强交通管制,提前规划出车辆行驶路线,专人指挥车辆进出场。

7.12 现场作业人员身穿反光服,确保安全。

7.13 施工现场所有管理人员全部统一着装,文明礼貌。

7.14 机械设备保持干净整洁,标志清晰。

7.15 工作面的各种标志要清晰醒目,工作井然有序,严格按照工艺要求操作。

8 环保措施

8.1 在天气干燥情况下,安排洒水车对施工便道洒水,确保不扬尘。

8.2 每天完工后,将工作面清理干净,机械设备停放整齐。

8.3 加强设备维护,保证不漏油和减少废气、噪声的产生。

8.4 施工过程中多余的切边料和废料不得乱扔在边坡和路面上,要集中堆放,完工以后,集中清运。

§18 水泥稳定碎石基层施工方案

1 编制依据

1.1 《××工程施工组织设计》

1.2 《××工程施工图》

1.3 《公路路面基层施工技术规范》(JTJ 034—2000)

1.4 《公路工程质量检验评定标准》(JTG F80/1—2004)

1.5 《公路工程施工安全技术规程》(JTJ 076—95)

2 工程概况

2.1 工程概述

本工程为高速公路路面工程基层,起止桩号:K70 +000 ~ K91 +000,标段总长度21km。基层材料为20cm厚水泥稳定碎石。

2.2 水泥稳定碎石基层特点

2.2.1 采用低剂量抗裂型水泥稳定碎石,级配组成较粗,骨架稳定性好,施工压实所需压实功较高。

2.2.2 受延迟时间影响,水泥稳定碎石施工时,务必将每车料从加水拌和到完成压实的施工时间控制在2h内,施工节奏连续、紧密性要求高。

3 施工准备

3.1 技术准备

3.1.1 技术、质量、试验、测量、资料、安全、设备等岗位人员已到岗就位,由技术负责人进行技术交底。

3.1.2 水泥稳定碎石配合比设计完成,施工控制水泥用量为4%,经监理工程师审核批复后,拌和站进行试拌,确定了各档材料下料的转速比,经试拌验证,混合料级配、水泥剂量、含水率等指标符合要求。

3.1.3 下承层经自检合格后申报驻地监理办进行验收检测,满足质量要求。

3.1.4 测量室对沿线水准点和导线点提前进行复测、校核,进行了现场放样。

3.2 现场准备

3.2.1 施工便道

从拌和场到互通连接线距离150m,利用原有小路拓宽至8m,满足会车宽度要求,路面采用级配碎石找平后铺筑20cm厚水泥稳定碎石硬化;第二段利用原设计的互通连接线300m,进入主线。沿线设立相关安全标志,施工期间对便道不断洒水降尘和派人整修,确保安全畅通。

3.2.2 施工用电

安装1台400kVA变压器。

3.2.3 施工用水

施工用水取自拌和场北侧自然河流，拌和场内砌筑一座容纳 200m^3 的半埋式蓄水池，用水泵将河水抽入池中储存。

4 施工部署

4.1 组织机构

由项目经理任施工总负责人，主持全面工作；由生产副经理负责前、后场施工协调；由项目总工程师负责技术管理和技术保障；由试验主任负责试验检测与验收；由设备部长负责设备保证；由材料部长负责各种材料供应。投入一个水稳基层作业队负责基层的施工作业。组织机构如图 1 所示。

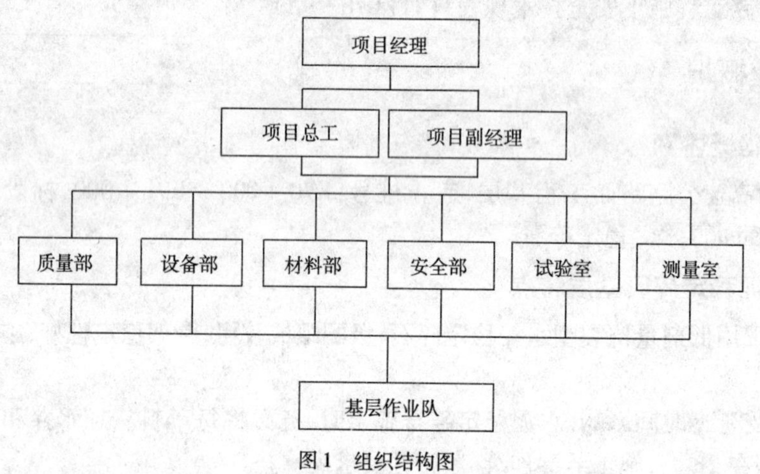

图 1 组织结构图

4.2 施工安排

4.2.1 拌和场设置

结合施工现场情况，在位于主线 K80 +000 位置的互通立交以南 300m 处征荒地 90 亩，作为拌和场。拌和场采用水泥稳定碎石进行硬化，储料仓划分为 4 档，采用片石砌筑隔墙，可容纳 25 万 m^3 以上碎石材料。拌和场内设置两座 WBC600 型稳定土拌和站。

4.2.2 施工顺序

以互通立交为施工分段起点，先从 K80 +000 处向 K70 +000 方向施工左幅，到达标段起点后调头，施工右幅，向互通立交方向推进，到达互通立交后，继续向前推进到标段终点，在终点处调头，从 K91 +000 向 K80 +000 方向施工左幅，在互通立交处汇合，完成基层施工，避免了基层养生期间车辆碾压。

施工平面布置图参照本书中“§17 级配碎石底基层施工方案”的 4.2 中图 2。

4.3 工期计划（图 2）

根据总体工期计划，结合拌和站的产量，本层总量为水泥稳定碎石混合料 28 万 t，按照拌和站产量的最大制约点控制，两台 WBC600 型稳定土拌和站按 75% 的效率每小时可生产 900t 混合料，按日均生产 6h 计算，日生产能力为 5400t，理论上 52 天可施工完成，考虑到路床交接进度和天气等影响因素，按 1.2 的降效系数，需施工 63 天，加上施工准备 7 天，总工期按 70 天考虑。

4.4 机械设备

摊铺机、压路机、拌和机等设备经过设备管理部门的全面检查，经调试证明运转状况良好，各种常用设备配件、易损件、油料准备齐全。

参照本书中“§17　级配碎石底基层施工方案”的4.4中表1。

序号	分项工程名称	工程量（m^2）	持续时间（d）	单位：d						
				10	20	30	40	50	60	70
1	施工准备	—	7							
2	K80+000~K70+000左幅	122500	15							
3	K70+000~K80+000右幅	122500	15							
4	K80+000~K91+000右幅	134750	16							
5	K91+000~K80+000左幅（含互通）	147000	17							

图2　工期计划横道图

4.5　试验检测仪器设备

施工所需试验、检测仪器设备准备齐全，性能可靠。计量器具经过地方计量部门检定合格。配备仪器设备见表1。

基层主要的材料试验、测量、质检仪器设备表　　表1

序号	仪器设备名称	规格型号	单位	数量
1	精密电子天平	J060081/100	台	1
2	精密电子天平	J060051/1000	台	1
3	无限抗压强度试模	ϕ15	组	10
4	干燥箱	101－D	台	2
5	振动压实仪	Zy－4	台	1
6	顶击式振筛机	XSB－88型	台	1
7	集料压碎值试验仪器	—	台	1
8	灌砂筒	ϕ150	套	2
9	压力试验机	WE－2000	台	1
10	路面材料强度试验仪	WY60E	台	1
11	电动击实仪	LD－140	台	1
12	标养设备	HBS－2	套	1
13	水泥剂量滴定试验设备	—	套	1
14	水泥安定性沸煮箱	ZF	台	1
15	电动脱模器	LP141－Ⅱ	台	1
16	电子秤	15000g/1g	台	3
17	石子筛	ϕ30	套	1
18	直　尺	3m	把	2
19	路面取芯机	HZ－20	台	1
20	全站仪	GTS－102N	台	1
21	水准仪	C32Ⅱ	台	2

4.6 材料计划

各种原材料从省道经互通连接线进入拌和场，交通方便。碎石采用地方大型石料场出产的0～4.75mm、4.75～9.5mm、9.5～19mm和19～31.5mm四档规格碎石，经检测，压碎值≤30%、针片状颗粒含量≤15%，满足规范要求；水泥采用散装P.O 32.5级复合硅酸盐水泥，经检测，水泥初凝时间>3h，终凝时间>6h。刚出炉的水泥，停放7d，且安定性合格后再使用。夏季高温作业时，散装水泥入罐温度不能高于50℃，否则采用降温措施。

施工所需的各种规格原材料按施工计划进场，准备充足。基层原材料计划总量见表2。

材料数量表

表2

序号	材料规格种类	单位	数量
1	0～4.75mm	t	70000
2	4.75～9.5mm	t	40385
3	9.5～19mm	t	57415
4	19～31.5mm	t	94230
5	P.O 32.5复合硅酸盐水泥	t	10770

4.7 劳动力计划

配备一套基层专业拌和、摊铺、碾压作业班组和劳务队伍，见表3。

劳动力计划表

表3

序号	人员	数量(人)	备注
1	操作手	25	作业现场12人，拌和站13人
2	劳务工人	26	作业现场16人，拌和站10人

5 主要施工方法

5.1 施工工艺流程

工作面处理→测量放样→混合料生产→混合料运输→摊铺→碾压→接缝处理→养生与交通管制

5.2 工作面处理

在水泥稳定碎石基层施工之前，将作业面清理干净。下承层为级配碎石的，应洒水湿润表面；下承层为水泥稳定碎石的，应在本层摊铺前均匀撒布水泥浆，以利于水泥稳定层的层间结合。

5.3 测量放样

测量员恢复路中心线，复核当前工作面高程无误后，在单幅路的两侧距离边线30cm位置定测出相应的施工边桩，纵向间距10m，作为摊铺高程控制桩，上挂钢丝绳，据此控制摊铺施工。钢丝绳采用直径3mm的缠绕钢丝，每段200m，用拉力器张紧，使下垂量不大于2mm。钢丝绳顶面的高程为底基层顶面虚铺高程+10cm下返值。路床两侧按照设计宽度，撒出白灰线作为边线，供摊铺机摊铺控制。

5.4 混合料生产

5.4.1 水泥稳定碎石混合料的拌和采用WBC600型拌和机拌和，每台拌和机配置5个集料仓、2 个水泥仓。采用计算机自动配料系统,施工前对皮带秤进行标定,确保配料准确。

参照本书中"§17 级配碎石底基层施工方案"的 5.4.17 计算装载机数量为 9 台 ZL50 型装载机。

5.4.2 在正式拌和之前,由试验员对原材料进行取样,检测含水率,以确定拌和站加水量,使拌和好的混合料含水率略高于最佳含水率 0.5% ~1%。加水量视天气和气温情况而定,气温高时,加水量取高限,气温低且阴天有降雨的可能时取低限。

5.4.3 拌和站采用试验室出具的配合比,操作手输入拌和机计算机后进行上料拌和,不得随意更改。试验员随时检测混合料级配、水泥剂量、含水率等指标,发现问题及时调整。

5.5 混合料运输

根据拌和站额定产量、运输距离和摊铺能力测算,参照本书中"§17 级配碎石底基层施工方案"的 5.4 选用 40 辆载重 25t 的自卸车。

5.6 摊铺

5.6.1 水泥稳定碎石基层松铺系数为 1.30,基层设计厚度 20cm,松铺厚度按 26cm 控制。摊铺前,按照计算的虚铺厚度,在熨平板下两侧放置好等厚度的垫木,摊铺起步后取出。

5.6.2 摊铺:采用 2 台具有自动调平功能的 ABG423 型摊铺机梯队进行摊铺。根据基层设计宽度 12.25m,两台摊铺机熨平板组装的宽度分别为 6.0m 和 6.5m,中间搭接 25cm,满足宽度要求。摊铺时,两台摊铺机前后相距 5 ~10m,摊铺机振捣夯振捣频率控制在 3 级,摊铺机保持匀速前进。根据每小时 900t 的出料量计算,正常摊铺速度控制在 2.3m/min 以内,以保证稳定连续摊铺。在摊铺起步后,检测人员及时对初始摊铺面进行测量,确保摊铺厚度、位置、高程控制准确。正常摊铺时,混合料充满摊铺机搅笼 2/3 以上的高度,使摊铺的混合料均匀、平整、不离析;在现场配备手推车,装有含水率适合、级配均匀的混合料备用,安排专人负责在摊铺机后面采用挖除、换填措施处理离析问题。施工中,作业面与拌和站负责人保持联系沟通,使拌和机与摊铺机的生产能力互相协调。当拌和机的生产能力因故降低时,摊铺机应低速摊铺,直至拌和站恢复正常。

5.6.3 摊铺时,先行摊铺机在前进方向靠左侧作业,摊铺机的左侧以钢丝、右侧以架设铝合金钢梁为高程基准在前摊铺,第二台摊铺机在后面作业,左侧以先行摊铺机的摊铺面为基准面,走滑靴控制路面高程,右侧以钢丝为高程基准进行摊铺。

5.7 碾压

参照本书中"§17 级配碎石底基层施工方案"的 5.6。

5.8 接缝处理

5.8.1 横缝处理:施工结束后,质量员用直尺测出端部下垂的位置后,人工将下垂部分铲掉,将端部切直。下次摊铺时,端部放坡型垫木,使压路机开上作业面,然后摊铺机在上次施工结束的接茬端部坐板,熨平板下均匀垫两块与虚铺量等厚的木板,在接茬部位均匀喷洒水泥浆后开始摊铺。摊铺后,人工将接缝修整直顺,筛出细料将接缝处填补均匀,然后用初压压路机斜向慢速地以渐进方式对接缝处延伸碾压,接缝区域先期密实、平整后,压路机开始进入正常程序碾压。接缝施工时,质量员要随时用直尺检测接缝平整度,指挥布料和碾压,确保接缝平顺、密实。

5.8.2 纵缝处理:主线施工时要保持梯队摊铺间距在 5 ~10m,避免出现纵向接缝痕迹。

在匝道开口处等局部不能避免纵向接缝的情况下，纵缝垂直相接，并按下述方法处理。

5.8.2.1 在前一幅摊铺时，在靠后一幅的一侧用方木或钢模板做支撑，方木或钢模板的高度与该层的压实厚度相同。

5.8.2.2 在摊铺后一幅之前，将方木或钢模板除去。

5.8.2.3 摊铺前将纵缝相接部位已硬化的水稳立面有空隙部位剔凿至密实断面，然后均匀喷洒水泥浆后进行摊铺。人工将摊铺后相接面修饰整齐，压路机纵向跨缝碾压后，人工再次修整，直至接缝平整密实。

5.9 养生与交通管制

基层在碾压完成，检测合格后，及时覆盖透水土工布，洒水车进行洒水，保湿养生，养生期不少于7d。对于水稳中基层，其上为沥青混凝土结构层，施工结束后可采取喷洒透层乳化沥青的方式养生。

当日碾压工作完成后，所有设备开下工作面，整齐停放在下承层上，设立警示标志。在养生期间，施工路段的起止位置设置路障和导向标志牌，封闭交通，禁止车辆通行，避免造成破坏。

5.10 雨期施工措施

5.10.1 水泥稳定碎石基层施工期的最低温度在5℃以上，气温低于5℃时停止施工。

5.10.2 雨期施工时，安排专人收听天气预报，有降雨时，不安排施工。同时，为预防天气突变，作业现场与拌和站随时保持沟通联系，遇有天气变化或其他突发事件，及时采取停机措施。

5.10.3 施工中遭遇降雨，暂停施工，并将已摊铺好的混合料尽快碾压密实，刚碾压密实的基层及时用塑料布进行覆盖，避免在凝结硬化前遭受雨水冲刷。

5.10.4 雨期施工，做好运输车辆的覆盖，避免运输中途局部降雨淋湿混合料；拌和站做好粉料、细集料等易吸湿材料的覆盖和场地排水；现场做好作业面排水，避免被雨水浸泡、冲刷。

6 质量保证措施

6.1 质量措施

6.1.1 认真监控混合料的拌和质量，确保出场合格的混合料。出机混合料含水率要适宜，应大于最佳含水率0.5% ~1%；拌和时操作手随时观察混合料拌和质量，发现有不均匀的灰条或集中的碎石时，及时安排处理；混合料向运输车放料时安排专人看管指挥，要间歇式分堆卸料，每堆适当挪动运输车位置，保证车厢内前、中、后装料均匀，减少离析。

6.1.2 对施工过程中发生的问题及时处理，现场配齐工具，测量员随时检查摊铺厚度；在复压后，试验员及时进行压实度检测，做好记录，遇有问题及时反映。

6.1.3 做好跟踪测量。当开始摊铺10m后，测量员对高程与虚铺厚度进行检查，发现有不符合设计的立即调整，压路机碾压后，每50m一个断面检测高程，复核松铺系数；质量员在碾压后用3m直尺随时检测平整度和外观，若有不平整或离析等病害处，及时处理，消除隐患。

6.1.4 摊铺混合料时，摊铺速度要均匀连续。施工现场与拌和站要保持密切联系，有特殊情况及时调整摊铺速度，尽量减少停机待料现象的发生。摊铺机料仓里面的余料尽量不要全部收斗进入搅笼，要留有1/3以上，避免粗集料扎堆造成离析。

6.1.5 碾压时注意搭接，避免漏压、少压。由于混合料掺有水泥、失水干燥较快，碾压要及时，已成形的路段，钢轮压路机不能在上行驶。轮胎压路机的搭接重叠要达到1/2。

6.1.6 严格控制材料质量，加强检测，确保碎石材料质地坚硬、洁净，规格整齐，级配合理；选择质量稳定、产量大的水泥供应商，每批进场水泥材料都进行复试和留样。不合格材料不允许用在工程中。

6.2 质量标准

6.2.1 外观质量要求：表面平整、密实，无坑注，无明显离析，施工接茬平整、稳定，无明显压路机轮迹。

6.2.2 水泥稳定碎石基层允许偏差见表4。

水泥稳定碎石基层允许偏差 表4

序号	检查项目		规定值或允许偏差	检查方法和频率
1	压实度(%)	代表值	98	按《公路工程质量检验评定标准》(JTG F80/1—2004)附录B检查：每200m每车道2处
		极值	94	
2	平整度(mm)		8	3m直尺：每200m测2处×10尺
3	纵断高程(mm)		+5，-10	水准仪：每200m测4个断面
4	宽度(mm)		符合设计要求	尺量：每200m测4处
5	厚度(mm)	代表值	-8	按《公路工程质量检验评定标准》(JTG F80/1-2004)附录H检查：每200m每车道1点
		极值	-15	
6	横坡(%)		±0.3	水准仪：每200m测4个断面
7	强度(MPa)		符合设计要求	按《公路工程质量检验评定标准》(JTG F80/1—2004)附录G检查检查

7 安全文明施工措施

参照本书中“§17 级配碎石底基层施工方案”中的7。

8 环保措施

参照本书中“§17 级配碎石底基层施工方案”中的8。

§19 ATB-25 沥青稳定碎石上基层施工方案

1 编制依据

1.1 《××工程施工组织设计》

1.2 《××路面施工图》

1.3 《公路沥青路面施工技术规范》(JTG F40—2004)

1.4 《公路工程质量检验评定标准》(JTG F80/1—2004)

1.5 《公路工程施工安全技术规程》(JTJ 076—95)

2 工程概况

2.1 工程概述

本工程为高速公路路面工程上基层,起止桩号:K70+000~K91+000,标段总长度21km。上基层材料为8cm厚ATB-25沥青稳定碎石。

2.2 ATB-25上基层特点

2.2.1 本结构层为沥青路面柔性基层,起传递荷载、吸收基层收缩应力等功能。因此混合料级配粗、空隙大,所需压实功较大,因此必须严格控制摊铺速度,加大压实功,充分利用重型轮胎压路机的搓揉压实作用降低混合料内部孔隙率,形成骨架密实结构。

2.2.2 本层是沥青混凝土面层的最下层,厚度、平整度和高程是控制重点。

3 施工准备

3.1 技术准备

3.1.1 技术、质量、试验、测量、资料、安全、设备等岗位人员到岗就位,由技术负责人进行技术交底;试验段施工完成,确定人员组织、设备配备、材料供应、施工工艺等。

3.1.2 ATB-25沥青混合料配合比设计完成,施工油石比为3.7%,经监理工程师审核批复后,拌和站进行热料筛分,试验室完成生产配合比,经试验段试拌验证,混合料级配、沥青含量、温度等指标符合要求。标准配合比见表1。

ATB-25标准配合比 表1

材料名称	热料仓					矿粉	油石比
	1号仓	2号仓	3号仓	4号仓	5号仓		
比例	27%	21%	16%	11%	23%	2%	3.7%

3.1.3 下承层经自检合格后报监理工程师交验,水稳基层的各项指标检测合格,并按照设计要求撒布完成了乳化沥青透层和下封层,经检测满足要求。

3.1.4 测量室对沿线水准点和导线点提前进行复测、校核,并进行了现场放样。

3.2 现场准备

3.2.1 施工便道

从拌和场到互通连接线150m路段,利用原有小路拓宽至8m,满足会车宽度要求,路面采用级配碎石找平后铺筑 20cm 厚水泥稳定碎石硬化。

3.2.2 施工用电

施工用电主要是沥青拌和站用电。根据拌和站的装机总功率为 700kW,安装 1 台 800kVA 变压器解决。

3.2.3 施工用水

沥青路面施工用水较少,施工和生活用水采用在拌和场地内自打机井的方式解决。

4 施工部署

4.1 组织机构

由项目经理任施工总负责人,主持全面工作;由生产副经理负责前、后场施工协调;由项目总工程师负责技术管理和技术保障;由试验主任负责试验检测与验收;由设备部长负责设备保障;由材料部长负责各种材料供应。投入一个沥青面层作业队负责本层的施工作业。组织机构图如图 1 所示。

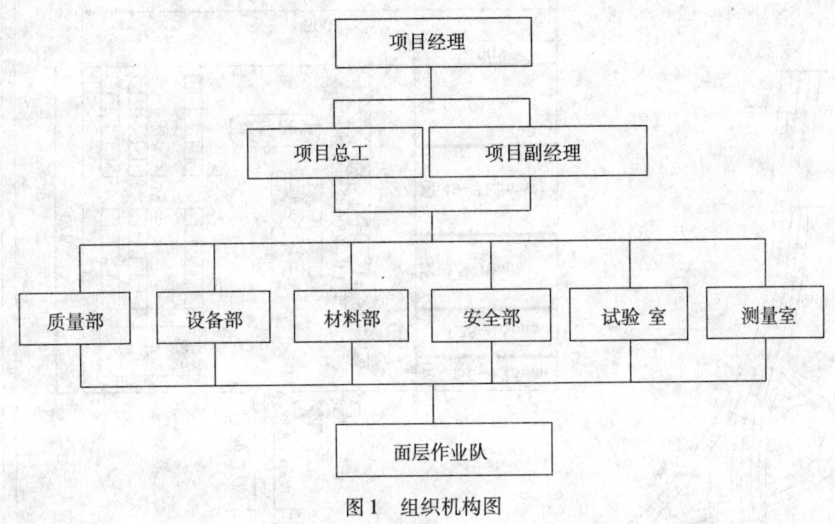

图 1 组织机构图

4.2 施工安排

4.2.1 拌和场设置

结合施工现场情况,在位于主线 K80 +000 位置的互通立交以南 300m 处征荒地 90 亩,作为拌和场。拌和场采用 18cm 厚 C20 水泥混凝土进行硬化,储料仓划分为 5 档;采用片石砌筑隔墙,可容纳 20 万 m^3 以上碎石材料。拌和场内设置 1 座 LB－4000 型沥青混凝土拌和站。拌和站配备 6 个 50t 沥青罐,1 个 100t 乳化沥青罐。

4.2.2 施工顺序

按照基层的完工顺序,在避免交叉作业的前提下,以互通立交为施工分段起点,先从 K80 +000 处向 K70 +000 方向施工左幅,到达标段起点后,在起点处调头,施工右幅,向互通立交方向推进,到达互通立交后,继续向前推进到标段终点,在终点处调头,从 K91 +000 向 K80 +000 方向施工左幅,在互通立交处汇合,完成上基层施工,避免与其他工程交叉作业的干扰。

施工现场平面布置如图 2 所示。

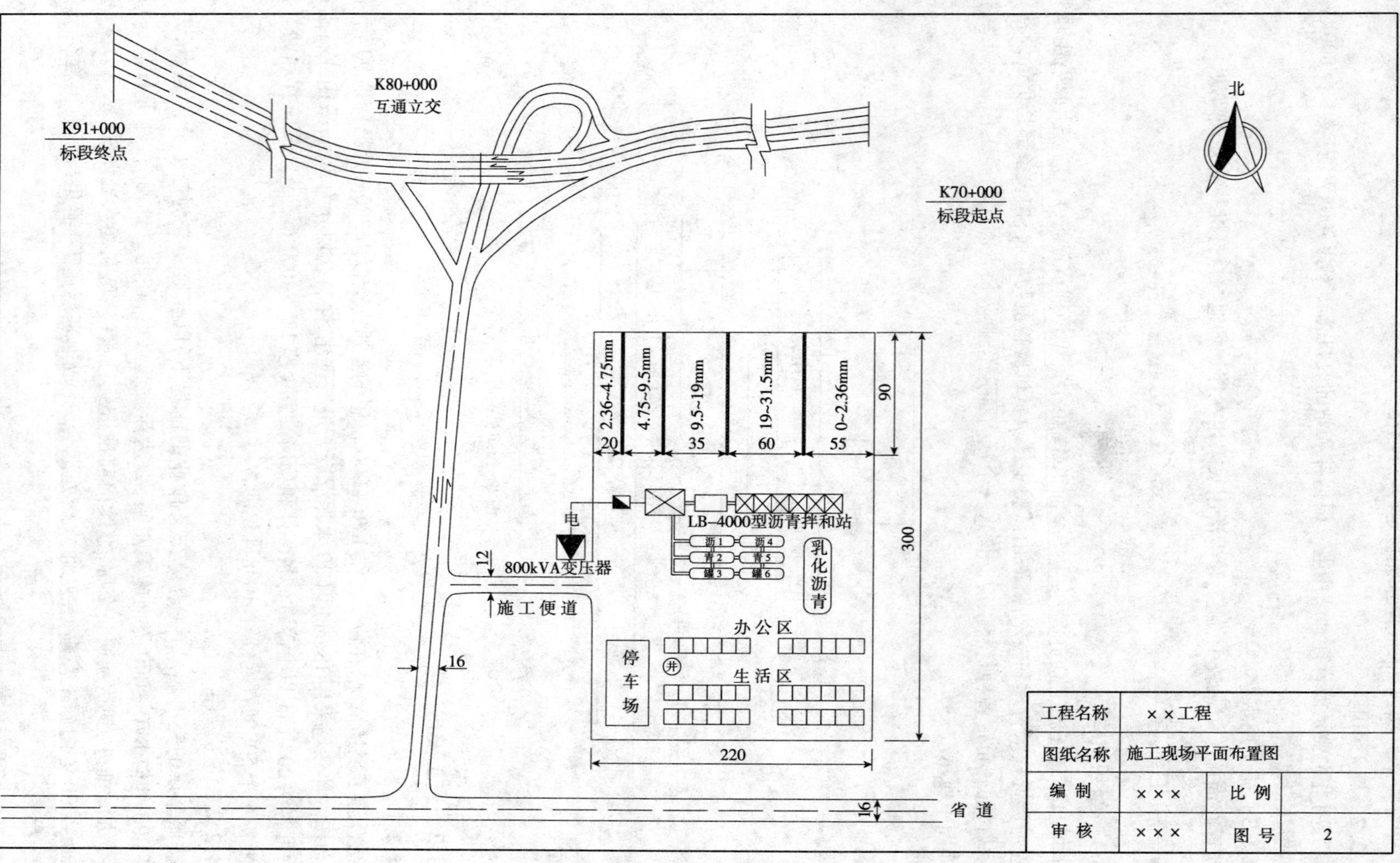

图2 施工现场平面布置图（尺寸单位：m）

4.3 工期计划

本层 ATB－25 沥青碎石混合料总量 8.6 万 t。根据总体工期计划，结合拌和站的额定产量计算，LB－4000 型沥青拌和站最大产量为每小时 320t，按 80% 的生产效率每小时可生产 256t 混合料，按日均生产 6h 计算，日生产能力为 1536t，理论上 56 天可施工完成。考虑到不利天气和其他影响因素，按 1.2 的降效系数，需施工 67 天，加上施工准备 3 天，总工期按 70 天考虑。工期计划横道图如图 3 所示。

序号	分项工程名称	工程量（m^2）	持续时间（d）	单位：d 10	20	30	40	50	60	70
1	施工准备	—	7							
2	K80+000~K70+000左幅	112500	15							
3	K70+000~K80+000右幅	112500	15							
4	K80+000~K91+000右幅	123750	16							
5	K91+000~K80+000左幅（含互通）	132550	17							

图 3　工期计划横道图

4.4 机械设备

摊铺机、压路机、沥青拌和楼等设备经过设备管理部门的全面检查，经调试证明运转状况良好，各种常用设备配件、易损件、油料准备齐全。设备配备见表 2。

ATB－25 基层施工主要施工机械设备表　　表 2

序号	机械名称	规格型号	单位	数量
1	沥青站	LB－4000	座	1
2	摊铺机	DT1600	台	1
3	装载机	ZL50	台	5
4	自卸车	EQ3290GFJ	辆	15
5	轮胎压路机	XP301	台	2
6	双钢轮振动压路机	DD130	台	1
7		CC522	台	1
8		DD110	台	1
9	水车	JYJ5120GSS	辆	2
10	工具车	TX－I	辆	1

4.5 试验检测设备

主要试验检测仪器见表 3。

主要试验检测仪器表　　表 3

序号	仪器名称	型　号	单位	数量
1	自动沥青针入度仪	HDLZ－Ⅳ	台	1
2	沥青软化点仪	HDLR－Ⅳ	台	1

续上表

序号	仪器名称	型 号	单位	数量
3	沥青低温延度仪	HDLY - Ⅳ	台	1
4	自动混合料拌和机	ZJB - 20C	台	1
5	马歇尔电动击实仪	LD - 139	台	1
6	理论最大相对密度仪	HDXM - 21	台	1
7	马歇尔稳定度仪	LD - 190	台	1
8	燃烧法沥青含量测定仪	LD - 199	套	1
9	振筛机(含标准筛)	ZBX - 92A	套	1
10	车辙试验仪	CZ - 7	套	1
11	干燥箱	101 - 3	台	2
12	游标卡尺	150mm	把	2
13	压碎值仪	JYY - 2	套	1
14	电子插入式温度计	JM628	只	3
15	渗水试验仪	HDSS - 2	台	1
16	连续式平整度仪	LPY - F1	台	1
17	路面取芯机	HZ - 20	台	1

4.6 材料计划

施工所需的各种规格原材料已经按计划进场,数量充足。其中:沥青采用A级AH - 70石油沥青;碎石采用大型料场出产的0 ~ 2.36mm(机制砂)、2.36 ~ 4.75mm、4.75 ~ 9.5mm、9.5 ~ 19mm、19 ~ 31.5mm五档规格碎石集料;矿粉采用石灰岩加工而成。原材料已按规范要求进行了检测,技术指标符合规范要求。

原材料使用数量见表4。

材料数量表 表4

序号	材料名称	规格(mm)	单 位	数量
1	机制砂	0 ~ 2.36	t	20300
2	碎石	2.36 ~ 4.75	t	8100
3	碎石	4.75 ~ 9.5	t	12200
4	碎石	9.5 ~ 19	t	16300
5	碎石	19 ~ 31.5	t	24400
6	矿粉	—	t	1660
7	沥青	AH - 70	t	3070

4.7 劳动力准备

配备一套沥青层施工专业拌和、摊铺、碾压作业班组和劳务队伍,见表5。

劳动力计划表 表5

序号	人 员	数量(人)	备 注
1	操作手	20	作业现场11人,拌和站9人
2	劳务工人	20	作业现场14人,拌和站6人

5 施工工艺

5.1 施工工艺流程

沥青混合料生产→沥青混合料运输→摊铺→碾压→质量控制与检测→接缝处理→开放交通

5.2 施工工艺

5.2.1 沥青混合料生产

5.2.1.1 采用 LB－4000 型沥青拌和站进行沥青混合料的生产。试验室按照目标配合比确定的冷料比例进行拌和站热料筛分,完成生产配合比设计,确定各热料仓的比例。经监理工程师批准后,下发拌和站执行。生产中,拌和站的配合比不得随意变动,如有问题必须根据试验结果,经监理工程师批准后在试验室负责人指导下进行。拌和站在正式生产前,先按生产配合比进行试拌,经检验,试拌的混合料温度、级配、油石比等指标满足设计要求后,方可进行正式生产。

5.2.1.2 为保证拌和站正常运转,拌和站配备装载机的数量按下式计算:

$$Q_z = 60Q_H KE/C_M$$

式中:Q_z——装载机作业量,m^3/h;

Q_H——铲斗额定容量,ZL50 装载机 $Q_H = 3m^3$;

K——铲斗充满系数,取 $K = 0.85$;

E——作业效率;取 $E = 0.7$;

C_M——工作一次循环时间,经测算得 $C_M = 1.6min$;

则 $$Q_z = 60 \times 3 \times 0.85 \times 0.7/1.6 = 66.9(m^3/h)$$

$$n_z = \frac{Q_B}{Q_z \cdot D} = 242/(66.9 \times 1.65) = 2.1\text{ 台,取 3 台}$$

n_z——装载机台数;

Q_B——拌和站产量,除去沥青量 3.5%、矿粉量 2%,石料为 242t;

D——材料平均堆积密度,取 1.65 单位。

考虑到故障及堆料等因素,拌和站配 4 台 ZL50 型装载机上料,施工现场配 1 台装载机回收废料。

5.2.1.3 生产温度控制

(1)沥青的加热温度为 155～165℃,矿料加热温度比沥青高 10～20℃,取高约 10℃,即 165～180℃。

(2)混合料出厂温度控制为 150～165℃。拌和时,要严格控制出料温度不超限。

(3)当混合料出厂温度高于 195℃或低于 130℃时须废掉。

5.2.1.4 拌和时间:每锅混合料拌和时间(生产周期)采用 45～50s(其中干拌时间大于 5s)。

5.2.1.5 拌和外观质量控制:拌和出的沥青混合料应均匀一致、无花白料、无结团成块或粗细集料的分离(离析现象),并注意观察:

(1)冒青烟表示混合料过热,沥青应会有结胶和烧焦现象。

(2)冒白气表示集料没有完全烘干,混合料残余含水率过高。

(3)混合料过亮或料堆尖移严重表示沥青含量过高。

5.2.1.6 生产记录控制:安排专人负责检测并填写《温度测量记录表》、《拌和站拌和记录表》。

5.2.2 沥青混合料运输

5.2.2.1 运输车数量:根据拌和站额定产量、运输距离和摊铺能力测算

$$n = K \times (t_1 + t_2 + t_3)/T$$

式中:n——所需车辆数;

t_1、t_2、t_3——分别为重载运输时间、空载运输时间及在工地卸料和等待的总时间,min,经测算,t_1取35min;t_2取17min;t_3取15min。

T——拌制一车混合料所需时间,$T = 60G_0/G$,min。其中,G为拌和设备生产能力,G_0为车辆载质量。本方案拌和设备生产能力取256t/h,车辆载质量取25t,则$T = 60 \times 25/256 = 5.86$(mim);

K——储备系数,一般取1.1~1.2,本方案考虑到道路交通状况良好,车况均较好,取1.1。

运输车数量$n = K \times (t_1 + t_2 + t_3)/T = 1.1 \times (35 + 17 + 15)/5.86 = 12.6$辆。

在保证运力略有富裕的前提下,混合料运输采用15辆载质量25t的自卸车运输,以确保连续摊铺和拌和站连续生产。

5.2.2.2 车厢提前清扫干净,均匀喷涂油:水=1:3的混合液。但厢中不能有积液,在清洗干净后,车辆起斗检查。

5.2.2.3 在装料时由专人指挥,分前、后、中三段装料,注意不要装过满,要保持装载均匀高度以防离析和遗撒。装料后,及时用苫布覆盖严密,减少温度损失和避免污染。

5.2.2.4 混合料运到现场后,现场测温员进行测温,做好记录;到场温度不能低于145℃。

5.2.2.5 卸料前,运输车后轮距摊铺机30cm停下,严禁撞击摊铺机,松开挡(空挡),靠摊铺机推动,司机应服从现场指挥人员指挥。

5.2.3 摊铺

5.2.3.1 采用DT1600大宽度摊铺机进行摊铺作业。虚铺系数为1.20,本层设计层厚度8cm,虚铺厚度9.6cm。

5.2.3.2 摊铺机开始受料前,在受料斗内壁均匀喷涂柴油与水的混合液(柴油:水=1:3),避免黏连,注意不能有积液留存。

5.2.3.3 熨平板提前预热不少于30min,使熨平板温度不低于100℃。

5.2.3.4 摊铺机在放样完毕的作业面起点就位后,在熨平板下面左、中、右位置分别垫入宽20cm的木垫板。

5.2.3.5 在摊铺机前方有5台运料车后,开始摊铺。以温度略高的料车首先向摊铺机供料。

5.2.3.6 厚度控制:摊铺后按左、中、右三处多点插测虚铺厚度,并结合横向挂线测量虚铺面高度,确保摊铺厚度满足设计。

5.2.3.7 摊铺时,螺旋分料器中的料位高度应保持满螺旋的高度;受料斗内最少要有1/3的料。

5.2.3.8 正常摊铺夯锤振幅选择4级,熨平板振动频率4级。

5.2.3.9 混合料摊铺温度不低于140℃。

5.2.3.10 根据出料速度,摊铺机行进速度控制在1.5~2m/min;摊铺应保证均匀、连续不断,不无故停止或减速、加速。

5.2.3.11 在摊铺机履带行进前方的工作面,安排专人负责清理撒落的材料,在摊铺机后要安排2名工人负责边角修整和局部处理。

5.2.4 碾压

5.2.4.1 碾压分为初压、复压和终压三个阶段进行,本着先轻后重、由低向高、紧跟慢压、高频低振的原则进行。初压目的是对摊铺面进行稳定,复压的目的是提高压实度,终压的目的是消除轮迹,使表面平整。

5.2.4.2 初压采用DD110型双钢轮压路机,采用去静回振方式压1遍,每趟搭接10~20cm,碾压速度2.5km/h。

复压采用2台XP301胶轮压路机各复压2遍,相邻碾压带重叠1/2~1/3,速度4~5km/h,然后紧跟DD130型双钢轮压路机振动复压2遍,速度3.5km/h。

终压采用CC522双钢轮压路机静压2遍,速度4.5km/h,确保消除轮迹。

5.2.4.3 碾压时注意的问题:

(1)所有碾压均是由低向高进行;碾压段梯次向前推进。

(2)初压应紧随摊铺机后,趁高温碾压。

(3)轮胎压路机刚进入工作面时,轮胎温度低会发生沾轮现象,安排专人进行清除和喷涂油水溶液,并及时铲掉油饼。

(4)碾压连续进行,不得随意停机,终压结束温度控制在70℃以上。

(5)发现推移或裂纹时查明原因,及时调用轮胎压路机补压。

(6)不得在施工段上调头、紧急制动,完工停放时应在施工段外。

(7)双钢轮压路机应在碾压前将钢轮喷水润湿均匀,并确认喷水系统正常后进入作业区碾压。用水量以保证不黏轮为原则,尽量少喷水。

(8)压路机上工作面以后不得随意停机,出现特殊情况必须靠后,停在外侧。

5.2.5 质量控制与检测

5.2.5.1 每工作班,试验室要从拌和站生产稳定后的第三车以后料车取料检测。取料时,须分几次从一定深度下的不同部位取样,然后及时进行马歇尔稳定度、抽提、筛分等检测,并将结果反馈给项目总工等有关人员。

5.2.5.2 施工后第二天,试验室钻取路面芯样进行压实度检测,及时上报结果,以便进行总结分析和调整工艺。

5.2.5.3 试验室每天对混合料测定实测理论最大密度试验和马歇尔击实试验,作为评定压实的依据。

5.2.5.4 配备3名测温员专门负责检测出场温度、到场温度和摊铺温度,认真做好记录;对于出现的超温和低温情况必须及时上报给现场负责人安排处理。

5.2.5.5 平整度及碾压控制:质检员随时监控碾压情况,发现离析、推移等异常时要迅速作出处理;终压前使用5m直尺随时检测平整度,发现超标3mm的要确定范围及时处理。

5.2.5.6 在混合料摊铺后初压前,人员尽量不要踩未碾压的摊铺层上;摊铺面尽量不用人工二次修补,必须修补的要在施工员指示下处理。

5.2.5.7 每日完工后根据所施工面积与生产总量进行核对,施行总量控制。

5.2.6 接缝处理

在当天施工结束后，摊铺机抬起熨平板，驶离摊铺面，人工迅速将摊铺面端部修整直顺，然后压路机按照正常碾压程序进行碾压。但是压路机后轮都要碾压过端部，碾压完成后，用5m直尺检测端部下垂部位，划出切割线，趁热将下垂的端部切掉，废料集中运出现场。

下次施工前，在已压实面上先铺20m长土工布，接茬处用方木铺垫，压路机再开上去，避免对成品造成破坏。将端部接茬散碎的材料清理干净后，均匀涂刷黏结沥青，用热混合料预热。摊铺机就位前，熨平板下左、中、右均匀垫3块木板，木板厚度为虚铺厚度减压实厚度。摊铺起步时，按照摊铺结束时的仰角和速度摊铺，确保接缝纵向坡度、厚度一致。接缝处人工修饰整齐后，采用双钢轮压路机呈45°斜向、渐进跨缝碾压方式碾压，局部辅以人工修整，确保接缝平顺、密实。

5.2.7 开放交通

施工结束后，待路面温度下降到50℃以下时，方可开放交通。若第二天继续施工，则应采取封闭措施，避免不必要的路面污染和早期破坏。

5.2.8 季节性施工措施

安排专人提前收听天气预报，在气温低于10℃，以及雨天、路面潮湿情况下不进行施工。

6 质量保证措施

6.1 质量措施

6.1.1 配备充足的技术、质量和检测人员，以及技术熟练的操作人员，采用先进的设备、优化的施工工艺确保施工质量。

6.1.2 强化技术交底，每次施工前，都由项目总工、施工负责人进行班前交底，把质量标准和工艺要求落实到每一个操作手和每一个工人。

6.1.3 提前由测量人员对每个节点进行多点高程检测，确保高程顺畅、准确。

6.1.4 平整度的控制：安排专职质量员，用5m直尺在终压前检测，进行精细找平。

6.1.5 压实度控制：严格控制碾压遍数和碾压温度，并配以一名专职质量员对碾压作业跟踪指挥。

6.1.6 厚度控制：在摊铺后，由专职测量员用插尺测量松铺厚度，遇有问题及时调整，确保铺装厚度。

6.2 质量标准

6.2.1 外观质量要求：表面应平整、密实，不应有泛油、松散、裂缝和明显离析现象，不得有渗水和积水现象。接缝处应紧密、平顺，不枯焦、不跳车。

6.2.2 沥青混合料的施工温度控制见表6，上基层允许偏差见表7。

ATB－25沥青混合料的施工温度控制表(℃) 表6

项目		温度
沥青加热温度		155～165
混合料出厂温度		正常范围150～165，超过190者废弃
混合料运输到现场温度		不低于145
摊铺温度	正常施工	不低于140
	低温施工	不低于150
开始碾压混合料内部温度	正常施工	不低于130
	低温施工	不低于145
碾压终了表面温度	钢轮压路机	不低于70

沥青稳定碎石 ATB－25 上基层允许偏差表 表7

序号	检测项目	允许偏差	检验方法及频率
1	沥青混合料出厂温度	符合表6的规定	温度计测定:每车测一次
2	运输到现场温度		
3	初压温度		
4	碾压终了温度		
5	沥青含量(油石比),与生产设计的差(%)	±0.3	计算机采集数据计算:逐盘在线检测
		±0.1	按总量检验:逐盘检查,每天汇总1次,取平均值评定
		±0.2	拌和厂取样,离心法抽提:每日上、下午各1次
6	马歇尔试验:稳定度、孔隙率、流值	符合规范规定	拌和厂取样,室内成型试验:每日每机上、下午各1次
7	压实度(%)	不小于97(马歇尔密度) 93~97(最大理论密度)	现场钻芯(可用无核密度仪随时检查):1次/200m·车道
8	厚度(mm)不超过	－4	钻孔并铺筑时插入法量取
9	平整度(mm)不大于	1.2	用连续式平整度仪检测:每车道连续检测
10	宽度	不小于设计值	用尺量:2处/100m
11	纵断面高程(mm)	±15	用水准仪或全站仪:3处/100m
12	横坡度(%)	±0.3	用水准仪检测:3处/100m
13	中线平面偏位不大于(mm)	20	用经纬仪检测:4点/200m
14	渗水系数	实测	改进型渗水仪:与取芯点相同

7 安全文明施工措施

7.1 认真贯彻落实安全生产责任制,成立专门安全监督小组,设立专职安全员,佩戴袖章,巡回检查。

7.2 施工人员佩戴胸牌上岗,穿反光衣。

7.3 安排交通协管员认真在路口执勤看守,指挥车辆和人员,严禁非施工人员和车辆进入施工现场。

7.4 施工路段车速不超过30km/h。

7.5 机械设备操作人员必须持证上岗。

7.6 沿线设立相关安全标志。

7.7 后勤人员准备好防暑降温药品,饮用水供应必须保证。

8 环保措施

8.1 拌和场地四周设置排水沟、沉淀池、过滤池,防止场地废水混入当地村民灌溉渠道。

8.2 根据施工路线特点,对环境敏感点、特殊点予以标示,避免噪声、振动造成影响。

8.3 根据天气情况,及时安排洒水车对施工运输便道进行洒水降尘。

8.4 施工设备保养、清洁产生的油污集中回收处理、不得随意丢弃;施工产生的废弃材料不乱扔在边坡上,每日收工集中装运出场到指定位置处理。

8.5 沥青拌和站产生的回收粉,采取湿法集中排放措施,避免污染环境。

§20 SMA－16改性沥青玛蹄脂碎石上面层施工方案

1 编制依据

1.1 《××工程施工组织设计》

1.2 《××路面施工图》

1.3 《公路沥青路面施工技术规范》(JTG F40—2004)

1.4 《公路工程质量检验评定标准》(JTG F80/1—2004)

1.5 《公路工程施工安全技术规程》(JTJ 076—95)

2 工程概况

本工程为高速公路路面工程上面层。本标段全长21km,为全封闭、全立交的高速公路,设计行车速度为100km/h,双向四车道加应急车道,起止桩号:K70+000～K91+000。上面层材料为5cm厚SMA－16改性沥青玛蹄脂碎石,施工面积为501000m^2。

3 施工准备

3.1 技术准备

3.1.1 技术、质量、试验、测量、资料、安全、设备等岗位人员已到岗就位,由技术负责人进行技术交底;试验段已经完成,经试验段施工验证,施工工艺、人员组织、设备匹配以及各项施工参数已经确定。

3.1.2 SMA－16沥青混合料标准配合比经验证满足要求,最佳油石比为5.7%,见表1,得到监理工程师审核批复。

SMA－16标准配合比(%) 表1

材料名称	热料仓				矿粉	油石比	纤维
	1号仓	2号仓	3号仓	4号仓			
比例	29	24	19	20	8	5.7	0.3

3.1.3 测量员对沿线水准点和导线点提前进行复测、校核,进行现场放样。

3.1.4 下承层通过验收检测,质量满足要求。

3.2 现场准备

3.2.1 施工便道:从拌和场到互通连接线距离150m,利用原有小路拓宽至8m,满足会车宽度要求,路面采用级配碎石找平后铺筑20cm厚C20水泥稳定碎石硬化。

3.2.2 作业面:在面层摊铺作业前一天,对作业面进行彻底的清理,扫除杂物,对污染较为严重的区域先用水车进行冲洗,然后用钢丝刷刷除干净,最后用空压机吹净。

黏层油于表面层施工前一天喷洒。

3.2.3 施工用电:主要是沥青拌和站用电,根据拌和站的装机总功率为700kW,采用安装1台800kVA变压器解决。

3.2.4 施工用水:沥青路面施工用水较少,施工和生活用水采用在拌和场地内自打机井的方式解决。

4 施工部署

4.1 组织机构

由项目经理任施工总负责人，主持全面工作；由生产副经理负责前、后场施工协调；由项目总工程师负责技术管理和技术保障；由试验主任负责试验检测与验收；由设备部长负责设备保障；由材料部长负责各种材料供应。投入一个沥青面层作业队负责本层的施工作业。组织机构图如图1所示。

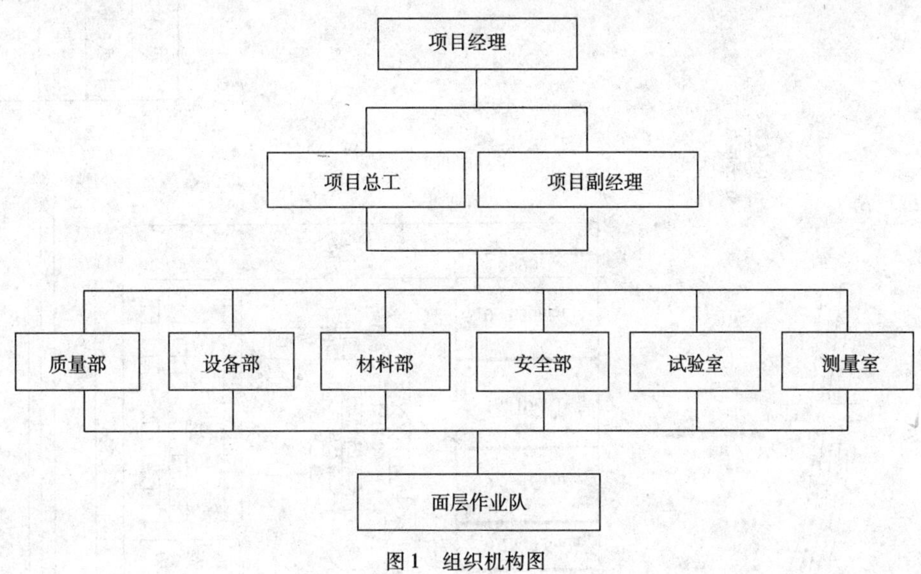

图1 组织机构图

4.2 施工安排

4.2.1 拌和场设置

结合施工现场情况，在位于主线K80+000位置的互通立交以南300m处征荒地90亩，作为拌和场。拌和场采用18cm厚C20水泥混凝土进行硬化，储料仓划分为5档，采用片石砌筑隔墙，可容纳20万m^3以上碎石材料。拌和场内设置1座LB-4000型沥青混凝土拌和站。拌和站配备6个50t沥青罐，1个100t乳化沥青罐。

4.2.2 施工顺序

在避免交叉作业的前提下，为减少设备转场，先从标段起点K70+000处向终点方向施工右幅，到达标段终点后调头，向标段起点方向施工左幅，到K70+000处全部施工结束。

现场平面布置图如图2所示。

4.3 工期计划

本层SMA-16沥青混合料总量6.1万t，根据总体工期计划，结合拌和站的额定产量计算，LB-4000型沥青拌和站最大产量为每小时320t，按80%的生产效率每小时可生产256t混合料，按日均生产6h计算，日生产能力为1536t，理论上40天可施工完成。考虑到不利天气和其他影响因素，按1.2的降效系数，需施工48天，加上施工准备2天，总工期按50天考虑，如图3所示。

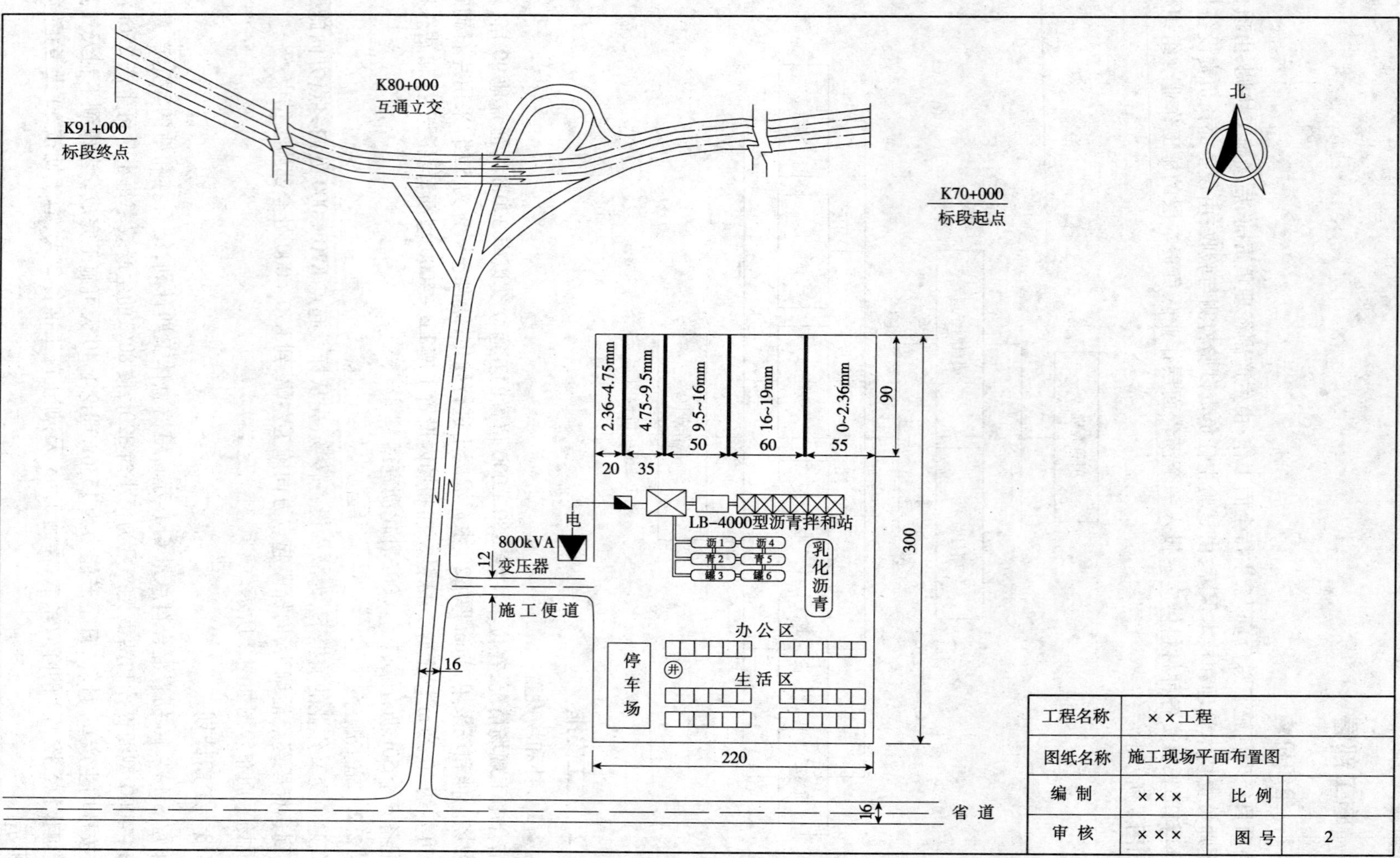

图2 施工现场平面布置图（尺寸单位：m）

序号	分项工程名称	工程量（m^2）	持续时间（d）	单位：d				
				10	20	30	40	50
1	施工准备	—	2					
2	K70+000~K80+000右幅	112500	11					
3	K80+000~K91+000右幅	123750	12					
4	K91+000~K80+000左幅	123750	12					
5	K80+000~K70+000左幅（含互通）	141000	13					

图3　工期计划横道图

4.4　机械设备

摊铺机、压路机、沥青拌和楼等设备经过设备管理部门的全面检查，经调试证明运转状况良好，各种常用设备配件、易损件、油料准备齐全。其他小型机具：手推车、筛子、火箱、铁锹、扫把、钢刷子、顶盘、铝梁、空压机、耙子、油桶、拖布等工具准备一套。主要设备配备见表2。

SMA-16面层施工主要机械设备表　　表2

序号	机械名称	规格型号	单位	数量
1	沥青拌和站	LB－4000	座	1
2	摊铺机	ABG423	台	2
3	装载机	ZL50	台	5
4	自卸车	EQ3290GFJ	辆	15
5	双钢轮振动压路机	DD110	台	2
6	双钢轮振动压路机	DD130	台	4
7	水车	JYJ5120GSS	辆	2
8	工具车	TX－I	辆	1

4.5　试验检测仪器设备

配备了齐全的试验检测仪器设备，并定期进行了标定。试验检测仪器设备见表3。

主要试验检测仪器表　　表3

序号	仪器名称	型号	单位	数量
1	自动沥青针入度仪	HDLZ－Ⅳ	台	1
2	沥青软化点仪	HDLR－Ⅳ	台	1
3	沥青低温延度仪	HDLY－Ⅳ	台	1
4	自动混合料拌和机	ZJB－20C	台	1
5	马歇尔电动击实仪	LD－139	台	1
6	理论最大相对密度仪	HDXM－21	台	1
7	马歇尔稳定度仪	LD－190	台	1
8	燃烧法沥青含量测定仪	LD－199	台	1
9	振筛机	ZBX－92A	台	1

续上表

序号	仪器名称	型号	单位	数量
10	车辙试验仪	CZ－7	套	1
11	干燥箱	101－3	台	2
12	游标卡尺	150mm	把	2
13	压碎值仪	JYY－2	套	1
14	电子插入式温度计	JM628	支	3
15	渗水试验仪	HDSS－2	台	1
16	连续式平整度仪	LPY－F1	台	1
17	电子天平	YP6001	台	1
18	路面取芯机	HZ－20	台	1

4.6 材料计划

施工所需的各种规格原材料已经按计划进场,数量充足。其中:沥青采用成品SBS改性沥青;碎石采用大型石料场出产的2.36～4.75mm、4.75～9.5mm、9.5～19mm三档规格玄武岩碎石;机制砂采用石灰石碎石用制砂机加工成0～2.36mm规格,拌和站储存时搭设雨棚防雨;矿粉采用石灰岩碎石用磨粉机加工而成;木质素纤维采用独立计量设备添加。各种原材料已按规范要求进行了检测,技术指标符合规范要求。

原材料的使用数量见表4。

材料数量表　　表4

序号	材料名称	规格(mm)	单位	数量
1	机制砂	0～2.36	t	11580
2	玄武岩碎石	2.36～4.75	t	11000
3	玄武岩碎石	4.75～9.5	t	13890
4	玄武岩碎石	9.5～16,16～19	t	16790
5	矿粉	—	t	4630
6	SBS改性沥青	PG76－22	t	3300
7	木质素纤维	—	t	185

4.7 劳动力准备

配备一套沥青面层施工专业拌和、摊铺、碾压作业班组和劳务队伍。人员数量见表5。

劳动力计划表　　表5

序号	人　员	数量(人)	备　注
1	操作手	22	作业现场13人,拌和站9人
2	工人	24	作业现场17人,拌和站7人

5 主要施工工艺

5.1 施工工艺流程

沥青混合料生产→沥青混合料运输→摊铺→碾压→养生

5.2 施工工艺

5.2.1 沥青混合料生产

5.2.1.1 沥青混合料的生产采用 LB－4000 型间歇式拌和机，配有保温的成品储料仓和二次除尘装置。设备计量系统提前进行了标定，确保称量配料准确配。备专门的运转保养班组，确保设备的正常运转。

5.2.1.2 为保证拌和站正常运转，拌和站配备装载机的数量按下式计算

$$Q_z = 60Q_H KE/C_M$$

式中：Q_z——装载机作业量，m^3/h；

Q_H——铲斗额定容量，ZL50 装载机 $Q_H = 3m^3$；

K——铲斗充满系数，取 $K = 0.85$；

E——作业效率；取 $E = 0.7$；

C_M——工作一次循环时间，经测算得 $C_M = 1.6$min；

则 $$Q_z = 60 \times 3 \times 0.85 \times 0.7/1.6 = 66.9(m^3/h)$$

$n_z = \dfrac{Q_B}{Q_z \cdot D} = 223/(66.9 \times 1.65) = 2.02$ 台，取 3 台

n_z——装载机台数；

Q_B——拌和站产量，去掉沥青含量 5.4%、矿粉量 8%，石料装量为 223t；

D——材料平均堆积密度，取 $1.65t/m^3$。

考虑到故障、堆料和临时装运其他材料等因素，拌和站配 4 台 ZL50 型装载机上料，施工现场配 1 台装载机回收废料。

5.2.1.3 拌和时，改性沥青在沥青罐内用导热油间接加热至 165～175℃，石料通过干燥筒充分烘干，加热到 190～200℃，沥青混合料出厂的正常温度控制在 170～185℃。各种规格的集料、矿粉、沥青严格按要求的配合比配料，实时监控。每锅混合料拌和时间 60～65s，其中干拌时间 10s。

5.2.1.4 拌和好的混合料均匀一致、无花白料、无结团成块或严重的粗细料分离现象，不符合要求的混合料不得使用。所有过度加热、碳化、起泡或含水的混合料及超过正常温度高限的沥青混合料坚决废弃。

5.2.1.5 拌和站配备试验员，每天由试验员及时检验混合料质量，包括测温、沥青含量、级配等检验，并及时出具产品合格证和检验报告单。

5.2.2 沥青混合料运输

5.2.2.1 运输车数量：根据拌和站额定产量、运输距离和摊铺能力测算

$$n = K \times (t_1 + t_2 + t_3)/T$$

式中：n——所需车辆数；

t_1、t_2、t_3——分别为重载运输时间、空载运输时间及在工地卸料和等待的总时间，min，经测算，t_1 取 35min；t_2 取 17min；t_3 取 15min；

T——拌制一车混合料所需时间，$T = 60G_0/G$，min。其中，G 为拌和设备生产能力，G_0 为车辆载质量。本方案拌和设备生产能力取 256t/h，车辆载质量取 25t，则 $T = 60 \times 25/256 = 5.86$mim；

K——储备系数，一般取 1.1～1.2，本方案考虑到道路交通状况良好，车况均较好，取 1.1。

运输车数量 $n = K \times (t_1 + t_2 + t_3)/T = 1.1 \times (35 + 17 + 15)/5.86 = 12.6$ 辆。

在保证运力略有富裕的前提下，混合料运输采用 15 辆载质量 25t 的自卸车运输，以确保连续摊铺和拌和站连续生产。

5.2.2.2 每天对车槽清理干净，为防止沥青与车厢板的黏结，车厢底板和侧板喷涂一薄层油水混合液（油和水的比例为 1:3），应无余液积聚在车厢底部。为保温、防雨、防污染，在运料车上加盖保温篷布；气温低、运距长时应加盖棉被保温，篷布遮盖全车厢，并设专人检查车后挡板密封情况。

5.2.2.3 进入作业路段入口前，路面铺设 50m 彩条布或麻袋，以清理运料车在路上车轮沾的泥土，防止带入作业面造成污染，并安排专人负责保洁。

5.2.2.4 运料车到场后揭开苫布检查温度和外观，不合格的禁止使用。卸料时由专人指挥，运料车缓慢倒车向摊铺机靠近，不得撞击摊铺机；后轮距离摊铺机约 30cm 处停车，待摊铺机向前行驶与之接触推动前进。起斗卸料时，料车挂空挡，轻踩制动踏板确保不溜车。

5.2.2.5 卸料后车厢内剩余的油渣，卸到作业面前专用的装载机斗内，以确保路面的清洁。

5.2.2.6 为确保摊铺作业的连续性，按日产量及运距计算调配充足的车辆，保证拌和站与摊铺机的生产能力互相协调。正常施工过程中摊铺机前方应保持有运料车在等候卸料，开始摊铺时摊铺机前方等候的运料车不少于 5 辆。

5.2.3 摊铺

5.2.3.1 机械配备

主线由 2 台摊铺机梯队联合作业。本段施工时先由小桩号向大桩号摊铺。1 号摊铺机熨平板组装宽度为 6.0m 在外侧先行，2 号摊铺机熨平板组装宽度为 5.5m 在内侧后行，形成梯队作业，中间搭接 50cm，避开车道轮迹带，并保证上面层施工对应中面层施工的纵缝错开 20cm 以上。每日施工结束时，要与中面层的横向施工缝错开 100cm 以上。

5.2.3.2 高程控制

上面层摊铺时利用平衡梁进行等厚摊铺控制高程，确保平整度。

对于遇到有些特殊高程要求的路段，如路口、桥头等，根据调坡长度范围，提前在摊铺机两侧按设计高程每 5m 测设一个测墩，放铝梁为基准面，设专人控制；后面一台摊铺机内侧以前一台摊铺机已摊铺的面层为基准面，走滑靴控制摊铺高程，外侧仍是按设计高程每 5m 测设一个测墩，放铝梁为基准面。

5.2.3.3 虚铺系数

经试验段施工，虚铺系数确定为 1.15。摊铺时，为保证上面层厚度，虚铺厚度控制在 5.8cm。

5.2.3.4 过程控制

开始摊铺前，预热熨平板 30min 以上，使熨平板温度不低于 100℃，并在熨平板下面拉线测校，保证熨平板的平整度。混合料的出场温度不低于 170℃，到场温度不低于 165℃，正常摊铺温度不低于 160℃，由质检员逐车检验到达工地的沥青混合料。开始摊铺时，将检验合格后的温度较高的沥青混合料先倒入摊铺机料斗，并启动摊铺机。

为了保证平整度，初始摊铺速度略慢一点，厚度、高程检查无误和设备运转正常稳定后，正常摊铺。根据出料能力，按不大于 3m/min 的速度匀速摊铺，当摊铺 5 ~ 10m 后，用细线横向检查摊铺厚度，测量人员检测横坡度，横坡调整无误时继续摊铺。在摊铺过程中，摊铺机料斗内任何时候都应保持 1/3 以上的混合料。在摊铺过程中，摊铺机熨平板夯锤要保持在 4 级的强度，使摊铺的混合料得到均匀有效的振动和初压实，并避免有离析、撕扯、孔洞和横向垄埂等现象。摊铺后的面层未经压路机压实严禁上人行走，以免影响平整度。

5.2.4 沥青混合料的碾压

5.2.4.1 压实工艺

(1)当摊铺 30 ~40m 时，由质检员测出铺料的温度后，指挥压路机碾压。沥青面层碾压分初压、复压和终压三个步骤。施工前，将碾压设备编号，施工时按顺序碾压，不得漏压。

(2)初压采用两台 DD110(1 号、2 号)压路机各碾压两遍，行进时每趟都要碾压到摊铺机之后，趁高温碾压。两台压路机各负责半幅路面。碾压带要形成阶梯形递进，第一遍前进静压，后退加振，第二遍振动碾压；碾压速度为 2 ~3km/h。初压后及时检查平整度，如发现问题，及时处理。碾压时温度不低于 150℃。

(3)复压采用 2 台 DD130(3 号、4 号)振动压路机各负责半幅振动碾压 2 遍，中间搭接碾压 1/2 轮迹带。碾压速度为 3 ~4km/h。

(4)终压在复压之后，采用双钢轮振动压路机 DD130 全幅静压两遍以上，相邻碾压带宽度重叠 20cm，碾压速度为 4 ~5km/h，直至消除轮迹，终压完成时的温度不低于 90℃。

5.2.4.2 碾压的原则

(1)碾压要遵循先轻后重、先慢后快、由低向高的碾压方法。

(2)每个碾压阶段应紧密衔接、连续进行，碾压轮迹要与路中心平行，必须沿同一个轮迹返回。

(3)碾压时不能急停、急行，当振动停止后，须再行驶一段后再停行。

(4)碾压时，先压接缝，再由低向高碾压，每一轮迹应与前一轮重叠 10 ~20cm，并在前一轮迹的端头 1m 以上停机。

(5)复压碾压时采用高频低振幅碾压的方法。

(6)压路机碾压时，以不黏轮为原则，尽量减少喷水量。

5.2.5 接缝

5.2.5.1 纵向接缝

(1)纵向接缝采用热接缝。

(2)摊铺时，两台摊铺机前后距离保持在 5 ~10m。前方行走的摊铺机采用声纳浮动基准梁控制高程，前行摊铺机要严格控制摊铺走向，后机控制与前机的搭接宽度均匀，既要不得缺料，也要避免在搭接段沥青混合料积压过多，造成二次摊铺碾压过密，压实后形成搭接部起拱。

(3)梯队碾压时，将先铺的混合料纵向接茬侧留下 20cm 宽暂不碾压，作为后摊铺部分的高程基准面，待后铺面铺过后及时跨缝碾压以消除缝迹，并达到密实度要求。

5.2.5.2 横向接缝

每日施工待终压完成后，用铝梁纵向检查端部，将不下垂的断面位置标示出来，画一垂直于中心线的横线，沿横线切除多余部分；再次摊铺前，在接茬断面上涂刷黏层沥青，摊铺机就位后熨平板压在旧油边 50cm，垫 2 块薄木板，厚度为 8mm。熨平板充分预热后进行摊铺，摊铺设定参数按照前次摊铺时参数设定。待摊铺开始后，及时用人工进行处理接缝，其方法如下：

(1)迅速用推耙、竹箸帚将接缝修整找平,将多余料铲掉,并尽量减少人工处理的时间。

(2)处理平顺后,用DD110压路机进行碾压,碾压的方法先斜向45°顺序将缝处稳压一遍再横向振压,每次向新铺面递进10~20cm,直至全轮宽进入新铺油面。用3m直尺进行检测,对超高部位及时加振碾压处理。

(3)最后恢复纵向正常碾压。

5.2.6 养生

碾压成型后,保持封闭交通,禁止车辆通行24h。待路面内部温度降至50℃以下后方可通车。

5.3 季节性施工措施

5.3.1 雨期施工

5.3.1.1 施工期间设专人负责及时掌握雨期天气变化情况,根据天气情况安排施工计划,避开雨天施工。

5.3.1.2 混合料运输车辆必须遮盖严密。

5.3.1.3 当沥青混合料未经压实即遭雨淋时,要全部清除。

5.3.2 冬期施工措施

当温度低于10℃时不安排路面施工。

6 质量保证措施

6.1 质量措施

6.1.1 建立以项目经理为核心的质量保证体系,建立各项质量管理规章制度。

6.1.2 施工过程中项目技术负责人、技术人员做到交底及时,内容完善。在日常施工过程中,技术人员经常巡视施工现场,监督指导施工操作,及时纠正错误,消灭质量隐患。

6.1.3 沥青混合料生产中,每日应做抽提试验、马歇尔稳定度试验,矿料级配、沥青含量、马歇尔稳定度等结果应及时上报。

6.1.4 SMA温度控制措施:拌和站,现场均安排专人负责测温,严格按照标准控制温度。温度不合格的混合料不得出场或者摊铺。具体温度控制标准见表6。

SMA-16沥青玛蹄脂碎石温度控制标准(℃) 表6

型 号	沥青加热温度	集料加热温度	混合料出场温度	混合料废弃温度
SMA-16	165~170	190~200	175~185	195
	到场温度	摊铺温度	初压温度	碾压终了温度
	>165	>160	>150	>90

6.1.5 平整度控制措施:现场设专职质控员,采用5m直尺在终压前对路面平整度检测,如有轮迹或不平处指挥压路机及时消除。

6.1.6 碾压控制措施:现场安排专人对碾压进行监控,保证压实遍数,并避免过度碾压造成沥青玛蹄脂上浮,出现泛油油斑。

6.1.7 下承层表面保持干燥、清洁、无浮土,其平整度和路拱度应符合要求。

6.1.8 摊铺时应严格按照试验段确定的松铺系数摊铺,保持均匀稳定的摊铺速度,确保厚度和平整度。

6.2 质量标准

6.2.1 基本要求

6.2.1.1 沥青混合料的矿料和级配应符合设计要求和施工规范的规定。

6.2.1.2 严格控制矿料和沥青用量及各种材料和沥青混合料的加热温度,沥青材料及混合料的各项指标应符合设计和施工规范要求。

6.2.2 外观检查:成型后路面表面应平整密实,不应有泛油、松散、裂缝和明显离析现象,不得有渗水和积水现象。接缝处应紧密、平顺,不枯焦、不跳车。

6.2.3 沥青混凝土面层允许偏差见表7。

SMA-16 沥青混凝土面层允许偏差表 表7

<table>
<tr><th>项次</th><th colspan="2">检 查 项 目</th><th colspan="2">规定值或允许偏差</th><th>检验方法及频率</th></tr>
<tr><td>1</td><td colspan="2">压实度(%)</td><td colspan="2">试验室标准密实度的98%</td><td>按《公路工程质量检验评定标准》(JTG F80/1—2004)附录B检查:每200m测1处。</td></tr>
<tr><td>2</td><td>平整度</td><td>σ(mm)</td><td colspan="2">≤1.2</td><td>平整度仪:全线每车道连续按每100m计算σ</td></tr>
<tr><td>3</td><td colspan="2">弯沉值(0.01mm)</td><td colspan="2">符合设计要求</td><td>按《公路工程质量检验评定标准》(JTG F80/1—2004)附录I检查</td></tr>
<tr><td>4</td><td colspan="2">渗水系数</td><td colspan="2">200ml/min</td><td>渗水试验仪:每200m测1处</td></tr>
<tr><td rowspan="2">5</td><td rowspan="2">抗滑</td><td>摩擦系数</td><td colspan="2" rowspan="2">符合设计要求</td><td>摆式仪:每200m测1处横向力系数测定车:全线连续,按《公路工程质量检验评定标准》(JTG F80/1—2004)附录K评定</td></tr>
<tr><td>构造深度</td><td>铺砂法:每200m测1点</td></tr>
<tr><td rowspan="4">6</td><td rowspan="4">厚度(mm)</td><td rowspan="2">代表值</td><td>总厚度</td><td>-5%H</td><td rowspan="4">按《公路工程质量检验评定标准》(JTG F80/1—2004)附录H检查,双车道每200m测1处</td></tr>
<tr><td>上面层</td><td>-10%h</td></tr>
<tr><td rowspan="2">合格值</td><td>总厚度</td><td>-10%H</td></tr>
<tr><td>上面层</td><td>-20%h</td></tr>
<tr><td>7</td><td colspan="2">中线平面偏位(mm)</td><td colspan="2">20</td><td>经纬仪:每200m测4点</td></tr>
<tr><td>8</td><td colspan="2">纵断高程(mm)</td><td colspan="2">±15</td><td>水准仪:每200m测4点</td></tr>
<tr><td>9</td><td colspan="2">宽度(mm)</td><td colspan="2">±20</td><td>尺量:每200m测4个断面</td></tr>
<tr><td>10</td><td colspan="2">横坡(%)</td><td colspan="2">±0.3</td><td>水准仪:每200m测4处</td></tr>
</table>

7 安全文明施工措施

参照本书“§19 ATB-25 沥青稳定碎石上基层施工方案”中的7。

8 环保措施

参照本书“§19 ATB-25 沥青稳定碎石上基层施工方案”中的8。

§ 21　乳化沥青透层施工方案

1　编制依据

1.1　《××工程施工组织设计》

1.2　《××工程路面施工图》

1.3　《公路沥青路面施工技术规范》(JTG F40—2004)

1.4　《公路工程质量检验评定标准》(JTG F80/1—2004)

1.5　《公路工程施工安全技术规程》(JTJ 076—95)

2　工程概况

2.1　工程概述

本工程为高速公路路面工程。本标段全长 21km,为全封闭、全立交的高速公路,设计行车速度为 100km/h,双向四车道加应急车道,起止桩号:K70 +000 ~ K91 +000。

根据设计,在水泥稳定碎石基层上面设置透层,透层采用高渗透乳化沥青,确保渗透深度不小于 5mm。

2.2　工程数量

本标段透层施工总面积为 526750m^2。

3　施工准备

3.1　技术准备

各岗位工作人员已到岗就位,技术负责人进行技术和操作要点交底。

3.2　现场工作面准备

水泥稳定碎石基层碾压完成,压实度、厚度、宽度、高程等项指标自检合格后并报监理工程师批准后,进行洒布作业。

4　施工部署

4.1　组织机构

由项目经理任施工总负责人,主持全面工作;由生产副经理负责施工协调;由项目总工程师负责技术管理;由试验室负责试验检测;由设备部负责设备保障;由材料部负责各种材料供应。投入一个沥青洒布作业队负责本层的施工作业。组织机构图如图 1 所示。

4.2　施工安排

4.2.1　在拌和场内设置 1 个 100t 乳化沥青储存罐。利用沥青混合料运输道路,运输乳化沥青。

4.2.2　施工顺序

透层的洒布应在水稳基层碾压成型后喷洒。透层的施工顺序紧随水稳基层的施工,以互通立交为施工分段起点,先从 K80 +000 处向 K70 +000 方向施工左幅,到达标段起点后调头,施工右幅，向互通立交方向推进，并直至标段终点，然后调头，从 K91+000 向 K80+000 方向施工左幅，在互通立交处结束。

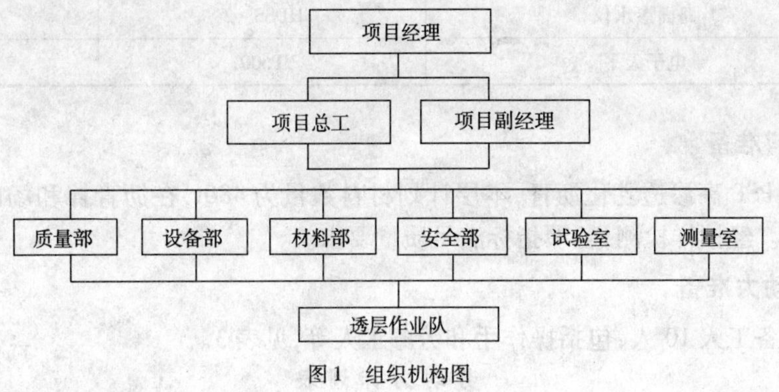

图1 组织机构图

4.3 工期计划

按照水稳基层的施工计划安排进行组织施工。工期计划横道图如图2所示。

序号	分项工程名称	工程量（m²）	持续时间（d）	单位：d 10	20	30	40	50	60	70
1	施工准备	—	7							
2	K80+000~K70+000左幅	122500	15							
3	K70+000~K80+000右幅	122500	15							
4	K80+000~K91+000右幅	134750	16							
5	K91+000~K80+000左幅（含互通）	147000	17							

图2 工期计划横道图

4.4 机械设备

沥青洒布车经过检查、调试运转状况良好，各种所需设备配件、油料准备齐全，见表1。

机械设备表 表1

序号	机械设备名称	型号	单位	数量
1	沥青智能洒布车	LMT5110GLQ	台	1
2	工具车	TX-1	台	1

4.5 试验检测仪器配备

检测仪器设备见表2，均进行了计量检定。

检测仪器设备配备表 表2

序号	仪器设备名称	型号	数量
1	自动沥青针入度仪	HDLZ-Ⅳ	1
2	沥青软化点仪	HDLR-Ⅳ	1
3	沥青低温延度仪	HDLY-Ⅳ	1
4	沥青黏度仪	LN-Ⅱ	1

续上表

序号	仪器设备名称	型　号	数　量
5	路面渗水仪	HDSS-2	1
6	电子天平	YP6001	1

4.6 材料准备

透层采用 PSP 高渗透乳化沥青,本层计划材料数量为 480t,在沥青拌和场内配备 100t 储存罐临时储存。经抽样检测,各项指标满足质量要求。

4.7 劳动力准备

施工队配备工人 10 人,包括操作手和劳务工人等,见表 3。

劳动力计划表　　表3

序号	人　员	数　量(人)
1	操作手	3
2	工人	7

5 主要施工方法

5.1 施工工艺流程

基层处理和验收→测量放样→乳液喷洒→养护

5.2 施工工艺

5.2.1 基层处理和验收

基层碾压成型后,表面应无松散、离析和明显轮迹,压实度、高程、宽度等指标应及时检测,验收合格。

5.2.2 测量放样

因基层边部有路缘石预留基础和超高排水管道位置,因此透层洒布前,测量人员用全站仪和钢尺按照设计宽度,在水泥稳定碎石基层顶面钉好宽度控制桩,用白灰撒出两侧的边线。

5.2.3 乳液喷洒

5.2.3.1 采用一台全智能沥青洒布车进行洒布。根据一次洒布宽度,洒布车匀速行驶,确保洒布均匀。局部边角有遗漏处采用人工补洒。为了确保渗透效果,喷洒前对原液进行稀释,乳化沥青原液: 水 =3:1。

5.2.3.2 洒布量的计算。按照规范规定,透层油的洒布量控制范围:0.7 ~ 1.5l/m^2(以残留物含量 50% 为基准),喷洒时采用浅盘等平板容器放在地面,测算洒布量,洒布量控制在 0.95 ~ 2L/m^2,并根据表面乳液积聚与渗透深度情况进行调整。

5.2.3.3 喷洒的顺序为先内侧后外侧,每趟搭接 5 ~ 20cm,确保不漏洒。洒布车喷洒的速度和喷洒量要均匀稳定,根据洒布量控制车速,宜在 4 ~ 6km/h。透层油应呈雾状喷洒在路面全宽度内,喷油管高度要使得一个地点接受 2 ~ 3 个喷油嘴喷洒的沥青,不得漏洒或多洒,地面有坑洼积聚过多乳化沥青的,要安排人工排除。

5.2.4 养护

洒布透层沥青后,应严格封闭交通;水稳基层养护期内,严禁车辆通行。

5.3 季节性施工措施

5.3.1 及时收听天气预报,即将降雨时不得喷洒透层油。

5.3.2 当气温低于10℃或大风天气时,不得进行透层施工。

6 质量保证措施

6.1 质量措施

6.1.1 建立质量保证体系。施工过程中,对每个环节都层层把关,严格按照规范施工。

6.1.2 透层乳化沥青每车自检一次,并留样备查。

6.1.3 确保基层表面干净、平整、密实、无松散,基层未验收合格不得施工。

6.2 质量标准

6.2.1 外观鉴定:表面应颜色均匀,沥青乳液均匀分布并渗透入基层,破乳后与基层表面黏结牢固。透层沥青洒布后应不致流淌,无露白和沥青积聚现象。

6.2.2 原材料严格进行检验,不合格的产品禁止使用。透层乳化沥青技术指标见表4。

高渗透乳化沥青原液技术指标要求 表4

序号	试验项目			透层用阳离子乳化沥青 PC-2
1	破乳速度		—	慢裂
2	粒子电荷		—	阳离子(+)
3	筛上残留物(1.18mm筛)(mm)		不大于	0.1
4	沥青标准黏度计(s)		C25.3	8~20
5	恩格拉黏度 E_{25}		—	1~6
6	与矿料的黏附性,裹覆面积		不小于	2/3
7	蒸发残留物性质	蒸发残留物含量(%)	不小于	60
		针入度(25℃,100g,5s)(0.1mm)	—	100~300
		延度(5℃)(cm)	不小于	40
		溶解度(三氯乙烯)(%)	小于	99
8	常温储存稳定性	1d	不大于	1
		5d	不大于	5

6.2.3 透层允许偏差见表5。

沥青路面透层允许偏差 表5

序号	检查项目	质量要求或允许误差	检验方法及频率
1	沥青量	在规定范围内	称定面积收取乳化沥青量:每半天1次
2	渗水试验	渗水量<5mL/min	用渗水仪:1处/1000m²
3	渗透深度	渗透深度≥5mm	采用人工挖验法(1d、3d)或钻芯取样法(大于5d):1处/5000m²

6.2.4 外观检查:外观均匀一致,与基层表面牢固黏结,无多余乳化沥青。

7 安全与文明施工

7.1 沥青洒布车的性能确保良好,灯光、制动等装置确保灵敏可靠,在车辆前后、侧面都粘贴反光条,以警示其他车辆,引起注意。

7.2 所有施工作业人员上路施工必须穿反光衣,注意交通安全。操作时,接触沥青人员要佩戴好防护用具。

7.3 现场实行交通管制,封闭施工区域,禁止除洒布车以外的其他车辆进入作业现场。

7.4 洒布前,对已完成的成品,如防撞墙、护栏、苗木等进行必要的遮挡、覆盖。

8 环保措施

8.1 加强设备检修保养,确保设备不遗撒、不漏油。

8.2 洒布完成后,在路外进行洒布车的管路清洗,并回收废油,避免废油污染环境。

§22　沥青下封层施工方案

1　编制依据

1.1　《××工程施工组织设计》

1.2　《××路面施工图》

1.3　《公路沥青路面施工技术规范》(JTG F40—2004)

1.4　《公路工程质量检验评定标准》(JTG F80/1—2004)

1.5　《公路工程施工安全施工技术规程》(JTJ 076—95)

2　工程概况

2.1　工程概述

本工程为高速公路路面工程。本标段全长21km,为全封闭、全立交的高速公路,设计行车速度为100km/h,双向四车道加应急车道,起止桩号:K70+000~K91+000。

根据设计,在水泥稳定碎石基层和沥青混凝土面层之间设置下封层。下封层采用热喷SBS改性沥青单层表面处治,在透层养护完毕后施工。

2.2　工程数量

本标段下封层施工总面积为526750m^2。

3　施工准备

3.1　技术准备

各岗位工作人员已到岗就位,技术负责人进行针对性技术和操作要点交底。

3.2　现场工作面准备

透层油洒布、基层养生、验收完成。

4　施工部署

4.1　组织机构

由项目经理任施工总负责人,主持全面工作;由生产副经理负责施工协调;由项目总工程师负责技术管理;由试验室负责试验检测;由设备部负责设备保障;由材料部负责各种材料供应。投入一个封层作业队负责本层的施工作业,组织机构图如图1所示。

4.2　施工安排

4.2.1　拌和场内配备3个50t改性沥青储存罐,安装搅拌装置。利用沥青混合料运输道路运输。

4.2.2　施工顺序。在施工沥青路面前1~2天施工。以互通立交为施工分段起点,先从K80+000处向K70+000方向施工左幅,到达标段起点后,施工右幅,直到标段终点,再从终点处调头,从K91+000向K80+000方向施工左幅,在互通立交处结束。工期计划如图2所示。

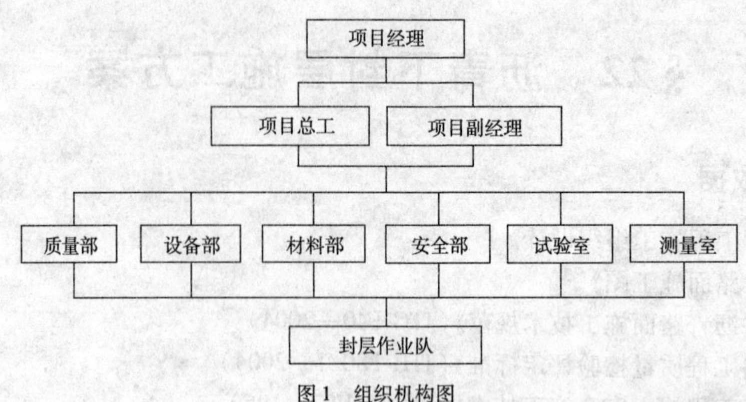

图1 组织机构图

序号	分项工程名称	工程量（㎡）	持续时间（d）	单位：d						
				10	20	30	40	50	60	70
1	施工准备	—	2							
2	K80+000~K70+000 左幅	122500	15							
3	K70+000~K80+000 右幅	122500	15							
4	K80+000~K91+000 右幅	134750	16							
5	K91+000~K80+000 左幅（含互通）	147000	17							

图2 工期计划横道图

4.3 机械设备

沥青封层洒布车、碎石撒布车、轮胎压路机等设备经过设备管理部门全面检查，经调试证明运转状况良好，各种所需设备配件、油料准备齐全，见表1。

机械设备表 表1

序号	机械设备名称	型号	单位	数量
1	沥青封层洒布车	TS－2500	台	1
2	碎石撒布车	LQ2000	台	1
3	轮胎压路机	YL16	台	1
4	工具车	130	台	1
5	装载机	ZL50D	台	1

4.4 试验检测仪器设备

配备了齐全的试验检测仪器设备，并定期进行了检定。仪器设备配备见表2。

主要试验检测仪器表 表2

序号	仪器名称	型号	单位	数量
1	自动沥青针入度仪	HDLZ－Ⅳ	台	1
2	沥青软化点仪	HDLR－Ⅳ	台	1
3	沥青低温延度仪	HDLY－Ⅳ	台	1

续上表

序号	仪器名称	型 号	单 位	数 量
4	干燥箱	101 - 3	台	1
5	游标卡尺	150mm	把	1
6	压碎值仪	JYY - 2	套	1
7	沥青旋转薄膜烘箱	XH - 85	台	1
8	沥青黏度仪	LN - Ⅱ	台	1
9	路面渗水仪	LSY - 95	台	1
10	标准筛	方孔	套	1
11	电子天平	MP61001	台	1

4.5 材料准备

施工所需的各种规格原材料已经按计划进场,数量充足。其中:SBS 改性沥青采用 A 级 AH - 70 石油沥青改性,改性沥青储存于沥青拌和站沥青储存罐,使用前加热到 180℃;碎石采用大型石料场出产的 10 ~ 15mm 规格碎石。

本层原材料的使用数量见表 3。

材料数量表 表 3

序号	材料名称	规 格	单 位	数 量
1	SBS 改性沥青	PG76 - 22	t	710
2	碎石	10 ~ 15mm	t	4750

4.6 劳动力准备

施工队配备工人 14 人,包括操作手和劳务工人等,见表 4。

劳动力计划表 表 4

序号	人 员	数 量(人)
1	操作手	6
2	工人	8

5 主要施工方法

5.1 施工工艺流程

测量放线→SBS 改性沥青喷洒→集料撒布→碾压

5.2 施工工艺

5.2.1 测量放线

将施工路段进行交通封闭后,进行测量放线。采用全站仪定好位置和宽度控制点,道路两侧边部用石灰打好边线。

5.2.2 SBS 改性沥青喷洒

采用沥青封层洒布车喷洒 SBS 改性沥青。改性沥青在车内加温到 180 ~ 190℃,采用纵向分幅喷洒,每幅喷洒宽度在 4 ~ 5m。必须确保纵向线形直顺,不得弯曲。洒布车喷嘴的轴线应与路面垂直,并保证所有喷嘴的角度一致。洒布管的高度,使同一地点能够接受到 2 个或 3 个喷洒嘴喷洒的沥青。洒布车的工作行驶速度控制在 4 ~ 5km/h,改性沥青喷洒数量控制在 1.2 ~ 1.5kg/m^2。纵向每幅搭接宽度 5 ~ 10cm。根据路面设计宽度,调整幅宽,确保全部喷洒到位。

5.2.3 集料撒布

紧随着在改性沥青喷洒后,用碎石撒布机撒布集料。撒布数量按 5 ~ 7m^3/1000m^2计,满铺率约为 60% ~80%,确保集料撒布全部在改性沥青冷却凝固之前完成。

5.2.4 碾压

集料撒布后立即用轮胎压路机均匀碾压 2 遍,确保集料与 SBS 改性沥青牢固黏结。碾压时每次碾压重叠 1/3 轮宽,碾压要求两侧到边,确保有效压实宽度。碾压顺序由路肩侧到中分带侧依次碾压。

5.3 注意事项

5.3.1 下封层施工所用石料应洁净、干燥、无粉尘污染,必要时采用沥青拌和站将石料加热、除尘,以利黏结。

5.3.2 洒布沥青和撒布碎石应做到均匀,对于局部不充足部位,应及时采用人工进行弥补。

5.3.3 碎石撒完后,即可进行碾压,局部露黑处发生黏轮时,应再补撒少量碎石。

5.3.4 严格封闭交通,整个施工过程禁止其他车辆、人员进入现场,在铺筑沥青面层之前不开放交通。

5.3.5 两段前后接头:由于沥青洒布车是自动控制洒布,在预定截止位置横向作出白灰线标志,使横向接茬整齐;人工清除碎石撒布车停车时多余的石料;第二次撒布时搭接 10 ~ 15cm。

5.3.6 为防止施工完成的下封层受到污染,下封层施工完成后应及时进行沥青混合料结构层的施工。

5.4 季节性施工措施

5.4.1 提前查询天气预报,雨天不进行施工。雨后应在下承层完全干燥后施工。

5.4.2 当气温低于 10℃时,不进行下封层施工。

6 质量保证措施

6.1 质量措施

6.1.1 建立质量保证体系。在施工过程中,对每个环节都层层把关,施行质量责任制,严格按照规范施工。

6.1.2 施工前对洒布车沥青喷洒量要进行标定,取得满足设计洒布量情况下的行驶速度、喷洒温度等参数。

6.1.3 必须在下承层清洁和完全干燥的情况下才能施工。

6.1.4 对原材料进行过磅记录,每工作日以材料使用总量衡量整体撒布数量。

6.2 质量标准

6.2.1 外观鉴定:外观平整、均匀、密实,碎石与沥青黏结牢固,无重叠、松散现象;用硬物刮开下封层观察,要求下封层与基层表面牢固黏结,不起皮,无油包、松散和基层外露等现象。

6.2.2 改性沥青和碎石的技术指标见表5、表6。

SBS改性沥青技术要求 表5

序号	检验项目			技术要求
1	针入度(25℃,100g,5s)(0.1mm)		—	40~70
2	针入度指数 *PI*		—	实测值
3	延度(5cm/min,5℃)(cm)		不小于	20
4	软化点 $T_{R\&B}$(℃)		不小于	65
5	动力粘度(60℃)(Pa·s)		不小于	2000
6	动力黏度(135℃)(Pa·s)		不大于	3
7	闪点(℃)		不小于	230
8	溶解度(%)		不小于	99
9	离析,软化点差(℃)		不大于	2.5
10	弹性恢复(25℃)(%)		不小于	75
11	RTFOT试验后	质量损失(%)	不大于	±0.6
		针入度比(25℃)(%)	不小于	65
		延度(5cm/min,5℃)(cm)	不小于	15

碎石级配范围 表6

规格	公称粒径(mm)	通过下列筛孔(mm)的质量百分率(%)			
		19.0	13.2	9.5	4.75
S10	10~15	100	90~100	0~15	0~5

6.2.3 沥青路面下封层允许偏差见表7。

沥青路面下封层允许偏差 表7

序号	检测项目	质量要求或允许误差	检验方法及频率
1	沥青量	在规定范围内	标定面积收取沥青量:每半天1次
2	集料量	在规定范围内	用集料总量与撒布面积算得:每半天1次
3	渗水试验	渗水量<5ml/min	用渗水仪,每处2点,1处/1000m²

7 安全与文明施工

参照本书“§21 乳化沥青透层施工方案”中的7。

8 环保措施

参照本书“§21 乳化沥青透层施工方案”中的8。

§23　乳化沥青黏层施工方案

1　编制依据

1.1　《××工程施工组织设计》

1.2　《××工程路面施工图》

1.3　《公路沥青路面施工技术规范》(JTG F40—2004)

1.4　《公路工程质量检验评定标准》(JTG F80/1—2004)

1.5　《公路工程施工安全技术规程》(JTJ 076—95)

2　工程概况

2.1　工程概述

本工程为××高速公路路面工程。本标段全长21km,为全封闭、全立交的高速公路,设计行车速度为100km/h,双向四车道加应急车道,起止桩号:K70+000~K91+000。

按照设计,在沥青路面各层之间均喷洒黏层沥青。黏层沥青采用SBS改性乳化沥青。

2.2　工程数量

本标段黏层施工总面积为1653300m^2,分别在下面层、中面层和上面层施工前洒布。

3　施工准备

3.1　技术准备

各岗位工作人员已到岗就位,技术负责人进行针对性技术和操作要点交底。

3.2　现场工作面准备

在施工前,提前对作业面组织自检和报监理工程师验收,并清扫干净,表面干燥、无灰尘。

4　施工部署

4.1　组织机构

由项目经理任施工总负责人,主持全面工作;由生产副经理负责施工协调;由项目总工程师负责技术管理;由试验室负责试验检测;由设备部负责设备保障;由材料部负责各种材料供应。投入一个沥青洒布作业队负责本层的施工作业。组织机构图如图1所示。

4.2　施工安排

4.2.1　在拌和场内设置1个100t乳化沥青储存罐。利用沥青混合料运输便道运输。

4.2.2　施工顺序

黏层的洒布应在沥青面层摊铺的前1天完成,并应做好交通封闭,防止黏层洒布后遭受污染。

4.3　工期计划

黏层分3层洒布,分别位于下面层与上基层之间、中面层与下面层之间和上面层与中面层之间，因此，工期计划随着沥青面层的计划开展。施工准备期 2d，总施工期共计 156d。工期计划横道图，如图 2 所示。

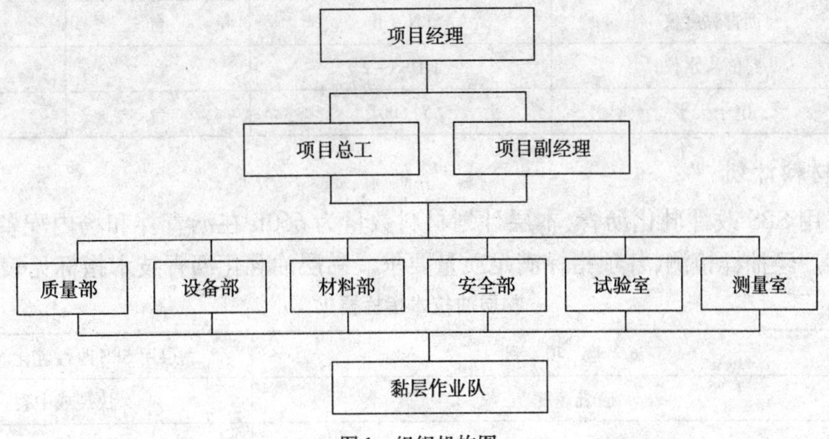

图 1　组织机构图

序号	项目名称	工程数量	持续时间(d)	单位：d					
				30	60	90	120	150	180
1	施工准备	—	2						
2	第一层	481300	50						
3	第二层	501000	52						
4	第三层	501000	52						

图 2　工期计划横道图

4.4　机械设备

智能沥青洒布车、水车等设备经过设备管理部门全面检查、调试，运转状况良好，各种所需设备配件、油料准备齐全。设备配备见表 1。

机 械 设 备 表　　表 1

序　号	名　称	型　号	单　位	数　量
1	智能沥青洒布车	LMT5110GLQ	台	1
2	森林灭火器	6MP－28	台	4
3	洒水车	JYJ5120GSS	台	2
4	工具车	TX－1	台	1

4.5　试验检测仪器配备

试验检测仪器见表 2。

检 测 仪 器 表　　表 2

序　号	仪器设备名称	型　号	单　位	数　量
1	自动沥青针入度仪	HDLZ－Ⅳ	台	1
2	电脑沥青软化点仪	HDLR－Ⅳ	台	1
3	沥青低温延度仪	HDLY－Ⅳ	台	1

续上表

序　号	仪器设备名称	型　号	单　位	数　量
4	沥青黏度仪	LN－Ⅱ	台	1
5	路面渗水仪	HDSS－2	台	1
6	电子天平	YP6001	台	1

4.6　材料计划

黏层采用SBS改性乳化沥青，本层计划材料数量为660t，在沥青拌和场内配备100t储存罐临时储存。经抽样检测，各项指标满足质量要求。黏层油乳化沥青技术指标见表3。

黏层油技术指标要求　　表3

序号	试　验　项　目			黏层用SBS改性乳化沥青PCR
1	破乳速度			快裂或中裂
2	粒子电荷			阳离子(＋)
3	筛上残留物(1.18mm筛)(mm)		不大于	0.1
4	沥青标准黏度(Pa·S)		$C_{25.3}$	8～25
5	恩格拉黏度E_{25}		—	1～10
6	与矿料的黏附性，裹覆面积		不小于	2/3
7	蒸发残留物性质	蒸发残留物含量(%)	不小于	60
		针入度(25℃，100g，5s)(0.1mm)	—	40～120
		延度(5℃)(cm)	不小于	20
		软化点(℃)	不小于	55
		弹性恢复(25℃，1h)(%)	不小于	60
		60℃动力黏度(Pa·S)	不小于	500
		溶解度(三氯乙烯)(%)	不小于	97.5
8	常温储存稳定性	1d	不大于	1
		5d	不大于	5

4.7　劳动力准备

劳动力计划见表4。

劳动力计划表　　表4

序号	人　员	数　量(人)
1	操作手	4
2	工人	10

5　主要施工方法

5.1　施工工艺流程

测量放线→乳液喷洒→养护

5.2 施工工艺

5.2.1 测量放线

测量员用全站仪和钢尺定好宽度和位置，用白灰撒出路面两侧的边线。

5.2.2 乳液喷洒

采用智能沥青洒布车进行喷洒作业，必须待清洗后的路面表面水分干燥以后才可喷洒黏层乳化沥青。洒布车严格按照设计要求的洒布数量进行喷洒，对于各面层之间黏层，沥青喷洒数量应折算成纯沥青 0.2 ~ 0.3kg/m²；未施工防水黏结层的桥面、通道表面和搭板的水泥混凝土表面，喷洒数量折算成纯沥青 0.4 ~ 0.5kg/m²。喷洒前在路外先进行试喷，确保每个喷头都能顺畅喷洒。喷洒时，匀速行驶，确保喷洒数量准确、宽度到位、表面均匀，边角洒布不到的部位采用人工补洒。

5.2.3 养护

根据天气情况，洒布黏层后应继续封闭交通，使乳化沥青破乳，防止运输车辆将未破乳的乳液沾走，影响层间黏结和污染其他道路。待乳化沥青破乳、水分蒸发后再进行沥青混合料摊铺作业。

5.3 季节性施工措施

5.3.1 应在下承层干燥时进行施工，对局部潮湿部位，可采用喷灯进行烘干。

5.3.2 当气温低于 10℃时，不进行黏层施工。

6 质量保证措施

6.1 质量措施

6.1.1 建立质量保证体系。在施工过程中，对每个环节都层层把关，施行质量责任制，严格按照规范施工。

6.1.2 施工前，严格检查作业面的洁净度，发现有污物必须彻底清除干净。

6.1.3 加强工序间的质量控制检查，质检人员跟班作业，试验人员认真检测，确保喷洒的质量。

6.2 质量标准

6.2.1 外观质量要求：乳化沥青应呈雾状喷洒均匀，应不致流淌，无漏洒和乳液积聚现象。

6.2.2 检测：采用称重法进行检测，每 5000m²检测一次。

7 安全、文明施工

参照“§21 乳化沥青透层施工方案”中的 7。

8 环境保护措施

参照“§21 乳化沥青透层施工方案”中的 8。

§24 软土地基处理施工方案

1 编制依据

1.1 《××工程施工组织设计》

1.2 《××工程施工图》

1.3 《公路路基施工技术规范》(JTG F10—2006)

1.4 《公路工程质量检验评定标准》(JTG F80/1—2004)

2 工程概况

2.1 项目概况

本工程一期土建工程全长13.24km,均为整体式路基,宽度为26km。

软土地基处理有清淤换填、抛石挤淤、粉喷桩等。

2.2 软土地基需要处理的施工段落

2.2.1 采用清淤换填处理的段落

K110+960~K111+100,长为140m,处置宽度为54.4m,处治深度为60cm。

主要工程量:清淤4569.6m^3、换填60cm碎石4569.6m^3。

2.2.2 采用抛石挤淤的段落

K121+230~K121+350,长为120m,宽为70m,面积为8400m^2。

主要工程量:块石4940m^3。

2.2.3 采用粉喷桩处理的段落

K110+860~K110+960,长为100m,宽47.5m,面积为4750m^2,粉喷桩中心间距为1m,粉喷桩桩径均为0.5m,桩长均为6.3m。

主要工程量:共4653根粉喷桩,水泥用量1759t,砂垫层为2375m^3,土工格栅为4750m^2。

3 施工准备

3.1 技术准备

3.1.1 施工前完成原地面高程测量及路基中线、边线的恢复工作,对导线点和水准点进行加密,测放出软基处理段落的路基边线,以及长度范围、桩号。各种测量成果均得到驻地测量工程师的书面批复。

3.1.2 施工图纸已进行审核,技术人员已全面熟悉图纸内容。

3.2 现场准备

完成路基清表。施工便道均使用全线路基施工前修建的横向便道和纵向便道,便道宽7m,路面为泥结碎石。该项目的施工用水条件较好,在路基沿线分布着河流、水塘、蓄水坝等,水源丰富,可直接作为软土地基处理所需。施工用电及照明用电均采用发电机发电。

4 施工安排

4.1 施工组织机构

组织机构图如图 1 所示。

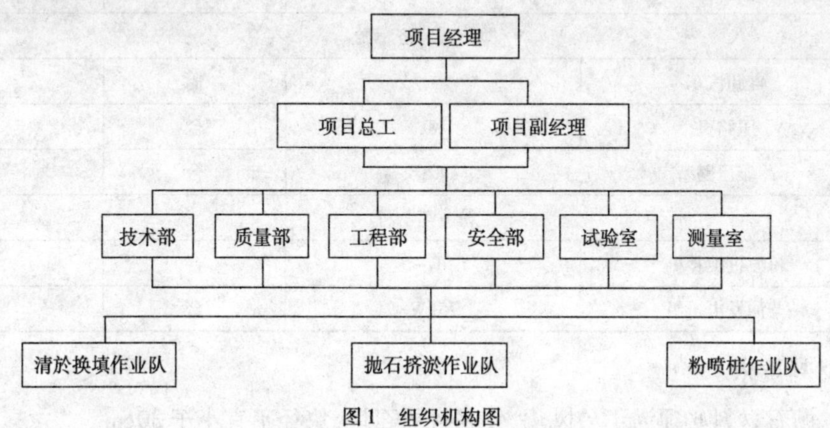

图 1 组织机构图

4.2 施工安排

根据总体工期计划和路基施工进度情况，将软土地基处理的施工计划定为 50 天内完成。工期计划横道图如图 2 所示。

序号	分项工程名称	工序	工程量	持续时间（d）	单位：d									
					5	10	15	20	25	30	35	40	45	50
1	K110+960~	排水	1000m^3	5										
2	K111+100	清淤	4569.6m^3	10										
3	清淤换填	回填碎石	4569.6m^3	15										
4	K121+230~	排水	500m^3	5										
5	K121+350	抛块石	4940m^3	8										
6	抛石挤淤	碾压	8400m^2	2										
7	K110+860~	清表、整平	7700m^2	5										
8	K110+960	成桩	3202根	40										
9	粉喷桩	砂垫层和土工格栅	2375m^2 4750m^2	5										

图 2 工期计划横道图

4.3 主要机械设备准备

机械设备见表 1。

机 械 设 备 表 表 1

序号	设备名称	规格型号	单位	数量
清 淤 换 填				
1	挖土机	PC220	台	1
2	推土机	山推 130	台	1
3	装载机	徐工 50	台	1

续上表

序号	设备名称	规格型号	单位	数量
4	压路机	18t	台	1
5	自卸汽车		辆	5
抛　石　挤　淤				
1	自卸汽车		辆	3
2	压路机	18t	台	1
3	冲碾压路基	12t	台	1
粉　喷　桩				
1	粉喷桩搅拌机	GPP-5	台	5
2	柴油发电机组	75kW	台	5

4.4 材料要求

4.4.1 抛石材料必须为不易风化、较完整的石块,块径不宜小于30cm。

4.4.2 砂垫层采用透水性好、洁净、级配良好的中、粗砂,含泥量 <5%,渗透系数 >10~3cm/s,并将其中的植物、杂物除尽。

4.4.3 粉喷桩加固材料采用干喷 P.O 32.5 水泥。

各种材料总量见表2。

材料计划表　　表2

序号	材　料　名　称	单　位	材料数量
1	碎石	m^3	4569.6
2	砂	m^3	2375
4	水泥	t	1759
5	土工格栅	m^2	8500
6	块石	m^3	4940

4.5 劳动力准备

劳动力计划见表3。

劳动力计划表　　表3

序号	工　种	数量(人)
清　淤　换　填		
1	带班员	1
2	机械操作工	9
3	普工	5
抛　石　挤　淤		
1	带班员	1
2	机械操作工	6

续上表

序号	工 种	数量(人)
3	普工	10
	粉 喷 桩	
1	带班员	1
2	机械操作工	4
3	普工	5

5 主要施工方法

5.1 施工工艺流程

5.1.1 清淤换填施工工艺流程

测量放样→排水疏干→原地面测量→清淤→清淤后地面测量→换填

5.1.2 抛石挤淤施工工艺流程

排水→测量→抛填片石→换填片石及冲击碾压

5.1.3 粉喷桩施工工艺流程

测量定位→调整钻机平台→搅拌→提升钻杆喷粉搅拌→重复下沉→上升搅拌→砂垫层施工→砂垫层摊铺→振捣

5.2 施工工艺

5.2.1 清淤换填施工工艺

5.2.1.1 测量放线

依据设计图纸,计算出每一桩号对应的路基宽度,放出路基边线及清淤范围,钉上木桩或洒出白灰线

5.2.1.2 排水疏干

采用挖掘机沿横向每隔8m,纵向设置3道(中线及两侧各1道)开挖排水沟,排水沟深度2.5m、宽度2m,将水排干,并拍摄地面影像资料留存。

5.2.1.3 原地面测量

按每10m断面测量原地面高程,测量资料报监理工程师复核。

5.2.1.4 清淤

待具备上车条件后,采用推土机配合挖土机施工,边挖边装车运走。

5.2.1.5 清淤后地面测量

清淤完成后,测量人员及时放出桩位,再申报监理工程师及业主进行联测,经业主签证认可后进行换填。

5.2.1.6 换填

清淤换填底部采用60cm碎石,以上部分采用土分层填筑。

(1)填料运输及卸料。

采用自卸车运料至作业面,由专人指挥卸车。根据自卸车装料量及碎石的松铺厚度确定卸车间距。料堆应形成梅花形,这样可使推土机推平后松铺厚度大致相同。碎石填筑分2层进行,每层厚度为30cm。

(2)推平、碾压。

采用推土机将碎石推平，第一层松铺厚度35cm，每层先静压2遍，振动碾压4～6遍，无明显轮迹且经过沉降检测合格为止。

5.2.2 抛石挤淤施工工艺

5.2.2.1 排水

在深水区域挖集水坑，适当降排水。

5.2.2.2 测量

测量淤泥厚度、处理面积及高程。

5.2.2.3 抛填片石及冲击碾压

采用块径不宜小于30cm块石，处理深度1m。采用人工配合机械投掷，顺路基全宽范围投放块石。当块石抛到淤泥表面不再下沉时候，其上填筑40cm级配碎石。

采用12t羊足碾碾压15遍，再用振动压路机碾压5遍。

5.2.3 粉喷桩施工工艺

5.2.3.1 施工准备

(1)在粉喷桩施工前，先清除原地表耕植土并碾压整平，布置粉喷桩所需材料的储存区和机具设备安装地点，以及水电供应和排水沟位置。

(2)粉喷桩施工前根据被加固土的性质及单桩承载力要求，确定水泥喷入量。粉喷桩设计水泥用量为60kg/m，水泥强度等级为32.5。

(3)施工前，先打不少于5根的工艺试验桩，以检验机具性能及施工工艺中的各项技术参数，其中包括水泥喷入量、工作压力、钻机和提升速度等。

(4)按照设计图表的要求进行施工放线，对场地进行大致整平。确定桩位，按梅花形进行布置，用竹桩标明桩位。

(5)搅拌机具运至现场后进行安装调试，待转速、压力及计量设备正常后就位。

(6)灰量控制。对每次进场水泥材料做好数量记录，按照粉喷桩设计水泥每米用量，每施工一根桩检查水泥数量并做好记录，计算实际粉喷桩每米用量，加以控制。每天施工完成后对施工粉喷桩数量和水泥数量进行统计，及时掌握粉喷桩的水泥用量，满足设计用量要求。

(7)根据设计要求，桩位呈梅花形布置，桩径为50cm，桩长为6.3m。根据路基平均填土高度自重计算天然土重，经室内配合比选定，按60kg/m喷粉量施工。

5.2.3.2 钻机定位：粉体喷射搅拌机桩位对中，使用4个支腿调整平台，使钻机钻杆垂直度误差不大于1%。在钻杆上标明粉喷桩到达桩底高程的位置，并做明显的标志。使搅拌钻杆垂直于地面，孔位误差不得大于50mm。

5.2.3.3 搅拌：以1～3挡逐级加速，将钻头正转钻至设计深度，如遇硬土难以钻进时可以降挡钻进，放慢速度。在钻进时始终保持连续送压缩空气，以保证喷灰口不被堵塞，钻杆内不进水，保证下一道工序送灰时顺利通畅。

5.2.3.4 提升钻杆喷粉搅拌：用反转法边搅拌边提升边喷粉。按0.5m/min的速度提升，提升到离地面30cm时，应慢速原地搅拌2～3min。

5.2.3.5 重复下沉，上升搅拌：为保证将粉体充分搅拌均匀，将搅拌头再次下沉搅拌到原设计深度，再提升搅拌，速度控制在0.5～0.8m/min。在喷粉提升至距地面0.3m时停止喷粉，防止污染环境。

5.2.3.6 砂垫层施工。粉喷桩桩顶设置50cm厚砂垫层,分2层,每层25cm。砂垫层中间设一层土工格栅。

5.2.3.7 砂垫层摊铺。采用自卸车运砂料至作业面,由专人指挥卸车,根据自卸车装料量及砂的松铺厚度确定卸车间距。料堆应形成梅花形,这样可使推土机推平后松铺厚度大致相同。松铺厚度由试验段确定。从路基一端依次向另一端铺设。

5.2.3.8 振捣

砂垫层铺设完毕,用平板振动器振捣3~5遍并找平。

第一层砂垫层振捣密实,检测合格后,应立即铺设土工格栅;经监理检测土工格栅合格后进行第二层砂垫层施工。

6 质量保证措施

6.1 施工注意事项

6.1.1 施工期间,现场设专人负责施工记录,使用专用表格详细记录,并随时与标定的工艺参数进行对照,监控成桩质量,如发现异常情况及时研究解决。施工时实行甲方代表、监理代表当日签证制度。

6.1.2 粉喷桩桩顶接近设计高程时,搅拌机自地面以下1m喷粉、搅拌,提升出地面时放慢速度以保证桩头质量。

6.1.3 水泥粉体应连续供应,发生中断现象必须复喷,复喷重叠长度必须大于1m。

6.1.4 构造物基底粉喷桩桩顶高程应根据构造物的底高程进行计算确定,同时应考虑凿除50cm桩头的影响。

6.1.5 成桩28d验桩合格后,可开始基槽开挖,凿除50cm桩头。凿除桩头后长度不得小于设计桩长。

6.2 质量标准

6.2.1 砂垫层

6.2.1.1 基本要求:砂的质量和规格必须符合设计要求和规范规定;适当洒水,分层压实;砂垫层宽度应宽出路基边脚0.5~1.0m,砂垫层厚度及其上铺设的反滤层应符合设计要求。

6.2.1.2 外观鉴定:砂垫层表面应平整。

6.2.1.3 砂垫层

6.2.2 粉喷桩

允许偏差见表4。

砂垫层允许偏差 表4

序号	检 查 项 目	规定值或允许偏差	检验方法及频率
1	砂垫层厚度	不小于设计值	每200m检查4处
2	砂垫层宽度	不小于设计值	每200m检查4处
3	反滤层设置	符合设计要求	每200m检查4处
4	压实度(%)	90	每200m检查4处

6.2.2.1 基本要求:水泥应符合设计要求;根据成桩试验确定的技术参数进行施工;严格控制喷粉时间、停粉时间和水泥喷入量,不得中断喷粉,确保粉喷桩长度;桩身上部范围内必须

进行二次搅拌，确保桩身质量；发现喷粉量不足时，应整桩复打；喷粉中断时，复打重叠孔段应大于1m。

6.2.2.2 粉喷桩允许偏差见表5。

粉喷桩允许偏差 表5

序号	检查项目	规定值或允许偏差	检查方法和频率
1	桩间距(mm)	±100	抽查2%
2	桩径(mm)	不小于设计值	抽查2%
3	桩长(m)	不小于设计值	查施工记录
4	竖直度(%)	1.5	查施工记录
5	单桩喷粉量	符合设计要求	查施工记录
6	强度(kPa)	不小于设计值	抽查5%

7 安全文明施工措施

7.1 建立安全保证体系，加强安全教育，提高安全意识。建立安全教育制度，坚持入场教育。

7.2 各种施工、操作人员必须经过安全培训，不得无证上岗。各种作业人员应佩戴相应的安全防护用具和劳保用品。

7.3 施工中所使用机械、电气设备必须达到国家安全防护标准，自制设备、设施通过安全检验及性能检验合格后方可使用。

7.4 中、小型机械要做到清洁、润滑、紧固、调整、防腐好。安全防护得力，确保机况良好。

7.5 不准带电对机械设备进行保养，不允许触摸设备的转动部位。用电做动力的中、小型机具设备，要求将保护零线引出，并紧固在设备的明显部位，保护零线不允许有接头及用单股线做保护零线。

7.6 在施工现场，工作面的各种标志清晰醒目。机械设备保持干净整洁。每天完工后，将工作面清理干净，机械设备停放整齐。

8 其他要求

8.1 使用低噪声、低振动设备，参施人员严禁在现场大声喧哗，减少噪声与振动。邻近村庄的路段，夜间10:00以后严禁使用高噪声设备作业。

8.2 沿线修建的临时路以及与之相连的现况乡村路构成施工现场期间的交通路网，项目部安排专人负责日常养护、保洁、洒水降尘工作，保证路况良好。

8.3 沿线的河道、水塘是本工程环保的重点；施工期间加强水体保护，不向其中排放泥浆、废水、废弃物，不因施工造成水体污染。

8.4 水泥和其他易飞扬的散体材料在库内存放或严密遮盖，运输时采取封闭、包扎、覆盖措施，防止遗撒、飞扬；卸车时采取有效措施以减少扬尘。

8.5 施工中弃方，运至弃土场集中堆放，并不得影响农田灌溉和水利设施。

§25 边坡防护施工方案

1 编制依据

1.1 《××工程施工组织设计》

1.2 《××工程施工图》

1.3 《公路桥涵施工技术规范》(JTG/T F50—2011)

1.4 《公路工程质量检验评定标准》(JTG F08/1—2004)

2 工程概况

2.1 项目概况

工程全长13.24km,均为整体式路基,路基宽度为26m。

浆砌片石挡土墙主要分布于K110+200~K119+500,工程量42827m^3。

锚杆防护主要分布于K110+00~K110+200、K115+30~K115+500、K121+400~K121+800,总共59488.2m。

锚索分布于K121+620~K121+690右幅三级边坡。

直喷草籽、三维网喷播草籽、挂镀锌铁丝网喷播草籽分布于K110+000~K123+240。

浆砌挡土墙分布于K110+200~K110+350、K112+580~K112+980、K116+790~K117+000、K119+000~K119+429,总共浆砌22668.2m^3。

2.2 路基防护形式

共有7种:浆砌片石挡土墙、浆砌骨架防护、锚杆框格、预应力锚索高边坡防护、喷播植生、三维网喷播植生防护、挂镀锌铁丝网喷播植生防护。

3 施工准备

3.1 技术准备

施工前完成边坡刷坡,对边坡坡顶、坡脚(各种挡墙)位置和坡率的施测工作。测量成果得到驻地测量工程师的书面批复。根据图纸要求,做好测量放线工作,有坡度要求的砌体应立好自制的坡度门架。

3.2 现场准备

3.2.1 施工便道均使用全线路基施工前修建的施工便道。

3.2.2 施工用水:采用路基沿线的河流、水塘、蓄水坝等。

3.2.3 施工用电:采用发电机发电。

4 施工部署

4.1 组织机构

项目部成立以项目经理为组长,项目总工和生产副经理为副组长的组织机构,下设技术、质量、试验、测量、工程、安全等部室,配备4个防护施工队,如图1所示。

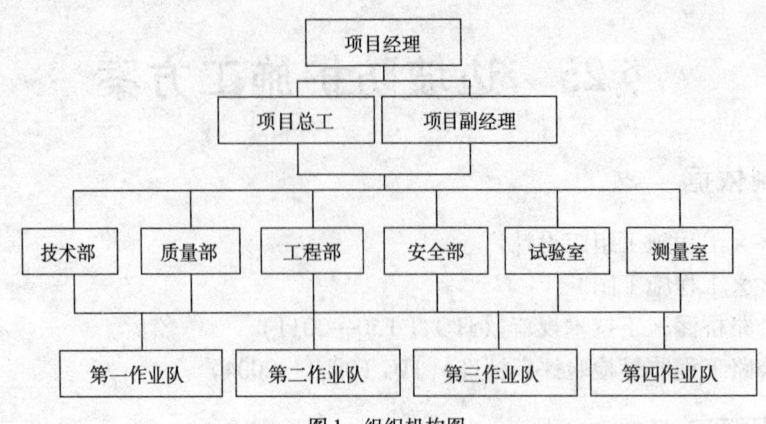

图1　组织机构图

4.2　施工安排

第一作业队负责浆砌骨架防护;第二作业队负责锚杆防护和锚索防护;第三作业队负责直喷草籽、三维网喷播植草、挂镀锌铁丝网喷播草籽,第四作业队负责浆砌挡土墙。工期计划横道图如图2所示。

序号	作业队	分项工程名称	工程量	持续时间(d)	工期：d									
					30	60	90	120	150	180	210	240	270	300
1	第一作业队	浆砌骨架防护	42827m^3	240										
2	第二作业队	锚杆防护	59488.2m	120										
3		锚索防护	8025m	60										
4	第三作业队	直喷草籽	50000m^2	240										
5		三维网喷播草籽	23687.2m^2	270										
6		挂镀锌铁丝网喷播草籽	24351.3m^2	300										
7	第四作业队	浆砌挡土墙	22668.2m^3	270										

图2　工期计划横道图

4.3　机械设备

第一作业队配置小型拌和机、发电机手推车、铁锹、锄头、大铲、瓦刀手锤、手凿、水平尺、勾缝条、扁担、坡度门架施工机具。

第二作业队配置锚杆钻机、压浆机、振捣棒、钢筋加工机、灰铲等。

第三作业队配置铁锹、手凿、客土喷播机等。

第四作业队配置发电机手推车、铁锹、大铲、瓦刀、手锤、水平尺、勾缝条。

4.4　材料准备

施工前组织好水泥、砂、片石、钢筋、种植土、草籽等材料的供应计划,且所有施工过程中使用的主要原材料通过试验检测,并通过驻地监理的书面批复。主要材料见表1。

主要材料表　　表1

序号	作业队	名称	规格型号	单位	数量
1	第一作业队	片石		m^3	63554.97
2		水泥	P.O 42.5	kg	3902910.78
3		砂	中砂	kg	21517171.05

续上表

序号	作业队	名称	规格型号	单位	数量
4	第二作业队	锚杆	ϕ25	kg	232722.2
5		钢筋	HRB335	kg	9795929
6		钢筋	R235	kg	170668.5
7		水泥	P.O 42.5	kg	6523045
8		级配碎石	0.5~3cm	kg	20846843
9		砂	中砂	kg	9330644
10	第三作业队	种植土	—	kg	181699.95
11		草籽	—	kg	1547.3
12		渗水土工布	—	㎡	24580.5
13	第四作业队	片石	—	m^3	33639.6
14		水泥	P.O 42.5	kg	2065808.38
15		砂	中砂	kg	11389025.96

4.5 劳动力准备

劳动力计划见表2。

劳动力计划表　表2

序号	施工作业队	工　种	数量(个)
1	第一作业队	浆砌工	80
2		模板工	10
3		测工	2
4		试验人员	2
5	第二作业队	焊工	4
6		钢筋工	23
7		钻机操作手	16
8		模板工	10
9		混凝土工	40
10	第三作业队	喷播工	40
11	第四作业队	浆砌工	80
12		测工	2
13		试验人员	2

5 主要施工方法

5.1 施工工艺流程

5.1.1 浆砌片石挡土墙施工工艺流程

测量放样→基槽开挖→基础砌筑→墙体砌筑→养生→墙背回填

5.1.2 浆砌骨架防护施工工艺流程

测量放样→修坡→开槽→浆砌片石砌筑→挡水埂混凝土现浇→砂浆抹面

5.1.3 锚杆框格施工工艺流程

测量放线→成孔→锚杆安装→注浆→框格浇筑

5.1.4 预应力锚索高边坡防护施工工艺流程

成孔→锚索体制作及安装→锚固注浆→框格梁施工→锚索张拉、锁定及封锚

5.1.5 喷播植生施工工艺流程

施工准备→坡面处理→喷播基材→植被养护

5.1.6 三维网喷播植生施工工艺流程

整理坡面、挂网→喷播。

5.1.7 挂镀锌铁丝网喷播植生施工工艺流程

整理坡面→锚钉施工→挂网→喷播植生→养护

5.2 施工工艺

5.2.1 浆砌片石挡土墙施工工艺

5.2.1.1 测量放样

依据设计图纸,用全站仪准确放出基础4个角坐标点位,测定出挡土墙基座主(横)轴线和起讫点及沉降缝位置。用水准仪测量挡土墙各点的原地面高程,确定基槽开挖深度。设置施工水准点,在基槽底面弹出轴线及墙身线,将轴线及墙身线引出作业段之外。

5.2.1.2 基槽开挖

基槽开挖前疏通地面排水系统。采用挖掘机开挖,预留20cm人工清底,确保基底平整,几何尺寸及基底高程符合要求。基槽施工完经验收合格后进行基础施工。

5.2.1.3 基础砌筑

(1)材料选用:圬工石料选用抗压强度30MPa以上的块石,石料大致方正,上下面大致平行。

(2)砌筑前应将石料表面清洗干净,用水湿润,在基槽内外两侧立杆挂线,外侧面线应顺直平整、逐层收坡。

(3)砌筑时,先坐浆,后砌石,且砂浆饱满。

(4)基础沉降缝设置要求同墙身。

(5)砌体厚度应大于或等于设计值,石间嵌挤紧密,墙身稳定,线形和坡面顺直,砌体应牢固美观。

(6)基础砌筑完成后用透水性材料分层回填夯实。

5.2.1.4 墙体砌筑

(1)砌石前应按设计放样,挂横线采用坐浆法分段分层砌筑。石料在砌筑前浇水湿润并冲洗干净。分层砌筑以2~3层石块组成一工作层,每工作层的水平缝大致找平;不同层位的竖缝应相应错开,不能贯通。

(2)每层砌石都应先坐浆后砌石,坐浆厚度应使石料在挤压安砌时能紧密连接,且砌石砂浆密实饱满。应选用具有比较整齐表面的大尺寸石块作为定位石及镶面石。分层砌筑时各砌层应先砌角石,后边石或面石,最后才砌筑腹石。外围固定砌块应与里层砌块交错连成一体,定位石的砌缝应满铺砂浆,不得镶嵌小石块。

(3)砌筑腹石时,砌体中的石块应大小搭配,石料间的砌缝要互相交错、咬搭,砂浆密实。

石料之间不得无砂浆直接接触,也不准干填石料后灌砂浆。

(4)相邻挡土墙设计高差较大时,应先砌筑高墙段。砌筑中断时,应将砌筑好的石层空隙用砂浆填满,再砌筑时应将石层表面清扫干净,洒水湿润,工作缝应留斜茬。

(5)浆砌临近至设计高度时,应用较平整的石块砌筑顶部,并用水泥砂浆全面找平,顶面的横向流水坡度宜为2%。砌体在砌筑过程中随时检查平面位置、断面尺寸和坡度,确保砌体外观及内在质量。

(6)砌筑的挡土墙需设置泄水孔,泄水孔间距为5m,孔内安装直径10cm圆形PVC管。预设泄水孔的位置要符合设计要求,泄水孔向外横坡一般为3%。上下排泄水孔应交错设置,最底层泄水孔距底面高度宜为30cm。

(7)封顶、勾缝:采用C30混凝土封顶。勾缝前刷清缝内浮浆并用水湿润;采用M10砂浆勾缝,用凸缝形式,缝宽4cm,高出石面5mm;勾缝完毕后及时覆盖洒水养护。

(8)伸缩缝设置:缝宽2cm,采用浸泡沥青的木丝板作为填缝材料。

5.2.1.5 养生

每天砌筑完成后应及时用土工布进行覆盖,洒水保持湿润,冬季低温施工应采取防冻保温措施,养生期间应避免碰撞和承重。

5.2.1.6 墙背回填

采用透水性材料分层回填压实,回填层最大松铺厚度不得大于30cm。墙后泄水孔部位设置用双层防水土工布包裹的砂砾作为反滤层。

5.2.2 浆砌骨架防护施工工艺

5.2.2.1 测量放样

用全站仪放出坡脚线和坡顶线,用水准仪测出路基边线顶面高程。现场施工员做好护桩,并将坡脚线、坡顶线引出施工作业面。

5.2.2.2 修坡

骨架在确定施工基准线后应对施工范围的坡面和坡度按设计要求修整。首先用挖掘机进行修坡,再由人工进行修整,并用坡度尺控制坡度。

5.2.2.3 开槽

修坡完成后,用骨架尺放出骨架的施工大样,对骨架周边定位,挂双线后人工开槽。基槽经验收合格后可转入下道施工工序。

5.2.2.4 浆砌片石砌筑

浆砌片石应遵循先砌坡脚、后砌网格的原则,使整个砌面处在同一平面上。按设计放样,挂线采用坐浆法分段分层砌筑。

5.2.2.5 挡水埂混凝土现浇

挡水埂采用C15细石混凝土现浇。首先在需要做挡水埂的部位挂线,使整条挡水梗处在一条直线上,顺线安装模板。对浆砌片石与挡水梗的结合部位清除浮浆与杂物,洒水湿润后涂抹水泥浆,最后浇筑混凝土,采用人工振捣。

5.2.2.6 砂浆抹面

骨架砌石表面用砂浆抹面,抹面厚度≥2cm。要求砂浆密实、平整,不得有凹凸现象,不得出现波浪外形扭曲,以免影响整体效果。

5.2.3 锚杆框格施工工艺

5.2.3.1 测量放线

根据各工点工程立面图,按设计要求,将锚杆孔位置准确测放在坡面上。

5.2.3.2 成孔

锚杆孔钻进施工时,搭设满足相应承载能力和稳固条件的脚手架,根据坡面测放孔位,准确安装固定钻机。

钻孔要求干钻,钻头直径不得小于设计孔径,实际钻孔深度大于设计深度0.2m以上。

钻进过程中作好现场施工记录。如遇塌孔、缩孔等不良钻进现象时,须立即停钻,及时进行固壁灌浆处理,待水泥砂浆初凝后,重新扫孔钻进。

成孔后,经现场验收合格,方可进行下道工序。

5.2.3.3 锚杆安装

安装前,要确保每根锚杆顺直,除锈、除油污,对有死弯、机械损伤及锈坑的锚杆要剔除。将符合要求的锚杆直接插入锚杆孔内,采取措施确保锚杆居中。

5.2.3.4 注浆

注浆采用水泥砂浆,经试验比选后确定施工配合比。实际注浆量一般要大于理论注浆量,如一次注不满或注浆后产生沉降,要补充注浆,直至注满为止。

5.2.3.5 框格浇筑

采用C25混凝土整体浇筑。基础先铺垫2cm砂浆找平层,再进行钢筋制作安装和模板的安装。混凝土浇筑时,尤其在锚孔周围,钢筋较密集,一定要仔细振捣,保证质量。混凝土浇筑完毕后,要注意洒水覆盖养生。

5.2.4 预应力锚索高边坡防护施工工艺

5.2.4.1 成孔方式(同5.2.3.2)

5.2.4.2 锚索体制作及安装

预应力锚索体由锚梁、自由段、锚固段和安全段四部分组成。采用压力分散型锚索,由3个单元锚索组成,每个单元锚索分别由2根无黏结钢绞线内锚于钢质承载体组成。钢绞线通过特制的挤压簧和挤压套对称地锚固于钢质承载体上,要求单根的连接强度应不小于设计要求。钢质承载体要求采用45号钢材加工制作,其厚度不小于2cm。

钢绞线要符合施工图纸设计要求。安装前,要确保每根钢绞线顺直,排列均匀,除锈、除油污,对有死弯、机械损伤及锈坑处剔出。钢绞线沿锚索体轴线方向每1.0~1.5m设置一架线环,保证锚索体保护层厚度不小于20mm。

安装锚索体前再次认真核对锚孔编号,确认无误后再用高压风吹孔,人工缓缓将锚索体放入孔内,用钢尺量出孔外露出的钢绞线长度,计算孔内锚索长度(误差控制在50mm范围内),确保锚固长度。

5.2.4.3 锚固注浆(同5.2.3.4)

5.2.4.4 框格梁施工

按锚孔位置施工框格梁,基础先铺垫2cm砂浆找平层,再进行钢筋与模板安装。如锚索与横、竖梁箍筋相干扰,可局部调整箍筋的间距,确保锚索居中。采用C25混凝土整体浇筑,浇筑过程中注意保护钢绞线。混凝土浇筑时,尤其在锚孔周围,钢筋较密集,仔细振捣,保证质量。混凝土浇筑完毕后要注意洒水覆盖养生。

5.2.4.5 锚索张拉、锁定及封锚

框格梁达到设计强度等级后进行锚索张拉。

锚索的张拉及锁定分级进行,严格按照操作规程执行。在设计张拉完成7d后再进行一次补偿张拉,然后加以锁定。

补偿张拉后,从锚具量起,留出长 5 ~ 10cm 钢绞线,其余部分截去,须用机械切割,严禁电弧烧割。最后用水泥净浆注满锚垫板及锚头各部分空隙,然后对锚头用不低于 C20 的混凝土进行封锚,防止锈蚀,兼顾美观。

5.2.5 喷播植生施工工艺

5.2.5.1 施工准备

由于植物的生长受降雨和温度的影响很大,在雨季结束前 1 个月完成,这样既满足了暖季草本和灌木萌发对高温和高湿的要求,又能使植物在进入冬季前达到一定生长量,以抵御冬春季节的干旱,保证第二年有较高的成苗率和成活率。

5.2.5.2 坡面处理

对坡面不平整或有废渣的区域,应进行表面的清理、平整、换土。

5.2.5.3 喷播基材

(1)为加快种子发芽,需要在喷播机内搅拌 20min。

(2)避免暴雨时喷播施工,在种子损失严重下,实施补播。

(3)喷播施工后及时覆盖无纺布,以免雨水冲刷,造成喷播材料流失。

5.2.5.4 植被养护

(1)浇水:从喷播完成后即需要保持土面湿润,加强浇水灌溉,特别是夏季和旱季,根据土壤情况灵活采取浇水措施。注意不要正面直接冲刷坡面,以免引起土壤和种子流失,应呈扇面雾状均匀淋洒。

(2)施肥:在喷播实施约 2 个月时,要进行一次施肥,要求营养全面。建议施肥量,尿素为 5 ~ 10g/m^2,复合肥为 10 ~ 20 g/m^2。

(3)补植补播及间苗:对于喷播后不太理想的斑秃应及时多次补播,灌木甚至要补载。

5.2.6 三维网喷播植生防护施工工艺

三维网植草是以高强度、长寿命、无污染的树脂三维网,经坡面平整、挂网固定、覆土盖网,采用常规的喷播草籽最终成型的生物防护技术;适用于路堑最上一级稳定的土质边坡防护或路堑单级稳定土质边坡防护($3m < H \leqslant 8m$)。

三维植被网材料技术要求:单层厚度≥11mm,双层厚度≥15mm,抗拉强度≥3.2kN/m,单位质量≥0.42kg/m^2。

5.2.6.1 整理坡面、挂网

先整平边坡,在坡顶及坡脚处分别开挖宽 20cm、深 30cm 的沟槽,将土工网铺设于沟内,并用方木桩固定并填土夯实,再从坡顶自上而下铺设土工网。其横纵向搭接长度 20cm;沿纵向每间隔 100cm,用 U 形钢钉固定(搭接部位必须固定);其斜向间距为 100cm。待土工网铺设完毕再撒播草籽。铺设土工网时力求平整,不打褶皱,外观质量好。

5.2.6.2 喷播

采用专门的喷播机,施工时将植物种子、土壤稳定剂、肥料、覆盖料、添加剂和水等材料按一定的比例加入到喷播机内,充分搅拌混合;然后将混合物均匀喷射到坡面,盖上无纺布,淋水养护。喷播后混合物在土壤表面形成一层膜状结构,能有效地防止雨水冲刷,经过一段时间以后即可均匀出苗,建立植被。

5.2.7 挂镀锌铁丝网喷播植生施工工艺

挂铁丝网喷播植草施工工艺适用于坡比较陡,坡面不平整的岩质高边坡,坡比为 1:0.5 ~

1∶0.75。

5.2.7.1 整理坡面

清理岩石杂物,清除浮石及松动的岩石;用高压水冲洗坡面,并使岩面保持一定湿度。

5.2.7.2 锚钉施工

根据岩石坡面地质条件,长锚钉采用 ϕ18mm 钢筋,长度 12.8cm;短锚钉拟采用 ϕ12 钢筋,长度 8.8cm。局部地区可适当增加锚钉长度,主锚钉纵横向间距为 200cm,辅锚钉纵横向间距为 100cm。锚钉使用前应平直、除锈、除油。

在岩面上按图纸确定锚钉孔位,用微型钻按设计要求成孔,孔径不小于 5cm。钻孔完毕,将孔内岩粉吹干净。

插入锚钉,坡面留钉长度:单层网 8cm、双层网 12cm。外端涂防锈剂,锚钉安装后,不得随意敲击,3 天内不得悬挂重物。

采用 M30 水泥浆进行注浆,砂浆应拌和均匀,随拌随用。一次拌和的砂浆应在初凝前用完,并严防石块、杂物混入。

5.2.7.3 挂网

挂网采用机编双组六边形镀锌铁丝网,规格为 ϕ2.6mm,网眼边长尺寸 50mm × 50mm,宽幅 2.2m,抗拉强度不低于 380MPa。

施工时,将机编镀锌铁丝网从上至下铺覆坡面,坡顶应伸出 50cm,坡脚应伸出 20cm,埋入平台或坡脚,并用锚钉固定。镀锌铁丝网用铁丝锁定在锚钉上,相邻两卷镀锌铁丝网分别用 ϕ2.6mm 钢丝连接,搭接宽度 10cm。

埋设控制喷射厚度的标志。

5.2.7.4 喷播植生

种子选择和配比:根据试验坡施工和植物生长情况,种子采用草灌结合的方式混播。其中草本植物为高山羊茅、狗牙根、三叶草,灌木为多花木兰、刺槐等。5 ~ 8 月采用如下配比,即每平方米混播种子 26g,其中高山羊茅 4g、狗牙根 10g、三叶草 2g、多花木兰 10g。

客土选择:根据试验坡施工和植物生长情况,土壤采用工地原有的地表或附近农田土,要求含沙量较低,土壤较肥沃;有机基质主要使用草木灰、锯木灰或者其他有机质。客土材料具体配比为土壤∶有机基材 = 4∶1;肥料主要采用复合肥和过磷酸钙,每平方米为复合肥 40g,过磷酸钙 100g;黏结剂和保水剂适量。较陡岩面处,可用草绳按一定间隔缠绕在网上,或者用木条按一定间隔加固,以增加附着力,使客土厚度得到保证。

将按上述要求配好的基材和种籽均匀喷在坡面上,挂单层网喷混植生厚度为 11cm,挂双层网喷混植生厚度为 15cm。喷播后,用无纺布盖好。

5.2.7.5 养护

喷播后要加强管理,适时适度喷水,当幼苗植株长到 5 ~ 6cm 或 2 ~ 3 片叶时,揭去无纺布。进行后期养护直至草籽成活达到坡面绿化的目的。

6 质量保证措施

6.1 质量措施

6.1.1 浆砌骨架工程保证模板、支架有足够的强度、刚度和稳定性。

6.1.2 对浆砌工程中使用的水泥、砂、石、外加剂进行复验,杜绝不合格材料投入使用。

6.1.3 喷播草籽工程要注意控制喷播的厚度和均匀度。

6.1.4 挂网喷播草籽工程要注意挂网的搭接长度和固定锚钉的固定深度，保证挂网的牢固度。

6.1.5 路堑高边坡路段，如设计中有截水沟时应在路堑开挖前先开挖截水沟，并对截水沟进行铺砌防护，严禁山坡水流入开挖现场。

6.2 质量标准

6.2.1 外观质量要求

6.2.1.1 砌体应咬扣紧密，嵌缝饱满密实。

6.2.1.2 锥、护坡填土密实度应达到设计要求，坡面刷坡整平后方可铺砌。

6.2.1.3 砌筑完成后，表面平整，无垂直通缝。

6.2.1.4 浆砌勾缝平顺，无脱落现象。

6.2.1.5 混凝土表面密实，不得有突变；与原表面结合紧密，不应起鼓。

6.2.2 允许偏差

6.2.2.1 浆砌砌体和混凝土允许偏差见表3。

表3

浆砌砌体和混凝土允许偏差表

序号	检 查 项 目		规定值或允许偏差	检验方法及频率
1	砂浆或混凝土强度(MPa)		在合格标准内	按规定检查
2	平面位置(mm)	浆砌挡土墙	50	经纬仪:3点/20m
		混凝土挡土墙	30	
3	顶面高程(mm)	浆砌挡土墙	±20	水准仪:1点/20m
		混凝土挡土墙	±10	
4	断面尺寸(mm)		不小于设计值	尺量:2个/20m
5	底面高程(mm)		±50	水准仪:1点/20m
6	平整度(mm)	块石	20	直尺:3处/20m
		片石	30	
		混凝土	10	

6.2.2.2 锥、护坡允许偏差见表4。

表4

锥、护坡允许偏差表

序号	检查项目	规定值或允许偏差	检查方法和频率
1	砂浆强度(MPa)	在合格标准内	按《公路工程质量检验评定标准》(JTG F80/1—2004)附录F检查
2	顶面高程(mm)	±50	水准仪:每50m检查3点,不足50m时至少2点
3	表面平整度(mm)	30	2m直尺:锥坡检查3处,护坡每50m检查3处
4	坡度	不陡于设计值	坡度尺量:每50m量3处
5	厚度(mm)	不小于设计值	尺量:每100m检查3处
6	底面高程(mm)	±50	水准仪;每50m检查3点

6.2.2.3 锚喷防护允许偏差见表5。

锚喷防护允许偏差表 表5

序号	检查项目	规定值或允许偏差	检查方法和频率
1	混凝土强度(MPa)	在合格标准内	按附录《公路工程质量检验评定标准》(JTG F80/—2004)E检查
2	砂浆强度(MPa)	在合格标准内	按附录《公路工程质量检验评定标准》(JTG F80/—2004)F检查
3	锚孔深度(mm)	不小于设计值	尺量:抽查10%
4	锚杆(索)间距(mm)	±100	尺量;抽查10%
5	锚杆拔力(kN)	拔力平均值≥设计值,最小拔力≥0.9设计值	拔力试验;锚杆数1%,且不少于3根
6	喷层厚度(mm)	平均厚度≥设计厚度,60%检查点的厚度≥设计厚度,最小厚度≥0.5设计厚度,且不小于设计规定	尺量(凿孔)或雷达断面仪;每10m检查1个断面每3m检查1点
7	锚索张拉应力(MPa)	符合设计要求	油压表:每索由读数反算
8	张拉伸长率(%)	±6或设计要求	尺量:每索
9	断丝、滑丝数	每束1根,且每断面不超过钢丝总数的1%	目测:逐根(束)检查

7 安全文明施工措施

7.1 建立安全保证体系,各作业队安排专职安全员。

7.2 建立安全教育制度,坚持入场教育。建立定期检查制度,发现问题立即整改,对于危急情况立即停工,及时采取措施排除险情。

7.3 临时配电线路架设整齐,绝缘良好,挂墙或穿管埋设地下,严禁用裸金属线绑扎。

7.4 机动翻斗车要做到合理使用、正确操作、安全行驶、定期保养,确保机况良好。

7.5 机械、设备操作时,都必须严格遵守操作规程,做到持证上岗。

7.6 机械、设备和机械、设备的钢丝绳,应定期进行检查、保养。经检查对已达到报废的钢丝绳时应及时报废更换,安装新钢丝绳应符合要求。

7.7 边坡防护作业时,注意脚手架必须落地。

7.8 砌石作业必须自下而上进行,护墙砌筑时,墙下严禁站人。

7.9 严禁在坡面上行走,上下必须用爬梯。

7.10 砂浆喷射输送泵作业前应空运转一段时间,确定一切正常后方可进行作业。

7.11 砂浆喷射机在作业时,喷嘴前5m范围内不得站人。

7.12 砂浆喷射机在工作停歇时,喷嘴不得朝向有人的方向。

8 环境保护措施

8.1 对全体参施人员进行环保培训,落实具体的环保方针。

8.2 沿线修建的临时路以及与之相连的现况乡村路构成施工现场期间的交通路网,项目部安排专人负责日常养护、保洁、洒水降尘工作,保证路况良好。

8.3 沿线的河道、水塘是本工程环保的重点;施工期间加强水体保护,不向其中排放泥浆、废水、废弃物,不因施工造成水体污染。

8.4 施工中废弃料,及时外运集中堆放,不得影响农田灌溉和水利设施。

§26 路基加宽施工方案

1 编制依据

1.1 《××工程施工组织设计》

1.2 《××工程施工图》

1.3 《公路路基施工技术规范》(JTG F10—2006)

1.4 《公路工程质量检验评定标准》(JTG F80/1—2004)

1.5 《公路土工试验规程》(JTG E40—2007)

2 工程概况

本工程设计起点K9+100至K22+500,道路全长13.4km。原路面为宽7.5m的水泥混凝土路面,设计新建道路为宽15m的沥青混凝土路面。本工程施工内容主要包括单侧路基加宽段填筑施工及原混凝土路面破除段填筑施工,路基填筑高度为1.5~3m不等。标段内共有填方223150.83m^3,挖方(包括破除原水泥混凝土路面结构)107786.43 m^3。

根据设计要求,本工程路基填筑材料均为天然级配砂砾。

3 施工准备

3.1 技术准备

3.1.1 组织技术人员认真熟悉施工图纸,沿线踏勘调查

3.1.2 施工测量

3.1.2.1 完成道路交接桩、导线复核等前期准备工作。根据施工需要加密水准点,对导线点、水准点埋设桩位并保护。

3.1.2.2 对照设计横断面图进行原地面复测和加密补测。由测量专业人员根据道路设计图纸核对路基各断面的路面设计高程。

3.1.3 填料试验

取有代表性的填料材料进行试验,试验方法依照《公路土工试验规程》(JTG E40—2007)执行,并把调查和试验结果以书面形式向监理工程师报批。

3.2 现场准备

3.2.1 施工取土和弃土场地

根据施工需要,结合当地实际情况,本工程取土场共1处,位于施工桩号K16+360左侧东南方向约5km区域,经测算该取土场储存量约250000m^3满足工程取土需要。弃土场共2处分别位于道路施工桩号K9+300右侧600m处和K16+360右侧东南方向约5km处。

3.2.2 施工便道

施工中主要采用原有道路作为本工程的临时施工道路,同时为方便施工在取土场与施工区域之间新建一条宽8m、长约5km的临时施工便道。便道采用两层30cm厚的天然砂砾填筑压实。

3.2.3 施工用水

根据现场实际情况，在项目驻地附近采取自打水井的方式解决本工程的施工用水问题，同时配备 2 台水车为沿线施工现场提供用水保障。

3.2.4 施工用电

在项目部驻地左侧报装一台 100kVA 的变压器，同时在施工现场配备 3 台低噪声环保型发电机。

4 施工部署

4.1 组织机构

组织机构图如图 1 所示。

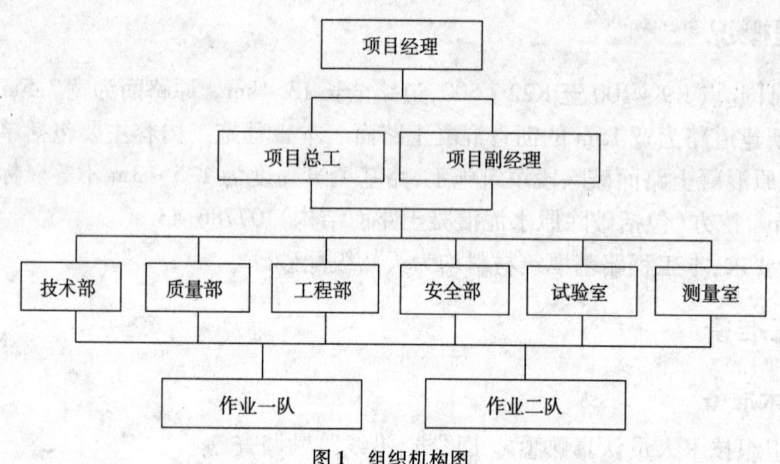

图 1 组织机构图

4.2 施工安排

本工程路基工程全长 13.4km，分为 2 个工区进行施工作业：

(1)作业一队负责一工区：K9 + 100 ~ K15 + 300 路基施工段长 L = 6.2km。

(2)作业二队负责二工区：K15 + 300 ~ K22 + 500 路基施工段长 L = 7.2km。

施工平面布置如图 2 所示。

4.3 工期安排

根据本段施工合同要求，施工总工期为 120 天，先进行路基的挖方施工和填方段的路基处理施工，然后再统一进行路基的分层填筑施工。

填方路基填前处理施工工期为 35 天，然后进行路基填筑施工，路基填筑总工期为 105 天。工期计划横道图如图 3 所示。

4.4 机械设备准备

机械设备见表 1。

4.5 材料准备

主要材料见表 2。

4.6 劳动力准备

劳动力计划见表 3。

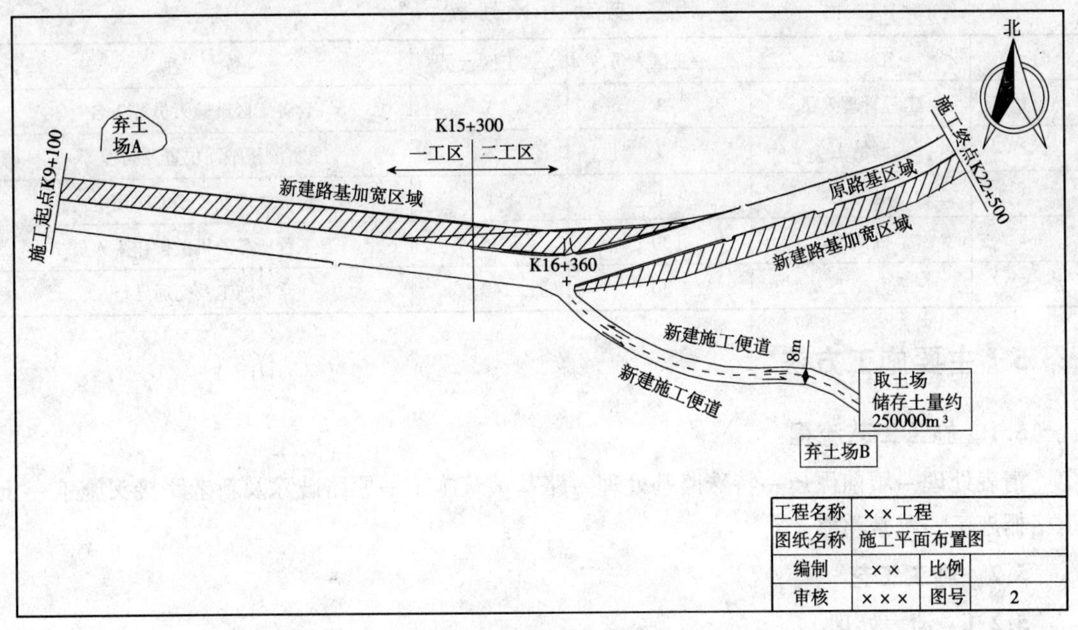

图2 施工平面布置图

序号	分项工程名称	工程量	持续时间（d）	10	20	30	40	50	60	70	80	90	100	110	120
				单位：d											
1	施工准备	—	5												
2	清表工程	100500m²	20												
3	填前碾压处理	100500m²	35												
4	填方路基施工	223150m³	105												

图3 工期计划横道图

机械设备表 表1

序号	机械名称	型号	单位	一工区数量	二工区数量
1	挖掘机	SE280	台	2	3
2	装载机	ZL50	台	2	2
3	推土机	TY-220	台	2	2
4	平地机	PY180	台	1	1
5	振动压路机	SD175D	台	3	4
6	自卸汽车	EQ3070	辆	10	12

主要材料表 表2

材料编号	材料名称	规格	单位	数量	备注
1	天然级配砂砾	符合设计要求	万 m^3	22.3	用于路基填筑施工
2	土工格栅	TGSG3030 型（宽 4m）	万 m^2	4.4	用于新旧路搭接处

劳动力计划表 表3

序号	工 种	一工区人员	二工区人员	备 注
1	工程管理人员	3	3	含各工区试验人员各2名
2	测量工	3	3	负责测量平面位置及高程等
3	电 工	1	1	负责管理加工场临时用电
4	机械工	30	36	含工程所需的机械操作手人员
5	力 工	30	40	路基施工及交通导行

5 主要施工方法

5.1 施工工艺流程

清表处理→填前碾压→特殊路基处理→路基填筑施工→原路破除及新老路接头施工→土工格栅施工→路基整修

5.2 施工工艺

5.2.1 清表处理

施工前,将施工用地红线范围和取土场红线范围内的植物、垃圾、有机物残渣以及原地面以下至少40cm范围内的草皮、农作物根系和表土全部清除;清理出的腐殖土选择合适地点存放,作为后期绿化用土,其他弃放在指定的弃土场。

清表施工过程中,外侧开挖一道深50cm、宽60cm的排水边沟,保证排水沟纵坡不小于0.1%。

5.2.2 填前碾压

采用振动压路机碾压,压实度达到设计要求以上。

如果清表后的原地面,表层土含水率较大且不能满足路基填筑的填前碾压施工条件时,约请相关人员进行现场核实,确定处理措施。

5.2.3 路基填筑施工

在现场监理工程师完成对路基填前碾压及施工测量放样验收合格后,开始路基填筑施工。在施工中采取横断面全宽、纵向分层填筑方法。采用挖掘机配合自卸汽车运输,推土机、平地机进行摊铺,分层填筑,振动压路机碾压。

5.2.3.1 填筑施工作业按照路基横断面全宽度纵向分层平行摊铺,根据试验段结果填料分层厚度宜为50cm,由低处向高处分层填筑。施工中严格控制好摊铺厚度,并配合机械适时调整层厚。

5.2.3.2 为保证完工后的路基边坡有足够的压实度,每层填料铺设的宽度超过设计宽度50cm,以保证边坡能充分压实。待路基工程完成后,再按路基宽度边坡值刷坡整修。

5.2.3.3 路基填筑在分段施工时,其交界处不在同一时间填筑则先填段按1:2坡度分层预留台阶。两端同时施工时,则分层相互搭接,搭接长度不小于2m。

5.2.3.4 每层填土用推土机摊平,先静压1~2遍,用平地机找平,重型振动压路机碾压3~4遍。碾压从外向内进行,每次碾压轮迹重叠1/2轮宽避免漏压。碾压过程中严格控制行驶速度,压路机行驶速度不大于4km/h。填方接近设计高程时,加强测量控制。压路机压不到的地方,采用振动夯实机进行夯实。

5.2.3.5 路基封顶层压实厚度≤25cm。填料最大料径不大于10cm。

5.2.4 新旧路接茬施工

本工程路基填筑为路基单侧加宽,故在原路与新建道路衔接处必须进行技术处理,具体做法为:先破除原老路基的挡墙后,根据设计要求进行挖台阶处理,台阶尺寸根据路基填筑施工要求选定为长 100cm、高 50cm。同时在上路床与下路床区域及上路床与下基层区域铺设纵向宽度为 4m 的土工格栅,以确保新建道路的施工质量,具体位置如图 4 所示。

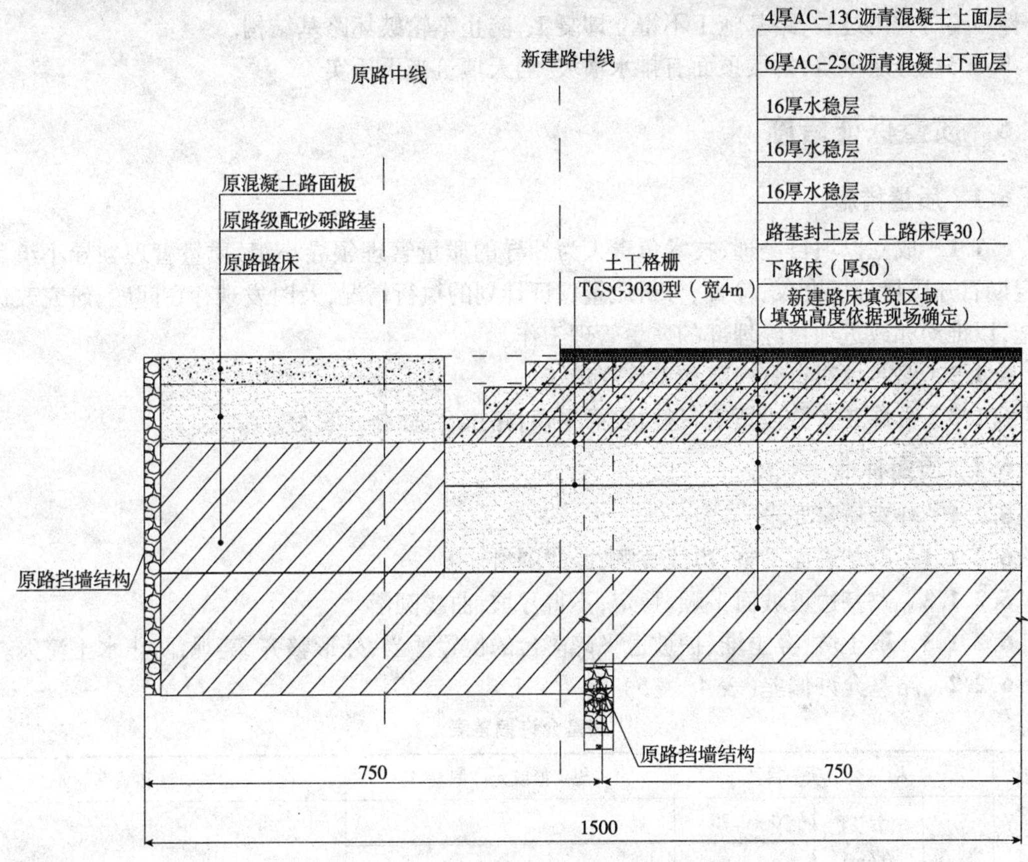

图 4 新旧路基搭接示意图(尺寸单位:cm)

施工方法如下:

(1)铺土工格栅前首先对压实层顶面进行清理,表面应平整,不得有碎、块石等坚硬物凸出。

(2)根据填层宽度确定土工格栅铺设内、外边界,用白灰撒线标出土工格栅铺设范围、方向。

(3)土工格栅铺设要求:纵向摊铺、横向搭接。

(4)将土工格栅强度高的方向置于垂直于路堤轴线方向,张紧铺平,相邻方向缝间相扎牢固,及时压重,防止滑移。

(5)连接部分采用捆扎法,搭接宽度不小于 10cm,行距每隔 10 ~ 15cm 为绑扎点。

(6)在土工格栅铺设后及时填料,并分层碾压密实。

5.2.5 路基整修

路基整修时,严格控制"三线、四度"(三线即中线和边线,四度即压实度、平整度、拱度和坡度),做到肩棱顺直,路拱、坡度符合规范要求。

路基超填的宽度予以削除。

路基整修完毕后,堆于路基范围的废弃料必须及时弃置到指定的弃土场。

5.3 季节性(雨期)施工措施

5.3.1 合理安排路基作业长度,适当缩短作业面,防止作业面遭受雨淋。同时修建临时排水设施,及时排除地表水。

5.3.2 大雨过后,路基施工不得立即复工,防止车轮破坏路基结构。

5.3.3 分层填筑,每层顶面有排水横坡,当天填筑当天压实。

6 质量保证措施

6.1 质量措施

6.1.1 成立以项目经理、技术负责人为领导的质量管理领导小组,质量管理领导小组负责定期召开质量分析会议,检查、分析质量保证计划的执行情况,及时发现存在问题,研究改进措施,以推动和改进项目经理部的质量管理工作。

6.1.2 路基填料符合规范和设计规定。

6.1.3 分层或者分段填筑,每层表面平镇,路拱合适,排水良好。

6.2 质量标准

6.2.1 外观质量要求

6.2.1.1 路基表面平整,边线直顺,曲线圆滑。

6.2.1.2 路基边坡坡面平顺、稳定,不得亏坡,曲线圆滑。

6.2.1.3 取土坑、弃土堆、护坡道飞碎落台的位置适当,外形整齐、美观,防止水土流失。

6.2.2 路基允许偏差(表4、表5)

路基允许偏差表　　表4

项次	检查项目			规定值或允许偏差	检查方法和频率
1	压实度(%)	填方及挖方(m)	0~0.30	—	按《公路工程质量检验评定标准》(JTG F80/1—2004)附录B检查;密度法:每200m每压实层测4处
			0~0.80	≥95	
		填方(m)	0~0.80	≥95	
			0.80~1.50	≥94	
			>1.50	≥92	
2	弯沉(0.01mm)			不大于设计要求值	按《检验评定标准》(JTG F80/1—2004)附录I检查
3	纵断高程(mm)			+10、-20	水准仪:每200m测4个断面
4	中线偏位(mm)			100	经纬仪:每200m测4点;弯道加HY、YH两点
5	宽度(mm)			符合设计要求	米尺:每200m测4处
6	平整度(mm)			20	3m直尺:每200m测2处×10尺
7	横坡(%)			±0.5	水准仪:每200m测4个断面
8	边坡			符合设计要求	尺量:每200m测4处

土工格栅允许偏差表　　表5

序号	检　查　项　目	规定值或允许偏差	检查方法和频率
1	下承层平整度、拱度	符合设计施工要求	每200m检查4处
2	搭接宽度(mm)	≥50(横向)、≥150(纵向)	抽查2%
3	搭接缝错开距离(mm)	符合设计施工要求	抽查2%

7　安全文明施工措施

7.1　建立以项目经理为首的安全保证体系,工地设专职安全员、文明施工监督员,由各施工作业队具体负责,定期检查。落实安全文明施工责任制,制定安全管理规章制度。

7.2　参施人员接受安全技术教育,熟知和遵照本工程的各项安全技术操作规程,并定期进行安全技术考核,合格者方准上岗操作。特殊工种的人员,各种机械操作手、车辆驾驶员等,必须持证上岗。

7.3　施工现场设置安全标志,且不得擅自拆除,并在施工前对操作人员进行详细交底。

7.4　挖掘机开挖、自卸车卸土要有专人指挥;土方开挖必须自上而下顺序放坡进行;施工人员应遵守现场工长、安全员的指挥。

7.5　施工现场的机械均停放整齐,严禁随意停靠。

7.6　施工现场区域严禁嬉戏、打闹,施工人员注意来往车辆,施工机械注意来往行人。

7.7　施工现场垃圾渣土必须及时装运、清理出场,不得随意抛撒。施工场地范围的道路每天用洒水车至少洒水2次。细颗粒及粉状材料做到上遮下盖,进出车辆应保持清洁,进场应减速行驶,并设有专人洒水。

§27 路基通道涵施工方案

1 编制依据

1.1 《××工程施工组织设计》

1.2 《××工程施工图》

1.3 《公路桥涵施工技术规范》(JTG/T F50—2011)

1.4 《公路工程技术标准》(JTG B01—2003)

1.5 《公路工程质量检验评定标准》(JTG F80/1—2004)

2 工程概况

本工程为1-3m×3m钢筋混凝土通道,该通道全长37.5 m,为整体式基础钢筋混凝土盖板通道。通道纵断面及A-A剖面图如图1、图2所示。

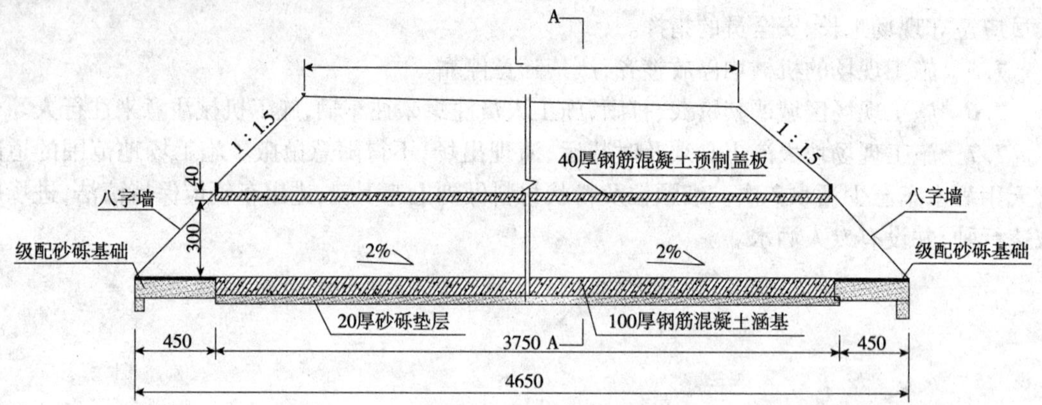

图1 通道纵断面图(尺寸单位:cm)

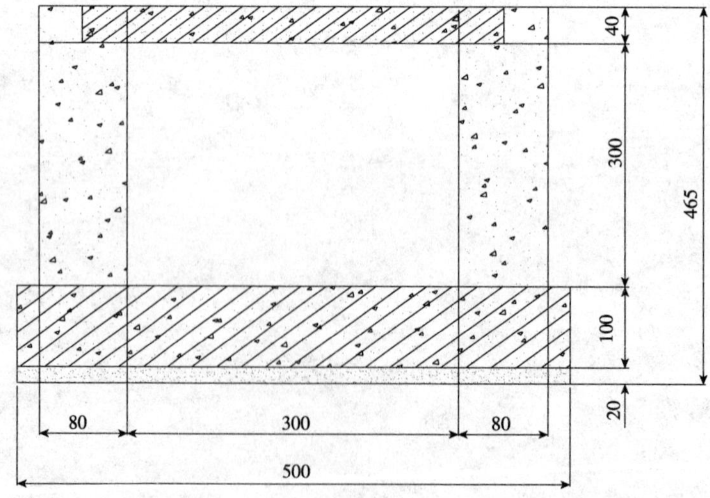

图2 A-A剖面图(尺寸单位:cm)

3 施工准备

3.1 技术准备

3.1.1 认真熟悉施工图纸,组织施工人员学习相关规程标准,实地踏勘施工现场及水文地质情况。

3.1.2 测量人员根据图纸确定通道涵的位置,做好测量放线工作。

3.2 现场准备

3.2.1 施工便道:利用现况乡村道路作为施工便道。

3.2.2 施工用水:施工现场设置 $15m^3$ 蓄水池,水源采自工程北侧河流。

3.2.3 施工用电:采用 2 台 50kW 小型发电机。

4 施工部署

4.1 组织机构

组织机构图如图 3 所示。

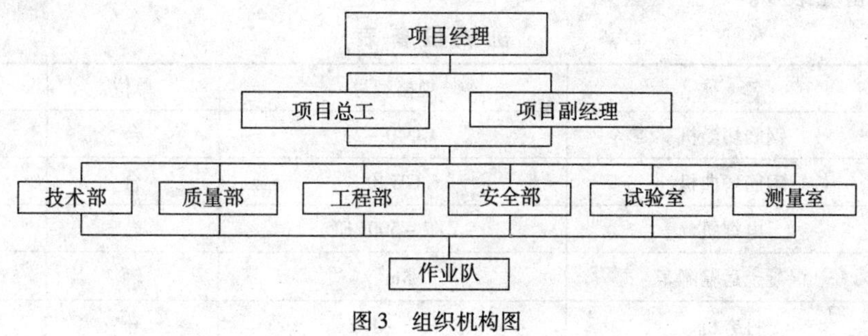

图 3 组织机构图

4.2 施工安排

根据现场实际条件,本通道施工将在本段路基填筑前进行,详见施工现场平面布置图,如图 4 所示。

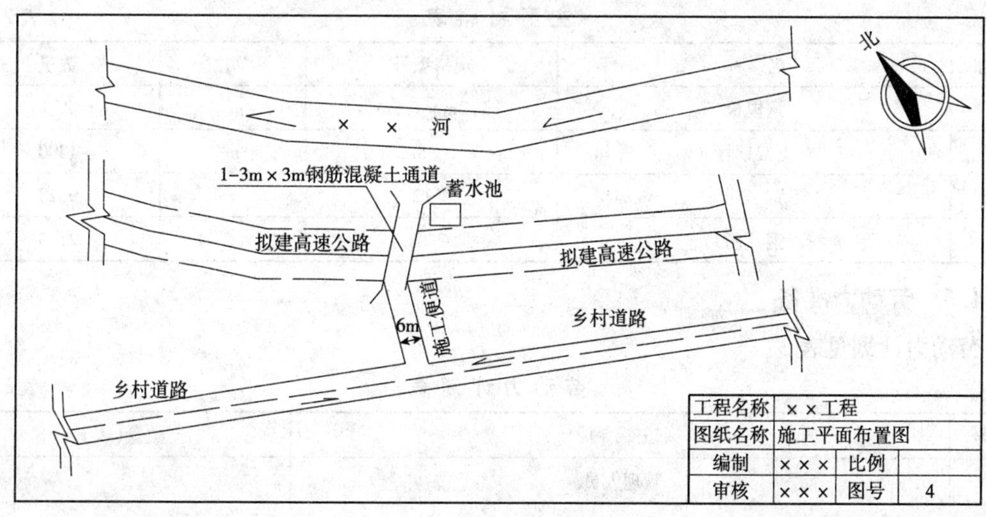

图 4 施工平面布置图

4.3 工期安排

工程施工工期为20天。工期计划图如图5所示。

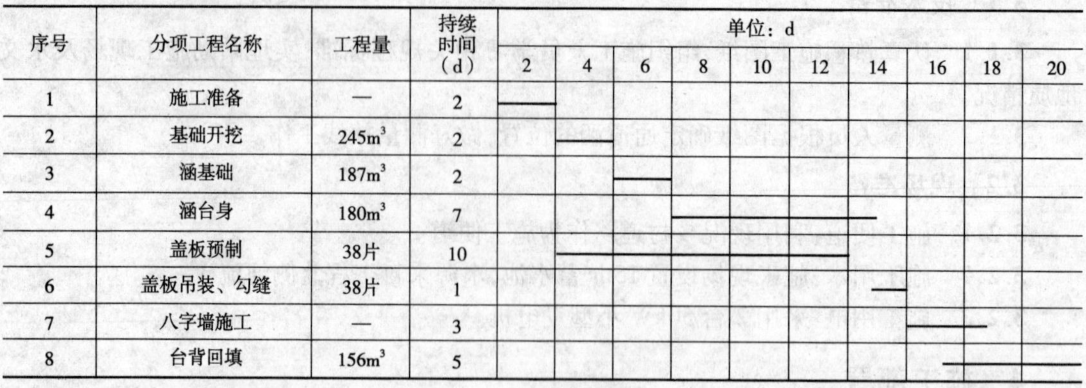

序号	分项工程名称	工程量	持续时间（d）	单位：d									
				2	4	6	8	10	12	14	16	18	20
1	施工准备	—	2										
2	基础开挖	$245m^3$	2										
3	涵基础	$187m^3$	2										
4	涵台身	$180m^3$	7										
5	盖板预制	38片	10										
6	盖板吊装、勾缝	38片	1										
7	八字墙施工	—	3										
8	台背回填	$156m^3$	5										

图5　工期计划横道图

4.4 投入的机械设备

机械设备见表1。

机械设备表　　表1

序号	名　称	规格型号	单位	数量
1	钢筋切断机	GQ40－2	台	1
2	钢筋弯曲机	GW40	台	1
3	电焊机	ZX7－500CEL	台	2
4	混凝土运输罐车	$5m^3$	辆	2
5	打夯机	HZ3－132	台	5
6	吊车	16t	辆	1

4.5 材料准备

主要材料见表2。

主要材料表　　表2

序号	名　称	规格型号	单位	数量
1	钢模板	1.2m×1.5m	m^2	250
2	支架钢管	$\phi48$	m	1300
3	钢　筋	$\phi12$	t	9.28
4	钢　筋	$\phi20$	t	21.3

4.6 劳动力准备

劳动力计划见表3。

劳动力计划表　　表3

序 号	工　种	数量(人)
1	管理人员	3
2	测量工	3

续上表

序号	工　种	数量(人)
3	电　工	2
4	钢筋工	10
5	模板工	10
6	混凝土工	5
7	架子工	5
8	力　工	15

5　主要施工工艺

5.1　主要施工工艺流程

涵基开挖→验槽→垫层施工→基础施工→台身混凝土浇筑→预制、安装盖板→洞口砌筑→防水层及勾缝→养护、清理、回填施工

5.2　施工工艺

5.2.1　涵基开挖

人工配合机械进行开挖,预留20cm人工清槽。

5.2.2　验槽

涵基开挖完毕后进行钎探,钎探深度2.1m。钎探点按2m间距梅花形布置,即在同一个断面内,中线处1点,两侧2m范围各1点。每个钎探断面间距为2m。

5.2.3　垫层施工

涵基钎探后,根据设计要求,满铺20cm厚级配碎石进行垫层施工,采用[20加ф18钢筋进行模板支护,采用振动平板夯进行压实处理。

5.2.4　基础施工

通道基础为整体式钢筋混凝土基础,采用C25混凝土浇筑。

垫层施工完毕,经监理验收合格后,由测量工程师标出混凝土基座顶面高程,按照要求进行钢筋加工、绑扎。由于基础钢筋为双层双向,必须严格控制钢筋间距和保护层厚度,在钢筋骨架外侧安装同强度等级混凝土垫块或塑料垫块。钢筋绑扎完毕后,根据平面尺寸和高程控制线支立模板,混凝土采用跳仓浇筑。

八字墙基础:采用C15混凝土浇筑,用插入式振捣器振捣。

基础沿墙身方向中部设一道沉降缝。沉降缝顺路线方向,贯穿整个断面,缝宽2cm,缝内用沥青麻絮堵塞。

5.2.5　台身施工

通道涵台身结构为C25素混凝土结构。台身模板采用组合定型钢模。采用ϕ16对拉螺栓配合脚手架加固。

台身混凝土采用商品混凝土,罐车运至现场,采用吊斗浇筑,插入式振捣棒振捣密实。混凝土分层浇筑,厚度30cm。

5.2.6　盖板安装

本工程中所有的盖板均在预制场集中预制。

盖板的运输和安装。盖板混凝土强度达到设计要求后，由平板车运输到现场，采用吊车吊装。吊装时，由专人统一指挥，做到轻起轻放，按台帽上测设的盖板线安装，安装好后的盖板不能有晃动现象，否则应用薄型钢板调整。

在盖板安装后，绑扎盖板接缝处钢筋网片，用C30细石混凝土浇筑接缝及盖板保护层，振捣密度。

5.2.7 八字墙、一字墙砌筑

八字翼墙、一字墙按照图纸尺寸要求进行放样施工，全部采用坐浆挤浆法。砌翼墙墙身采用块石砌筑，中间砂浆要饱满，不允许有空洞，上下层错缝砌筑。砌缝宽度控制在约1cm，避免有通缝现象。

5.2.8 结构防水

涂刷3层防水涂料。

5.2.9 台背回填

通道两侧及顶部填料选择透水性好的砂性土，在台身两侧以底部宽2m，按1:1的坡度与路基填筑同步进行。

5.3 雨期施工措施

5.3.1 做好路基结构物的基槽排水设施，避免基槽被雨水冲刷或浸泡。同时做好地面排水和槽内抽水，能够及时排除沟槽边和基底的积水，并且在槽边应做向结构外的坡度，防止地面水流向槽内。

5.3.2 钢筋原材及已加工完的半成品堆放场地应铺垫天然级配砂石，并用方木垫起，保证不积水，上面用编织布覆盖，防止表面生锈；已绑扎成型的钢筋做好覆盖。

5.3.3 混凝土施工应尽量避免在雨天进行。大雨和暴雨天不得浇筑混凝土。

6 质量保证措施

6.1 质量措施

6.1.1 成立以项目经理为组长的质量保证体系。

6.1.2 加强工程施工所需原材料的控制，所有进场材料“三证”齐全。

6.1.3 钢筋的加工、焊接及安装控制。

钢筋按设计尺寸和形状全部采用机械加工弯制。加工前定好钢筋下料尺寸，需要进行焊接的钢筋严格按照搭接长度焊接，保证焊接质量。

6.1.4 模板工程控制。

模板采用组合钢模板，使用前对模板表面进行除锈打磨，并涂刷脱模剂。模板安装平整牢固，接缝采用1cm厚海绵条。

6.1.5 混凝土工程控制。

浇筑前，试验员抽检混凝土坍落度。浇筑时派专人观测模板、钢筋有无位移变形，混凝土垫块有无脱落，发现问题立即处理。

混凝土浇筑完毕，及时用土工布覆盖保水养生。待混凝土强度达到设计强度要求的70%后方可拆模，拆模后继续养生不少于7d。

6.2 质量标准

6.2.1 外观质量要求

6.2.1.1 洞身顺直,进出口、洞身、沟槽等衔接平顺,无阻水现象。

6.2.1.2 一字墙或八字墙等应平直,与路线边坡线形匹配,棱角分明。

6.2.1.3 涵洞处路面平顺,无跳车现象,外露混凝土表面平整,色泽一致。

6.2.1.4 预制盖板混凝土表面平整,棱线顺直,无严重啃边、掉角。

6.2.2 允许偏差(表4、表5)

涵洞允许偏差表 表4

序号	检 查 项 目	规定值或允许偏差	检查方法和频率
1	轴线偏位(mm)	明涵20、暗涵50	经纬仪:检查2处
2	流水面高程(mm)	±20	水准仪、尺量:检查洞口2处,拉线检查中间1~2处
3	涵底铺砌厚度(mm)	+40、-10	尺量:检查3~5处
4	长度(mm)	+100、-50	尺量:检查中心线
5	孔径(mm)	±20	尺量:检查3~5处
6	净高(mm)	明涵±20,暗涵±50	尺量:检查3~5处

盖板安装允许偏差表 表5

序号	检 查 项 目	规定值或允许偏差	检查方法和频率
1	支承面中心偏位(mm)	10	尺量:每孔抽查4~6个
2	相邻板最大高差(mm)	10	尺量:抽查20%

7 安全文明施工措施

7.1 建立安全保证体系。项目经理部成立安全工作领导小组,配专职安全员。

7.2 所有机械设备定期检查,不得带病工作;严格按安全技术操作规程作业,杜绝违章作业;严禁酒后操作机械设备。

7.3 吊装作业时,设专人指挥,遇大风停止施工作业。

7.4 现场设置照明灯具、护栏、围栏、安全警示标牌,并经常维护。

7.5 施工现场所需临电设备必须由专职电工进行统一管理。

7.6 施工便道定期洒水,确保不扬尘。

§28 水泥混凝土路面施工方案

1 编制依据

1.1 《××公路路面工程施工图》

1.2 《××公路路面工程施工组织设计》

1.3 《公路水泥混凝土路面施工技术规范》(JTG F30—2003)

1.4 《水泥混凝土路面施工及验收规范》(GBJ 97—87)

1.5 《公路路基路面现场测试规程》(JTG E60—2008)

1.6 《公路工程质量检验评定标准》(JTG F80/1—2004)

1.7 《普通混凝土配合比设计规程》(JGJ 55—2011)

1.8 《公路工程水泥及水泥混凝土试验规程》(JTG E30—2005)

1.9 《公路工程岩石试验规程》(JTG E41—2005)

1.10 《公路工程集料试验规程》(JTG E42—2005)

1.11 《通用硅酸盐水泥》(GB175—2007)

1.12 《钢筋混凝土用热轧带肋钢筋》(GB1499.2—2007)

2 工程概况

本工程为水泥混凝土路面施工,桩号:K73+732~K77+932,长度4200m。路面单幅宽度为11.25m,板块宽度划分为:超车道4.5m、行车道4m、应急车道2.75m;板块长度为5m,横向板块之间的传力杆为φ38mm@30cm、长度50cm的圆钢;纵向拉杆为φ16mm@60cm、长度80cm的螺纹钢。

路面结构类型:

面层:30cm水泥混凝土面板;

封层:1cm厚沥青砂;

基层:20cm水泥稳定碎石(水泥含量5%);

底基层:20cm水泥稳定碎石(水泥含量4%)。

3 施工准备

3.1 技术准备

3.1.1 施工前组织全体施工人员认真学习规范、标准及熟悉设计图纸等,对施工人员做好技术交底和安全交底。

3.1.2 试验准备。

开工前1个月,现场建立一座独立的标准现场试验室和一间混凝土试块标养室,规模符合要求,配置试验仪器设备(标定合格),配备具有相应资质的专职试验员,完成本项目的现场试验。现场试验室临时资质上报质量监督站,取得临时资质证书。部分特殊试验委托业主、监理认可的专业试验检测机构完成。

3.2 现场准备

3.2.1 拌和站

混凝土拌和场地设在 K75 +500 主线右侧 200m 的位置。混凝土拌和站型号为 JS1000,拌和站已标定、试车完成。材料堆放场地采用 C15 混凝土硬化,厚度 15cm,各档碎石材料之间砌筑隔墙隔离,外加剂存放在库房内,各项指标均满足施工要求。

3.2.2 作业面准备

下承层验收合格,封层施工完毕并验收。

3.2.3 施工便道

在拌和站与路基之间修筑一条施工便道,便道宽度为 7m,采用一层 25cm 厚砂砾加一层 20cm 厚的混凝土修筑,供混凝土运输车通行。

3.2.4 施工用水

引用当地水系网及自来水供应。

3.2.5 施工用电

引用当地电网,在拌和站内报装 1 台 200kVA 变压器。

4 施工部署

4.1 组织机构

项目部成立以项目经理为组长,项目总工和副经理为副组长的组织机构,配备 1 个拌和站和 1 个面层摊铺作业队,如图 1 所示。

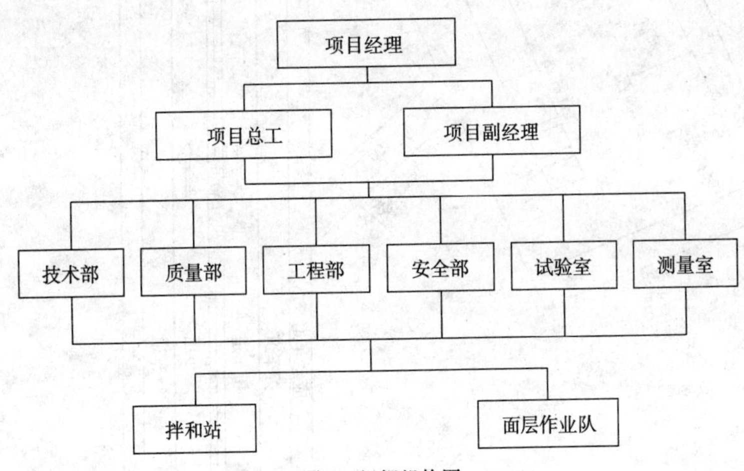

图 1 组织机构图

4.2 施工安排

根据现场情况,摊铺顺序安排如下:右半幅 K77 +932→K73 +732 行车道→右半幅 K77 +932→K73 +732 超车道→右半幅 K77 +932→K73 +732 应急车道→左半幅 K77 +932→K73 +732 行车道→左半幅 K77 +932→K73 +732 超车道→左半幅 K77 +932→K73 +732 应急车道;施工现场平面布置,如图 2 所示。

4.3 工期安排

本工程计划工期为 120 天。工期计划横道图如图 3 所示。

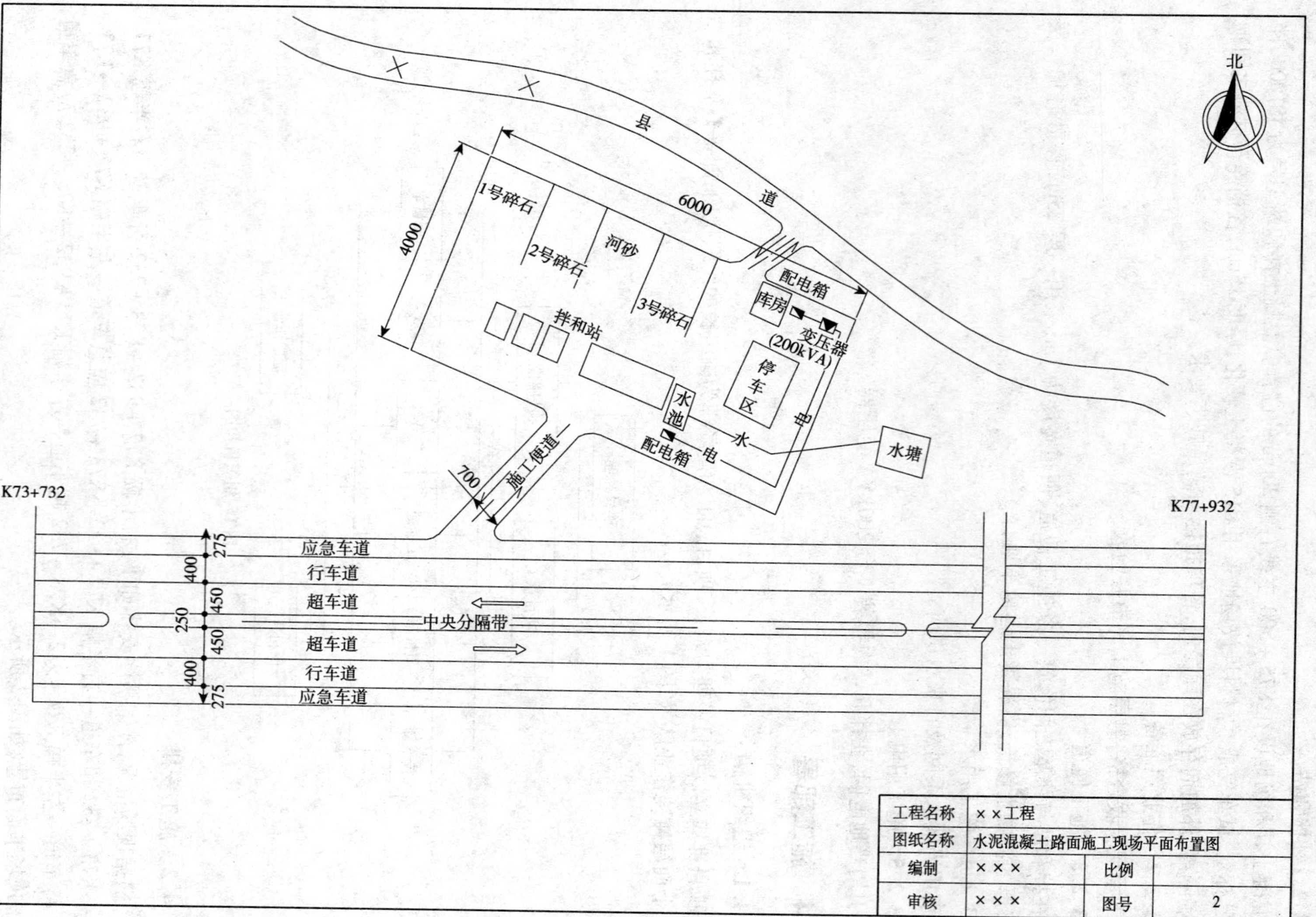

图2 水泥混凝土路面施工现场平面布置图（尺寸单位：cm）

序号	分项工程名称	工程量	持续时间（d）	单位：d											
				10	20	30	40	50	60	70	80	90	100	110	120
1	施工准备	—	15												
2	右幅面板	47250m^2	45												
3	左幅面板	47250m^2	45												
4	板缝施工	18900m	98												
5	交工验收	—	5												

图3　工期计划横道图

4.4　投入的主要机械设备

机械设备见表1。

机 械 设 备 表　　表1

序号	名　称	规格型号	单位	数量
1	强制式水泥混凝土拌和机	JS1000	套	2
2	三辊轴整平机	5001（轴直径168mm，转速300r/min）	台	1
3	轮胎式挖掘机	CAT60	台	1
4	装载机	ZL50	台	2
5	自卸汽车	CA142	辆	4
6	排式振捣机	—	套	2
7	钢筋切断机	—	台	1
8	切缝机	JF－3	台	2
9	刻槽机	HLQ－18	台	2
10	灌缝机	—	台	1
11	洒水车	解放8t	辆	2
12	发电机	25kW	台	2
13	照明机组	HONGDA100	台	2

4.5　材料准备

主要材料见表2。

主 要 材 料 表　　表2

序号	名　称	规格型号	单位	数量
1	水泥	P.O 42.5	t	9639
2	碎石	粗集料	m^3	24447
3	砂	中砂	m^3	12024

续上表

序号	名　称	规格型号	单位	数量
4	传力杆钢筋	ϕ38	t	68
5	拉杆钢筋	ϕ16	t	24
6	传力杆支架钢筋	ϕ10	t	14
7	引气剂	ZY-99H	t	56.8

本工程所用混凝土配合比为:水泥:砂:碎石:水:外加剂 =340:615:1297:136:2.04(质量比)。

三档碎石规格(比例)分别为:4.74~9.5mm(15%)、9.5~19mm(25%)、16~31.5mm(60%)。

4.6 劳动力准备

劳动力计划见表3。

劳动力计划表　表3

序号	工　种	数量(人)	序号	工　种	数量(人)
1	钢筋工	10	5	司机	10
2	模板工	10	6	电工	2
3	混凝土工	10	7	普工	10
4	机械操作工	6			

5 主要施工方法

5.1 施工工艺流程

测量放线→安装模板→混凝土拌和、运输→布料→排式振捣机振捣→安装拉杆、传力杆→人工找平→三辊轴整平机摊铺整平→精平饰面→接缝施工→抗滑构造制作→养生

5.1.1 测量放线

根据设计图纸放出中心线及边线,设置胀缝、缩缝和纵坡转折点等桩位。为了保证曲线地段中线内外侧车道混凝土块有较合理的划分,保持横向分块线与路中心线垂直,进行测量复核。

5.1.2 安装模板

基层检验合格,封层施工完成后,开始安装模板。模板采用[30,用钢钎将模板打入基层固定。同时把设计高程放样在模板的顶面。模板底面与基层顶面紧贴,局部低洼处(空隙)事先用水泥砂浆填平。

模板安装完毕后,在模板内侧均匀涂刷一层脱模剂。

5.1.3 混凝土拌和、运输

5.1.3.1 混凝土拌和

采用2台JS1000强制式双卧轴拌和机集中拌和,每盘料拌和时间宜控制在60~90s。混凝土拌和应满足以下要求:

(1)正式搅拌前,先用适量混凝土或砂浆拌和后废弃,并检验计量系统的计量、运作是否正常。

(2)配料准确，每天检查计量系统，使每一盘的配料满足施工配比的要求，并做好记录。

(3)视当日施工气温、风力及原材料含水率，调整用水量，满足混合料运到工地施工和易性要求。

5.1.3.2 混凝土运输

混凝土采用自卸汽车运输。装运过程中，做到不漏浆，并防止离析。出料及铺筑时的卸料高度不超过1.5m。当有明显离析时，在铺筑时重新拌匀。

坍落度控制在2～4cm。

5.1.4 布料

设专人指挥车辆均匀卸料，分多堆卸料。采用轮胎式挖掘机布料，人工配合找平，布料时使用排式振捣机前方的螺旋布料器辅助控制高度。

5.1.5 排式振捣机振捣

混凝土拌和物摊铺后，立即进行振捣作业，布料长度不小于10m，密排振捣棒间歇插入振实时，每次移动距离不超过振捣棒有效作用半径的1.5倍，并不大于60cm，振捣时间宜为15～30s。

振捣密实以拌和物中粗集料停止下沉，表面不再冒气泡，并泛出水泥浆为准，注意不能过振。排式振捣机匀速缓慢、不间断地行走。

5.1.6 安装拉杆、传力杆

由测量人员按设计图纸放出每道横向施工缝的位置，用墨盒弹墨线标出，在布料前安装传力杆，将传力杆及支架的中心对准墨线安放，用定位筋固定牢固。

面板振实后，立即安装拉杆。

5.1.7 人工找平

安装拉杆后，立即检查混凝土的平整情况，进行人工找平。对于高处要适当铲除，低处要用同一批拌和物进行填平，操作时施工人员站在人行桥上进行找平。

5.1.8 摊铺整平

三辊轴整平机施工作业长度控制在20～30m，且振实和整平两道工序时间间隔不大于10min。三辊轴整平机在一个作业长度内，采用前进振动、后退静滚的方式作业，分别进行2～3遍。振动时，调整好振动轴的高度，与模板顶面留2mm的间隙。在整平作业时，要安排专人观察混凝土拌和物表面的高低情况。积料过多时，要人工铲除；轴下有间隙时，采用同一作业单元内的拌和物找平。随时安排人员刮除模板顶上留下的余浆，以保证两根整平轴始终接触模板顶面。

5.1.9 精平饰面

基本整平后，随即采用3～5m的杠尺进行饰面。将杠尺纵向摆放，横向推拉，推拉速度均匀，中间不停顿，并调整好杠尺底面和混凝土表面全面接触，发现之间有空隙，要随时补浆。

5.1.10 接缝施工

5.1.10.1 横向缩缝

采用切缝方法，混凝土抗压强度达到8MPa以上时，就可以进行硬切缝，横向缩缝缝宽5mm、深75mm。填缝料采用聚氨酯道路嵌缝胶，灌缝前缝槽清除干净，灌缝必须在缝槽处于干燥状态下进行。

5.1.10.2 横向施工缝

每日施工结束或临时原因中断施工时，必须设置施工缝(图4)。施工缝宜设在缩缝或胀缝处，多车道施工缝避免设在同一横断面上。施工缝如设于缩缝处，板中增设传力杆(图5)。传力杆为长50cm，为ϕ 38mm光圆钢筋。传力杆一半锚固于混凝土中，另一半提前涂2次沥青。涂沥青长度为30cm，允许滑动。传力杆必须与缝壁垂直。施工缝缝宽5mm、深85mm。填缝料采用聚氨酯道路嵌缝胶，灌缝清除干净，灌缝必须在缝槽处于干燥状态下进行。

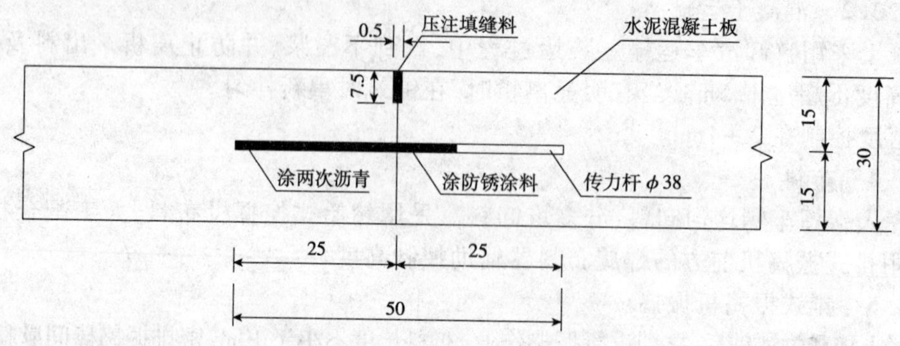

图4 横向施工缝构造图(尺寸单位:cm)

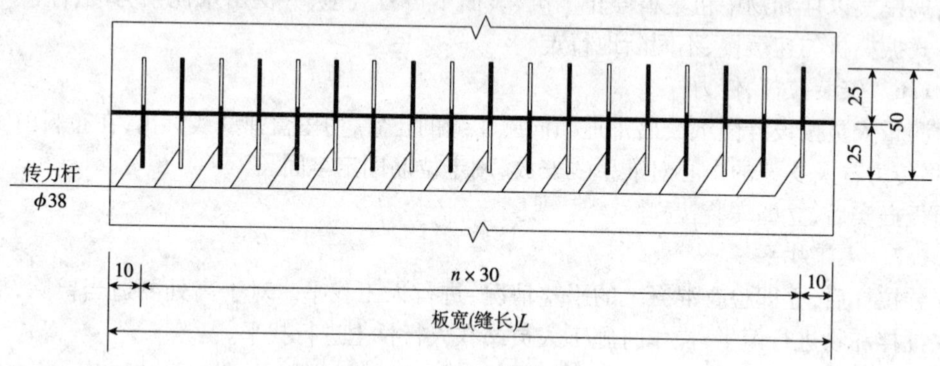

图5 传力杆布置图(尺寸单位:cm)

5.1.10.3 纵向施工缝、缩缝

一次铺筑宽度小于路面宽度时，要设置纵向施工缝。纵向施工缝采用平缝形式，上部锯切槽口。一次铺筑宽度大于4.5m时要设置纵向缩缝，纵向缩缝采用假缝形式，锯槽切口深度大于施工缝的槽口深度。其中施工缝缝深4cm，缩缝缝深12cm。在板厚中间设拉杆，拉杆间距50cm，拉杆长度为80cm，中间10cm涂防锈涂料。填缝料采用聚氨酯道路嵌缝胶，灌缝前缝槽清除干净，灌缝必须在缝槽处于干燥状态下进行。纵向施工缝构造图如图6所示。

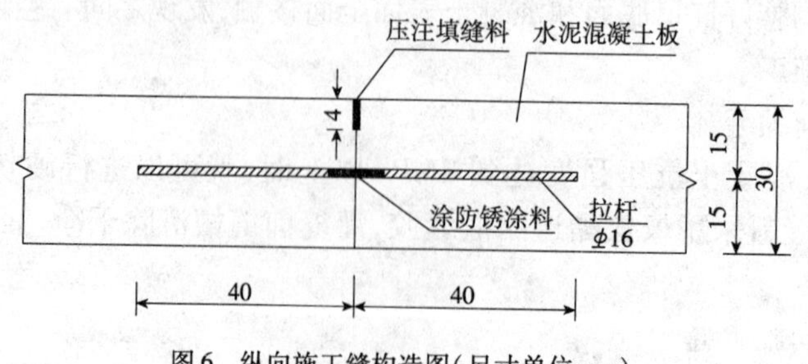

图6 纵向施工缝构造图(尺寸单位:cm)

5.1.10.4 胀缝

在邻近桥梁或涵洞通道处或与其他道路相交处设置胀缝，胀缝处要设置传力杆和支架钢筋。传力杆设置在板厚中央，且可以自由滑动；传力杆平行于板顶面并严格与接缝垂直；胀缝支架准确定位锚固，摊铺混凝土并用振捣棒振实胀缝两侧的混凝土；胀缝板要连续贯通整个路面宽度，密封槽采用木条嵌缝，嵌入的木条暂时与胀缝板连成一体，填缝时再取出。填缝料采用聚氨酯道路嵌缝胶，填缝板采用塑胶板。

5.1.11 抗滑构造施工

抗压强度达到设计抗压强度的40%后开始刻槽，使用刻槽机进行。刻槽机要匀速行走，不得中途抬起或改变方向。路面板的边缘要设有托架，使刻槽机能行走到板边，制作的纹理要贯通整个板宽。刻槽深度为2～3mm，槽宽3～5mm，槽间距15～25mm，刻槽后路面要及时冲洗干净。

5.1.12 养生

采用洒水、覆盖保湿土工布养生，养生时间不少于14d，养生期间和填缝前严禁车辆和行人通行。

5.2 季节性施工措施

5.2.1 雨期施工

5.2.1.1 混凝土路面铺筑时，设专人负责收集和记录天气资料。如有降雨提前通知，制定雨期施工措施。

5.2.1.2 在新铺的路面及砂石料场，准备足够的防雨棚、帆布和塑料布或薄膜覆盖。运输车辆也要加盖防雨篷布。

5.2.1.3 雨天应停工。摊铺过程中遇阵雨时，应停止铺筑路面，采用雨棚临时遮挡。

5.2.1.4 降雨后开工前，要及时排除搅拌站及料场内的积水和淤泥，摊铺前应排除和扫除基层上的积水。

5.2.2 高温季节施工

在施工现场的气温高于30℃、拌和物摊铺温度在30～35℃、同时空气相对湿度小于80%时，混凝土面板的施工应按高温季节的规定施工。当施工现场的温度高于35℃时，不宜进行混凝土面板施工。

在高温季节摊铺应采取下列措施：

5.2.2.1 当现场气温≥30℃时，要避开中午施工，可选择在早晨、傍晚或夜间施工。

5.2.2.2 高温季节应采取砂石料堆搭设遮阳棚，拌和物加缓凝剂、保塑剂等技术措施施工。

5.2.2.3 自卸车上的混凝土拌和物应加遮盖。

5.2.2.4 高温条件下，应加快施工各工序间的衔接，尽量压缩运输、摊铺、整平饰面等工序所耗费的时间。

5.2.2.5 及时覆盖保湿养生，应确保混凝土表面不发白，保持足够的湿度。

5.2.2.6 高温施工视混凝土强度增长情况，应比常温施工适当提早切缝，以防止断板。一般切缝时间为200个施工温度小时为宜。

6 质量保证措施

6.1 质量措施

6.1.1 建立质量保证体系。项目经理为第一责任人,项目经理部设专职质量员,专业作业队设兼职质量员,明确各级责任,开工前报监理工程师备案。

6.1.2 对现场施工人员加强质量教育,强化质量意识,开工前技术交底,严格执行规范、规程作业。分项工程开工前,执行先试验再铺开的程序。向监理工程师上报开工报告,经批准后方可开工。

6.1.3 严格控制材料采购质量,各种材料到达工地必须由质量工程师进行验收,投入使用前必须按规范要求进行试验并将材料的质量检验结果报送监理工程师审查。

6.1.4 配合比在弯拉强度满足设计要求的情况下,尽量降低单位水泥用量,使用发热量和收缩性小的水泥。选择含泥量小、干净的集料,必要时进行冲洗。

6.1.5 基层顶面在混凝土摊铺前要充分洒水湿润;控制好硬切缝时间。混凝土表面修整过程中,避免日光直射,防止混凝土温度上升过快。

6.1.6 混凝土成型后要及时养生,专人负责。

6.2 质量标准

6.2.1 模板

6.2.1.1 模板制作质量符合表4规定。

模板制作质量标准　　表4

序　号	检查项目	质量标准或允许偏差(mm)
1	模板高度	±1
2	模板顶面平整度	±1
3	模板侧面平整度	±2

6.2.1.2 模板安装质量要求符合表5规定。

模板安装质量标准　　表5

序号	检查项目	质量标准或允许偏差(mm)
1	平面偏位	≤10
2	摊铺厚度偏差	≤10
3	纵断高程偏差	±5
4	相邻板高差	≤1
5	模板接缝宽度	≤3
6	模板侧向垂直度	≤3
7	横向模板与纵向模板连接处高程	≤1

6.2.2 混凝土

6.2.2.1 外观要求

混凝土板外观线形直顺、曲线段线形圆滑;表面无脱皮、印痕、裂纹和缺角等现象;混凝土板的断裂块数不超过规范要求。

6.2.2.2 水泥混凝土面层允许偏差见表6。

水泥混凝土面层允许偏差 表6

项次	检查项目		规定值或允许偏差	检查方法和频率
1	弯拉强度(MPa)		在合格标准之内	每工作班制作2~4组试件
2	板厚度(mm)	代表值	-5	每200m每车道2处
		合格值	-10	
3	平整度	σ(mm)	1.2	平整度仪:全线每车道连续检测,每100m计算 σ、*IRI*
		IRI(m/km)	2.0	
4	抗滑构造深度(mm)		一般路段不小于0.7且不大于1.1;特殊路段不小于0.8且不大于1.2	铺砂法;1处/200m
5	相邻板高差(mm)		2	抽量:每条胀缝2点;每200m抽纵、横缝各2条,每条2点
6	纵、横缝顺直度(mm)		10	纵缝20m拉线,4处/200m处;横缝沿板宽拉线,4/200m条
7	中线平面偏位(mm)		20	经纬仪: 4点/200m
8	路面宽度(mm)		±20	抽量:4处/200m
9	纵断高程(mm)		±10	水准仪:4断面/200m
10	横坡(%)		±0.15	水准仪:4断面/200m

7 安全及文明施工措施

7.1 建立健全安全保证体系,进行入场安全教育。

7.2 所有岗位操作手必须持证上岗,能够熟练掌握设备安全操作技术,并分别对运输车辆驾驶员、拌和站操作员以及现场机械设备操作手进行安全教育,签署安全责任状,进行安全交底。

7.3 拌和站作业人员必须戴好安全帽才能进场操作,拌和机下料口安排专人负责指挥车辆进出。

7.4 在施工过程中,专职安全员不断进行巡查,认真做好安全检查记录。

7.5 施工作业区和进出场路口均设置警示标志牌,提醒人员车辆减速、避让。

7.6 由专职电工负责安装配电系统,严格按照规范布设电路,确保漏电保护器灵敏可靠。

7.7 拌和站现场采用彩钢板围挡,封闭施工,各种材料堆放整齐。

7.8 施工现场,所有管理人员统一着装。机械设备保持干净整洁,标志清晰,工作面的各种标志醒目。

8 环保措施

8.1 施工便道每天安排洒水车不间断洒水,确保不扬尘。

8.2 每天完工后,将工作面清理干净,机械设备停放整齐。

8.3 加强设备维护,保证不漏油和减少废气、噪声的排放。

§29 路基石方爆破施工方案

1 编制依据

1.1 《××工程施工组织设计》

1.2 《××工程施工图》

1.3 《公路路基施工技术规范》(JTG F10—2006)

1.4 《爆破安全规程》(GB 6722—2011)

1.5 《中华人民共和国爆炸物品管理条例》(自 2006.9.1 起实施)

1.6 《爆破工程施工与安全》

1.7 《爆破作业人员安全技术考核标准》(GA53—93)

2 工程概况

本工程起讫桩号为 K35 + 300 ~ K38 + 925,路线全长 3625m。需要进行爆破施工段为 K37 + 440 ~ K37 + 940,共计 500m。最大开挖深度达 21.6m,总的爆破方量约为 20 万 m^3。

爆破段表层约 0.3 ~ 0.5m 的杂填土层,其下为残坡积碎石层、强风化石炭纪石灰岩层。

3 施工准备

3.1 技术准备

3.1.1 组织施工技术人员认真学习施工图纸、施工技术规范,做好安全教育工作;同时编制爆破专项方案,组织召开爆破专家论证会。

3.1.2 测量准备:进行桩位的复核(平面、高程),依据《公路勘测规范》(JTG C10—2007)进行数据计算并向监理提供结果。针对爆破段特殊的地形条件,考虑多点同时作业对控制点进行合理加密。点位埋设要求应符合规范中临时测量点位制作及埋设规定。点位埋设稳固后即可开始测值,架设全站仪以复合导线形式进行。计算数据经过平差合格后,向监理单位提供成果,复测合格后开始使用。高程点复核完毕后,开始进行水准点加密,在工程沿线两侧安全位置测设施工水准点。

3.2 现场准备

施工进场后,利用已填路基作为爆破施工便道。在爆破前对山体表面进行清表,把山体表面的植被、覆土进行清除,露出岩体。

3.3 机械设备准备

机械设备见表 1。

机械设备表 表 1

序号	设备名称	规格型号	单位	数量
1	挖掘机	小松 200 -7	台	8
2	自卸运输车	斯太尔	台	20
3	推土机	TY140(135kW)	台	4

续上表

序　号	设备名称	规格型号	单 位	数　量
4	空压机、风钻	—	台套	4
5	潜孔钻	$\phi 90$	台	2
6	破碎锤	—	台	4
7	手风钻	手持式 7655	把	8
8	钎头	$\phi 38 \sim \phi 42$	个	800
9	钎杆	—	套	24

3.4　材料准备

主要材料见表2。

主 要 材 料 表　　表2

序号	名称	规格(单位)	数量	备注
一	火工材料			
1	电雷管	毫秒差	20000 发	1 段至 16 段
2	非电雷管	毫秒差	15000 发	2 段至 15 段
3	炸药	2 号岩石硝铵炸药	80t	炸药
4	火雷管	—	35000 个	—
5	导爆管	—	10 万 m	—
二	起爆器	GM2000 起爆器	4 个	含备用
三	BV 铜蕊塑料线	$2.5mm^2$	6400m	2 种颜色各 3200m
四	塑料纺织布	—	2000 只	麻袋、草袋均可

3.5　劳动力准备

劳动力计划见表3。

劳 动 力 计 划　　表3

序号	工种	数量(人)	序号	工种	数量(人)
1	凿岩工	20	4	测量工	4
2	爆破工	4	5	信号工	2
3	爆破警戒员	120	6	技术主管	1

4　施工安排

4.1　组织机构

施工组织机构如图 1 所示。

4.2　施工现场平面布置图

施工现场平面布置如图 2 所示。

4.3　工期安排

本爆破工程共钻眼 24000m，清运 25 万 m^3，边坡修理 0.5 万 m^3。

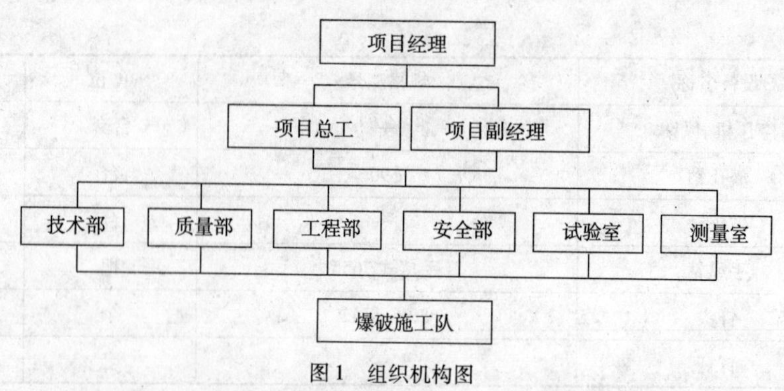

图1　组织机构图

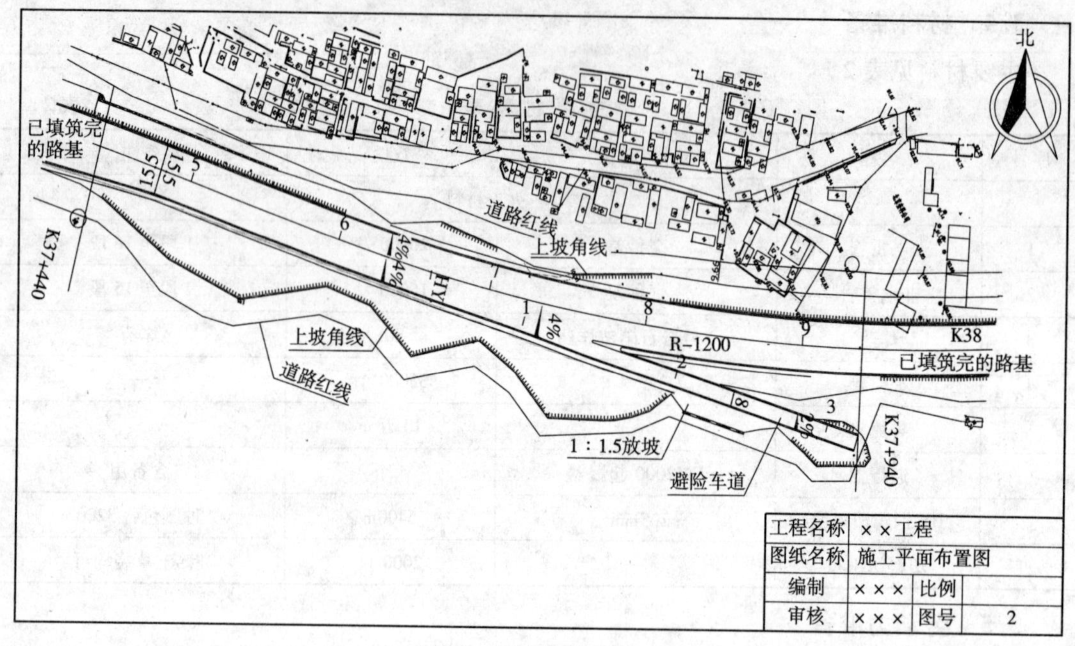

图2　施工平面布置图

计划工期115天。其中:施工准备为10天;钻眼24天;清运60天;每次爆破完后进行边坡清理,共20天。

共分6次爆破:第一次爆破方量0.5万m^3,钻眼1天,装药爆破1天,清运2天;第二次爆破方量4万m^3,钻眼5天,装药爆破1天,清运12天;第三、四次爆破6万m^3,钻眼7天,装药爆破1天,清运18天;第五次爆破2万m^3,钻眼2天,装药爆破1天,清运6天;第六次爆破1.5万m^3,钻眼2天,装药爆破1天,清运4天。

5　主要施工方法

5.1　爆破施工工艺流程

爆破前准备→爆破方案设计→爆破施工

5.2　施工工艺

5.2.1　爆破前准备

5.2.1.1　爆破技术管理人员配备

1名具有高级职称的注册爆破工程师与2名具有初级职称的注册爆破工程师。

5.2.1.2　爆破材料的准备

爆破施工前上报有关部门审批、备案,爆破施工所需的材料一律由公安部门统一批准购置,由专业押送车运输炸药、雷管等爆破材料至现场。

5.2.1.3　爆破方式的确定

(1)爆破施工技术原则:

①松动爆破:以潜孔钻爆破为主,手风钻爆破为辅。

开挖深度小于<5m时,采用手风钻爆破,手风钻选用ϕ40mm钻头;开挖深度大于5m时采用潜孔钻爆破,潜孔钻选用ϕ90~ϕ100mm钻头。

②应用多排孔微差爆破技术,合理选择爆破单耗,减少大块率,使破碎块度适合挖运要求。合理控制爆破规模,一次起爆2~3排,不超过20个孔。每次起爆单响药量应按照爆破振动允许速度进行控制。

③深孔爆破主炮孔均采用垂直钻孔,靠近边坡采用倾斜钻孔。浅眼爆破采用垂直钻眼。

④炸药类型:钻孔内无水时主要采用2号岩石炸药或掺入铵油炸药。

⑤所有设计爆破参数,都应在正式施工前进行试爆。根据试爆的结果,对爆破参数进行必要的调整。

⑥邀请有资质的检测单位对爆破施工进行振动监测。

⑦路基边坡爆破按设计坡度进行钻孔施爆,爆破时争取一次达到设计要求。边坡面在主体爆破完成后,用挖掘机及破碎锤进行修坡。

(2)路基爆破开挖参数设计。

路基爆破开挖均采用台阶爆破开挖施工:对于开挖深度≥5m的台阶,采用深孔爆破;对于开挖深度<5m的台阶,采用浅孔爆破。

5.2.2　爆破设计方案

5.2.2.1　深孔台阶爆破设计参数

爆破采用由临空面开始以台阶方式向前推进。台阶爆破示意如图3所示。

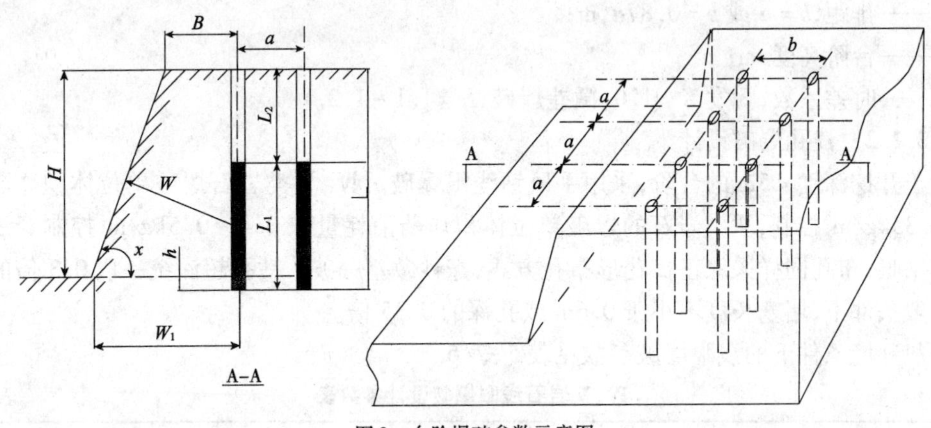

图3　台阶爆破参数示意图

边坡爆破钻孔示意图如图4所示。

图中的参数为:最小抵抗线u,m;底盘抵抗线W_1,m;台阶高度H,m;孔距a,m;排距b,m;孔深$L=H+\Delta h$,m;超深Δh,m;坡顶宽B,m;坡面角α,°;堵塞长度L_2,m;装药长度L_1,m。

(1)爆破孔网参数计算。

对于开挖深度或台阶高度 $H \geqslant 5m$ 的断面,采用深孔松动爆破。为控制爆破飞石和振动,一般岩石单位体积用药量 q 取 0.4kg/m³。

钻孔方式:主炮孔采用垂直钻孔,梅花形布孔,边坡孔根据公路设计边坡要求倾斜钻孔。对于不同炮孔直径(Φ90mm)的爆破孔网参数计算见表4。

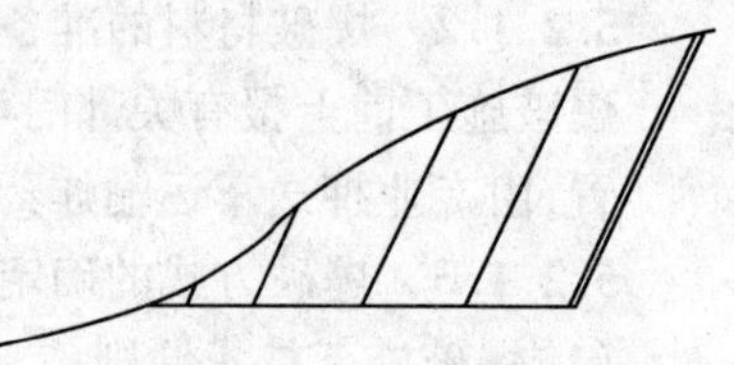

图4 边坡爆破钻孔示意图

一般岩石深孔梯段爆破参数表(孔径 Φ90mm) 表4

台阶高度 H(m)	底盘抵抗线 W_1(m)	孔距 a(m)	排距 b(m)	超钻 Δh(m)	孔深 L(m)	单孔药量 Q(kg)	装药长度 L_1(m)	堵塞长度 L_2(m)
5~6	2.8	3.0	2.8	0.5~0.6	5.5~6.6	16.8~20.2	2.6~3.5	2.9~3.1
7~8	3.0	3.2	3.0	0.7~0.8	7.7~8.8	26.9~30.7	4.7~5.4	3.0~3.4
9~10	3.0	3.5	3.0	0.9~1.0	9.9~11.0	37.8~42.0	6.6~7.4	3.3~3.6
11~12	3.0	3.9	3.0	1.1~1.2	12.1~13.2	51.5~56.2	9.0~.9	3.1~3.3

注:1. 表中按照2号岩石硝铵炸药计算;

2. 遇到不同硬度的岩石可以适当调整装药量。

(2)单孔装药量计算。

台阶爆破的装药量计算应用以下公式:

第一排炮孔单孔装药量 $Q = q \cdot W_1 \cdot a \cdot H$

第二排以后单孔装药量 $Q = K \cdot q \cdot a \cdot b \cdot H$

式中:q——单位体积用药量,取 q=0.4kg/m³;

W_1——底盘抵抗线,m;

a——孔径,m;

b——排距,$b=a$ 或 $b=0.87a$,m;

H——台阶高度,m;

K——时差系数,瞬发 $K=1.0$;微差爆破,$K=1.1 \sim 1.2$。

5.2.2.2 浅孔爆破设计

对于开挖深度<5m 的台阶,采用手风钻浅眼爆破。Ⅳ、Ⅴ类岩石爆破单位体积炸药量依 0.3~0.35kg/m³控制,Ⅵ类岩石的爆破单位体积炸药消耗量依 0.4~0.5kg/m³控制。浅眼爆破垂直钻眼,布孔同样采取正梅花形布孔方式,毫秒微差爆破。钻孔超深统一取 0.3 倍的抵抗线。一般条件下,堵塞长度不小于 0.6m 或孔深的 0.35 倍。

一般环境条件下的浅眼爆破参数见表5、表6。

Ⅳ、Ⅴ岩石浅眼爆破设计参数表 表5

台阶高度 H(m)	孔深 L(m)	孔间距 S(m)	孔排距 B(m)	堵塞长度 h(m)	装药量 Q(kg)	单耗 q(kg/m³)
0.5	0.7	0.6	0.6	0.6	0.08	0.30
0.75	0.8	0.8	0.8	0.6	0.2	0.31
1.0	1.4	1.1	1.1	0.8	0.5	0.30

续上表

台阶高度 H(m)	孔深 L(m)	孔间距 S(m)	孔排距 B(m)	堵塞长度 h(m)	装药量 Q(kg)	单耗 q(kg/m³)
2.0	2.4	1.2	1.2	0.8	1.2	0.35
3.0	3.4	1.3	1.3	0.9	2.0	0.35
4.0	4.4	1.3	1.3	1.0	2.6	0.35

Ⅵ岩石浅眼爆破设计参数表 表6

台阶高度 H(m)	孔深 L(m)	孔间距 S(m)	孔排距 B(m)	堵塞长度 h(m)	装药量 Q(kg)	单耗 q(kg/m³)
0.5	0.7	0.5	0.5	0.6	0.08	0.45
0.75	0.8	0.7	0.7	0.6	0.18	0.46
1.0	1.4	1.0	1.0	0.7	0.65	0.46
2.0	2.4	1.1	1.1	0.7	1.40	0.48
3.0	3.4	1.2	1.2	0.8	2.20	0.45
4.0	4.4	1.2	1.2	0.9	2.90	0.46

控制爆破飞石条件下，堵塞长度不小于1.0m或炮孔间距1.2倍。

5.2.2.3 起爆网路设计

多排孔钻孔爆破一般采用非电导爆管起爆网路。网路形式可以应用串并联或簇联。串并联网路采用四通和导爆管连接(图5)；簇联网路，引爆雷管绑扎导爆管的根数：单雷管不要超过12根；双雷管不要超过20根。网路最后用电雷管激爆。

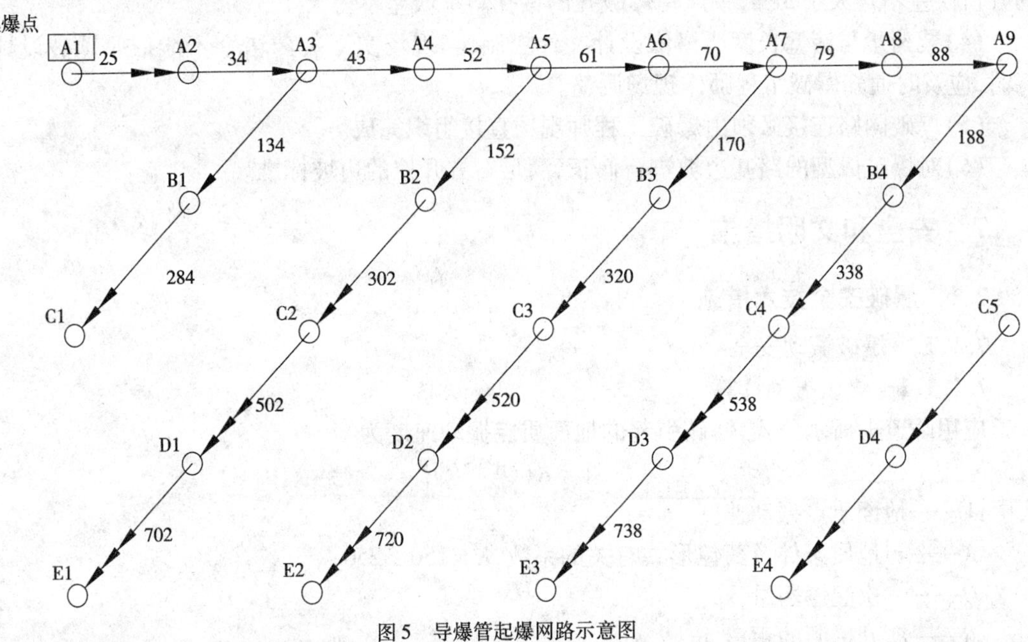

图5 导爆管起爆网路示意图

多排孔爆破，采用微差爆破，排间延时间隔25～0ms为宜。孔内用高段，孔外用低段雷管，防止前排起爆产生飞石砸断后排尚未起爆的导爆管网路。

5.2.3 爆破施工

测量放线→布置炮孔钻孔→装药堵塞及起爆网路铺设→警戒起爆→检查爆破效果→修正爆破设计进入下一循环施工

5.2.3.1 测量放线

用白灰洒出开挖中心线及开挖边线，确定开挖高程，对爆破施工队进行交底。

5.2.3.2 布置炮孔钻孔

根据现场地形条件布置炮孔位置，详见5.2.2爆破设计。

5.2.3.3 装药、起爆网路铺设

钻孔完成后用木塞堵住，设置明显标志，待此次爆破的所有炮孔完成后统一装药，铺设起爆网路，详见5.2.2爆破设计。

5.2.3.4 警戒

装药及铺设起爆网路时应对周围进行警戒，设置警戒范围，严禁非操作人员进入，对300m范围内的其他人员进行疏导撤离。

5.2.3.5 检查爆破效果

爆破完成后由专业人员立即对爆破区域进行排查，检查有无哑炮。

6 质量保证措施

(1)爆破施工测量必须明显标出路基中心线、开挖边界线，至少每隔10m通过测量给出开挖位置的高程；超深不大于20cm。

(2)炮孔布置位置应设明显标记，爆破工程师应在每循环钻孔前向钻工书面提交具体钻孔参数。

(3)潜孔钻钻孔的开口位置误差不得大于3cm，钻孔斜率偏差不得大于1%；手风钻钻孔的开口误差不得大于5cm，手风钻爆破孔的钻孔斜率误差不得大于3%。

(4)装药量与堵塞长度严格依设计文件控制，当现场实际装药堵塞不能依照爆破设计进行时，应及时通知爆破工程师作现场调整。

(5)爆破网路连接必须由爆破工程师现场直接组织完成。

(6)对爆破成型的路基边坡进行修正，满足石方开挖的边坡标准。

7 安全和文明措施

7.1 爆破安全技术措施

7.1.1 爆破振动安全

7.1.1.1 爆破振动计算

应用萨道夫斯基公式，爆破引起的地面质点振动速度为

$$V = K(Q^{1/3}/R)^{\alpha}$$

式中：V——地面质点振动速度，m/s；

K——与地质条件及药包形式有关的系数，$K=150\sim250$；

Q——一次起爆药量，kg；

R——离开爆源的距离，m；

α——衰减指数，$\alpha=1.5\sim1.8$。

按照当地爆源离开居民房屋的不同距离，取$K=150$，$\alpha=1.8$，房屋允许振动速度$V=2.5$

m/s，计算得到一次起爆的最大药量 Q 见表7。

一次起爆最大药量　　表7

距离 R(m)	15	25	35	45	60
药量 Q(kg)	3.71	17.2	47.2	100.2	237.6

7.1.1.2　减振措施

该地区附近有居民房屋，有的爆破点离开居民房屋较近，为了防止爆破振动的影响，必须采取以下措施：

(1)除了控制起爆药量之外，还要控制一次爆破的总药量。

(2)采用毫秒延时爆破，每排或者炮孔之间的间隔时间在25～50ms。

(3)在炮孔底部垫入空竹筒减少振动。

7.1.2　爆破飞石的控制

由于爆破点离开居民区很近，因此必须控制爆破出现的个别飞石，措施如下：

7.1.2.1　严格控制炸药单耗，一般取0.3～0.4kg/m^3，必要时根据实际情况进一步降低炸药单耗。

7.1.2.2　飞石安全距离按照规定为300m，在该区域内的非爆破施工人员在爆前半小时撤离到安全地点，必要时根据实际情况对爆破进行完全覆盖。

7.1.2.3　靠近居民房屋很近的爆破区域，爆破时应该在炮孔顶部压上沙土袋或者铺设草袋、荆笆等阻挡飞石，必要时根据实际情况对爆破区域进行完全覆盖。

7.2　爆破安全管理措施

7.2.1　设专职爆破安全管理负责人，爆破工、爆破安全员、爆破器材押运员、爆破器材保管员都必须持证上岗。

7.2.2　严格执行有关爆炸物品储存、运输、使用的有关安全规定。爆破区域200m范围内为爆破施工危险区，爆破器材运入爆破警戒区至爆破警戒撤销前，爆破施工无关人员不得进入。爆破施工危险区设明显的警示标记。

7.2.3　起爆后必须进行哑炮检查，确认安全后才可解除爆破警戒。哑炮处理必须在爆破工程师指导下完成。

7.2.4　爆破时的人员安全警戒距离不小于300m，机械警戒距离不小于100m。警戒人员间的距离不大于300m，且应彼此通视或有可靠手段沟通联系。爆破警戒设3种不同信号，分别表示开始警戒、开始起爆、撤销警戒。

7.2.5　控制爆破飞石的爆破区域，除严格堵塞长度、堵塞质量外，应采用草袋填土进行区域覆盖，每一装药炮孔的孔口放置一重量不小于20kg的砂包预防飞石。

7.3　其他安全管理措施

7.3.1　所有机械设备操作人员必须持证上岗，杜绝酒后上岗

7.3.2　按规范要求定期检查用电设备。各类用电人员持证上岗，使用设备前戴好相应的劳动保护用品，检查电气装置和保护设施完好，严禁带“病”运转。搬迁和移动设备必须由电工切断电源，作妥善处理后进行。

7.3.3　由于施工时部分路段要进行交通导流，配置专人协助交管部门作好交通疏导工作，保证车辆安全。

7.4 文明施工措施

施工临时道路需畅通、平坦、整洁,无散落的土块等杂物。派专人进行洒水清理。运输石方车辆不得超高,并采取遮盖措施,施工区域外洒落的渣土及时清扫干净,以免尘土飞扬。

8 应急预案

8.1 成立应急小组

项目经理部成立安全事故应急救援领导小组,配置应急救援车、担架、铺垫、氧气袋等应急救援设备,针对工程特点,分别制定物体打击、触电伤害和火灾伤害事故应急救援预案,把突遇紧急事故造成的损失降至最小。生产安全事故应急救援预案如下。

(1)建立组织,成立安全事故应急救援领导小组。

组长:项目经理

副组长:项目总工　　生产副经理

成员:各职能部室

(2)成立应急救援小组:各外施队成立以施工现场负责人为组长的应急救援小组。

(3)配置应急救援设备:项目部准备两辆车为应急救援车,并配备担架、氧气袋等救援设备。

针对施工工程特点,物体打击、触电伤害和火灾伤害事故应急救援预案。

8.2 飞石打击事故救援预案

8.2.1 采取安全预防措施:进入施工现场的作业人员必须戴好安全帽,以防飞石打击造成伤害。

8.2.2 一旦出现飞石打击事故:施工现场负责人要积极组织人员进行抢救,拨打120急救车抢救伤员,并向救援领导报告。救援领导接到报告后立即组织人力、物力、车辆赶赴现场指挥抢救,并向上级领导、有关部门报告。

对伤员实行抢救:①需要做人工呼吸的做人工呼吸,不需要做人工呼吸立即用车辆送往附近医院对伤员进行抢救。②保护好事故现场,以便对事故调查提供可靠证据。所涉人员不得擅自离开单位,随时积极配合事故调查,提供真实证据。

8.3 爆破事故采取的紧急措施

8.3.1 对事故现场实行严格保护,并及时向上级报告情况。

保护事故现场应做到:

(1)立即对事故现场进行警戒与封锁。

(2)对现场尽量保持原位。

(3)严格保护现场物证,非现场勘察人员不得提取或移动。

8.3.2 迅速组建各事故处理小组,做好事故现场有关工作。

(1)情况组,负责汇集、收集、整理和掌握现场情况和动态,做好现场照相和文字记录。

(2)警戒组,负责现场警戒,严防无关人员进入。

(3)急救排险组,负责抢救伤员和排除险情,为现场勘察人员创造安全条件,特别做好以下工作:发现与处置未爆的爆破器材和哑炮;处理有倒塌危险的建(构)筑物;安全处理水、电和设备等。

(4)后勤组,负责交通工具、物资供应、生活安排等。

市政公用工程

§30 雨污水管线施工方案

1 编制依据

1.1 《××工程施工组织设计》

1.2 《××工程施工图》

1.3 《给水排水管道工程施工及验收规范》(GB 50268—2008)

1.4 《北京市给水排水管道工程施工技术规程》(DBJ 01-47—2000)

1.5 《排水管(渠)工程施工质量检验标准》(DBJ 01-13—2004)

1.6 《工程测量规范》(GB 50026—2007)

1.7 《市政排水管道工程及附属设施》图集(06MS201)

2 工程概况

2.1 工程概述

污水管线位于道路中心线以南18m,自西向东汇入现况污水井中,管道埋深2.43~4.75m,管道规格为D400~D600,管道总长度1654m。

雨水管道位于道路中心线北侧13m,自西向东排入规划河道,管道埋深2.10~3.55m,管道规格为D800~D1000,管道总长度1670m。

管材均采用Ⅱ级钢筋混凝土承插管,橡胶圈接口;管道基础均采用120°砂基础。

2.2 地质、水文条件

地质条件详见表1。

地质情况表　　表1

名称	厚度(m)	特征描述
①杂填土	1~1.7	杂色,松散,稍湿,以砂性土为主,含碎石、碎砖及生活垃圾等
①-1素填土	1.1	黄褐色,松散,稍湿,以黏性土为主,含少量黑色碳化物
②细砂	3.1~4	黄色,中密,湿,矿物成分以长石英为主,含云母,分选一般,级配较好
③细砂	4.2	黄色,中密,湿-饱和,矿物成分以长石英为主,含云母,分选一般,磨圆度一般,级配一般,局部夹黏性土薄层

根据现场坑探、试挖及业主单位情况介绍分析,沟槽开挖深度内无地下水。

2.3 施工特点

2.3.1 部分管道位于道路路基下,为保证路基质量,应加强回填土施工质量管理。

2.3.2 原有地下电信、电力、供水等市政管线较多,开工前应详细调查清楚各专业管线,走访权属单位,协商处理措施,避免造成原有管线的破坏。

3 施工准备

3.1 技术准备

3.1.1 施工前组织技术、生产、材料、经营人员认真审阅施工图纸,集中学习相关技术规范，组织技术人员对作业队进行技术交底。

3.1.2 施工前核查现况管线构筑物的平面位置和高程与施工管线的关系，将了解和掌握的情况标注在图纸上。

3.1.3 完成施工交接桩、复测工作，并进行桩位保护和加密。

3.1.4 完成砂浆配合比、回填土标准击实试验工作。

3.2 现场准备

3.2.1 施工现场较为开阔，管线施工期间沿道路中线修筑施工便道，现况场地整平压实，上面铺设40cm厚砂砾并分层压实，宽度为7m。

3.2.2 施工用电：现场安装110kVA变压器。

3.2.3 施工用水：由场地周边临近自来水管网接入。

4 施工部署

4.1 组织机构

项目部成立以项目经理为组长，项目总工和生产副经理为副组长的组织机构，下设技术、质量、试验、测量、工程、安全等部室，配备一个管线施工队，如图1所示。

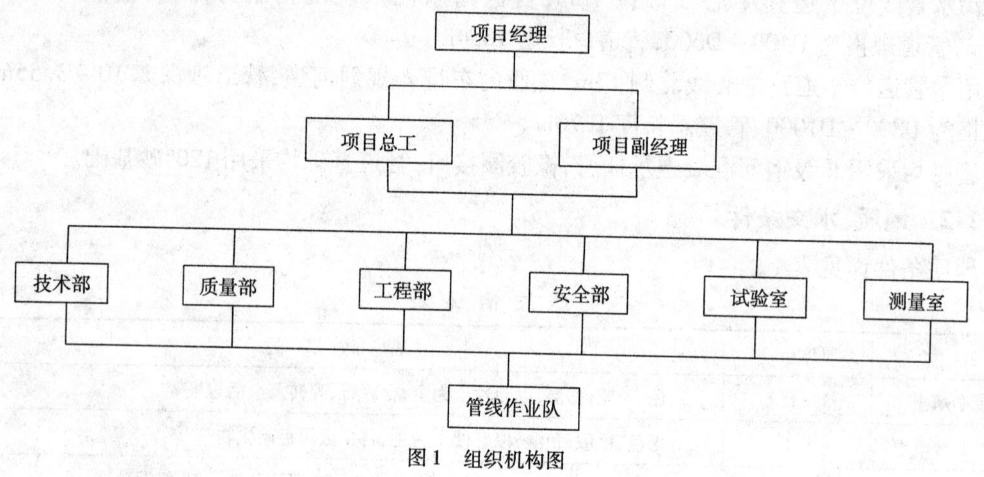

图1 组织机构图

4.2 施工安排

在施工过程当中，安排专人负责施工作业面内的交通导改、导流等工作，做到不影响管道施工，现场安排合理，工序衔接紧密，不影响现状交通等。

自东向西先施工南侧污水管线，然后自东向西施工北侧雨水管线。污水管线沟槽开挖时，在沟槽南侧开阔场地预留足够的回填土方；雨水管线沟槽开挖时，在沟槽北侧开阔场地预留足够的回填土方；堆土边缘距沟槽边不小于1.0m；多余土方外弃至弃土场。

施工平面布置如图2所示，横断面图如图3所示。

4.3 工期安排

计划施工工期75天，如图4所示。

4.4 机具准备

施工前将施工所需机具准备齐全。主要施工机具见表2。

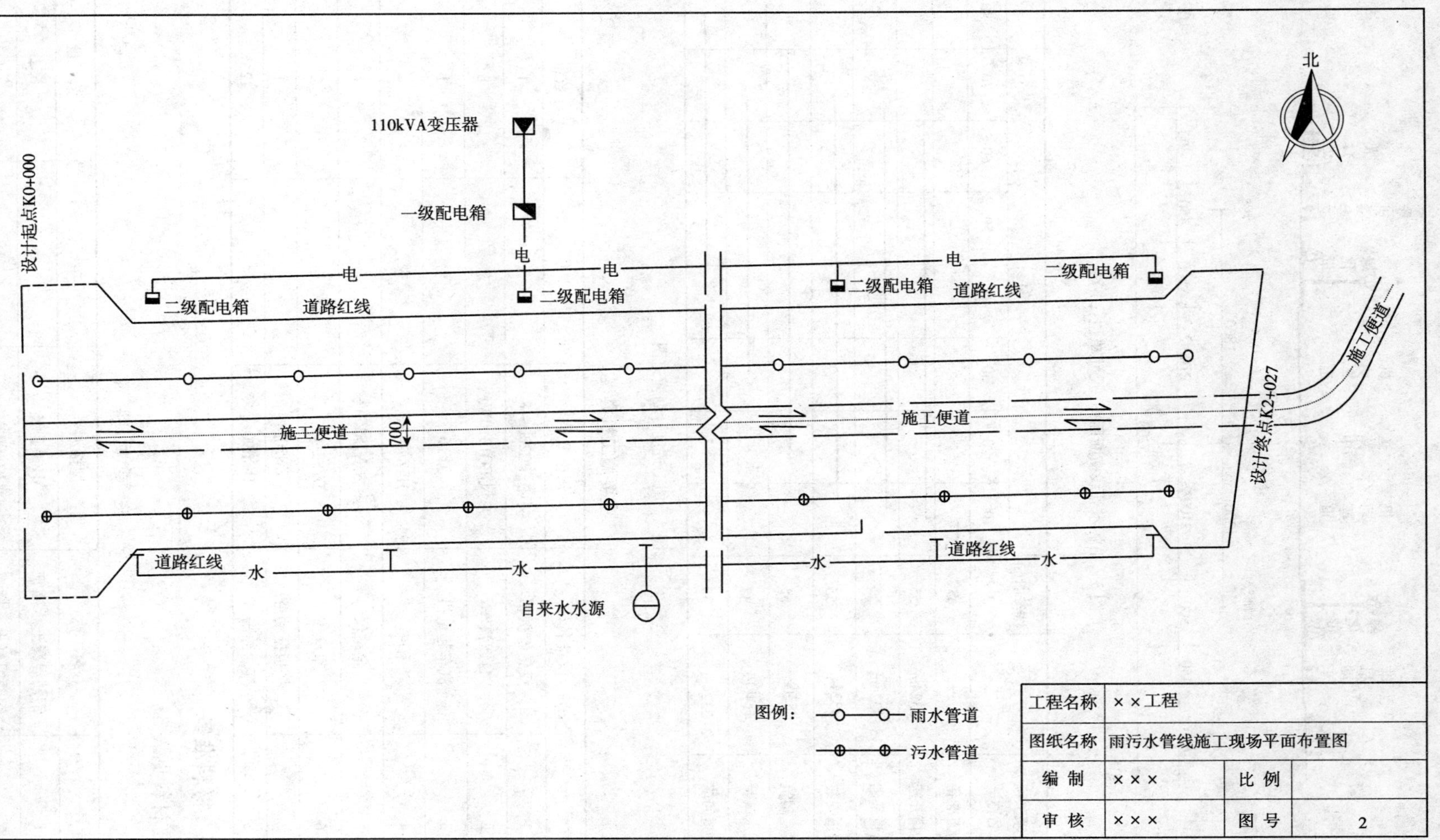

工程名称	××工程		
图纸名称	雨污水管线施工现场平面布置图		
编 制	×××	比 例	
审 核	×××	图 号	2

图2 雨污水管线施工现场平面布置图(尺寸单位:cm)

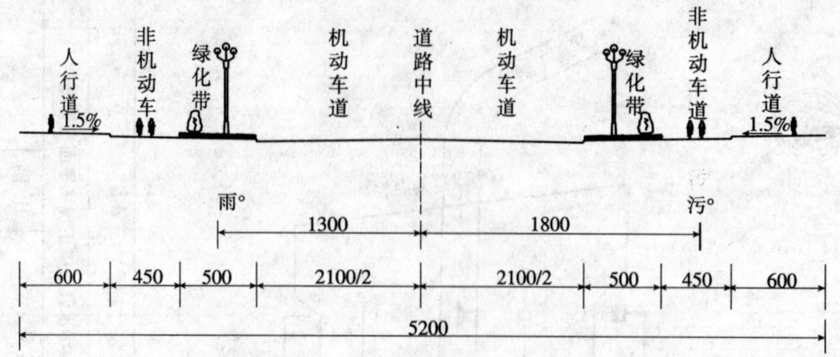

图3 雨污水管线横断面图(尺寸单位:cm)

序号	分项工程名称	工程量	持续时间(d)	单位:d 10	20	30	40	50	60	70	80
1	施工准备	—	5								
2	沟槽开挖	3324m	55								
3	管道基础	3324m	55								
4	管道安装	3324m	55								
5	井室砌筑	83座	55								
6	闭水试验	41井段	37								
7	管道回填	3324m	35								

图4 施工进度计划横道图

主要施工机具表 表2

序号	设备名称	规格型号	单位	数量
1	反铲挖掘机	小松 PC200－8	台	1
2	自卸汽车	东风 EQ1310WJ	辆	8
3	汽车起重机	QY16	台	1
4	倒链	HSZ－12	套	4
5	全站仪	南方 NTS352	台	1
6	水准仪	DZS3－1	台	2
7	平板振动夯	ZN50	台	4
8	汽油冲击夯	HCR90	台	12

4.5 材料准备

主要材料见表3。

主 要 材 料 表 表3

序号	名 称	规格型号	单 位	数 量
1	钢筋混凝土承插管	d400 Ⅱ级	m	652
2	钢筋混凝土承插管	d500 Ⅱ级	m	496

续上表

序号	名称	规格型号	单位	数量
3	钢筋混凝土承插管	d600Ⅱ级	m	506
4	钢筋混凝土承插管	d800Ⅱ级	m	658
5	钢筋混凝土承插管	d900Ⅱ级	m	596
6	钢筋混凝土承插管	d1000Ⅱ级	m	416
7	井圈井盖	Φ700	套	83
8	水泥	32.5	t	40
9	MU7.5 机制砖	240mm×115mm×53mm	块	58100

4.6 劳动力计划

劳动力计划见表4。

劳动力计划表 表4

序号	工种	数量(人)	序号	工种	数量(人)
1	测量工	3	4	管道工	20
2	电工	2	5	力工	60
3	司机	12	6	瓦工	20

5 主要施工方法

5.1 施工工艺流程

测量放线→沟槽开挖→管道基础→管道安装→检查井砌筑→污水闭水试验→管道回填

5.2 测量放线

5.2.1 开挖前测量

5.2.1.1 沟槽开挖前根据设计图纸进行中线定位,采用极坐标方法测放管线中线桩时,应在起点、终点、平面折点、竖向折点及直线段的控制点等位置测设中心桩。

5.2.1.2 管线中线桩每10m一点,桩顶钉中心钉,在沟槽外适当位置设置栓桩;根据中线控制桩及坡度测放沟槽上口开挖位置线,现场撒白灰线标注,然后在上口线外侧对称钉设一对高程桩。每对高程桩上钉一对等高的高程钉。高程桩的纵向间距为10m。

5.2.2 开挖过程测量

开挖过程中,测量人员必须对中线、高程、坡度、沟槽下口线、槽底工作面宽度等进行检测,并在人工清底前测放高程控制桩。

5.2.3 人工清底后测量

沟槽见底后,采用极坐标方法或依据定位控制桩采用经纬仪投点法向槽底投测管线中线控制桩;采用水准测量或钢尺悬吊法将地面高程引测至沟槽底。

5.3 沟槽开挖

5.3.1 开挖前,用白灰撒出开槽上口线、中线、下口线,并随时保证灰线清晰。从管道下游向上游采用挖掘机分段开挖,随挖随运,同时修整边坡。沟槽开挖具体布置如图5所示。

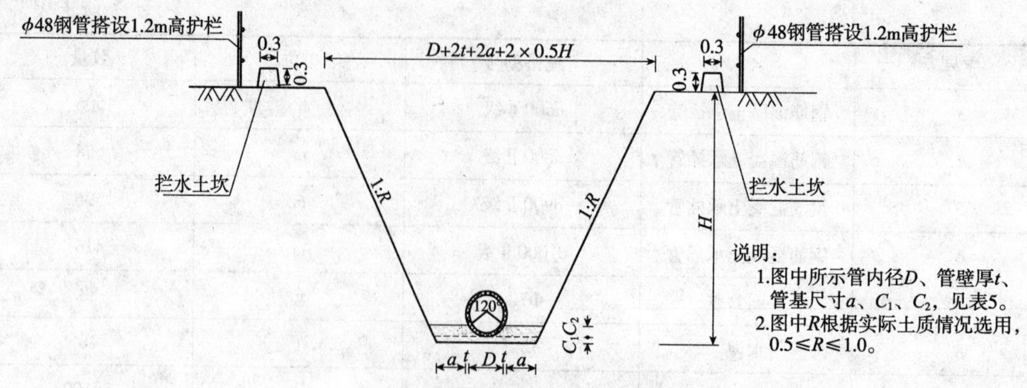

图5　沟槽开挖图(尺寸单位:m)

5.3.2　沟槽边坡坡度按照放坡系数执行,在施工过程中根据现场土质情况灵活调整确保边坡稳定。

5.3.3　表层耕植土、杂填土等不适宜材料由自卸汽车统一外运至业主指定的弃土场;用于回填的土方在现场临时堆放,多余土方外弃至弃土场。

5.3.4　设计槽底高程以上留约200mm不挖,采用人工清槽见底。开槽后,邀请业主、勘察设计及监理人员共同验槽,确保地基承载力,必要时采取适当的措施进行加固处理。

5.3.5　在距槽1m的位置人工设置顶宽300mm、高300mm拦水土坎,阻断地表流水。

5.4　管道基础

沟槽检验合格后,采用中粗砂铺筑砂垫层。采用人工溜槽将回填用砂送入槽底,人工摊铺底层砂垫层,并采用ZN50平板振动夯进行夯实。雨、污水管道均采用120°砂石基础。查图集06MS201－1可得具体尺寸,见表5。

管基尺寸表(单位:mm)　　表5

管内径 D	管壁厚 t	管基尺寸		
		a	C_1	C_2
400	40	400	100	120
500	50	400	100	150
600	60	500	100	180
800	80	500	150	240
900	90	500	200	270
1000	100	500	200	300

5.5　管道安装

5.5.1　挖接头工作坑

在管道安装前,在接口处挖设工作坑,承口前≥600mm,承口后超过斜面长,两侧大于管径,深度≥200mm,如图6所示。

5.5.2　管材检查

下管前进行外观检查,管材上须有合格印章,边脚整齐无破损,发现裂纹、管口有残缺者不得使用,管节的质量必须符合《混凝土和钢筋混凝土排水管》的质量标准要求。

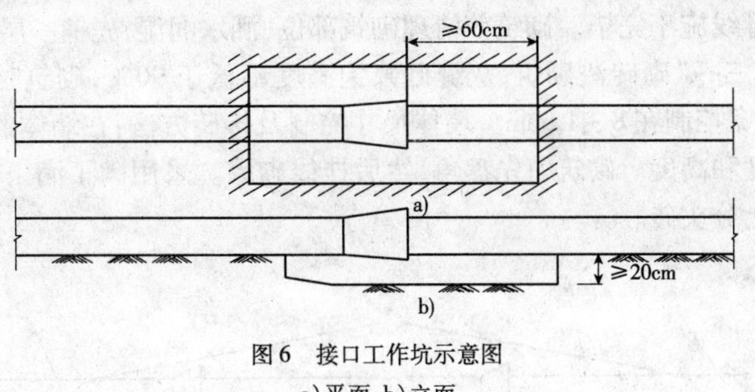

图6　接口工作坑示意图

a)平面;b)立面

5.5.3　下管

吊装前应找出管体重心,作出标志以满足管体吊装要求。承口、插口清理干净后,用两根吊带作为吊具,吊车下管,保证管道缓慢、平稳下落。下管时应使管节承口逆水流方向,插口顺水流方向,由下游向上游依次安装的原则。第一节管下管为基础管节,为了保证管道安装时基础管节不移位,在管节下游方向采取防止移位措施。

5.5.4　上胶圈

将橡胶圈按照正确方向套入第二节管子插口上的凹槽内,用凡士林均匀涂刷在承口内侧和橡胶圈上,套好后胶圈要均匀、平直、无扭曲,就位正确。

5.5.5　撞口

管道撞口时,用两道龙门架悬吊第二节管。插口与承口对正位置,并与第一节管保持中心水平位置,悬停。在第二节管的承口部位用方木做后背,套好钢丝绳,用倒链将第二节管缓慢匀速拉入第一节管内,并有专人检查胶圈滑动情况,发现胶圈滑动不均匀时,用扁凿将胶圈位置调整均匀后再继续施工。插口达到安装位置后,放松钢丝绳。测量管道平面位置和管内底高程,符合设计及规范要求后用垫块固定。检查管道内外接缝和胶圈,缝隙满足要求,胶圈位置在同一深度、环向位置正确后,进行下节管材安装。

倒链拉入法安管如图7所示。

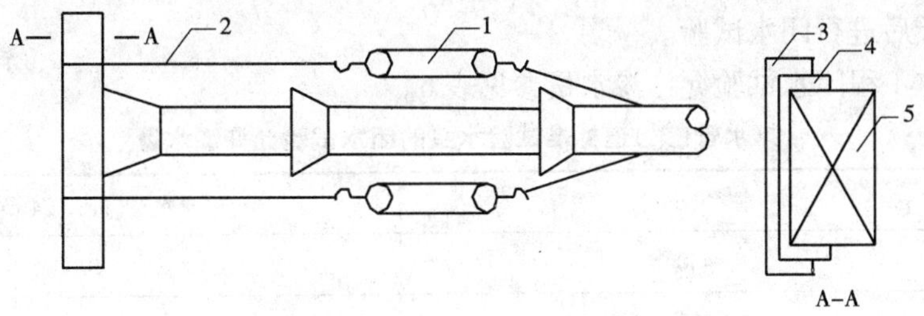

图7　倒链拉入法安管示意图

1-倒链;2-钢丝绳;3-槽钢;4-缓冲橡胶带;5-方木

5.5.6　锁管

铺管后为防止前几节管子的管口移动,可用钢丝绳和倒链锁在后面的管子上,如图8所示。

5.6　检查井砌筑

检查井全部为矩形检查井,井室砌筑前应仔细核对图纸及图集当中的相应要求,对各井室高度数据、踏步安装尺寸等数据进行仔细核对和计算。检查井砌筑前检查井基础混凝土强度达到 1.2MPa，主管线施工完毕。砌筑前清理砌筑部位，洒水润湿，先铺一层砂浆，再压砖砌筑，做到满铺满挤。“三一”砌砖法砌筑，灰缝砂浆饱满度不低于 90%，砌筑时上下错缝，相互搭接，水平和垂直缝宽控制在 8 ~ 12mm。墙体尺寸控制及排砖方法：在墙体的转角处立皮数杆，以控制墙体垂直度和高度。砌筑前先盘角，然后挂线砌墙。采用满丁满条砌法，砖墙转角处，每皮砖均需加砌七分头砖。

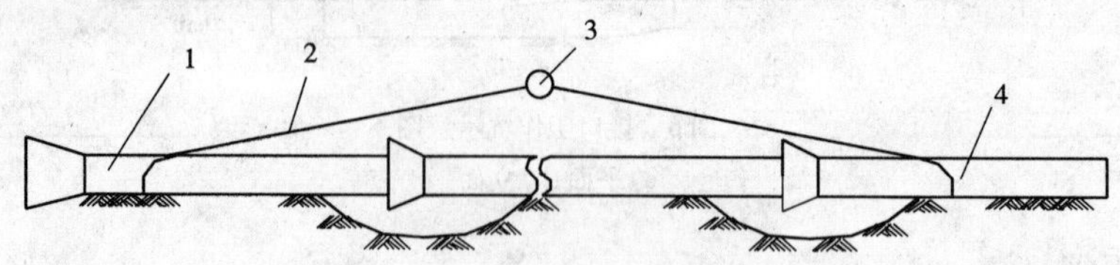

图 8　锁管示意图

1-第一节管；2-钢丝绳；3-倒链；4-后面的管

拱圈与支管：检查井接入圆管，管顶砌砖券加固，拱券高 125mm。支管随砌随安，管口外缘与井室内壁平齐，用 M5 砂浆封口抹平。

流槽应与井室同时进行砌筑。

井室内的踏步，安装前一天刷防锈漆，在砌砖时用砂浆埋固，随砌随安，不得事后凿洞补装，并及时检查踏步的上下、左右间距及外露尺寸，保证位置准确无误。

盖板安装用 1∶3 水泥砂浆座底，吊车吊装就位，安装位置准确，底部平稳。

抹面勾缝：抹面前应先用水润湿砖面，然后用三遍法抹面；砖墙勾缝砂浆塞入灰缝中，压实拉平，深浅一致，横竖缝交接处应平整。凹缝比墙面凹入 3 ~ 4mm，勾完一段应及时将墙面清扫干净。

5.7　闭水试验

5.7.1　一般规定：管道闭水试验必须在沟槽回填前进行。井室砌筑完成后，进行闭水试验的管段两头采用砖砌管堵，在养护 3 ~ 4 天达到一定强度后方可进行闭水试验。闭水试验的水位，应为试验段上游管内顶以上 2m。闭水过程中同时检查管堵、管道、井身，无漏水和渗水，在浸泡 1 ~ 2 天后进行闭水试验。

5.7.2　本工程闭水试验允许渗水量参见表 6。

排水管（渠）道标准试验水头的闭水试验允许渗水量　　表 6

序号	管径（mm）	允许渗水量[m^3/(24h · km)]
1	400	20
2	500	22
3	600	24

5.8　沟槽回填

5.8.1　污水闭水试验合格，雨水管道安装并经验收合格后进行管道回填。

5.8.2　回填土料的要求：回填土料宜优先利用基槽内挖出的土，但不得含有有机杂质，不得采用淤泥或淤泥质土作为回填料。回填土料应符合设计及施工规范要求，最佳含水率应通过试验确定。

5.8.3　工作坑回填：管道安装就位后，应及时对管体两侧同时进行回填，以稳定管身，防止接口回弹，宜用最佳含水率的过筛细土填塞。管道承口部位下的工作坑，应填入砂砾，用人工方式夯打密实。管道与基础之间三角区应填实。

5.8.4 回填按基底排水方向由高至低管腔两侧同时分层进行，填土不得直接扔在管道上。沟槽底至管顶以上500mm的范围均采用人工还土，超过管顶500mm以上可采用机械还土，还土时分层铺设夯实。

5.8.5 回填土虚铺厚度参照表7执行。

回填土每层虚铺厚度 表7

压实工具	虚铺厚度(mm)	压实工具	虚铺厚度(mm)
木夯、铁夯	≤200	压路机	200～300
冲击夯	200～250	振动压路机	≤400

5.8.6 夯实：回填土的夯实采用人工夯实和机械夯实两种方法。夯实时，管道两侧同时进行，不得使管道位移或损伤。回填压实应逐层进行，管道两侧和管顶以上500mm范围内采用薄铺轻夯夯实，管道两侧夯实面的高差不大于300mm，管顶500mm以上回填应分层整平和夯实。采用木夯、冲击夯压实工具时，应夯夯相连。采用压路机时，碾压的重叠宽度不得小于200mm。

5.9 季节性施工

5.9.1 冬期施工

5.9.1.1 沟槽开挖及砂垫层：沟槽开挖见底及砂垫层施工，根据气温情况及时覆盖保温材料，覆盖要严密，边角要压实。

5.9.1.2 管道安装

(1)为了保证管口具有良好的润滑条件，最好在正温时施工，以减少在低温下涂润滑剂的难度。在管道安装后，管口工作坑及管道两侧及时覆盖保温，避免砂基受冻。

(2)施工人员在管口进行安装作业时，应采取有效的防滑措施。

(3)冬期施工不得使用冻硬的橡胶圈。

5.9.1.3 闭水试验：闭水试验应在正温下进行，试验合格后应及时将管内积水清理干净，以防止受冻。管身应填土至管顶以上0.5m，暴露的接口及管段用保温材料覆盖。

5.9.1.4 回填土：胸腔回填土前，应清除砂中冻块，然后分层填筑，每天下班前均应覆盖保温。

5.9.2 雨期施工

5.9.2.1 雨天不宜进行接口施工。如需施工时，应采取防雨措施，确保管口及接口材料不被雨淋。

5.9.2.2 沟槽两侧的堆土缺口，如运料口应堆叠土埂，使其闭合，防止雨水流入基坑。

5.9.2.3 堆土向基坑一侧边坡应整平拍实，并加以覆盖，避免雨水冲刷。

6 质量保证措施

6.1 质量措施

6.1.1 建立项目质量保证体系。

6.1.2 严格选用管材，不得使用挤压管。外观检查有裂纹、裂缝的管材，不得使用。

6.1.3 砖砌闭水管堵和砖砌检查井及抹面,应做到砂浆饱满。砖砌体与管皮接触处、安踏步根部、制作脚窝处砂浆应饱满密实。

6.1.4 施工中应加强对沟槽的测量复核

6.1.5 管道回填中须注意

6.1.5.1 管道两侧及管顶以上500mm内的回填土,不得含有碎石、砖块、垃圾等杂物。

6.1.5.2 填土分层,每层虚铺厚度符合规范要求。在管道回填过程中保护管道本身的安全,管道两侧和管顶以上500mm范围内用冲击夯夯实,回填时管道两侧对称进行,高差不超过300mm,保证管道不发生位移或损伤。

6.1.5.3 分段回填时,相邻段的接茬留台阶,每层台阶宽度≮厚度2倍。

6.1.5.4 每层回填完毕,自检合格后,报监理抽检验收,合格后方可进行下层回填。

6.2 质量标准

6.2.1 沟槽土方开挖

6.2.1.1 主控项目

地基承载力必须达到设计规定,并经有关方面签认。

6.2.1.2 一般项目

(1)地基土壤不得超挖、扰动、受冻、水浸。

(2)沟槽边坡应平整且不陡于规程、规范的规定。

(3)沟槽允许偏差见表8。

沟槽允许偏差表 表8

序号	项目	允许偏差(mm)	检验频率		检验方法
			范围	点数	
1	槽底高程	±10	两井之间	3	用水准仪测量
2	槽底中线每侧宽度	不小于设计规定		6	挂中心线用尺量,每侧3点

6.2.2 沟槽土方回填

6.2.2.1 主控项目

所用回填材料及压实度必须符合设计或规范要求。

6.2.2.2 一般项目

(1)槽底至管顶以上500mm之内,不得回填含有机物、冻土及大于50mm的砖、石等硬块。

(2)回填时沟槽内不应有积水。

(3)管道承口部位下的工作坑应填充并夯打密实。

(4)本工程沟槽回填土的压实度标准按表9中数据执行。

6.2.3 砂基础

6.2.3.1 主控项目

地基承载力、配合比、压实度必须符合设计要求。

6.2.3.2 一般项目

砂基础允许偏差见表10。

回填土压实度标准表 表 9

项　目			压实度(%)	检验频率		检验方法
				范围	点数	
胸腔部分(钢筋混凝土管)			≥90	两井之间	每层一组(3 点)	用环刀法检查
沟槽在路基范围内	管顶以上 250mm 范围		≥87			
	其他部位,由路槽底算起的深度	0～800mm	≥98			
		800～1500mm	≥95			
		>1500mm	≥90			

注:回填土的压实度,除设计文件规定采用重型击实标准外,其他皆以轻型击实标准试验获得最大干密度为100%。

砂基础允许偏差表 表 10

序号	项目	允许偏差(mm)	检验频率		检验方法
			范围	点数	
1	厚度	≥设计要求	15m	1	用尺量
2	高程	+20、0	15m	1	用水准仪测量
3	宽度	≥设计要求	15m	1	用尺量

6.2.4　管道铺设

6.2.4.1　主控项目

(1)管材应符合现行国家有关标准;管材不得有裂缝、管口不得有残缺。

(2)管道坡度必须符合设计要求,严禁无坡或倒坡。

6.2.4.2　一般项目

(1)承口工作坑内回填砂砾应密实,并与承口外壁均匀接触。

(2)管体应垫稳,管口间隙应均匀,管道内不得有泥土、砖石、砂浆、木块等杂物。

(3)管道铺设允许偏差见表 11。

管道铺设允许偏差表 表 11

序号	项目	允许偏差(mm)	检验频率		检验方法
			范围	点数	
1	中线位移	≤10	两井之间	2	用水准仪测量
2	管内底高程	$D\leq1000\pm10$		2	用水准仪测量
3	相邻管内底错口	$D\leq1000$		3	钢尺检查

注:$D<700$mm 时,其相邻管内底错口在施工中控制,不计点数;表中 D 为管道内径(mm)。

6.2.5　检查井

6.2.5.1　主控项目

地基承载力、砖与砂浆强度等级、盖板混凝土抗压强度、井周边回填、井盖选用符合设计要求;井盖标志应明显。

6.2.5.2　一般项目

(1)井壁砌筑应位置准确,灰浆饱满,灰缝平整,不得有通缝、瞎缝,抹面应压光,不得有空鼓、裂缝等现象。

(2)井内流槽应平顺圆滑,不得有建筑垃圾等杂物。

(3)井室盖板尺寸及预留孔位置应准确,压墙尺寸符合设计要求,勾缝整齐。

(4)井圈、井盖应完整无损,安装稳固,位置准确。

(5)井室内未接通的备用支线管口应封堵。

(6)踏步应安装牢固,位置准确。

(7)井室穿墙管应做好防沉降“切管”处理。

(8)检查井允许偏差见表12。

检查井允许偏差表 表12

序号	项目		允许偏差(mm)	检验频率		检验方法
				范围	点数	
1	井身尺寸	长、宽	±20	每座	2	用尺量长、宽各计一点
		直径	±20			
2	井筒直径		±20		2	用尺量
3	井底高程	$D \leqslant 1000$	±10		1	用水准仪测量
		$D > 1000$	±15		1	用水准仪测量
4	井口高程	—	—		—	—
		路面	与道路规定一致		1	用水准仪测量
5	踏步安装	水平及垂直间距、外露长度	±10		1	用尺量取偏差较大者
6	脚窝	高、宽、深	±10		1	用尺量取偏差较大者
7	流槽宽度		±10		1	用尺量

7 安全文明施工措施

7.1 建立安全保证体系,项目经理任安全组长,设专职安全员。落实安全生产责任制,对现场职工进行安全交底,以及进场前的安全教育。

7.2 进入施工现场,须佩戴安全帽等防护用品,每道工序、每个部位工程施工前必须有安全交底单。工序作业设置标志牌。

7.3 沟槽开挖自上而下,分层开挖,严禁掏挖,并按规定放坡。

7.4 槽边存土保证边坡稳定,距槽边不小于2m,堆土高度一般不得大于1.5m。

7.5 沟槽外围搭设不低于1.2m的护栏,道路上要设警示牌和警示灯。作业人员上下沟槽走安全梯。

7.6 配电系统及电动机具按规定采用接零和接地保护。

7.7 机械操作人员必须持证上岗。机械设备的维修、保养要及时,使设备处于良好的状态。

7.8 吊装下管时,必须有专人指挥,严禁任何人在已吊起的构件下停留或穿行,对已吊起的管道不准长时间停在空中。

8 环保措施

8.1 在施工过程当中随时对场区和周边道路进行洒水降尘,降低粉尘污染。

8.2 水泥、细颗粒散体材料等,应尽可能在库内存放或采用篷布覆盖,运输时要采取防遗撒措施。

8.3 土方运输车辆采取覆盖等措施,出场时清洗轮胎防止污染周边环境。

§31 燃气管线施工方案

1 编制依据

1.1 《××工程施工组织设计》

1.2 《××工程施工图》

1.3 《工业金属管道工程施工及验收规范》(GB 50235—97)

1.4 《城镇燃气输配工程施工及验收规范》(CJJ 33—2005)

1.5 《燃气输配工程设计施工验收技术规定》(DB11/T 302—2005)

1.6 《现场设备、工业管道焊接工程施工及验收规范》(GB 50236—1998)

1.7 《城镇燃气埋地钢质管道腐蚀控制技术规程》(CJJ 95—2003)

1.8 《气焊、焊条电弧焊、气体保护焊和高能束焊的推荐坡口》(GB/T 985.1—2008)

1.9 《无损检测金属管道熔化焊环向对接接头射线照相检测方法》(GB/T 12605—2008)

1.10 《石油天然气工业输送钢管交货技术条件第1部分:A级钢管》(GB/T 9711.1—1997)

1.11 《油气输送用钢制弯管》(SY/T 5257—2004)

2 工程概况

本工程为天然气管线工程(次高压A管线),为$\phi 508\times 7.9$焊接钢管,管线桩号K0+000~K0+989,管线全长989m,包含阀门井1座。管道覆土深度2.5m。

工程水文地质:地质勘察揭露地层6.5m深度范围内为粉质黏土层,局部含有卵石,一般粒径2~4cm,其下为新近沉积层,厚度0.8~5.4m。

根据地勘报告本工程施工场区范围内无地下水。

3 施工准备

3.1 技术准备

3.1.1 开工前,组织所有施工人员熟悉图纸并做好技术交底,进行现场地上、地下障碍物的调查。

3.1.2 进行测量交接桩,并做好护桩、栓点工作。依现场实际情况加设临时水准点,间距为100m。

3.1.3 管材、管件的进场检验合格。

3.2 现场准备

3.2.1 施工现场较为开阔,管线施工期间沿管线北侧修筑施工便道,现况场地整平压实,上面铺设40cm厚砂砾并分层压实,宽度4m。

3.2.2 施工用电:现场安装一台110kVA变压器。

3.2.3 施工用水:由场地周边临近自来水管网接入。

4 施工部署

4.1 组织机构

项目部成立以项目经理为组长,项目总工和生产副经理为副组长的组织机构,下设技术、质量、试验、测量、工程、安全等部室，配备一个管线施工队，如图1所示。

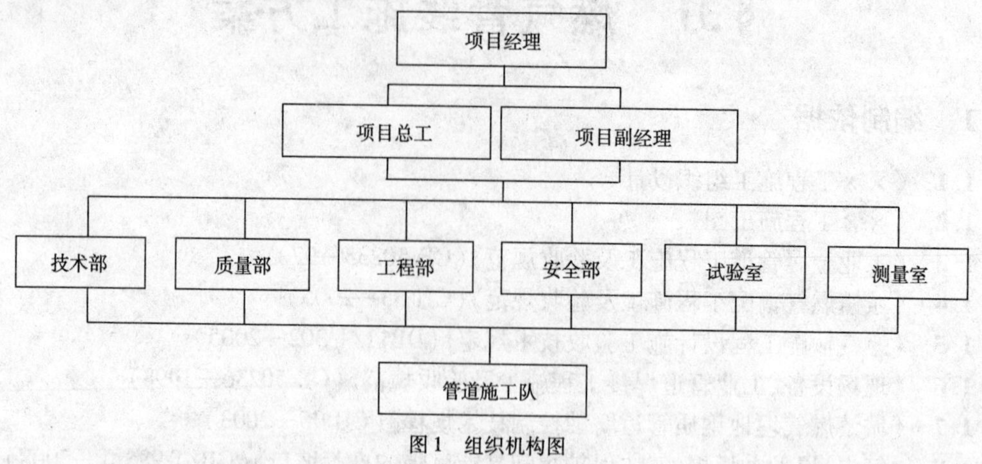

图1 组织机构图

4.2 施工安排

在施工过程当中，安排专人负责施工作业面内的交通导改、导流等工作，做到不影响管道施工，现场安排合理，工序衔接紧密，不影响现状交通等。

自东向西施工燃气管线，堆土边缘距沟槽边不小于1.0m；多余土方外弃至弃土场。

施工平面布置如图2所示。

4.3 工期计划

工期为33天。工期计划横道图如图3所示。

4.4 机械设备准备

主要机械设备见表1。

主要机械设备表　　表1

序号	名称	规格	单位	数量
1	挖掘机	SE280	台	1
2	自卸汽车	T815	辆	4
3	汽车起重机	16t	台	1
4	交流电焊机	ZX5－100	台	5
5	氩弧焊机	WSF315	台	2
6	电火花检漏仪	15000V	台	2
7	氧气乙炔切割机	YK－150	套	2
8	打压泵	—	台	1
9	空压机	$12m^3$	台	1

4.5 主要材料计划

主要材料见表2。

4.6 劳动力准备

劳动力计划见表3。

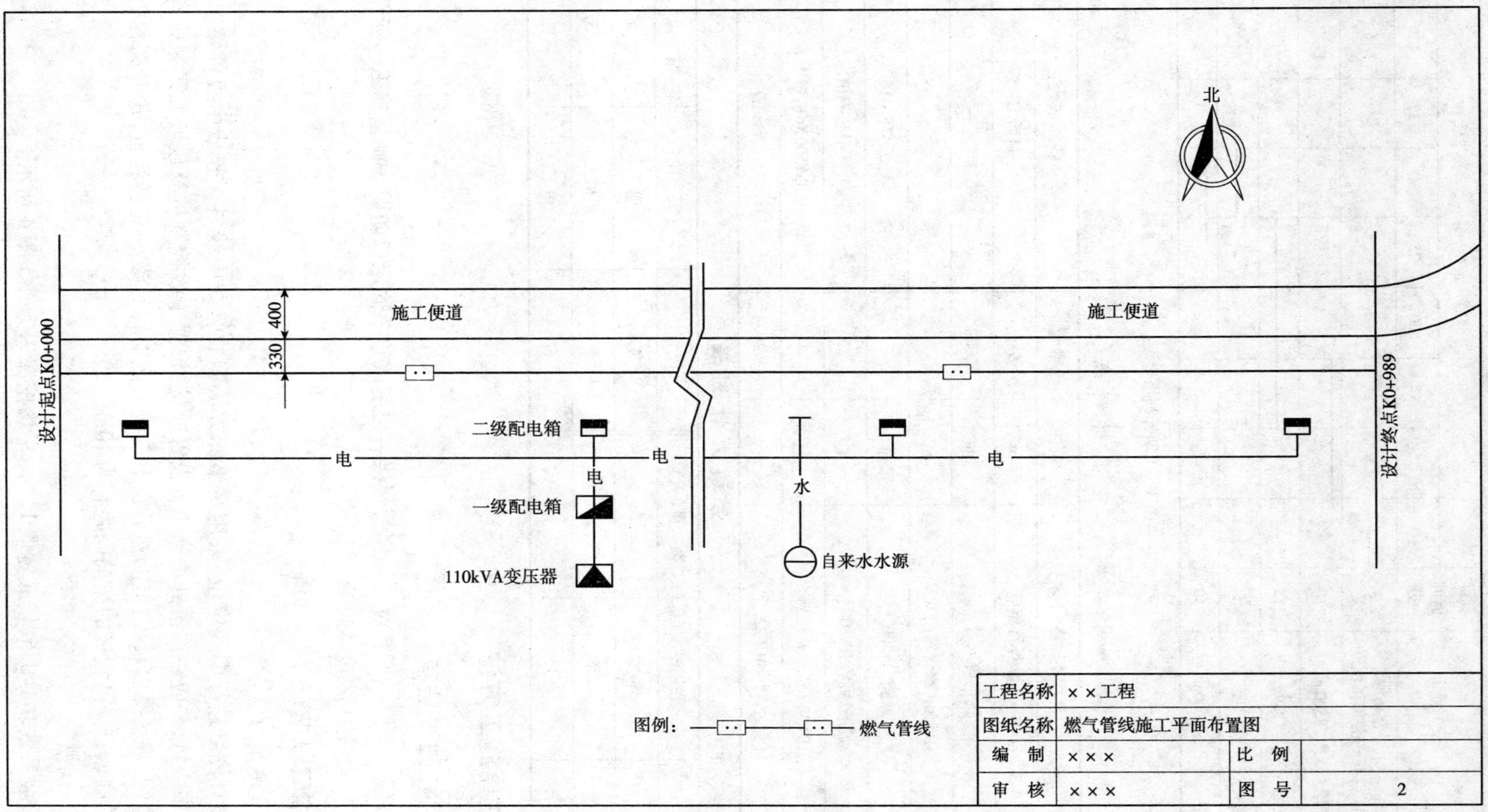

图2　燃气管线施工平面布置图(尺寸单位:cm)

序号	分项工程名称	工程量	持续时间(d)	单位：d								
				5	10	15	20	25	30	35	40	45
1	施工准备	平整场地，修建施工便道	5									
2	沟槽开挖	8500m³	10									
3	管道安装	989m	15									
4	井室施工	1座	5									
5	回填	8000m³	10									

图3　工期计划横道图

主 要 材 料 表　　表2

序号	名称及规格	单位	数量	备　　注
1	ϕ508×7.9 焊接钢管	m	989	材质 L245
2	黄色警示带	m	2000	—
3	DN500 钢管阀门井	座	1	—
4	球阀 DN500	个	1	Q347F-16C
5	放散球阀(DN100)	个	2	Q41F-16C
6	DN500 波纹补偿器	个	1	QY500X6F,PN1.6
7	弯头 ϕ508×10(22.5°)	个	2	$R \geq 4D$

劳 动 力 计 划 表　　表3

序号	工　种	数　量(人)	序号	工　种	数　量(人)
1	焊工	5	4	管工	5
2	瓦工	2	5	机械工	5
3	力工	10	6	电工	2

5　主要施工方法

5.1　施工工艺流程

测量放线→沟槽→下管对口→钢管焊接→强度试验→固定口防腐→闸室施工→管件安装→通球吹扫→严密性试验→回填

5.2　施工工艺

5.2.1　测量放线

根据设计图纸进行中线定位，采用极坐标方法测放管线中线桩。管线中线桩每10m一点，桩顶钉中心钉，并应在沟槽外适当位置设置栓桩；根据中线控制桩及放坡方案测放沟槽上口开挖位置线，现场撒白灰线标注，然后在上口线外侧对称钉设一对高程桩，每对高程桩上钉一对等高的高程钉。高程桩的纵向间距宜为10m。

5.2.2　沟槽

沟槽边坡系数取1∶0.5，槽底宽取1.8m，平均挖深2.7m，如图4所示。

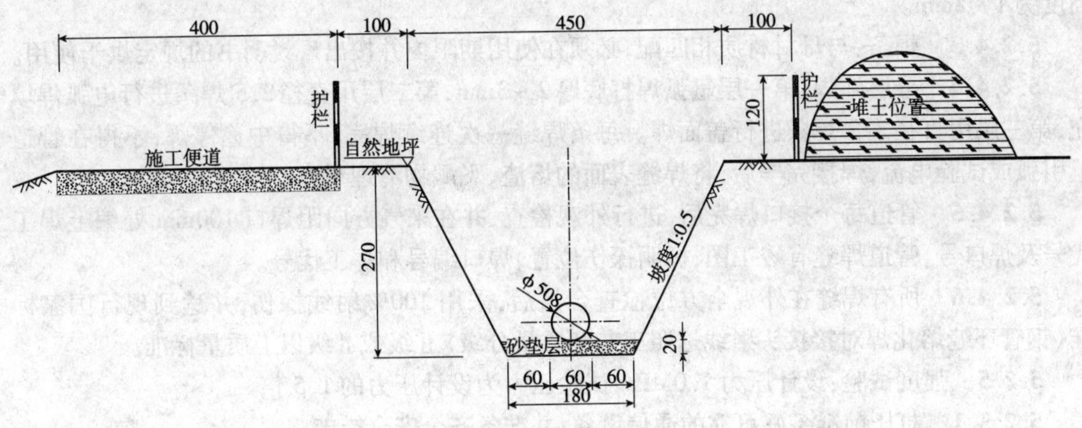

图4　开槽断面图(尺寸单位:cm)

5.2.3　下管对口

5.2.3.1　管材进场后,对管径、管壁厚度、管口圆度、管身防腐等进行外观检验,并查验出厂合格证,严禁使用不合格品。

5.2.3.2　管材出场前及下沟前,对管身逐根全面积用5kV针孔检测仪进行检查,如出现针孔或划伤破损,及时进行修补合格,下管时必须检查管的壁厚和防腐层符合设计要求后方可将管下入沟槽。

5.2.3.3　下管前先进行排管,以减小割管和焊口的数量。管子排列后,在钢管焊接固定口处,挖好工作坑。工作坑尺寸:长度1200mm,宽度600mm,深度500mm。

5.2.3.4　钢管铺设过程中避免碰伤防腐层,采用16t吊车,用专用软吊带吊入沟槽,吊带的两吊点最大间距8m。

5.2.3.5　对口前应先打坡口,管端面的坡口角度、钝边、间隙应符合设计规定,如设计无规定可参照表4的规定。

修口各部尺寸　　表4

V形坡口	壁厚(mm)	间隙(mm)	钝边(mm)	坡口角(°)
要求尺寸	7.9	2~4	0~1	65~75

5.2.3.6　对口前将焊口以外100mm范围内的油漆、污垢、铁锈、毛刺等清扫干净,至呈现金属光泽。检查管口不得有夹层、裂纹等缺陷。检查管内有无杂物,及时清理,并在端头焊盲板,以防杂物进入管内。

5.2.3.7　对口时用专制对口器固定管,对口间隙2~4mm,两纵缝要错开100mm以上,且在上半圆45°范围内,对口内壁错边量小于或等于0.2倍壁厚。

5.2.3.8　两直管段接口折角不大于22.5°,如超出22.5°采用机制弯头,弯曲半径不小于3.5D。

5.2.3.9　对口完成后及时进行编号,当天对好的口当天必须连续一次焊接完毕。

5.2.4　管道焊接

5.2.4.1　钢管对口检查合格后,进行点焊。点焊焊条质量与接口焊接质量相同。点焊厚度要与第一层焊接厚度相同,其焊缝根部要焊透,点焊长度为60~70mm,环向点数共6处。

5.2.4.2　管道施焊层数要求:氩弧焊打底、电弧焊填充及盖面。焊缝宽度为:14~18mm,

高度为 1 ~2mm。

5.2.4.3　焊条:与母材材质相匹配,必须在使用期限内并按出厂说明书的规定烘干使用。

5.2.4.4　分层施焊:第一层氩弧焊打底厚 2 ~3mm,第二层用直径 2.5 焊条进行电弧焊填充,第三层用直径 3.2 焊条进行盖面焊。每条焊缝一次连续焊完,不得中途停焊,不得在管道上引弧或试验电流,焊接完毕后,将焊缝表面的熔渣、飞溅物清理干净。

5.2.4.5　管道每个接口焊完后,进行外观检查,并在来气方向距焊口 100mm 处编上焊工代号及焊口号,管道焊缝有竣工图,标明探伤位置、焊口编号和焊工代号。

5.2.4.6　所有焊缝在外观全方位检查合格后,采用 100% 射线探伤,并达到现行国家标准《钢管环缝熔化焊对接接头射线透照工艺和质量分级》Ⅱ级或Ⅱ级以上质量标准。

5.2.5　强度试验:设计压力 1.0MPa,试验压力为设计压力的 1.5 倍。

5.2.5.1　打压前准备好可靠的通信设备,并准备齐全安全措施。

5.2.5.2　打压前管线回填至管顶上方 0.5m 以上并留出接口位置。

5.2.5.3　选用量程在试验压力的 1.5 ~2 倍,精度不低于 1.5 级的压力表,打压时应在两端各设一块压力表。

5.2.5.4　打压前将打压段两头进行封堵,封堵板必须加肋板,堵板及肋板应进行设计计算。

5.2.5.5　进行打压时,压力逐步缓升,先升至试验压力的 50%,进行初检无泄漏、异常情况后继续逐渐升压至试验压力,然后稳压 1h,观察压力计不少于 30min,全线检查无泄漏,无压力降合格。

5.2.6　固定口防腐

5.2.6.1　燃气管道均作加强级三层结构挤压聚乙烯防腐保护,管道防腐和现场补口施工及验收按国家现行标准《埋地钢制管道聚乙烯防腐层技术标准》、《城镇燃气输配工程施工及验收规范》、《城镇燃气埋地钢制管道腐蚀控制技术规程》的规定执行。

5.2.6.2　管道防腐出厂前应逐根全面积采用电火花检漏,不得出现针孔等漏点。

5.2.6.3　焊口防腐前对钢管进行除锈除污处理:使用钢丝刷和纱布除锈,除去油污、锈蚀等,露出金属本色。达到《涂装前钢材表面预处理规范》规定的 Sa2.5 级要求。

5.2.6.4　涂底漆:经除锈后的管道表面应干燥、无尘方能涂刷底漆。涂刷底漆应均匀,无气泡、凝块、流痕、空白等缺陷。

5.2.6.5　操作要求:钢管缠防腐热伸缩带前必须先用喷灯将其表面加热,循序螺旋状缠绕,压边宽度为 2cm,必须均匀;搭接宽度为 10cm。

5.2.7　闸室施工

5.2.7.1　基坑开挖经自检合格后,邀设计、监理验槽合格后方可施工。

5.2.7.2　模板工程

(1)井室模板采用组合钢模板,钢模板使用前先除锈,表面均匀涂刷脱模剂。

(2)模板采用钢木支撑进行加固,模板接缝内夹海绵条避免漏浆。

(3)模板拆除时,先支的后拆,后支的先拆。拆模时,避免混凝土表面和模板受到损坏。拆模后橡胶垫部位填防水砂浆。

5.2.7.3　钢筋工程

(1)钢筋进场必须有出厂证明书及试验报告单。

(2)钢筋加工前,根据图纸要求的数量、规格与现场的来料钢筋进行配料,按钢筋下料表进行加工。

(3)钢筋绑扎:采用铁丝梅花式扎牢,纵向筋接头;采用绑扎和焊接两种方式。

①绑扎搭接长度:Ⅱ级≥35d且≥480mm,同一截面绑扎接头≤50%。

②焊接搭接长度:单面焊10d,双面焊5d。

③要求两根钢筋中心在同一直线上,同一截面接头≤25%。

(4)钢筋净保护层厚度:25mm。

5.2.7.4 混凝土工程

经监理及甲方验收钢筋、模板合格后浇筑混凝土。采用商品混凝土,罐车运输。垫层混凝土为C15,结构混凝土为C30,抗渗等级S6。浇筑前用水或气体吹扫干净。混凝土振捣采用"快插慢拔"的方式进行,布点均匀,振捣密实。养护采用覆盖土工布保湿。

5.2.8 管件安装

5.2.8.1 球阀安装时应检查各部件转动是否灵活,使用正常后方可安装。

5.2.8.2 采用PN1.6的金属缠绕垫片,垫片使用前逐个检查,严格按产品说明书安装。

5.2.8.3 安装时,螺栓紧固必须两面相对,同时紧固并且方向相同。螺栓出法兰的长度应均匀一致,一般以2~3丝扣为宜。

5.2.8.4 波纹管安装在远气源方向,阀门后侧,安装时波纹管应为自然状态,不得强行拉伸、压缩,且使内套管的方向与气体流动方向一致。

5.2.9 通球吹扫

管道通球次数不少于两次。管道吹扫口设在管线终点并加固,调压设施不得与管道同时进行吹扫,通球方向按介质流动方向进行。扫线结果用贴有白纸或白布的木板置于吹扫口处进行检查,通球后的气体无铁锈等脏物时认为合格。

5.2.10 管道严密性试验

设计压力1.0MPa,试验压力为设计压力的1.15倍。

5.2.10.1 管道附件安装完成,管道内空气温度与周围土壤温度一致,强度试验合格后,进行严密性试验。

5.2.10.2 过程与上述强度试验相同

5.2.10.3 严密性试验稳压的持续时间应为24h,每小时记录不应少于1次,修正压力降按下式予以确定:

$$\Delta P' = (H_1 + B_1) - (H_2 + B_2)(273 + T_1)/(273 + T_2)$$

式中:$\Delta P'$——修正实测压力降,Pa;

H_1、H_2——试验开始和结束时压力计读数,Pa;

B_1、B_2——试验开始和结束时气压计读数,Pa;

T_1、T_2——试验开始和结束时管内温度,℃。

计算结果:$\Delta P'$小于133Pa为合格。

5.2.11 回填

5.2.11.1 强度试验前,应在管身两侧及管顶以上50cm范围内回填土,管道接口部位不回填,满足检查接口要求。固定口施工完毕,严密性试验完成后可继续回填至设计高度。

5.2.11.2 管道回填要求

(1)管道两侧(Ⅰ)及管顶以上50cm(Ⅱ)的部位,密实度不应小于90%。

(2)管顶50cm以上(Ⅲ)的部位,密实度应符合相应地面对密实度的要求。

(3)回填土分层压实,如图5所示。管道两侧及管顶以上50cm内的回填土,每层虚铺厚度20cm,采用人工夯实。管顶50cm以上的回填土,采用小型机械压实,每层虚铺厚度30cm。

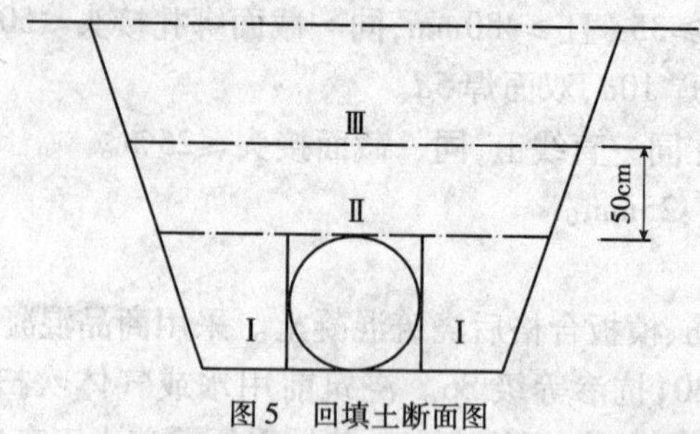

图5 回填土断面图

5.2.11.3 回填至管顶以上50cm处时,在管道上方平行敷设两条警示带,警示带的搭接长度不小于200mm。警示带铺完后应马上继续进行回填。

5.3 季节性施工措施

5.3.1 冬期施工

5.3.1.1 管道基槽开挖后应及时覆盖保温材料。严禁采用冻土回填。

5.3.1.2 混凝土冬期施工,保证入模温度,应采用综合蓄热法保温。

5.3.1.3 冬季焊接施工措施:

(1)焊接施工前清除管道上的冰、雪、霜等。

(2)工作环境的风力大于5级、雪天或相对湿度大于90%时,应采取保护措施。

(3)焊接时,应使焊缝可自由伸缩,并应使焊口缓慢降温。

(4)焊接施工时应根据环境的温度进行预热处理,当外界温度≯-10℃时,焊口两侧预热应达到100~150℃,焊口每侧预热宽度不小于40mm。

5.3.2 雨期施工

5.3.2.1 基槽开挖后及时进行下道工序,尽量减少土基暴露时间,验槽后及时施工砂垫层。

5.3.2.2 严格控制土壤的含水率。含水率偏大时掺灰处理,如含水率太大无法施工时,应进行换填。

6 质量保证措施

6.1 质量措施

6.1.1 建立质量保证体系

6.1.2 原材料进场合格证齐全,并经复试合格。

6.1.3 管道安装完毕,经隐蔽工程验收后,应及时回填,回填时应两侧同时进行,分层夯实。

6.1.4 建立测量复核制度,核对管线中心及高程。

6.1.5 焊工持证上岗,并严格按照焊接技术规程进行施焊。

6.2 质量标准

6.2.1 外观质量要求

沟槽开挖外观质量标准:槽壁平顺,边坡坡度符合施工方案的规定;原状地基土不得扰动、受水浸泡或受冻。

焊缝的外观质量标准:无裂纹、夹渣、重皮、表面气孔等缺陷。

井室外观质量标准:井室灰缝平直,不得有通缝、瞎缝;混凝土结构无严重质量缺陷;井室无渗漏现象。

6.2.2 允许偏差表5

允许偏差表 表5

序号	工序	项目		允许偏差	检查频率		验收方法
1	开槽	高程		±20mm	1点/10m		水准仪测量
		中心每侧宽		不小于规定	2点/10m		钢尺测量
2	钢管安装	△高程		±20mm	每口1点		水准仪测量
		中心线位移		每10m不超过5mm 全长不超过50mm	每口1点		钢尺测量
		△对口间隙(2~4mm)		±1mm	1点/10口		塞尺
		对口错口		≤1mm	1点/10口		塞尺
3	焊接	加强面高程	固定口	1~2mm	2点/10口		水准仪测量
		坡口角度		55°~65°	2点/10口		角度尺
		相邻环焊缝		>100mm	每节一点		钢尺测量
4	回填土	胸腔及管顶50cm		90%	每层每侧1点/20m		环刀法
		管顶50cm以上		参照道路标准			
5	模板	相临两板表面高低差		≤4	每构筑物	5点	钢尺量取最大值
		表面平整度		≤5		5点	用2m直尺检验
		垂直度		0.1H且≤6		5点	用垂线或经纬仪
		模内尺寸	基础	±10		5点	钢尺测量
			墙	±3			
		轴线位移	基础	≤5		5点	钢尺测量
			墙	≤5			
6	钢筋安装	顺高度两排以上受力筋排距		±5	每构筑物	5点	钢尺测量
		受力钢筋间距	墙	±10		5点	钢尺测量
			基础	±20			
		箍筋间距		±20		5点	钢尺测量
		保护层厚度	墙	±3		5点	钢尺测量
			基础	±10			

7 安全文明施工措施

7.1 建立安全保证体系,项目经理任安全组长,设专职安全员,做好进场前的安全教育。

7.2 每道工序施工前必须有施工员的安全交底单。施工现场应留存安全交底单一份，施工时做为安全生产的依据。

7.3 管线开槽时，重物距边坡应有一定距离，汽车不小于3m，起重机不小于4m，土方堆放不小于1m，堆土高度不超过1.5m。

7.4 人员上下沟槽必须走安全梯

7.5 沿沟槽走向设1.2m高的钢管护栏，并涂刷明显的红白涂料，间隔30cm，每隔20m设警示灯。

7.6 下管时，机械作业回转半径内严禁站人。

7.7 电气设备必须由专职电工接装电源，检查线缆绝缘、接线质量。

7.8 焊接操作人员持证上岗，焊接作业时佩戴防护用品。氧气瓶、乙炔瓶分类存放，存放距离及距离作业面均不小于10m。

7.9 管道试压时，要分级缓慢升压，停泵稳压后方可进行检查。非操作人员不得进入施工现场，操作人员不得站在盲板、堵头处。管道升压时，派专人沿线巡查，发现问题及时联络，停止升压。

7.10 夜间施工时，照明充足，施工人员身穿反光背心，并设专人指挥交通，疏导过往的行人车辆安全通行。

7.11 现场排水设施通畅，临时路平整、坚实。

7.12 现场所设交通疏导标志清晰、明确、整齐。各种警告标志灯、牌和护栏齐全、有效、规范、标准。

7.13 现场的料具按指定的位置码放整齐。水泥等材料入库，分类码放，设有明确的标志，做好防潮等工作。砂石成堆，做到不混不串。

8 环保措施

参照本册中“§30 雨污水管线施工方案”中的8。

§32 DN600 给水管线施工方案

1 编制依据

1.1 《××工程施工组织设计》

1.2 《××工程施工图》

1.3 《给水排水管道工程施工及验收规范》(GB 50268—2008)

1.4 《北京市给水排水管道工程施工技术规程》(DBJ 01-47—2000)

1.5 《北京市给水与排水工程施工安全技术规程》(DBJ 01-88—2005)

1.6 《施工现场临时用电安全技术规范》(JGJ 46—2005)

1.7 国家建筑标准图集(01S201)、(05S502)

2 工程概况

本工程为DN600上水管道,球墨铸铁管,管线起点桩号K0+000~K1+318,全长1318m。

工程水文地质:地质勘察揭露地层6.5m深度范围内,粉质黏土层,局部含有卵石,一般粒径2~4cm,其下为新近沉积层,厚度0.8~5.4m。

根据地勘报告本工程施工场区范围内无地下水。

3 施工准备

3.1 技术准备

3.1.1 开工前,组织所有施工人员熟悉图纸并做好技术交底,进行现场地上、地下障碍物的调查。

3.1.2 进行测量交接桩,并做好护桩、栓点工作。依现场实际情况加设临时水准点,间距为100m。

3.2 现场准备

3.2.1 施工现场较为开阔,管线施工期间沿管线北侧修筑施工便道,现况场地整平压实,上面铺设40cm厚砂砾并分层压实,宽度4m。

3.2.2 施工用电:现场安装110kVA变压器。

3.2.3 施工用水:由场地周边临近自来水管网接入。

4 施工部署

4.1 组织机构

根据本项目特点,组成工程管理机构,组织机构如图1所示。

4.2 施工安排

在施工过程当中,安排专人负责施工作业面内的交通导改、导流等工作,做到不影响管道施工,现场安排合理,工序衔接紧密,不影响现状交通等。

施工平面布置如图3所示。

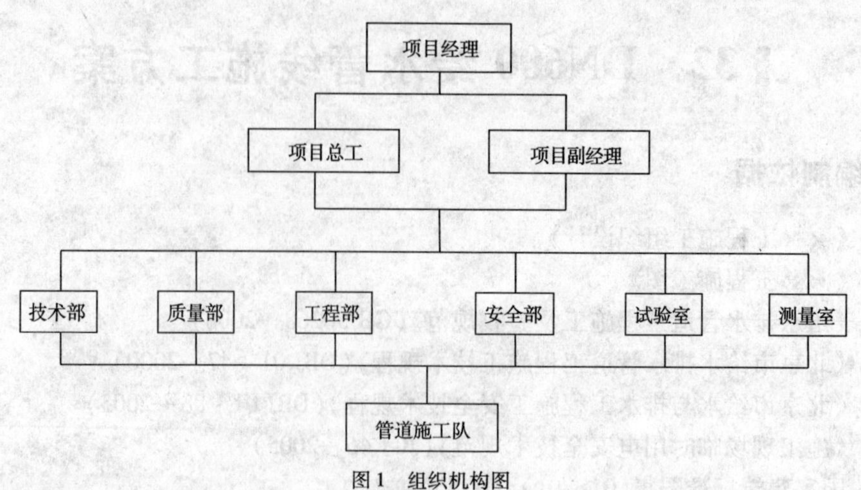

图1 组织机构图

4.3 工期计划

工期总日历天为50天。工期计划横道图如图2所示。

序号	分项工程名称	工程量	持续时间(d)	单位：d										
				5	10	15	20	25	30	35	40	45	50	55
1	施工准备	施工便道	5											
2	沟槽开挖	14530m³	15											
3	管道安装	1318m	15											
4	井室砌筑	8座	10											
5	管道回填	10400m³	15											
6	水压实验	—	5											
7	管道冲洗	1318m	5											
8	管道勾头	1处	5											

图2 工期计划横道图

4.4 机械设备准备

主要机械设备见表1。

主要机械设备表 表1

序号	名称	型号	单位	数量
1	挖掘机	SE280	台	1
2	自卸汽车	T815	辆	4
3	切割机	GZY－1000	台	1
4	倒链	5t	台	2
5	装载机	ZL15	台	1
6	夯机	HCR90	台	4
7	水泵	300W	台	2
8	吊车	16t	台	1

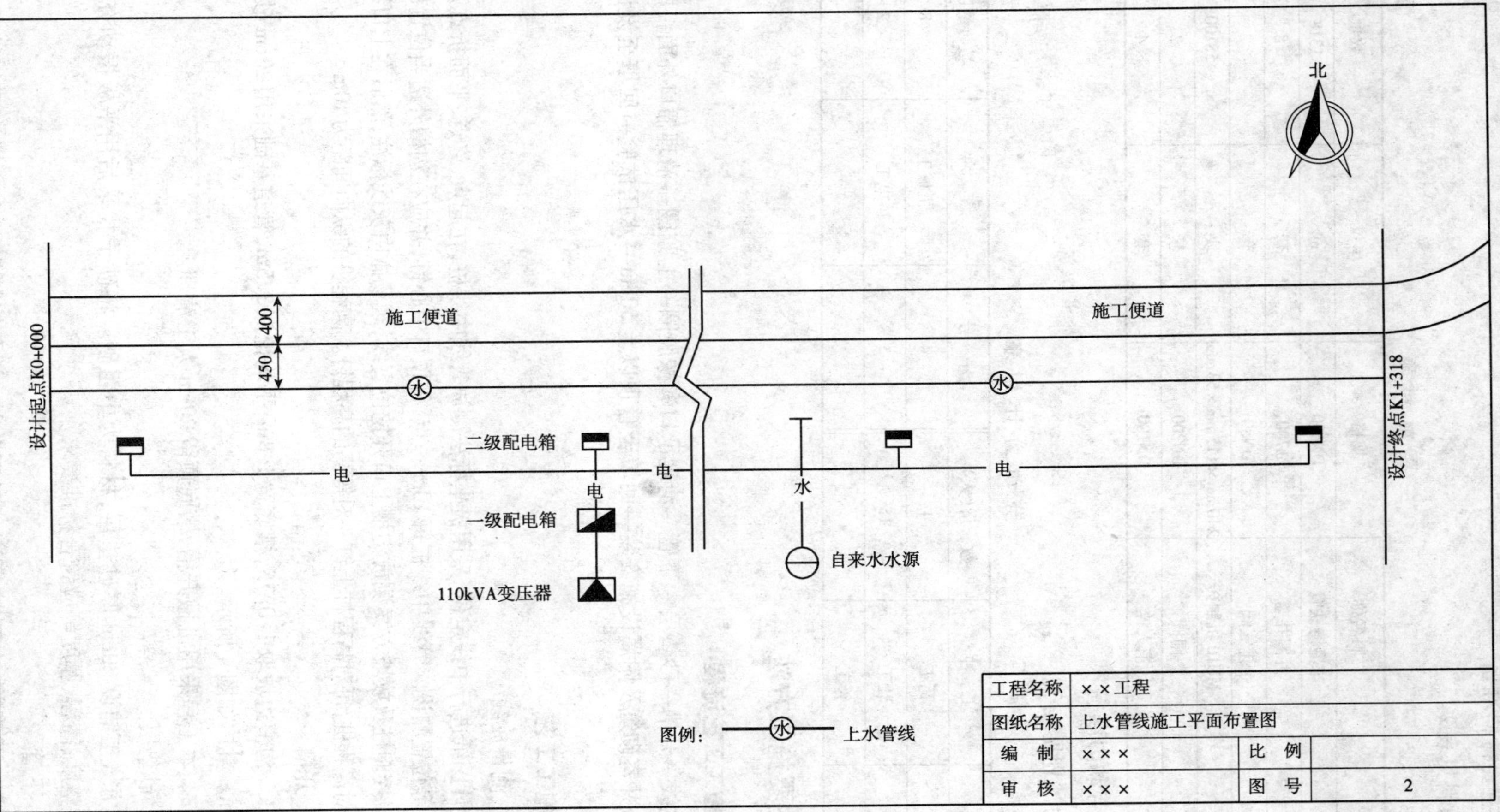

工程名称	××工程		
图纸名称	上水管线施工平面布置图		
编　制	×××	比　例	
审　核	×××	图　号	2

图3　上水管线施工平面布置图(尺寸单位:cm)

4.5 主要材料准备

主要材料见表2。

主要材料表 表2

序号	材料名称	规格	单位	数量
1	球墨铸铁管	DN600	m	1318
2	井圈井盖	ϕ700	套	8
3	排气阀	DN80	套	2
4	MU10 机制砖	240mm×115mm×53mm	块	58100
5	闸阀	DN200	套	2
6	消火栓	DN100	套	4

4.6 劳动力准备

劳动力计划见表3。

劳动力计划表 表3

序　号	工　种	数　量(人)	序　号	工　种	数　量(人)
1	瓦工	4	4	机械工	8
2	壮工	15	5	电工	2
3	管工	4			

5 主要施工方法

5.1 施工工艺流程

测量放线→开槽→砂垫层→下管→清理承口和橡胶圈→上胶圈→清理插口外面→刷润滑剂→接口→井室砌筑及附属设施安装→回填至管顶以上 50cm→水压试验→回填至设计高度→冲洗→勾头

5.2 施工工艺

5.2.1 测量放线

根据设计图纸进行中线定位,采用极坐标法测放管线中线桩,在起点、终点、平面折点及直线段的控制点等位置测设。管线中线桩每 10m 一点,桩顶钉中心钉,并应在沟槽外适当位置设置栓桩;根据中线控制桩及放坡方案测放沟槽上口开挖位置线,现场撒白灰线标注,然后在上口线外侧对称钉设一对高程桩,每对高程桩上钉一对等高的高程钉。高程桩的纵向间距为 10m。

5.2.2 开槽

5.2.2.1 沟槽边坡取 1:0.75,槽底宽 1.8m,平均挖深 3.5m,管道基础采用 20cm 砂垫层,上口宽 3.2m。具体如图 4 所示。

5.2.2.2 本工程采用机械开槽,槽底预留 20cm 人工清理。

5.2.3 砂垫层

管道下方人工铺设 20cm 厚砂垫层,材料为中粗砂。将砂子找平后用平板振动夯夯实。砂垫层的平整度、高程、厚度等应符合标准要求。

5.2.4 下管

5.2.4.1 下管前,人工挖管道接口工作坑,每个接口设一个。接口工作坑尺寸为:

1800mm×1200mm，深度400mm。

5.2.4.2 下管前进行管材检查，验收项目包括：外观、内外防腐、管口等。

5.2.4.3 采用16t吊车配合人工进行，使用专用软带，并设专人指挥，轻提轻放，禁止将管道沿槽滚落。下管时测定中线和高程，严格控制基准管的安装。

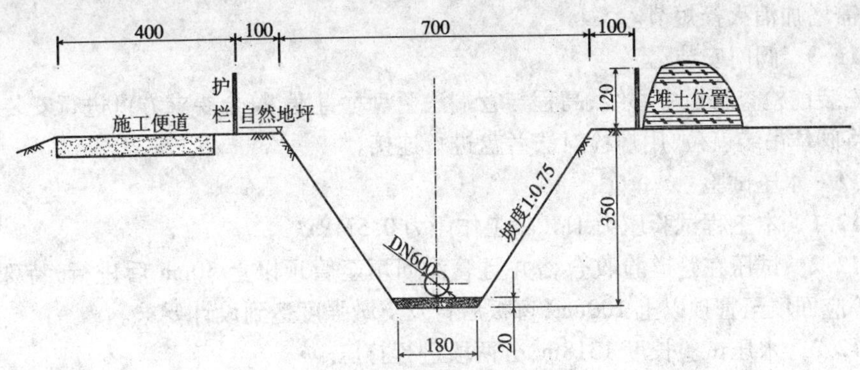

图4 开槽断面图（尺寸单位：cm）

5.2.5 清理承口和橡胶圈

清理承口，铲去所有黏结物，用干净毛巾清理橡胶圈四周，确保橡胶圈干净无异物。

5.2.6 胶圈安装

将胶圈弯成心形或十字形放入承口槽就位，确保各个部位不翘扭，并检查胶圈固定是否正确，保证胶圈与管口预留槽吻合。

5.2.7 清理插口外面

清理插口的外表面，插口端是圆角并具有一定的锥度，以便装入容易。

5.2.8 刷润滑剂

将承口内胶圈的内表面、插口及胶圈的外表面刷润滑剂。

5.2.9 接口

管道安装时，自下游开始，承口朝着施工前进方向。用5t倒链缓缓将管子拉入，至管口的第一道白线和第二道白线之间，安装完毕用探尺检查安装情况，确保胶圈不脱槽、扭曲及位置正确。

5.2.10 井室砌筑

5.2.10.1 管道安装后要及时砌筑井室，砌筑时严格遵守操作规程，井室砌筑时同时安装踏步，在砂浆未达到规定强度不得踩踏。管与井壁衔接处要严密。

5.2.10.2 井室砌筑用砖为MU10，砂浆为M7.5水泥砂浆。

5.2.10.3 所有井室砌筑时，应在井壁洞圈预设球墨铸铁管套管，管道外壁与套管的间隙应四周均匀一致，间隙采用油麻填嵌密实。

5.2.10.4 消火栓井：采用盖板式，井室砌筑时偏心为150mm。消火栓顶距地面高度为200～400mm，覆土太深时增加消火栓短节。

5.2.10.5 蝶阀井砌筑：采用盖板式，C15混凝土垫层厚100mm，C25现浇钢筋混凝土底板，厚200mm。集水坑采用ϕ300混凝土管，高为0.5m，C25钢筋混凝土盖板。

5.2.10.6 排气阀井：井室高为1750mm，C15混凝土垫层厚100mm，C25现浇钢筋混凝土底板厚200mm，井室砌筑时偏心为200mm。排气三通下设混凝土支墩，高400mm。

5.2.11 附属设施安装

5.2.11.1 安装弯头及三通等处时，有水平推力作用时，设置支墩后背防止管子脱开，支墩结构按照自来水设计公司标准图集砌筑。切割的短节，插口端要加工成一定锥度的坡角。

5.2.11.2 消火栓安装：消火栓在水压实验合格后安装，其安装位置应符合设计规定。如覆土太深需增加消火栓短节。

5.2.11.3 阀门安装

(1)安装前检查管道中心线、高程与管端法兰盘垂直度，符合要求方可进行安装。

(2)将阀体吊装就位，用螺栓对法兰盘进行连接。

5.2.12 水压试验

5.2.12.1 本工程试验压力1MPa，工作压力0.5MPa。

5.2.12.2 试压在管道验收合格并且管沟回填至管顶以上50cm后进行，特殊地方如弯头、三通等应回填至管顶以上100cm，盲板后背及支墩强度达到设计要求。

5.2.12.3 水压试验长度1318m，分两段进行打压。

5.2.12.4 采用混凝土墩作为试压后背，堵板与后背之间用钢板、方木、千斤顶作为支顶传力系统。

5.2.12.5 上水试压后背堵板所承受推力为

DN600：$P = 1/4\pi D^2 \times 10 = 0.78 \times 602 \times 10 = 28080\text{kg} = 28.08\text{t}$。

因此，为确保打压安全，DN600管线两侧各设置1台50t千斤顶。

5.2.12.6 试压步骤

(1)串水口设在管线两头堵板上，串水管路上设止回阀和加压泵，压力表设在管线一侧的盲板上。管线高程较高的消火栓做为排气。

(2)串水浸泡。管道串水后进行浸泡，注满水后，保持0.2~0.3MPa水压充分浸泡，时间不小于24h。

5.2.12.7 压力表选择

试压标准：1MPa，选用1.6级精度，量程为1.5MPa，最小刻度为0.01MPa的压力表进行试压，表壳的公称直径不小于150mm。压力表进行标定设在管线一侧的堵板上。

5.2.12.8 试压

(1)预试验阶段：浸泡完后，每升压0.2MPa检查一次，无问题后再继续升压，接近1MPa时稳定一段时间检查，排气彻底干净，然后升至1MPa试验压力，保持恒压30min，接口、管身检查无破损及漏水现象为强度试验合格。

(2)主试验阶段：水压升至试验压力后停止注水补压，15min降压值不大于0.03MPa。然后将试验压力降至工作压力0.5MPa，恒压30min，进行外观检查无漏水现象则为水压试压强度合格。

强度试验：试验压力1.0MPa。在试验压力下10min内落压不超过0.05MPa，检查管身和接口无破损及漏水为合格。渗水量试验标准：DN600上水管道允许渗水量为2.4l/(min·km)。

5.2.13 回填

5.2.13.1 水压试验前，应在管身两侧及管顶以上50cm范围内回填土，管道接口部位不回填，满足检查接口要求。水压试验合格后进行管线回填至设计高度。

5.2.13.2 回填前槽底杂物要清除干净，在管顶50cm处安放标志带。

5.2.13.3 管道两侧要同时回填，两侧高差不得大于20cm。

5.2.13.4　管道上设置的支墩或其他混凝土构筑物，必须在其强度达到设计强度的70%以上时，才能回填。

5.2.14　冲洗

5.2.14.1　冲洗准备

(1)管道冲洗前支线三通要封堵。

(2)泄水口找最近的雨水口，设DN300管道作为泄水管。

5.2.14.2　冲洗措施

(1)冲洗水量及加药量计算。

冲洗1管水所需水量

$$Q=(d/2)^2\pi L=1/4\times0.36\times3.14\times1318=372.5\text{m}^3$$

冲洗3管水+取水样1管水，所需水量合计

$$372.5\times4=1490\text{m}^3$$

加药量按泡管水含氯量40mg/l计算

泡管含氯总量=泡管水量×0.04kg/t=14.9kg

10%次氯酸钠总量=氯总量×10倍=14.9×10=149kg

(2)冲洗步骤：

①放水时应先开出水闸门再开来水闸门，放水时间以排水量大于管道总体积3倍为宜。

②然后加入次氯酸钠。用加药后的水泡管24h。

③将药水放出，用清水冲洗后，再用清水泡管24h。

④水质中心进行取水化验，直至合格。

5.2.15　勾头

5.2.15.1　新建管线冲洗前应先确定勾头数量，联系自来水巡线人员现场配合，避免现况管线废除后丢户。将新建管线与现况上水管线勾头，作为冲洗水源。待冲洗合格后将所有现况管线上开口与新建DN600上水管线勾头。

5.2.15.2　水质保证措施

(1)管道停水勾头时，勾头坑内必须设置集水坑，避免断管后泥水及杂质回流入原管。

(2)勾头坑开挖完成后，在槽底铺设彩条布，勾头坑做好支护，防止断管后原管内积水冲击沟槽，造成大量泥沙。安排好排水设备，及时进行排水，防止积水回流。

(3)断管后设专人检查及清扫管道内泥砂及其他杂物，方可进行管线勾通。

(4)勾头过程中，对所有要进行安装的管件进行清理，保证管件的干净。

(5)勾头完成后，由闸门班进行开闸时，安排专人配合闸门班打开离勾头最近的消火栓(来水方向勾头外侧)进行放水，待水质外观清澈后，关闭消火栓。

5.3　季节性施工措施

5.3.1　冬期施工

5.3.1.1　管道基槽开挖后应及时覆盖保温材料。严禁采用冻土回填。

5.3.1.2　混凝土冬期施工，保证入模温度，应采用综合蓄热法保温。

5.3.1.3　井室砌筑后要做好防冻措施，及时用棉被进行苫盖。

5.3.1.4　水压试验和消毒冲洗过程中，一定要注意管口的防冻措施，施工操作完成后一定要用保温材料包好，避免管口因温度过低而结冰。

5.3.1.5　施工现场冲洗放水时，一定要避免冲洗水外溢到路面，对少量水外溢要及时清理,防止在路面结冰而影响车辆行人通行。

5.3.2 雨期施工

5.3.2.1 基槽开挖后及时进行下道工序,尽量减少土基暴露时间,验槽后及时施工砂垫层。

5.3.2.2 严格控制土壤的含水率,含水率偏大时掺灰处理,如含水率太大无法施工时,应进行换填。

6 质量保证措施

6.1 质量措施

6.1.1 建立质量保证体系,项目经理对工程质量负全面责任,质检员负责施工质量检验,技术员、试验员及测量员负责在施工过程中对质量的控制。认真贯彻“三检制”。

6.1.2 原材料进场“三证”齐全,按规定进行材料复试检验。

6.1.3 不得使用不符合技术标准的橡胶圈。顶压橡胶圈时用力要均匀,压实后,将管道除接口外用回填土压住,以防止橡胶圈反弹。

6.1.4 管道安装与铺设完毕,经隐蔽工程验收后,应及时回填,回填时应两侧同时进行,并分层夯实。

6.1.5 建立测量复核制度,施工中核对管线中心及高程。

6.2 质量标准

6.2.1 沟槽土方开挖

6.2.1.1 主控项目

地基承载力必须达到设计规定,并经有关方面签认。

6.2.1.2 一般项目

(1)地基土壤不得超挖、扰动、受冻、水浸。

(2)沟槽边坡应平整且不陡于规程、规范的规定。

(3)沟槽允许偏差见表4。

沟槽允许偏差表 表4

序号	项 目	允许偏差(mm)	检验频率		检验方法
			范围	点数	
1	槽底高程	±20	两井之间	3	用水准仪测量
2	槽底中线每侧宽度	不小于设计规定		6	挂中心线用尺量,每侧3点

6.2.2 沟槽土方回填

6.2.2.1 主控项目

所用回填材料及压实度必须符合设计或规范要求。

6.2.2.2 一般项目

(1)槽底至管顶以上500mm之内,不得回填含有机物、冻土及大于50mm的砖、石等硬块。

(2)回填时沟槽内不应有积水。

(3)预应力管道承口部位下的工作坑应填充砂砾并夯打密实。

(4)本工程沟槽回填土的压实度参照标准按表5中数据执行。

回填土最小压实度　　表5

<table>
<tr><th rowspan="2">序号</th><th rowspan="2" colspan="2">项　目</th><th rowspan="2">压实度(%)</th><th colspan="2">检验频率</th><th rowspan="2">检验方法</th></tr>
<tr><th>范围</th><th>点数</th></tr>
<tr><td>1</td><td colspan="2">胸腔</td><td>≥95</td><td rowspan="5">两井之间</td><td rowspan="5">每层(3点)</td><td rowspan="5">用环刀法检查</td></tr>
<tr><td rowspan="4">2</td><td colspan="2">管顶以上250mm范围</td><td>≥87</td></tr>
<tr><td rowspan="3">由路槽底起算深度(mm)</td><td>0~800</td><td>≥98</td></tr>
<tr><td>800~1500</td><td>≥95</td></tr>
<tr><td>>1500</td><td>≥90</td></tr>
</table>

6.2.3　砂基础

6.2.3.1　主控项目

地基承载力、配合比、压实度必须符合设计要求。

6.2.3.2　一般项目

允许偏差见表6。

砂基础允许偏差表　　表6

序号	项　目	允许偏差(mm)	检验频率		检验方法
			范围	点数	
1	厚度	≥设计要求	15m	1	用尺量
2	高程	+20、0	15m	1	用水准仪测量
3	宽度	≥设计要求	15m	1	用尺量

6.2.4　管道铺设

6.2.4.1　主控项目

(1)原材料、规格、压力等级、加工质量应符合设计规定。管材和管件必须属于配套产品。

(2)管道坡度必须符合设计要求,严禁无坡或倒坡。

(3)接口材料质量应符合现行国家标准规定和设计要求。

6.2.4.2　一般项目

(1)金属管道接口外观质量应符合规范要求。

(2)管道铺设允许偏差见表7。

管道铺设允许偏差表　　表7

序号	项　目	允许偏差(mm)	检 验 频 率		检验方法
			范围	点数	
1	轴线位置	≤15	节点之间	2	挂中心线用尺量
2	管内底高程	±10		2	挂中心线用尺量

6.2.5　检查井

6.2.5.1　主控项目

(1)地基承载力必须符合设计要求。

(2)砖与砂浆强度等级必须符合设计要求。

(3)井室、盖板混凝土抗压强度必须符合设计要求。

(4)井盖选用符合设计要求,标志明显。

(5)井周边回填必须符合设计要求。

6.2.5.2 一般项目

(1)井壁砌筑应位置准确,灰浆饱满,灰缝平整,不得有通缝、瞎缝,抹面应压光,不得有空鼓、裂缝等现象。

(2)井内流槽应平顺圆滑,不得有建筑垃圾等杂物。

(3)井室盖板尺寸及预留孔位置应准确,压墙尺寸符合设计要求,勾缝整齐。

(4)井圈、井盖应完整无损,安装稳固,位置准确。

(5)井室内未接通的备用支线管口应封堵。

(6)踏步应安装牢固,位置准确。

(7)井室穿墙管应做好防沉降"切管"处理。

(8)检查井允许偏差见表8。

检查井允许偏差表 表8

序号	项目		允许偏差(mm)	检验频率		检验方法
				范围	点数	
1	井身尺寸	长、宽	±20	每座	2	用尺量长、宽各计一点
		直径	±20			
2	井筒直径		±20		2	用尺量
3	井底高程	$D \leqslant 1000$mm	±10		1	用水准仪测量
4	井口高程	路面	与道路规定一致		1	用水准仪测量
5	踏步安装	水平及垂直间距、外露长度	±10		1	用尺量取偏差较大者
6	脚窝	高、宽、深	±10		1	用尺量取偏差较大者
7	流槽宽度		±10		1	用尺量

7 安全文明施工措施

参照本册中"§30 雨污水管线施工方案"中的7。

8 环保措施

参照本册中"§30 雨污水管线施工方案"中的8。

§33 热力管道、设备安装施工方案

1 编制依据

1.1 《××工程施工组织设计》

1.2 《××工程施工图》

1.3 《城镇供热管网工程施工及验收规范》(CJJ 28—2004)

1.4 《现场设备、工业管道焊接工程施工质量验收规范》(GB 50236—2011)

1.5 《金属熔化焊焊接接头射线照相》(GB/T 3323—2005)

1.6 《北京市供热与燃气管道工程施工安全技术规范》(DBJ 01-86—2004)

1.7 《气焊、手工电弧焊及气体保护焊缝坡口的基本形式与尺寸》(GB 50017—2003)

2 工程概况

2.1 本工程采用通行地沟敷设,施工方法为浅埋暗挖,已完成土建施工。供、回水管径为DN1000,壁厚为10mm。起点为1点,终点为9点,全长621.6m。

2.2 补偿方式:波纹管补偿器补偿和自然补偿。

2.3 管道设计参数:供水温度150℃,回水温度90℃;工作压力1.57MPa。

2.4 管材:检查室内管径大于、等于DN250的采用符合《城市供热用螺旋缝埋弧焊钢管》(CJ/T 3022—93)标准的钢管。

2.5 滑动支架间距:DN1000管道滑动支架间距为直管段12m、拐弯处8m。滑动段距离大于100m的管段,滑板长度加长720mm。

2.6 管道试压标准:强度试压:2.4MPa;总体试压:2.0MPa。

2.7 工程管道:隧道内采用预制保温管,检查室内采用螺旋焊缝钢管。

2.8 管道保温:检查室内采用高温玻璃棉保温,地沟内管道采用预制地沟保温管。

2.9 管道防腐:检查室管道采用无机富锌底漆和聚氨酯面漆防腐。

3 施工准备

3.1 技术准备

3.1.1 隧道通行地沟验收完毕,在隧道底板放出隧道中心线、管道中心线、导向支架、固定支架及滑动支墩位置,并施放高程基准线。

3.1.2 组织技术人员审查、熟悉施工图纸,并做好技术交底;对作业规程、施工规范进行学习,掌握管道安装施工工艺和技术质量要求。

3.2 现场准备

3.2.1 施工用电:采用1台315kVA变压器。

3.2.2 施工用水:采用附近的自来水供应。

4 施工部署

4.1 组织机构

项目部成立以项目经理为组长,项目总工和生产副经理为副组长的组织机构,下设技术、质量、试验、测量、工程、安全等部室，配备两个作业队，分别负责管道安装和保温施工，如图1所示。

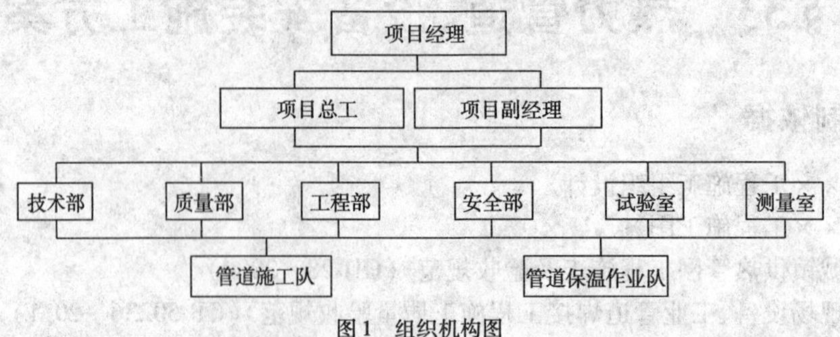

图1　组织机构图

4.2　施工安排

先进行隧道内排管、钢管焊接、强度试验，随后进行设备及管道安装，总体试压后进行管道保温施工。施工现场平面布置如图2所示。

4.3　工期计划

工期56天。工期计划横道图，如图3所示。

4.4　投入的主要机械设备

主要机械设备见表1。

机械设备表　表1

序号	名　称	规格、型号	单位	数量
1	管道运输车	12m板车	台	2
2	汽车吊	25t	台	1
3	手持砂轮机	S1S－SL－100B	个	10
4	直、交流电焊机	WS－400(PNE13－400)	台	6
5	打压设备	—	套	2

4.5　主要材料

主要材料见表2。

主要材料表　表2

序号	名称	型号及规格	单位	数量	材料	备　注
1	轴向补偿器	CZW-1.6-1000-344	套	2	成品	CJ/T 3016—93 使用寿命1000次
2	轴向补偿器	CZW-1.6-1000-258	套	2	成品	CJ/T 3016—93 使用寿命1000次
3	轴向补偿器	CZW-1.6-1000-172	套	2	成品	CJ/T 3016—93 使用寿命1000次
4	焊接蝶阀	DN1000　PN2.5	套	6	成品	$T=150℃$
5	90°预制弯头	DN1000	个	10	Q235-B	$R=1.5D$
6	机制三通	DN1000/DN1000	个	4	Q235-B	—
7	固定支架卡板	300t以下	副	3	Q235-A	RD-KB-10
8	固定支架卡板	200t以下	副	5	Q235-A	RD-KB-09
9	堵板	DN1000	副	4	Q235-B	RD-DB-02
10	螺旋焊缝钢管	$\phi1020\times10$	m	1243.2	成品 Q235-B	CJ/T 3022—1993标准，壁厚10mm
11	滑动支架	—	个	124	成品	—
12	导向支架	—	个	18	成品	—

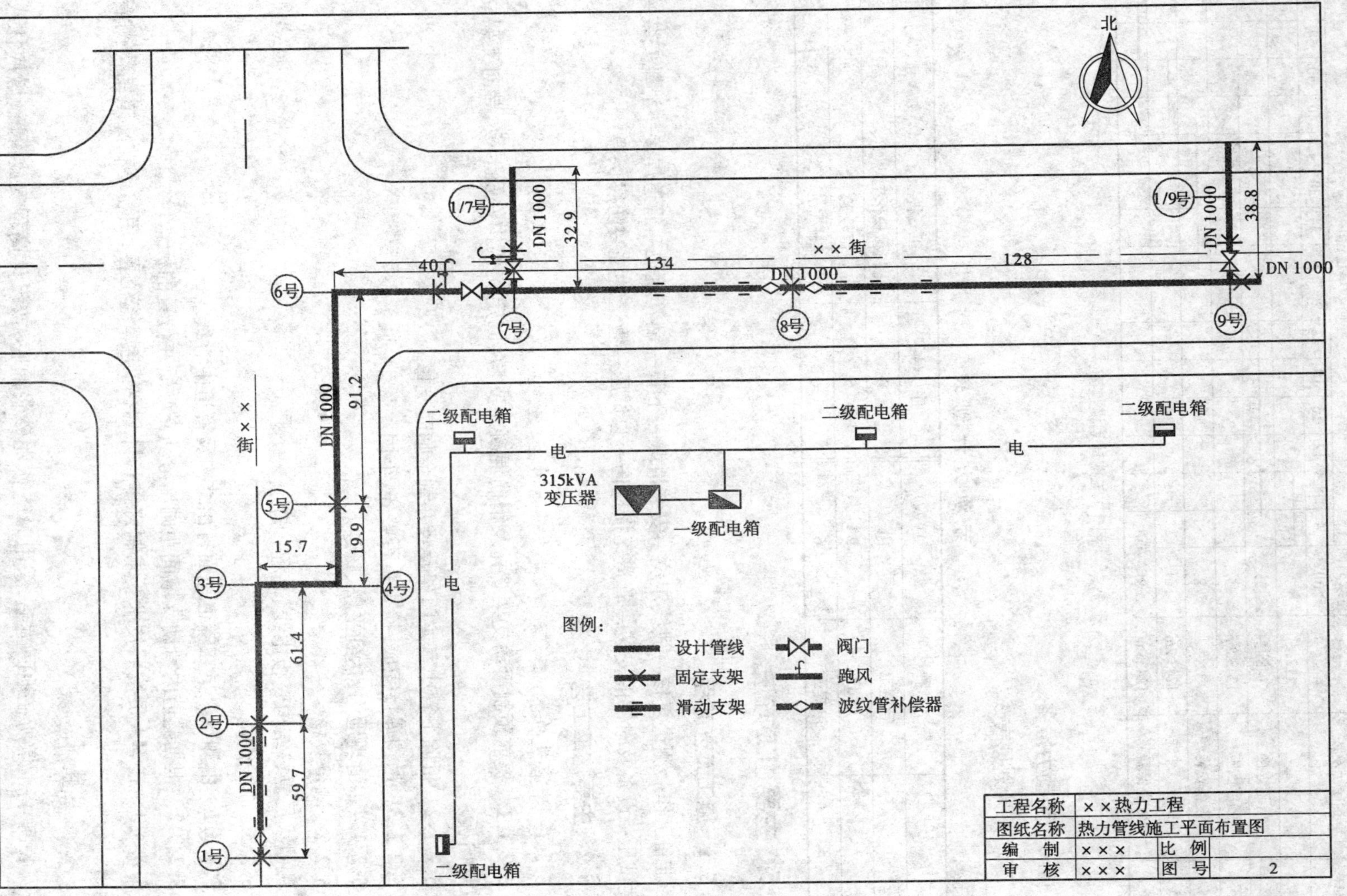

图2 热力管线施工平面布置图（尺寸单位：m）

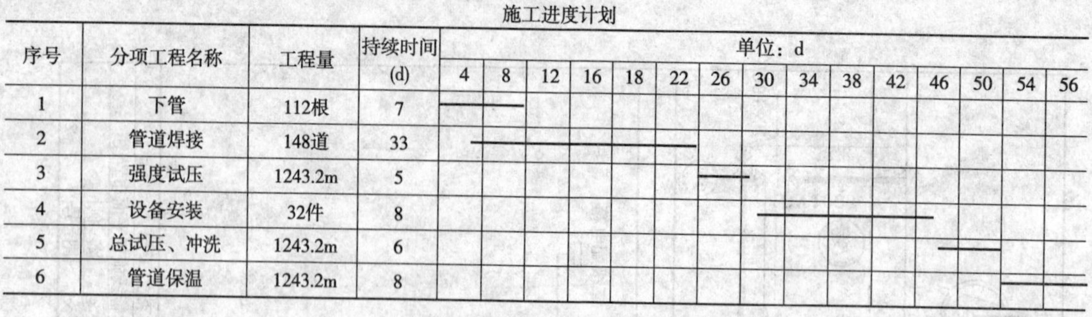

施工进度计划

序号	分项工程名称	工程量	持续时间(d)	单位：d														
				4	8	12	16	18	22	26	30	34	38	42	46	50	54	56
1	下管	112根	7															
2	管道焊接	148道	33															
3	强度试压	1243.2m	5															
4	设备安装	32件	8															
5	总试压、冲洗	1243.2m	6															
6	管道保温	1243.2m	8															

图3　工期计划横道图

4.6　劳动力准备

劳动力计划见表3。

劳动力计划表

表3

序　号	工　种	数　量(人)	序　号	工　种	数　量(人)
1	管道工	10	4	机械操作工	5
2	电工	2	5	信号工	2
3	电焊工	6	6	壮工	6

5　主要施工方法

5.1　施工工艺流程

准备工作→测量复核→放线定位→安装滑墩→下管→钢管就位→管道焊接→滑靴安装→强度试压→设备及附件的安装→管道无损探伤→总试压→管道冲洗→防腐保温

5.2　主要施工工艺

5.2.1　准备工作

5.2.1.1　提前预制滑动支架管托及钢筋混凝土支墩、固定支架构件及卡板、导向支架立柱及导向板。

5.2.1.2　拆除下管小室龙门架及竖井剩余临时支撑。

5.2.1.3　吊钩焊接完成,检查是否整齐、牢固。

5.2.1.4　清理地沟,达到平整、畅通。

5.2.2　测量复核

测量人员复核结构底板中线、高程、坡度。

5.2.3　放线定位

5.2.3.1　由测量人员在隧道地面打出结构及管道中心线。

5.2.3.2　根据隧道内滑动支墩间距画出滑动支墩所在位置的标志。

5.2.3.3　施焊人员按照技术要求制订排管计划,确定焊缝位置,用粉笔在隧道结构侧墙上标出。

5.2.4　安装滑墩

安装前,将滑墩所在地面凿毛,采用 M15 水泥砂浆铺底,按设计高程安放滑墩,墩底抹八字角。

5.2.5　下管

人工配合25t吊车下管,通过小室直接进入隧道内,下管时采用柔性吊带兜住管道,防止管口碰撞小室侧墙,保护管口。

5.2.6 钢管就位

5.2.6.1 清膛扫线。管子对口前,应将管子内外附着的杂物、锈迹清除干净,并复查管口外形及坡口质量,不合格的管口必须修整。

5.2.6.2 用倒链将管子吊起,按管道中心线和坡度对好管口。

5.2.6.3 两相邻环形焊缝中心之间距离应大于管子外径,且不小于150mm;管子端面与管中心线垂直,允许偏差为管子外径的1%,但不得大于3mm。对口时,焊缝错开的环向距离大于350mm。对口合格后进行点焊,每口点焊10点,焊缝长80~100mm。直线形管子对口时应在距接口中心200mm处测量平直度允许偏差2mm,但全长允许偏差均为10mm。

5.2.6.4 管子切割及坡口加工时,采用氧气乙炔火焰切割,切口表面应平整,无裂纹、重皮、毛刺、凹凸、缩口、熔渣、氧化物、铁屑等。切口端面偏差不应大于管子外径1%,且不得超过3mm(表4)。加工坡口后应除去坡口表面氧化皮、熔渣及影响质量的表面层,并应将凹凸不平处打磨平整。

管道坡口形式及尺寸表 表4

壁厚 T(mm)	坡口形式	坡口尺寸		
		间隙 C(mm)	钝边 P(mm)	坡口角度 α(°)
9~26	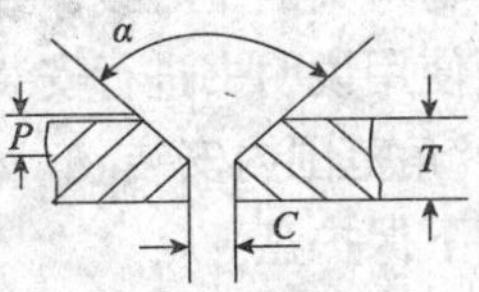 α P T C	0~3	0~3	55~65

5.2.7 管道焊接

5.2.7.1 管道组对定位焊接。焊条规格、型号符合规定,焊接前将焊口两侧10cm范围内的铁锈、污垢、油脂等清除干净。

5.2.7.2 焊接层数:3层。首层氩弧焊打底,第一层焊接根部必须均匀地焊透。各层接头应错开,每层焊缝的厚度为焊条直径的0.8~1.2倍,不允许在管子的非焊接表面引弧。每层焊完之后,应清除熔渣、飞溅物等,发现缺陷,必须铲除重焊。

5.2.7.3 每层焊接完成以后均应用角向磨光机清根。焊接时应保证起弧和收弧处的质量,收弧时应将弧坑填满。

5.2.7.4 焊缝在焊完后立即去除渣皮、飞溅物,清理干净焊缝表面,然后进行焊缝外观检查。

5.2.7.5 每个焊缝附近明显处,要打上焊工号及日期。不合格的焊接部位,应根据可靠的补焊措施进行返修,同一部位焊缝的返修次数不宜超过两次。

5.2.8 滑动支架(滑靴)安装

支架纵向中心线与管道中心线一致。支架的弧形板应与管道管箍底表面贴实、焊牢。支架的底面应紧靠在滑墩滑板上,不得有悬空现象。注意滑靴与滑墩纵向偏心安装。

5.2.9 管道强度压力试验

5.2.9.1 主管道焊接完成,经探伤合格;放气阀、除污器、泄水、堵板已安装焊接完成;导向滑板、滑动支架已安装焊接完成;供回水作串联后进行强度试压。

5.2.9.2 强度试压标准 2.4MPa。升压到试验压力稳压 10min 无渗漏、无压降后降至设计压力，稳压 30min 后无渗漏、无压降为合格。

5.2.10 设备及附件安装

5.2.10.1 在强度试压合格后进行波纹管、阀门等设备的安装。按照设计图纸及设备说明书要求进行设备安装，并保证介质流动方向与设备要求相一致。同时应保证设备内外清洁，不得有焊渣、铁屑掉入设备内，应保证设备所有元件正常动作。

5.2.10.2 波纹管安装要在强压试验后断管安装，特别注意安装时保证补偿器与管道同心，补偿器套筒间隙保证均匀，严禁用补偿器伸缩的特性来调整安装管道上的误差。同时不得在补偿器前后出现折点。

5.2.10.3 为确保焊接式阀门的安装质量和使用性能。特做如下规定：

(1)焊接安装时，焊机地线必须搭在同侧焊口的钢管上。禁止搭在阀体上，必须利用气体保护焊打底。并覆盖湿润麻布以降温。

(2)焊接蝶阀时阀板必须关闭，并在密封面处注满黄油，以防止焊渣落在密封面及阀板上。

(3)焊接球阀时必须用湿布将阀体裹住，用以降温保护密封面，将球阀全开，并在密封面处注满黄油，以防止焊渣落在球面上。

(4)焊接式阀门具有双向密封性，主流方向是从平阀板一侧进入。安装时应以操作方便为主。

(5)当阀门恰好安装在弯头后面时，阀门的轴应该与弯头的中心线一致。

(6)设备安装时应注意安装方向，安装时严格按照使用说明书进行安装。

(7)禁止将阀门轴垂直安装，必须在阀门轴成 ±60°角范围内安装。

(8)阀门应放在原有包装中运输保管，安装时再摘下保护盘。

5.2.11 管道无损探伤

5.2.11.1 探伤检验数量及标准按规范要求如下：

DN≥500mm 时，固定焊口检验数量为 10%，转动焊口 5%，合格标准为Ⅱ级。

5.2.11.2 钢管与设备、管件连接处的焊缝应进行 100% 无损探伤检验。检验结果以Ⅱ级为合格。

5.2.11.3 焊缝返修后应进行表面质量及 100% 的无损探伤检验，其检验数量不计在规定检验数中。

5.2.11.4 焊缝的无损检验量，应按规定的检验百分数均布在焊缝上，严禁采用集中检验量来替代应检焊缝的检验量。

5.2.12 总试压

5.2.12.1 固定支架卡板已安装焊接完成，设备及附件安装完成。

5.2.12.2 波纹管补偿器、阀门已安装焊接完成，100% 探伤合格。

5.2.12.3 轴向波纹管补偿器的安装拉杆已拆除。

5.2.12.4 管道自由端已加固，并经设计核算满足总压时的推力。

5.2.12.5 总试压标准 2.0MPa。缓慢升压至设计压力并保持稳定，详细检查管道焊口有无渗漏、各支架有无变形及波纹管的位移情况。在 1h 的稳压期内，压力降不超过0.05MPa为合格。升压过程中，应加强对全线管道、设备及临时加固设施、支架的检查。发现异常时，及时通知中止试压。试压时发现的渗漏部位应作出明显标志并予以记录，待试压后处理。严禁带压整修，缺陷消除后应重新试压。试压合格后，填写“热力管道水压试验记录”，清除地沟及小室的积水。

5.2.13　防腐、保温

5.2.13.1　管道安装完毕，焊口探伤合格并经强压试验合格后，可进行防腐工作。防腐前应对管壁灰尘、油垢、铁锈等杂物除干净。

5.2.13.2　防腐油漆按设计应刷无机富锌—聚氨酯漆两遍，刷漆时应厚度均匀，不得有漏刷、欠刷现象。

5.2.13.3　管道强度试压合格后进行地沟保温工作，在综合试压合格后进行小室保温。保温材料分别为岩棉管壳及普通珍珠岩瓦外抹石棉水泥保护壳。小室内墙皮进沟 50cm 为两种材料分界线。

5.2.13.4　珍珠岩瓦保温应拼砌严密，灰浆饱满，横缝及纵缝错开，采用 16 号镀锌铅丝及铅丝网绑扎牢固，外抹面应均匀光滑整齐，不得有凹凸麻面现象。

5.2.13.5　岩棉瓦保温应横纵错开；采用 16 号镀锌铅丝绑扎牢固，绑扎后的岩棉瓦应整齐，不得有松动鼓包现象，外包玻璃丝油毡；用 16 号镀锌铅丝绑扎，绑扎后外表应均匀整齐，不得有凹凸现象。

5.2.13.6　保温工作应注意在一定的间距留有膨胀缝，并填以石棉绳在伸缩节及滑动支架处。

5.2.14　管道冲洗

管道冲洗方式按实际情况选择。

6　质量保证措施

6.1　质量措施

6.1.1　建立项目质量保证体系。

6.1.2　所有热机材料都要严格控制原材质量，出厂证明齐全，并复试合格。

6.1.3　焊管时要首先排管，合理设计焊缝位置。

6.1.4　支架安装时要严格测量定位，复核合格后才能安装。固定之前要做就位检查，平面和垂直度都无问题时方能焊接。

6.1.5　管道焊接严格按照操作工艺要求进行，加强过程检查。

6.1.6　管道打压之前，将管道内的杂物清理干净。

6.2　质量标准

6.2.1　外观质量要求

6.2.1.1　钢材表面应无显著腐蚀，管材应无裂纹、重皮和压延不良等缺陷。

6.2.1.2　弯头安装、施焊时严格控制其位置准确。

6.2.1.3　设计弯管段，安装时控制曲面与高程一致，曲线平面与设计纵坡一致。

6.2.1.4　焊缝应无气孔、夹渣、裂纹、熔合性飞溅等缺陷。

6.2.1.5　电弧焊焊缝表面应完整，焊缝尺寸应符合设计图纸与焊接工艺的要求。焊缝外观检查出不合格缺陷必须铲除重焊。质量不得低于Ⅱ级。

6.2.1.6　焊缝外观质量检查，表面完整光洁，宽窄均匀，高度不低于母材表面并与母材圆滑过渡。

6.2.1.7　无损探伤检测不低于Ⅱ级焊缝的级别。

6.2.2 允许偏差

(1)管道安装允许偏差见表5。

管道安装允许偏差表 表5

<table>
<tr><th rowspan="2">序号</th><th rowspan="2">项目</th><th colspan="3" rowspan="2">允许偏差及质量标准(mm)</th><th colspan="2">检验频率</th><th rowspan="2">检 验 方 法</th></tr>
<tr><th>范围</th><th>点数</th></tr>
<tr><td>1</td><td>高程</td><td colspan="3">-10、+10</td><td>50m</td><td></td><td>用水准仪测量,不计点</td></tr>
<tr><td>2</td><td>中心线位移</td><td colspan="3">每10m不超过5mm,全长不超过30mm</td><td>50m</td><td></td><td>挂边线用尺量,不计点</td></tr>
<tr><td>3</td><td>立管垂直度</td><td colspan="3">每m不超过2mm,高不超过10</td><td>每根</td><td></td><td>用线锤检测,不计点</td></tr>
<tr><td rowspan="2">4</td><td rowspan="2">对口间隙</td><td>壁厚</td><td>间隙</td><td>偏差</td><td rowspan="2">每10个口</td><td rowspan="2">1</td><td rowspan="2">用焊口检测器量取最大偏差值,计1点</td></tr>
<tr><td>>10</td><td>2.0~3.0</td><td>-2.0、+1.0</td></tr>
<tr><td rowspan="5">5</td><td rowspan="5">对口错口</td><td colspan="2">壁厚</td><td>错口</td><td rowspan="5">每10个口</td><td></td><td rowspan="5">用尺量取最大偏差值,计1点</td></tr>
<tr><td colspan="2" rowspan="4">6~10</td><td rowspan="4">小于1.0</td><td>1</td></tr>
<tr><td>1</td></tr>
<tr><td>1</td></tr>
<tr><td>1</td></tr>
</table>

(2)管道焊接允许偏差见表6。

管道焊接允许偏差表 表6

序号	项目	质 量 标 准	检验频率		检 验 方 法
			范围	点数	
1	加强面高度	2.0~3.0mm,并不大于管壁厚40%	每10个口	1	用焊口检测器量取最大偏差值,计1点
2	加强面宽度	焊出坡口边缘2.0~3.0mm	每10个口	1	用焊口检测器量取最大偏差值,计1点
3	外观	表面光滑、宽窄均匀整齐、根部焊透,无裂缝、焊瘤、咬肉,焊口附近有焊工号码	每10个口	1	观察

7 安全文明措施

7.1 建立安全保证体系,项目经理任安全组长,设专职安全员。落实安全生产责任制,对现场职工进行安全交底,以及进场前的安全教育。

7.2 进入施工现场,须佩戴安全帽等防护用品,每道工序、每个部位工程施工前必须有安全交底单。工序作业设置标志牌。

7.3 电焊作业。

7.3.1 电气焊工必须经过专门培训,持证上岗。

7.3.2 焊接操作及配合人员必须按规定穿戴劳动防护用品。

7.3.3 电焊机必须设单独的电源开关、自动断电装置。

7.3.4 施工现场使用明火必须经过批准,并应配备相应的消防器材和防火措施。电气焊作业时必须保证两人以上才能进行,一人操作、一人负责看火等监护事宜。

7.3.5 工地现场使用的电焊机应设有防雨、防潮、防晒的机棚。雨天不得在露天电焊。

在潮湿地带作业时，操作人员应站在垫起的铺有绝缘物品的地方，并应穿绝缘鞋。

7.3.6 切割、电焊作业点 10m 范围内不得堆放油类、木材、氧气瓶、乙炔气瓶等易燃、易爆物品。

7.3.7 每次电焊机使用前，必须检查绝缘及接地情况，接线部分必须用绝缘胶布缠严，并不得有腐蚀、受潮和松动现象。

7.3.8 电焊机一次线长度不应大于 5m，二次线长度不应大于 30m。电焊机应有完整的防护外壳，一、二次接线柱处应有保护罩，外壳应有保护接零或保护接地。

7.3.9 移动电焊机时，必须先拉闸断电，安放就位后方可通电使用。工作完毕或临时离开操作现场时，必须切断电源。

7.3.10 电焊钳应有良好的绝缘和隔热能力。电焊钳握柄必须绝缘良好，握柄与导线连接应牢靠，接触良好，连接处应采用绝缘布包好并不得外露。

7.4 试压时，盲板后背禁止站人。

7.5 下管时有专人指挥，下管后管道应存放在隧道两侧，在隧道中线位置留置不少于 1m 过人通道。

7.6 隧道内每隔 8m 设置低压照明设备，满足隧道内照明度要求。

7.7 在隧道内施焊时应设置良好地通风设备，保证隧道内空气畅通。在小室上方设置监护人，每隔 2h 进行气体检测，填写施工记录表，发现可疑气体立即进行人员疏散。

8 环保措施

8.1 施工中采取降噪措施，减少扰民。

8.2 施工中产生的烟尘、气体，不得随意排放。

8.3 施工过程中，产生的施工垃圾及时清理。

§34 热力管线明挖方沟施工方案

1 编制依据

1.1 《××工程明挖方沟施工组织设计》

1.2 《××工程明挖方沟施工图》

1.3 《城镇供热管网工程施工及验收规范》(CJJ 28—2004)

1.4 《混凝土结构工程施工及验收规范》(GB 50204—2002)

2 工程概况及设计形式

2.1 工程概况

本工程管线全长1050.5m,管径DN1000mm,全线共设小室5座。

2.2 土建结构形式

工程全线采用明挖方沟,小室及方沟混凝土采用C30混凝土,方沟结构尺寸为5000mm×2950mm,墙厚400mm。结构尺寸如图1所示。

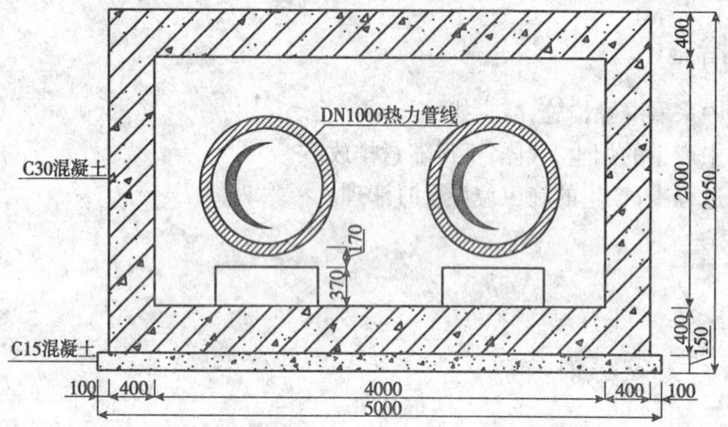

图1 明挖方沟结构断面图(尺寸单位:mm)

防水材料为外包柔性防水SBS一道,厚度4mm,外侧铺设水泥砂浆保护层。地沟混凝土结构设置变形缝,沟口外第一道变形缝距小室外皮50cm,地沟内不大于25m设一道。

沟槽开挖深度为4.5m,边槽按1:0.75放坡,槽底宽度为7m,管沟覆土深度为1.55m。

2.3 工程地质及水文地质条件

地质情况:表层为人工堆积层,该层厚普遍约1~3.5m,局部达4~7m,其下为第四纪全新世冲洪积形成的卵石层,层厚20m。

水文条件:水位埋深8.72m。

3 施工准备

3.1 技术准备

3.1.1 组织技术及管理人员对施工现场范围内的建筑物、地下管线进行调查。

3.1.2 组织技术及测量人员检查验收控制桩,并做好控制桩保护工作。

3.2 现场准备

3.2.1 施工用电:采用 1 台 315kVA 变压器。

3.2.2 施工用水:采用小室附近的自来水供应。

3.2.3 临时道路:沟槽南侧设置双向临时道路,临时道路宽度 12m,20cm 厚砂砾压实。

4 施工部署

4.1 组织机构

组织机构如图 2 所示。

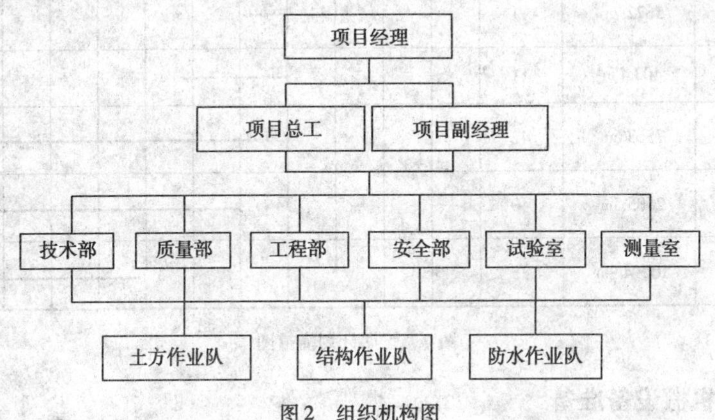

图 2 组织机构图

4.2 施工安排

根据现场实际条件,结构施工采用 2 台挖掘机从东西两侧同时进行,依次向 5 号井室推进。保证各道施工连续进行。施工现场平面布置如图 3 所示。

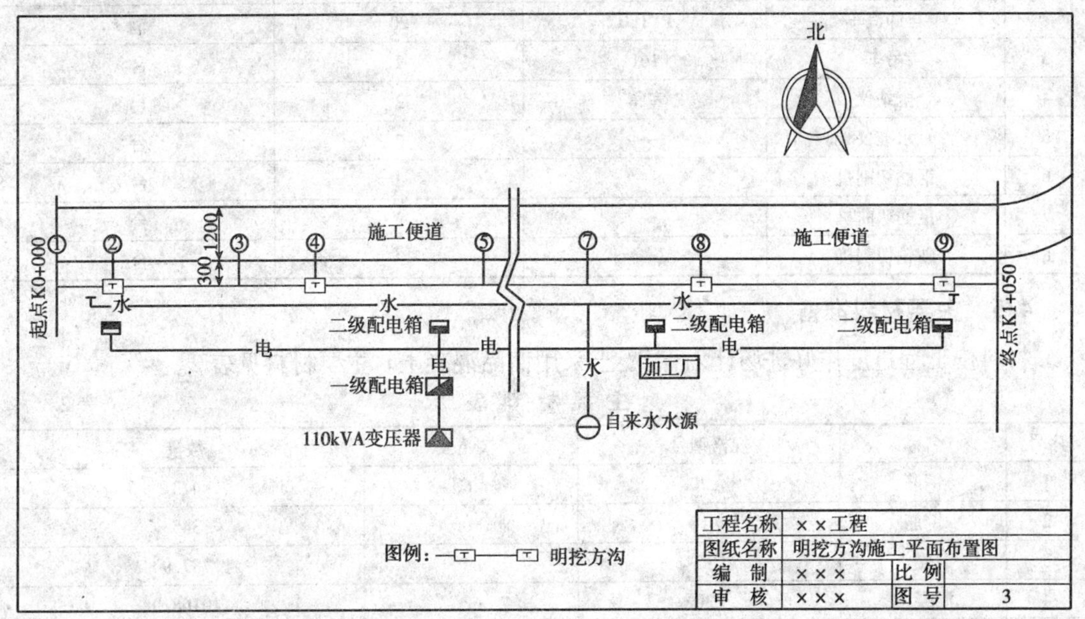

图 3 明挖方沟施工平面布置图(尺寸单位:cm)

4.3 工期计划

总工期70天。工期计划横道图，如图4所示。

序号	分项工程名称	工程量	持续时间(d)	单位：d													
				5	10	15	20	25	30	35	40	45	50	55	60	65	70
1	施工准备	—	5														
2	土方开挖	45735.6m^3	10														
3	垫层施工	787.9 m^3	10														
4	底板防水	5672.7m^2	11														
5	防水保护层	403.4 m^3	11														
6	底板结构混凝土施工	7563.6m^3	42														
7	侧墙、顶板结构施工	2605.3m^3	40														
8	侧墙、顶板防水	10294.9m^2	35														

图4 工期计划横道图

4.4 主要机械设备准备

主要机械设备见表1。

主要机械设备表 表1

序号	设备名称	型号	配置数量	单位
1	反铲挖土机	PC300	2	台
2	自卸汽车	PY180	20	辆
3	吊车	16t	2	台
4	全站仪	宾得	2	台
5	水准仪	—	2	台
6	钢筋切割机	—	2	台
7	钢筋弯曲机	—	2	台
8	砂轮切割机	—	2	台

4.5 主要材料准备

材料按工程进度作好进场计划，混凝土采用商品混凝土。主要材料见表2。

主 要 材 料 表 表2

序号	名称	规格型号	单位	数量
1	钢筋	ϕ20	t	473
2	钢筋	ϕ18	t	345
3	混凝土	C15	m^3	787.9
4	混凝土	C30	m^3	10168.9
5	防水	SBS防水卷材	m^2	6967.6

4.6 劳动力准备

劳动力计划见表3。

劳动力计划表　　表3

序号	工　种	数　量
1	钢筋工	45
2	模板工	50
3	混凝土工	20
4	电工	4
5	电焊工	4
6	机械操作工	12
7	信号工	2

5 主要施工方法

5.1 施工工艺流程

测量放线→开槽→垫层混凝土→垫层防水→防水保护层→底板钢筋安装→底板模板安装(止水带安装、接头防水处理)→底板混凝土→侧墙、顶板内模→侧墙、顶板钢筋→侧墙、顶板外模→侧墙、顶板混凝土→侧墙、顶板防水

5.2 施工工艺

5.2.1 测量放线

沟槽开挖前根据设计图纸进行中线定位。开挖过程中,对中线、高程进行测量。

5.2.2 开槽

本工程开挖深度约4.5m,边槽坡度为1:0.75,槽边设护栏,如图5所示。沟槽2m范围内不得堆料。

沟槽采用机械开挖,槽底预留20cm人工清底,开槽后进行高程复核,槽底高程误差满足要求。

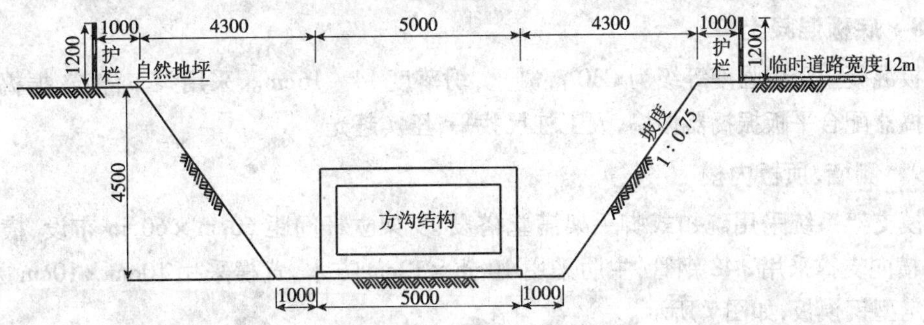

图5 沟槽开挖剖面图(尺寸单位:mm)

5.3 垫层混凝土

垫层采用C15混凝土,坍落度16~18cm,厚度为150mm,垫层模板采用150mm×150mm方木;在木方外侧采用ϕ20的钢筋加固,钢筋长度为400mm,间距为500mm。混凝土浇筑完成后采用行夯振捣,人工抹平压光。

5.4 垫层防水

施工时将基层表面清理干净，基层含水率不大于9%，基层平整、牢固。防水采用SBS防水卷材，热熔施工，施工时两侧各预留50cm。

5.5 防水保护层

防水保护层采用C15豆石混凝土，厚度8cm，随浇筑随找平。

5.6 底板钢筋安装

防水保护层达到强度后，开始绑扎底板钢筋。底板厚45cm。

钢筋绑扎时设置垫块，梅花形布置，间距60cm。底板钢筋纵横交叉点用22号铁丝间隔绑扎。采用绑扎搭接，搭接长度40d。保护层厚度3cm。

5.7 底板模板安装

底板钢筋安装完成后进行底板模板安装，如图6所示。外模采用组合定型钢模板拼装，支撑系统撑在边坡上。内模模板采用异型钢模板与组合定型钢模板配合拼装，支撑系统在水平方向采用两侧墙体模板对撑形式，沿竖直方向使用钢管加固成整体。底板模板的支立高度高于拟浇筑混凝土面。

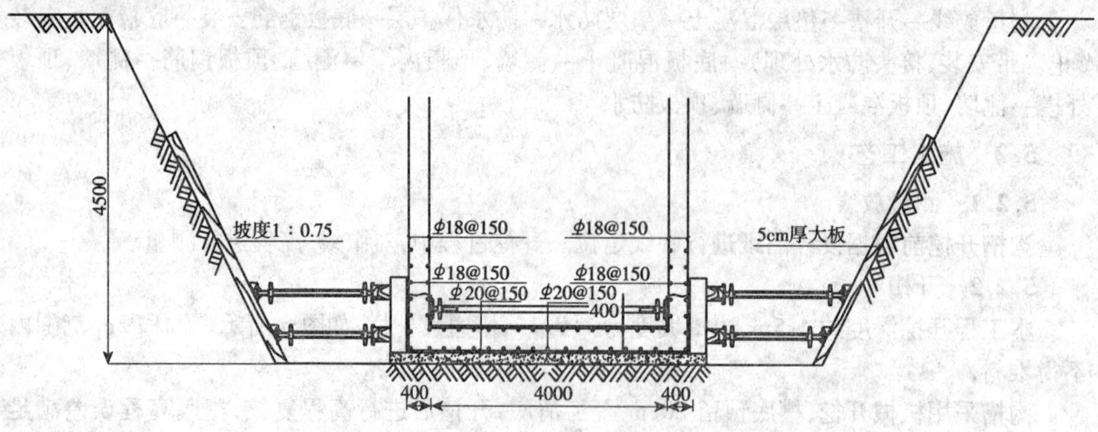

图6　方沟底板模板支设图（尺寸单位：mm）

5.8 底板混凝土

底板混凝土采用强度等级为C30混凝土，坍落度14～16cm。采用泵车浇筑，振捣采用插入式振捣器配合平板振捣器振捣，人工杠尺找平，压实赶光。

5.9 侧墙、顶板内模

内模支架系统采用碗扣式脚手架满堂搭设，支架立杆间距60cm×60cm布设、横杆步距60cm。横向支撑采用ϕ48钢管，主肋采用10cm×12cm方木，背楞采用10cm×10cm方木，模板采用定型钢模板，如图7所示。

侧墙、顶板钢筋绑扎。侧墙钢筋绑扎在侧墙、顶板内模安装后进行。钢筋保护层厚度30mm，顶板上下层钢筋及侧墙内外层钢筋之间采用梯形架立筋固定，顶板梯型筋1.5m布置一道，侧墙梯形筋1m布置一道。钢筋交叉点采用22号铁丝扎牢，绑扎时检查钢筋级别、直径、根数和间距要符合设计要求。

钢筋绑扎接头同一截面接头搭接数量应小于50%。

5.10 侧墙、顶板外模

外模采用组合定型钢模板，用 ϕ48 双钢管作为模板主肋、背楞，间距均为 60cm。支撑采用钢管与槽边进行顶撑，顶撑间距 60cm。

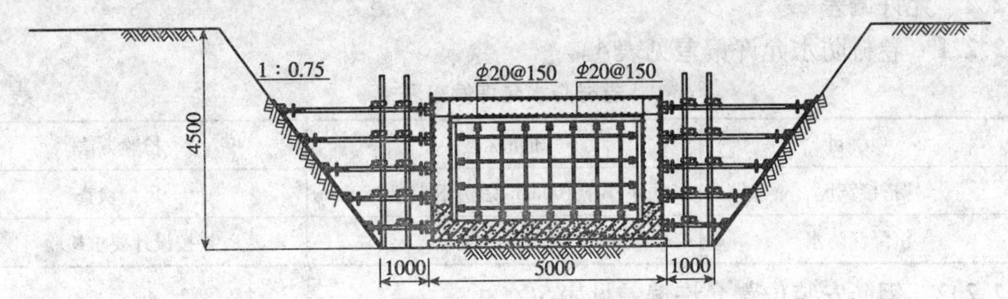

图 7 方沟二次模板支设图(尺寸单位:mm)

5.11 侧墙、顶板混凝土

侧墙、顶板混凝土采用 C30 商品混凝土，坍落度 16 ~ 18cm，两侧对称、分层浇筑，侧墙每层浇筑厚度不大于 50cm。侧墙振捣采用插入式振捣器，顶板振捣采用插入式振捣器和平板振捣器振捣密实，杠尺找平，木抹压实，铁抹子压光。

混凝土浇筑完成后及时进行覆盖、保湿养生，养护期不少于 7d。

6 质量保证措施

6.1 质量措施

6.1.1 建立质量保证体系

6.1.2 原材料进场合格证齐全，并经复试合格。

6.1.3 坚持施工过程三级验收制度。加强工序自检自查，班组设专职质量检查员，项目部设专职质检工程师，形成三级验收体系，坚持施工过程三级验收制度。

6.1.4 钢筋严格按规范进行绑扎搭接。模板拼缝严密、不漏浆，支撑牢固，间距符合要求。混凝土施工应振捣密实，防止过振和欠振，并做好覆盖保湿养生。

6.2 质量标准

6.2.1 基本要求

6.2.1.1 卷材防水

(1)卷材外观质量、品种规格应符合现行国家或行业标准。

(2)卷材及其胶粘剂应具有良好的耐水性、耐久性、耐刺穿性、耐腐蚀性和耐菌性。

(3)铺贴卷材应贴紧、压实，不得有空鼓、翘边、撕裂、褶皱等现象。

(4)应使用经检测合格的橡胶止水带，严禁使用再生橡胶止水带。

6.2.1.2 钢筋绑扎安装

(1)绑扎成型时，应采用铁丝扎紧，不得有松动、移位等情况。

(2)绑扎或焊接成形的网片或骨架应稳定牢固，在安装及浇筑混凝土时不得松动或变形。

6.2.1.3 模板安装

(1)模板安装应牢固，模内尺寸准确，模内木屑等杂物应清除干净；

(2)模板拼缝应严密，在灌注混凝土时不得漏浆。

6.2.1.4 混凝土

(1)混凝土配合比必须符合设计规定,混凝土垫层、基础表面应平整,不得有石子外露。

(2)构筑物不得有蜂窝、露筋等现象

6.2.2 允许偏差

6.2.2.1 卷材防水允许偏差见表4。

卷材防水允许偏差表　　表4

序号	项　目	质量标准	检验方法
1	搭接宽度	长边不小于100mm,短边不小于150mm	尺量检查
2	沉降缝防水	符合设计规定	按设计要求检验

6.2.2.2 钢筋安装位置允许偏差见表5。

钢筋安装允许偏差表　　表5

序号	项　目	允许偏差(mm)		检　验　方　法
1	主筋及分布筋间距	梁、柱、板	±10	尺量检查取最大偏差值,计1点
		基础	±20	尺量检查取最大偏差值,计1点
2	多层筋间距	±5		用尺量
3	保护层厚度	基础	±10	尺量检查取最大偏差值,10m计1点
		梁、柱	±5	尺量检查取最大偏差值,计1点
		板、墙	±3	尺量检查取最大偏差值,计1点
4	预埋件	中心线位置	5	尺量检查
		水平高差	0 +3	尺量检查

6.2.2.3 模板安装允许偏差见表6。

模板安装允许偏差表　　表6

序号	项　目	允许偏差(mm)	检　验　方　法
1	轴线尺寸	5	尺量检查
2	底模上表面标高	±5	尺量检查
3	基础截面尺寸	±5	尺量检查
4	墙	+4、-5	尺量检查
5	垂直度(不大于5m)	6	尺量检查
6	相邻两板表面高低差	2	吊线、钢尺检查
7	表面平整度	5	2m靠尺和塞尺检查

6.2.2.4 混凝土结构允许偏差见表7。

混凝土结构允许偏差表　　表7

序号	项　目	允许偏差	检　验　方　法
1	混凝土抗压强度	平均值不低于设计规定	《混凝土强度检验评定标准》(GB/T 50107—2010)
2	混凝土抗渗	不低于设计要求	《混凝土强度检验评定标准》(GB/T 50107—2010)
3	轴线位置	10mm	用经纬仪测量、纵横向各计1点
4	各部位高程	±20mm	用水准仪测量

续上表

序号	项　目		允许偏差	检　验　方　法
5	构筑物尺寸	长度或直径	0.5%且不大于20mm	尺量检查
6	构筑物厚度(mm)	200～600	±10mm	尺量检查
7	墙面垂直度		15mm	垂线检验
8	麻面		每侧不得超过该侧面积的1%	尺量麻面总面积
9	预埋件、预留孔位置		10mm	尺量检查

7　安全文明施工措施

7.1　建立安全保证体系，项目经理任安全组长，设专职安全员。落实安全生产责任制，对现场职工进行安全交底，以及进场前的安全教育。

7.2　进入施工现场，须佩戴安全帽等防护用品，每道工序、每个部位工程施工前必须有安全交底单。工序作业设置标志牌。

7.3　搬运钢筋要注意附近有无障碍物、架空电线和其他临时电气设备，防止钢筋在回转时碰撞电线或发生触电事故。

7.4　沟槽开挖时距离沟槽1.0m设置高度为1.2m防护栏。

7.5　上下沟槽走安全梯。

7.6　绑扎墙体钢筋，不得站在钢筋前架上操作和攀登骨架上下。钢筋在4m以上时，应搭设工作台并用临时支撑拉牢，以防倾倒。

7.7　吊车大臂下方严禁站人。

8　环保措施

8.1　在施工过程当中随时对场区和周边道路进行洒水降尘，降低粉尘污染。

8.2　建筑垃圾及时清运。

8.3　土方运输车辆采取覆盖等措施，出场时清洗轮胎防止污染周边环境。

8.4　在居民区施工时，采取隔音降噪措施，并应尽可能避开夜间施工。

§35 热力隧道浅埋暗挖施工方案

1 编制依据

1.1 《××工程施工组织设计》

1.2 《××工程施工图》

1.3 《城镇供热管网工程施工及验收规范》(CJJ 28—2004)

1.4 《地下铁道工程施工及验收规范》(GB 50299—1999)

1.5 《市政基础设施工程工程资料管理规程》(DB11/T 808—2011)

2 工程概况

本工程为××热力管线工程,管线全长621.6m。设计管径为DN1000。

全线共设计小室4座(1号、7号、8号、9号),小室初衬采用钢格栅锚喷护壁施工方法,小室结构为模筑钢筋混凝土结构。

隧道结构为马蹄形、直边墙、底板仰拱,采用复合衬砌结构形式。二次衬砌为模筑钢筋混凝土结构,两层衬砌之间设防水层。

DN1000隧道断面尺寸4.4m×2.8m(净尺寸),初衬厚度300mm,二衬厚度300mm。隧道覆土7.7~9.2m,小室结构尺寸为9.5m×6.0m(净尺寸),小室净高9.5m,小室深度13m。

结构防水等级:二级。除采用自防水混凝土外,在隧道初期支护和二次衬砌间设夹层防水,防水材料采用ECB/EVA共挤复合防水卷材,初衬与防水层间设置无纺布。

工程水文地质:地质勘察揭露地层12m深度范围内为素填土、粉质黏土、黏粉土、砂质粉土、粉质黏土、粉质黏土和砂质粉土、粉土黏土、黏土、细砂粉土等。

根据地勘报告本工程施工场区范围内无地下水。

3 施工准备

3.1 技术准备

3.1.1 技术人员认真熟悉设计图纸和地勘资料,组织相关人员进行现场勘察,并学习相关施工规范及标准。

3.1.2 测量员依据施工图和给定的坐标点测设小室中线点位、轴线定位桩和高程控制点,并放出桩位,报监理复核。

3.1.3 试验员对原材进行复试及做好见证取样计划。

3.1.4 经现场踏勘,本工程无妨碍施工的地上、地下构筑物。

3.2 现场准备

3.2.1 施工用电:采用1台315kVA变压器。

3.2.2 施工用水:附近的自来水引入。

3.2.3 利用现况道路做为施工临时道路,完成交通导改及围挡搭设。

4 施工部署

4.1 组织机构

项目部成立以项目经理为组长,项目总工和生产副经理为副组长的组织机构,下设技术、质量、试验、测量、工程、安全等部室,配备一个结构作业队和一个防水作业队,如图1所示。

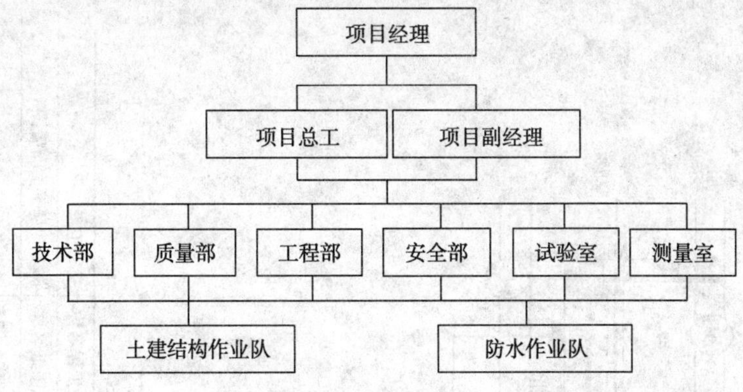

图1 组织机构图

4.2 施工安排

本工程沿线均位于道路中央。土建施工分成4个作业小组,同时进行施工。

施工现场平面布置如图2所示。

4.3 工期安排

总工期112天。工期计划横道图,如图3所示。

4.4 投入的主要机械设备

主要机械设备见表1。

主要机械设备表　　表1

序号	机械名称	规格型号	单位	数量
1	电动葫芦	5t	台	8
2	路面切割机	7.5W	台	2
3	汽车吊	16t	台	1
4	直流电弧焊机	BX-500	台	8
5	潜水泵	DN100	台	16
6	空压机	$12m^3/min$	台	4
7	发电机	TSWN-120	台	1
8	自卸汽车	ZX-80	台	3
9	混凝土喷射机	PZ-5b	台	4
10	混凝土搅拌机	—	台	4
11	注浆机	4点压型	台	4
12	轮胎式装载机	ZL50	台	1
13	混凝土输送泵	HB40	台	1

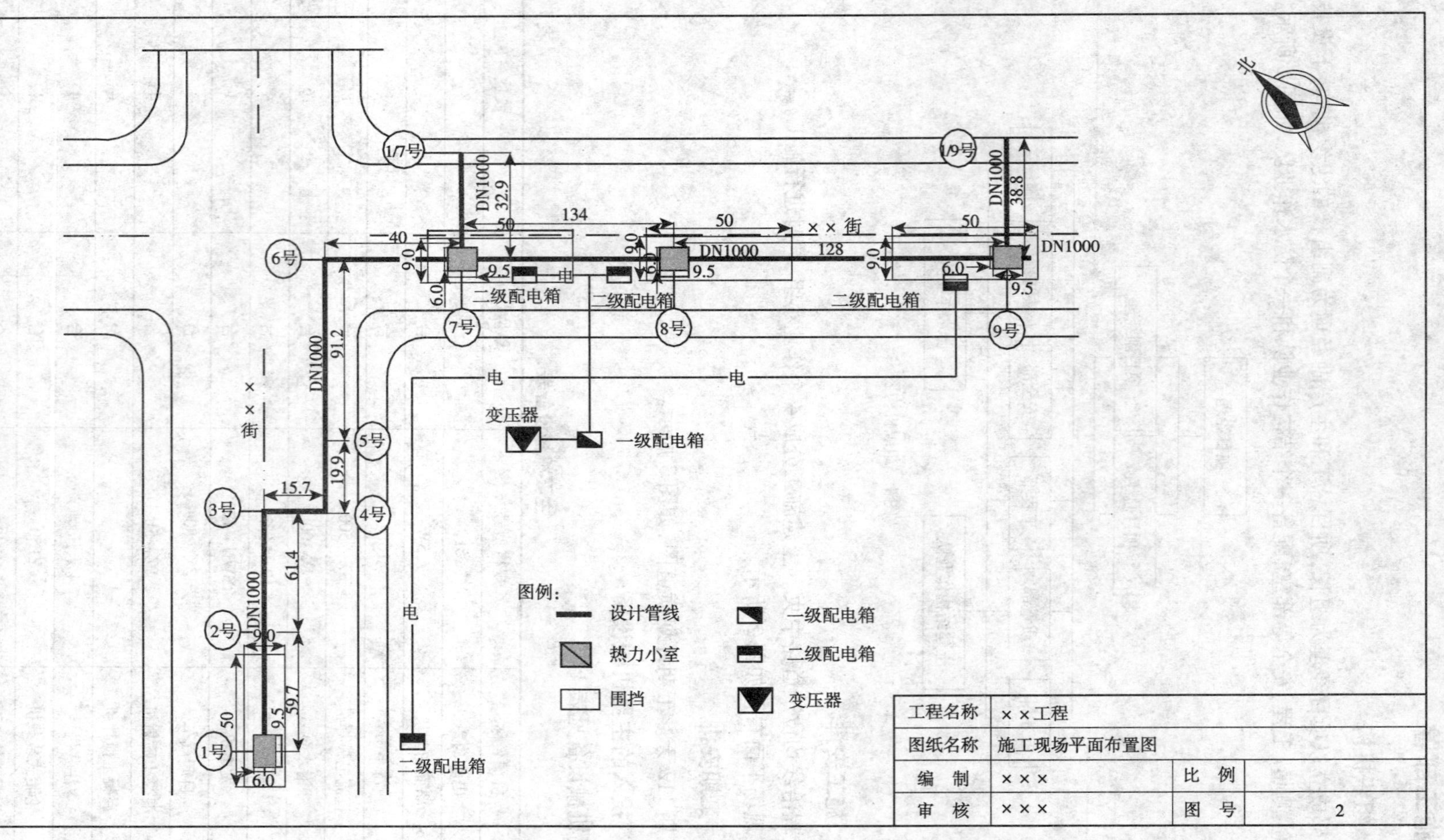

图2 施工现场平面布置图(尺寸单位:m)

序号	分项名称	工程量	持续时间(d)	单位：d										
				10	20	30	40	50	60	70	80	90	100	110
1	施工准备	—	10											
2	竖井初衬	4座	20											
3	隧道初衬	621.6m	150											
4	防水施工	9945m^2	25											
5	结构二衬	621.6m	30											

图3　工期计划横道图

4.5　主要材料准备

主要材料见表2。

主要材料表　　表2

序号	名　称	规格型号	单位	数　量
1	暗挖土方	—	m^3	4313.7
2	支护小导管	ϕ32	m	39693.7
3	注浆	改性水玻璃	m^3	11197.21
4	支护砂浆锚杆	ϕ25	m	1486.5
5	钢筋、型钢	—	t	294
6	初衬喷射混凝土	C20	m^3	1783
7	无纺布	—	m^2	9330
8	卷材防水	EVA/ECB	m^2	9330
9	二衬模筑混凝土	C30P8	m^3	3432.6
10	回填土	—	m^3	1130

4.6　劳动力准备

劳动力计划见表3。

劳动力计划表　　表3

序号	工　种	数量(人)	序号	工　种	数量(人)
1	钢筋工	36	5	电焊工	16
2	模板工	25	6	机械操作工	8
3	混凝土工	8	7	信号工	8
4	电工	8	8	力工	40

5　主要施工方法

5.1　施工工艺流程

测量放线→竖井初衬→隧道初衬→防水施工→隧道二衬→竖井二衬→竖井回填

5.2 测量放线

5.2.1 地面控制测量

施工进场后，利用布设的导线、水准线路高程点对甲方所交中线桩、高程点进行验桩。

复核验线完毕，对测量桩位设明显标志，并加以保护。

5.2.2 测量放线

根据竖井位置，在地面上测设竖井控制点。竖井开挖进入隧道后，将中线点、水准控制点和方向引入隧道洞中。每个洞内配备3台激光指向仪，两侧的激光仪高度与连接板高度等高，宽度距初支结构为20cm。同时为保证施工及测量精度，每前进20m重新设置及调整激光仪。

5.2.3 贯通测量

当两相向开挖的暗挖段贯通前10m，及时进行平面、高程的贯通测量，在整个贯通段内进行统一平差，求出控制点平差后坐标及高程，以便对下一步施工提供精度更高的数据。

5.3 施工监测

浅埋暗挖检测项目有：围岩支护状态、地表沉降、周边收敛、拱顶沉降。

5.3.1 围岩支护状态

围岩支护状态在开挖时观察地质情况，每一开挖环观察拱架支护状态，围岩支护在开挖后立即进行观测。

5.3.2 地表沉降监测方法

施工前在地表埋设水准桩，在重要管线处、道路、建筑物旁均要进行沉降观测，基点桩埋设在施工影响范围以外。施工中用精密水准仪配合钢尺观测地面绝对沉降量，并做好记录。

地表沉降每10m为一个断面，每断面设置9个观测点，如图4所示。开挖面距观测断面前后小于10m时，观测频率为每天1～2次；开挖面距观测断面前后小于25m时，观测频率为2天观测1次；开挖面距观测断面前后大于25m时，观测频率为1周观测1次。

5.3.3 拱顶下沉监测方法

拱顶下沉在隧道初衬完成后立即进行沉降点布置，每10m为1个断面，每断面设置3个测点，即拱顶设置1个测点，隧道两侧连接板各设置1个测点。观测频率同地表沉降观测。

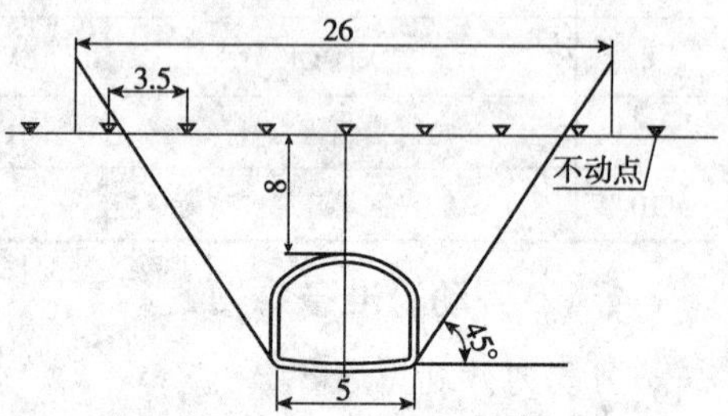

图4 隧道测点布置图(尺寸单位:m)

5.3.4 周边净空收敛观测方法

洞内净空变形量测应在开挖后进行，初读值就在开挖后12h内读取数值，最迟不应大于24h，在下一循环开挖前必须完成初期支护变形值的读数。布置观测点时，考虑在拱腰、边墙部分各布设一条。隧道顶部观测共用一个测点。每次量测时，用水准仪观测一下拱顶量测点相对水准基点的变形值。量测频率同地表沉降。

5.4 竖井初衬施工

圈梁土方开挖→圈梁钢筋→圈梁混凝土→安装龙门架→竖井土方开挖→安装钢格栅→喷射混凝土→临时支撑→竖井封底。

5.4.1 圈梁土方开挖

圈梁为矩形现浇混凝土结构，按照测量给定点位进行圈梁土方明挖施工。

圈梁采用机械开挖、人工清底。

5.4.2 绑扎圈梁钢筋

圈梁钢筋规格、加工尺寸符合设计要求，布筋位置、间距准确，绑扎牢固。

5.4.2.1 模板安装

圈梁模板采用组合钢模板拼装，要求拼缝严密，模板外侧用方木顶牢固，要求线条顺畅，模内尺寸符合设计要求。

5.4.2.2 浇筑混凝土

圈梁混凝土采用C25商品混凝土，罐车运到现场后，用溜槽入模，振捣棒振捣密实。

5.4.3 龙门架安装

在井口架设龙门架，用5t电动葫芦提升，出土采用$1m^3$底卸式提斗出土，并堆放在距井边2m以外土仓内。

5.4.4 竖井土方开挖

竖井开挖采用人工对角开挖，每一循环挖深60cm。开挖过程中，要遵循"快开挖、少扰动、紧封闭"的原则，充分利用土体的自稳能力。

5.4.5 安装钢格栅

竖井开挖后及时安装钢格栅。竖井钢格栅竖向连接筋为ϕ18@800竖向双层联结筋，且四角两侧必设一根；内外设ϕ6@100mm×100mm钢筋网片，钢筋网搭接不小于一个网孔；钢格栅钢筋保护层厚度40mm。

5.4.6 喷射混凝土

喷射混凝土强度等级为C20，并添加速凝剂。现场配制水泥与砂石之重量比为1:4～1:1.45，水灰比宜为0.4～0.45，砂率为55%，骨料粒径不宜大于15mm。水泥选用P.O 42.5普通硅酸盐水泥，初凝不超过5min，终凝不超过10min。

混合料搅拌采用自落式搅拌机，搅拌时间不少于2min。

喷射混凝土前应注意将施工缝用水或风冲净残留土，分层喷射，每层喷射厚度约为7cm。

5.4.7 安装支撑

混凝土喷射完成后达到75%设计强度后，安装角支撑和对撑，竖向每隔一榀设一道。

5.4.8 竖井封底

竖井到设计高程时，最后一榀竖井格栅预留底板插筋，预留插筋应与竖井格栅焊接，焊接长度不少于10天，验收合格后浇筑底板混凝土。

5.5 隧道初衬施工(图5)

超前小导管施工→超前注浆→开马头门→开挖上台阶土方→安装上拱钢格栅→喷射上拱混凝土→开挖下台阶土方→安装下拱钢格栅→喷射下拱混凝土→背后注浆。

5.5.1 超前小导管施工

隧道开挖前，在隧道上拱范围内，沿拱部外轮廓打入ϕ32环向间距300mm（管周布孔孔距100～200mm，孔径8mm，梅花形分布）、长3.0m的超前小导管，小导管纵向搭接长度1m。外插仰角为8°～10°。

5.5.2 超前注浆

注浆采用水泥浆，水灰比1:0.5，注浆压力控制在0.3～0.5MPa。

5.5.3 开马头门

隧道马头门施工，墙面水平钢格栅遇洞口断开并与隧道格栅焊牢（马头门施工需连续加设3 榀隧道格栅)。

5.5.4 开挖上台阶土方

采用正台阶法施工。施工时,先开挖上拱土方,每步进尺50cm,开挖过程中留置核心土。

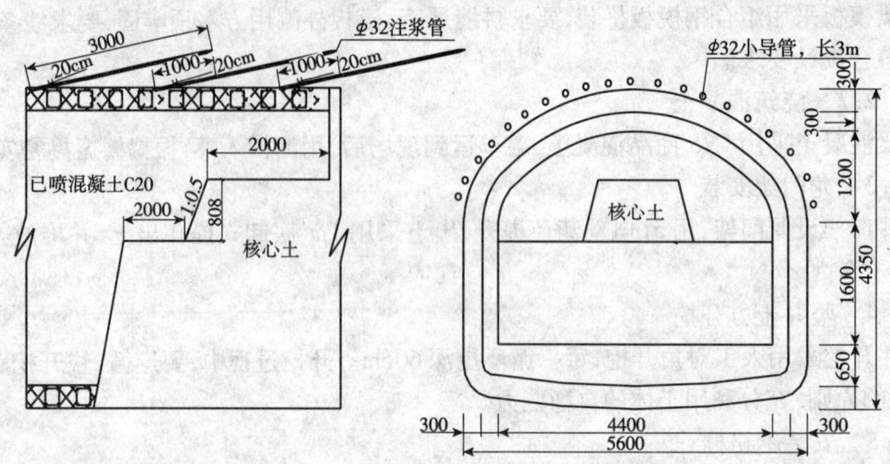

图5 土方开挖断面图(尺寸单位:mm)

5.5.5 安装上拱钢格栅

格栅安装前应将虚土及其他杂物清理干净,安装 $\phi6$@100mm×100mm 钢筋网片。格栅支立应根据激光导向仪或控制点支设,保证整榀拱架支设不扭曲。为防止格栅架立后下沉,在两侧拱角处打入2m长的 $\phi25$ 锁脚锚杆(每侧2根)。格栅拱架各连接点先用螺栓连接,再满焊牢固,格栅连接采用 ϕ22 间距1.0m的双层纵向联结筋。连接筋焊接完成后铺设 $\phi6$@100mm×100mm 钢筋网片。

5.5.6 喷射上拱混凝土

喷射上拱混凝土前应将清扫受喷面,检查开挖尺寸,清除表面浮渣,分层喷射,每层喷射厚度为5cm。

5.5.7 开挖下台阶土方

上拱完成5榀格栅后开挖下台阶土方,土方开挖长度为50cm,留置1:0.5坡度。

5.5.8 安装下拱格栅

格栅安装前应将虚土及其他杂物清理干净,安装 $\phi6$@100×100mm 钢筋网片,榀拱架支设不扭曲。连接筋焊接完成后铺设 $\phi6$@100×100mm 钢筋网片。

5.5.9 喷射下拱混凝土

喷射混凝土前应将残留土吹净,分层喷射,每层喷射厚度为8cm。

5.5.10 背后注浆

隧道初衬完成5m及时进行后背回填注浆,注浆采用水泥浆,水灰比1:0.5,注浆压力控制在0.2~0.3MPa。

5.6 防水施工

防水采用幅度3m、厚1.5mm的ECB/EVA共挤复合卷材防水材料。隧道拱墙、竖井井壁设置无纺布。防水层焊接封闭后应对其焊接质量进行检查,除保证焊缝平整顺直外,应进行焊缝充气检查。在底板防水层敷设后,浇筑50mm厚C20豆石混凝土保护层。侧墙在绑扎钢筋时应垫上胶合板以保护防水。

5.7 二衬结构施工

施工流程:绑扎底板钢筋→浇筑底板混凝土→绑扎拱墙钢筋→支立拱墙模板→浇筑拱墙混凝土→清理→充填注浆。

钢筋采用绑扎搭接,搭接长度 $40d$,模板采用定型钢模,支撑采用定型拱架和可调丝杆支撑,隧道二衬模板支撑如图 6 所示。

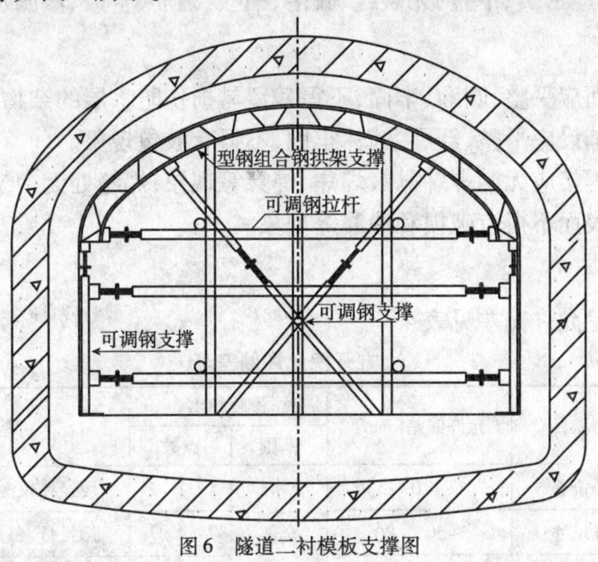

图 6 隧道二衬模板支撑图

二衬结构为钢筋混凝土结构,厚度为 300mm,混凝土采用 C30P8 抗渗混凝土,钢筋保护层厚度 30mm。

5.8 变形缝、施工缝设置

变形缝采用橡胶止水带与浸沥青油木丝板处理。缝的内侧预留宽 35mm、深 20mm 的八字槽嵌聚硫橡胶,并用 20mm 厚的砂浆保护。

侧墙水平施工缝表面凿毛清洗干净,并在施工缝中心位置安装 10mm × 30mm 遇水膨胀橡胶条。施工缝完成后经检验合格后浇筑边墙、拱顶混凝土。

5.9 二衬背后注浆

注浆采用水泥浆,水灰比 1:0.5,注浆压力控制在 0.2 ~ 0.3MPa。

6 质量保证措施

6.1 土方开挖

6.1.1 隧道开挖应按设计尺寸严格控制开挖断面,不得欠挖。

6.1.2 同一条隧道相对开挖,当两工作面相距 10m 时应停挖一段,另一段继续开挖。

6.2 钢筋格栅及钢筋网

6.2.1 钢筋格栅和钢筋网在加工厂加工,加工尺寸满足设计要求。加工应圆顺,直墙架应直顺。

6.2.2 钢筋格栅每片节点螺栓应安装齐全,加强筋及连接筋焊接满足设计要求。

6.3 钢筋安装

钢筋和型钢的规格、形状、尺寸、数量、接头设置必须符合设计要求。钢筋型钢表面应洁净。

6.4 模板安装

6.4.1 模板安装支撑必须牢固,在施工荷载作用下不得有松动、跑模、下沉等现象。

6.4.2 模板拼缝必须严密,不得漏浆,模内必须洁净,板面满涂脱模剂。

6.5 喷射混凝土

喷射混凝土表面应密实、平整、无裂缝、脱落、漏喷、漏筋、空鼓、渗漏水等现象。

6.6 防水施工

6.6.1 防水基面应平整、圆顺、牢固,不得残留易损伤防水层的杂物。

6.6.2 防水层铺设应平整、舒展、铺休牢固,不得有鼓包现象。

6.6.3 防水层焊接应无漏焊、假焊、焊焦、焊穿等现象,焊缝处无褶皱等现象。

6.6.4 防水层表面不得有破损和渗漏等现象。

6.7 允许偏差

6.7.1 土方开挖允许偏差见表4。

土方开挖允许偏差表 表4

名称	所处部位	量测项目	允许偏差(mm)	检验频率		检验方法
				范围	点数	
土方开挖	圈梁	中心位移	10	全部	1	用经纬仪测量
		基坑尺寸	+50、-20		4	用尺量、每边各计1点
		基底高程	±20		4	用水准仪测量,每边各计1点
	竖井	中线位移	10	每榀	1	用经纬仪测量
		基坑尺寸	+50、-20		4	用尺量、每边各计1点
		基底高程	±20		4	用水准仪测量,每边各计1点
	隧道	中线位移	10	每榀	1	用经纬仪测量
		断面尺寸	+50、-20		1	每断面环向隔2m布一个检查点,用激光指向仪,尺量取最大偏差值计1点
		槽底高程	±20		1	用经纬仪测量

6.7.2 钢筋网(钢架)制作(安装)允许偏差见表5。

钢筋网(钢架)制作(安装)允许偏差表 表5

名称	所处部位	量测项目	允许偏差(mm)	检验频率		检验方法
				范围	点数	
钢筋网片及钢架制作	竖井隧道	钢筋网长、宽	±10	每片网或骨架(同类型抽10%)	2	用尺量取最大偏差值,每边各计1点
		网眼尺寸	±10		1	用尺量取最大偏差值,计1点
		骨架长度	+5,10		1	用尺量取最大偏差值,长、宽、高各计1点
		骨架宽、高度	0,10		2	
		骨架箍筋间距	±10		1	用尺量取最大偏差值,计1点
		拼装后,沿隧道周边轮廓尺寸	±30	每榀钢架(同类型抽10%)	1	在竖实地面放出标准隧道或竖井轮廓、用尺量取最大偏差值,计1点
		拼装后平面翘曲	20		1	用小线拉通线,尺量取最大偏差值

名称	所处部位	量测项目	允许偏差(mm)	检验频率		检 验 方 法
				范围	点数	
钢筋网片及钢架安装	竖井隧道	中心位移	10	每榀	1	用激光指向仪,垂球和尺量,计1点
		钢骨架间距	±30		1	用尺量取最大偏差值,计1点
		拱脚高程	±15		1	用激光指向仪尺量取最大偏差值,计1点
		隧道钢架倾斜度	≤20		1	用垂球和半圆仪量测取较大值
		网片搭接	±20		1	用尺量取最大偏差值,计1点
		纵向筋间距	±20		1	
		保护层厚度	±20		1	

6.7.3 钢筋安装允许偏差,见表6。

钢筋安装允许偏差表 表6

名称	所处部位	量测项目	允许偏差(mm)	检验频率		检 验 方 法
				范围	点数	
钢筋安装	圈梁	双层筋间距	±10	每个	4	用尺量取最大偏差值,每边各计1点
		受力筋间距	±10		4	
		箍筋间距	±20		4	
		保护层厚度	±5		4	
	竖井	双层筋间距	±10	每座	4	用尺量取最大偏差值,每侧墙各计1点
		受力筋间距	±10		5	用尺量取最大偏差值,每侧墙及底板各计1点
		保护层间距	±5		5	
	隧道	双层筋间距	±10	每5m	1	每断面环向隔2m布一个检查点,用尺量取最大的偏差值,计1点
		受力筋间距	±10		1	
		保护层间距	±5		1	

6.7.4 模板安装允许偏差见表7。

模板安装允许偏差表 表7

名称	所处部位	量测项目	允许偏差(mm)	检验频率		检 验 方 法
				范围	点数	
模板安装	圈梁竖井	相邻两板表面高低差	2	每个圈梁或每座竖井	4	用尺量取最大偏差值,每边各计1点
		表面平整度	3		4	用2m直尺检验,每边各计1点
		垂直度	0.1%H且≤6		4	用垂球或经纬仪检验,每边各计1点
		模内尺寸	+3、-5		4	用尺量取最大偏差值,每边各计1点
		轴线位移	5		2	用经纬仪测量,纵、横向各计1点
		预埋件、预留孔位移	5	每件(孔)	1	用尺量
	隧道	相邻两板表面高低差	2	每5m	1	用尺量取最大偏差值计1点
		表面平整度	3		1	用2m直尺检验,取最大偏差值计1点
		模内尺寸	+3、-5		3	挂中心线,用尺量宽度,每测计1点,用尺量高度,计1点
		轴线位移	5		1	用经纬仪测量,计1点
		预埋件、预留孔位移	5	每件(孔)	1	用尺量

6.7.5 喷射混凝土(模筑混凝土)允许偏差,见表8。

喷射混凝土(模筑混凝土)允许偏差表 表8

<table>
<tr><th rowspan="2">名称</th><th rowspan="2">所处部位</th><th rowspan="2" colspan="2">量测项目</th><th rowspan="2">允许偏差(mm)</th><th colspan="2">检验频率</th><th rowspan="2">检验方法</th></tr>
<tr><th>范围</th><th>点数</th></tr>
<tr><td rowspan="7">喷射混凝土</td><td rowspan="7">竖井隧道</td><td rowspan="2" colspan="2">混凝土抗压强度</td><td rowspan="2">符合《铁路隧道喷锚构筑法技术规则》TBJ 108</td><td>每台班且不超100mm^3</td><td>1组</td><td rowspan="2">见《铁路隧道喷锚构筑法技术规则》TBJ 108 喷射混凝土抗压结度质量检验标准</td></tr>
<tr><td>隧道每20m</td><td>不少于2组</td></tr>
<tr><td colspan="2">中心线位移</td><td>20</td><td rowspan="5">每5m</td><td>1</td><td>用经纬仪测量</td></tr>
<tr><td rowspan="2" colspan="2">喷射混凝土厚度</td><td>平均值≥设计值</td><td rowspan="2">1</td><td rowspan="2">每5m检查一个断面,每断面环向每隔2m布一个检查点,用尺量取最大偏差值计1点</td></tr>
<tr><td>最小值≥85%设计值</td></tr>
<tr><td colspan="2">净空尺寸</td><td>+40、-20</td><td>1</td><td>用尺量取最大偏差值,计1点</td></tr>
<tr><td colspan="2">洞底高程</td><td>±20</td><td>1</td><td>用水准仪测量</td></tr>
<tr><td rowspan="7">模筑混凝土</td><td rowspan="7">圈梁隧道</td><td colspan="2">混凝土抗压强度</td><td>符合GB 50204规定</td><td>每台班且不超过100m^3</td><td>1组</td><td>见《混凝土结构工程施工及验收规范》GB 50204规定</td></tr>
<tr><td rowspan="2">截面尺寸</td><td>高度</td><td>±10</td><td rowspan="6">每个圈梁</td><td>4</td><td rowspan="2">每断面环向隔2m布一个检查点,用尺量取最大偏差值,计1点</td></tr>
<tr><td>宽度</td><td>±5</td><td>4</td></tr>
<tr><td colspan="2">净空尺寸</td><td>+20、-10</td><td>2</td><td>用尺量纵、横向各计1点</td></tr>
<tr><td colspan="2">轴线位移</td><td>20</td><td>2</td><td>用经纬仪测量,纵、横向各计1点</td></tr>
<tr><td colspan="2">圈梁顶高程</td><td>±20</td><td>4</td><td>用水准仪测量,每边各计1点</td></tr>
<tr><td colspan="2">平整度</td><td>8</td><td>4</td><td>用2m靠尺检验,每边各计1点</td></tr>
</table>

6.7.6 防水施工允许偏差,见表9。

防水施工允许偏差表 表9

量测项目	允许偏差(mm)	检验频率		检验方法
		范围	点数	
基层表面	必须清洁	全部	—	目测法
基层平整度	3mm	10m	10	用1m靠尺检验,每边各计1点
防水卷材焊接	50mm	抽检5处	5	用尺量
打压试验	压力0.12~0.15MPa不漏气	2道焊缝	2	压力表

7 安全与文明施工

7.1 成立安全生产施工领导小组,建立健全安全保证体系,实行安全生产责任制。

7.2 严格按照施工规范和安全操作规程施工,在作业地点挂警示牌,严禁违章操作。

7.3 施工场地应做详细的部署,出土、进料以及材料堆放场地应妥善布置、统一安排。

7.4 施工现场临时用电要求。

7.4.1 临时配电线路按规范架设。配电系统采用分级配电、三相五线制的接零保护。配电箱内保证电器可靠完好,其线型、定值要符合规定,开关标明用途,开关箱外观完整、牢固,并满足防雨、防砸的要求,统一编号,停用必须拉闸断电,锁好开关箱。

7.4.2 各种电器设备及其电力施工机械的金属外壳、金属支架和底座采取可靠接零或接地保护，同时设两极漏电保护装置。

7.4.3 手持电动工具的电源线、插头、插座保证完好，电源线不得任意接长或调换。

7.4.4 电焊机设防触电装置，外壳作接零或接地保护，焊线保证双线到位，无破损。

7.5 喷射混凝土初期支护安全技术措施：隧道在稳定岩体中可先开挖后支护，支护结构距离开挖面不宜大于0.7m；在不稳定土层中应采取注浆加固及超前加固导管施工。

7.6 安装钢筋格栅拱架应遵守下列规定。

7.6.1 抬运钢筋格栅拱架时，应相互一致，行动一致。

7.6.2 使用车辆运输时，应将格栅拱架绑扎牢固，按设计要求焊（栓）连接成稳定整体。在软弱围岩地段、拱脚、边墙及立柱底部必须垫实，必要时加设支撑。

7.7 防水层应在初期支护结构基本稳定，基面坚实、平顺、无漏筋、无漏水情况下施工。防水材料必须符合环保要求，作业现场严禁烟火。当需要明火时，必须严格遵守用火管理规定。

7.8 作业中遗撒的剩余废渣，边角料与清洁器具的残渣、废液，及时清理，妥善处置，不得随意丢弃、掩埋或焚烧。

§36 雨水泵站施工方案

1 编制依据

1.1 《××工程施工组织设计》

1.2 《××工程施工图》

1.3 《混凝土结构工程施工质量验收规范》(GB 50204—2002)

1.4 《建筑地面工程施工质量验收规范》(GB 50209—2002)

1.5 《砌体工程施工质量验收规范》(GB 50203—2002)

1.6 《屋面工程质量验收规范》(GB 50207—2002)

1.7 《建筑装饰装修工程质量验收规范》(GB 50210—2001)

1.8 《给水排水管道工程施工及验收规范》(GB 50268—2008)

1.9 《钢筋焊接及验收规程》(JGJ 18—2003)

1.10 《建筑工程冬期施工规程》(JGJ/T 104—2011)

1.11 《施工现场临时用电安全技术规范》(JGJ 46—2005)

1.12 《建筑工程施工质量验收统一标准》(GB 50300—2001)

2 工程概况

2.1 工程简介

本工程占地面积约600m^2,泵房占地面积218.975 m^2,建筑面积285.39m^2。

泵站设计抽升能力为450L/s。

泵房设地上一层,地下一层,建筑物高度5.4m。泵房形式为自灌式半地下矩形泵房,集水池与机器间合建,由中隔墙隔开。下部为钢筋混凝土结构,轴线尺寸9m×9.2m,深度-9.750m;上部为框架结构,层高4.8m,配有变配电室、值班室。

泵房及附属用房均为框架结构,建筑物抗震设防裂度为8度,建筑耐火等级为二级。

地下室防水混凝土抗渗等级为S6,防水等级为Ⅱ级,框架填充墙采用陶粒混凝土砌块。工程平面图及剖面图如图1、图2所示。

2.2 设备

2.2.1 采用250HW-12混流泵3台,电动机功率共计90kW。

2.2.2 格栅:选用GL1200型旋转式格栅除污机一台。

2.2.3 起重设备:为泵房机器间水泵及电机检修,选用起重量2t LX型电动单梁悬挂式起重机一台;为格栅间栅渣外运,选用起重量1t CD11-12型电动葫芦一台;为格栅间设备检修,选用起重量3t HS3型环链手动葫芦及SG-3手动小车各一台。

2.3 地质水文情况

拟建场地地层现场探勘均为砂卵石层,无地下水。

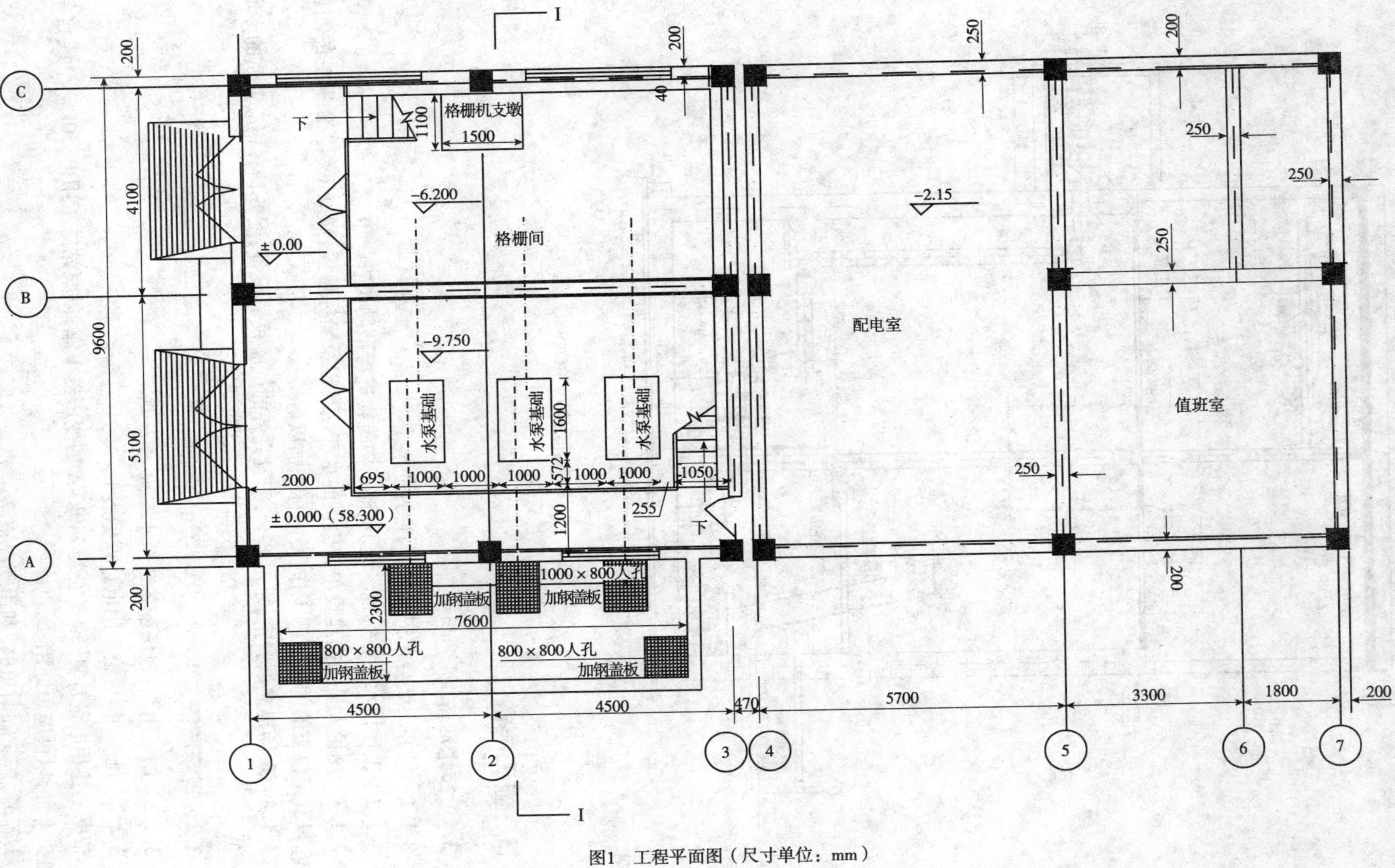

图1　工程平面图（尺寸单位：mm）

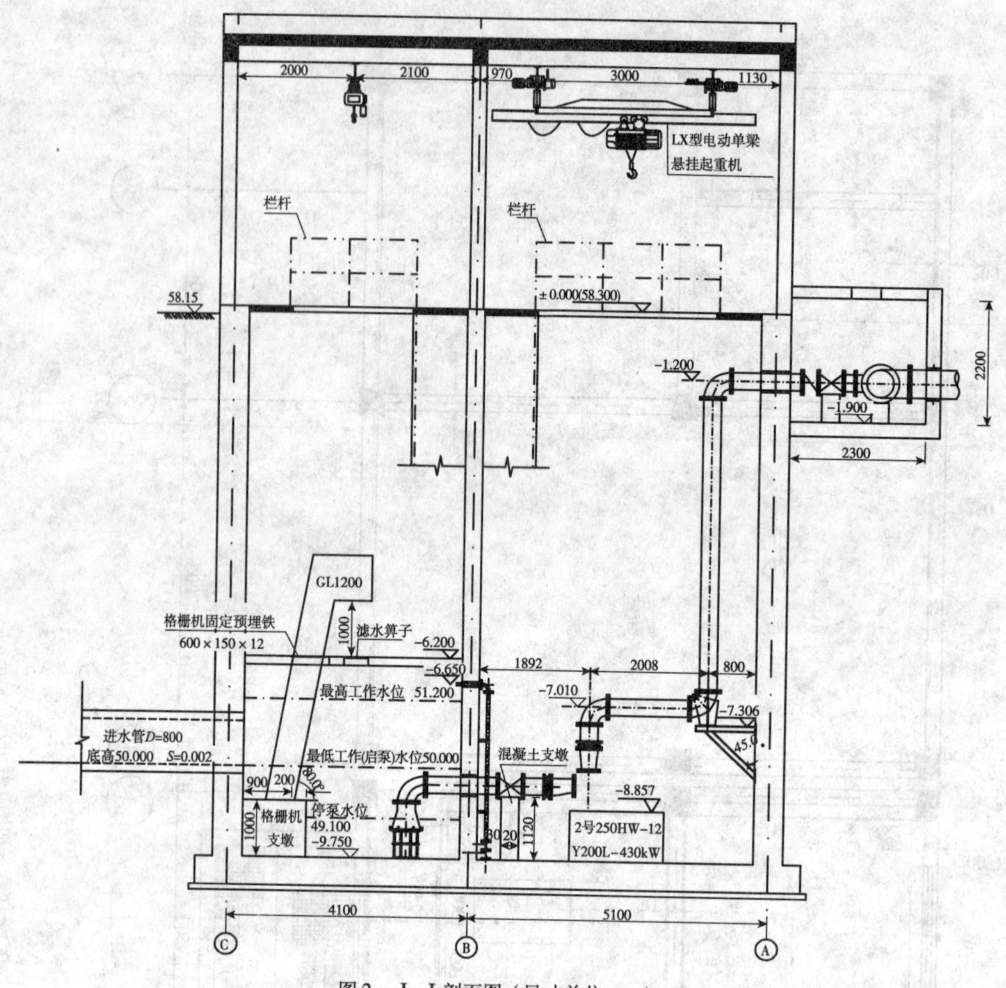

图2 Ⅰ-Ⅰ剖面图（尺寸单位：mm）

3 施工准备

3.1 技术准备

3.1.1 做好图纸会审记录，参与设计交底。

3.1.2 工程技术人员对现场地上、地下构筑物进行踏勘调查。

3.1.3 测量人员根据建设单位提供的水准点高程及坐标位置，做好工程控制网桩的测量定位，以及定位桩的闭合复测工作，做好标志加以保护。

3.1.4 现场建立试验室，水电齐全，配置完备的试验仪器设备，配备具有相应资质的专职试验员。

3.2 现场准备

3.2.1 施工用水：现场配备2台水车。

3.2.2 施工用电：施工用电计算见表1。

依据上述用电量计算，现场安装240kVA的变压器1座，供泵站施工用电，50kW全线自备发电机1台，以供应急之用。

3.2.3 施工临时道路：利用现况道路。

施工用电计算表

表1

项目	用电机具设备	功率(kW)	数量(台)	总计(kW)
钢筋工程	钢筋切断机	2.2	2	4.4
	钢筋调直机	4.1	2	8.2
	钢筋弯曲机	3	2	6
	电焊机	25	8	200
模板工程	电锯	12	1	12
	电刨	14	1	14
混凝土振捣	插入振捣器	1.1	10	11
总计			26	255.6

用电量计算：

$$P_{计} = 1.24K_1\sum P_e = 1.24 \times 0.7 \times 255.6 = 221.8\text{kW}$$

式中：$P_{计}$——计算用电量(kW)；

K_1——全部施工用电设备同时使用系数，总数；10～30 台时，$K_1 = 0.7$；

P_e——全部施工用电设备额定用量之和。

4 施工部署

4.1 组织机构

组织机构如图 3 所示。

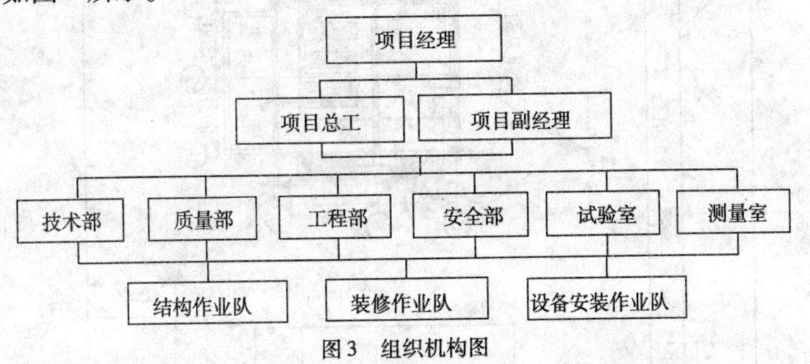

图 3 组织机构图

4.2 工期安排

本工程工期 120 天。工程计划横道图如图 4 所示。

序号	分项工程名称	工程量	持续时间(d)	单位：d 10	20	30	40	50	60	70	80	90	100	110	120
1	施工准备	—	5												
2	基坑开挖	$4596m^3$	7												
3	土建结构	$560m^3$	63												
4	设备安装	3套	15												
5	装修	$960m^2$	25												
6	交工验收	—	5												

图 4 工期计划横道图

4.3 施工安排

施工顺序：先地下后地上、先结构后安装再装修。

施工平面布置，如图 5 所示。

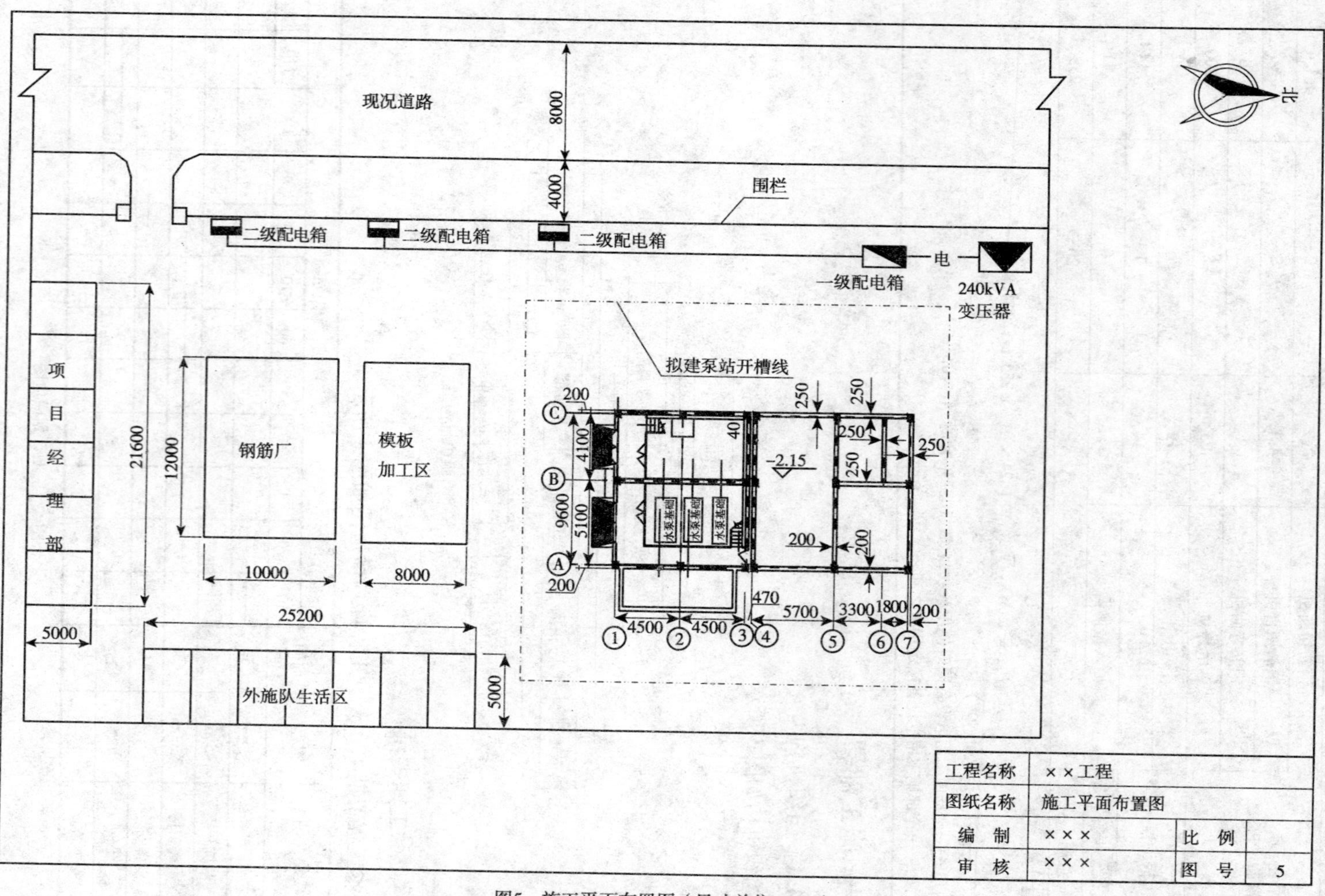

图5　施工平面布置图（尺寸单位：mm）

4.4 机械设备准备

主要施工机械设备见表2。

主要施工机械设备表 表2

序号	名 称	型号规格	单 位	数 量
1	挖掘机	EX300	台	1
2	自卸汽车	T815	辆	3
3	钢筋切断机	GQ40	台	2
4	钢筋弯曲机	GW40	台	2
5	空压机	YW－9/7	台	1
6	交流电焊机	ZX5－400	台	4
7	电锯	12kW	台	1
8	电刨	14kW	台	1
9	潜水泵	8kW	台	1
10	插入式振捣器	ZN50	套	10
11	平板振捣器	ZW350×600	台	3
12	小型压路机	DY650	台	1
13	砂轮切割机	JG－400	台	2
14	砂浆搅拌机	SJ－2	台	1
15	汽车起重机	30t	台	1

4.5 主要材料设备准备

主要材料计划见表3。

主要材料计划表 表3

序号	材料名称	规 格	单 位	数 量
1	Ⅰ级钢筋	$\phi 6 \sim \phi 10$	t	26.7
2	Ⅱ级钢筋	$\phi 12 \sim \phi 25$	t	163
3	混凝土	C30 抗渗 S6	m^3	520
4	混凝土	C25	m^3	40
5	陶粒空心砌块	240mm×880mm×390mm	m^3	78
6	塑钢门窗	—	m^3	74
7	改性防水卷材	SBS	m^2	365
8	单梁悬挂起重机钢轨	Ⅰ32a	m	18
9	低压配电柜	GGD	个	5
10	高压环网柜	CE	个	13
11	混流式通风机	SWF－B－4.0 型	台	1
12	格栅除污机	GL1200 型	台	1
13	混流泵	250HW－12 型	台	3

4.6 劳动力准备

劳动力计划见表4。

劳动力计划表　表4

序号	工种	数量(人)	序号	工种	数量(人)
1	瓦工	20	8	装修工	5
2	管工	5	9	电焊工	5
3	木工	15	10	电工	2
4	钢筋工	20	11	力工	30
5	架子工	4	12	试验工	2
6	混凝土工	5	13	测量工	2
7	水电工	10	14	合计	120

5 主要项目的施工方法

5.1 施工工艺流程

开槽→垫层及底板→结构施工(回填)→设备安装→装修

5.2 泵站土方工程

5.2.1 土方开挖

采用机械挖槽,20cm 人工清槽。

槽深约10m,上部先挖2.5m 深,挖至附属用房位置,然后进行大放坡,坡度不陡于1:0.75。

钎探:对槽底土质进行标准钎锤钎探试验,钎探点以梅花形布置;钎探深度2.1m,随钎探随覆盖,并做好记录;请建设、监理、勘察、监督站等有关单位联合验槽,经检查合格后进行下一道工序施工。

5.2.2 土方回填

待结构强度达到设计要求,进行回填作业,分层铺摊。每层铺土厚度为30cm,采用小型压路机压实。

5.3 主体结构施工

5.3.1 钢筋工程

5.3.1.1 钢筋加工

本工程钢筋均在现场加工。加工时严格按加工料表进行,分清连接形式,加工好的成品钢筋要严格进行分类。

5.3.1.2 钢筋绑扎

(1)基础钢筋绑扎如下:

在垫层上按图纸弹线,弹出墙边线、中线和集水坑的轮廓线。

先绑扎底板下铁钢筋,绑扎完后,再安装马凳。

随后绑扎底板上铁钢筋,最后是墙体插筋。

钢筋连接:钢筋直径≥18mm 的采用机械直螺纹连接,小于18mm 的采用绑扎搭接,搭接长度35d。

(2)墙体钢筋的绑扎:先绑扎竖向筋,再绑扎水平筋,加拉钩,安装塑料垫块。

(3)钢筋保护层:底板及墙体钢筋保护层厚度均为3cm。

5.3.2 模板工程

5.3.2.1 底板模板(图6)

底板厚40cm,面板采用12mm厚的覆膜多层板;次背楞采用5cm×10cm的方木,间距20cm;主背楞采用10cm×10cm的方木,间距80cm;外侧模板高出底板30cm,内侧设吊模30cm;下部模板外侧在底部钢筋上焊接ϕ18的钢筋固定模板,间距60cm一道;上部设ϕ16对拉螺栓,间距60cm一道。

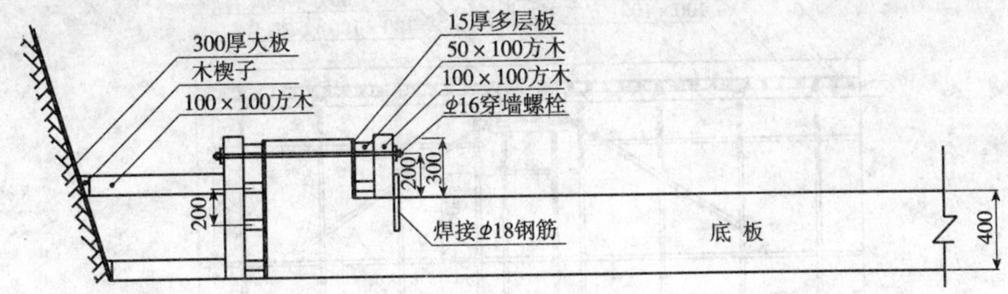

图6 底板支模图(尺寸单位:mm)

5.3.2.2 侧墙模板(图7)

侧墙模板采用15mm厚的多层板。侧墙模板上穿ϕ16对拉螺栓,间距为60cm×60cm。用双8号槽钢做主背楞,垂直间距60cm。用5cm×10cm的方木做次背楞,竖向间距为20cm。侧墙外模用ϕ48的钢管搭设脚手架,间距为60cm。

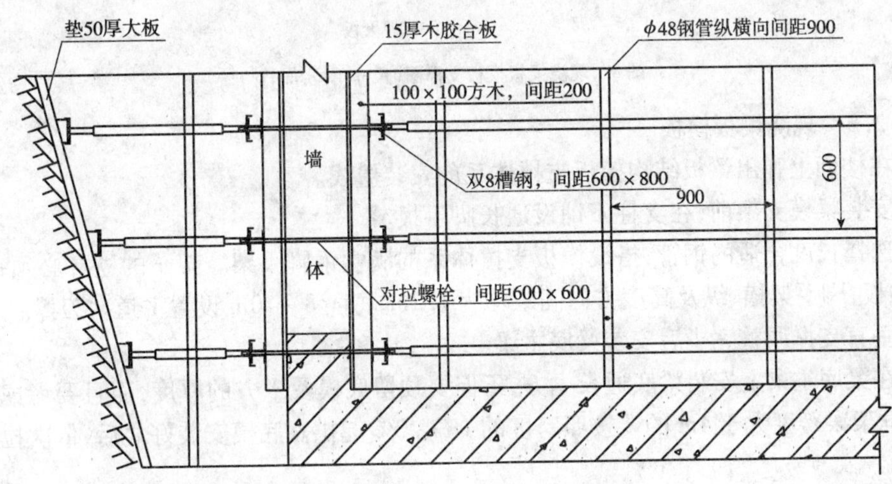

图7 墙体支模图(尺寸单位:mm)

5.3.2.3 顶板使用碗扣脚手架支撑体系。ϕ48钢管,立杆间距90cm,横杆间距90cm。水平向剪刀撑间隔3m。顶板模板横向支撑使用10cm×10cm方木加顶托。

侧墙及顶板预留洞口不规则部分使用竹胶模板加工成形后与钢模板拼装成一体。竹胶板后用3cm厚木板做肋。

井壁结构防水抗渗要求较高,要保证施工质量,首先必须保证模板支撑质量。模板应平整,拼缝严密不漏浆,并应有足够的刚度、强度。对拉螺栓固定模板,螺栓上加焊止水环。螺栓间隔横向、竖向均为60cm×60cm。

5.3.2.4 柱子模板(图8)

首先在基础或楼面板上用墨线弹出柱子底盘线;按照柱子底盘线安装柱子模板,在木模板模板底部安装底框;柱子模板的根部用水泥砂浆堵严,以免振捣时漏浆影响柱子混凝土质量;

柱子模板采用 $\phi 48 \times 3.5$ 钢管水平加固，竖向间距为 500mm，同时用 50mm × 100mm 木方竖向加固。检查框架柱模板的各项偏差项目，如：轴线位移、垂直偏差、对角线、扭向等，并拉通线校正。经检查合格后，用拉纤及斜向支撑固定。

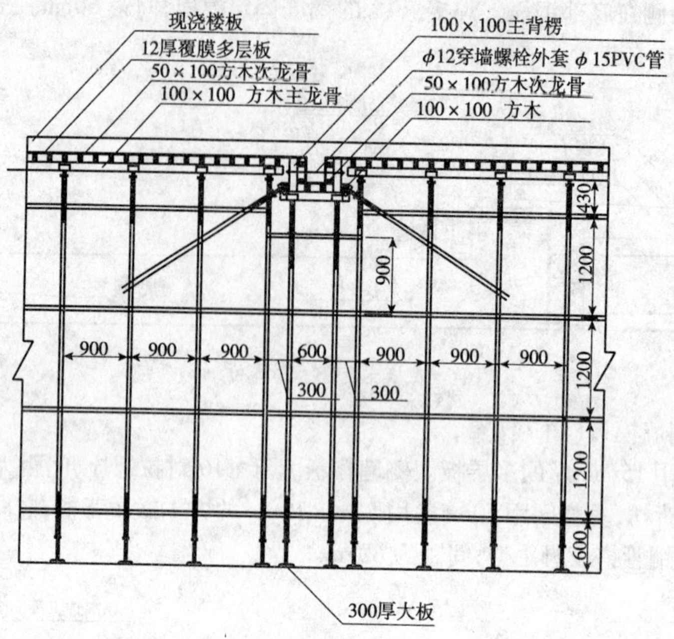

图 8　现浇梁板模板支撑图(尺寸单位：mm)

5.3.2.5　现浇梁板模板

(1)在楼面上弹出梁板结构模板支撑体系的安装墨线。

(2)安装梁模支架前，在支柱下铺设通长脚手板。

(3)选择长度合适的钢管，搭设模板支撑体系的满堂钢脚手架。架子的立杆必须垂直，底部铺垫跳板，脚手架横、纵及高度方向间距均为 1.2m，每隔 8 ~ 10m 设置 1 道剪刀撑。

(4)垂直支撑调整完毕后安装梁底主梁。

(5)在梁底主梁上安装梁底通长木方，不但要预留底模及木方的厚度，而且要考虑梁起拱的要求，框架梁跨度大于 4m 的要按照跨度的 1‰ ~ 3‰起拱。底模安装好之后，依次拉通线安装梁侧模。

(6)依次安装梁侧通长木方、夹杆及梁侧通长钢管；找正梁侧模板，用斜撑固定在梁底横担钢管上。

(7)在混凝土浇筑过程中安排人对模板及支撑进行检查，如发现支撑松动要及时加固。

(8)模板拆除 24h 前需报监理工程师批准，非承重侧模板，在抗压强度达到 2.5MPa 时，方可拆除，以保证其表面及棱角不致因拆模而受到损坏。顶板、现浇梁底模板需在混凝土强度达到 100% 方可拆除。

5.3.3　混凝土工程

本工程混凝土为 C30 防水混凝土，混凝土的坍落度控制在 16 ~ 18cm，混凝土拌和物的初凝时间控制在 6 ~ 8h。混凝土采用泵送，底板混凝土连续浇筑施工，不留设施工缝。底板与外墙的施工缝留在基础底板以上 30cm 处，施工缝处设通长钢板止水带。

墙体混凝土分层浇筑，每层高度控制在约 50cm。浇筑混凝土前，先在底部均匀浇筑 5 ~

10cm 厚与墙体混凝土成分相同的水泥砂浆。

梁板混凝土的坍落度控制在 13 ~ 15cm,先浇筑梁体混凝土再浇筑板,插入式振捣器配合平板振动器振捣。

待混凝土表面收水后,覆盖土工布保湿养生。养护时间不得少于 14d。

5.3.4 泵房上部框架填充墙

框架结构完成后进行填充墙施工,墙厚 240mm,墙体采用 MU5 砂浆砌筑。本工程 ±0.00 填充 GLZ 保温轻集料砌块,±0.00 以下砌块用 C30 细石混凝土填充。

纵横墙交接处要同时砌筑,留成斜槎,高度不超过 1.2m。空心砖墙拉通线砌筑,随砌随吊、靠,确保墙体垂直、平整。

5.3.5 屋面保温、防水

屋顶混凝土施工完毕后,进行屋面保温、防水施工。先用防水砂浆做找平,在找平层上铺设聚苯保温板,铺筑完成后浇筑细石混凝土,最后铺设 SBS 改性沥青防水卷材。

铺贴防水卷材采用热熔连接,确保基底平整、清洁、干燥,均匀后涂刷冷底子油,铺贴卷材一端黏牢后,手持火焰喷灯对着待铺的整幅卷材距离 30 ~ 50cm 施行往复移动烘烤,至卷材底面呈黑色光泽并伴有微泡及时推滚卷材进行铺贴,随后一人进行排气压实。纵向搭接不小于 10cm,横向搭接不小于 15cm。

5.4 装修工程

塑钢门、窗工程施工顺序:弹线找规矩→门窗洞口处理→门窗框就位和临时固定→检查框位→固定门窗框→门窗扇安装→门窗口周边堵缝(嵌填密封膏)→清理→安装五金配件→安装门窗纱扇密封条。

根据 +50cm 水平线找准门窗洞口上下边线,用水平仪统一找出上下口边,拉通线并标画清晰。根据弹好的两竖两横位置线将门窗框吊直找正,用木楔临时固定。用射钉将连接钢板与周边墙体固定牢固,确保钢板连接件与洞边的距离≤180mm,其他连接件间距≤600mm。

室内一侧洞口与窗框之间采用水泥砂浆填实抹平。外侧抹灰时,窗框与抹灰层间用米厘条隔开宽度 5mm,抹灰面超出窗框,待外抹灰层硬化后,取出米厘条,将嵌缝膏挤入抹灰层与窗框缝隙内。安装五金件、纱窗铰链、锁扣后,整理纱网,压实压条。

5.4.1 抹灰工程

5.4.1.1 全面检查墙体的垂直度、平整度,找好规矩,在准线上下两端排好通线后做标准灰饼及冲筋。

5.4.1.2 室内墙面、柱面的阳角和门洞口的阳角用 1:2 水泥砂浆抹出护角,高度为墙、柱及洞口全高,每侧宽度为 50mm。

5.4.1.3 基层为混凝土时抹灰前先刮素水泥浆一道。厚度大于 1.5cm 分 2 次抹灰,随装档随找平随压光。

5.4.1.4 外墙窗台、窗楣、压顶等上面做好流水坡度,下面做滴水槽(线),其宽度、深度均为 10mm。

5.4.2 室内外粉刷

墙面清扫干净后均匀刮腻子 2 道,每道腻子干燥后用砂纸打磨平整,再清扫干净。然后开始喷涂顶板和墙面。施工时,喷枪嘴离开喷涂面 30 ~ 50cm。喷至面层灰浆饱满、颜色一致。

5.5 机电设备安装

5.5.1 水泵及附属管件安装

机电设备安装工程必须与土建密切配合，进出水闸门的预埋件随土建施工进度进行。土建工程开工的同时即派人专业负责相关设备及电气的预埋。

5.5.1.1 水泵的安装

先进行水泵基础的浇筑，在基础上预留比螺栓直径大一倍的预留孔，按预留螺栓孔位置进行施工。

用天车将水泵就位，以进、出水管路的中线和高程线作为水泵的安装控制依据。水泵中叶轮与口环间隙、靠背轮间隙及轴承等的安装必须严格按照规范施工。安装泵体下垫铁，并根据安装高度对垫铁进行相应调整。通过调整垫铁将水泵的4个边角的水平度调整至合格，每个角分别在2个相互垂直的方向上进行调整。

最后对整体水泵进行调整。完成调整后，用钢筋将水泵临时点焊于水泵基础的预埋钢筋上，用高一强度等级的豆石混凝土浇筑基础，用环氧树脂砂浆灌实地脚螺栓孔。在混凝土强度达到要求后，将临时连接钢筋切除。

5.5.1.2 水泵的调试

水泵安装完毕后进行运行调试，在设计负荷下连续运行不少于2h，检查机组的电流、压力、噪声等工况是否正常。

5.5.2 电动葫芦安装

5.5.2.1 电动葫芦轨道的安装

轨道吊装前，对预留孔的位置尺寸、混凝土梁的尺寸进行检查，对预留孔的混凝土表面进行清理，并对轨道的形状尺寸进行检查，如发现轨道的弯曲超值、扭曲变形过大时，必须矫正轨道弯曲度。对轨道的安装基准线进行测量和标定，且轨道的安装基准线应有明显的标志，并将安装基准线向一边平移100mm，以便在进行安装时能准确测量。

安装轨道时应控制好轨道顶面的纵向倾斜度，其精度控制在不大于1/1000，每隔2m测1个点，在全行程上最高点和最低点之差不应大于3mm。电动葫芦轨道安装的实际中心线与安装基准线的水平位置偏差应不超过5mm。

5.5.2.2 电动葫芦的安装

(1)电动葫芦在安装前应按设计图纸及生产厂家技术说明书的要求，对已安装好的轨道进行一次全面的复测，并做好测量记录。

(2)对电动葫芦的部件进行全面的清扫检查，如果有缺陷尽量在安装前处理。检查滚轮，并注润滑油，使车轮转动灵活。

(3)对电动葫芦的行走机构进行检查和调整，包括齿轮间隙及刹车片间隙的调整，使之达到《起重设备安装工程施工及验收规范》规定的要求。

(4)采用桅杆、倒链将电葫芦安装就位。

5.5.3 固定式格栅除污机安装

格栅厂家定制，采用16t吊车就位。

将爬式格栅除污机整体吊入格栅井内，并移至安装位置初步定位。检查设备平面位置偏差不大于20mm，水平度偏差小于2/1000mm。检查格栅的安装角度符合设计图纸要求，其角度偏差小于±0.5°。格栅条对称中心与导轨的对称中心线在一直线上，栅条的纵向面与导轨侧面的平行度偏差不大于0.5/1000mm。安装后的耙齿与栅条的啮合间隙均匀、无卡阻现象，侧隙小于0.5mm，耙齿啮合与栅条深度大于35mm。

上述检查无误后，将设备上部机架与平台埋件紧固，下部机架的两侧及栅条背侧分别与土建侧壁牢固连接。然后在土建缝隙处进行二次细石混凝土的灌浆，至混凝土保养期满后进行设备的空车运转及负荷运转试验。

5.5.4 高、低压电气设备安装

5.5.4.1 电气设备安装前，室内装饰和地面抹灰工作都已完成，屏柜等电气设备安装场地应清洁干燥；并仔细校对现场埋件、基础、构架的尺寸、中心、高程、水平、距离、斜坡度在产品或设计要求范围内，以保证安装误差在规范内。

5.5.4.2 在主变压器及电气柜等重要设备出厂前，进行设备出厂前的验收。

6 质量保证措施

6.1 质量措施

6.1.1 成立质量管理领导小组，由项目经理任组长。

6.1.2 加强施工物资的质量控制，严把质量、数量、品种、规格验收关。

6.1.3 严格执行三检制，施工过程按规定进行检验，未达到标准要求必须返工，验收合格后才能进行下一道工序。

6.1.4 加强成品保护，指定专人负责，并合理安排施工顺序，防止后道工序损坏或污染前道工序。

6.1.5 钢筋工程。

6.1.5.1 把好原材料试验关，确保钢筋性能符合设计要求，不合格者一律清退。

6.1.5.2 钢筋品种、型号、搭接长度、锚固长度和接头位置符合规范和设计要求。

6.1.5.3 防止钢筋位移，确保保护层厚度。墙体上口和竖向焊梯子型钢筋固定架，确保水平筋和立筋的间距，顶板上层钢筋焊马凳，防止踩踏现象。

6.1.5.4 混凝土浇筑前重新对钢筋进行复查，浇筑期间设专人监督，防止下灰和振捣破坏钢筋，并在混凝土初凝前进行调整复位。

6.1.6 模板工程。

6.1.6.1 严格把好模板质量关，不合格、变形的模板坚决清退。模板清理干净后方能使用。

6.1.6.2 浇筑混凝土前进行模板预检，垂直度、平整度、墙体厚度及房间净控尺寸合格后，再检查模板加固的牢固程度，严防跑模现象。

6.1.7 混凝土工程。混凝土采取分层浇筑的方法，每层混凝土浇筑高度不超过振动棒有效长度的1.25倍，且振捣时插入下一层混凝土中50mm。

6.1.8 设备安装工程。设备安装牢固、可靠、位置准确。

6.2 质量标准

6.2.1 钢筋安装

6.2.1.1 主控项目

钢筋安装时，受力钢筋的品种、级别、规格和数量必须符合设计要求。

检查数量：全数检查。

检验方法：观察，钢尺检查。

6.2.1.2 一般项目

钢筋安装位置的偏差应符合表5的规定。

检查数量:在同一检验批内,对梁、柱和独立基础,应抽查构件数量的10%,且不少于3件;对墙和板,应按有代表性的自然间抽查10%,且不少于3间;对大空间结构,墙可按相邻轴线间高度约5m划分检查面,板可按纵、横轴线划分检查面,抽查10%,且均不少于3面。

钢筋绑扎允许偏差　　表5

项目			允许偏差(mm)	检验方法
绑扎钢筋网	长、宽		±10	钢尺检查
	网眼尺寸		±20	钢尺量连续三档,取最大值
绑扎钢筋骨架	长		±10	钢尺检查
	宽、高		±5	钢尺检查
受力钢筋	间距		±10	钢尺量两端、中间各一点
	排距		±5	取最大值
	保护层厚度	基础	±10	钢尺检查
		柱、梁	±5	钢尺检查
		板、墙	±3	钢尺检查
绑扎箍筋、横向钢筋间距			±20	钢尺量连接三档,取最大值
钢筋弯起点位置			20	钢尺检查
预埋件	中心线位置		5	钢尺检查
	水平高差		+3、0	钢尺和塞尺检查

注:检查预埋件中心线位置时,应沿纵、横两个方向量测,并到其中的较大值;

表中梁类、板类构件上部纵向受力钢筋保护层厚度的合格点率应达到90%及以上,且不得有超过表中数值1.5倍的尺寸偏差。

6.2.1.3　允许偏差

6.2.2　模板安装

6.2.2.1　主控项目

(1)安装现浇结构的上层模板及其支架时,下层楼板应具有承受上层荷载的承载能力,或加设支架;上、下层支架的立柱应对准,并铺设垫板。

检查数量:全数检查。

检验方法:对照模板设计文件和施工技术方案观察。

(2)在涂刷模板隔离剂时,不得沾污钢筋和混凝土接槎处。

检查数量:全数检查。

检验方法:观察。

6.2.2.2　一般项目

(1)模板安装应满足下列要求:

①模板的接缝不应漏浆;在浇筑混凝土前,木模板应浇水湿润,但模板内不应有积水。

②模板与混凝土接触面清理干净并涂刷隔离剂,但不得采用影响结构性能或妨碍装饰工程施工的隔离剂。

浇筑混凝土前,模板内的杂物应清理干净。

③用作模板的地坪、胎模等应平整光洁,不得产生影响构件质量的下沉、裂缝、起砂或

起鼓。

检查数量：全数检查。

检验方法：观察。

(2)对跨度不小于4m的现浇钢筋混凝土梁、板，其模板应按设计要求起拱；当设计无具体要求时，起拱高度宜为跨度的1/1000～3/1000。

检查数量：在同一检验批内，对梁应抽查构件数量的10%，且不少于3件；对板应按有代表性的自然间抽查10%，且不少于3间；对大空间结构，板可按纵、横轴线划分检查面，抽查10%，且不少于3面。

检验方法：水准仪或接线、钢尺检查。

(3)固定在模板上的预埋件、预留孔和预留洞均不得遗漏，且应安装牢固。

检查数量：在同一检验批内，对梁、柱和独立基础，应抽查构件数量的10%，且不少于3件；对墙和板，应按有代表性的自然间抽查10%，且不少于3间；对大空间结构，墙可按相邻轴线间高度约5m划分检查面，板可按纵横轴线划分检查面，抽查10%，且均不少于3面。

检验方法：钢尺检查。

现浇结构模板安装的偏差应符合表6规定。

现浇结构模板安装的允许偏差及检验方法 表6

项目		允许偏差(mm)	检验方法
轴线位置		5	钢尺检查
底模上表面高程		±5	水准仪或拉线、钢尺检查
截面内部尺寸	基础	±10	钢尺检查
	柱、墙、梁	+4、-5	钢尺检查
层高垂直度	不大于5m	6	经纬仪或吊线、钢尺检查
	大于5m	8	经纬仪或吊线、钢尺检查
相邻两板表面高低差		2	钢尺检查
表面平整度		3	2m靠尺和塞尺检查
预埋管中心线位移		3	拉线和尺量检查

检查数量：在同一检验批内，对梁、柱和独立基础，应抽查构件数量的10%，且不少于3件；对墙和板，应按有代表性的自然间抽查10%，且不少于3间；对大空间结构，墙可按相邻轴线间高度约5m划分检查面，板可按纵、横轴线划分检查面，抽查10%，且均不少于3面。

6.2.3 混凝土

6.2.3.1 主控项目

结构混凝土的强度等级必须符合设计要求。用于检查结构构件混凝土强度的试件，应在混凝土的浇筑地点随机抽取。取样与试件留置应符合下列规定：

每拌制100盘且不超过100m^3的同配合比的混凝土，取样不得少于一次；

每工作班拌制的同一配合比的混凝土不足100盘时，取样不得少于一次；

当一次连续浇筑超过100m^3时，同一配合比的混凝土每200m^3取样不得少于一次；

每一楼层、同一配合比的混凝土，取样不得少于一次；

每次取样应至少留置一组标准养护试件，同条件养护试件的留置组数应根据实际需要确定。

检验方法:检查施工记录及试件强度试验报告。

6.2.3.2 一般项目

现浇结构的外观质量不宜有一般缺陷。

对已经出现的一般缺陷,应由施工单位按技术处理方案进行处理,并重新检查验收。

检查数量:全数检查。

检验方法:观察,检查技术处理方案。

现浇混凝土允许偏差见表7。

混凝土浇筑允许偏差表 表7

序号	项目	允许偏差(mm)
1	轴线位移	5
2	高程	±10
3	截面尺寸	+5 ~ −2
4	柱墙垂直度	5
5	表面平整度(2m长度内)	4
6	预埋管、预留孔中心线位置	5
7	预留洞中心线位置	15

7 安全文明施工措施

7.1 安全施工措施

7.1.1 土方开挖

7.1.1.1 施工前与有关单位联系,查清施工地区地下物情况后方可进行施工。

7.1.1.2 在夜间施工时,备有足够的灯光照明,并设置明显标示。

7.1.1.3 土方开挖,弃土及时清运,临时堆土坡脚至边坡距离保持1.5m安全距离。

7.1.1.4 基坑开挖严格按要求进行,操作时随时注意边坡的稳定情况,发现问题及时加固处理。

7.1.1.5 坑边防护

(1)在离坑边1m的位置,将长1.8m、直径为48mm的钢管打入地下深度为60cm,钢管离地面高度1.2m,搭设2道防护栏杆(第一道60cm,第二道1.2m),刷红、白相间漆(红、白相间漆距离30cm)。立杆高度一致,横杆交接处平直,然后在栏杆上挂密目安全网,防止坑边材料坠落伤人。坑边1m内禁止堆放材料和车辆通行,拉杆上夜间有红灯示警。

(2)坑内上下人行马道,坡度1:3,宽度1.5m。马道和坑边连接牢固,马道外挂密目安全网,防止材料坠落伤人。马道防滑条1500mm×20mm×30mm,每300mm一步,有挡脚板,转角处脚手板铺设要严密、平稳,不得有空隙。

7.1.2 钢筋工程

钢筋绑扎应遵守下列规定:

(1)在绑扎的平面钢筋上,不准踩踏行走。

(2)在搬运及安装钢筋时,防止碰触电线。

(3)绑扎柱子、墙体钢筋时不准站在箍筋、水平筋上作业,超过2m作业搭设脚手架,不应在模板或脚手架上集中堆放钢筋。

(4)钢筋加工及钢筋堆放场地必须使用保护电闸箱及控制柜,电气开关柜和焊接设备操作地面铺设橡胶板或其他绝缘材料。

(5)电源开关灵敏,漏电保安器完好,安全防护装置完整有效。

(6)拉直钢筋,卡头要牢固,地锚要结实牢固,拉筋沿线2m区域内禁止行人。

7.1.3 模板工程

7.1.3.1 模板安装应遵守下列规定:

(1)支模场地必须平整,模板工程作业高度在2m和2m以上时,设置安全防护设施。

(2)禁止利用模板支撑攀登上下,不得在墙顶等高处狭窄而无防护的模板上行走。

(3)模板安装过程中,不得间歇,柱头、拉杆、顶撑等必须安装牢固成整体后,作业人员方能离开。

7.1.3.2 模板拆除时应遵守下列规定:

(1)拆模按照先支后拆、后支先拆的顺序,拆除顶板模板时严禁一次性拆除。

(2)拆模作业时必须设警戒区。

(3)拆除的模板、支撑等材料,必须边拆、边清、边运、边码放,严禁从高处向下抛掷。

7.1.4 混凝土工程

7.1.4.1 操作振捣作业时,穿戴好胶鞋和绝缘橡皮手套。

7.1.4.2 电缆线上不得有裸露之处,放置在干燥、明亮处;不允许在电缆线上堆放其他物品,以及用电缆线吊挂振捣器等物。

7.2 文明施工措施

7.2.1 施工现场临时存放的施工材料要分规格码放整齐,做到一头齐,一条线,不超高,不混放。

7.2.2 各类机械设备,按照施工现场管理规定的位置停放整齐,定期进行保养。

7.2.3 保持施工现场整洁,工人操作做到活完料净脚下清,每道工序完成后都要及时把剩余材料和建筑垃圾清理干净。

7.2.4 施工现场洒水控制扬尘,严禁凌空抛洒。

§37 污水管道工程顶管施工方案

1 编制依据

1.1 《××工程施工组织设计》

1.2 《××工程施工图》

1.3 《北京市给水排水管道工程施工技术规程》(DBJ 01－47—2000)

1.4 《给水排水管道工程施工及验收规范》(GB 50268—2008)

1.5 《钢筋焊接及验收规程》(JGJ 18—2003)

1.6 《施工现场临时用电安全技术规范》(JGJ 46—2005)

1.7 《北京市市政基础设施工程暗挖施工安全技术规程》(DBJ 01－87—2005)

1.8 《北京市市政工程施工安全操作规程》(DBJ－56—2001)

2 工程概况

2.1 工程简介

本工程新建管道长度为420m,检查井7座(其中包含勾头井2座),管径为D1800,采用顶管施工,管材为钢筋混凝土钢承口管(Ⅲ级)。

顶管段平均埋深为6m,管内底距现况地面高度为8m,顶管段现况地面起伏不大。

施工范围内无其他地下管线。地上无影响施工的构筑物。

2.2 工程地质情况

施工区域土层从上到下划分为人工堆积层、新近沉积层和第四纪沉积层三大类。

(1)人工堆积层:厚度1.5～2m的杂填土、碎石填土①层,卵石填土①1层及黏质粉土填土①2层。

(2)新近沉积层:人工堆积层以下为厚度1.7～3.8m的新近沉积的粉质黏土、黏质粉土②1层及细砂②2层。

(3)第四纪沉积层:新近沉积层以下为厚度5.4～6.6m的第四纪沉积的圆砾③层及粉质黏土③1层。

2.3 水文条件

地勘资料显示深12.00m范围内无地下水。

3 施工准备

3.1 技术准备

3.1.1 技术人员熟悉设计图纸和地勘资料,组织相关人员进行现场勘察,并学习相关施工规范及标准。

3.1.2 测量员依据施工图施放出新建管线检查井中心位置控制点以及流水面高程控制点,并报监理复核。

3.1.3 试验员对原材进行复试及做好见证取样计划。

3.2 现场准备

3.2.1 施工场地布置

本工程库房及钢筋加工场,均设置在施工用地范围内。在现况管线北侧修筑一条宽5m的施工便道,便道采用50cm天然砂砾分层碾压。

3.2.2 施工用电

全线设置1台200kW发电机解决施工用电,放置在4号工作坑与5号工作坑中间,位于施工便道北侧(具体位置详见平面图,如图1所示。现场备用一台100kW发电机。

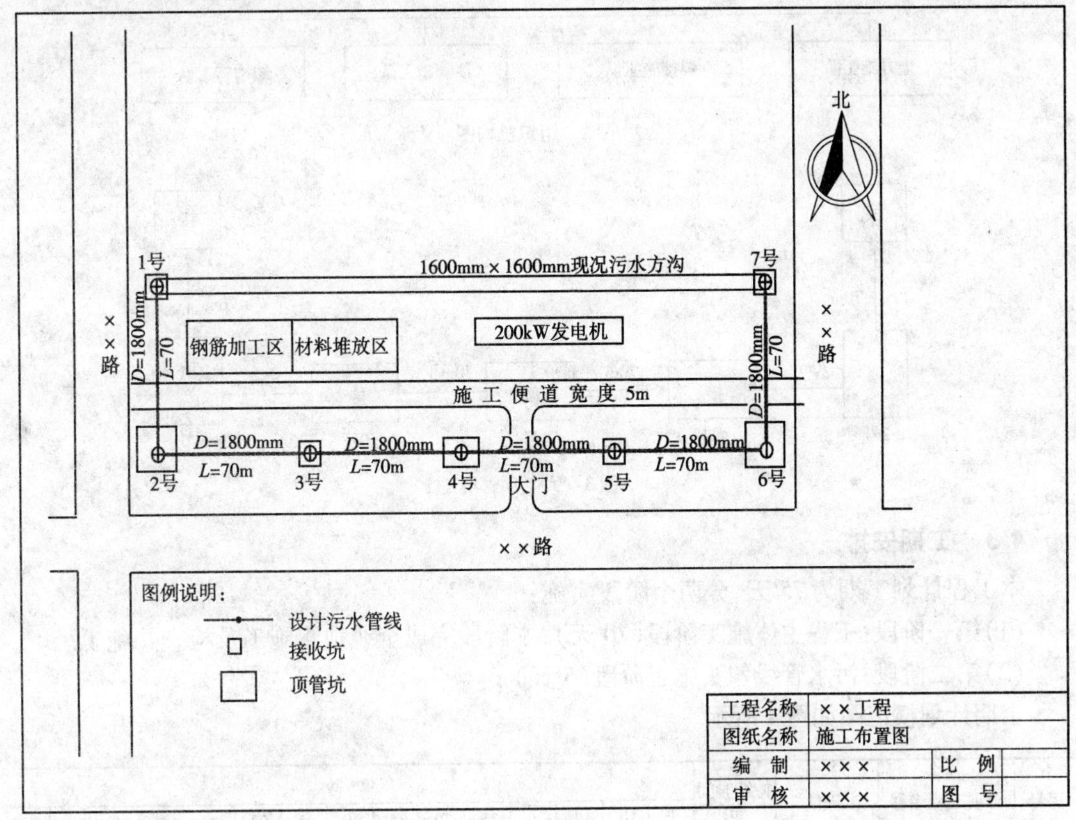

图1 施工布置图

3.2.3 施工用水

施工中在各工作坑均配备1个临时储水箱,采用2辆水车由附近中水站拉水。

4 施工部署

4.1 组织机构

项目部成立以项目经理为组长,项目总工和生产副经理为副组长的组织机构,下设技术、质量、试验、测量、工程、安全等部室,配备4个施工队,负责土方、焊接、顶管及机构施工,如图2所示。

4.2 施工安排

人工顶管坑的布置原则上按平均每70m设一座顶管工作坑,共设顶管坑3座、接收坑4座。2号、4号、6号采用双向顶进,1号、7号工作坑为勾头兼接收坑,如图3所示。

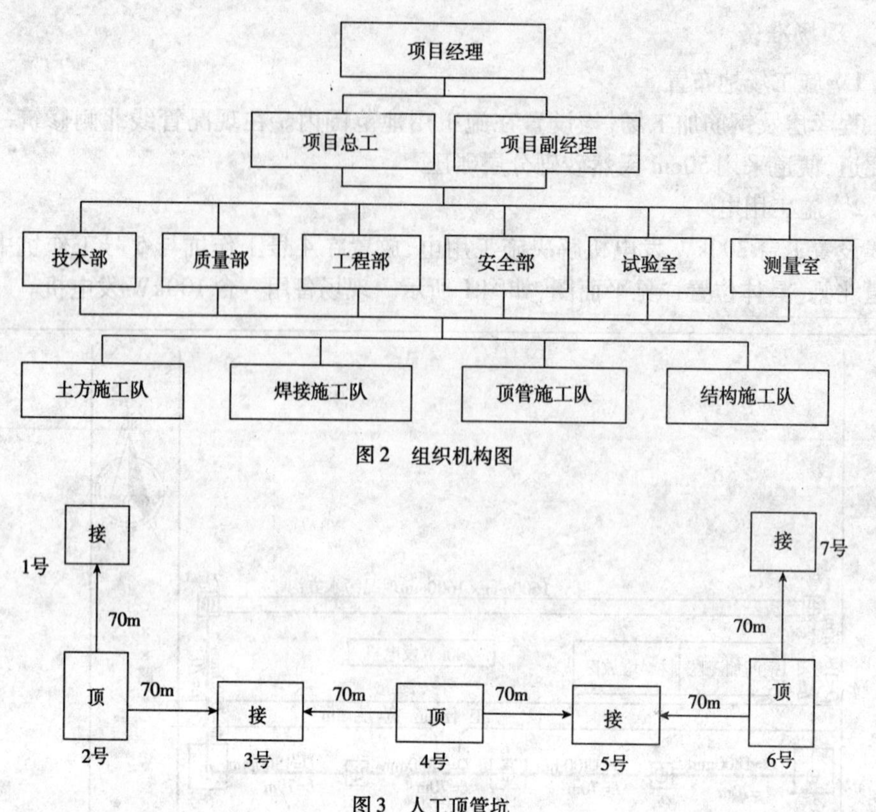

图2 组织机构图

图3 人工顶管坑

4.3 工期安排

本工程计划工期为75天,分两个阶段实施:

(1)第一阶段:工程主体施工阶段(70天),本阶段完成全线顶管施工及检查井施工。

(2)第二阶段:污水管线勾头施工阶段(5天)。

工期计划横道图如图4所示。

序号	分项工程名称	工程量	持续时间(d)	单位:d														
				5	10	15	20	25	30	35	40	45	50	55	60	65	70	75
1	锚喷工作坑	7座	15															
2	后背及设备安装	3处	10															
3	顶管	420m	30															
4	填充注浆	420m	10															
5	检查井	7座	10															
6	工作坑回填	7座	5															
7	闭水试验	全线	5															
8	勾头	2座	5															

图4 工期计划横道图

4.4 机械设备准备

机械设备见表1。

机械设备表 表1

序号	名 称	规格型号	单位	数 量
1	顶镐	320t	台	6
2	注浆泵	Y100	台	3
3	移动式搅拌机	JZC350	台	1
4	卷扬机	1t	台	7
5	卷扬机	5t	台	3
6	电焊机	BX-300-2	台	7
7	空压机	YY9/7	台	4
8	配电箱	200A	台	7
9	水准仪	DS3	架	2
10	经纬仪	DJ2	架	2
11	铅垂仪	Leica	架	2
12	挖掘机	SW330LC-3	台	2
13	打夯机	HW60	台	7
14	破碎炮	—	台	2
15	自卸汽车	斯太尔	台	6
16	货车	BJ1041	台	2
17	砂浆搅拌机	LG-300	台	1
18	振捣器	ZY35	台	4
19	发电机	200kW	台	1
20	发电机	100kW	台	1
21	吊车	25t	台	1
22	污水泵	4寸	台	6
23	污水泵	6寸	台	4
24	污水泵	3寸	台	6
25	水车	—	台	2

4.5 劳动力准备

劳动力计划见表2。

劳动力计划表 表2

序号	工种	数量(人)	序号	工种	数量(人)
1	顶管工	48	6	瓦工	10
2	测量工	6	7	机械工	24
3	电工	6	8	木工	8
4	焊工	6	9	力工	40
5	钢筋工	6			

4.6 主要材料准备

主要材料见表3。

主 要 材 料 表 表3

序号	名 称	规格型号	单 位	数 量
1	钢筋混凝土钢承口管	D1800mm(Ⅲ级)	m	389
2	钢筋	ϕ8	t	9
3	钢筋	ϕ10	t	5
4	钢筋	ϕ12	t	3
5	钢筋	ϕ14	t	5
6	钢筋	ϕ16	t	5.5
7	钢筋	ϕ18	t	38
8	钢筋	ϕ20	t	6
9	锚喷混凝土	C20	m^3	405
10	商品混凝土	C30	m^3	54
11	商品混凝土	C25	m^3	88
12	商品混凝土	C10	m^3	9
13	五防重型雨水井盖	D800	套	7

5 主要施工方法

5.1 施工工艺流程

测量放线→工作平台及四脚架设置→工作坑开挖→导轨安装→顶镐及后背墙选用→顶进设备安装→管道顶进→水泥、粉煤灰浆补浆→管道接口→检查井施工→闭水试验→工作坑回填

5.2 施工工艺

5.2.1 测量放线

5.2.1.1 接桩复核

与测绘交桩单位交接桩后，进行桩位复核(平面、高程)，依据工程测量规范进行资料计算并向监理提供结果。

5.2.1.2 控制点加密

坐标点复核完毕后，即可开始全线加密。沿工程全线在线路两侧45~100m范围内的土质密实处埋设加密控制点，点位埋设要求符合规范中临时测量点位制作及埋设规定。点位埋设稳固后即可开始测值，架设全站仪以附合导线形式进行，按四等导线测设，其主要技术要求$\pm 40\sqrt{n}('')$(n为测站数)。

5.2.1.3 水准点加密

高程点复核完毕后，开始水准点加密。在工程沿线两侧有稳固建筑物处测设施工水准点，非稳固区测设临时水准点，以附合水准形式进行三等水准测量，其主要技术要求$\pm 12\sqrt{L}$(mm)(L为附合线路长度)。

5.2.1.4　施工放线

根据设计图纸坐标及高程，将各检查井中心测设于现况地面上，并在每个井段中间施放一个方向控制点，以便于施工中正确测量顶管中心位置。工作坑到底后，将顶管高程控制点及中心控制点引到基坑底部。

5.2.2　工作平台及四脚架设置

5.2.2.1　工作平台搭设

平台设4根主梁，两根横梁，均选用30C号工字钢，主梁每侧两根与横梁每侧一根焊接而成。主梁间距300cm，横梁间距700cm；主梁上面满铺15cm×15cm方木，方木上满铺5cm厚大板；用扒锯全部扒牢，留出下管孔口位置；孔口位于工作竖井中心。工字钢焊接焊缝要满焊。出土滑动平台调试正常后，固定平台导轨。平台、孔口设置护栏，护栏高度1.2m，距平台洞口边距离为0.5m。

5.2.2.2　支立四脚架

下管起重架采用4ϕ159钢管，$L=9$m；起重架顶部打孔，用60mm圆钢管穿接连接，两端锁紧。支架底部焊接在平台上横向放置的20b号工字钢上(采用4根ϕ18、长50cm钢筋将工字钢与钢筋接触面及钢管支架底部四周焊接牢固，20b号工字钢与主梁焊接连接)，并在四脚外侧采用ϕ18钢筋焊防滑挡托。沿工作井长向两侧的支架设置自下而上、纵向间距为1.5m的ϕ48mm钢管作为横向拉杆。拉杆与起重架钢管采用卡扣进行连接。拉杆安装要水平且保证拉杆能充分拉紧。出土采用1t卷扬机，下管时采用5t卷扬机配套6组动滑轮。

平台及四脚架布置图，如图5所示。

5.2.3　工作坑开挖

5.2.3.1　顶管工作坑尺寸计算

本工程管线流水面至地面深度在7.5~8m。采用钢筋混凝土锚喷倒挂支撑体系，按下式计算宽度(B)和长度(L)

$$B = D_1 + 2b = 2.2 + 2 = 4.2\text{m，取}4\text{m}$$

式中：D_1——管外径，m；

b——管两侧操作空间，m，每侧1m。

$$L = L_1 + L_2 + L_3 + L_4 + L_5 + L_6 = 3 + 1.2 + 0.5 + 0.6 + 0.3 + 0.5 = 6.1\text{m，取}6\text{m}$$

式中：L_1——管节长度，m；

L_2——顶镐机长度，m；

L_3——出土工作时间长度，m；

L_4——后背墙厚度，m；

L_5——稳管时，已顶进的管节留在导轨上的最小长度，m，一般为0.3~0.5m；

L_6——工具管长度，m。

根据上式确定D1800，顶管工作坑内净空尺寸为$B \times L = 4\text{m} \times 6\text{m}$。

5.2.3.2　顶管坑圈梁

工作坑上部设锁口圈梁，平面图见图6，顶管坑采用宽600mm、高400mm的形式，圈梁采用12根ϕ20为主筋，ϕ10@250箍筋，保护层厚度为35mm，混凝土强度等级C30。为了顶管工作坑下部钢架能与锁口圈梁连接，锁口圈梁向下预留钢筋接头。方法是在圈梁槽底向下打孔，竖向插入800mm长ϕ18@500钢筋(梅花形布置)，水平间距1m。预留钢筋锚入锁口圈长度为350mm。圈梁配筋图见图10。

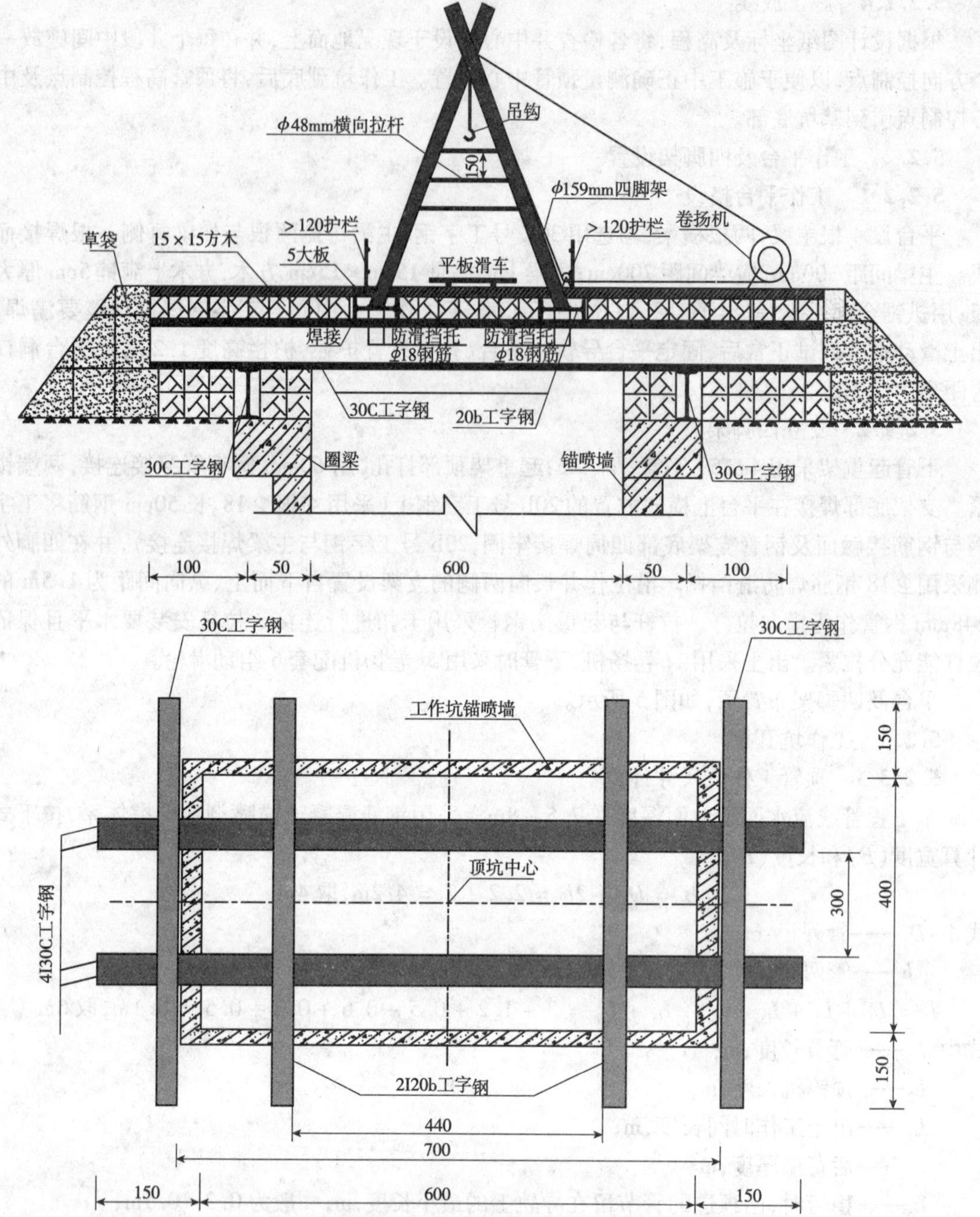

图5　平台及四脚架搭设图(尺寸单位:cm)

5.2.3.3　顶管坑护壁做法

坑壁采用格栅挂钢筋网片倒挂逆作法,对角分层开挖,每层开挖深度不超过600mm;分层锚喷混凝土进行支护,井壁为厚300mm的C20锚喷混凝土。每榀格栅截面尺寸为250mm×250mm,钢格栅4根主筋采用ϕ18钢筋,格栅上下中心间距为600mm。钢格栅之间错口焊接,双面焊接长度为200mm,上下两层格栅接缝处错开500mm。竖井底与竖井底板相接处增设钢格栅一榀。竖向用ϕ18@500钢筋连接(采用单面搭接焊),搭接长度不小于200mm,水平间距为1m。在格栅水平位置向下15°打入ϕ20长3m、间距1m土钉。钢格栅内外侧挂ϕ10@150

钢筋网片,注意各网片相互搭接尺寸并焊接牢固。钢格栅配筋图如图7所示。

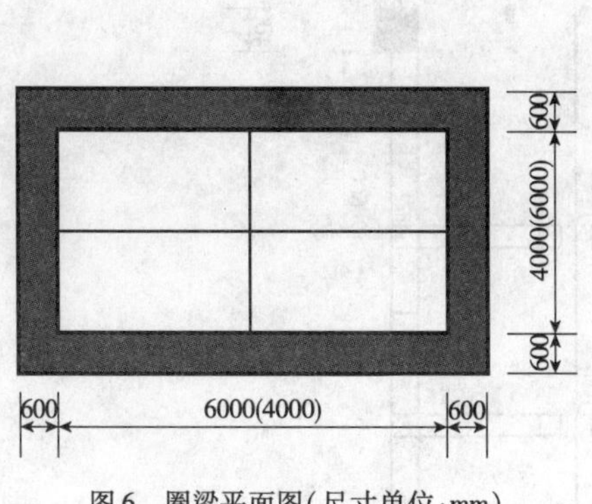

图6 圈梁平面图(尺寸单位:mm)

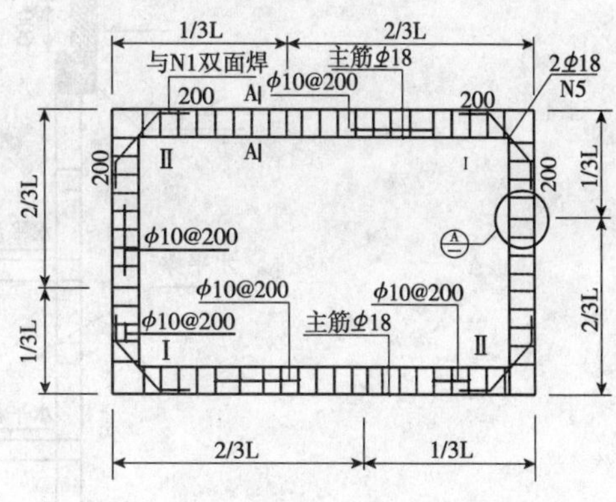

图7 钢格栅配筋图(尺寸单位:mm)

5.2.3.4 顶进预留洞施工

竖井开挖至管外顶20cm高程处时,顶进预留洞在管道外径加20cm进行预留,洞口周围须用钢格栅进行上下、左右加固。但预留洞范围内钢格栅不能断开,主要增加顶管后背受力。洞口加固图如图11所示。

5.2.3.5 护壁锚喷

本工程开挖时采用对称开挖方式,每榀一循环,严禁超挖。喷射混凝土设计强度等级为C20,中粗砂、碎石(粒径在0.5~1.0cm)配比为:水泥(P.O 42.5):砂子:碎石=1:2:2,速凝剂掺量为水泥重量的6%。水泥、砂子、碎石和速凝剂采用人工搅拌,混合料要随拌随用,不掺速凝剂的干料其存放时间不应超过45min;拌料用专门制作的料斗量取,以保证混凝土配比的准确性;同时做试块,以备检验。

喷射作业应分层、分片、分段依次进行。喷射顺序应自下向上,沿水平方向螺旋式移动,回旋直径约为300mm,一圈压半圈;一次喷射厚度不得大于100mm,分3层喷满;每次喷1m,不得在一处堆积。要求喷射密实不得露筋,锚喷厚度不得小于300mm。喷射机司机必须做到开始时先送风,再开机,再供料,结束时应待料喷完后再关风。向喷射机供料应连续均匀;机器正常运转时,料具内应保持有足够的料,喷射机的工作风压满足喷头处的压力约在0.1MPa。喷射作业完毕或因故中断时,必须把喷射机和运料管内的积料清理干净。锚喷时先对角锚喷,再锚喷中间部分,每一步喷锚混凝土完毕,当检验强度达到5MPa时,方可进行下一步施工。

5.2.3.6 盘撑及预埋铁设置

为确保工作坑的稳定,工作坑圈梁向下每隔一榀设置盘撑一道,共需设置3道盘撑。盘撑四角采用4根25a工字钢与水平撑焊接牢固,斜撑长度为2.1m。固定水平盘撑的预埋铁要与格栅主筋焊接牢固,预埋位置要准确。水平盘撑均采用25a工字钢。见图8顶坑平面图,图9顶坑剖面图。

25a工字钢水平盘撑
300
25a工字钢
水平斜撑2m
4000(6000)
300
6000(4000)
300

图8 顶坑平面图(尺寸单位:mm)

5.2.3.7 基底做法

锚喷施工完毕后,工作坑底部采用C20锚喷混凝土进行封底,封底厚度为300mm,封底钢筋为ϕ18@200mm双层双向钢筋。底板配筋如图12所示。

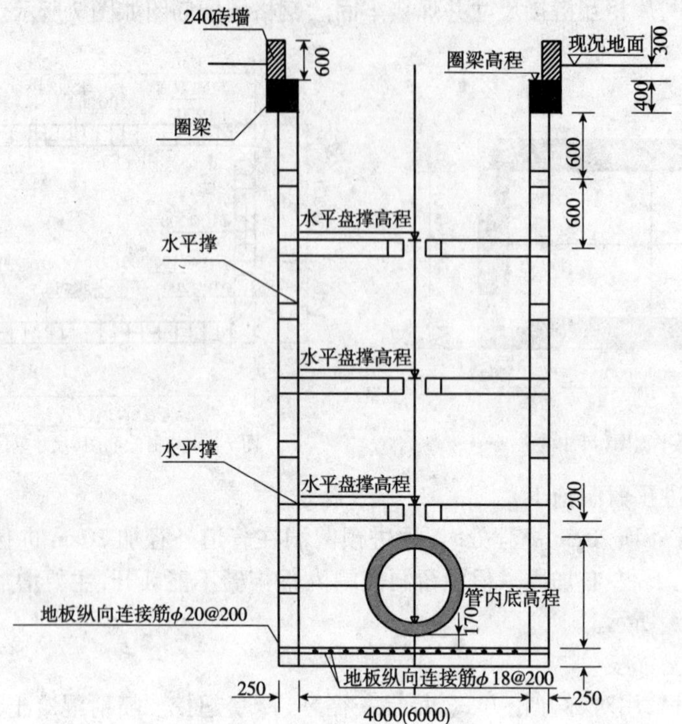

图9 顶坑剖面图(尺寸单位:mm)

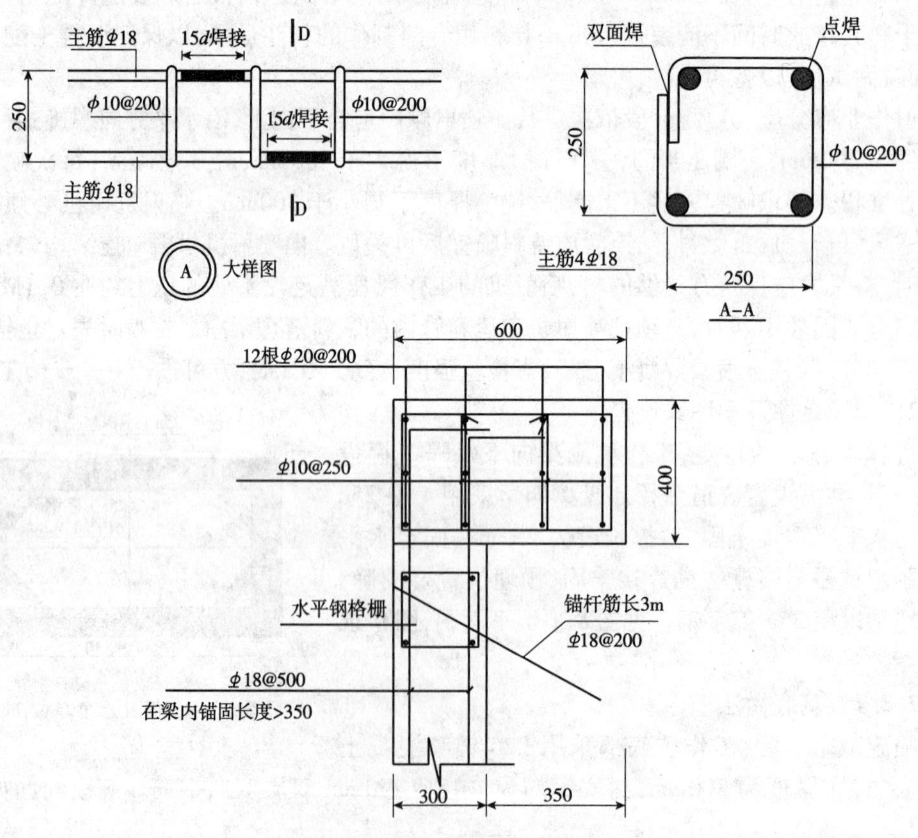

图10 锁口圈梁配筋图(尺寸单位:mm)

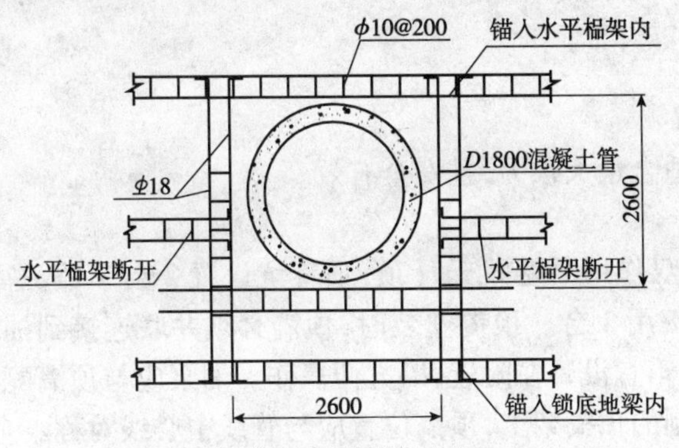

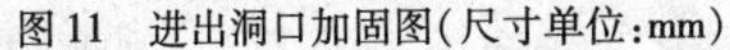
图 11　进出洞口加固图(尺寸单位:mm)

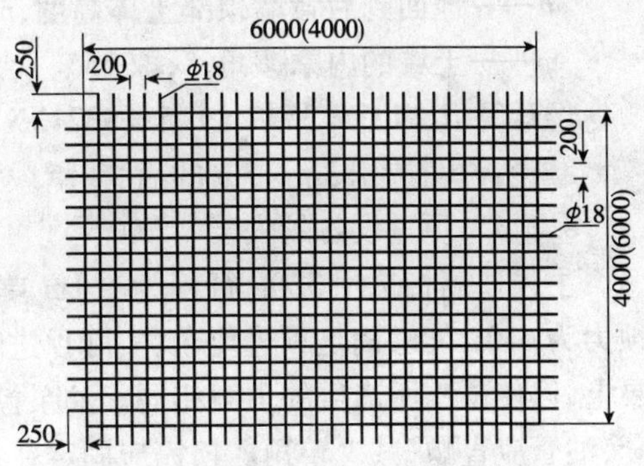

图 12　底板筋平面图(尺寸单位:mm)

5.2.4　导轨安装

工作坑基础采用 C20 混凝土基础,厚 30cm。导轨选用 13 号钢轨,两导轨平行、等高。导轨安装在混凝土基础上,与基础中预埋枕木上的道钉连接;导轨与工作坑壁平齐,以保证管子顺序连接。导轨固定后,两外侧用 15cm × 15cm 的方木挤靠牢固。

考虑到顶管施工的特殊性,导轨安装高程的预抬量需经工程技术人员及顶管施工人员共同确定,一般取 10 ~ 20mm。

5.2.5　顶镐及后背墙选用

5.2.5.1　顶力计算

$$P = n \cdot G \cdot L$$

式中:P——计算总顶力;

G——管子单位长度管体自重,kN/m;

L——顶进管总长度,m;

n——土质系数,取 2。

管径 $D = 1800$mm 顶力计算,$P_1 = 2 \times (70/3) \times 70 = 3267$kN

故主顶顶镐将选用 320t、行程为 1.1m 单级双作用活塞式千斤顶。顶管坑设置 2 台顶镐,总顶力为 640t,符合计算要求。

5.2.5.2　后背验算

根据类似工程施工经验,用原状土作后背能满足顶力要求。后背尺寸宽 × 高 = $B \times H$ = 3m × 3m。对于大管径、长距离井段采取两端设置顶管工作坑对顶方法施工。顶进时需要加触变泥浆减阻,并在管身打蜡。本工程顶管受力后背为 300mm 钢筋混凝土,其受力分析如下:

$$K_p = \tan^2(45° + \varphi/2) = \tan^2(45° + 35°/2) = 1.921^2 = 3.69$$

$$R = aB(rH^2K_p/2 + 2CH\sqrt{K_P} + rhHK_p) = 2 \times 3 \times (20 \times 3^2 \times 3.69/2 + 2 \times 5 \times 3 \times 1.921 + 20 \times 5 \times 3 \times 3.69) = 8980\text{kN}$$

式中:R——总推力之反力,kN;

a——系数(1.5 ~ 2.5),取 2m;

B——后背墙宽度,取 3m;

r——土的容重(kN/m^3),取 20kN/m^3;

H——后背墙高度,取 3m;

K_p——被动土压系数[为 $\tan^2(45° + \varphi/2)$];

C——土的内聚力(kPa),取 5kPa;

h——地面到后背墙顶部土体高度，m，取5m；

φ——土壤的内摩擦角，°，取35°。

经计算 $P \times 1.5 = 3547 \times 1.5 = 5321\text{kN} < R$

结论：说明选用3m×3m的后背，承载力适合最大顶力，且安全有效。

5.2.6 顶进设备的安装

主顶顶镐将选用320t、行程为1.1m单级双作用活塞式千斤顶，顶管坑设置2台顶镐，总顶力为640t，能够满足顶进要求，实际顶进时备用2台。顶镐安装时，顶镐必须并联连接到油泵上，以使顶镐所产生的顶力相同。油泵控制箱宜设置在附近，以方便操作。油泵应与顶镐配套，油管应直顺，减少转角。顶镐应固定在特制的顶镐架上，顶镐位置应与管线中心线对称。

确保管体安全，保护管子端面，使端面传力均匀。护口铁选用U形顶铁，如图13所示。顶铁采用长方形短铁，截面为40cm×30cm，使用长度不大于1.5m。

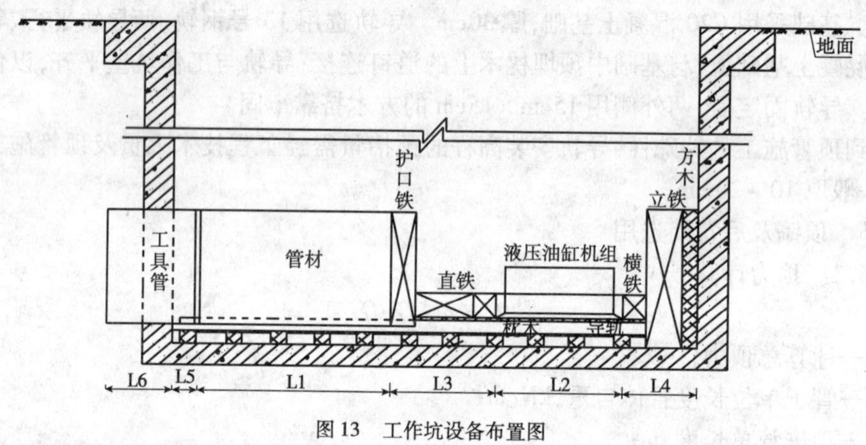

图13 工作坑设备布置图

5.2.7 管道顶进

5.2.7.1 下管就位

采用吊车将混凝土管移到工作平台上，然后用卷扬机将管下至工作坑内已安装好的导轨上，要测量管中线和管前端、管后端高程，确认合格后方可顶进。

5.2.7.2 管道顶进

(1)顶进时采用人工开挖、液压千斤顶顶进，管前设立工具管。

(2)在顶第一节管时应每30cm校核一次，在正常顶进时每100cm测量一次。中心线测量，根据工作坑内设置的中心桩或中心线，架经纬仪，利用特制中心尺，测量中心偏差。高程测量使用水准仪和特制高程尺，与坑中心水准点比较，测量管头和管尾高程偏差。

(3)顶管出现偏差需纠偏时，要控制好纠偏的速度和纠偏量，使管子逐渐复位。纠偏方法如下：

①管体偏高的纠正：采用管下挖土纠正，控制超挖量，每根管长度内不大于5mm，使管子逐渐降至设计高程。

②管体偏低时的纠正：当偏差小时，管前下部土方开挖控制好高程，并垫钢板，将钢板一端插入管头下，依靠顶力将管头抬起后再正常顶进。当偏差较大时，采用上述方法的同时增加顶镐纠正，使管头抬起。

③管中心线纠偏：由于管体自重大，采用人工挖土纠正法一般难以有效，应采用液压千斤顶配以顶木，控制纠偏速度小于每节管10mm。

5.2.7.3　触变泥浆减阻

为保证管道顶进顺利，顶管施工时将在管道顶进后与土壁的缝隙间注入触变泥浆，形成泥浆套减阻。触变泥浆从前向后依次注入，顶进一段距离后及时进行补浆。为了使膨润土充分分散，泥浆拌和后停滞时间在12h以上。管道顶进时向管外压注触变泥浆，降低管道延程摩阻力，并在下管前将管身涂0.5～1mm的蜡，使触变泥浆、土体与管身隔离，降低摩阻力。根据经验采用触变泥浆减阻，预计可减少顶力的30%。

(1)应用触变泥浆的设备。

①泥浆封闭设备：包括前封闭环及后封闭圈，主要作用是防止泥浆从管端流出。

②调浆设备：包括拌和机及储浆罐等。

③灌浆设备：包括泥浆池注浆泵、泵管、分浆罐及喷浆管等。具体如图14所示。

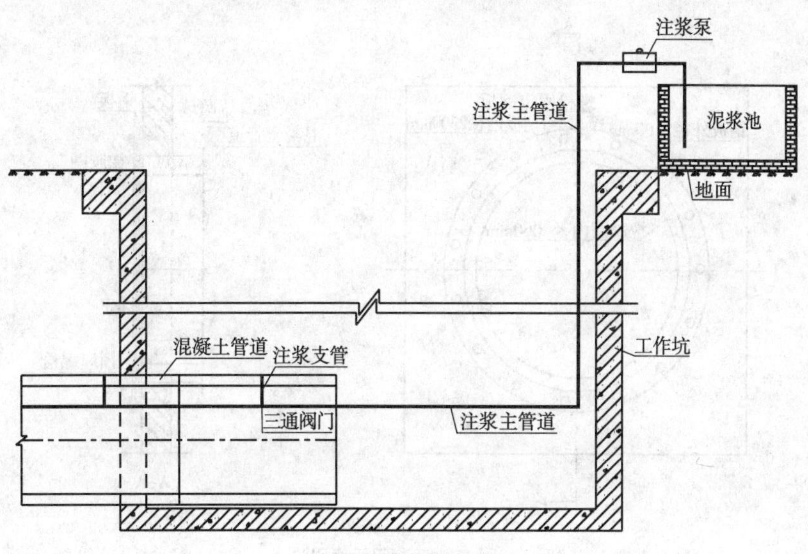

图14　注浆剖面图

(2)触变泥浆配置。

触变泥浆的主要成分是膨润土，掺入碱(碳酸钠)和水配制而成。膨润土运到现场后，分批测得膨润土的胶质介，按表4配置泥浆，按实际选用。

触变泥浆配置表　　表4

膨润土的胶质价	膨润土(kg)	水(kg)	碳酸钠(kg)
60～70	100	524	2～3
70～80	100	534	1.5～2
80～90	100	614	2～3
90～100	100	614	1.5～2

(3)触变泥浆拌和程序。

将定量的水放入搅拌罐内，并取其中一部分水溶化碱。在搅拌过程中，将定量的膨润土徐徐加入搅拌罐内，搅拌均匀。将溶化的碱水倒入搅拌罐内(碱水必须在膨润土搅拌均匀后加入)。再搅拌均匀，放置12h后即可使用。

(4)加浆设备及加浆压力。

加浆设备采用1－1B浓浆泵。加浆前先通过注水检验注浆设备，确认设备正常后方可灌注,压力控制在为0.2MPa,在灌注过程中按实际情况调整注浆压力。防止泥浆短路外溢,随着顶进不断进行注浆,并观察后背顶镐的顶力变化。

(5)注浆孔的设置。

在管材加工时注浆孔在管顶设置1个,180°两侧各设置1个,共设置3个。

(6)后封闭。

利用δ10mm钢板,加工2个圆环,两钢环内径比管材外径稍大,即2300mm;外钢环比内钢环外径大200mm,把橡胶圈安装在两钢套环之间,采用夹板螺栓固定。顶管顶入土前,将加工好的后封闭安装在洞口预埋钢筋上,用螺栓固定。由于橡胶圈内径小于管材直径,首节管进入洞口时,橡胶圈形成一个反向折弯,利用注浆时的反推力,使橡胶圈附着在管身,当注浆压力越大,橡胶圈附着力越强,从而达到后封闭的效果。具体如图15所示。

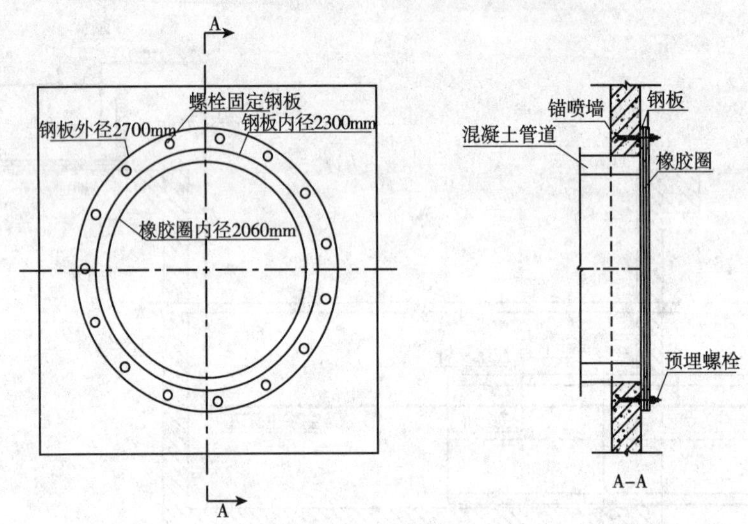

图15　后封闭示意图

5.2.8　水泥、粉煤灰浆补浆

管道顶进施工完成后,使用高压注浆泵向管外注入水泥、粉煤灰浆液置换触变泥浆,填充管壁与土体间空隙。

注浆压力: 0.3MPa。所有注浆设备加装隔膜型压力表,确认注浆压力,并为注降记录提供参考压力数据。

注浆材料配比:水泥: 粉煤灰: 水 =1: 1: 1。

5.2.9　顶管接口

本工程顶管管材接口采用柔性接口,管段顶进完成后,管节接口的内侧的间隙用双组分聚硫封膏抹平,不得凸入管内。

5.2.10　井室施工

本工程检查井均为现浇钢筋混凝土结构,检查井盖板及井筒均采用预制形式,爬梯为球墨铸铁爬梯,井盖为800mm五防重型井盖。

5.2.11　闭水试验

管道及检查井外观质量验收合格,质检资料齐全。所试验管段按井距分隔,带井试验。

管道封堵采用M7.5水泥砂浆,砌筑37cm厚砖墙,用1: 2水泥砂浆抹面,养护达到强度后,再向闭水段的检查井内注水。注水的试验水位,应为试验段上游管内顶以上2m,如井高不足2m,将水注入至上游检查井井口高度;注水过程中同时检查管堵、接口、井身,无漏水和严重渗水,再浸泡管和井1~2天后进行闭水试验。

将水注入至试验水头,开始记录,对渗水量的测定时间应不少于30min。根据井内水面的下降值计算渗水量,渗水量不超过规定的允许渗水量即为合格。

渗水量试验时间30min时,每km管道每昼夜渗水量为

$$q = (W/T) \times L \times 1440$$

式中:q——实测渗水量,$m^3/(24h \cdot km)$;

W——补水量,l;

T——实测渗水量观测时间,min;

L——实验管长度,m。

经计算管径$D=1800$mm排水管允许渗水量为$48m^3/(24h \cdot km)$。

5.2.12 工作坑回填

采用灰土回填,用蛀式夯夯实,虚土厚度≯200mm。回填完毕后,层层报监理抽检验收,合格后方可进行下层回填。

6 施工监测

锚喷坑沉降观测

6.1 工作坑观测点布置:观测点布置在沿工作坑顶部圈梁轴线每隔2m设置一点。

6.2 顶管沿线每5m设置沉降观测点,随时观测管道顶进过程中地面下沉情况。

6.3 观测控制指标:

(1)竖向不均匀沉降控制值小于15mm。

(2)水平位移控制值小于10mm。

7 应急预案

7.1 成立应急预案小组

由项目部项目经理担任。小组成员直接领导各下属应急救援专业队,并由组长负责,协调各队工作的进行。突发事件发生后小组成员迅速向上级领导或主管部门报告。

7.2 突发事件及应急救援

7.2.1 高处坠落事故

7.2.1.1 预防高处坠落事故的措施

(1)从事高处作业人员按规定体检,身体健康情况不适于从事高处作业的人员不得从事高处作业。

(2)进入施工现场必须佩戴安全帽,使用中的安全帽如有裂、烂、无帽衬、无帽带不得使用,帽带必须扣好。

(3)临边洞口必须按《建筑施工高处作业安全技术规范》进行防护。

(4)施工时使用的临时梯子设置牢固。踏步30~40cm,与地面角度60°~70°,楼梯脚应放置在结实的地面或物体上,决不可放在不平的支承物或松散的土地上,预防梯子倾倒或下坠,梯底脚过道有防滑措施,顶端绑扎牢固可设专人扶梯。

7.2.1.2 发生高处坠落事故应急救援

(1)发生高处坠落事故，首先观察伤者的伤害情况、部位、伤害性质，如手前臂、小腿以下出血，应选用橡胶带或布带在患处上部位置扎紧，绑扎时间在3~5min内要进行松绑一次，防止坏死。

(2)如发现伤者手足骨折，不能盲目搬动伤者，应采取措施选用板块把受伤的位置初步固定，防止搬动过程中患处加大伤害。

7.2.2 触电事故

7.2.2.1 防止发生触电事故的措施

(1)施工作业必须执行三相五线制，按方案进行敷设，并办理验收手续，各种电动机壳、电箱必须按规定接“地、零”，决不允许在同一系统中部分设备接地，部分设备接零。

(2)实行一闸、一机、一制、一漏电保护，严禁一闸多机，闸刀开关选用合格的熔丝，严禁滥用铜丝或铁丝代替保险熔丝。

(3)漏电保护装置，选用规定的合格产品，按规定进行定期检查。

(4)一切线路敷设按安全技术规程进行，保持安全距离，距离不足时，应采取有效措施进行隔离防护。

(5)任何情况下，严禁任何人用手、脚摸试有无电流或漏电。

7.2.2.2 发生触电事故的应急救援

(1)触电事故发生后应迅速切断电源，如是低压触电，迅速到附近将电源开关或电源插销切断。如触电地点远离电源开关或电源插销用有绝缘柄的电工钳、干燥木棒、竹杆挑开电线，或用干燥的衣服、手套、绳索、木板拉开触电者。

(2)当触电者在高处触电必须预防断电后触电者从高处摔下造成更大的伤害的危险，并有防止摔伤的安全措施。

(3)在远离医院的施工现场发生触电事故，若触电者脱离电源后，呼吸、心跳已停止应立即在地对触电者施行人工呼吸和胸外心脏挤压抢救，并请医生诊治或送医院。

(4)抢救时应把触电者移至通风、凉爽的地方进行，若天气寒冷应注意保温。

7.2.3 坍塌事故

7.2.3.1 预防发生土方坍塌事故的措施

(1)挖土应分层开挖，挖土的土方不得堆置在基坑附近，应离基坑1.5m以外。

(2)基坑开挖结束后，应在基坑底做好排水沟及集水井，周围的降水设施仍应维持运转。

(3)挖掘土方应由上而下进行，不可掏空底脚，不得上下同时开挖，不得上挖下运。

(4)发现基坑边坡有失稳变形，作业人员应马上撤离危险区域，并采取应急措施进行加固。

7.2.3.2 发生土方坍塌事故应急救援

(1)土方突发性坍塌时，应组织力量，抢救伤员；同时要断开电源，防止触电，并马上向上级部门报告；应急车辆速将伤员送往医院进行抢救。

(2)发生坍塌时人员往两侧疏散，尽快离开危险区域。

7.2.4 物体打击事故

7.2.4.1 预防发生物体打击事故的措施

(1)进入施工现场必须按规定戴好安全帽。

(2)作业过程中常用的必须放在工具袋内，物料传递做好安全措施。

(3)高处作业过程精神集中，安装机具或垂直运输机具时，注意零部件下落伤人。

(4)起吊时按规程进行,物料吊运采用吊篮。

7.2.4.2　发生物体打击事故的应急救援

发生物体打击事故,应马上组织抢救伤者。首先观察伤者的伤害情况、部位、受伤性质,如骨折应采取固定方法,不能随意移动伤者。

8　质量保证措施

8.1　质量措施

8.1.1　掏土超挖

预防措施。掘进人员必须按如下规定进行挖土:①管前允许超前挖土300mm(砂土、粉砂)至500mm(黏土、亚黏土),管周下135°范围的土层一般情况不得超过管外皮,管周上225°范围的土层允许超出管外皮15mm,严禁超挖;当穿越建筑物时,管前掏土不得大于100mm,管周上225°范围内不得超出管外皮;开动顶镐时,管前挖土人员必须全部进入管内;砂砾类土,首节管前加高掘进罩。②坚持每顶一镐,对管道中心及高程校测一次,发现偏差,随时纠正;对于已发生的管周超挖,必须在顶进完成后,从管内钻孔或从地面钻孔,向超挖空隙处进行压浆填充,以防地面或建筑物下沉;对与粉砂和砂砾石地层,应进行加固后在顶进。

8.1.2　顶进初期,产生中心及高程偏差超标

预防措施:导轨安装要求反复校测,使导轨中线、高程、轨距、坡度符合设计要求。导轨面光滑,安装牢固。下管后管节与轨面的接触成直线,稳定第一节管前后都检测导轨的高程、坡度及是否平行,发生问题纠正后在顶。导轨在稳放管节后,导轨及枕木不发生任何沉降变形;顶镐安装前要检验,以确保两个顶镐行程一致。顶镐安装时,其布置与管道中轴线相对称,顶镐要放平、放稳,并进行试运转和试顶检验,表明顶镐正常后方可顶进。顶镐在管上的着力点在管全高的下1/4处。顶进中,顶铁安装要使着力点通过壁中心线。双行纵顶铁的模数对称,长度相等;首节管人土前,应严格校对其中心及高程,合格后方可顶进。每顶进300mm,即对其中心线和高程校测一次,避免首节管出现中心及高程偏差超标。

8.1.3　顶进误差

预防措施:必须在顶进中,建立和执行严格的校测制度和交接班制度,严格控制顶进中心和高程,及时校测、纠偏。接口处按要求做法安放钢板涨圈,防止管道放生错口;对坑内引入的水准点及后视方向桩,要经常复测,发现问题,及时纠正。

8.2　质量标准

8.2.1　顶管坑施工质量标准

8.2.1.1　钢筋材料规格、直径、焊接标准应符合施工要求。

8.2.1.2　格栅加工尺寸要准确,格栅整体拼装结构的外轮廓尺寸偏差:高度为±30mm,宽度为±20mm,垂直度为5‰,格栅间距为±100mm;钢筋网片应与格栅焊接牢固,锚杆连接牢固,钢筋网片搭接长度不应小于200mm。

8.2.1.3　喷射混凝土所用水泥宜选用普通硅酸盐水泥;细骨料应选用中砂或粗砂,细度模数宜大于2.5,含水率宜控制在5%~7%。

8.2.1.4　喷射混凝土应用碱性速凝剂,总含量应小于$3kg/m^3$。

8.2.1.5　喷射层表面应保持平整、密实、无空鼓、无漏筋、无漏喷、无渗漏水、无裂缝。平整度允许偏差为+50mm。

8.2.1.6 工作坑允许偏差见表5。

工作坑允许偏差表 表5

项目		允许偏差(mm)
工作坑平台	高差	30
工作坑每侧	宽度	不小于施工设计规定
	长度	
	中心轴线	50

8.2.2 顶管施工质量标准

8.2.2.1 工作坑要有足够的工作面。

8.2.2.2 工作坑支护牢固,形成封闭式框架。

8.2.2.3 管道外壁与土体的空隙必须进行注浆。

8.2.2.4 后背墙、导轨允许偏差见表6。

后背墙、导轨允许偏差表 表6

项目		允许偏差(mm)	检验频率		检验方法
			范围	点数	
后背墙	垂直度	0.1%H	每座	1	用垂线与角尺量
	水平扭转度	0.1%L		1	
导轨	内距	±2	每座	1	用尺量
	中心线	≤3		1	用经纬仪
	顶面高程	0、+3		1	用水准仪

8.2.2.5 顶进管道允许偏差见表7。

顶进管道允许偏差表 表7

项目		允许偏差(mm)	检验频率		检验方法
			范围	点数	
轴线位置	≥1500	≤50	每管节	1	测量并查阅测量记录,有错口时,测2点
管道内底高程	≥1500	+20、-40	每管节	1	用水准仪测量,有错口时,测2点
相临管间错口	≥1500	≤20	每个接口	1	用尺量
对顶时管节错口		≤30	对顶接口	1	用尺量

8.2.3 检查井施工质量标准

8.2.3.1 井壁砌筑应位置准确,灰浆饱满,灰缝平整,不得有通缝、瞎缝,抹面应压光,不得有空鼓、裂缝等现象。

8.2.3.2 井内流槽应平顺圆滑,不得有建筑垃圾等杂物。

8.2.3.3 井室盖板尺寸及预留孔位置应准确,压墙尺寸符合设计要求,勾缝整齐。

8.2.3.4 井圈、井盖应完整无损,安装稳固,位置准确。

8.2.3.5 井室内未接通的备用支线管口应封堵。

8.2.3.6 踏步应安装牢固,位置正确。

8.2.3.7 井室穿墙管应做好防沉降“切管”处理。

8.2.3.8 检查井质量要求及允许偏差见表8。

检查井允许偏差表 表8

序号	项目			允许偏差(mm)	检验频率		检验方法
					范围	点数	
1	井室尺寸	长、宽		±20	每座	2	用尺量长、宽,各计一点
2		直径					
3	井筒直径			±20	每座	2	用尺量
4	井口高程	农田或绿地		+20、-30	每座	1	用水准仪测量
		路面		与道路的规定一致	每座	1	用水准仪测量
5	井底高程	安管	$D>1000$	±15	每座	1	用水准仪测量
6		顶管	$D\geqslant1500$	+20、-40	每座	1	用水准仪测量
7	踏步安装	水平及垂直间距、外露长度		±10	每座	1	用尺量计偏差较大者
8	脚窝	高、宽、深		±10	每座	1	
9	流槽宽度			+10	每座	1	用尺量

9 顶管施工安全保证措施

9.1 进入施工现场的人员需按规定佩戴劳保用品。地面以下作业面的所有人员必须戴安全帽。

9.2 操作人员必须经过安全及技术培训,经考试合格方可上岗并在指定岗位上操作。操作人员必须严格执行操作规程和按设备操作说明书操作。

9.3 作业中各环节操作人员间必须严格服从指挥并按约定操作信号操作,遇到任何报警信号,应立即停止操作。

9.4 因故停顶后在恢复顶进前必须对支承、平台、支架、吊具索具、机械设备及电器设备进行检查,对地面以下工作面空气中氧含量及有害气体含量进行检测,确认安全后方可作业。

9.5 地面以下作业面的所有人员不得动用明火、吸烟或进行电瓶充电作业。

9.6 作业中传递工具、材料,必须轻拿轻放,稳妥传递,严禁抛扔。

9.7 电线电缆、管路、信号控制线连接必须牢固可靠,并应靠管壁装卡稳固,严禁踩踏、使其受压或用于悬挂物体。

9.8 作业面遇到不明构筑物或有异常情况时,应立即停止作业,报告施工管理人员,经处理并确认安全后方可继续作业。

9.9 顶管作业必须执行交接班制度并保持记录完整。

9.10 顶进距离超过60m时,采取强制通风措施。

9.11 地面以下工作面照明用电电压不得高于24V,潮湿场所使用12V电压供电,照明变压器独立于工具管供电系,严禁使用自耦变压器降压供电。通道内设有应急照明系统。

9.12 人员上下工作坑必须走安全梯,安全梯固定在支撑上,并设扶手或护圈,严禁运土土斗乘人。

9.13 供电系统必须满足220kVA以上的容量。

9.14 起吊设备前,必须检查吊耳是否牢固、可靠;正式起吊前要试吊,确认安全后方可允许起吊。

9.15 开挖工作坑土方作业前必须检查工作坑周围场地,场地符合排管、运管、吊运、出土、排水、防汛的安全要求。

9.16 工作坑分层开挖并及时支撑。支撑前必须检查坑壁体的稳定性,确认安全。采用锚喷护壁时,锚喷护壁作业严格按施工方案、安全、技术交底的要求施工。

9.17 安装工作坑支撑时必须设专人指挥。工作坑四壁支撑框架必须牢固,支撑结构必须符合安全、技术交底的要求。前方管口可拆卸支撑板必须使用整板。

9.18 在挖土、锚喷、支撑等作业中,不得碰撞已安装完成的支撑件;发现有松动、变形情况,必须及时加固处理。

9.19 主顶后背刚度、强度应满足最大顶力要求值。

9.20 在距工作坑底 2m 以上进行安装爬梯、平台或其他作业时,作业人员须佩戴安全带或采取有效的安全防护措施。

9.21 拆除工作坑支撑时必须设专人指挥,自下而上逐层进行,及时回填。在下层完成填土前严禁拆除上一层支撑,必要时设临时支撑。

9.22 安装平台作业时按照安全技术的要求选用材料。主梁不得直接放置在坑壁土体上。平台台面应平整坚固,使用方木应铺满,梁、方木必须牢固,平台防护栏不得低于 1m。作业人员出入口应设不低于 1.2m 的护身栏。

9.23 吊运井架按设计或方案安装,井架底脚固定在主梁上,按设计或方案的要求支撑,并有承载力(主梁、支撑、钢丝绳、吊钩)计算。

9.24 利用四脚架吊运的工作坑必须设活动平台,活动平台必须设定位锁固装置。活动平台就位后必须立即锁固。

9.25 支架的底脚必须固定在梁上,支架的横拉杆不得少于 4 道。

9.26 顶管坑设工作棚,工作棚覆盖至工作坑防汛埂以外。

9.27 安装、拆除井架、支架和工作棚的人员在距地面 2m 以上作业时,必须佩带安全带或采取有效的安全防护措施。

9.28 管材堆放与运输道路应坚实平整。

9.29 下管作业必须统一指挥。下管前必须检查起重设备、卡环、钢丝绳、吊钩、立架、平台等,确认安全后方可下管。

9.30 吊运管子时,吊管的索具不得直接捆绑在管子上,应用可塑性材料衬垫。

9.31 下管前先在平台上试吊,确认安全后方可下管。

9.32 下管时严禁管子下方有人员滞留。从活动平台下管时,应将管子吊起,稳定后开启活动平台检视坑底,确认安全后方可缓慢吊下。

9.33 管子就位支稳后方可摘钩。作业人员避开吊索具后方可提升吊具。关闭活动平台后,坑下人员方可作业。

9.34 现场安全人员必须检查吊索具、地锚、制动装置,确认安全。

9.35 吊钩有防脱钩装置。在坑底人员撤至安全地带后方可起吊土斗车,并用长绳控制,土车在平台落稳后方可摘钩。

9.36 土斗车卸土时不得同时进行装运弃土作业。

9.37 顶进前检查液压系统、电缆、管路、顶铁、后背、导轨、支撑等,确认安全后方可顶进。

9.38 主顶设备与后背、主顶设备导轨座与四壁之间必须撑垫稳固。

9.39 顶进中发现塌方、后背变形、顶铁扭翘、顶力突变等情况,必须立即停顶,采取措施,确认安全后方可继续作业。

9.40 通风:管道内通风设备采用空压机,空压机置于工作井地面上,且进风口环境要好,通风胶管出风口设在机头前部。在使用气焊切割超前加固导管时，采用空压风机及通风胶管把地面上的新鲜空气带进管道，以保证在切割超前加固导管时，机头前部作业面具有流通的新鲜空气。

9.41 作业前应检查输泥、浆管路，确认管路连接正确、牢固。

9.42 注浆前应封堵掌子面与管道间空隙，加固顶进入口处的工作坑壁，并安装注浆管嘴。

9.43 作业时，必须设专人指挥，明确联络信号及人员分工、作业人员协调配合，按设备使用说明书和安全技术交底要求的程序进行。设定压力、流量操作控制补浆和加泥，必须由工作坑向顶进方向依次推进。

9.44 拆卸注浆混合器时，各注浆管路和冲洗管路阀门必须安全关闭后方可进行作业。

9.45 施工用电

9.45.1 施工临时用电必须遵照《施工现场临时用电安全技术规范》(JGJ 46—2005)的规范严格实行，必须按照三相五线制，三级控制两级漏开的原则装设配电线路及设备。

9.45.2 电器作业人员必须经过安全用电技术培训，掌握本工种的安全操作技能，熟知机械设备工艺流程，并取得主管单位颁发的资格证后，持证上岗。

9.45.3 施工现场临时供、用电设备，电工用具、电缆、导线等必须符合国家现行标准，满足使用需要，产品应有检验证明及合格证书，铭牌标志齐全。

9.45.4 管道内固定照明可采用220V电源，必须采用绝缘直瓶支护固定；其固定间距小于5m，移动式照明灯具必须使用24V以下的安全电压电源，严禁使用自耦变压器供电。

9.45.5 管道内集中安装的配用电设备加设防护网，并悬挂警示牌。

9.45.6 管道内，所有电气设备的外壳、固定可导电的金属机具的金属外壳、导轨、构架等施工设备必须做电气连接并与接地系统做可靠电气连接。

9.45.7 竖井洞口的轨道、爬梯、固定灯具支架及坑口四周围栏应做可靠接地。

9.45.8 管道内悬挂的电缆与内部其他各种管线不设置在同一位置，电缆安装在所有管线的最上端。

9.45.9 坑下及管内的电缆排放部位，在人员有可能踩踏的区域采取防护措施，以防电缆受力刮伤、破损、漏电。

9.45.10 停电作业时，必须严格执行停电、验电、挂地线的安全技术要求，在断电开关处悬挂“禁止合闸，有人工作”的标准醒目标示牌。

10 文明施工及环境保护措施

10.1 施工区内要按规定搭设临时设施和堆放施工材料，昼夜保持现场周围清洁卫生。现场排水系统畅通不堵塞，生活及生产垃圾集中堆放，及时处理。

10.2 施工临时道路需畅通、平坦、整洁，无散落的土块等杂物，派专人进行洒水清理。

10.3 砂石分类、集中堆放。砌体料归类成垛，堆放整齐，碎砖料随用随清，无底脚散料。周转料集中堆放整齐。模板及零配件分类分规格，集中存放。

10.4 对商品混凝土运输车要加强防止遗撒的管理，要求所有运输车卸料溜槽处必须装设防止遗撒的活动挡板。混凝土卸完后必须清理干净方准离开现场。

10.5 施工现场采用彩钢板全面围挡，工地出入口设置冲洗设备避免运输车辆将泥土带出场外。运输车辆驶出施工现场要将车辆和槽帮冲洗干净，防止遗撒。

第四部分

其他工程

§38 基坑支护、止水施工方案

1 编制依据

1.1 《××工程施工组织设计》

1.2 《××工程施工图》

1.3 《建筑基坑支护技术规程》(JGJ 120—99)

1.4 《建筑地基基础工程施工质量验收规范》(GB 50202—2002)

1.5 《钢筋焊接及验收技术规程》(JGJ 18—2003)

1.6 《建筑施工安全检查标准》(JGJ 59—99)

1.7 《建筑机械使用安全技术规程》(JGJ 33—2001)

1.8 《基坑土钉锚杆支护技术规范》(CECS 96—97)

1.9 《基坑工程设计规程》(DBJ 08—61—97)

2 工程概况及地质水文条件

2.1 工程概况

本基坑工程南北长85~90m,东西长70~80m,现况地坪高程33.72~37.53m,基坑开挖底高程19.7m。

基坑东侧为××大厦,大厦高18层,宽约60m,基础为桩基础,桩径1.5m,桩间距6.0m,设一层地下室,护坡桩外边线距房屋边线距离为6.5~7.8m;西侧为××大道,护坡桩外边线距路边线距离为11~12m;南侧为××街,护坡桩外边线距道路边线距离为7.5~8m;北侧为××西路,桩基外侧边线与道路边线距离为8~8.5m。现场平面布置如图1所示。

2.2 工程地质水文条件

场地地层特性自上而下分述如下:

①填土:灰色、灰褐色;松散~稍密;稍湿~湿;黏性土混杂砖块、瓦砾等建筑垃圾,一般4~5m以下混淤泥质多量;堆填时间在30年以上,已基本完成自重固结;层厚3.5~10.6m,全场分布。

②淤泥质粉质黏土:灰褐色、灰黑色;湿;多呈软塑状,局部流塑;含腐殖质成分,局部夹木屑等,有轻微臭味;无摇振反应,稍有光泽,韧性较好,干强度中等;该层下部状态稍好,呈软可塑状,层厚1.4~7.8m。

③粉质黏土:黄色、黄褐色、褐黄色;稍湿;可塑~硬塑,混粉细砂成分少量;无摇振反应,稍有光泽,韧性中等,干强度中等;层厚1.3~6.6m,局部分布。

④砂砾石层:该层根据粒径大小可分做2个亚层。

④1 平砂:黄色;湿,饱和;稍密;石英质;级配一般;层厚0.4~2.0m,部分孔该层顶部混多量粉质黏土;该层分布于场地局部。

④2 圆砾:黄色;湿,饱和;稍密~中密;石英质;级配一般;亚圆形;中砂及黏性土充填;一般粒径为5~20mm,黏粒含量约10%~15%;层厚0.3~2.6m,局部缺失。

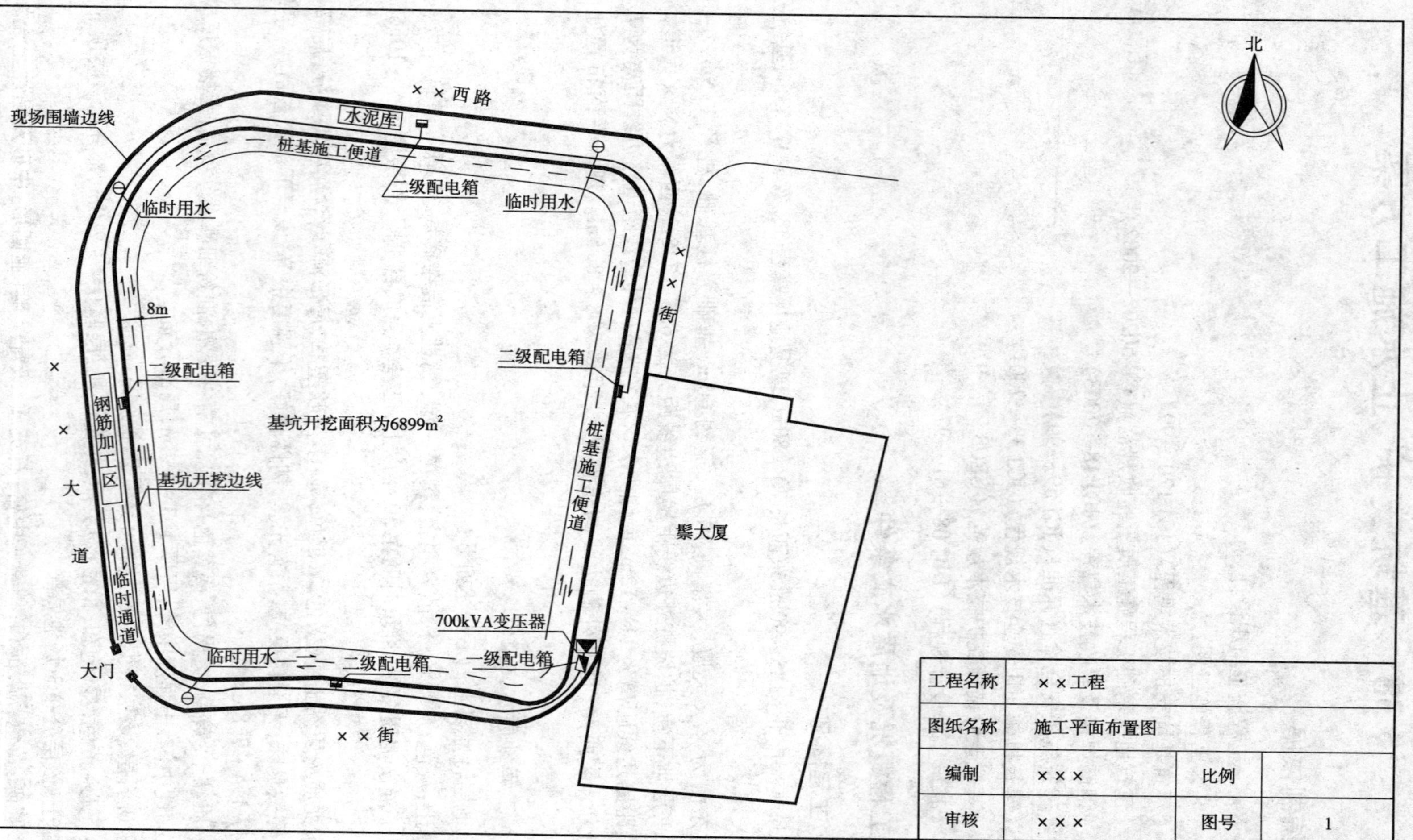

图1 施工现场平面布置图

⑤粉质黏土:红褐色;稍湿;硬塑—坚硬;系下伏基岩风化残积土,可见母岩残余结构;无摇振反应,稍有光泽,韧性中等,干强度高;层厚0.3~0.9m,大部分场地皆露该层,局部分布。

⑥泥质粉砂岩:褐红色,强风化;泥砂质成分,组织结构较模糊,层状构造;取芯多呈短柱状、块状;节理裂隙很发育。岩石按坚硬程度分类极软岩,岩体较破碎,岩体基本质量等级为Ⅴ级;层厚0.5~3.6m,大部分场地分布该层,局部缺失。

⑦地下水。

场地所属环境类型为Ⅱ类,场地填土层、砂砾石层为透水层,其余地层为相对隔水层。

在本次勘察深度范围内发现2层地下水:

1)上层滞水:赋存于①填土层底部,水量较大;初见水位距地面深度为2.2~3.9m,高程为31.13~33.83m,稳定水位与初见水位基本一致;补给来源为大气降水和地表生活用水渗透。

2)弱承压水:主要赋存于④1中砂层、④2圆砾层,水量较丰富;初见水位距地面深度为10.00~13.20m;稳定水位水位距地面深度为3.20~6.30m,高程为29.73~31.81m;勘察期间,稳定水位略高于初见水位,承压水头约7m;其补给、排泄区域均不在场地内,场地④砾砂仅为其径流通道,水位随季节变化大;初勘期间场地范围稳定水位为23.65~24.63m。

根据岩石室内试验结果结合本地区经验,地下水的聚集对场地基岩有软化、崩解作用。

3 基坑支护、止水设计

本工程基坑开挖深度17.52~21.33m,基坑支护形式为放坡喷锚、土钉墙与桩锚相结合的方式。绝对高程34.00m以上采用土钉墙支护,34.00m以下采用桩锚支护体系,护坡桩桩径1200mm,桩间距1600mm,设计桩长17.70m;土钉墙支护放坡比例为1:1,网片采用钢筋网,喷射混凝土强度C20,钢筋网规格ϕ8@200mm×200mm,基坑34.00m以下采用桩锚支护体系进行支护,锚杆的布置根据地质条件的不同采取不同的布置方法,如图2所示。

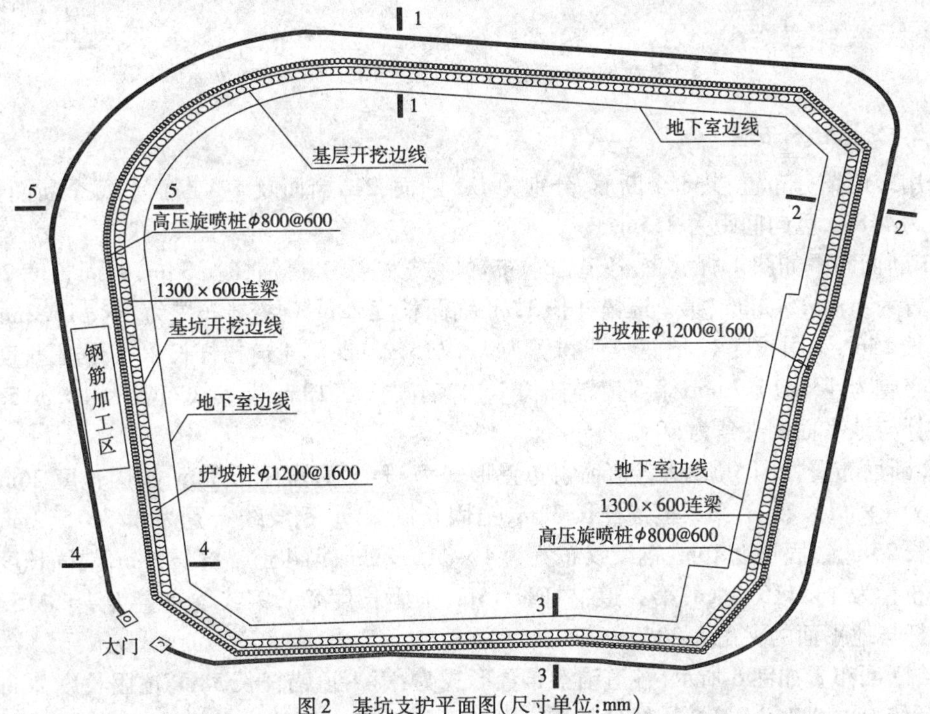

图2　基坑支护平面图(尺寸单位:mm)

整个基坑共分为5个代表支护断面,具体布置如下:

3.1　4道锚杆布置

采用4道锚杆布置,共2个断面,分别为5-5断面及3-3断面。锚杆分别布置于护坡桩顶及以下部位,每道锚杆水平间距为1.8m,竖向间距为2.5m。从上往下依次为:第1道、第2道、第3道、第4道;布置区段为5-1段及3-4段。第1道锚杆长38m,锚固长度26m,钢绞线布置为4×ϕ15.2mm;第2道锚杆长32m,锚固长度22m,钢绞线布置为4×ϕ15.2mm;第3道锚杆长25m,其中2-3断面锚固长度16m,钢绞线布置为4×ϕ15.2mm,5-1断面锚固长度为14m,钢绞线布置为4×ϕ15.2mm;第4道锚杆长20m,锚固长度13m,钢绞线布置为4×ϕ15.2mm。每道锚杆与地平面面的夹角为20°,如图3所示。

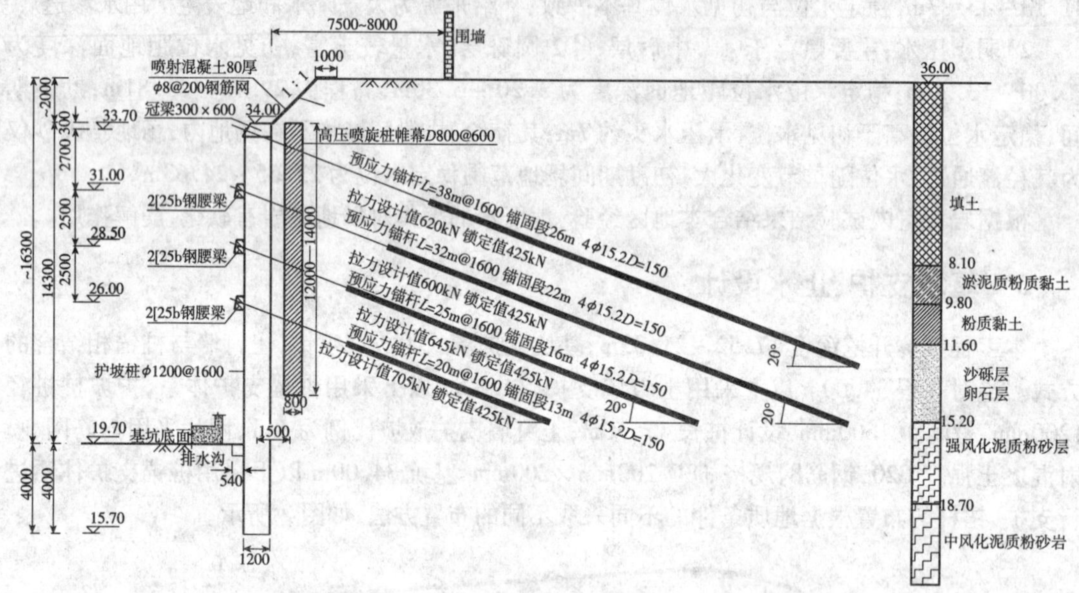

图3　5-5断面、3-3断面锚杆布置图(尺寸单位:mm,高程单位:m)

3.2　5道锚杆布置

采用5道锚杆布置,共3个断面,分别为1-1断面、2-2断面及4-4断面。每个断面锚杆水平间距为1.8m,竖向间距为2.5m。

1-1断面布置如图4所示在,各道锚索布置形式为:第1道锚杆长38m,锚固长度26m,钢绞线布置为4×ϕ15.2mm;第2道锚杆长32m,锚固长度22m,钢绞线布置为4×ϕ15.2mm;第3道锚杆长25m,锚固长度17m,钢绞线布置为4×ϕ15.2mm;第4道锚杆长20m,锚固长度14m,钢绞线布置为4×ϕ15.2mm;第5道锚杆长16m,锚固长度10m,钢绞线布置为4×ϕ15.2mm。每道锚杆与地平面的夹角为20°。

2-2断面布置如图5所示,各道锚索布置形式为:第1道锚杆长38m,锚固长度26m,钢绞线布置为4×ϕ15.2mm;第2道锚杆长32m,锚固长度22m,钢绞线布置为4×ϕ15.2mm;第3道锚杆长25m,锚固长度16m,钢绞线布置为4×ϕ15.2mm;第4道锚杆长20m,锚固长度13m,钢绞线布置为4×ϕ15.2mm;第5道锚杆长15m,锚固长度8m,钢绞线布置为4×ϕ15.2mm。每道锚杆与地平面的夹角为20°。

4-4断面布置如图6所示,各道锚索布置形式为:第1道锚杆长38m,锚固长度26m,钢绞线布置为4×ϕ15.2mm;第2道锚杆长32m,锚固长度21m,钢绞线布置为4×ϕ15.2mm;第3

道锚杆长25m，锚固长度16m，钢绞线布置为$4\times\phi15.2$mm；第4道锚杆长20m，锚固长度13m，钢绞线布置为$4\times\phi15.2$mm；第5道锚杆长16m，锚固长度9m，钢绞线布置为$4\times\phi15.2$mm。每道锚杆与地平面的夹角为20°。

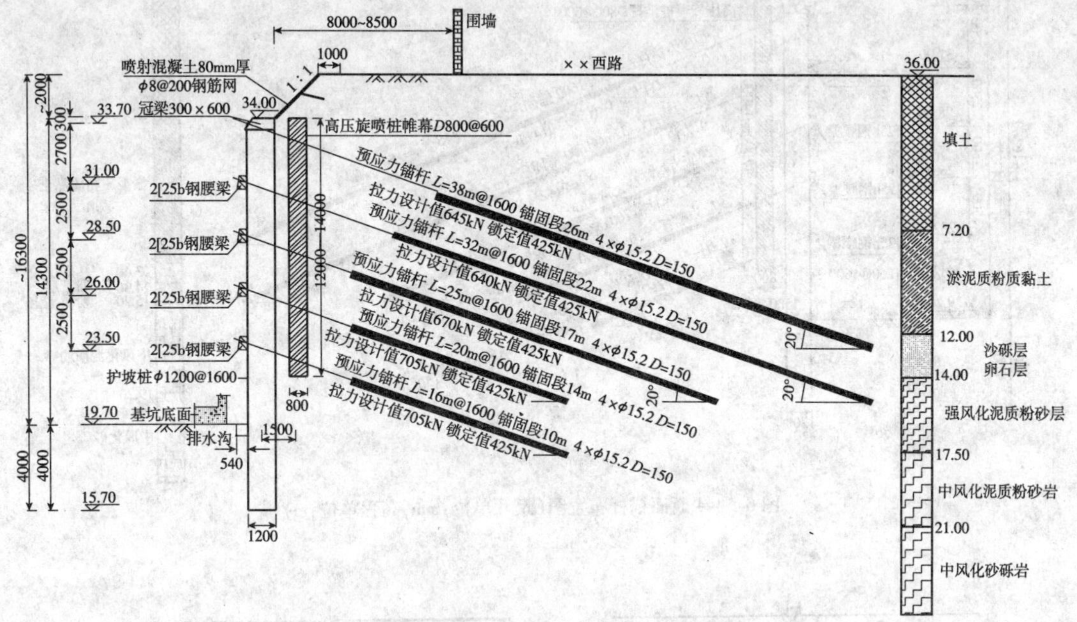

图4 1-1断面锚杆布置图（尺寸单位：mm，高程单位：m）

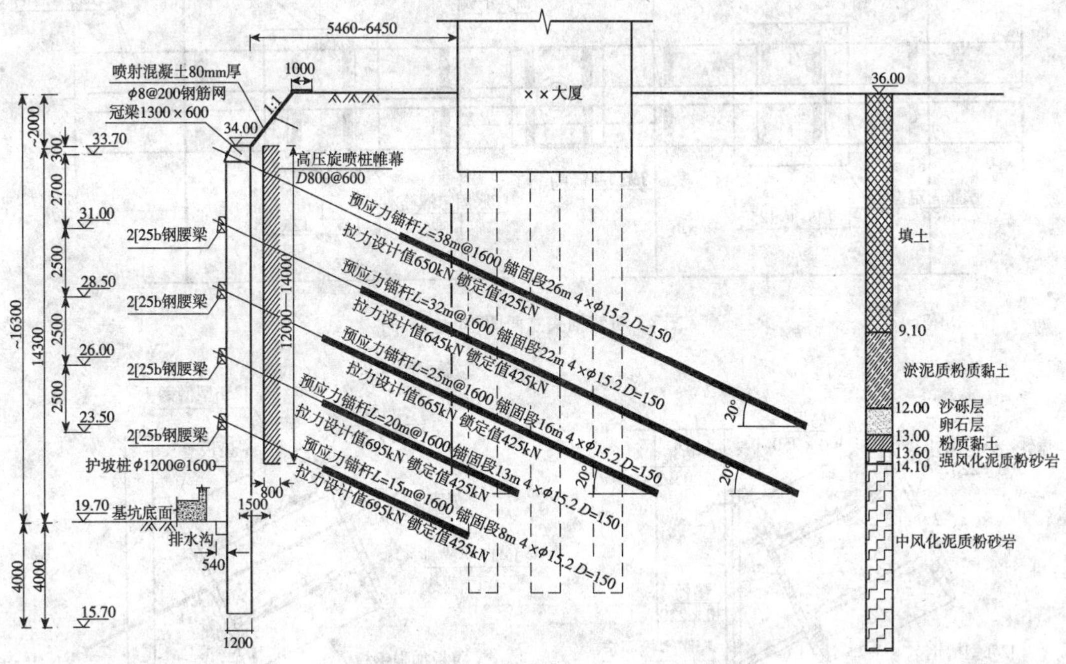

图5 2-2断面锚杆布置图（尺寸单位：mm，高程单位：m）

3.3 锚杆端部采用冠梁或钢腰梁锚固

第1道锚杆采用冠梁锚固，锚具型号为JM15-4。钢垫板尺寸为250mm×250mm×20mm。其他锚杆采用钢腰梁锚固，如图7、图8所示。

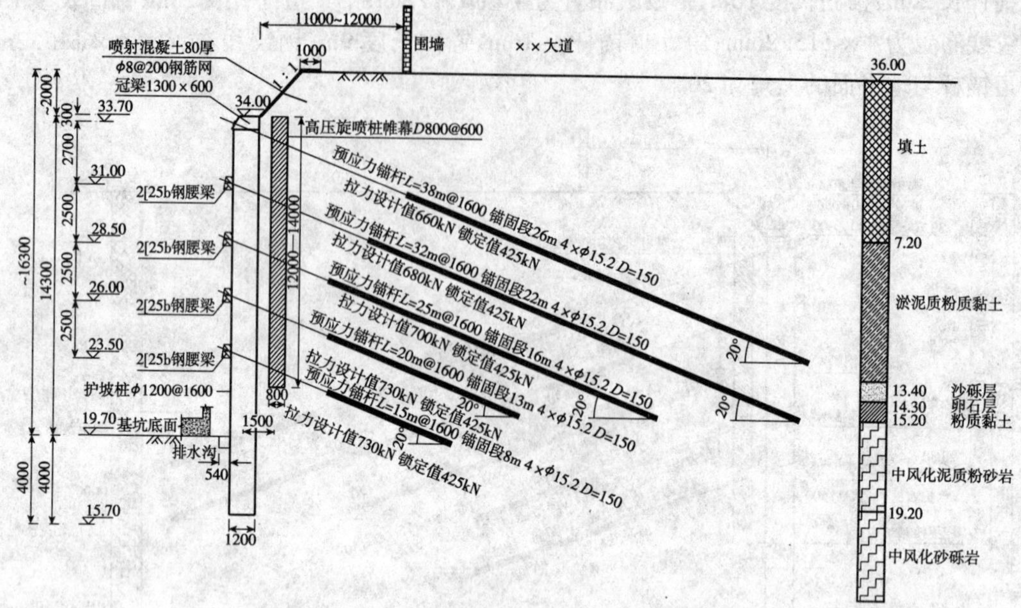

图6　4-4断面锚杆布置图(尺寸单位:mm,高程单位:m)

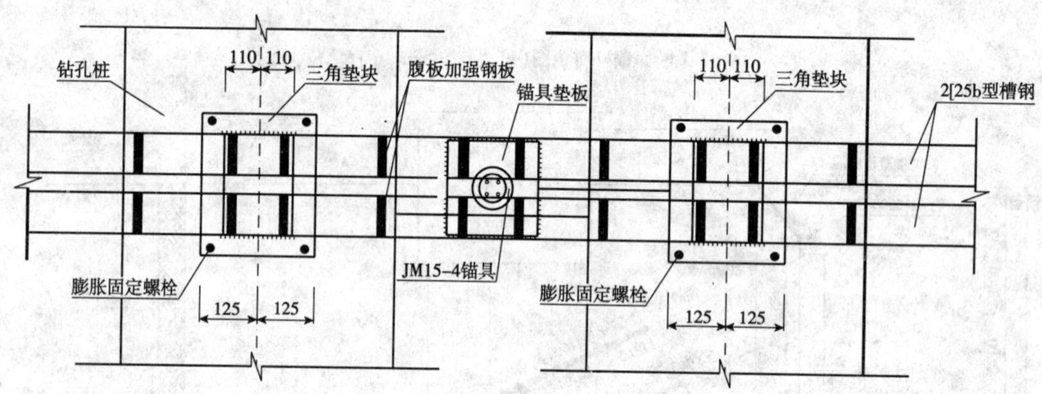

图7　桩锚锚头立面图(单位:mm)

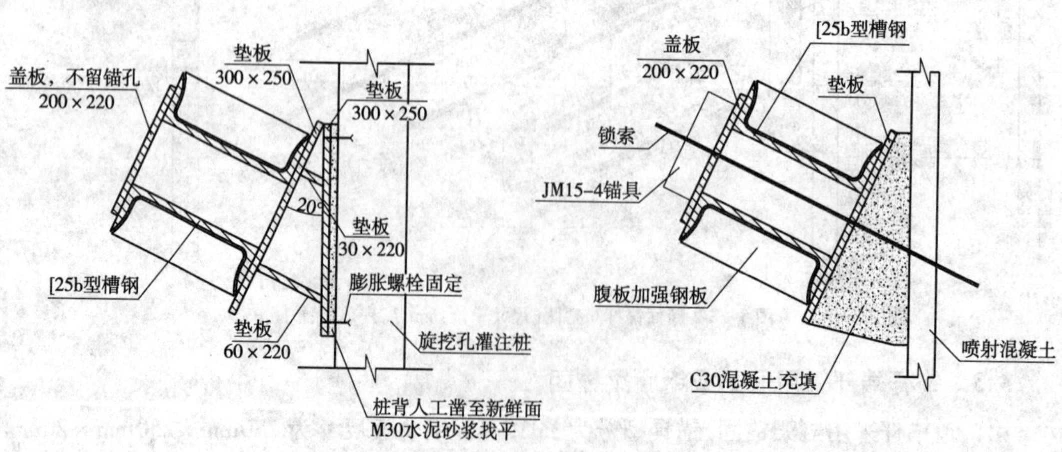

图8　桩锚锚头图(尺寸单位:mm)

3.4 止水设计(图9)

止水帷幕采用二重管高压旋喷桩,止水方式为桩间止水,即在两根护坡桩中间施工3根高压旋喷桩,旋喷桩成正三角形布置。设计桩径800mm,桩间距600mm,桩长12.00~14.00m。进入相对不透水层1m,水灰比1.0。

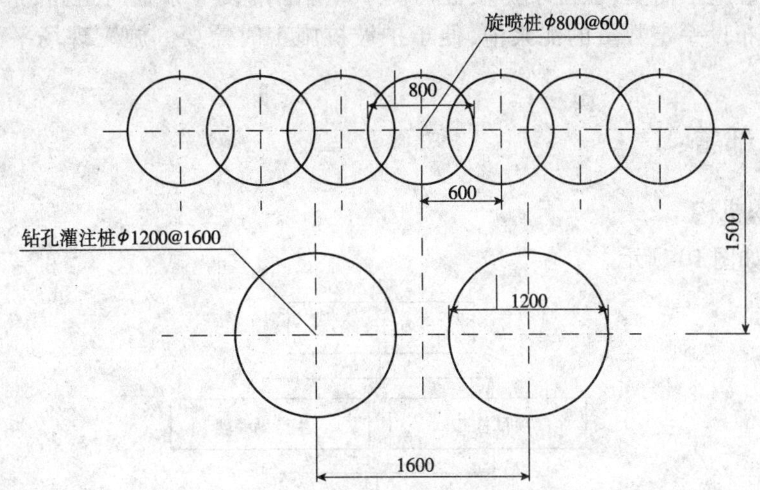

图9 桩平面局部布置图(单位:mm)

4 施工准备

4.1 技术准备

4.1.1 技术人员认真熟悉设计图纸和地勘资料,进行现场勘察,并学习相关施工规范及标准。

4.1.2 测量员依据施工图和给定的坐标点测设轴线定位桩和高程控制点,并放出桩位,报监理复核。

4.1.3 试验员对原材进行复试及做好见证取样计划。

4.1.4 施工前做桩基成孔试验,以核对地质报告,检验所选设备、工艺是否适宜。

4.1.5 施工前做锚索基本试验及止水帷幕围井试验,检验锚索的抗拔力是否满足设计要求,止水桩各施工参数是否满足止水要求。

4.2 现场准备

4.2.1 施工临时设施及临时道路

在施工区域西侧搭建一座长20m、宽5m的钢筋加工棚;钢筋棚区域内采用厚10cm的C20混凝土进行硬化。同时在西南门与钢筋加工区之间修建一条临时便道,临时便道长约15m、宽4m;采用C30混凝土浇筑,面板厚30cm,便于各种施工材料的进场。在施工区域北侧规划一块长7m,宽4m的区域作为高压旋喷桩施工泵及水泥码放区域。该区域采用厚10cm的C20混凝土进行场地硬化;上面搭设简易工棚,存放工程所需水泥。

4.2.2 施工用水

在位于基坑西北角、西南角、东北角开挖线外3m位置各布设1根φ200的自来水管,用于场地内施工用水。

4.2.3 施工用电

在位于基坑东南角位置安装一台 700kVA 的变压器,沿基坑周围布设一周 5 芯 $40mm^2$ 的电缆线,并在基坑四周中间位置布设 4 个二级配电箱。

4.2.4 场地平整

根据护坡桩施工需要,在位于护坡桩内侧 8m 范围铺设一条临时道路,进行硬化处理。同时在场地内布设一定数量的泥浆池,便于护坡桩施工时需要。施工现场平面布置如图 1 所示。

5 施工部署

5.1 组织机构

组织机构如图 10 所示。

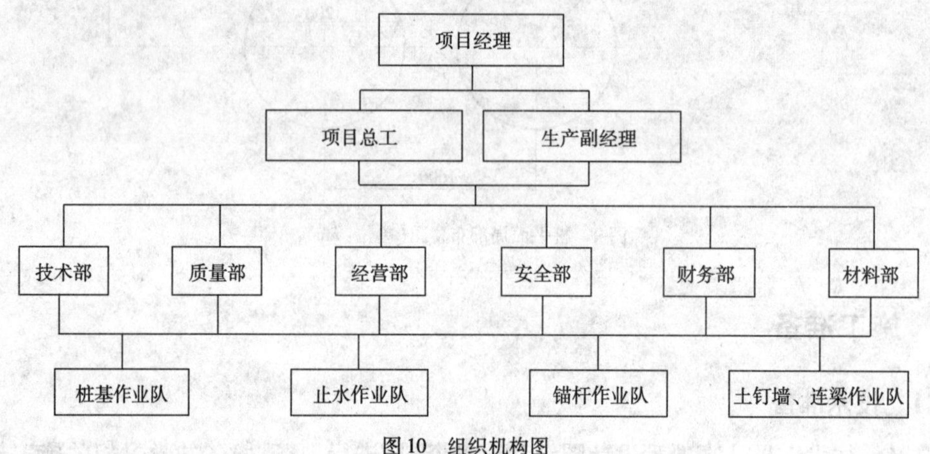

图 10 组织机构图

5.2 主要工程数量

主要工程数量见表 1。

主要工程数量表 表 1

序号	项 目	单位	数 量	备 注
1	ϕ800 旋喷桩止水幕墙	m	6333.25	水灰比 1.0
2	ϕ1200 护坡桩	m	4044.35	C25
3	土钉墙	m^2	525.75	C20,厚 8cm
4	压顶梁	m3	230.99	1200mm×600mm
5	预应力锚杆	m	14652	1860MPa
6	钢腰梁	t	106.53	[25
7	桩间喷浆护壁	m^2	1431.12	C20,厚 8cm
8	土方挖运	m^3	101120	运距 25km
9	排水沟	m	317.05	500mm×500mm
10	疏干井	个	22	11.5~12m

5.3 工期安排

根据项目的特点，结合总体工期，各工程项目作业面划分及工期安排情况见表3。

5.3.1 作业面划分

作业面划分见表2。

作业面划分 表2

序号	工序	作业面数量	作业面部位
1	护坡桩施工	2个作业面	其中东侧、南侧为1个作业面，西侧、北侧为1个作业面
2	高压旋喷桩	2个工作面	其中东侧、南侧为1个作业面，西侧、北侧为1个作业面
3	预应力锚杆	2个工作面	护坡桩及旋喷桩施工2个作业面施工完成后紧随其施工
4	土钉墙及连梁	2个工作面	2个锚杆作业面施工完成后施工

5.3.1.1 护坡桩施工

护坡桩由两台旋挖钻机同时在两个对角开始施工，两个施工点分别布置于基坑的西南角及东北角。西南角钻机由南往北开始施工，结束于西北角；西北角钻机由北往南开始施工，结束于西南角。

5.3.1.2 高压旋喷桩施工

高压旋喷桩施工紧跟护坡桩施工，在护坡桩施工5天后开始施工高压旋喷桩，为了保证工期的如期完成，旋喷桩施工应根据护坡桩施工进度适当增加钻机数量。

5.3.1.3 土方开挖及桩基施工

第一层土方挖至高程34m后，开始桩基及冠梁施工，随后开始第一道锚杆施工；以后的每一层土方施工需要与下一道锚杆施工交错进行，每两层土方厚度为2.5m。锚杆施工从西南角及东北角同时展开施工，每一道锚杆施工完成并张拉后即安排土方开挖，以便为下一道锚杆的施工创造作业面，同时与土方施工形成流水作业。

5.3.2 施工工期安排

工期安排情况如图11所示。

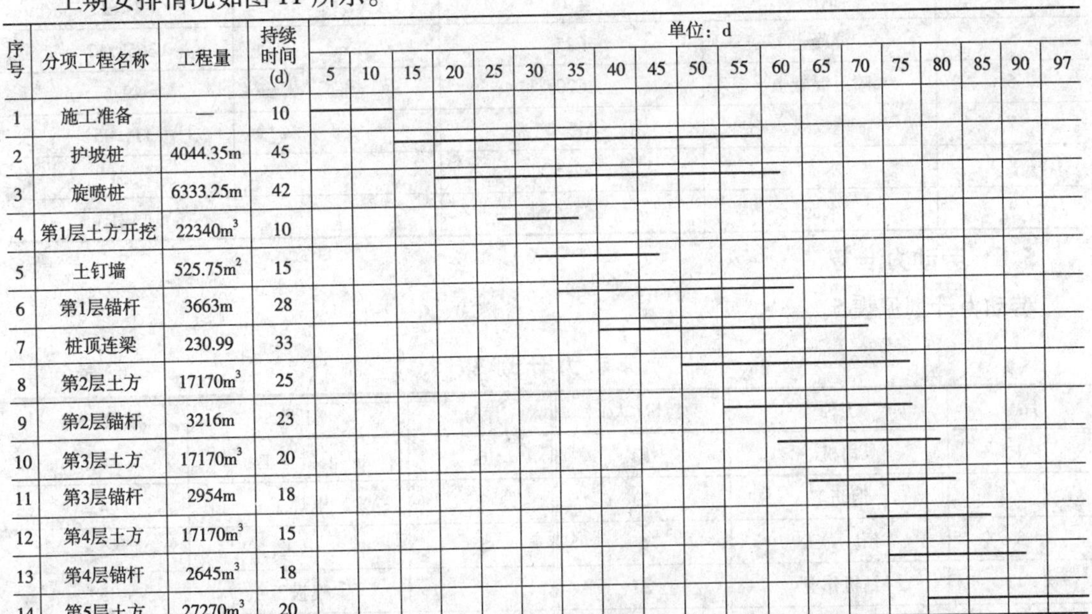

序号	分项工程名称	工程量	持续时间(d)	单位：d 5	10	15	20	25	30	35	40	45	50	55	60	65	70	75	80	85	90	97
1	施工准备	—	10																			
2	护坡桩	4044.35m	45																			
3	旋喷桩	6333.25m	42																			
4	第1层土方开挖	22340m^3	10																			
5	土钉墙	525.75m^2	15																			
6	第1层锚杆	3663m	28																			
7	桩顶连梁	230.99	33																			
8	第2层土方	17170m^3	25																			
9	第2层锚杆	3216m	23																			
10	第3层土方	17170m^3	20																			
11	第3层锚杆	2954m	18																			
12	第4层土方	17170m^3	15																			
13	第4层锚杆	2645m^3	18																			
14	第5层土方	27270m^3	20																			

图11 工期计划横道图

5.4 投入的主要机械设备

主要施工机械见表3。

主要施工机械设备表

表3

序号	名　称	型号规格	数量	备　注
1	预应力张拉设备	YCW200	2套	锚索张拉
2	吊车	20t	2台	桩基钢筋笼
3	旋挖机	W200	2台	护坡桩
4	压浆机	Y100	2只	锚索压浆
5	二重管高压旋喷钻机	W95	2台	止水帷幕桩施工
6	手拉葫芦	UB-3型	10只	钢腰梁安装
7	锚杆钻机	EX200	4台	锚杆施工
8	拌浆机	EX100	2台	旋喷桩施工
9	灰浆机	—	2台	旋喷桩施工
10	喷浆机	—	2台	旋喷桩施工
11	水泵	2寸	12	降水

5.5 主要材料准备

主要材料见表4。

主要材料表

表4

序号	名称	规格型号	单位	数量
1	钢筋	ϕ25	t	324.32
2	钢筋	ϕ16	t	9.1
3	钢筋	ϕ8	t	27.52
4	钢筋	ϕ18	t	1.12
5	混凝土	C25	m^3	3657.12
6	喷射混凝土	C20	m^3	49.6
7	钢绞线	ϕ15.2	t	111.45
8	水泥	42.5	t	551
9	水泥	52.5	t	121

5.6 劳动力准备

劳动力计划见表5。

劳动力计划表

表5

序号	工种	数量(人)	序号	工种	数量(人)
1	司机	10	6	混凝土工	8
2	钢筋工	20	7	电焊工	4
3	预应力工	6	8	电工	2
4	钻机作业	20	9	模板工	5
5	测量工	3			

6 主要施工方法

6.1 护坡桩施工

本基坑工程护坡桩桩径为 ϕ1200mm，桩中心间距为 1600mm，设计桩长为 17.8m，混凝土强度等级为 C25。

施工顺序：采用旋挖桩机成孔，用导管灌注水下混凝土。采用“跳三钻一”的施工顺序成桩。

①→③→②→④→①→③→②→④

图 12 钻孔桩施工顺序图

施工顺序如图 12 所示。

施工工艺流程及施工工艺参照本册中《桥梁桩基旋挖成孔施工方案》5 条。

6.2 高压旋喷桩施工

本工程采用在护坡桩外侧 1.5m 布置高压旋喷桩做为止水幕墙，高压旋喷桩桩径 800mm，间距 600mm，水泥标号 P.O 42.5，深度以进入⑤粉质黏土层 1.0m 为控制标准，桩长约 12.0 ~ 14.0m。

6.2.1 施工前的工艺试验

旋喷桩正式施工前应进行围井试验，围井的尺寸为 3×3m，位置布置于基坑转角处。通过试验验证旋喷桩施工工艺参数；根据地质情况和设计桩径选择施工机具和设备。

6.2.2 施工工艺流程

施工准备→钻机就位→钻进→制浆→提升、旋喷注浆

6.2.3 施工工艺

6.2.3.1 施工准备

桩位放样：施工前用全站仪测定旋喷桩施工的控制点，埋石标记，经过复测验线合格后，用钢尺和测线实地布设桩位，并用竹签钉紧，一桩一签，保证桩孔中心移位偏差小于 50mm。

修建排污和灰浆拌制系统：旋喷桩施工过程中将会产生 10% ~20% 的返浆量，将废浆液引入沉淀池中，沉淀后的清水根据场地条件可进行无公害排放。沉淀的泥土则在开挖基坑时一并运走。沉淀和排污统一纳入全场污水处理系统。

灰浆拌制系统主要设置在水泥附近，便于作业，主要由灰浆拌制设备、灰浆储存设备、灰浆输送设备组成。

6.2.3.2 钻机就位

钻机就位后，进行调平、对中，调整垂直度，保证钻杆与桩位一致，偏差应在 10mm 以内，钻孔垂直度误差小于 0.3%；钻孔前应调试空压机、泥浆泵，使设备运转正常；校验钻杆长度，并用红油漆在钻塔旁标注深度线，保证孔底高程满足设计深度。

6.2.3.3 钻进

钻机施工前，应首先在地面进行试喷，在钻孔机械试运转正常后，开始钻进。钻孔过程中要详细记录好钻杆节数，保证钻孔深度的准确。

6.2.3.4 制浆

(1)选用标号为 P.O 42.5 的水泥。

(2)浆液水灰比为 1.0。灌入水泥浆液的比重宜取 1.5 ~1.6，返浆比重宜取 1.2 ~1.3。

(3)制浆采用二级搅拌系统，按配比配制出来的水泥浆流放至另一储料罐，保证水泥浆输送泵的连续泵送，不发生供料中断；储料罐内不间断进行搅拌，防止水泥浆发生分离。在配制

浆液时，应先在搅拌桶内注入部分清水，然后倒入水泥搅拌均匀，搅拌后的浆液必须满足设计水灰比要求。

浆液过筛后再送浆，保证正常输浆。

6.2.3.5 提升、旋喷注浆

由下而上进行喷射作业，边旋转边徐徐提升至设计高度。

(1)严格控制提升速度在 0.10～0.12m/min，以利高压水泥浆充分切削、破碎及搅拌土体。

(2)水泥浆液流和高压水射流的压力要达到 30MPa，水泥浆压力 0.2～0.3MPa。

(3)拔管：高压喷射注浆完毕，迅速拔出注浆管。

(4)清洗：每施工完一根桩后，用清水清洗循环管中残留浆，以保证下一根桩施工正常使用。

6.3 土钉墙的施工

基坑绝对高程 34.00m 以上采用土钉墙支护，放坡比例为 1∶1。土钉为 ϕ 18 钢筋，长 2.5m，间距 1.5m，距离基坑顶 1m。挂网为 ϕ8@200×200 钢筋网，喷射 C20 混凝土厚度为 80mm，分两层施工。在土方开挖，修坡后，喷底层，厚度 30mm；钢筋网编焊完成后喷射第二层混凝土，厚度 50mm。

6.3.1 施工工艺流程

第一段土方开挖→修坡→打入土钉→喷射第一层素混凝土→安装钢筋网→喷射第二层素混凝土→养护

6.3.2 施工工艺

6.3.2.1 第一段土方开挖

开挖高度为从地表位置至护坡桩桩顶位置，开挖坡度按照设计要求进行。

6.3.2.2 修坡

按设计坡度人工修平。

6.3.2.3 打入土钉

在设计位置，用重锤将 ϕ 18 钢筋打入坡面，深度为 2.5m。

6.3.2.4 安装钢筋网

在坡面平铺钢筋网，横向及纵向搭接宽度要大于 300mm，可弯钩搭接。

6.3.2.5 喷射混凝土

先喷一层厚 3cm 的底层混凝土，初凝后安装钢筋网，再喷一层厚 5cm 的面层混凝土。混凝土喷射总厚 80mm。配比为水泥∶砂∶石＝1∶2∶2，水灰比 0.45，混凝土为 C20。

6.3.2.6 养护

喷射混凝土终凝 2d 后，要喷水养护，养护时间不少于 7d。

6.4 冠梁施工

冠梁长度约 310m，底部与护坡桩顶部相连，护坡桩钢筋埋入冠梁深度为 600mm；冠梁施工预留锚杆孔，冠梁截面尺寸为 1200mm×600mm，C25 混凝土。

施工工艺流程：土方开挖及破除桩头→钢筋绑扎→模板安装→浇筑混凝土

6.5 预应力锚杆施工

6.5.1 施工工艺流程

测放孔位→成孔→锚索制作及安放→一次注浆→二次注浆→安装钢腰梁→张拉锁定

6.5.2 施工工艺

6.5.2.1 测放孔位

每层土方开挖到设计锚杆高程下0.5m处后，测放出每根锚索的钻孔位，打上竹签。

6.5.2.2 成孔

钻孔孔径150mm，钻进深度要求比设计锚杆深0.5~1.0m。如果遇易坍塌土层，则采用套筒钻进。

6.5.2.3 锚索制作及安放

锚索采用钢绞线制作，由导向帽、箍筋环、架线环及定位托架组成，托架间距为1.5m。锚杆自由段外加PVC软管。将灌浆管安放在架线环及定位托架中间。锚索的安放与注浆管同时进行，同时将注浆管端头用尼龙绳固定在钢绞线上，两者一齐徐徐伸进孔内到设计位置。

6.5.2.4 注浆

将注浆管往外拉出300mm，在孔口进行封堵后进行注浆。注浆采用纯水泥浆，施工时加适量的早强剂和速凝剂。注浆采用二次注浆工艺。

6.5.2.5 养护、安装钢腰梁。

锚杆注浆后养护7天，按设计要求，选取5%的锚杆进行验收试验。

锚杆施工完毕后，进行腰梁安装，采用2根25b槽钢组成腰梁。护坡桩上锚杆以桩顶冠梁作为腰梁。

6.5.2.6 张拉

(1)当锚固体及冠梁混凝土的强度达到设计强度的70%后进行张拉。张拉前对张拉设备进行检查标定。

(2)张拉前进行试拔检验，试拔最大拉力为设计轴向拉力的1.1倍。按拉力的10%逐级加荷，卸荷时按轴向拉力的1/5逐级卸荷。

(3)张拉至设计拉力的1.0~1.1倍时，保持10~15min，观察其变化趋于稳定时卸荷至锁定荷载进行锁定。锁定后，如有明显的应力损失，应进行补偿张拉。

6.6 土方开挖

基坑开挖面积为6500m^2，基坑开挖深度15.3~16.3m，土方挖填量约10万m^3。

施工工艺流程：定位放线→土方开挖→人工修边角

6.6.1 定位放线

定出土方开挖边线，从四周向中间开挖，先开挖基坑周边，为锚杆施工提供工作面。开挖深度根据锚杆的垂直布置高度确定。

6.6.2 土方开挖

(1)根据基坑及周围环境特点，为便于土方的运输，基坑出土口布置于西南角位置，数量为1个，所有的土方从该出土口外运。

(2)基坑土方采用反铲挖掘机台阶式后退法挖土，每层开挖高度不大于2.5m。挖掘机挖出的土方通过台阶式传递直接装车运至弃土点。

(3)土方开挖过程中，应按照基坑支护设计的要求设临时的降水井、排水沟及集水井，并及时排除基坑内的积水和地表水，避免造成塌方。

6.6.3 人工修边角

机械无法直接挖掘的部位,采用人工开挖、清理、归堆;挖土机无法直接转运的土石方采用吊机吊运至地面归堆,装车外运。

6.7 基坑内降、排水

降水:坑内的降水方法采用疏干井降水。降水井直径为600mm,深度为11.5~12.0m。疏干井在基坑中均匀布置22个。

排水:在基坑坡顶设置300mm×300mm的砖砌截水沟,且按地形高低在低处设置1000mm×1000mm×1000mm集水井,防止地表水流入基坑。

基坑开挖施工阶段沿坑底设置临时集水井,且每开挖一层土方均应设置,避免坑底集水软化边坡土体。

7 基坑监测

7.1 施工组织

项目部成立专门的监测小组。

7.2 监测项目及预警值

主要监测项目预警值见表6。

主要监测项目预警值 表6

监测项目	设计允许值	预 警 值	备 注
基坑侧壁水平位移	30mm	25mm(每天发展最大值不超过6mm)	精度±2mm
基坑侧壁垂直沉降	20mm	15mm(每天发展最大值不超过3mm)	精度±2mm
基坑周边堆载	坑顶2m内严禁堆载,坑顶2m外堆载不超过10kPa	堆载超过规定	每天巡查
基坑渗流水	不出现管状流	突然增大,管涌	每天巡查
基坑外侧水位	34.00m	32.00m	精度±10mm
周边管网渗流	无渗流	突然增大,爆裂	每天巡查
周边建筑裂缝	无明显变化	裂缝发展,对结构使用和承载力有影响	施工前详细记录并拍照,通知建筑业主见证
周边建筑位移	无明显沉降和开裂	20mm(每天发展最大值不超过2mm)	每天巡查,施工前做好调查记录
锚索应力	大于预加力,小于0.95倍设计值	20mm(每天发展最大值不超过2mm)	正常监测前应确保传感器稳定可靠
桩身钢筋应力	小于相应工况0.95倍设计值	大于相应工况0.95倍设计值	正常监测前应确保传感器稳定可靠

7.3 监测方法

7.3.1 沉降监测(图13)

7.3.1.1 仪器设备:选用索佳C32型自动安平精密水准仪,刻度为5mm的水准尺。

7.3.1.2 沉降点埋设：将沉降点布置于距离边坡 2m 外处；每侧各 3 个点，如图 13 所示。

7.3.1.3 监测方法：开挖前，在影响区外设置 3 个基点，并将城市高程点的高程引至基准点，作为地表沉降的基点，并取各测点初值。根据施工进度，按 1~3 天的监测频率对各沉降点进行沉降监测，将各沉降点沉降值汇总成沉降变化曲线。

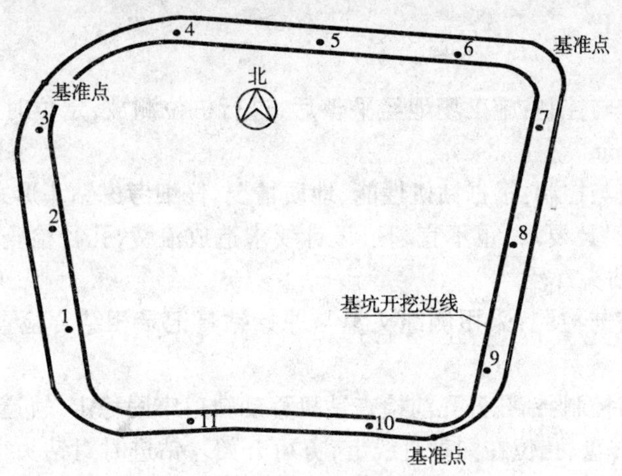

图 13 沉降观测点布置图

7.3.2 支护结构的水平位移

7.3.2.1 仪器：全站仪。

7.3.2.2 监测点埋设：基坑开挖前，在基坑外 2m 处埋设监测点，每侧 2 个。

7.3.2.3 监测方法：用全站仪测出各点的相对坐标，根据施工进度，对各点的数值进行采集；土方开挖后和下中大雨后均需测量，平常测量频率为 1 次/周。

7.3.3 基坑周边的裂缝监测

当基坑由于护坡结构变形而引起护坡背部土体发生裂缝时，在裂缝垂直方向涂抹石膏，待石膏凝固后，石膏随土体共同发生位移，定期观测石膏裂缝的大小，确定土体裂缝情况。

7.3.4 基坑底部回弹和隆起的监测

7.3.4.1 隆起监测点设置在沿基坑中央及基坑 1/4 距离的位置上，监测点设 50m 一个，并在基坑外选设水准点及定位点。

7.3.4.2 隆起测设方法采用几何水准法，高程误差不大于 1mm，在观测点位置预埋隆起观测标。基坑隆起观测次数不少于 3 次：在基坑开挖刚到底、在坑底成型后及在浇筑结构底板混凝土之前。

7.4 监测频率

7.4.1 施工前应调查周边建筑物现状裂缝等，拍照并做好记录。基坑开挖或降水前，应完成所有初值观测并不少于 2 次。

7.4.2 每天专人巡视检查。

7.4.3 基坑开挖深度小于 5m 前，可每 2~3 天观测 1 次；基坑开挖深度超过 5.0m 后，每天观测 1 次。在地下室底板施工完后，若无明显变形，可适当减少观测频率。

7.4.4 支护施工完成后，每 3 天监测 1 次；此后每 30 天监测 1 次，监测至基坑回填。

7.4.5 遇到暴雨、周边水管破裂等异常情况,应1天观测1次,必要时还应加大监测频率。

8 质量保证措施

8.1 质量措施

8.1.1 护坡桩施工

8.1.1.1 成孔

(1)孔位质量检查与控制:施工场地经平整后,进行桩位测放,定位时护筒中心与桩位中心线偏差不得大于50mm。

(2)孔径质量检查与控制:根据钻机性能、地质情况,仔细考虑钻头形式和大小,必须考虑到成孔直径不得小于设计要求,也不宜超过设计要求造成浪费,孔径检查可制作孔规进行检查,按检查结果,修正钻头直径。

(3)孔深质量检查与控制:采用测绳丈量与原始钻具记录相结合检查,必须保证设计深度,不得人为提前终孔。

(4)垂直度检查与控制:钻孔开孔前检查钻机移动轨道牢固稳定,轨道顶平面四角要求同一高程上,钻机天车、转盘、孔位在同垂直线上,方可开始。钻进时对钻头牢靠,开钻时应轻锤密击。

8.1.1.2 检查钢筋型号、直径、数量是否合乎设计要求,经查无误后,方可下吊放钢笼;下放钢筋笼时检查钢筋笼是否有弯曲变形情况。

水下钢筋笼保护层采用预制混凝土块控制,设置方法:每隔3~5m设一道;每道用箍筋钢穿过直径50mm的预制混凝土块焊在钢筋上;每道设置至少4块,沿钢笼均匀布设。

8.1.1.3 检查混凝土超灌量情况。控制混凝土超灌量的措施,主要是掌握好各层土的钻进速度;在正常钻孔操作时,中途不要随便停钻,以避免过大地扩张。

8.1.2 高压旋喷桩

8.1.2.1 放注浆管前,先在地表进行射水实验,待气、浆压正常后,才能下注浆管施工。

8.1.2.2 施工时隔两孔施工,防止相邻高喷孔施工时串浆。相邻的旋喷桩施工时间间隔不少于48h。

8.1.2.3 水泥进场后,应垫高水泥台,覆防雨彩布,防止水泥受潮结块。

8.1.2.4 浆液水灰比、浆液比重、每米桩体掺入水泥重量等参数均以现场试桩情况为准。施工现场配备比重计,每天量测浆液比重,严格控制水泥用量。运灰小车及搅拌桶均做明显标记,以确保浆液配比的正确性。灰浆搅拌应均匀,并进行过滤。喷浆过程中浆液应连续搅动,防止水泥沉淀。

8.1.2.5 严格控制喷浆提升速度,喷浆过程应连续均匀。若喷浆过程中出压力骤然上升或下降,大量冒浆、串浆等异常情况时,应及时提钻出地表排除故障后再施工。

8.1.2.6 喷射成桩结束后,应采用含水泥浆较多的孔口返浆回灌,防止因浆液凝固后体积收缩,桩顶面下降,以保证桩顶高程满足设计要求。

8.1.3 预应力锚杆

8.1.3.1 钻机就位后,根据设计倾斜角,在孔口前用定位器定出钻孔时钻具的斜度。

8.1.3.2 钻孔保持孔壁顺直,到位后清水洗孔,直至孔口不留出土块为止。

8.1.3.3 预制锚杆，对焊平直，在自由段上除锈、防锈，在ϕ25、ϕ28 钢筋表面涂防锈底漆，并用两层沥青玻璃布包扎，以便灌浆锚固时砂浆能封注防锈层端部。

8.1.3.4 根据配比拌制水泥砂浆，砂浆搅拌均匀后，为了避免大块材料堵塞压浆泵砂浆需经过滤网入压浆泵。

8.1.3.5 灌浆管采用 1 根约 ϕ30mm 的钢管（或胶皮管），一端与压浆泵相连，另一端与锚杆钢筋同时送入孔底，距孔底应预留 0.5mm 的空隙。

8.1.3.6 开动压浆泵将搅拌好的砂浆注入钻孔底部，自孔底向外灌注。随着砂浆的灌入，应逐步将灌浆管向外拔出直至孔口；拔管过程中应保证管口始终埋在砂浆中。

8.1.3.7 灌浆完成后，将灌浆管、压浆管，搅拌机等用清水冲洗干净。

8.1.4 预应力锚杆

8.1.4.1 锚头的螺丝端杆应采用 Q420 号钢材制作与锚杆ϕ25、ϕ28 对焊，对焊面积不小于ϕ25、ϕ28 的截面面积。

8.1.4.2 待锚固段强度大于 15kPa 并达到设计强度等级的 75% 后方可张拉；张拉检验后应力至设计承载力的 90% 时进行，并按设计值的 60% 进行拧紧螺帽锁定。

8.2 质量标准（表 7 ~ 表 10）

土钉墙质量控制标准表

表 7

序号	检查项目	允许偏差或允许值		检查方法
		单位	数值	
1	土钉长度	mm	±30	用钢尺量
2	孔径	mm	±5	用钢尺量
3	土钉位置	mm	±100	用钢尺量
4	钻孔倾斜度	°	±1	测钻机倾角
5	土钉墙面厚度	mm	±10	用钢尺量

护坡桩质量控制标准表

表 8

项次	项　目		允许偏差（mm）	检验方法
1	钢筋笼	主筋间距	±10	尺量检查
2		箍筋间距	±20	
3		直径	±10	
4		长度	±100	
5		钢筋笼保护层	±20	
6	桩成孔	桩径	±50	尺量检查
		桩位	≤100	开挖后量桩中心
		孔深度	+300	测绳检查
7	垂直度		1%	吊线和尺量检查
8	桩顶高程		+30 ~ −50	水准仪

分部筋间距	±200	均值为一点
预埋件中心位移	±10	抽　查

止水帷幕桩质量检查标准表 表9

序号	检查项目	允许偏差	检查方法
1	水泥及外渗剂质量	符合出厂要求	查产品合格证书
2	水泥用量	设计要求	查看流量表及水泥浆水灰比
3	截水帷幕截水情况	设计要求	按规范方法
4	钻孔(桩位)偏差	小于50mm	钢尺量
5	桩顶高程	+200mm -50mm	水准仪
6	桩底高程	±200mm	钻孔深度
7	注浆压力	按设定参数指标	查看压力表
8	桩体直径	小于50mm	开挖后尺量
9	桩体搭接	小于50mm	开挖后尺量
10	垂直度	小于0.5%	线垂测量钻杆

锚杆质量控制标准表 表10

序号	检查项目	允许偏差或允许值		检查方法
		单位	数值	
1	锚杆长度	mm	±30	用钢尺量
2	孔径	mm	±5	用钢尺量
3	锚杆位置	mm	±100	用钢尺量
4	钻孔倾斜度	°	±1	测钻杆倾角

9 安全文明施工措施

9.1 建立安全保证体系。明确岗位责任,落实到人,组织进行安全入场教育。

9.2 进入工地一定佩戴安全帽,操作工必须手戴防护手套,电工戴电工专用绝缘手套。

9.3 基坑周边设置防护栏杆。桩孔、基础上口,未填土的坑槽等处均要按洞口防护设置稳固的盖件。施工现场通道附近的各类洞口与坑槽等处,除设置防护设施与安全标志外,夜间还要设红灯警示。

9.4 基坑开挖应分层进行,开挖过程中应随时注意土壁的变动情况,发现异常,立即停工。

9.5 施工用电符合《施工现场临时用电安全技术规范》的具体规定。机械设备有漏电保护装置和接零接地,开关、插座集中在配电箱内,有防雨装置,由专职电工管理。

9.6 施工区域排水畅通,防止泥浆、污水、废水乱流和堵塞下水道,工地无积水现象。

9.7 各种材料必须按施工平面图位置堆放,保证施工道路平整、畅通。散堆材料随用随收堆,钢材成捆堆放在雨棚中,水泥在库房中分类堆码整齐;用后的器材及时清场,将剩余材料回收到指定地点堆放好。

10 应急预案

10.1 成立应急预案领导小组

项目部成立以项目经理为组长、生产副经理、总工为副组长的突发事件应急处理领导小组。

10.2 应急设备及材料

应急设备及材料见表11。

应急设备及材料表 表11

序号	项目	单位	数量	序号	项目	单位	数量
1	砂包	m^3	3000	5	挖掘机	台	2
2	注浆泵	台	2	6	土钉	根	50
3	注浆管	m	600	7	水泥	t	50
4	高压旋喷桩	台	1	8	水玻璃	t	2

10.3 应急措施

10.3.1 临时停电

配置的柴油发电机应有专人进行定期保养检修并经试运转确认完好后方可投入使用，保证在突发停电时能及时供电，保障正常施工和安全。

施工现场配置1台发电机作为后备电力供应系统，以防止在施工时遭遇因各种外部因素造成的施工区域的停电，影响现场的抽排水系统无法运转和正常的施工作业。

10.3.2 基坑失稳

施工过程中如发生量测数据突变，则应采取以下措施：

10.3.2.1 立即停止开挖并上报，采取加强支护措施。

10.3.2.2 对突变发生的地标道路和建筑物等实施24h监控。

10.3.3 边坡失稳

10.3.3.1 立即停止土方开挖，采取支护加强措施，如增加土钉、提高注浆参数、增设预应力锚杆等。

10.3.3.2 根据观测数据，在观测数据突变、边坡可能失稳的范围内，挖去一定厚度的土，降低坡顶的土压力荷载。

10.3.3.3 在可能失稳的边坡坡脚，堆土回填，起反压稳定作用，阻止边坡进一步滑移破坏，然后进一步采取处理措施。

10.3.4 围护结构严重渗漏

10.3.4.1 鉴于本工程的复杂性和特殊性，止水效果对本工程显得非常重要的，因基坑开挖面积大，开挖深度较深，基坑暴露时间长，一旦漏水将会产生严重后果。为减少事故发生带来的严重后果，现场应备有压密注浆机、水泥、水玻璃等材料，每天24h轮班值日巡视制度。巡视员每天将巡视情况向项目经理汇报，如发生紧急情况立即汇报。

10.3.4.2 现场一旦出现渗漏现象时，可先采用棉花絮塞紧缝隙，再用水玻璃混凝土充填；同时在外侧增设高压旋喷桩帷幕止水。

10.3.5 发生基坑内流土，涌砂、隆土

10.3.5.1 可采取快凝的压力注浆法，如采用高压旋喷桩，在水泥浆里加入水玻璃，水玻璃的比例为水泥的1/4。在灌浆点处要保证地下水基本没流速，不然水泥浆会流失，起不到应有的作用。

10.3.5.2 基坑开挖后马上施工垫层。

10.3.5.3 如基坑内流土，涌砂、隆土严重，应马上回填土，坑外抽水坑内回灌水。

10.3.5.4 在围护桩的外侧施工桩长更长，搭接长度更大的深层搅拌桩或高压旋喷桩。

§39　公路工程施工测量方案

1　编制依据

1.1　《工程测量规范》(GBJ 50026—2007)

1.2　《公路桥涵施工技术规范》(JTG/T F50—2011)

2　工程概况

本标段工程起点 K3+300、终点 K6+100,主线路线全长 2.8km。施工主要内容为:主线、立交、联络道的路基工程、路面基层、桥涵工程。全标段结构物主要包括公路互通立交 1 座(含主线桥 1 座、匝道桥 8 座、跨河桥 1 座)。

3　主要测量工作内容

全线施工控制网(导线网、水准网)的复测加密;施工过程中的控制网周期性复测。

3.1　结构施工测量

3.1.1　桥梁桩基础施工定位测量及设计桩顶高程控制。

3.1.2　承台施工平面定位及高程测量。

3.1.3　墩柱和盖梁平面定位测量。

3.1.4　箱梁定位及高程控制。

3.1.5　结构物的沉降观测。

3.2　路基施工测量

3.2.1　原地面测量。

3.2.2　路基施工过程中的中、边桩的测量。

3.2.3　路基封顶层的施工与验收测量。

3.2.4　路基的沉降观测。

4　人员和设备

人员:配备测量工程师 1 名,测量员 3 名。主要测量设备见表 1。

主要测量设备表　　表 1

序号	设备名称	规格型号	精度等级	数量(台)	工作性能
1	全站仪	SOKKIA	2″1+1PPm	1	良好
2	水准仪	DSZ2	±2mm	1	良好

5　控制测量

根据建设方提供的工程测量成果报告,目前可用的首级平面控制点有 6 个,分别为:G122、G123、G124、G127、G128、G129、G130、G131、G132。由于本标段线路较长,沿线绿化程度高,通视条件较差,通过仅有的首级控制点无法完成导线复测工作。为了便于施工,结合现场实际情况和施工需要,增设了 G123-1、G124-1、G124-2、G124-3、G127-1、G128-1 点联测平差后供施工使用(控制网布点图如图1所示,导线水准成果表见附录1)。

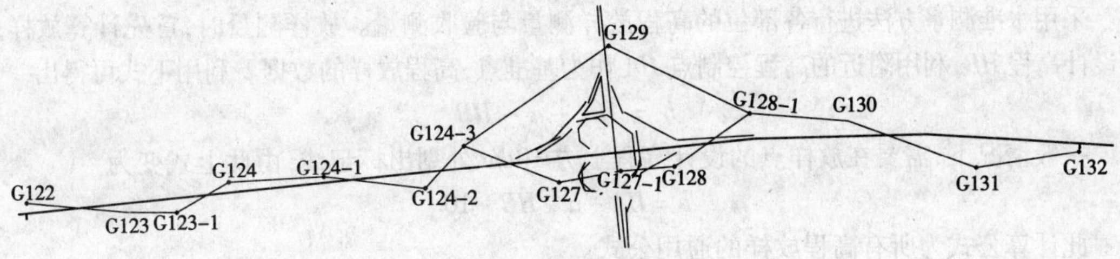

图1　控制点布设图

根据要求,按一级加密导线进行平面控制网布设,高程控制网按四等水准线路布设。为使用方便,两个控制网使用相同的点位、点号。平面控制点每半年复测一次,水准控制点每3个月复测一次。一级附合导线及四等水准精度及技术要求见表2、表3。

导线精度要求表　表2

等级	导线长度(km)	平均边长(km)	测角中的误差(″)	每边测距中误差	测回数	方位角闭合差(″)	相对闭合差
一级	6	500	2.5	≤14mm	2	$10\sqrt{n}$	≤1/17000

水准测量技术要求表　表3

等级	每公里高差中差(mm)	路线长度(km)	水准尺	观测次数	往返较差环行闭合差(mm)
四等	6	≤16	双面尺	往返各一次	$20\sqrt{L}$

6　坐标及高程放样方法的选择

6.1　坐标放样方法的选择

考虑到本标段的施工特点,坐标放样时,采用全站仪极坐标法进行施工放样。

原理:将全站仪架设于施工控制点上,后视另一通视的施工控制点,配置后视坐标、测站坐标,设置方位角(图2)。

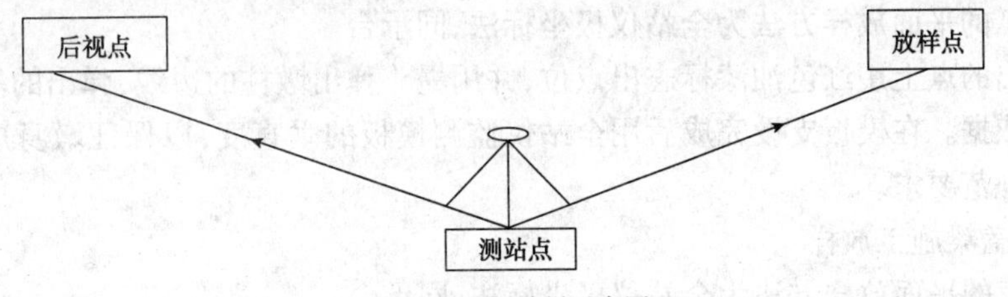

图2　极坐标放样示意图

全站仪设站完成以后,根据放样前计算好的施工部位的设计坐标X、Y、Z或设计点位到测站的距离S和方位角A,对设计点位进行平面放样工作,其中:

$$S = [(X - X_0)^2 + (Y - Y_0)^2]^{0.5} \qquad A = \arctan^{-1}(Y - Y_0)/(X - X_0)$$

$$S_0 = [(X' - X_0)^2 + (Y' - Y_0)^2]^{0.5} \qquad A = \arctan^{-1}(Y' - Y_0)/(X' - X_0)$$

图中测站点和后视点均为由首级点引测得到的加密控制点,X'、Y'、Z'表示后视点的坐标,X_0、Y_0、Z_0表示测站点的坐标,X、Y、Z表示施工部位的设计坐标。S_0、A_0表示测站点到后视点的后视距离和后视方位角,S、A表示由测站点坐标和施工部位设计点位坐标计算出的距离和方位角。

6.2 高程放样方法的选择

采用水准测量方法进行各部位的高程放样测量与验收测量。放样测量时，首先计算放样点的设计高程 HB，利用附近的高程控制点 HA 作为基准点，高程放样的数据 b 利用下式可得出

$$b = HA + a - HB$$

一般情况下，需要在放样点的设计高程上方 10cm 处划出标记线，由此上式变为

$$b = HA + a - HB - 10$$

此计算公式为所有高程放样的通用公式。

7 施工测量

7.1 桩基施工测量

桩基施工测量主要分为施工放样和验收测量。

施工放样：桥梁桩基施工前，做好测量作业准备工作。对桥梁桩基放样采用全站仪极坐标法。将全站仪架设在高等级控制点或加密控制点上，设站完成后，根据计算的桥梁桩基桩位设计坐标，对桥梁桩基的桩位进行测量放样。放样完成后，在放样出的桩位处打上木桩，并在木桩顶面精确放样出桩中心位置，用细钢钉标志，供打桩机就位使用。

验收测量：桥梁桩基施工至设计高程后，开始桩基的验收测量。将全站仪架设到高等级控制点或加密控制点上，用全站仪坐标法实测桩基的实际中心位置和桩顶高程。

7.2 承台施工测量

承台施工的平面放样方法为全站仪极坐标法。

将全站仪架设于加密控制点，后视临近的可以通视的另一控制点。采用全站仪放样极坐标法，根据承台的设计坐标，对墩身进行放样。放样完成后，采用不同测量方法或控制点对放样点位进行复核，确保放样点位的准确无误。

承台浇筑前在模板上定出承台顶高程，检查墩身预埋件位置是否准确。

7.3 墩柱盖梁施工测量

7.3.1 墩柱施工放样

墩柱施工的平面放样方法为全站仪极坐标法，同承台。

在放样出的点上用红色油漆标志出点位，并用墨斗弹出墩柱的边线，弹出的墨线是立模时模板定位的依据。在模板支设完成后用全站仪监测模板的垂直度，以保证墩身成品的垂直度满足设计及规范要求。

7.3.2 盖梁施工放样

盖梁施工的平面放样方法为全站仪极坐标法，同承台。

在放样出的点上用红色油漆标志出点位，并用墨斗弹出盖梁的中心线，弹出的墨线是安装盖梁钢筋和模板的依据。在模板支设完成后用全站仪监测模板的垂直度，以保证盖梁成品的垂直度满足设计及规范要求。

7.4 箱梁

箱梁施工的平面放样方法为全站仪极坐标法，放出桥梁、支座中心线。

7.5 桥面系施工测量

在箱梁施工结束后，根据箱梁实际高程采用极坐标法放出桥面铺装方格网。

8 路基测量

8.1 原地面测量

原地面测量的目的主要有2个。第一:计算土方量。第二:为计算填(挖)边线提供数据。其主要步骤为:

8.1.1 沿路基纵向恢复中线桩和边桩。

8.1.2 在路基原地面上布设10m×10m的方格网,并实测其高程,计算平均值。匝道区可加密至5m×5m。

8.1.3 利用测出的原地面高程和设计高程相比较,定出填(挖)边线。

8.1.4 待路基填(挖)结束后,与方格网高程平均值比较,计算得出路基填(挖)方量。

8.2 施工测量

8.2.1 在路基施工填筑过程中,路基中桩一般都会被破坏。这样每填筑一层均要及时将中桩恢复,同时将该层高程测出,定出该层的填(挖)边线桩。

8.2.2 在路基填(挖)达到设计高程前40cm,应严格放出道路中线及边线,并在中线及边线桩上测设出设计高程控制线,以控制各项指标精度。在达到设计高程前20cm前,对高程控制线进行再次校核,以满足路基填(挖)封顶层对中线、高程、坡度的要求。

8.3 路基沉降观测

根据《公路软土地基路堤设计与施工技术规范》,结合工程实际情况,设计路基沉降控制的指标为:

桥头部分(长度不小于30m)	≤10cm
距桥头30~50m	≤20cm
涵洞或箱形通道处	≤20cm
一般路基	≤30cm

根据要求在设计的路基桩号及桥头路基设置沉降观测桩,并按规范进行周期性观测,及时整理、上报沉降观测资料。

8.4 匝道曲线测设及注意事项

利用CASIO5800型计算器编程(卵形曲线程序见附录2),计算匝道各线形中线逐桩坐标。在卵形曲线或其他半径小于100m的匝道区,中线放样加密,中心桩间距按5m进行,以利于线形的完整与美观。

8.5 超高渐变段的计算

在互通立交A匝道AK0+120—AK0+180处设计了超高渐变段,坡度在60m内由+3%变为-3%。设计未给出超高计算公式。按照线性内插的方法计算,在实际测设中,保证了超高渐变段的实现。超高渐变段计算见表4。

超高渐变段计算表　　表4

桩号	坡度%(+)	坡度%(-)	备注	桩号	坡度%(+)	坡度%(-)	备注
AK0+120	3		一面坡	AK0+160		1	
AK0+130	2			AK0+170		2	
AK0+140	1			AK0+180		3	
AK0+150	0						

8.6 与相邻标段的控制网联测

考虑到控制点受外界因素影响,全线的首级控制网随着时间的推移,坐标和高程会出现不同程度的改变。由于控制点布设在不同标段,每个标段使用的控制点不同,因而控制点点位变化可能会引起相邻标段衔接段出现错台现象。为了避免这种现象的发生,在不同的施工阶段,和相邻标段进行控制网的联测。导线点最少连进相邻标段两个导线点,水准点至少延伸相邻标段一个水准点。联测完成后对测量成果进行平差,平差后,在与其他标段的衔接段施工时,使用联测测量成果。

9 技术和质量保证措施

9.1 所有操作人员持证上岗,所有的测量设备均应符合强制检定的要求,并应定期自校。

9.2 对测量工作进行细化,坚持复核制度。测量仪器的操作采取一个人观测、另一个人复核的方法;测量数据的计算也采用一个人计算,另一个人复核的办法,以保证测量放样结果的高精度和高准确度。

9.3 测量仪器架设好时,采用双后视点法进行复核,避免仪器设站存在错误。

9.4 对关键点位的放样,可采用两种测量方法进行相互复核,以增加点位精度的可靠性。比如,对基础桩位的放样,用极坐标放样结束后,可采用钢尺量距的方法加以校核。

9.5 施工测量时,在首级控制网无法通视的情况下,可通过首级控制网增设支点的办法进行测量。但不能通过支点再增设下一级支点,以避免误差的传递和累计。特殊情况下,可通过首级控制网布设一条次等级的符合导线。

10 附录

附录1 导线水准成果表计算

点号	坐标		高程(m)
	X(m)	Y(m)	
G122	4413954.922	454748.181	14.530
G123	4414104.561	454741.501	15.605
G123	4414229.006	454988.632	14.326
G123-1	4414434.244	454708.043	14.081
G124	4414556.586	454786.366	15.390
G124-1	4414636.290	454719.935	17.959
G124-2	4414820.710	454790.223	13.462
G124-3	4415056.145	454679.346	19.096
G127	4415115.228	454498.159	21.552
G127-1	4415122.373	454657.299	27.555
G128	4415372.873	454587.686	20.400
G128-1	4415193.504	454738.881	19.911
G129	4415340.133	454886.896	20.095
G130	4415458.648	455015.851	19.869
G131	4415565.637	455133.129	13.034
G132	4415661.428	455252.813	10.336

附录2 CASIO5800计算卵形曲线程序 RYSX ZB JS(主程序)

```
"1 = >S1,2 = >S2,3 = >S3"? U↙
IfU = 1:ThenProg"S1":IfEnd↙          进入第一条线路
IfU = 2:ThenProg"S2":IfEnd↙          进入第二条线路
IfU = 3:ThenProg"S3":IfEnd↙          进入第三条线路
Lb11:"K"? K↙
(R-D)/Abs(Z-Q)→P:Abs(K-Q)→C:PC→E↙
F + (E + 2D) × C × 90 ÷ π→J↙
F + (E ÷ 8 + 2D) × C × 45 ÷ (4π)→M↙
F + (3E ÷ 8 + 2D) × C × 135 ÷ (4π)→N↙
F + (5E ÷ 8 + 2D) × C × 225 ÷ (4π)→U↙
F + (7E ÷ 8 + 2D) × C × 315 ÷ (4π)→V↙
F + (E ÷ 4 + 2D) × C × 45 ÷ (2π)→H↙
F + (E ÷ 2 + 2D) × C × 45 ÷ π→O↙
F + (3E ÷ 4 + 2D) × C × 135 ÷ (2π)→G↙
"X = ":A + C ÷ 24 × {cos(F) + 4 × [cos(M) + cos(N) + cos(U) + cos(V)] + 2 × [cos(H) + cos(O) + cos(G)] + cos(J)}→X ◢
"Y = ":B + C ÷ 24 × {sin(F) + 4 × [sin(M) + sin(N) + sin(U) + sin(V)] + 2 × [sin(H) + sin(O) + sin(G)] + sin(J)}→Y ◢
Lb11:? W:? L:? I↙
"XL = ":X + Lcos(J - W)◢
"YL= ":Y + Lsin(J - W)◢
"XR = ":X + Icos(J + W)◢
"YR = ":Y + Isin(J + W)◢
Goto1
S1(数据库)子程序
IfK≤终点桩号:Then起点桩号→Q:终点桩号→Z:起点X坐标→A:起点Y坐标→B:
起点切线方位角→F:起点曲率1/R1→D:终点曲率1/R2→R:(如是直线均输0)
Goto0:IfEnd换行
下一个线元要素输入同上。。。。。。。。。。。
                    。。。。。。。。。。。。。。。。。。。。
Lb10:Return
S2第二条线路子程序。。。。。。。。同上输入。
S3第三条线路子程序。。。。。。。。同上输入。
```

说明:

曲率"1/R1"? D:"1/R2"? R为起终点半径的倒数.左向为负右向为正。

若有多条路线数据库建如S2,S3…S5在使用时把子程序S1根据计算需要改为S2…S5要计算线路即可。

K为待求点里程,W为夹角,L为左边距,I为右边距。

§ 40 施工现场临时用电施工方案

1 编制依据

1.1 《××工程施工组织设计》

1.2 《施工现场临时用电安全技术规范》(JGJ 46—2005)

1.3 《建设工程施工现场供电安全规范》(GB 50194—93)

1.4 《漏电保护器安装和运行》(GB 13955—92)

1.5 《低压配电设计规范》(GB 50054—95)

1.6 《通用用电设备配电设计规范》(GB 50052—95)

1.7 《建筑施工安全检查标准》(JGJ 59—2011)

2 工程概况

本工程南北长195m,东西长170m,总建筑面积为33150m^2。1号楼总高度为9.1m,2号楼总高度为43.5m,3号楼总高度为43.5m,4号楼总高度为54.2m,5号楼总高度为52.2m,6号楼总高度为33.9m。

3 工程临时用电特点分析

结合工程概况及施工工序要求,本工程将昼夜同时组织施工,所需机械设备数量多,连续运转作业时间长,再加上工期紧,拟投入设备数量多、功率高,用电量较大;加之现场各工种人员需要的电动工具多,使用频繁,施工现场生产、生活范围大,将导致现场配电线路长,电压损耗较大。

4 现场情况

4.1 根据建设单位提供的施工现场地上、地下管线移交有关资料与现场勘察,核实在该工程地下无任何管道及强、弱电电缆通过。

4.2 塔吊布置及位置。

本工程拟安装塔吊3台,具体在2号、4号楼间安装QTZ5015型塔式起重机1台,3号、5号楼间安装QTZ5013型塔式起重机1台,6号楼北侧居中位置安装QTZ5013型塔式起重机1台。

4.3 办公区、木工棚、钢筋加工区及混凝土泵(采用柴油动力)。

4.4 消防泵房布置:在6号楼西北角设置消防泵房一座。电源由总配电室(ZXA1)总闸上口直接供给,安装2台消防稳压泵,一用一备。

4.5 施工电梯布置:本工程在装修阶段安装双笼施工电梯5台。

4.6 建设单位已在施工现场西南角围挡外安装400kVA变压器1台,专供本工程使用。

施工现场临时用电总平面布置图,如图1所示。

5 配电室(箱)设置

现场设置低压总配电室2座,每座配电室内设配电柜(箱)一面。其中1号总配电室配电柜(箱)(ZXA1)为1号、2号、4号、6号楼结构施工、2台塔吊、钢筋加工及消防泵站供电,共设置9个二级中转箱;2号总配电室配电柜(箱)(ZXA2)为3号、5号楼结构施工、1台塔吊、钢筋加工及项目办公、生活区供电，共设置6个二级中转箱。设置中转箱时既要考虑方便管理，又要考虑使用经济、安全、可靠。

6 施工现场用电设备统计及负荷计算，确定变压器额定容量

6.1 施工现场用电设备统计

6.1.1 施工现场用电设备容量统计表，见表1。

施工现场用电设备容量统计表 表1

序号	设备名称	规格型号	数量（台）	功率（kW）	合计（kW）	备注
1	塔吊	QTZ5015（QTZ5013）	3	70	210	暂载率 $J_C=25\%$
2	电锯	MJ105	3	4	12	
3	压刨	MB104A	3	4	12	
4	电焊机	BK3－500	8	26kVA	208kVA	暂载率 $J_C=40\%$ 换算为 $J_C=100\%$
5	砂轮锯	JG－400	5	2.2	11	
6	振捣棒	HZ50	6	1.1	6.6	
7	镝灯	AC380	10	3.5	35	
8	钢筋弯曲机	GW50	6	3	18	
9	钢筋切断机	$GJ_{5R}-40$	3	3	9	
10	数控钢筋调直机	GT4－14	3	3	9	
11	套丝机	GY－40	6	3	18	
12	室外双笼施工电梯	SC200/200	10	33	330	
13	消防稳压泵	XBD100	2	14	28	
14	蒸车	—	1	9	9	
15	热水器	AG90	1	9	9	
16	办公区用电	—	1	30	30	
17	低压行灯变压器	JMB－5kVA	5	5kVA	25kVA	

6.1.2 施工机械电气设备同时使用参数取用参考，见表2。

施工机械电器设备同时使用参数取用参考 表2

序号	用电设备组名称	机械设备台数	同时使用系数 K_C	功率因数 $\cos\varphi$	$\tan\varphi$
1	混凝土搅拌机及砂浆搅拌机	10台以下	0.7	0.68	1.08
		10台以上	0.6	0.65	1.17
2	破碎机、筛洗石机、泥浆泵、空气压缩机、输送机	10台以下	0.75	0.70	1.02
		10台以上	0.7	0.70	1.17
3	提升机、起重机、掘土机	10台以下	0.3	0.7	1.02
		10台以上	0.2	0.65	1.17
4	电焊机	10台以下	0.45	0.45	1.98
		10台以上	0.35	0.4	2.29
5	照　明		0.6～1	1	1

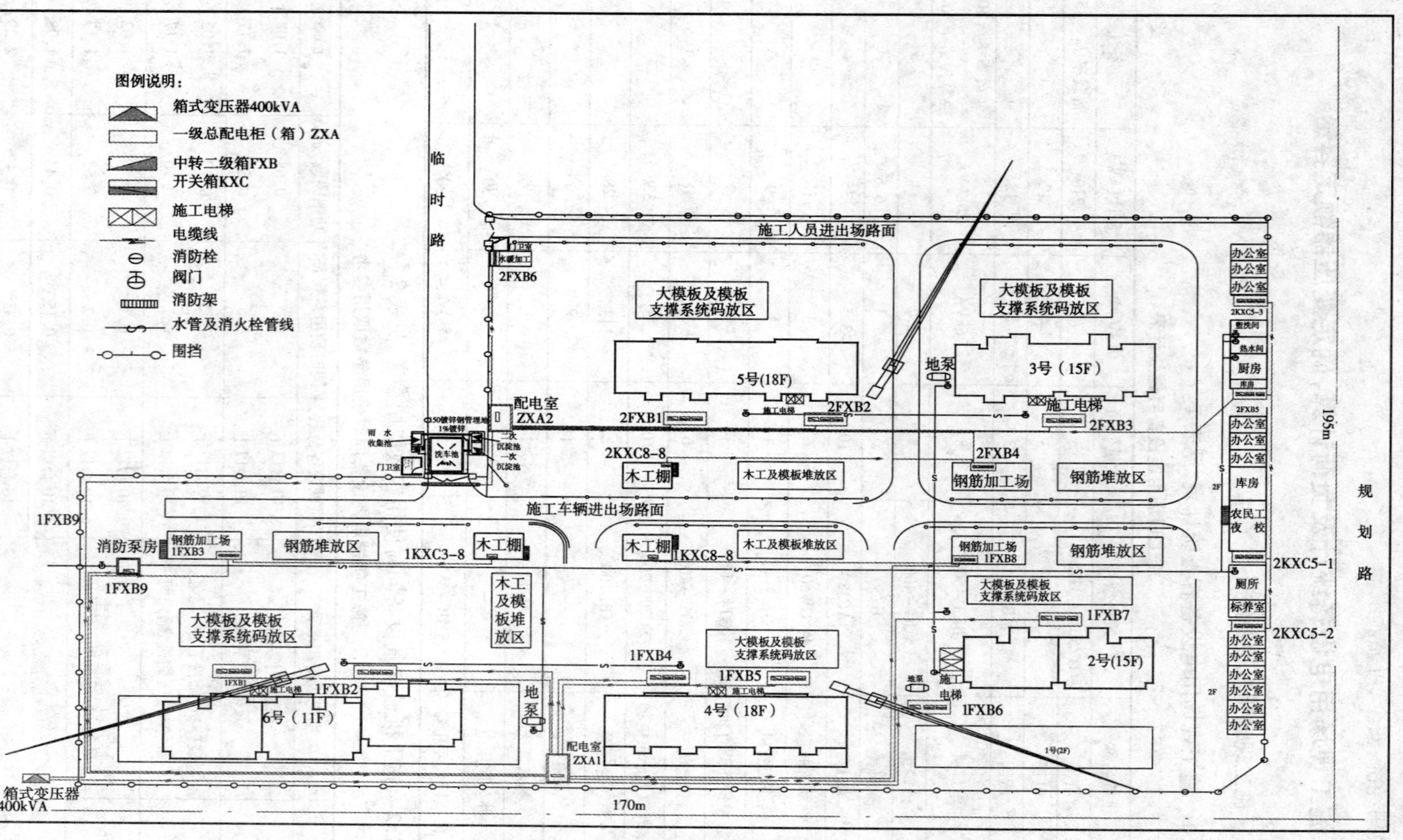

图1 施工现场临时用电总平面布置图

6.2 施工现场设备负荷计算

6.2.1 根据需要系数法，采用以下公式进行负荷计算及选线。

6.2.1.1 功率计算公式

(1)计算有功功率： $P_{js} = K_C \cdot P_e \cdot N$

(2)计算无功功率： $Q_{js} = P_{js} \cdot \tan\varphi$

(3)计算视在功率： $S_{js} = \sqrt{P_{js}^2 + Q_{js}^2}$

6.2.1.2 电流计算公式

(1)单相两线制线路上的电流

$$I_{js} = P_{js} / (U_{相} \cdot \cos\varphi)$$

(2)三相五线制线路上的电流

$$I_{js} = K_C \cdot P_{js} / (\sqrt{3} U_{线} \cdot \cos\varphi \cdot \eta)$$

功率及电流式中：P_{js}——计算有功功率；

Q_{js}——计算无功功率；

S_{js}——计算视在功率；

I_{js}——计算电流；

$U_{相}$——相电压 220V；

$U_{线}$——线电压 380V；

P_e——铭牌有功功率；

$\cos\varphi$——设备功率因素，临时供电线路一般取值 0.7～1；

$\tan\varphi$——设备功率因素角正切值；

N——设备台数；

η——电动机效率，临时供电一般取 1；

K_C——设备组同时工作系数。

6.2.2 现场各设备负荷计算。

6.2.2.1 塔式起重机

本工程设置塔式起重机 3 台，塔吊为 QTZ5015（QTZ5013）、额定功率 70kW。

查表 $K_C = 0.3$ $\cos\varphi = 0.7$ $\tan\varphi = 1.02$ $N = 3$

(1)先将单台塔式起重机暂载率 J_C 统一换算到 $J_C = 25\%$ 时的额定容量

$$P_{e1} = 2 \cdot P_e \cdot \sqrt{J_C} = 2 \times 70 \times \sqrt{0.25}\text{kW} = 70\text{kW}$$

(2)计算负荷

$$P_{js1} = N \cdot K_C \times P_{e1} = 3 \times 0.3 \times 70\text{kW} = 63\text{kW}$$

$$Q_{js1} = P_{js1} \cdot \tan\varphi = 63 \times 1.02\text{kvar} = 64.26\text{kvar}$$

6.2.2.2 木工机械

设置木工棚 3 个，木工机械分别为电锯 3 台、功率 4kW/台，压刨 3 台，功率 4kW/台。

查表 $K_C = 0.7$ $\cos\varphi = 0.7$ $\tan\varphi = 1.02$ $N = 6$

$$P_{js2} = K_G \cdot \Sigma P = 0.7 \times 6 \times 4\text{kW} = 16.8\text{kW}$$

$$Q_{js2} = P_{js2} \cdot \tan\varphi = 16.8 \times 1.02\text{kvar} = 17.14\text{kvar}$$

6.2.2.3 电焊机

电焊机 8 台，型号为 BK3－500、额定功率为 26kVA。

(1)单台电焊机额定有功功率换算

$$P'_e = S'e\sqrt{J_C}\cos\varphi = 26\times\sqrt{0.40}\times0.45\text{kW} = 9.4\text{kW}$$

(2)因电焊机为接于线电压(380V)上的单相设备,且其不对称容量较大,大于15%,所以每台电焊机的实际三相等效设备容量并不是上述值 P'_e,而是其值的$\sqrt{3}$ 倍。即:$P_e=\sqrt{3}\cdot P'_e=16.3\text{kW}$

(3)电焊机组

共8台　每台26kVA　$J_C=0.40$

查表得 $K_C=0.45$　$\cos\varphi=0.45$　$\tan\varphi=1.98$　$N=8$

电焊机组容量

$$P_{js3}=P_e\cdot K_C\cdot N=0.45\times16.3\times8\text{kW}=58.63\text{kW}$$

$$Q_{js3}=P_{js3}\cdot\tan\varphi=58.63\times1.98\text{kvar}=116.2\text{kvar}$$

6.2.2.4　振捣器

3个土建施工队各自采用流水作业,各使用ZN50型号振捣器2台,额定功率1.1kW。

查表 $K_C=0.7$　$\cos\varphi=0.7$　$\tan\varphi=1.02$　$N=6$

$$P_{js4}=K_C\cdot P_{e4}\cdot N=1.1\times6\times0.7\text{kW}=4.62\text{kW}$$

$$Q_{js4}=P_{js4}\cdot\tan\varphi=4.62\times1.02\text{kvar}=4.7\text{kvar}$$

6.2.2.5　钢筋加工机械

钢筋加工区3个,每个钢筋加工区各设置弯曲机2台(额定功率3kW)、切断机1台(额定功率3kW)、调直机1台(额定功率3kW)、套丝机2台(额定功率3kW)。根据计算公式进行分别计算

查表 K_C、$\tan\varphi$、N

$$P_{js}=K_C\cdot P_e\cdot N\qquad Q_{js}=P_{js}\cdot\tan\varphi$$

(1)弯曲机

查表得 $K_C=0.7$　$\cos\varphi=0.7$　$\tan\varphi=1.02$　$N=6$

$$P_{js5}=K_C\cdot P_{e5}\cdot N=3\times6\times0.7\text{kW}=12.6\text{kW}$$

$$Q_{js5}=P_{js5}\cdot\tan\varphi=12.6\times1.02\text{kvar}=12.85\text{kvar}$$

(2)切断机

查表得 $K_C=0.7$　$\cos\varphi=0.7$　$\tan\varphi=1.02$　$N=3$

$$P_{js6}=K_C\cdot P_{e6}\cdot N=3\times3\times0.7\text{kW}=6.3\text{kW}$$

$$Q_{js6}=P_{js6}\cdot\tan\varphi=6.3\times1.02\text{kvar}=6.43\text{kvar}$$

(3)调直机

查表得 $K_C=0.7$　$\cos\varphi=0.7$　$\tan\varphi=1.02$　$N=3$

$$P_{js7}=K_C\cdot P_{e7}\cdot N=3\times3\times0.7\text{kW}=6.3\text{kW}$$

$$Q_{js7}=P_{js7}\cdot\tan\varphi=6.3\times1.02\text{kvar}=6.43\text{kvar}$$

(4)套丝机

查表得 $K_C=0.7$　$\cos\varphi=0.7$　$\tan\varphi=1.02$　$N=6$

$$P_{js8}=K_C\cdot P_{e8}\cdot N=3\times6\times0.7\text{kW}=12.6\text{kW}$$

$$Q_{js8}=P_{js8}\cdot\tan\varphi=12.6\times1.02\text{kvar}=12.85\text{kvar}$$

6.2.2.6　砂轮锯

砂轮锯5台,额定功率2.2kW/台。

查表得 $K_C=0.7$　$\cos\varphi=0.7$　$\tan\varphi=1.02$　$N=5$

$$P_{js9}=K_C\cdot P_{e9}\cdot N=2.2\times0.7\times5\text{kW}=7.7\text{kW}$$

$$Q_{js9}=P_{js9}\cdot\tan\varphi=7.7\times1.02\text{kvar}=7.85\text{kvar}$$

6.2.2.7　室外双笼外挂电梯

室外双笼外挂电梯5台，额定功率33kW/台。

查表得 $K_C=0.2$　$\cos\varphi=0.40$　$\tan\varphi=1.17$　$N=5\times2$

$$P_{js10}=K_C\cdot P_{e10}\cdot N=33\times10\times0.2\text{kW}=66\text{kW}$$

$$Q_{js10}=P_{js10}\cdot\tan\varphi=66\times1.17\text{kvar}=77.2\text{kvar}$$

6.2.2.8　消防稳压泵

本工程因楼座最高达54.2m，为满足消防要求，设消防泵站1台，安装2台消防稳压泵，一用一备，扬程110m，出水量为13.2l/s，额定功率14kW/台。

查表得 $K_C=0.5$　$\cos\varphi=0.7$　$\tan\varphi=1.02$　$N=2$

$$P_{js11}=K_C\cdot P_{e11}\cdot N=14\times2\times0.7\text{kW}=14\text{kW}$$

$$Q_{js11}=P_{js11}\cdot\tan\varphi=14\times1.02\text{kvar}=14.28\text{kvar}$$

6.2.2.9　现场照明镝灯

AC380型镝灯10个用于现场照明，额定功率3.5kW/台。

查表得 $K_C=0.7$

$$P_{js12}=K_C\cdot P_{e12}=3.5\times10\times0.7\text{kW}=24.5\text{kW}\quad Q_{js12}=0\text{kvar}$$

6.2.2.10　蒸车

食堂安装蒸车1台，额定功率9kW/台。

查表得 $K_C=1$

$$P_{js13}=K_C\cdot P_{e13}=9\times1\text{kW}=9\text{kW}\quad Q_{js13}=0\text{kvar}$$

6.2.2.11　热水器

办公区食堂安装热水器1台，额定功率9kW/台。

查表得 $K_C=1$

$$P_{js14}=P_{e14}\cdot K_C=1\times9\text{kW}=9\text{kW}\quad Q_{js14}=0\text{kvar}$$

6.2.2.12　办公区插座及照明

生活区及照明总用电量：$P_{总}=30\text{kW}$　　查表得 $K_C=0.7$

$$P_{js15}=K_C\cdot P_{总}=0.7\times30\text{kW}=21\text{kW}\quad Q_{js15}=0\text{kvar}$$

6.2.2.13　低压行灯变压器

查表得 $K_C=0.45$　$S_{e6}=5\text{kVA}$　$N=5$　$\cos\varphi=0.7$　$\sin\varphi=0.71$　$\tan\varphi=1.02$

$$P_{js16}=N\cdot K_C\cdot S\cdot\sin\varphi=5\times0.45\times5\times0.71\text{kW}=8\text{kW}$$

$$Q_{js16}=P_{js16}\cdot\tan\varphi=8.16\text{kvar}$$

6.3　总负荷视在功率计算

6.3.1　现场用电总有功功率（ΣP_{JZ}）计算

干线同期系数 K_T 取0.75（临时用电一般取0.6～0.9）

$$\Sigma P_{JZ}=K_T\times(P_{js1}+P_{js2}+P_{js3}+\cdot\cdot\cdot+P_{js16})$$

$$=0.75\times(63+16.8+4.62+12.6+6.3+6.3+12.6+7.7+14+66+58.63+24.5+9+9+21+8)\text{kW}\approx255\text{kW}$$

6.3.2 现场用电总无功功率(ΣQ_{JZ})计算

干线同期系数 K_T 取 0.8(临时用电一般取 0.7~0.9)

$$\Sigma Q_{JZ} = K_T \times (Q_{js1} + Q_{js2} + Q_{js3} + \cdot\cdot\cdot + Q_{js16})$$
$$= 0.75 \times (64.26 + 17.14 + 4.7 + 12.85 + 6.43 + 6.43 + 12.85 + 7.85 + 77.2 + 14.28 + 116.2 + 8.16)\text{kvar} \approx 261\text{kvar}$$

6.3.3 现场用电总视在功率计算

$$\Sigma S_{JZ} = \sqrt{\Sigma P_{JZ}^2 + \Sigma Q_{JZ}^2} = \sqrt{255^2 + 261^2}\text{kvar} \approx 365\text{kVA}$$

6.3.4 现场变压器损耗视在功率计算

$$\Delta P_B = 0.02 \times \Sigma S_{JZ} = 0.02 \times 365\text{kW} \approx 7\text{kW}$$
$$\Delta Q_B = 0.08 \times \Sigma S_{JZ} = 0.08 \times 365\text{kvar} \approx 29\text{kvar}$$
$$\Delta S_B = \sqrt{P_B^2 + Q_B^2}\ \text{kVA} = \sqrt{7^2 + 29^2}\text{kVA} \approx 30\text{kVA}$$

式中:ΔP_B——变压器损耗有功功率;

ΔQ_B——变压器损耗无功功率;

ΔS_B——变压器损耗视在功率。

6.3.5 现场变压器视在功率计算

$$S_B = \Sigma S_{JZ} + \Delta S_B = (365 + 30)\text{kVA} \approx 395\text{kVA}$$

根据以上公式计算数据,甲方提供 400kVA 低损耗变压器完全可满足该工程施工临时用电安全、可靠、经济运行要求。

7 配电系统设计及电缆选择

7.1 采用电流法进行计算确定变压器至一级总配电柜(箱)ZXA1 电缆的规格型号

7.1.1 计算一级总配电柜(箱)ZXA1 干线电缆负荷统计(表 3)

一级总配电柜(箱)ZXA1 用电设备容量统计表 表 3

序号	设备名称	规格型号	数量(台)	功率(kW)	合计(kW)	备注
1	塔吊	QTZ5015(QTZ5013)	2	70	140	$J_C = 25\%$
2	电锯	MJ105	2	4	8	
3	压刨	MB104A	2	4	8	
4	电焊机	BK3-500	5	26kVA	130kVA	$J_C = 40\%$ 换算为 $J_C = 100\%$
5	砂轮锯	JG-400	3	2.2	6.6	
6	振捣器	HZ50	4	1.1	4.4	
7	镝灯	AC380	6	3.5	21	
8	钢筋弯曲机	GW50	4	3	12	
9	钢筋切断机	GJ_{5R}-40	2	3	6	
10	数控钢筋调直机	GT4-14	2	3	6	
11	套丝机	GY-40	4	3	12	
12	双笼施工电梯	SC200/200	3×2	33	99	
13	消防稳压泵	XBD100	2	14	28	
14	低压行灯变压器	JMB-5KVA	3	5kVA	15kVA	

7.1.2 一级总配电柜(箱)ZXA1 负荷计算

7.1.2.1 塔式起重机

塔式起重机 2 台,塔吊为 QTZ5015(QTZ5013)、额定功率 70kW。

查表得 $K_C=0.3$　$\cos\varphi=0.7$　$\tan\varphi=1.0$　$N=2$

先将暂载率 J_C 统一换算到 $J_C=25\%$ 时的额定容量

$$P_{e1}=2\cdot P_e\cdot\sqrt{J_C}=2\times70\times\sqrt{0.25}\text{kW}=70\text{kW}$$

$$P_{js1}=N\cdot K_C\times P_{e1}=2\times0.3\times70\text{kW}=42\text{kW}$$

$$Q_{js1}=P_{js1}\cdot\tan\varphi=42\times1.02\text{kvar}=42.84\text{kvar}$$

7.1.2.2 木工机械

木工棚 2 个,木工机械分别为电锯 2 台、功率 4kW/台,压刨 2 台,功率 4kW。

查表得 $K_C=0.7$　$\cos\varphi=0.7$　$\tan\varphi=1.02$　$N=4$

$$P_{js2}=K_G\cdot\Sigma P=0.7\times4\times4\text{kW}=11.2\text{kW}$$

$$Q_{js2}=P_{js2}\cdot\tan\varphi=11.2\times1.02\text{kvar}=11.42\text{kvar}$$

7.1.2.3 电焊机

电焊机 5 台,型号为 BK3-500、额定功率为 26kVA。单台电焊机额定有功功率换算

$$P'_e=S'e\sqrt{J_C}\cos\varphi=26\times\sqrt{0.40}\times0.45\text{kW}=9.4\text{kW}$$

因电焊机为接于线电压(380V)上的单相设备,且其不对称容量较大,大于 15%,所以每台电焊机的实际三相等效设备容量并不是上述值 P'_e,而是其值 P'_e的$\sqrt{3}$倍。即

$$P_e=\sqrt{3}\quad P'_e=16.3\text{kW}$$

电焊机组:5 台　每台 26kVA　$J_C=0.40$　查表得 $K_C=0.45$　$\cos\varphi=0.45$　$\tan\varphi=1.98$　$N=5$

电焊机组容量

$$P_{js3}=P_e\cdot K_C\cdot N=0.45\times16.3\times5\text{kW}=36.68\text{kW}$$

$$Q_{js3}=P_{js3}\cdot\tan\varphi=36.68\times1.98\text{kvar}=72.62\text{kvar}$$

7.1.2.4 振捣棒

ZN50 型号振捣器 4 台,额定功率 1.1kW。

查表得 $K_C=0.7$　$\cos\varphi=0.7$　$\tan\varphi=1.02$　$N=4$

$$P_{js4}=K_C\cdot P_{e4}\cdot N=1.1\times4\times0.7\text{kW}=3.08\text{kW}$$

$$Q_{js4}=P_{js4}\cdot\tan\varphi=3.08\times1.02\text{kvar}=3.14\text{kvar}$$

7.1.2.5 钢筋加工机械

弯曲机 4 台(额定功率 3kW)、切断机 2 台(额定功率 3kW)、调直机 2 台(额定功率 3kW)、套丝机 4 台(额定功率 3kW)。

查表得 K_C、$\tan\varphi$、N

$$P_{js5}=K_C\cdot P_{e5}\cdot N\qquad Q_{js5}=P_{js5}\cdot\tan\varphi$$

(1)弯曲机

查表得 $K_C=0.7$　$\cos\varphi=0.7$　$\tan\varphi=1.02$　$N=4$

$$P_{js5}=K_C\cdot P_{e5}\cdot N=3\times4\times0.7\text{kW}=8.4\text{kW}$$

$$Q_{js5}=P_{js5}\cdot\tan\varphi=8.4\times1.02\text{kvar}=8.57\text{kvar}$$

(2)切断机

查表得 $K_C=0.7$　$\cos\varphi=0.7$　$\tan\varphi=1.02$　$N=2$

$$P_{js6}=K_C \cdot P_{e6} \cdot N=2\times3\times0.7\text{kW}=4.2\text{kW}$$

$$Q_{js6}=P_{js6} \cdot \tan\varphi=4.2\times1.02\text{kvar}=4.28\text{kvar}$$

(3)调直机

查表得 $K_C=0.7$　$\cos\varphi=0.7$　$\tan\varphi=1.02$　$N=2$

$$P_{js7}=K_C \cdot P_{e7} \cdot N=2\times3\times0.7\text{kW}=4.2\text{kW}$$

$$Q_{js7}=P_{js7} \cdot \tan\varphi=4.2\times1.02\text{kvar}=4.28\text{kvar}$$

(4)套丝机

查表得 $K_C=0.7$　$\cos\varphi=0.7$　$\tan\varphi=1.02$　$N=4$

$$P_{js8}=K_C \cdot P_{e8} \cdot N=3\times4\times0.7\text{kW}=8.4\text{kW}$$

$$Q_{js8}=P_{js8} \cdot \tan\varphi=8.4\times1.02\text{kvar}=8.57\text{kvar}$$

(5)砂轮锯

砂轮锯 3 台,额定功率 2.2kW/台。

查表得 $K_C=0.7$　$\cos\varphi=0.7$　$\tan\varphi=1.02$　$N=3$

$$P_{js9}=K_C \cdot P_{e9} \cdot N=2.2\times0.7\times3\text{kW}=4.62\text{kW}$$

$$Q_{js9}=P_{js9} \cdot \tan\varphi=4.62\times1.02\text{kvar}=4.71\text{kvar}$$

7.1.2.6　室外电梯

本配电总箱装修阶段使用室外双笼外挂电梯 3 台,额定功率 33kW/台。

查表得 $K_C=0.2$　$\cos\varphi=0.40$　$\tan\varphi=1.17$　$N=3\times2$

$$P_{js10}=K_C \cdot P_{e10} \cdot N=33\times6\times0.2\text{kW}=39.6\text{kW}$$

$$Q_{js10}=P_{js10} \cdot \tan\varphi=39.6\times1.17\text{kvar}=46.33\text{kvar}$$

7.1.2.7　消防稳压泵

本配电总箱为消防泵站两台消防稳压泵供电,一用一备,扬程 110m,出水量为 13.2l/s,额定功率 14kW/台。

查表得 $K_C=0.5$　$\cos\varphi=0.7$　$\tan\varphi=1.02$　$N=2$

$$P_{js11}=K_C \cdot P_{e11} \cdot N=14\times2\times0.5\text{kW}=14\text{kW}$$

$$Q_{js11}=P_{js11} \cdot \tan\varphi=14\times1.02\text{kvar}=14.28\text{kvar}$$

7.1.2.8　现场照明镝灯

AC380 型镝灯 6 台,额定功率 3.5kW/台。

查表得 $K_C=0.7$　$N=6$

$$P_{js12}=K_C \cdot P_{e12}=3.5\times6\times0.7\text{kW}=14.7\text{kW}\qquad Q_{js12}=0\text{kvar}$$

7.1.2.9　低压行灯变压器

查表得 $K_C=0.45$　$S_{e6}=5\text{kVA}$　$N=3$　$\cos\varphi=0.7$　$\sin\varphi=0.71$　$\tan\varphi=1.02$

$$P_{js13}=N \cdot K_C \cdot S \cdot \sin\varphi=3\times0.45\times5\times0.71\text{kW}=4.7\text{kW}$$

$$Q_{js13}=P_{js13} \cdot \tan\varphi=4.8\text{kvar}$$

7.1.3　一级总配电柜(箱)ZXA1 总负荷视在功率计算

7.1.3.1　一级总配电柜(箱)ZXA1 用电总有功功率(ΣP_{JZ})计算

干线同期系数 K_T 取 0.75(临时用电一般取 0.6~0.9)

$$\begin{aligned}\Sigma P_{JZ}&=K_T\times(P_{js1}+P_{js2}+P_{js3}+\cdot\cdot\cdot+P_{js13})\\&=0.75\times(42+11.2+36.68+3.08+8.4+4.2+4.2+8.4+\\&\quad 4.62+39.6+14+14.7+4.7)\text{kW}\approx147\text{kW}\end{aligned}$$

7.1.3.2 一级总配电柜(箱)ZXA1 用电总无功功率(ΣQ_{JZ})计算

干线同期系数 K_T取 0.75(临时用电一般取 0.6~0.9)

$$\Sigma Q_{JZ}=K_T\times(Q_{js1}+Q_{js2}+Q_{js3}+\cdot\cdot\cdot+Q_{js13})$$
$$=0.75\times(42.84+11.42+72.62+3.14+8.57+4.28+4.28+8.57+4.71+46.33+14.28+4.8)\text{kvar}\approx 170\text{kvar}$$

7.1.3.3 一级总配电柜(箱)ZXA1 用电总视在功率计算

$$\Sigma S_{JZ}=\sqrt{\Sigma P_{JZ}{}^2+\Sigma Q_{JZ}{}^2}=\sqrt{147^2+170^2}\text{kVA}\approx 225\text{kVA}$$

7.1.4 一级总配电柜(箱)ZXA1 干线电流计算及电缆截面选择

$$I_{JZ}=\frac{\Sigma S_{JZ}}{\sqrt{3}\times Ue\times\cos\varphi}=225/(1.732\times 0.38)\text{A}\approx 341\text{A}$$

式中:$\cos\varphi$——功率因素,临时用电一般取值 1.0。

要求所选择电缆允许持续载流量 $I_T\geqslant I_{JZ}$,且留有适当余量,初步选择采用 1 根 $VV_{22}-4\times185+1\times95mm^2$(查安装手册表 2-18$I_T=369A$)的聚氯乙烯绝缘铜芯铠装电缆,沿南侧围挡埋地敷设,向一级总配电柜(箱)ZXA1 供电,基本满足需要。

同时还要考虑线路距离对电压降的影响,一级总配电柜(箱)ZXA1 至变压器距离 100m,因此要验算电压降必须在允许范围内。

按允许电压损失计算,确定需要系数、用电功率 P、线路长度 L 及电压损失 ΔU

$$\Delta U\%=\frac{\Sigma P_{JZ}\cdot L}{C\cdot S}\%=\frac{147\times100}{77\times185}\%\approx 1.03\%<5\%$$

式中:$\Delta U\%$——设备所在线路的允许电压损失百分比,照明线路的电压降一般不得超过 5%,动力线路中电动机电源低压一般不得超过 ±5%;

C——计算系数,在三相四线制供电系统中,铜线的计算系数 $C=77$,铝线的计算系数 $C=46.3$;在单相 220V 供电系统中,铜线的计算系数 $C=12.8$,铝线的计算系数 $C=7.75$;

L——线路距离,m;

ΣP_{JZ}——总计算有功功率,kW;

S——电缆截面积,单位:mm^2。

通过对一级总配电柜(箱)ZXA1 干线电流及压降的计算比较,选择一根 $VV_{22}-4\times185+1\times95mm^2$(查安装手册表 2-18$I_T=369A$)的聚氯乙烯绝缘铜芯铠装电缆,沿南侧围挡埋地敷设,为一级总配电柜(箱)ZXA1 供电,能满足供用电安全可靠要求。

一级总配电柜(箱)ZXA1 配电系统图,如图 2 所示。

7.2 采用电流法进行确定变压器至一级总配电柜(箱)ZXA2 电缆的规格型号

7.2.1 计算一级总配电柜(箱)ZXA2 干线电缆负荷统计表,见表 4。

7.2.2 一级总配电柜(箱)ZXA2 负荷计算。

7.2.2.1 塔式起重机

塔式起重机 1 台,塔吊为 QTZ5015(QTZ5013)、额定功率 70kW。

查表得 $K_C=0.3$　$\cos\varphi=0.7$　$\tan\varphi=1.02$　$N=1$

先将暂载率 J_C 统一换算到 $J_C=25\%$ 时的额定容量

$$P_{e1}=2\cdot P_e\cdot\sqrt{J_C}=2\times70\times\sqrt{0.25}\text{kW}=70\text{kW}$$

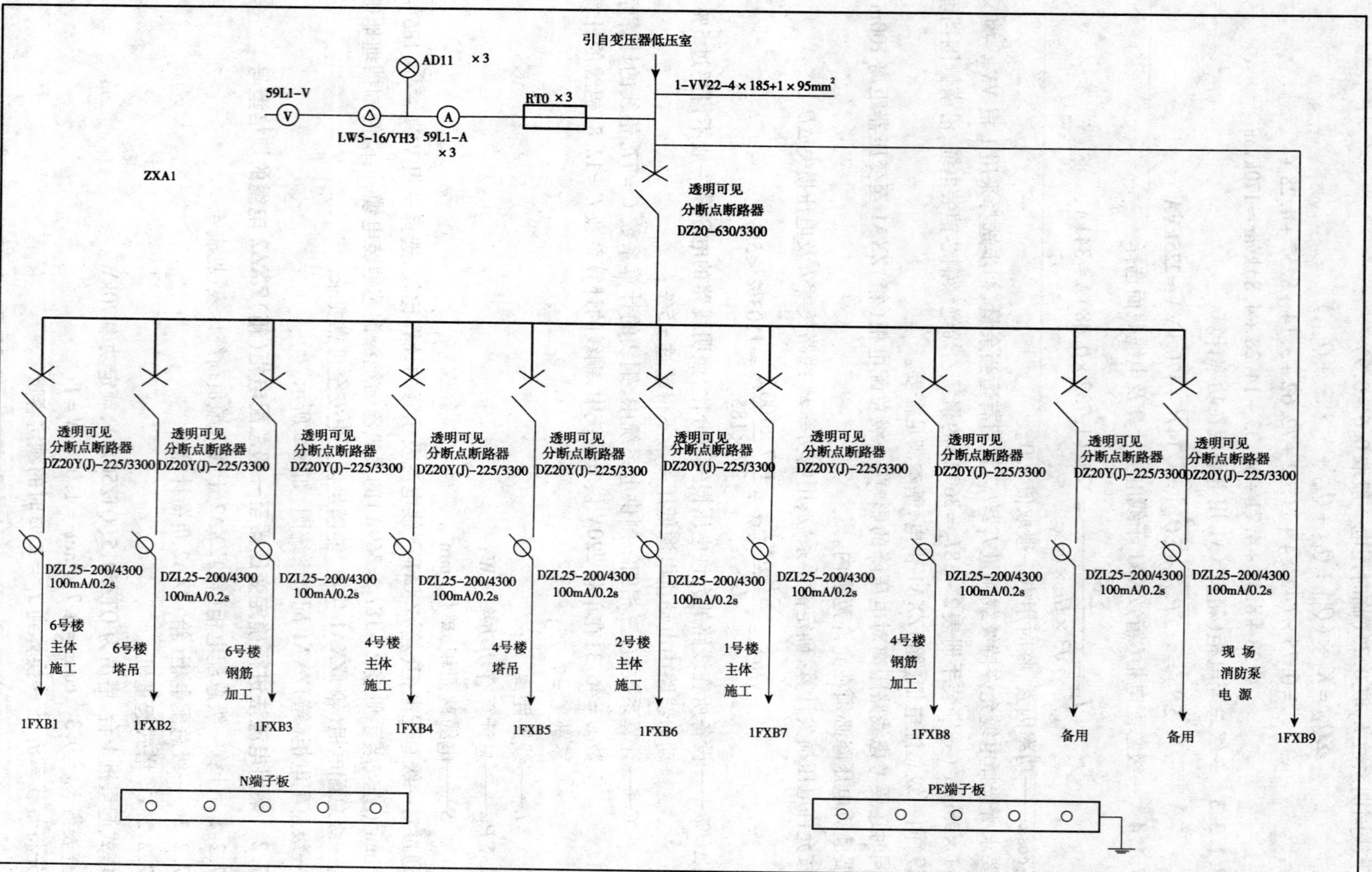

图2 一级总配电柜（箱）ZXA1配电系统图

一级总配电柜(箱)ZXA2 用电设备容量统计表　表4

序号	设备名称	规格型号	数量(台)	功率(kW)	合计(kW)	备注
1	塔吊	QTZ5015(QTZ5013)	1	70	70	$J_C=25\%$
2	电锯	MJ105	1	4	4	
3	压刨	MB104A	1	4	4	
4	电焊机	BK3－500	3	26kVA	84kVA	$J_C=40\%$ 换算为 $J_C=100\%$
5	砂轮锯	JG－400	2	2.2	4.4	
6	振捣器	HZ50	2	1.1	2.2	
7	镝灯	AC380	4	3.5	14	
8	钢筋弯曲机	GW50	2	3	6	
9	钢筋切断机	$GJ_{5R}-40$	1	3	3	
10	数控钢筋调直机	GT4－14	1	3	3	
11	套丝机	GY－40	2	3	6	
12	双笼施工电梯	SC200/200	2×2	33	132	
13	蒸车	—	1	9	9	
14	热水器	AG90	1	9	9	
15	办公区用电	—	1	30	30	
16	低压行灯变压器	JMB－5KVA	2	5kVA	10kVA	

$$P_{js1}=K_C \cdot P_{e1}=0.3\times70\text{kW}=21\text{kW}$$

$$Q_{js1}=P_{js1}\cdot\tan\varphi=21\times1.02\text{kvar}=21.4\text{kvar}$$

7.2.2.2 木工机械

本木工棚 1 个,木工机械分别为电锯 1 台、功率 4kW/台,压刨 4kW/台,功率 4kW。

查表得 $K_C=0.7$　$\cos\varphi=0.7$　$\tan\varphi=1.02$　$N=2$

$$P_{js2}=K_G\cdot\Sigma P=0.7\times2\times4\text{kW}=5.6\text{kW}$$

$$Q_{js2}=P_{js2}\cdot\tan\varphi=5.6\times1.02\text{kvar}=5.71\text{kvar}$$

7.2.2.3 电焊机

电焊机 3 台,型号为 BK3－500、额定功率为 26kVA。1 个土建施工队使用 2 台及水电施工队使用 1 台。单台电焊机额定有功功率换算

$$P'_e=S'_e\cdot\sqrt{J_C}\cdot\cos\Phi=26\times\sqrt{0.40}\times0.45\text{kW}=9.4\text{kW}$$

因电焊机为接于线电压(380V)上的单相设备,且其不对称容量较大,大于 15%,所以每台电焊机的实际三相等效设备容量并不是上述值 P'_e,而是其值的$\sqrt{3}$倍。即:

$$P_e=\sqrt{3}\cdot P'_e=16.3\text{kW}$$

电焊机组:3 台　　每台 26kVA　$J_C=0.40$

查表得 $K_C=0.45$　$\cos\varphi=0.45$　$\tan\varphi=1.98$　$N=3$

$$P_{js3}=P_e\cdot K_C\cdot N=0.45\times16.3\times3\text{kW}\approx22\text{kW}$$

$$Q_{js3}=P_{js3}\cdot\tan\varphi=22\times1.98\text{kvar}\approx43.57\text{kvar}$$

7.2.2.4 振捣棒

ZN50 型号振捣器 2 台,额定功率 1.1kW。

查表得 $K_C=0.7$ $\cos\varphi=0.7$ $\tan\varphi=1.02$ $N=2$

$$P_{js4}=K_C\cdot P_{e4}\cdot N=1.1\times2\times0.7\text{kW}\approx=1.54\text{kW}$$

$$Q_{js4}=P_{js4}\cdot\tan\varphi=1.54\times1.02\text{kvar}=1.57\text{kvar}$$

7.2.2.5 钢筋加工机械

查表得 K_C、$\tan\varphi$、N

$$P_{js}=K_C\cdot P_e\cdot N \quad Q_{js}=P_{js}\cdot\tan\varphi$$

(1)弯曲机

查表得 $K_C=1$ $\cos\varphi=0.7$ $\tan\varphi=1.02$ $N=2$

$$P_{js5}=K_C\cdot P_{e5}\cdot N=3\times2\times0.7\text{kW}=4.2\text{kW}$$

$$Q_{js5}=P_{js5}\cdot\tan\varphi=4.2\times1.02\text{kvar}=4.28\text{kvar}$$

(2)切断机

查表得 $K_C=1$ $\cos\varphi=0.7$ $\tan\varphi=1.02$ $N=1$

$$P_{js6}=K_C\cdot P_{e6}\cdot N=1\times3\times1\text{kW}=3\text{kW}$$

$$Q_{js6}=P_{js6}\cdot\tan\varphi=3\times1.02\text{kvar}=3.06\text{kvar}$$

(3)调直机

查表得 $K_C=1$ $\cos\varphi=0.7$ $\tan\varphi=1.02$ $N=1$

$$P_{js7}=K_C\cdot P_{e7}\cdot N=1\times3\times1\text{kW}=3\text{kW}$$

$$Q_{js7}=P_{js7}\cdot\tan\varphi=3\times1.02\text{kvar}=3.06\text{kvar}$$

(4)套丝机

查表得 $K_C=0.7$ $\cos\varphi=0.7$ $\tan\varphi=1.02$ $N=2$

$$P_{js8}=K_C\cdot P_{e8}\cdot N=3\times2\times0.7\text{kW}=4.2\text{kW}$$

$$Q_{js8}=P_{js8}\cdot\tan\varphi=4.2\times1.02\text{kvar}=4.28\text{kvar}$$

(5)砂轮锯

本配电总箱使用砂轮锯 2 台,额定功率 2.2kW/台。

查表得 $K_C=0.7$ $\cos\varphi=0.7$ $\tan\varphi=1.02$ $N=2$

$$P_{js9}=K_C\cdot P_{e9}\cdot N=2.2\times0.7\times3\text{kW}=4.62\text{kW}$$

$$Q_{js9}=P_{js9}\cdot\tan\varphi=4.62\times1.02\text{kvar}=4.71\text{kvar}$$

7.2.2.6 室外电梯

本配电总箱装修阶段使用室外双笼外挂电梯 2 台,额定功率 33kW/台。

查表得 $K_C=0.2$ $\cos\varphi=0.40$ $\tan\varphi=1.17$ $N=2\times2$

$$P_{js10}=K_C\cdot P_{e10}\cdot N=33\times4\times0.2\text{kW}=26.4\text{kW}$$

$$Q_{js10}=P_{js10}\cdot\tan\varphi=26.4\times1.17\text{kvar}=30.88\text{kvar}$$

7.2.2.7 现场照明镝灯

现场照明 AC380 型镝灯 4 台供电,额定功率 3.5kW/台。

查表得 $K_C=0.7$

$$P_{js11}=K_C\cdot P_{e11}=3.5\times6\times0.7\text{kW}=14.7\text{kW} \quad Q_{js11}=0\text{kvar}$$

7.2.2.8 蒸车

蒸车 1 台,额定功率 9kW/台。

查表得 $K_C=1$

$$P_{js12}=K_C\cdot P_{e12}=9\times1\text{kW}=9\text{kW} \quad Q_{js12}=0\text{kvar}$$

7.2.2.9 热水器

食堂安装热水器 1 台,额定功率 9kW/台。

查表得 $K_C=1$

$$P_{js13}=P_{e13}\cdot K_C=1\times9\text{kW}=9\text{kW}\quad Q_{js13}=0\text{kvar}$$

7.2.2.10 办公区、生活区插座、照明总用电量 $P_{总}=30\text{kW}$

查表得 $K_C=0.7$

$$P_{js14}=K_C\cdot P_{总}=0.7\times30\text{kW}=21\text{kW}\qquad Q_{js14}=0\text{kvar}$$

7.2.2.11 低压行灯变压器

查表得 $K_C=0.45$　$S_{e6}=5\text{kVA}$　$N=2$　$\cos\varphi=0.7$　$\text{Sin}\varphi=0.71$　$\tan\varphi=1.02$

$$P_{js15}=N\cdot K_C\cdot S\cdot\sin\varphi=2\times0.45\times5\times0.71\text{kW}=3.2\text{kW}$$

$$Q_{js15}=P_{js15}\cdot\tan\varphi=3.26\text{kvar}$$

7.2.3 一级总配电柜(箱)ZXA2 总负荷视在功率计算

7.2.3.1 一级总配电柜(箱)ZXA2 用电总有功功率(ΣP_{JZ})计算

干线同期系数 K_T 取 0.75(临时用电一般取 0.6 ~0.9)

$$\Sigma P_{JZ}=K_T\times(P_{js1}+P_{js2}+P_{js3}+\cdot\cdot\cdot+P_{js15})=0.75\times(21+5.6+22+1.54+4.2+3+3+4.2+4.62+26.4+14.7+9+9+21+3.2)\text{kW}\approx114\text{kW}$$

7.2.3.2 一级总配电柜(箱)ZXA2 用电总无功功率(ΣQ_{JZ})计算

干线同期系数 K_T 取 0.75(临时用电一般取 0.6 ~0.9)

$$\Sigma Q_{JZ}=K_T\times(Q_{js1}+Q_{js2}+Q_{js3}+\cdot\cdot\cdot+Q_{js15})=0.75\times(21.4+5.71+43.57+1.57+4.28+3.06+3.06+4.28+4.71+30.88+3.26)\text{kvar}\approx94\text{kvar}$$

7.2.3.3 一级总配电柜(箱)ZXA2 用电总视在功率计算

$$\Sigma S_{JZ}=\sqrt{\Sigma P_{JZ}^{\ 2}+\Sigma Q_{JZ}^{\ 2}}=\sqrt{114^2+94^2}\text{kVA}\approx148\text{kVA}$$

7.2.4 一级总配电柜(箱)ZXA2 干线电流计算及电缆截面选择

$$I_{JZ}=\frac{\Sigma S_{JZ}}{\sqrt{3}\times Ue\times\cos\varphi}=148/(1.732\times0.38)\text{A}\approx224\text{A}$$

式中:$\cos\varphi$——功率因素,临时用电一般取值 1.0。

要求所选择电缆允许持续载流量 $I_T\geqslant I_{JZ}$,且留有适当余量,初步选择采用 1 根 $VV_{22}-4\times95+1\times50\text{mm}^2$(查安装手册表 2 - 18$I_T=254\text{A}$)的聚氯乙烯绝缘铜芯铠装电缆沿南侧围挡埋地敷设,向一级总配电柜(箱)ZXA2 供电,基本满足需要。

同时还要考虑线路距离对电压降的影响,一级总配电柜(箱)ZXA2 至变压器距离 160m,因此要验算电压降必须在允许范围内。

按允许电压损失计算。

确定需要系数、用电功率 P、线路长度 L 及电压损失 ΔU

$$\Delta U\%=\frac{\Sigma P_{JZ}\cdot L}{C\cdot S}\%=\frac{114\times160}{77\times95}\%=2.49\%<5\%$$

通过对一级总配电柜(箱)ZXA2 干线电压降的计算比较,选择 1 根 $VV_{22}-4\times95+1\times50\text{mm}^2$(查安装手册表 2 - 18$I_T=254\text{A}$)的聚氯乙烯绝缘铜芯铠装电缆沿西北侧围挡埋地敷设,为一级总配电柜(箱)ZXA2 供电,完全满足供用电安全可靠的要求。

一级总配电柜(箱)ZXA2 配电系统图,如图 3 所示。

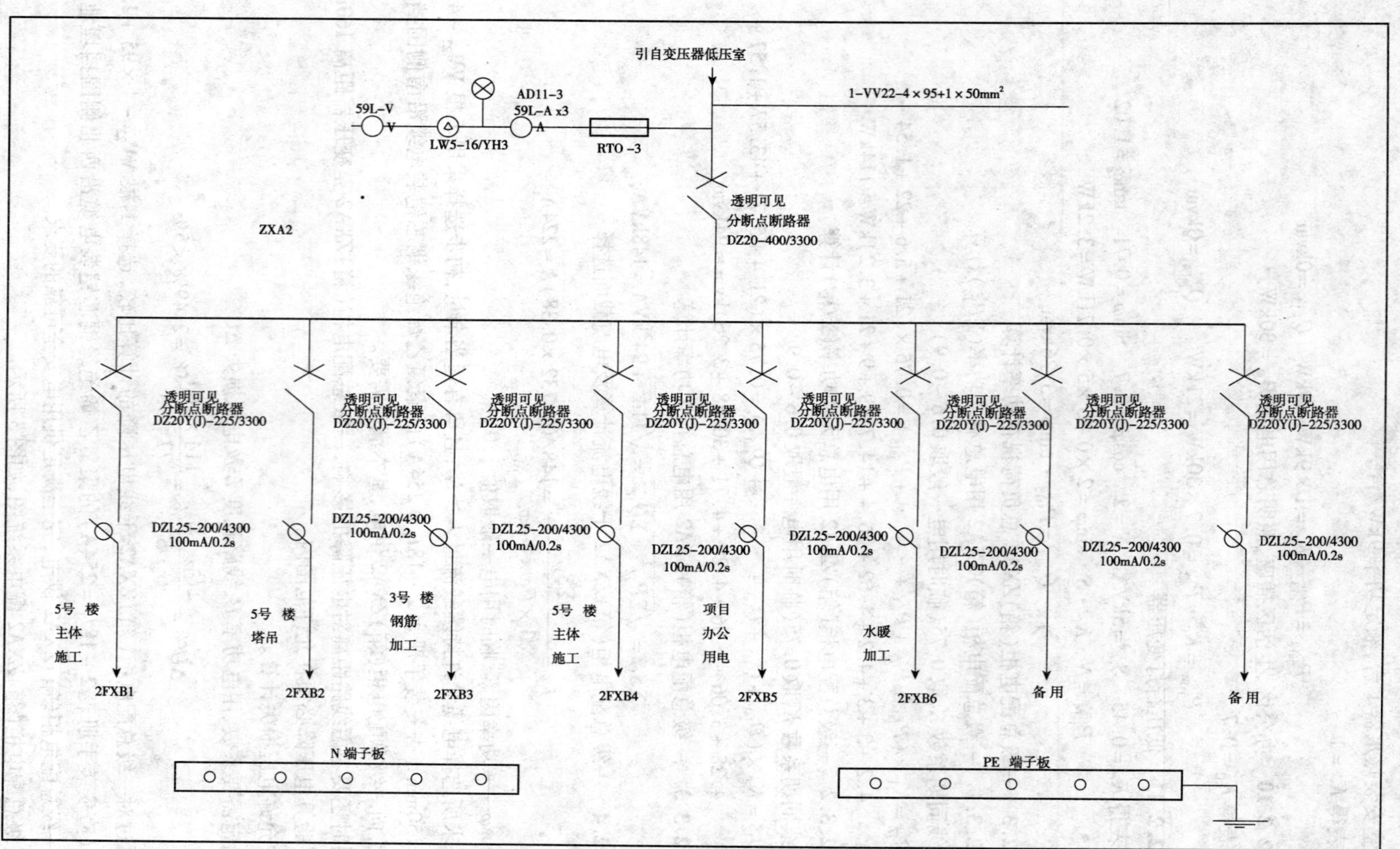

图3 一级总配电柜（箱）ZXA2配电系统图

7.3 1FXB3、1FXB8、2FXB4 加工场二级配电箱电缆选型计算

7.3.1 1FXB3、1FXB8、2FXB4 加工场二级配电箱电缆负荷统计表,见表5。

1FXB3、1FXB8、2FXB4 用电设备容量统计表 表5

序号	设备名称	规格型号	数量(台)	功率(kW)	合计(kW)	备 注
1	电锯	MJ105	1	4	4	
2	压刨	MB104A	1	4	4	
3	电焊机	BK3-500	1	26kVA	16.3	$J_C=40\%$ 换算为 $J_C=100\%$
4	砂轮锯	JG-400	1	2.2	2.2	
5	钢筋弯曲机	GW50	2	3	6	
6	钢筋切断机	$GJ_{5R}-40$	1	3	3	
7	数控钢筋调直机	GT4-14	1	3	3	
8	套丝机	GY-40	2	3	6	

7.3.2 配电箱负荷计算

7.3.2.1 木工机械

木工机械分别为电锯1台、功率4kW/台,压刨1台,功率4kW。

查表得 $K_C=0.7$　$\cos\varphi=0.7$　$\tan\varphi=1.02$　$N=2$

$$P_{js1}=K_G\cdot\Sigma P=0.7\times2\times4\text{kW}=5.6\text{kW}$$

$$Q_{js1}=P_{js1}\cdot\tan\varphi=5.6\times1.02\text{kvar}=5.71\text{kvar}$$

7.3.2.2 电焊机

电焊机1台,型号为BK3-500、额定功率为26kVA。

查表得 $P_e=16.3\text{kw}$　$K_C=1$　$N=1$　$\cos\varphi=0.45$　$\tan\varphi=1.98$

$$P_{js2}=\cdot K_C\cdot N=1\times16.3\times1\text{kW}=16.3\text{kW}$$

$$Q_{js2}=P_{js2}\cdot\tan\varphi=16.3\times1.98\text{kvar}=32.3\text{kvar}$$

7.3.2.3 钢筋加工机械

弯曲机2台(额定功率3kW)、切断机1台(额定功率3kW)、调直机1台(额定功率3kW)、套丝机2台(额定功率3kW)。

查表得 K_C、$\tan\varphi$、N

$P_{js}=K_C\cdot P_e\cdot N$　$Q_{js}=P_{js}\cdot\tan\varphi$

(1)弯曲机

查表得 $K_C=0.7$　$\cos\varphi=0.7$　$\tan\varphi=1.02$　$N=2$

$$P_{js3}=K_C\cdot P_{e3}\cdot N=3\times2\times0.7\text{kW}=4.2\text{kW}$$

$$Q_{js3}=P_{js3}\cdot\tan\varphi=4.2\times1.02\text{kvar}=4.28\text{kvar}$$

(2)切断机

查表得 $K_C=1$　$\cos\varphi=0.7$　$\tan\varphi=1.02$　$N=1$

$$P_{js4}=K_C\cdot P_{e4}\cdot N=1\times3\times1\text{kW}=3\text{kW}$$

$$Q_{js4}=P_{js4}\cdot\tan\varphi=3\times1.02\text{kvar}=3.06\text{kvar}$$

(3)调直机

查表得 $K_C=1$　$\cos\varphi=0.7$　$\tan\varphi=1.02$　$N=1$

$$P_{js5}=K_C\cdot P_{e5}\cdot N=1\times3\times1\text{kW}=3\text{kW}$$

$$Q_{js5}=P_{js5}\cdot\tan\varphi=3\times1.02\text{kvar}=3.06\text{kvar}$$

(4)套丝机

查表得 $K_C=0.7\quad\cos\varphi=0.7\quad\tan\varphi=1.02\quad N=2$

$$P_{js6}=K_C\cdot P_{e8}\cdot N=3\times2\times0.7\text{kW}=4.2\text{kW}$$

$$Q_{js6}=P_{js6}\cdot\tan\varphi=4.2\times1.02\text{kvar}=4.28\text{kvar}$$

(5)砂轮锯

砂轮锯 2 台,额定功率 2.2kW/台。

查表得 $K_C=0.7\quad\cos\varphi=0.7\quad\tan\varphi=1.02\quad N=2$

$$P_{js7}=K_C\cdot P_{e7}\cdot N=2.2\times0.7\times3\text{kW}=4.62\text{kW}$$

$$Q_{js7}=P_{js7}\cdot\tan\varphi=4.62\times1.02\text{kvar}=4.71\text{kvar}$$

7.3.3 1FXB3、1FXB8、2FXB4 二级配电箱总负荷视在功率计算

7.3.3.1 总有功功率(ΣP_{JZ})计算

干线同期系数 K_T 取 0.7(临时用电一般取 0.6 ~0.9)

$$\begin{aligned}\Sigma P_{JZ}&=K_T\times(P_{js1}+P_{js2}+P_{js3}+\cdot\cdot\cdot+P_{js7})\\&=0.7\times(5.6+16.3+4.2+3+3+4.2+4.62)\text{kW}\\&\approx28.6\text{kW}\end{aligned}$$

7.3.3.2 用电总无功功率(ΣQ_{JZ})计算

干线同期系数 K_T 取 0.7(临时用电一般取 0.6 ~0.9)

$$\begin{aligned}\Sigma Q_{JZ}&=K_T\times(Q_{js1}+Q_{js2}+Q_{js3}+\cdot\cdot\cdot+Q_{js7})\\&=0.7\times(5.71+32.3+4.28+3.06+3.06+4.28+4.71)\text{kvar}\\&\approx40\text{kvar}\end{aligned}$$

7.3.3.3 总视在功率计算

$$\Sigma S_{JZ}=\sqrt{\Sigma P_{JZ}{}^2+\Sigma Q_{JZ}{}^2}=\sqrt{28.6^2+40^2}\text{kVA}\approx49\text{kVA}$$

7.3.4 干线电流计算及电缆截面选择

$$I_{JZ}=\frac{\Sigma S_{JZ}}{\sqrt{3}\times Ue\times\cos\varphi}=49/(1.732\times0.38)\text{A}\approx75\text{A}$$

式中:$\cos\varphi$——功率因素,临时用电一般取值 1.0。

要求所选择电缆允许持续载流量 $I_T\geqslant I_{JZ}$,且留有适当余量,初步选择采用 1 根 VV -5 × 16mm^2(查实用手册表 6 -56I_T = 77A)的聚氯乙烯绝缘铜芯电缆埋地敷设,从低压总配电室 ZXA 向二级配电箱供电,基本满足需要。

同时还要考虑线路距离对电压降的影响,配电室 ZXA1 至 1FXB3、1FXB8、2FXB4 二级配电箱距离约 100m,因此要验算电压降必须在允许范围内。

按允许电压损失计算,确定需要系数、用电功率 P、线路长度 L 及电压损失 ΔU。

$$\Delta U\%=\frac{\Sigma P_{JZ}\cdot L}{C\cdot S}\%=\frac{28.6\times100}{77\times16}\%=2.32\%<5\%$$

通过对配电室 ZXA1 至 1FXB3、1FXB8、2FXB4 二级配电箱干线电流及压降的计算,选择 1 根 VV -5 ×16mm^2(查实用手册表 6 -56I_T = 77A)的聚氯乙烯绝缘铜芯电缆埋地敷设,为二级配电箱供电,满足用电要求。

二级配电箱配电系统图,如图 4 所示。

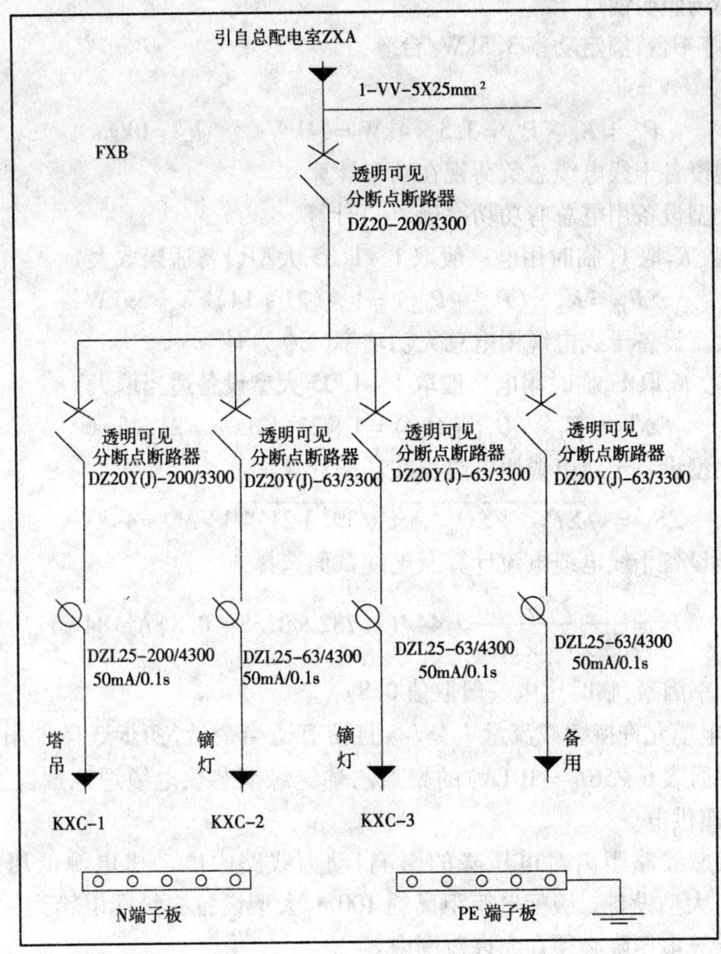

图4　二级配电箱 FXB 配电系统图

7.4　大型设备二级配电箱 1FXB2、1FXB5、2FXB2 电缆选型

7.4.1　大型设备干线电缆负荷统计，见表6。

大型设备干线电缆负荷统计表　　表6

序号	设备名称	规格型号	数量(台)	功率(kW)	合计(kW)	备　注
1	塔吊	QTZ5015(QTZ5013)	1	70	70	$J_C=25\%$
2	镝灯	AC380	4	3.5	14	

7.4.2　大型设备干线电缆负荷计算

7.4.2.1　塔式起重机

塔式起重机1台，塔吊为 QTZ5015(QTZ5013)、额定功率70kW供电。

查表得 $K_C=0.3$　$\cos\varphi=0.7$　$\tan\varphi=1.02$　$N=1$

先将暂载率 J_C 统一换算到 $J_C=25\%$ 时的额定容量

$$P_{e1}=N\cdot 2\cdot P_e\cdot\sqrt{J_C}=1\times2\times70\times\sqrt{0.25}\text{kW}=70\text{kW}$$

$$P_{js1}=K_C\times P_{e1}=0.3\times70\text{kW}=21\text{kW}$$

$$Q_{js1}=P_{js1}\cdot\tan\varphi=21\times1.02\text{kvar}=21.42\text{kvar}$$

7.4.2.2 现场照明镝灯

AC380 型镝灯 4 台,额定功率 3.5kW/台。

查表得 $K_C=1$ $N=4$

$$P_{js2}=K_C \cdot P_{e9}=3.5\times4\text{kW}=14\text{kW} \qquad Q_{js2}=0\text{kvar}$$

7.4.3 大型设备干线电缆总负荷视在功率计算

7.4.3.1 大型设备用电总有功功率(ΣP_{JZ})计算

干线同期系数 K_T取 1(临时用电一般取 1-1.05 大型设备适当取大)

$$\Sigma P_{JZ}=K_T\times(P_{js1}+P_{js2})=1\times(21+14)\text{kW}=39\text{kW}$$

7.4.3.2 大型设备干线电缆用电总无功功率(ΣQ_{JZ})计算

干线同期系数 K_T取 1(临时用电一般取 1-1.05 大型设备适当取大)

$$\Sigma Q_{JZ}=K_T\times(Q_{js1}+Q_{js2})=1\times21.42\text{kvar}=21.4\text{kvar}$$

7.4.3.3 大型设备干线电缆用电总视在功率计算

$$\Sigma S_{JZ}=\sqrt{\Sigma P_{JZ}{}^2+\Sigma Q_{JZ}{}^2}=\sqrt{39^2+21.4^2}\text{kVA} \approx 44\text{kVA}$$

7.4.4 大型设备干线电缆电流计算及电缆截面选择

$$I_{JZ}=\frac{\Sigma S_{JZ}}{\sqrt{3}\times U_e\times\cos\varphi}=44/(1.732\times0.38\times0.8)\text{A}\approx84\text{A}$$

式中:$\cos\varphi$——功率因素,临时用电一般取值 0.8。

要求所选择电缆允许持续载流量 $I_T \geqslant I_{JZ}$,且留有适当余量,初步选择采用 1 根 VV-5×25mm^2(查实用手册表 6-56I_T=101A)的聚氯乙烯绝缘铜芯软电缆埋地敷设,从配电室向大型设备二级配电箱供电。

同时还要考虑线路距离对电压降的影响,动力线路中电动机电源低压一般不得超过±5%。配电室至大型设备二级配电箱距离约 100m,大型设备二级配电箱到大型设备最远距离 80m,因此要验算电压降必须在允许范围内。

按允许电压损失计算,确定需要系数、用电功率 P、线路长度 L 及电压损失 ΔU。

$$\Delta U\%=\frac{\sum P_{JZ}\cdot L}{C\cdot S}\%=\frac{39\times180}{77\times25}\%=3.6\%<5\%$$

通过对大型设备至大型设备二级配电箱干线电流及压降的计算比较,选择 1 根 VV-5×25mm^2(查实用手册表 6-56I_T=101A)的聚氯乙烯绝缘铜芯软电缆埋地敷设,从配电室向大型设备二级配电箱供电,满足用电需要。

7.5 主体结构施工二级配电箱电缆选型

7.5.1 主体结构施工二级配电箱用电设备负荷统计表,见表 7。

主体结构施工二级配电箱用电设备容量统计表 表 7

序号	设备名称	规格型号	数量(台)	功率(kW)	合计(kW)	备注
1	双笼施工电梯	SC200/200	2	33	66	
2	振捣器	HZ50	2	1.1	2.2	
3	电焊机	BK3-500	1	26kVA	16.3	J_C=40% 换算为 J_C=100%
4	细木工带锯机	MJ344	3	1.1	3.3	
5	局部照明灯具	1kW/220V	4	1	4	
6	低压行灯变压器	JMB-5kVA/380V	1	5kVA	5kVA	

7.5.2 主体结构施工二级配电箱负荷计算

7.5.2.1 室外电梯

查表得 $K_C=0.2$　$\cos\varphi=0.40$　$\tan\varphi=1.17$　$N=1\times 2$

$$P_{js1}=K_C\cdot P_{e1}\cdot N=33\times 2\times 0.2\text{kW}=12.6\text{kW}$$

$$Q_{js1}=P_{js}\cdot\tan\varphi=6.6\times 1.17\text{kvar}=15.4\text{kvar}$$

7.5.2.2 振捣棒

查表得 $K_C=0.7$　$\cos\varphi=0.7$　$\tan\varphi=1.02$　$N=2$

$$P_{js2}=K_C\cdot P_{e2}\cdot N=1.1\times 2\times 0.7\text{kW}=1.54\text{kW}$$

$$Q_{js2}=P_{js2}\cdot\tan\varphi=1.54\times 1.02\text{kvar}=1.57\text{kvar}$$

7.5.2.3 电焊机

电焊机 1 台　　每台 26kVA　$J_C=0.40$

查表得 $K_C=1$　$\cos\varphi=0.45$　$\tan\varphi=1.98$　$N=1$

电焊机组容量：

$$P_{js3}=P_e\cdot K_C\cdot N=1\times 16.3\times 1\text{kW}\quad =16.3\text{kW}$$

$$Q_{js3}=P_{js3}\cdot\tan\varphi=16.3\times 1.98\text{kvar}=32.27\text{kvar}$$

7.5.2.4 细木工带锯机

细木工带锯机 3 台、功率 1.1kW/台

查表得 $K_C=0.7$　$\cos\varphi=0.7$　$\tan\varphi=1.02$

$$P_{js4}=K_C\cdot\Sigma P=0.7\times 3\times 1.1\text{kW}=2.31\text{kW}$$

$$Q_{js4}=P_{js4}\cdot\tan\varphi=2.31\times 1.02\text{kvar}=2.36\text{kvar}$$

7.5.2.5 现场照明

查表得 $K_C=0.7$　$P_{e5}=1\text{kW}$　$N=4$

$$P_{js5}=K_C\cdot P_{e5}=1\times 4\times 0.7\text{kW}=2.8\text{kW}\quad Q_{js9}=0\text{kvar}$$

7.5.2.6 低压行灯变压器

查表得 $K_C=1$　$S_{e6}=5\text{kVA}$　$N=1$　$\cos\varphi=0.7$　$\sin\varphi=0.71$　$\tan\varphi=1.02$

$$P_{js6}=K_C\cdot S\cdot\sin\varphi=1\times 5\times 0.71\text{kW}=3.55\text{kW}$$

$$Q_{js6}=P_{js6}\cdot\tan\varphi=3.62\text{kvar}$$

7.5.3 主体结构施工总负荷视在功率计算

7.5.3.1 主体结构施工用电总有功功率(ΣP_{JZ})计算

干线同期系数 K_T 取 0.7(临时用电一般取 0.6 ~0.9)

$$\begin{aligned}\Sigma P_{JZ}&=K_T\times(P_{js1}+\cdots+P_{js6})\\&=0.7\times(12.6+1.54+16.3+2.31+2.8+3.55)\text{kW}\\&\approx 28\text{kW}\end{aligned}$$

7.5.3.2 主体结构施工用电总无功功率(ΣQ_{JZ})计算

干线同期系数 K_T 取 0.7(临时用电一般取 0.6 ~0.9)

$$\begin{aligned}\Sigma Q_{JZ}&=K_T\times(Q_{js1}+\cdots+Q_{js6})\\&=0.7\times(15.4+1.57+32.27+2.36+3.62)\text{kvar}\\&\approx 38.6\text{kvar}\end{aligned}$$

7.5.3.3 主体结构施工用电总视在功率计算

$$\Sigma S_{JZ}=\sqrt{\Sigma P_{JZ}^2+\Sigma Q_{JZ}^2}=\sqrt{28^2+38.6^2}\text{kVA}\quad\approx 48\text{kVA}$$

7.5.3.4 主体结构施工干线电流计算及电缆截面选择

$$I_{JZ}=\frac{\sum S_{JZ}}{\sqrt{3}\times Ue\times\cos\varphi}=48/(1.732\times0.38\times0.8)\text{A}\approx91\text{A}$$

式中：$\cos\varphi$——功率因素，临时用电一般取值0.8。

要求所选择电缆允许持续载流量 $I_T\geqslant I_{JZ}$，且留有适当余量，初步选择采用1根VV－5×25mm²（查实用手册表6－56$I_T=101$A）的聚氯乙烯绝缘铜芯电缆埋地敷设，从总配电室向主体结构施工二级配电箱供电。

但还要考虑线路距离对电压降的影响，动力线路中电动机电源低压一般不得超过±5%。配电室至主体结构施工二级配电箱距离约100m，主体结构施工二级配电箱到施工现场开关箱最远距离80m，因此要验算电压降必须在允许范围内。

按允许电压损失计算，确定需要系数、用电功率 P、线路长度 L 及电压损失 ΔU

$$\Delta U\%=\frac{\sum P_{JZ}\cdot L}{C\cdot S}\%=\frac{28\times180}{77\times25}\%\approx2.6\%<5\%$$

因此选择1根VV－5×25mm²（查实用手册表6－56$I_T=101$A）的聚氯乙烯绝缘铜芯电缆埋地敷设，完全满足主体结构施工用电。

7.6 项目办公区二级配电箱用电电缆选型

7.6.1 项目办公区用电二级配电箱负荷统计表，见表8。

项目办公区用电设备容量统计表 表8

序号	设备名称	规格型号	数量(台)	功率(kW)	合计(kW)
1	蒸车		1	9	9
2	热水器	AG90	1	9	9
3	办公区用电		1	30	30

7.6.2 项目办公区设备负荷计算

7.6.2.1 蒸车 蒸车1台，额定功率9kW/台

查表得 $K_C=1$

$$P_{js1}=K_C\cdot P_{e1}=9\times1\text{kW}=9\text{kW}\qquad Q_{js1}=0\text{kvar}$$

7.6.2.2 热水器

热水器1台，额定功率9kW/台。

查表得 $K_C=1$

$$P_{js2}=P_{e2}\cdot K_C=1\times9\text{kW}=9\text{kW}\qquad Q_{js2}=0\text{kvar}$$

7.6.2.3 办公区插座及照明

生活区及照明总用电量：$P_{总}=30$kW

查表得 $K_C=0.7$

$$P_{js3}=K_C\cdot P_{总}=0.7\times30\text{kW}=21\text{kW}\qquad Q_{js3}=0\text{kvar}$$

7.6.3 办公区总负荷视在功率计算

7.6.3.1 办公区用电总有功功率（ΣP_{JZ}）计算

干线同期系数 K_T 取0.8（临时用电一般取0.7～0.9）

$$\Sigma P_{JZ}=K_T\times(P_{js1}+P_{js2}+P_{js3})=0.8\times(9+9+21)\text{kW}\approx31\text{kW}$$

7.6.3.2 项目办公区用电总无功功率(ΣQ_{JZ})计算

干线同期系数 K_T 取 0.8(临时用电一般取 0.7~0.9)

$$\Sigma Q_{JZ} = K_T \times (Q_{js1} + Q_{js2} + Q_{js3}) = 0\text{kvar}$$

7.6.3.3 办公区用电总视在功率计算

$$\Sigma S_{JZ} = \sqrt{\Sigma P_{JZ}{}^2 + \Sigma Q_{JZ}{}^2} = \sqrt{31^2 + 0^2\text{kVA}} \approx 31\text{kVA}$$

7.6.4 办公区用电干线电流计算及电缆截面选择

$$I_{JZ} = \frac{\Sigma S_{JZ}}{\sqrt{3} \times U_e \times \cos\varphi} = 31/(1.732 \times 0.38 \times 0.75)\text{A} \approx 63\text{A}$$

式中:$\cos\varphi$——功率因素,临时用电一般取值 0.75。

要求所选择电缆允许持续载流量 $I_T \geqslant I_{JZ}$,且留有适当余量,初步选择采用 1 根 VV－5×25mm^2(查实用手册表 6－56I_T＝101A)的聚氯乙烯绝缘铜芯电缆沿围挡埋地敷设,从一级总配电室配电柜(箱)ZXA2 向项目办公区供电。

同时还要考虑线路距离对电压降的影响,照明线路的电压降一般不得超过 5%,一级总配电室配电柜(箱)ZXA2 至项目办公区用电距离 200m,因此要验算电压降必须在允许范围内。

按允许电压损失计算,确定需要系数、用电功率 P、线路长度 L 及电压损失 ΔU。

$$\Delta U\% = \frac{\sum P_{JZ} \cdot L}{C \cdot S}\% = \frac{31 \times 200}{77 \times 25}\% \approx 3.22\% < 5\%$$

验算结果选择 1 根 VV－5×25mm^2(查实用手册表 6－56I_T＝101A)的聚氯乙烯绝缘铜芯电缆埋地敷设为项目办公区 2FXB5 供电,满足用电要求。

7.7 按机械强度选择导线,导线不得小于表 9 规定。

按机械强度选择导线截面 表 9

序号	位置	铜 线		铝 线		钢线
		绝缘线	裸线	绝缘线	裸线	裸线
1	室外	4	6	16	25	10
2	室内	1	—	2.5	—	—

通过以上验算结果分析,所选择电缆均满足机械强度要求。

8 配电柜(箱)内元器件选用

8.1 一级配电柜(箱)内电器原件

8.1.1 一级配电柜(箱)ZXA1 元件见表 10。

一级配电柜 ZXA1 元件表 表 10

元 件 名 称	数 量
A 表 59L1(1000/5)A	3
V 表 59L1－V	1
LW5D－16/YH3/3 型万能转换开关	3
DZ20Y(J)－630/3300 透明可见分断点自动空气开关	1
DZ20Y－225/3300 透明可见分断点自动空气开关	10
DZL25－200/430 漏电断路器	10

8.1.2 一级配电柜(箱)ZXA2 元件见表11。

一级配电柜 ZXA2 元件表

表11

元件名称	数量
A 表 59L1(800/5)A	3
V 表 59L1－V	1
LW5D－16/YH3/3 型万能转换开关	3
DZ20Y(J)－400/3300 透明可见分断点自动空气开关	1
DZ20Y－200/3300 透明可见分断点自动空气开关	8
DZ25L－200/430 漏电断路器	8

8.2 二级配电箱内电器元件见表12。

二级配电箱电器元件表

表12

路别	元件名称	数量	元件名称	数量	元件名称	数量	导线
办公区	DZ20Y(J)－200/3300	1	DZ20Y(J)－100/3300	4	DZ15LE－100/4901	4	VV5×25mm^2
木工区	DZ20Y(J)－100/3300	1	DZ20Y(J)－40/3300	4	DZ15LE－40/490	4	VV5×10mm^2
钢筋区	DZ20Y(J)－100/3300	1	DZ20Y(J)－40/3300	8	DZ15LE－40/490	8	VV5×16mm^2
塔吊区	DZ20Y(J)－200/3300	1	DZ20Y(J)－160/3300	4	DZ15LE－160/490	4	VV5×25mm^2
施工区	DZ20Y(J)－100/3300	1	DZ20Y(J)－100/3300	4	DZ15LE－100/490	4	VV5×25mm^2
随层	DZ20Y(J)－200/3300	1	DZ20Y(J)－100/3300	4	DZ15LE－100/490	4	VV5×16mm^2

8.3 开关箱、插座箱元件见表13。

开关箱、插座箱元件表

表13

路别	元件名称	数量	元件名称	数量	导线
塔吊	DZ20Y(J)－200/3300	1	DZ15LE—200/4901	1	SC－3×25+2×16mm^2
施工电梯	DZ20Y(J)－100/3300	1	DZ15LE—200/4901	1	SC－3×16+2×10mm^2
电焊机	DZ20Y(J)－100/3300	1	DZ15LE－100/4901	1	SC－3×10mm^2
电锯	DZ20Y(J)－40/3300	1	DZ15LE－40/490	1	SC－3×4+2×2.5mm^2
平刨	DZ20Y(J)－40/3300	1	DZ15LE－40/490	1	SC－3×4+2×2.5mm^2
砂轮锯	DZ20Y(J)－40/3300	1	DZ15LE－40/490	1	SC－3×4+2×2.5mm^2
振捣棒	DZ20Y(J)－40/3300	1	DZ15LE－40/490	1	SC－3×4+2×2.5mm^2
夯机	DZ20Y(J)－40/3300	1	DZ15LE－40/490	1	SC－3×4+2×2.5mm^2
镝灯	DZ20Y(J)－40/3300	1	DZ15LE－40/490	1	SC－3×4mm^2
切断机	DZ20Y(J)－40/3300	1	DZ15LE－40/490	1	SC－3×4+2×2.5mm^2
弯曲机	DZ20Y(J)－40/3300	1	DZ15LE－40/490	1	SC－3×4+2×2.5mm^2
调直机	DZ20Y(J)－40/3300	1	DZ15LE－40/490	1	SC－3×4+2×2.5mm^2
套丝机	DZ20Y(J)－40/3300	1	DZ15LE－40/490	1	SC－3×4+2×2.5mm^2
蒸车	DZ20Y(J)－100/3300	1	DZ20LE－100/4901	1	SC－3×6+2×4mm^2
热水器	DZ20Y(J)－100/3300	1	DZ20LE－100/4901	1	SC－3×6+2×4mm^2

开关箱 KXC 配电系统图，如图 5 所示。

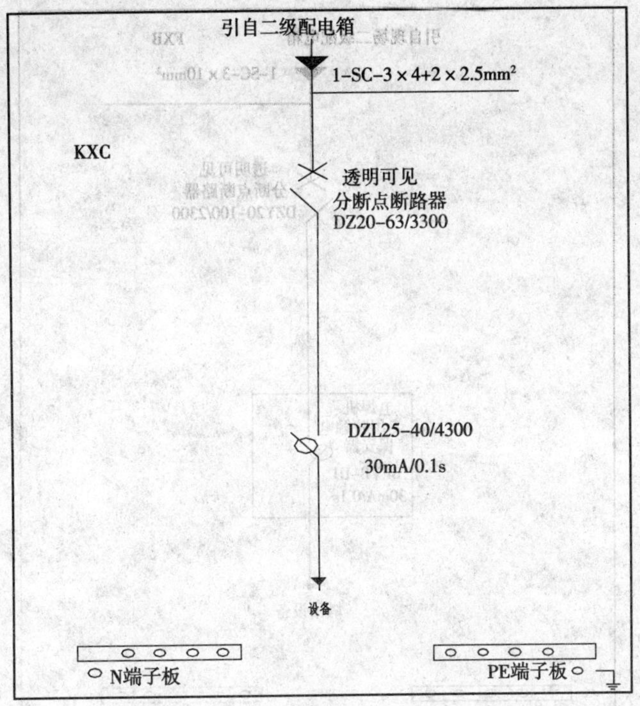

图 5　三级开关箱 KXC 配电系统图

塔吊等大型设备专用开关箱 KXC 配电系统图，如图 6 所示。

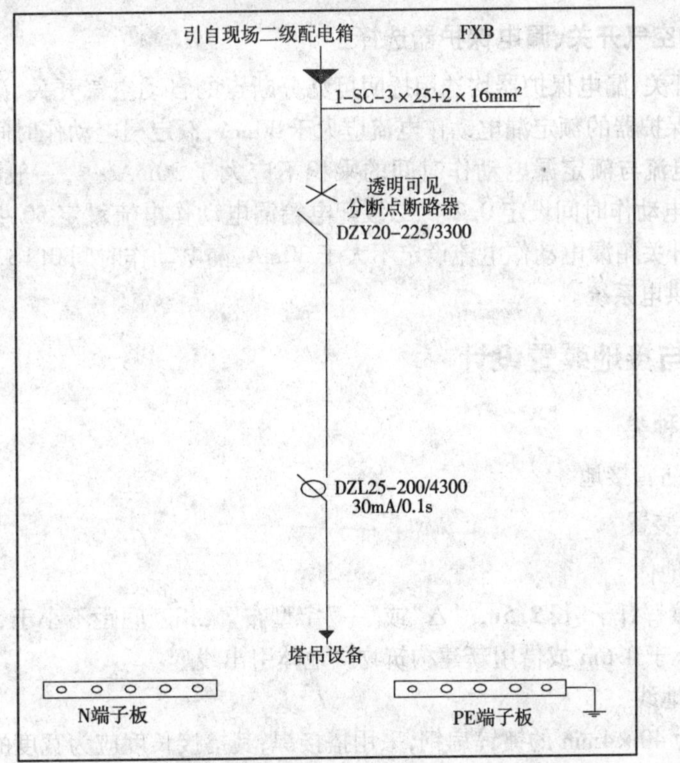

图 6　塔吊等大型设备三级专用开关箱 KXC 配电系统图

电焊机专用开关箱 KXC 配电系统图,如图 7 所示。

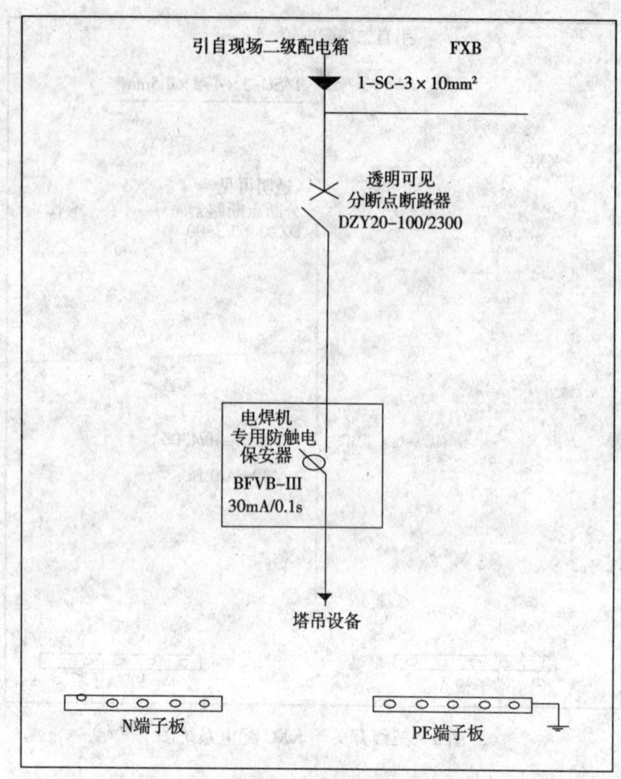

图 7　电焊机设备三级专用开关箱 KXC 配电系统图

8.4　自动空气开关、漏电保护器选择

自动空气开关、漏电保护器均选用透明可见分断点的自动空气开关、漏电保护器,总配电柜(箱)中漏电保护器的额定漏电动作电流应大于 30mA,额定漏电动作时间应大于 0.1s,但其额定漏电动作电流与额定漏电动作时间的乘积不应大于 30mA · s,一般漏电动作电流设定 75～100mA,漏电动作时间设定 0.2s。二级配电箱漏电动作电流设定 50～75mA,漏电动作时间 0.1s。设备开关箱漏电动作电流设定不大于 30mA,漏电动作时间 0.1S,形成三级配电两级保护的 TN－S 供电系统。

9　接地与接地装置设计

9.1　接地种类

重复接地、防雷接地

9.2　接地装置

9.2.1　接地体

采用 ϕ25 镀锌钎子、长 2.5m,"△"或"一"字型布置,相互间距不小于 5m,每组 3 根,接地体顶高埋深不小于 0.6m 或借用新建构筑物接地体引出线。

9.2.2　接地线

选择截面为 40×4mm 的镀锌扁钢,采用搭接焊,其搭接长度应为宽度的 2 倍,并在焊口处作防腐处理。

9.2.3 接地电阻

配电箱的重复接地电阻值不应大于10Ω。

防雷接地的冲击接地电阻值不应大于30Ω,

9.3 接地装置要求

9.3.1 本工程总配电箱、二级箱均作重复接地,塔吊、施工电梯、高大脚手架等高大金属架构设施均做防雷接地,接地点不少于2处,参见电气设备安装相关图集。

9.3.2 按季节定期对接地进行摇测,发现阻值超过规定值应采取有效措施,确保重复接地和防雷接地有效。

9.3.3 施工现场内保护零线与重复接地相连,工作零线严禁与其相连,施工现场内配电箱外壳、配电箱围栏,机械设备金属外壳、穿线钢管均应作接零保护。

10 安全用电技术措施

10.1 严格按照《施工现场临时用电安全技术规范》进行现场临时用电的设计、安装、使用、维修有关规定。

10.1.1 根据《施工现场临时用电安全技术规范》的规定,施工现场临时用电设备在5台及以上或设备总容量50kW以上者,编制临时用电施工组织设计。

10.1.2 临时用电工程必须经编制、审核、批准部门和使用单位共同验收,合格后方可投入使用。临时用电施工组织设计及变更时,履行"编制、审核、批准"程序。

10.2 临时用电各项制度建立

10.2.1 建立临时用电施工方案和安全技术措施的编制、审批制度,并建立相应的技术档案。

10.2.2 建立临时用电安全技术交底制度,向专业电工、各类用电人员介绍临时用电施工方案和安全用电技术措施的总意图、技术内容和注意事项,并应在技术交底文字资料上履行交底人和被交底人的签字手续,注明交底日期。

10.2.3 建立安全用电检测制度。

10.2.4 建立安全用电维修制度。

10.2.5 建立安全用电拆除制度。

10.2.6 建立安全用电检查和评估制度。

10.2.7 建立安全用电责任制度。

10.2.8 建立安全用电安全教育制度。

10.2.9 建立电气设备验收制度。

10.3 临时用电的安装、验收要求

临时用电的安装必须由专业人员完成。项目部电气技术负责人应对安装人员进行"临时用电安装技术交底"。安装完毕后,必须经设计人、项目经理、电气技术负责人、安全员等有关人员对临电设施进行验收。验收内容包括:

10.3.1 电气设备的接零、重复接地是否符合规范要求。

10.3.2 电气设备的设置、安装是否符合规范要求。

10.3.3 电气设备的防护是否符合规范要求。

10.3.4 配电箱内电气元件的选择与安装是否符合规范要求。

10.3.5 埋地线路的敷设是否符合规范要求。

10.3.6 逐级设置漏电保护装置是否符合规范要求。

10.3.7 重复接地、防雷接地的接地摇测是否符合规范要求。

10.3.8 电气设备、线路的绝缘摇测。验收合格后方准投入使用。

10.4 配电箱的设置

10.4.1 本工程配电系统设置一级总配电室2座,内设配电柜(箱)1面(ZXA1配电柜、ZXA2配电柜)、二级箱15个和开关箱60个,实行三级配电两级漏电保护。

10.4.2 在同一配电箱内不得动力、照明混用,动力和照明线路应分开设置。

10.4.3 开关箱应由二级箱接电。开关箱内保证一机一闸一漏电,每台用电设备应有自己的开关箱,严禁用一个开关直接控制两台及以上的用电设备。

10.4.4 配电箱分别设置在用电设备相对集中的地区。二级配电箱与开关箱的距离不得大于30m,开关箱与其控制的固定式用电设备的水平间距不宜超过3m。

10.4.5 现场内配电总箱、所有二级配电箱一律做防雨、防砸棚措施,高度不低于2.5m。配电箱、开关箱周围应有足够两人同时工作的空间,操作台下铺设绝缘橡胶垫,其周围不得堆放任何有碍操作、维修的物品。固定式配电箱下方必须砌筑20cm高砖台,将固定式配电箱垫起,中间填砂子,将引入配电箱的电缆埋入,配备2具干粉CO_2灭火器且符合消防要求。

10.4.6 配电箱、开关箱安装要端正、牢固、采用铁板制作,铁板厚度不得小于1.5mm。

10.4.7 配电箱、开关箱中导线的进出线口应设在箱体底面,严禁设在箱体的上面、侧面或箱门处。

10.5 配电箱元器件的安装

10.5.1 配电箱内的电气元件首先安装在专用盘芯上,然后整体紧固在配电箱体内。

10.5.2 配电箱、开关箱内的各种电气应按规定的位置紧固在安装板上,不得歪斜或松动。电器设备之间,设备与板四周距离应符合有关工艺标准。

10.5.3 配电箱、开关箱内的工作零线应通过接线端子板连接,并应与保护零线接线端子板分开设置。

10.5.4 各种配电箱体的金属构架、金属箱体、箱门以及箱内电器的正常不带电的金属插座、外壳等必须做保护接零,保护零线应经过接线端子板连接。

10.5.5 配电箱后排线需排列整齐,绑扎成束,并固定在盘板上。

10.5.6 导线剥削处不应伤线芯过长,导线压头应牢固可靠。

10.6 高、低压线路周围操作施工注意事项

10.6.1 在建工程不得在高、低压线路下方施工,高、低压线路下方,不得搭设作业棚,建造生活设施或堆放构件、架具、材料及其他杂物。

10.6.2 施工时各种架具的外侧边缘与外电架空线路的边线之间必须保持安全操作距离,见表14、表15。

在建工程(含脚手架具)的外侧边缘与外电架空线路的边线之间的最小安全操作距离 表14

外电线路电压	1kV 以下	1~10kV	35~110kV	154~220kV	330~500kV
最小安全距离(m)	4	6	8	10	15

施工现场的机动车道与外电架空线路交叉时的最小垂直距离　　表 15

外电线路电压	1kV 以下	1～10kV	35kV
最小安全距离(m)	6	7	7

注:旋转臂架式起重机的任何部位或被吊物边缘与10KV以下架空线路边线最小水平距离不得小于2m。

10.6.3　对达不到最小安全距离时,必须采取保护措施,并悬挂警告标志牌。

10.7　施工现场电缆线路

10.7.1　电缆线路应采用埋地或沿墙架空敷设,严禁沿地面明设。

10.7.2　电缆直埋敷设深度应不小于0.7m,并应在电缆上下各均匀铺设不小于50mm厚的细砂,然后盖砖等硬质保护层,沿电缆敷设方向设置线路走向警示标志牌。

10.7.3　橡皮电缆沿电杆、支架或墙壁敷设必须用绝缘子固定,严禁使用金属裸线作绑扎。缆线最大弧垂距地不得小于2m。

10.7.4　电缆出地面2m高至地下0.2m处或进出固定配电箱,必须加设防护套管保护,防护套管内径不应小于电缆外径1.5倍。

10.7.5　电缆下穿施工用道路时,电缆埋设且均穿钢管保护。

10.7.6　埋地铺设电缆时接头应设在地面上,并做接线盒,接线盒有防水防尘等措施和绑扎接头不得承受张力,并应远离易燃、易爆、易腐蚀场所。

10.8　机械设备安全防护

10.8.1　按设计选择导线、电气控制开关,每周对漏电保护器进行检查测试,并作记录。

10.8.2　机械设备正常情况下不带电的金属外壳均应做好保护接零,电气设备保护PE线均采用2.5mm^{2}或4mm^{2}的黄绿双色多股铜线。

10.8.3　定期对机械设备进行绝缘摇测,并作记录。

10.8.4　机械设备的各种安全防护装置应保证齐全、灵敏、有效。

10.8.5　操作人员持证上岗,严格执行本工种安全技术操作规程,严禁违章作业。

10.9　照明安全防护规定

10.9.1　现场内设置镝灯10个,局部照明使用带防护罩的碘钨灯,碘钨灯金属支架不低于2.5m,灯具外壳及金属支架应做好保护接零,无罩碘钨灯禁止在工地使用,并且必须使用三芯电缆。

10.9.2　严禁使用胶质线作为照明线。

10.9.3　现场照明使用单相漏电开关(30mA)控制照明回路。

10.9.4　特殊场所照明选择要求

10.9.4.1　人防工程、高温、有导电灰尘,比较潮湿或灯具离地面高度低于2.5m等场所的照明,电源电压不应大干36V。

10.9.4.2　潮湿和易触及带电体场所的照明,电源电压不得大于24V。

10.9.4.3　特别潮湿场所、导电良好的地面照明,电源电压不得大于12V。

10.10　电气设备使用与维护要求

10.10.1　施工现场内临时用电的施工和维修必须由专业电工完成。

10.10.2　施工现场的所有配电箱、开关箱每天进行一次检查和维修。

10.10.3　检查、维修配电箱、开关箱时,必须将其前一级相应的电源开关拉闸断电,并悬挂停电标志牌,设专人看护,严禁带电作业。

10.10.4 配电箱内盘面上应标明各回路的名称、用途,同时要作出分路标示。内侧配电箱门上张贴配电系统图,外侧配电箱门上有现场配电箱统一编号,负责人及联系电话,配电室及各配电箱外必须悬挂“有电危险”、“节约用电”、“配电箱(室)管理制度”等标志牌。

10.10.5 总、分配电箱防护门应配锁,门朝外开启,配电箱和开关箱应指定专人负责。其他人员不得擅自动用配电设施。

10.10.6 各种配电箱内不允许放置任何杂物,并保持清洁。箱内不得挂接其他临时用电设备。

11 预防电气火灾的措施

建立易燃、易爆物和强腐蚀介质管理制度;建立消防检查制度,强化电气防火领导体制;建立电气防火责任制,进行电气防火教育。

11.1 电气防火技术措施

11.1.1 电气操作人员要认真执行操作规程,正确连接导线,接线柱要压牢、压实,各种开关触头要实,多股铜线接头要用管状线鼻子压接牢固,严禁使用开口线鼻子。铜铝连接要先搪锡,再采用铜铝过渡线鼻子压接。

11.1.2 施工现场内的电动机,禁止超负荷运行。电气设备的周围不允许堆放易燃物品,发现问题及时解决,保证设备正常运行。

11.1.3 施工现场严禁使用电炉子,使用局部照明碘钨灯时,必须使用带防护罩的,禁止使用无防护罩的碘钨灯。

11.1.4 使用电焊机时,要严格执行用火证制度,并设专人看护。电焊机必须双线到位,一次线不大于5m,二次线长度不大于30m。必须使用电焊机专用箱(带专用电焊机防触电保护器),施工焊接周围不得存放易燃物体,并备齐灭火设备,电焊机要放在通风良好处。

11.1.5 配电箱、开关箱内,严禁存放杂物及易燃物体,并设专人定期清理。

11.2 施工现场一旦发生火灾时,扑灭电气火灾应注意下列各项:

11.2.1 迅速切断电源,以免事故扩大。

11.2.2 当电源线因其他原因不能及时切断电源时,一方面要派人拉闸,另一方面要灭火时,人体的各部位与带电体应保持一定的距离,必须穿戴绝缘防护用品。

11.2.3 扑灭电气火灾时,要采用绝缘较好的灭火剂(干粉灭火器、干砂子等),严禁使用导电灭火剂进行扑救。

11.2.4 施工现场消防泵的电源,要由总配电箱内总开关的上端接线,电源发生接地故障时,可设专用报警装置。

12 安全技术档案

施工现场临时用电必须建立安全技术档案,并包括下列内容:

12.1 用电设计的全部资料。

12.2 修改用电组织设计的资料。

12.3 用电技术交底资料。

12.4 用电工程检查验收表。

12.5 电气设备的试、检验凭单和调试记录。

12.6 接地电阻、绝缘电阻和漏电保护器漏电动作参数测定记录。

12.7 定期检(复)查表。

12.8 电工安装、巡查、维修、拆除工作记录。

§41 跨渠便桥施工方案

1 工程概况

本工程临时路与现况干渠相交,需修建临时跨渠便桥与现况路连通,用于运输施工物资,如图1所示。

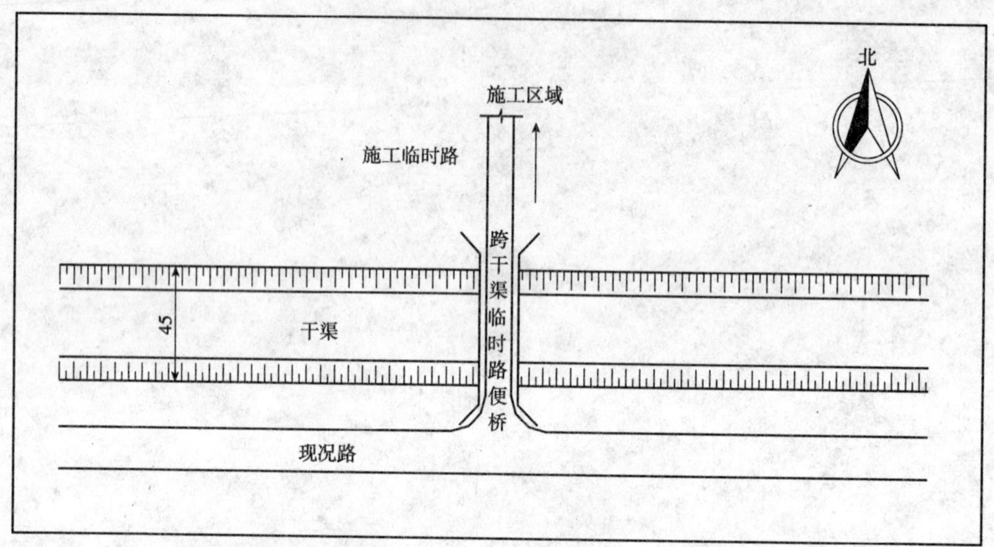

图1 拟建跨渠便桥位置图(尺寸单位:m)

2 施工便桥设计和验算

2.1 桥位选择

拟建便桥桥位处,渠底宽29m、渠口宽42.5m、边坡坡度1:1.5,两岸高于渠底5.3m。非排灌时间,渠内水位为0~0.5m,排灌时水位可达3~3.5m;拟建便桥时段处于非排灌时段内。

干渠横断面如图2所示。

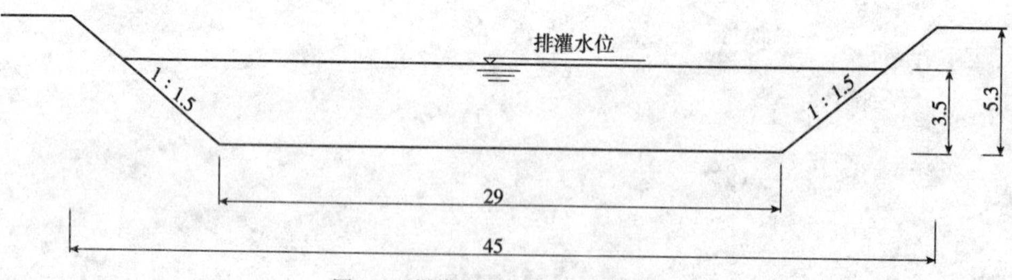

图2 干渠横断面图(尺寸单位:m)

2.2 跨渠临时便桥设计(图3、图4)

2.2.1 荷载:按汽超-20、挂120等级、单列车队进行验算。

2.2.2 桥长、宽度和坡度:桥长设定为48m,桥宽设定为5m;横坡设置为0;为将车辆对桥梁的冲击力降为最小,纵坡按0设置。两岸间高差通过调整路基高程取平。

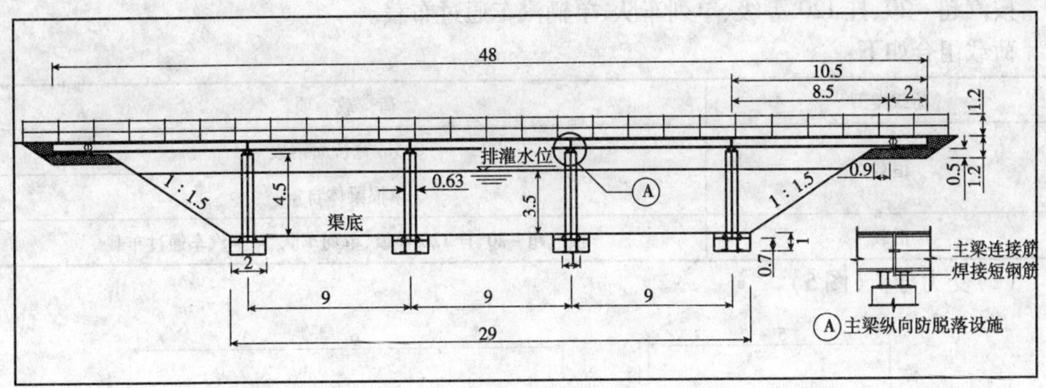

图3　施工便桥立面图(尺寸单位:m)

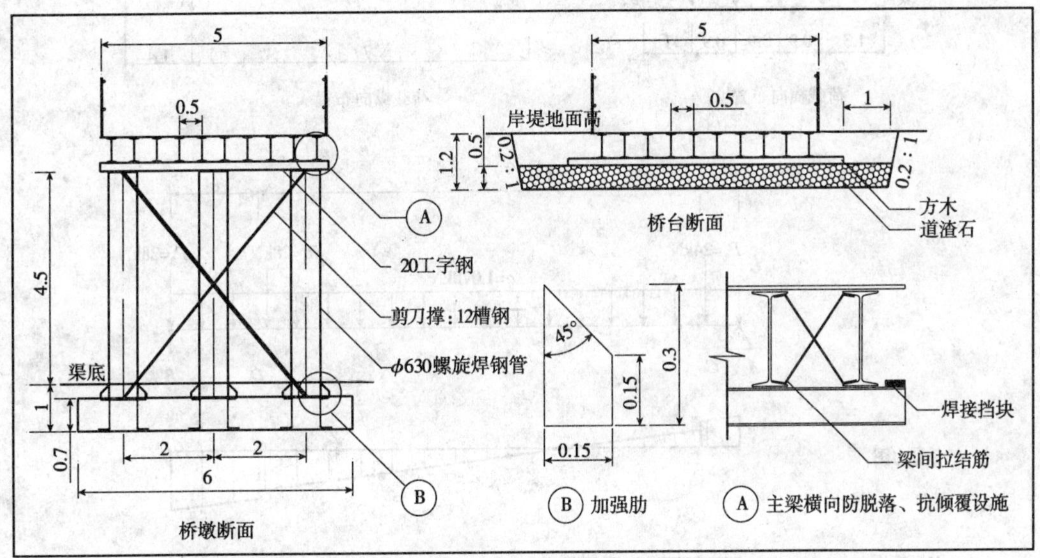

图4　施工便桥横断面图(尺寸单位:m)

2.2.3　基础:桥墩基础采用整体式扩大基础,横桥向6m、纵向宽2m、基础厚度0.7m。施工时预埋钢板,与墩柱焊接连接;为保证干渠的过水断面,基础顶面埋置在渠底以下30cm。

2.2.4　下部结构:采用墩柱盖梁结构。盖梁采用2根20工字钢对扣、通缝焊接,主梁与盖梁间不设支座、设置防脱落装置。桥台处码放枕木作为支点。墩柱采用壁厚10mm的ϕ630螺旋钢管,按2m间距横向排布。柱顶用2cm钢板封盖,盖梁与墩柱间焊接连接。桥台:挖除距岸边4m范围内原状土、挖深1.2m、边坡按1:1.5放坡,回填0.5m厚、粒径6~10cm道渣石。

2.2.5　上部结构:采用简支梁形式,主梁采用50工字钢,其中桥墩间梁体长9m,桥台跨梁体加工长10.5m、净跨度8.5m。主梁横向按50cm间距排布,梁间设拉结筋、同时上下采用通长钢筋连接成整体,拉结筋和连接筋采用螺纹25钢筋、间距1m;桥面采用2cm钢板覆盖,为增大摩擦力,表面用ϕ10螺纹钢筋按20cm间距焊接防滑条。桥面两侧设双层防护栏杆。

2.3　临时便桥的结构验算

2.3.1　主梁验算

主梁按简支梁进行荷载验算。

(1)荷载组合。

按汽超 -20、挂 120 等级、单列车队、单辆汽车通过布载。

荷载组合如下：

荷载类型	荷 载 项
恒载	0.5m 宽桥面钢板
	单根梁体自重
活载	按汽超 -20、挂 120 等级、单列车队、单辆汽车通过布载

(2)受力分析(图 5)

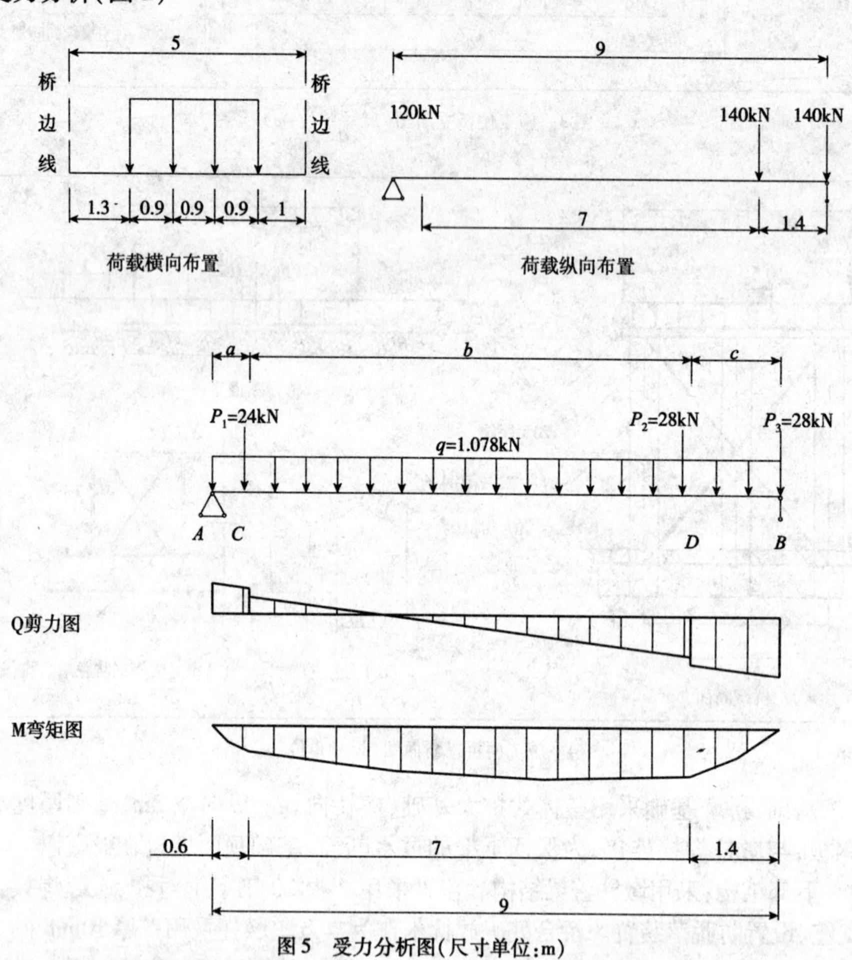

图 5 受力分析图(尺寸单位:m)

受力分析图中：P_1、P_2、P_3 为活动荷载，$a=0.6$m，$b=7$m，$c=1.4$m；$l=9$m。q 为恒载，包括两部分，0.5m 宽桥面钢板：$q_b=0.5\times0.02\times7.85=7.85\times10^{-2}$kN/m；50 工字钢自重：$q_{g50}=$ 1kN/m(查表)。$q=q_b+q_{g50}=1+7.85\times10^{-2}=1.078$kN/m。

由荷载横向分布图知总活载横桥向平均分布在 2.7m 范围(相当于 5 根梁)，故单梁验算时应将已知总活载换算为单梁承受活载。则 $P_1=120/5=24$kN，$P_2=P_3=140/5=28$kN。

(3)受力验算。

由弯矩图可知最大弯矩位置在 D 点。

最大弯矩：

$$M_{\max}=MD=P_2(2a+b)c/l+(q_b+q_{g50})lc(1-c/l)/2 \quad (查表)$$

$$=28\times(2\times0.6+7)\times1.4/9+1.078\times9\times1.4\times(1-1.4/9)/2$$
$$=41.46\text{kN}\cdot\text{m}$$
$$\sigma_{max}=M_{max}/W(\text{查表})$$
$$=41.46\times10^3/1.940\times10^{-3}=21.4\text{MPa}<[\sigma_W]$$

Q235 钢允许弯应力$[\sigma_W]$:120MPa(查表)

50 工字钢截面特征 W:1940cm^3(查表)。

最大挠度对应最大弯矩位置计算:

$$E=1.96\times10^{12}\text{Pa}(\text{查表})$$

50 工字钢截面特征 I:48600cm^4(查表)

$$f=Pc[(2c+a)l^2-4c^2l+2l^3-ac^2-a^3]/6EIl+ql^3c[1-2(c/l)^2+(c/l)^3]/24EI$$
$$=28\times10^3\times1.4[(2\times1.4+0.6)\times9^2-4\times1.4^2\times9+2\times9^3-0.6\times1.4^2-0.6^3)/(6\times9\times1.96\times10^{12}\times4.86\times10^{-4})+1.078\times10^3\times9^3\times1.4\times[1-2(1.4/9)^2+(1.4/9)^3]/(24\times1.96\times10^{12}\times4.86\times10^{-4})$$
$$=0.0013\text{m}<l/400=0.0225\text{m}$$

由剪力图可知最大剪力位置在 B 点。

最大剪力:

$$Q_{max}=QB=\frac{P_2(2a+b)}{l}+\frac{ql}{2}$$
$$=28\times(2\times0.6+7)/9+1.078\times9/2$$
$$=30.36\text{kN}$$

$$\tau_{max}=\frac{Q_{max}\times S_{max}}{Id}$$
$$=30.36\times10^3\times1.29\times10^{-2}/0.014\times4.86\times10^{-4}$$
$$=57.6\text{MPa}<[\tau]$$

允许剪应力 Q235:70MPa(查表)

50 工字钢截面特征 S:129.304cm^2(查表)。

50 工字钢截面特征 d:14mm(查表)。

2.3.2　基础验算

(1)受力分析。

基础受力包括活载和恒载,即活载在 B 点的支座反力、一跨主梁及桥面钢板、墩柱与承台基础的自重之和。

活载 B 点支座反力:　$R_B=P_2(2c+b)/l+P_3$

$$=140\times(2\times1.4+7)/9+140=292.44\text{kN}$$

一跨主梁自重:　$P_{g50}=q_{g50}\times1\times10=1\times9\times10=90\text{kN}$

一跨桥面钢板自重:　$P_b=q_b\times1\times10=7.85\times10^{-2}\times9\times10=0.707\text{kN}$

盖梁自重:　$P_{g20}=q_{g20}\times l_g\times4=0.31\times5\times4=6.2\text{kN}$

其中 20 工字钢自重:$q_{g20}=0.31\text{kN/m}$,盖梁长 $l_g=5\text{m}$。

墩柱自重:　$P_d=q_d\times h\times3=1.534\times4.8\times3=22.09\text{kN}$

其中 630 螺旋管自重:$q_d=1.534\text{kN/m}$,$h=4.8\text{m}$

基础尺寸:横桥向 6m、纵桥向 2m、厚 0.7m

混凝土按24kN/m³计算。

基础自重：　　　$P_j = 6 \times 2 \times 0.7 \times 24 = 201.6\text{kN}$

(2)基础受压验算。

$$\sigma = P/S = (R_B + P_{g50} + P_b + P_{g20} + P_d + P_j)/S$$
$$= (292.44 + 90 + 0.707 + 6.2 + 22.09 + 201.6) \times 10^3/12$$
$$= 0.051\text{MPa}$$

3 施工准备

3.1 开工前,组织技术人员、现场管理人员和一线工人进行技术交底,明确操作工艺和质量标准。

3.2 依据业主、测绘院提供的工程主体平面坐标点、高程点确定便桥的相应控制点,并对场区内的现况地面高程统一复测。其中平面布置控制桥位与临时路顺接,控制桥面与南岸现况路齐平。

3.3 施工监测:为掌握便桥的水平位移和沉降情况,在便桥两端桥头设置水平位置监测点,在每座桥墩基础两侧设置高程监测点。便桥投入使用后,初期每天对桥梁监测点进行量测,当沉降情况较为稳定后每周进行量测。此外,干渠放水或停水后以及次年开春化冻后,需加大量测频率。

3.4 施工机械见表1。

主要施工机械表　　　表1

序号	设备名称	规格型号	数量	用　途
1	挖土机	JY230	1	开挖桥台、桥墩基础,围堰施工、便桥施工用临时路的修筑和拆除
2	推土机	T－150	1	围堰施工、便桥施工用临时路的修筑和拆除
3	装载机	ZL50D	1	围堰施工、便桥施工用临时路的修筑和拆除
4	自卸汽车	T815S2	1	运输便桥所需建材及小型机具
5	混凝土运输车	JC10B	1	运输基础施工所需混凝土
6	汽车起重机	QY50C	1	墩柱、盖梁、主梁、桥面吊装
7	电焊机	BX500	2	墩柱、盖梁、主梁、桥面、预埋件加工及安装
8	气焊设备	—	1	墩柱、盖梁、主梁、桥面、预埋件加工
9	发电机	BF－C103	3	施工用电
10	污水泵	—	2	排水
11	手扶式冲击夯	LT600	2	基础夯实
12	振捣棒	50	10	混凝土施工

3.5 材料准备见表2。

主 要 材 料 表　　　表2

序号	物资名称	规格型号	数量	单位	使用位置
1	道渣石	6～10cm	60	m³	桥台基础
2	方木	15cm×15cm	132	m	桥台基础
3	预拌混凝土	C20	24	m³	桥墩基础
4	螺旋钢管	φ630mm,壁厚10mm	54	m	桥墩
5	工字钢	20号	80	m	盖梁
6	工字钢	50号	490	m	主梁

续上表

序号	物资名称	规格型号	数量	单位	使用位置
7	钢板	2cm	260	m^2	桥面、预埋铁、加劲肋
8	钢筋	螺纹 25	400	m	预埋、加强连接筋
9	钢筋	螺纹 10	1250	m	桥面防滑
10	钢管	ϕ4.8cm	380	m	施工作业架、护栏
11	LED 灯带	红色、黄色	200	m	夜间警示
12	反光胶带	红白色	20	卷	夜间警示
13	焊条	506			

4 工期安排(图6)

序号	分项工程名称	持续时间(d)	单位：d													
			1	2	3	4	5	6	7	8	9	10	11	12	13	14
1	围堰、排水	3														
2	桥墩基础	3														
3	桥墩安装	1														
4	盖梁安装	1														
5	桥台基础	3														
6	主梁安装	4														
7	桥面安装	1														
8	安全设施	1														

图6 工期计划横道图

5 主要施工工艺

5.1 基础施工

基础施工前与水务管理部门沟通，确保便桥施工期间上游不开闸放水，保证施工安全。

5.1.1 修筑施工围堰。围堰布置在拟建便桥桥位两侧、距桥位边线 2m 处，围堰顶面高于渠底 1m、顶宽 5m，使用素土填筑。

5.1.2 采用污水泵将围堰范围内存水排干。

5.1.3 基础位置测量放样。

5.1.4 挖土机配合人工开挖基础基坑。基坑见底后，采用重型触探仪实测基底承载力，如检测结果值小于计算承载力最大值，则视具体情况对地基进行处理。

5.1.5 安放预埋铁。安放时控制预埋铁的水平位置和高程。同时用水平尺十字检测预埋铁的水平度，确保预埋铁水平。

5.1.6 浇筑基础混凝土。混凝土采用 C20 预拌混凝土，由运输车运至现场后，溜槽灌注。浇筑过程中注意混凝土的振捣，不得缺振、漏振；完毕后对表面收面抹平，同时检测预埋铁的安放状况，如发生位移倾斜等情况，及时调整。混凝土初凝后，表面覆盖土工布保湿养生。

5.2 下部结构施工

5.2.1 墩柱

基础混凝土养护3天后开始墩柱施工。

墩柱柱体采用壁厚10mm的ϕ630mm螺旋钢管。钢管加工在地面加工场完成。柱体成型后由汽车起重机吊装就位,安装过程中要求确保柱体的竖直度与水平位置。必要时搭设工作架等辅助措施。

柱体与预埋铁之间满焊连接,并设置肋板,焊缝高度2cm。

墩柱顶面焊接找平钢板,以调整柱顶高程和水平。墩柱与找平钢板间连接方式同底部。

5.2.2 盖梁

墩顶盖梁为两组双拼20工字钢,其中每跨主梁梁端对应一组对扣焊接连接的20工字钢。

盖梁加工在地面加工场完成,由汽车起重机吊装就位;工字钢与墩顶找平板间焊接连接。安装时注意控制梁的高程和水平位置。

5.2.3 桥台

桥台位置,首先自原地面向下挖除原状土1.2m,而后回填粒径6~10cm道渣作为桥台基础。粒料基础上横向安放15cm×15cm方木作为桥台盖梁、主梁支点。注意方木起放点距粒料基础的坡顶线大于0.9m,方木铺设长度不小于2m。

5.3 上部结构和桥面施工

5.3.1 主梁采用50工字钢,桥墩间梁体长9m,桥台跨梁体长10.5m。

5.3.2 梁体加工在地面完成,加工成型后由汽车起重机吊装就位。主梁横桥向按50cm间距布设。全部梁体安装就位后,相邻两片梁体间纵横采用连接筋焊接连接。

5.3.3 主梁与盖梁间不再安设支座,设置防脱落装置。在桥台位置,主梁间的空隙使用道渣填平。

5.3.4 主梁桥面采用2cm钢板覆盖,钢板间采用焊接连接;钢板与边主梁间焊接连接、钢板与中主梁间点焊连接。桥头部位,钢板铺设必须覆盖全部开挖范围。

6 安全措施

6.1 成立“施工交通管理领导小组”,设专职交通协管员和安全员。

6.2 对所有作业人员进行安全教育,提高安全意识和自我安全防范意识,及时下达各道工序的书面安全交底。

6.3 编制专项交通导流方案,由专职的“交通协管员”和“安全员”负责交通导流方案的落实。

6.4 夜间施工保证足够的照明灯、交通安全标志灯及交通专用闪光牌、红帽子,在施工区段内的所有施工人员均穿戴反光标志背心,围挡上边挂警示灯。

6.5 非施工车辆不得通过便桥;从现况路过桥车辆必须将车头调整至与桥梁走向一致方可通过,同一时间只允许一辆车通行,过桥车辆车速不得大于5km/h。

6.6 桥面两侧设置1.2m高双层护栏,护栏与桥面高板焊接连接。栏杆上设LED带灯作为夜间警示。

6.7 桥面表面用螺纹10钢筋按20cm间距焊接防滑条。

6.8 便桥施工完毕后,进行承载力试验,合格后投入使用。

§42 跨河便桥施工方案

1 工程概况

本工程现况道路与施工场地之间，有一条现况河流，为打通施工便道，需要在跨河段修筑便桥。

该河道地处山区，在汛期，随着降雨量的大小，河水陡涨陡落；一旦降水停止，水位很快下降，连续几天本地区无降水时(非汛期)，河道中水深约80cm，水面宽30m，流速1.5m/s。在枯水季节，河道中水深不足50cm，水面宽度不足20m，河床底砂砾卵石大部分出现外露。

现场位置如图1所示。

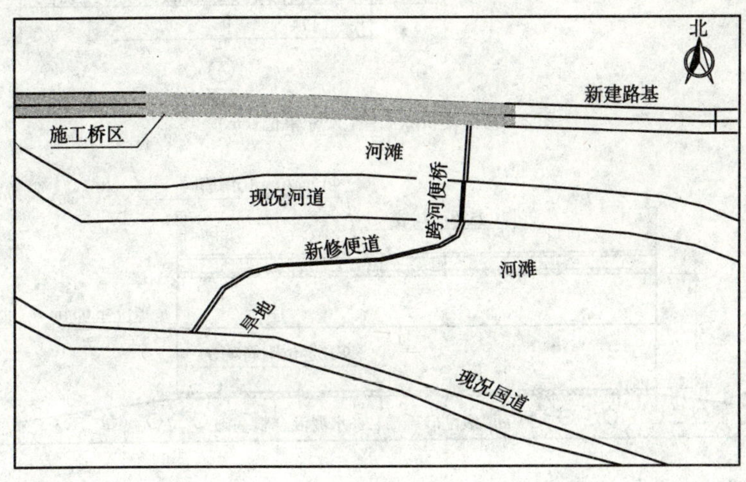

图1 现场位置图

2 便桥设计和验算

2.1 概况

根据山区河道的特点，在便桥设计时，过水能力按照无降水时段或者一般降雨量考虑，在这种情况下，水流通过管道顺利排走，便桥可正常通行。遭遇较大降雨量或较长时间降水时，河道水位上涨速度及幅度都较大，此时便桥中断通行，水流一方面通过管道泄洪，同时水位超过桥面时从桥面漫过。因此设计时，管径选择应适中，满足日常排水能力，这样可有效降低便桥高度，减少阻水效果，降低壅水高度。

2.2 设计方案

为方便车辆双向通行，便桥宽度6m，长度为34.9m，基础利用现况河床底的天然砂砾卵石混合料，掺12%的水泥硬化。然后在基础上排管，管为钢筋混凝土平口管，管径1200mm。管与管之间留10cm净距，填充C20混凝土。在管外皮浇筑20cm厚C25混凝土作为便桥路面铺装，内置10cm×10cm螺纹钢筋网。

便桥两端为天然砂砾卵石填筑路基，桥头路基边坡用浆砌片石护坡，防止水流冲刷桥头路基。

和图 3。

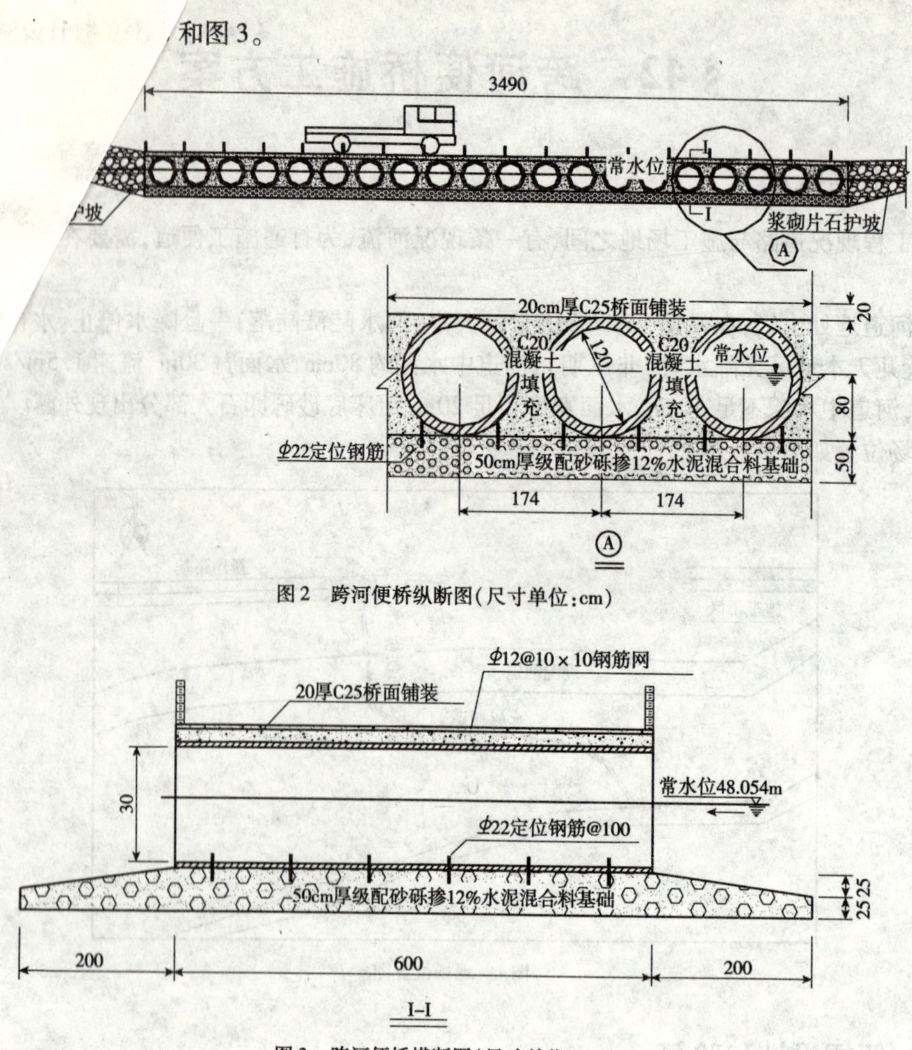

图 2　跨河便桥纵断图(尺寸单位:cm)

图 3　跨河便桥横断图(尺寸单位:cm)

2.3　非汛期过流能力验算(不漫水)

经过实地考察,非汛期现况河道日常水位高程 48.054m,水面宽 30m,水深 80cm,流速 1.5m/s,流量 $36m^3/s$。

便桥修筑后,由于结构阻水作用,在桥上游一侧水位上涨,当桥头上游水位高程达到 48.634m 时,漫水桥所有涵管均为淹没出流,过流能力在不出现漫流的情况下达到最大。

此时 $Q=\mu A_{出口}\sqrt{2gz_0}, Z_0=Z+\frac{v_0^2}{2g}$

由于涵管入口边缘尖锐,取 $\mu=0.82$

单个涵管内径 $D=1.2m$,所以出口面积 $A=3.14\times1.2^2/4=1.13m^2$

上游水位以便桥桥面高程计算,为 48.914m;所以 $Z=0.28m$

$$q=0.82\times1.13\times\sqrt{2\times10\times(0.28+\frac{1.5^2}{2\times10})}=2.596m/s$$

设计涵管共有 20 排,所以漫水桥过水能力为

$$Q=2.596\times20\times1.13=58.67m^3/s。$$

过流能力验算:58.67m^3/s > 36m^3/s,所以满足设计要求。

汛期由于受山洪下泄的影响,为满足河道流量陡增的问题,河水漫过便桥,便桥暂停使

3 施工准备

施工前,首先进行测量放样工作,确定桥头位置、轴线位置及高程和放样便道中线,确定两端与现况道路及施工场区的连接位置,机械设备进场及进行场地平整等。

施工计划在河道枯水期间进行。

机械设备见表1,主要材料见表2。

机械设备表 表1

序号	名 称	规格型号	单位	数量
1	挖土机	PC260	台	1
2	推土机	TY160	台	1
3	混凝土搅拌机	JZC-350	台	1
4	发电机	50kW	台	1
5	装载车	ZL-50	台	3
6	压路机	DYL-3.5	台	1

主要材料表 表2

序号	名 称	规格型号	单位	数量
1	水泥	P.O 32.5	t	240
2	碎石	10~20mm	m^3	600
3	沙袋	50kg	个	4000
4	钢筋	ϕ12	t	4
5	钢筋混凝土管	直径1200mm	m	120

4 施工部署

为确保在施工期间河道的正常排水,先将河道水流引至河道南侧,在便桥施工区域外的南侧河滩地带开挖一条导流沟排水。

计划工期34天,工期安排如图4所示。

序号	分项工程名称	工程量	持续时间(d)	单位:d																	
				1	2	4	6	8	10	12	14	16	18	20	22	24	26	28	30	32	34
1	测量放样	—	1																		
2	场地清理	1500m^2	4																		
3	路基填筑	3600m^3	14																		
4	河道导流	60m	2																		
5	基础施工	140m^3	4																		
6	结构施工	34.9	6																		
7	路面施工	209.4m^2	4																		

图4 工期计划横道图

用。

艺流程

河道导流→便桥基础→管道铺设→便桥路面、附属

工工艺

路基填筑

时,先行填筑从国道接头处至河滩段砂砾路基。路基填料采用天然砂砾,自便道起点料,向河滩地推进。采用推土机推平,压路机压实。便道路基填筑按照技术规范低等级要求,并以满足实际使用需要的前提进行分层回填压实。路基宽度7m,路基边坡坡0.5。

为确保各种运输车辆能顺利转弯驶入便道,在与国道接头处路基宽度加宽至13m,然后渐变至7m宽与便道顺接。

5.2.2 河道导流

为确保在施工期间河道的正常排水,同时方便便桥基础施工,采取在河道南岸导流、河床段便桥正常施工,便桥通水后再修筑南岸路基部分。进入河滩地的便道贯通后,挖土机进入便桥现场,先在河道南侧疏通河道,使现况水流局部向南绕行,在便桥施工区域外侧上游进行筑岛围堰,进行便桥基础施工。便桥施工结束具备通水条件后,对河道进行疏通恢复,拆除导流时修筑的围堰等临时设施,确保水流通畅。

5.2.3 便桥基础施工

基础厚度设计为50cm厚,考虑施工现场现存有洁净的天然级配砂砾卵石,因此决定用其作为基础材料的骨料,掺加12%的水泥后用挖土机现场拌和均匀,推土机推平后用压路机压实。为防止水流冲刷侵蚀基础,基础前端(迎水面)超出管口2.0m,并设置趾墙,后端超出管口2m。基础浇筑完成后,对四周基槽采用砂砾回填,使基础与原河道河床平顺衔接,减少水流对基础的冲击力。

5.2.4 管道铺设

基础混凝土强度达到70%后下管,人工配合机械稳管。

在河道中并排布置20道直径1200mm钢筋混凝土管,每道长度为6m,每道管之间留出10cm孔隙。

5.2.5 便桥路面与附属

管顶上现浇混凝土20cm厚C25混凝土做为面层,上层绑扎ϕ12@10cm×10cm钢筋网防裂。路边迎水面做成60°坡面,背水一端与管口齐平。同时在路面两侧浇筑15cm×15cm×50cm的混凝土矮墩护栏,间距2m,图刷红白油漆。

为确保在洪水季节便桥安全,在桥头及河滩部分的便道两侧采用7.5号浆砌片石护坡,砌筑厚度30cm。

6 安全措施

便桥施工期间和使用期间,建立完善的防汛体系、防汛措施及应急预案,确保便桥安全渡汛,保护河道上下游人民生命财产安全及生态环境不受影响。

在汛期,成立以项目经理为首的防汛领导小组,施工、技术、外协、安全、材料等各部门分工

协作，各负其责，确保各种防汛措施、物资、设备等落实到位。

雨季期间，密切关注天气和上游水文变化情况，积极与当地防汛抗旱指挥部联系，统一[illegible]署。建立水位观测制度，由专人负责观测水位及流速；建立预警、预报机制，与当地政府部门积[illegible]极配合，数据共享，及时发现险情，及时处理。

汛期安排专人昼夜负责值班巡查，对便道的情况进行检查，主要查看水流冲刷对边坡、结构物基础造成的影响，下游一侧的边坡上是否出现泉涌，壅水高度是否对两岸的农田、旱地、房屋等构成威胁。

部
[illegible]